하워드 진의 역사에세이

마인드큐브 책은 지은이와 만든이와 읽는이가 함께 이루는 정신의 공간입니다.

하워드 진의 역사에세이

가치 있는 역사는
어떻게 만들어지는가?

마인드큐브

[일러두기]

— 책이나 논문집은 《 》로, 논문은 〈 〉로 표시했다.

추천의 말

새로운 세상을 꿈꾸는 사람들의 동반자

박용준/ 인디고서원 편집장

하워드 진은 미국 청년들의 영웅이다. 대표작으로 알려진 《미국 민중사》는 사회의 진보를 꿈꾸는 이들의 필독서로 손꼽힌다. 역사의 최전선에서 그는 늘 권력의 부당한 사용에 저항했고, 약자의 목소리를 대변했다. 이 책 《하워드 진의 역사에세이》에 기술된 러들로 대학살, 베트남 전쟁, 히로시마 폭격 등은 그가 일생 동안 어떤 시대정신으로 역사를 다루고 또 불의에 맞섰는지를 분명히 보여준다.

영화배우 맷 데이먼의 멘토로도 알려진 하워드 진은 내 삶의 영웅이기도 하다. 2009년 겨울, 보스턴대학교 연구실에서 그를 만난 순간을 나는 영원히 잊지 못한다. 당시 여든일곱의 하워드 진은 인터뷰 내내 빛나는 눈빛을 우리에게 선사했다. 따뜻한 미소, 환대, 친절, 겸손, 호기심, 유머 등 이렇게 아름다운 한 인간을 내 삶에서 만날 수 있었던 것을 나는 여전히 가장 귀한 선물이라고 생각한다.

이 책 《하워드 진의 역사에세이》은 하워드 진의 역사학자로서 면모와 참여적 지식인으로서 면모 모두를 보여준다. 책에 인용된 칼 포퍼의 말처럼, 역사에는 의미가 없지만, 역사에 의미를 부여하는 것은 우리의 몫이다. 역사적 사건과 시대적 흐름에 대해 역사학자 하워드 진이 부여한 가장 큰 의미는 바로 휴머니즘이다. 그가 기록한 역사란 힘있는 사람이 자신의 입맛대로 그린 것이 아니라, 이 세계의 권력이 힘없는 사람들에게 얼마나 잔인하고 냉혹하며 비정했는지 날카로운 시선으로 적어놓은 증언에 가깝다. 동시에 그는 가혹한 역사에 맞서 싸운 사람들의 연대와 실천이 인류 역사에 얼마나 중대한 변화를 이루어냈는지 잊지 않고 보여준다. 결국 하워드 진이 우리에게 남겨준 것은 '희망의 역사학'이라 말할 수 있을지도 모르겠다.

2010년 심장마비로 타계하기 전 한 인터뷰에서 하워드 진은 "나는 사람들에게 그들이 전에는 갖지 못했던 희망과 연대의 힘을 보여주었던 사람으로 기억되고 싶다"는 말을 남겼다. 이 책 마지막 부분에서 절정을 이루는 참여적 지식인으로서의 면모는 특히 다음 세대의 젊은이들에게 소중한 가르침이 아닐 수 없다. 하워드 진의 자전적 역사 에세이라 불리는《달리는 기차 위에 중립은 없다》를 보면 더 정확히 알 수 있지만, 그는 삶의 매 순간 침묵보다는 실천을, 중립보다는 결단을 감행했다. 강자와 약자의 싸움에서 누구의 편도 들지 않는 것은 강자의 편을 드는 것이기에 시위 현장에서는 늘 선봉에 나섰고, 대학에서는 학생들의 평등한 권리를 옹호했으며, 법정의 증인석에서는 시민 불복종을 설파했다. 그는 자신의 철학과 이상을 삶으로 증명한 실천적 지식인이었다.

지금 우리 앞에 놓인 역사는 어떠한가? 역사는 그저 사사로운 사업일 뿐일까? 매 순간 역사의 최전선을 살아가고 있는 우리의 책임은 무엇일까? 하워드 진이 말하는 희망의 역사학이란 절망하거나 포기하지 않고, 저항하고 투쟁하는 인간들이 써내려가는 역사를 뜻한다. 이러한 운동은 그 자체로 이미 위대한 승리이기도 하다. 그의 말대로 언제인지 알 수 없는 역사의 어떤 시점이 되면 사람들의 사소한 실천과 변화가 널리 퍼져나가고 서로 연결되면서 거대한 변화가 만들어질 것이다. 이것이 그가 우리에게 주는 가장 큰 교훈이자 유산이다.

누군가를 기억하는 가장 정확한 방법은 그가 형성하도록 도와준 나의 모습으로 계속해서 살아가는 것이다. 희망을 끝까지 포기하지 않을 것, 우리 사회의 미래는 결국 우리의 손과 행동에 달려있음을 잊지 않을 것, 《하워드 진의 역사에세이》이 새로운 세상을 꿈꾸는 여러분에게 훌륭한 동반자가 되어줄 것이라 믿는다.

차례

The Polit of Histo Howa Zinn

3부 이론과 실천

"다른 역사학자들은 우리에게 사실을 알려주기 위해 사실을 말한다. 당신은 우리의 가슴을 뜨겁게 하기 위해서, 거짓말, 무지, 위선, 미신, 독재를 겨냥한 강렬한 증오를 이끌어내기 위해서 사실을 말한다. 그 사실들에 대한 기억이 희미해진 뒤에도 이렇게 분노가 남아 있다."

- 디드로Diderot, 볼테르에 대한 찬사

감사의 말

이 책을 집필하는 동안 여러 단계에서 지원해준 미국 철학회, 루이스 라비노비츠 재단, 보스턴 대학원에 감사드린다. 이 책의 몇몇 단락들을 읽고 비평해준 어니스트 영Ernest Young, 매릴린 영Marilyn Young, 힐다 헤인Hilda Hein에게 감사드린다. 매우 귀중한 도움을 준 조운 애그리Joan Agri, 매리언 리Marian Lee, 주디스 맨덜바움Judith Mandelbaum에게 감사드린다. 지속적으로 도움과 격려를 해준 짐 밀러Jim Miller에게 감사드린다. 익명으로 정신적 지원을 해준 익명의 친구들에게 감사드린다. 내 곁에 있어준 마일라와 제프에게 감사한다.

2판 서문

루이스 캐럴Lewis Carroll의 《거울 나라의 앨리스Through the Looking Glass》에는 아래와 같은 짧은 대화가 나온다.

> "그 공포의 순간이라니!" 왕이 말했다. "절대, 절대 잊지 않을 거요."
> "잊을 거예요." 왕비가 말했다. "메모해두지 않으면 말이에요."*

그렇다, 메모해두지 않으면 잊을 것이다. 하지만 과거를 전부 포획할 수는 없기에, 우리가 정확히 어느 역사적 순간을 메모해야 하는지에 대해서는 의견이 엇갈리고, 우리가 기억하기로 정한 순간들을 어떻게 다룰 것인지에 대해서도 깊은 갈등이 존재한다.

《하워드 진의 역사에세이》이 나온 뒤로 20년이 흘렀지만 그때 다룬 관심사들은 여전히 유효하다. 역사를 쓰는 목적은 무엇인가? 역사학자는 "공평하고" "객관적일" 수 있으며, **반드시** 그런 태도를 취해야 하는가? 역사를 가르치거나 서술하는 요점은 무엇인가?

이 책에서 나는 역사를 "사사로운 사업"으로 보는 견해에 반대하고, 역사학자의 책무는 우리 시대의 중대한 인간 문제를 해결하는 데 도움이 되는 연구를 하는 것이라는 생각에 찬성한다. 일부 역사 전문가들은 이런 진술에 분개한다(예를 들어, 크리스토퍼 래시Christopher Lasch는 "주제의 거친 단순화… 귀에 거슬리는 당파성"을 우려한다).* 따라서 나는 이 책이 나오고 20년이 흐른 유리한 입장에 서 있지만, 내 말뜻을 구체적으로 설명하고 몇 가지 역사적인 문제를 명확히 하는 것이 좋으리라 생각한다.

80년대는 로널드 레이건Ronald Reagan 대통령이 지배한 공화당 시대였다. 레이건의 부자친화 정책은 기업의 부를 다루는 우리 정부의 정상 궤도를 크게 벗어났다. 레이건 정부는 인류 역사상 유례가 없이 비대해진 군사력에 2~3천억 달러의 예산을 제안하면서도, 국민 건강, 어린 학생들의 급식, 저소득층의 식료품 할인권, 노숙자 수용시설, 실업자 주 급여에 들어갈 돈을 삭감하고도 부끄러운 줄을 몰랐다.

《뉴욕타임스》의 기자 로버트 피어Robert Pear는 레이건의 초기 예산(1983 회계연도)을 분석했다. "레이건 정부는… 군사비만 360억 달러를 늘려야 한다고 제안했다. 레이건 대통령의 예산안에서 빈민들을 돕는 3대 주요 프로그램에 대한 절대적 지원이 1982년에 비해 오히려 감소했다. 즉, 부양아동가족부조(부모의 적절한 보호를 받을 수 없는 아동을 부양하는 프로그램—옮긴이), 의료부조, 식료품 할인권을 포함한 음식 및 영양 지원을 위한 연방정부의 지출액이 전년도보다 오히려 감소한 것이다. 사회 복지, 직업 훈련, 저소득층 에너지지원 및 보상교육 분야도 마찬가지였다."*

인도적인 결과는 참혹했다. 1982년에 3백만 명이 넘는 어린이가 새로운 요구조건 때문에 학교급식 프로그램에서 부적격 판정을 받았다. 그리고 1983년 봄에는 2백만 명의 어린이가 이미 "빈민층"으로 분류된 어린이 1천만 명에 새로 합류했다. 1984년 중반에 《보스턴 글로브》는 다음과 같이 보도했다. "보스턴을 비롯한 도시 지역에서 유아 사망은 1970년대에 꾸준히 감소했지만, 레이건 행정부가 모아母兒 건강관리 지원금을 삭감한 뒤로는 급격히 증가했다."* 레이건 예산이 삭감되고 얼마 지나지 않아 디트로이트 지역 어린이의 3분의 1이 첫돌을 넘기지 못하고 사망했다.

반면에 부자들은 더 부유해지고 있었다. 레이건의 초기 정책 중 하나가 석유 가격의 통제를 푸는 것이었다. 그런 직후에 석유산업 임원과 투자자 23명이 백악관을 다시 꾸미라고 27만 달러를 기부했다. 코어오일&가스의 소유주인 오클라호마시티의 잭 호지스Jack Hodges는 이렇게 설명했다. "이 나라의 최고 권력자는 최고의 장소에서 살아야 한다. 레이건 대통령은 에너지 산업에 활기를 불어넣었다."*

부자에겐 감세하고 빈민에겐 증세했다. 1987년 말에 의회예산처는 하위 10% 가구의 소득 대비 세금이 1977년에 비해 20% 늘고, 상위 10%의 세금은 20% 줄 것으로 보고했다.* 하원 세입위원회의 한 보고에 따르면, 1979년에서 1987년까지 하위 5%의 평균 가구 수입은 6% 감소한 반면에, 상위 5%의 가구 수입은 11% 증가했다.* 레이건 행정부는 정통 보수의 철학으로 그런 경제 정책들을 정당화했다. 즉, 정부는 국민들에게 더 적게 봉사하는 것이 좋고, 국민 스스로가 더 많이 노력해야 하며, 만일 부자들에게 세금 혜택을 주면 더 많은 생산을 유발하는 자극제가 되고, 그 혜택이 가난한 사람들에게 돌아간다는 것이다.

바로 여기에서 역사가 유용할 수 있다. 최초의 워싱턴 행정부에서 알렉산더 해밀턴Alexander Hamilton의 경제 정책이 닻을 올리기 시작한

1790년대부터, 뉴딜 정책이 서민을 위해 직업 프로그램을 제도화하고 경제에 개입하기 시작한 1930년대까지 1백여 년에 걸쳐 미국 정부는 보수주의 정책에 따라 직업 프로그램, 주택 보조, 사회 안전, 실업 보험, 최저 임금을 실시했다. 그 오랜 기간 동안 미국은 산업화되고 소수의 부자들은 재산을 쌓았지만, 인도적인 비용은 잔혹했다. 도시와 농촌의 국민들 대다수에겐 기아와 질병, 가난이 정상이자 일상이었다. "자유 기업"이 지배하던 그 시절에 주기적으로 공황까지 찾아와 국민의 삶을 더욱 어렵게 했다.

1877년이 좋은 예다. 보수주의 철학("사람들이 스스로 꾸려가게 하라")의 전성기인 그해 여름에 뜨거운 도시에서 가난한 가족들은 지하에 살고 오염된 물을 마셨다. 아이들은 병이 들었다. 《뉴욕타임스》는 이렇게 보도했다. "이미 죽어가는 아이들의 울음소리가 들리기 시작한다… 과거에 비추어 판단할 때, 곧 이 도시에서 일주일마다 수천 명의 유아가 사망할 것이다."*

그 공황이 간신히 끝나는가 싶더니 1893년에 또다른 공황이 찾아왔다. 여전히 정부가 가난한 사람들에게 무관심하고, 자본주의 체제를 찬양하고, 카네기, 록펠러, 멜론이 거대한 부를 키워나가던 시대였다. 야만적인 산업 성장, 재무 조작, 고삐 풀린 투기와 폭리 행위가 수십 년 동안 지속되더니 끝내 경제가 붕괴했다. 물론 가장 뼈아픈 타격은 빈민의 몫이었다. 1천5백만 노동인구 중 3백만이 실업자였다. 연방정부도 주정부도 빈민 구호에 나서지 않았다. 결국 전국에서 대중 시위가 일어난 뒤에야 시 정부들은 무료 급식소를 세우고, 거리와 공원을 점령한 사람들에게 일거리를 주기 시작했다.

정부의 불간섭을 주장하는 보수주의 철학은 언제나 위선적이었다. 1794년에 펜실베이니아 농민(위스키 반란)을 진압한 뒤로 정부는 빈민을 도울 가치가 없다는 전제 하에 빈민들이 자신의 조건에 반항하면 그들을 확고히 제압했다.

그 연장선상에서 1877년에 철도 노동자들이 임금 삭감에 항의하며 파업을 하자 정부는 군대를 동원해서 1백 명을 살해했다.* 1894년에(산업 재해로 연간 2천 명의 철도 노동자가 죽었기 때문에) 다시금 철도 파업이 일어나자 연방정부는 법원의 금지명령과 병력을 동원해 파업을 해산시켰다.

"자유 기업" 제도(그 제도는 한 번도 자유로운 적이 없었고, 사유 재산이 정치와 공모해서 항상 통제해왔다)를 향한 레이건 정부의 찬양은 역사에 대한 심각한 기억 상실증에서 비롯했다. 그 체제("번영"기에도 가난한 사람들은 가난했다)가 1929년에 어떻게 붕괴되어 1930년대에 수많은 국민들이 굶주리고 거리로 내몰렸는지 그들은 까맣게 잊고 있었다.

레이건의 후임인 조지 부시Goerge Bush는 1988년에 출마할 때 오하이오 주에서 다음과 같이 연설했다. "내가 보기에, 미국의 공적 영역에는 미국 국민을 두 계급으로 구분하고 국민들에게 갈등을 조장하는 철학이 있을 자리는 없습니다."* 이 말 뒤에는 미국에서 계급 갈등이 일어나는 것은 "철학"의 산물이지, 계급이 분리된 현실, 부자와 극빈층의 격차가 빚어낸 산물이 아니라는 전제가 깔려 있었다. 이에 대해서도 역사적 교정을 가하는 것이 좋을 법했다. 하지만 미국의 계급 갈등을 흐리게 해온 민주당의 역사를 감안할 때 부시의 경쟁자인 민주당의 마이클 듀카키스Michael Dukakis가 그 일을 해내리라고는 기대하기 어려웠다. 레이건이 대통령에 취임하기 직전에(1979년에) 니카라과에서 혁명이 일어나 아나스타샤 소모사Anastasia Somoza의 군사 독재가 무너졌다. 소모사 가족은 미국의 지원을 등에 업고 40여 년 동안 권력을 휘두르고 있었다. 니카라과에 새로 들어선 산디니스타 정권에 미국이 어떤 태도를 취해야 하는지가 중요한 문제로 부상했다.

레이건 행정부는 거의 즉시 니카라과 혁명 정부를 파괴하는 수순에 돌입했다. 중앙정보국(CIA)은 소모사의 경호대에 있던 인원들을 모아 소규모 군대를 조직하고 온두라스에 기지를 마련해주었다. 이 반혁명 군대—일명 "콘트라contras" 반군—는 의회가 승인한 예산을 지원받았다. 1984년에 반군이 니카라과 국내에서 좀처럼 지지를 받지 못하고 외곽에서 농촌 지역을 습격하는 작전으로 산디니스타 정권을 흔들려 하고 있음이 분명해진 뒤에야 미국 의회는 자금 지원을 중단했다. 그러자 레이건 정부는 해병대 대령 올리버 노스Oliver North가 이끌고 CIA 국장인 윌리엄 케이시William Casey와 레이건의 최측근 몇 명이 참여하는 불법 팀을 몰래 조직해서 다른 나라들을 통해 반군을 지원했다.

레이건·부시 행정부는 이 행동을 방어하려고—사실 그들은 국내법과 국제법을 심각하게 위반했음에도(실제로 국제사법재판소는 미국이 니카라과 항구들에 기뢰를 설치한 것은 위법이라고 보았다)—몇 가지 주장을 내세웠다. 우선 니카라과(1979년에 혁명이 일어난 이후로 소비에트의 원조를 받고 있었다)가 소비에트의 기지이며 그래서 미국의 안보를 위협한다고 주장했다. 다음으로 지금 니카라과에 "맑스주의 독재"가 존재하는데, 미국은 그 나라에 민주주의가 정착하길 바란다고 주장했다.

물론 역사적 시각이 조금만 트여 있어도 이 주장들의 옳고그름을 쉽게 판단할 수 있는 시대였다. 미국과 중앙아메리카의 관계가 역사적으로 어땠는지를 자세히 설명해주는 책들이 나오기 시작했다(지금 여기서는 코넬 대학의 역사학자 월터 라페버Walter LaFeber가 쓴《불가피한 혁명들》을 대표적인 예로 들고 싶다).* 미국의 대 니카라과 정책—더 나아가 그렇게 개입해야 한다는 주장이 엘살바도르, 과테말라, 쿠바, 도미니카 공화국과 관련해서도 똑같이 나왔으므로, 카리브 해의 모든 나라에 대한 정책—에 관심을 기울이고 살펴본다면 어떤 사람이라도 다음과 같은 중요한 의문이 해명되어야 한다는 점을 분명히 알았을 것이다. 소비에트의 위협 가능성이 있기 전에, 즉 1919년 볼셰비키 혁명이 일어나기 이전에 미국은 이 지역에서 어떤 정책을 펼쳤는가?

군사 개입을 주장하는 미국의 논리를 쉽게 받아들인 시민이라면 누구라도 역사의 증거에 깜짝 놀랄 것이다. 분명 미국은 볼셰비키 혁명이 일어나기 오래 전에도 카리브 해와 라틴아메리카에 개입하고 있었다. 1846년에 우리 정부는 멕시코와 전쟁을 일으키고 그 국토의 거의 절반을 빼앗았다. 지금 캘리포니아와 남서부 전체가 그때 빼앗은 땅이다. 1854년에는 전함을 보내 대서양 연안에 있는 니카라과의 도시 그레이타운을 파괴했다. 어느 미국 외교관의 자존심을 상하게 했다는 게 그 이유였다.

1898년 이후에는 개입을 강화했다. 그해에 우리는 쿠바에서 스페인을 쫓아내고 군사 기지와 기업 약탈을 통해 지배 체제를 확립했다. 그리고 푸에르토리코마저 점령했다. 몇 년 후 우리는 신생 파나마 공화국의 건국을 조종해서 파나마 운하의 권리를 우리 입맛대로 조정했다. 1차 세계대전이 일어나기 전에 15년 동안 미국 해병대는 중앙아메리카를 수시로 약탈했을 뿐 아니라 멕시코의 한 도시를 폭격하고 하와이와 도미니카 공화국을 점령했다.

이런 군사 개입이 1917년까지 무수히 이어졌다. 이것만으로는 소비에트의 위협 때문이라는 주장이 니카라과 반혁명을 지원한 합리적 근거가 아니었음을 결정적으로 입증하진 못한다. 역사를 이용해 현재의 문제를 해결하는 데에는 한계가 있다. 하지만 앞서 말한 사실 덕분에 우리는 그 주장을 충분히 의심할 수 있고, 정부의 말을 액면 그대로 받아들이기보다는 현재 상황을 더 자세히 조사하게 된다. 그때 우리는 더 유능하고 주의 깊은 시민이 된다.

또한 우리는 역사를 이용해서 카리브 해의 군사 개입을 정당화하는 다른 논리를 점검해볼 수도 있다. 미국 정부는 민주주의를 촉진하는 것이 우리의 목표라고 주장해왔다. 하지만 20세기에 미국이 라틴아메리카에서 벌인 활동의 역사를 아무리 뒤져봐도 민주주의에 깊이 관여한 예는 보이지 않는다. 오히려 정반대로 미국이 군사 독재—니카라과의 소모사 일족, 쿠바의 바티스타, 아이티의 뒤발리에, 도미니크 공화국의 트루히요 등—를 일관되게 지원한 것을 보게 된다. 더 나아가 20세기 후반부에 민주주의 선거를 통해 독재가 아닌 온건한 사회주의 정권이 들어섰을 때—1954년에 과테말라, 1973년에 칠레에서—두 번 다 중앙정보국은 그 나라 국민이 뽑은 대통령을 집요하게 축출했다. 이들 나라에서 그 결과는 민주주의와 정반대였다. 잔인한 군사 정권이 수만 명의 국민을 살해했다.

내가 방금 묘사한 "당파성"이 크리스토퍼 래시가 개탄한 "당파성"의 사례일까? 나는 바람직한 "객관성"을 벗어났는가? 물론 나의 묘사는 당파성을 띤다. 나는 어떤 가치관을 대표하는 당파의 일원이다. 국가의 재원을 더 평등하게 분배하는 가치관, 세계의 가난한 국민들을 희생시키고 그 대가로 정권의 지배력과 기업의 이익을 강화하는 것 외에는 다른 목적이 없어 보이는 군사 개입에 반대하고 이의를 제기하는 가치관이다. 나는 이 가치들이 과거를 정직하게 서술하는 데 방해가 되지 않는다고 믿는다. 내가 이 책에서 보여주듯이, 어떤 근본적인 가치들을 믿는다고 해서 역사학자가 반드시 과거에서 어떤 바람직한 해답을 발견하는 건 아니다. 그런 가치들은 단지 역사학자로 하여금 어떤 유용한 질문들에 주의를 기울이게 한다. 그런 가치관이 있을 때 역사학자는 막연히 "흥미로운" 자료를 찾아 과거를 샅샅이 뒤지는 대신 인간사에 아주 중요한 문제들에 그의 연구를 집중하게 된다.

과학자들은 데이터를 무작위로 모으지 않는다. 찰스 다윈은 1961년에 한 편지에서 이 방법을 다음과 같이 묘사했다. "약 30년 전에, 지질학자는 관찰만 하고 이론을 세우면 안 된다는 말을 흔히 들을 수 있었다. 그런 식이라면 차라리 자갈 채취장에 들어가서 조약돌을 세고 그 색을 묘사하는 게 나을 거라고 누군가가 말한 기억이 생생하다. 그 모든 관찰이 어떤 견해를 입증하거나 반증한다는 걸 누구도 알아선 안 되다니 얼마나 이상한 일인가!"*

역사학자들 사이에서 "객관성" 신화는 내가 이 책에서 그 문제를 다룬 뒤로 더욱 철저히 조사되어왔다. 대표적인 예로 피터 노빅Peter Novick의 저서 《그 고상한 꿈: "객관성 문제"와 미국 역사학계The Noble Dream: The "Objectivity Question" and the American Historical Profession》를 들 수 있다. 노빅은 "객관적"인 체하는 역사학자들의 위선, 과거를 "있는 그대로" 되불러올 뿐 다른 목적이 없다는 그들의 주장을 거듭 예리하게 논박한다("있는 그대로"라는 이 유명한 말은 독일의 역사학자 레오폴트 폰 랑케Leopold von Ranke의 "있었던 그대로의 사실wie es eigentlich gewesen"을 잘못 받아들인 것이라고 말한 뒤 노빅은, 폰 랑케가 다음과 같은 진술에서도 알 수 있듯이 전혀 "객관적"이지 않았다고 지적한다. "신은 모든 역사 속에 거주하고, 살아 있고, 우리가 알아볼 수 있다").

예를 들어 하버드의 저명한 역사학자 새뮤얼 엘리엇 모리슨Samuel Eliot Morison은 1940년경에 발표한 〈한 역사학자의 신념The Faith of a Historian〉에서, 자신은 현재를 가르치는 것이 아니라 "사건을 있는 그대로 설명하는 것"을 목표로 한다고 말했다. 하지만 바로 그 에세이에서 그는 1차 세계대전 후에 역사학자들이 전쟁에 대한 환멸을 지어냈다고 비판하면서 다음과 같이 말했다. "(역사학자들은—옮긴이) 1940년경에 성년기에 이른 젊은 세대의 정신을 마땅히 싸워야 할 전쟁에 무방비 상태로 만들었다… 역사학자들은… 전쟁이 어떤 것을 성취할 수 있고, 예속보다는 전쟁이 낫다는 것을 가르쳐야 했던 자들이다."*

이 문제를 오랫동안 깊이 탐구한 피터 노빅은 이렇게 결론지었다. "내가 보기에 어떤 역사 연구가 객관적인지 아닌지를 따지는 순간 그 관찰은 **공허**해진다. 어떤 것이 흥미롭지 않거나 유용하지 않다고 말하는 것과 똑같아진다."* 나는 역사 저술에 대한 내 의견들과 뒤에 나올 역사 에세이들은 "객관성" 문제에 무관심하면서도 흥미롭고 유용하다고 믿는다.

초판 서문

1968년 어느 날 신문들은 미국에서 정치 배지(badge) 사업을 주도하는 한 기업가의 죽음을 보도했다. 그는 항상 그 자신의 배지를 착용했고 그 위엔 이런 글귀가 새겨져 있었다. "누가 이기든 상관없다. 내 사업은 배지다."

역사학자는 습관상 수동적인 기자다. 어제 싸운 사람들만을 연구하고, 오늘 충돌하는 사람들은 그의 시야 바깥에 있기 때문이다. 그가 선호하는 주제는 대개 개인적이다. 그의 사업은 역사다.

역사학자는 과거를 향해 이런 철학적 질문을 던진다. 역사에 순차적 패턴이 존재하는가? 아니면 역사의 사건들은 고유하고 무질서한가? 그러면서도 역사학자는 대개 자신이 역사의 패턴을 바꾸거나 그 무질서에 영향을 미칠 수 있다고는 보지 않는다. 역사학자는 역사 속의 사람들이 인간 외적인 힘에 좌우된다고 믿을 수 있고, 사람들이 자유로운 행위를 통해 세계를 만든다고 볼 수도 있다. 하지만 사람들이 자유롭든 구속되어 있든 간에 역사학자 본인은—전문 직업상—투표가 아니라 기록을 해야 하고, 마음이 아니라 촉감을 전달해야 한다. 혹은 마음으로 느끼되 행동은 하지 말아야 한다. 역사학자로서 글을 쓰는 동안에는 행동하지 말아야 하고, 행동을 하려면 적어도 몇 시간이 지나야 한다.

루소의 규탄을 상기해보자. "우리 중에 물리학자, 기하학자, 화학자, 천문학자, 시인, 음악가, 화가는 많지만, 시민은 더이상 존재하지 않는다." 18세기 이후로 이 전문가 목록은 계속 늘어나, 사회학자, 정치학자, 심리학자, 역사학자를 포함하게 되었다. 학자들은 부쩍 늘어났지만 열정은 찾아보기 어렵다. 내가 말하는 열정은 더 나은 세계를 향한 절박한 갈망이다. 나는 더 나은 세계가 되려면 중립성을 요구하는 그 전문 규칙들을 극복해야 한다고 믿는다.

(다른 사람들뿐 아니라 나 역시) 내 주장을 쉽게 과장할 수 있으므로, 이 책의 정확한 의도가 무엇인지를 말하고자 한다.

1. 이 책의 목표는 최대한 과학적이고자 하는 정통 역사학의 노력에서 역사를 분리하는 것이 아니라, 과학자들의 오래된(과학자들의 재능이 군사적인 필요에 오염되기 이전의) 인문학적 목표들을 재확인하고, 과학이 새로 구축한 "과학적"이란 말의 의미를 새롭게 이해하려는 데 있다. 이와 관련해서 물리학자 베르너 하이젠베르크Werner Heisenberg는 다음과 같이 말했다. "과학은 이제 객관적인 관찰자로서 자연을 대면하지 않으며, 인간과 자연의 이 상호작용 속에서 그 자신을 행위자로 본다."[1]

2. 이 책은 역사를 획일적으로 서술하는 방법—내 방법이든 다른 누

---

1 하인츠 루바츠Heinz Lubasz가 칼 뢰비트Karl Löwith에 대해 써서 《역사와 이론History and Theory》 Vol. II, No. 2, 1962에 발표한 서평을 보라. 이 글에서 루바츠는 또한 "과학은 개입을 통해 조사의 목표를 수정하고 개조한다"는 하이젠베르크의 말도 인용한다.

구의 방법이든—에 찬성하지 않으며, 온화하든 격하든, 악랄하든 인간적이든, 재미나 이익을 위해 쓴 것이든 사회적 목적을 위해 쓴 것이든 어떤 유의 역사 연구를 금지하는 것에도 찬성하지 않는다. 이 책의 목표는 격려와 본보기를 통해 사회적으로 유의미하고, 가치에 동기를 두고, 행동을 유발하는 역사 저술에 더 높은 비중을 두도록 촉구하는 데 있다.

3. 이 책은 또한 (왜곡, 은폐, 날조 등으로) 사실을 함부로 뜯어고치지 않는다. 내 요점은 미리 답을 생각하고 역사 자료에 접근하는 것이 아니라, 미리 질문을 생각하고서 접근하는 것이다.[2] 나는, 정확성은 필요조건이지만 역사가 정확하다는 이유만으로 칭찬받을 수 있다고는 생각하지 않는다. 언젠가 프로이트는 말했다. 안경을 항상 닦기만 하고 쓰지는 않는 사람이 있다고.

《하워드 진의 역사에세이》에는 두 종류의 에세이가 담겨 있다. 1부와 3부의 에세이들은 역사 저술에 관한 것들이다. 이 에세이들은 지식 일반의 용도(학문의 일반적인 역할—1장)를 논하고 그로부터 특수한 역사의식을 전개한다. 1부와 3부에서 나는 역사학자를 행위자로 보는 생각에 찬성하고, 그에 따라 전문 용어로 "역사 철학"의 범주에 속하는 여러 문제들을 검토할 것이다. 역사는 "결정되어" 있는가, 아니면 우리

2 에이브러햄 캐플런Abraham Kaplan의 주요 관심사는 방법론이지만, 그는 가치관이 행동과학자의 연구에서 어떤 역할을 하는지를 논하고, 이렇게 말한다. "가치관은 문제를 명할 때가 아니라 해답을 미리 판단할 때 편향을 낳는다."《연구 행위The Conduct of Inquiry》 Chandler, 1964, p. 382.

스스로 만들 수 있는가? 역사학자는 우리 시대의 사회적 투쟁에 참여하는 자 또는 관찰하는 자 중 어느 입장에 서서 서술해야 하는가? 우리는 "현재에 관심을 두어야" 하는가, "과거에 관심을 두어야" 하는가? 이론적 역사와 그 반대인 순수한 이야기체 역사는 어떠한가? 결국 역사학의 목적은 무엇이고, 역사학자의 책무는 무엇인가? 그중 한 에세이에서 나는 급진주의 역사의 몇몇 기준을 제시할 것이다.

이 책의 중간 부분—역사 에세이들—은 급진주의 역사의 이 기준들에 맞추려는 시도들이다. 그 에세이들은 표준적인 역사 연구에서 흔히 볼 수 있는 구성으로 되어 있지 않으며, 어느 에세이도 구체적 시기를 다루거나 모든 시기를 다루거나 과거의 한 문제를 다루지 않는다. 에세이들을 하나로 연결하는 고리 혹은 공통의 목적은 우리 시대의 사회적 투쟁에 한 발 참여하는 것이다. 이 목표를 실제로 달성할지 못할지는 독자 여러분의 판단에 맡기겠다. 나 스스로는 조금 의심스럽다. 모쪼록 이 책을 통해 역사가 아직 드러내지 않고 암시만 해온 그런 세계를 위해 의식적으로 행동하고 실천하는 역사 저술이 더 많이 나오기를 바랄 뿐이다.

The Politics of History Howard Zinn

제1부 접근법

1. 권력의 한 형태로서의 지식

우리 학자들도 이 세계에서 생활비를 벌 때가 되지 않았을까? 잘 속아주는 국민들 덕분에 문명의 역사를 가장 많이, 무가치하게 연구하면서 그 대가로 존경을 받고 아부의 말을 듣고 심지어 돈까지 받고 있으니 말이다. 기사, 책, 연구논문을 수만 건이나 쓰고, 수백만 건의 학기말 리포트를 검토하고, 신들의 귀를 멀게 할 정도로 열띤 강연들을 하면서. 정치인들과 마찬가지로 우리도 대중의 순진함에 기생하고 있다.

우리는 이따금씩 책 더미에서 빠져나와 청원서에 서명을 하거나 연설을 하고, 그런 뒤 되돌아가서 훨씬 덜 중요한 것을 생산한다. 우리는 사회 참여를 특별활동으로 여기고, 우리의 학술 연구를 안전한 중립지대에 모셔놓는 습관이 있다. 우리는 지상에서 사람들이 고통당하고 있는데 우주로 날아간 사람에게 경외와 명예를 돌리는 것을 너무 쉽게 이해해줬다.

이 비난이 가혹하다 싶은 사람은 지난 20년 동안 발표된 박사학위 논문의 제목과 그 시대의 주요 학술지들을 훑어보고, 그와 함께 전사자 목록, 라틴아메리카의 일인당 소득 수치, 맬컴X의 자서전을 읽어보라.

학문의 산물과 세계의 궁핍 사이의 간극은, 그 나라가 자국의 문제들을 열심히 해결하고 있는 한에서는 견딜 만한 것이 된다. 그리고 우리 역사도 대부분 그렇게 여겨졌다. 인종 문제가 있었지만 우리는 그것을 "해결"했다. 전쟁을 해서 노예제를 끝내고, 흑인의 계속되는 지위 하락을 법과 미사여구로 가렸다. 부는 평등하게 분배되지 않았지만, 처음에는 뉴딜, 다음에는 전시체제가 불평등 문제를 계속 통제하거나 적어도 눈에 띄지 않게 했다. 세계는 소란했지만 우리는 항상 그 바깥에 있었다. 유럽의 제국주의 열강들이 역겨운 짓을 하는 동안, 우리는 그 제국의 변두리를 조금씩 갉아먹었다(라틴아메리카는 제외해야 한다. 우리는 이 지역을 혹독하게 지배했지만, 먼로 독트린과 좋은 이웃의 가식적인 태도에 힘입어 그 지배는 인자한 음성으로 변조되었다).

그 "해결책들" 중 단 하나도 이젠 듣지 않는다. 블랙파워 폭동, 통제할 수 없이 곪아가는 도시 문제들, 베트남 전쟁과 그 징병에 대한 학생들의 반항 등 그 모든 증거로 보아 미국은 시간과 공간, 미사여구가 분명 바닥이 났다. 진정한 개혁에 아득히 못 미치는 자유주의적liberal(이 책에서 liberalism는 모두 자유주의로 옮겼다. 미국에서 인권과 시민권을 상대적으로 중시하는 민주당의 철학을 가리키며, 우리나라에서 흔히 쓰는 '자유주의'와는 일치하지 않는다—옮긴이) 장치—헌법 수정조항 제 14조(모든 미국인의 동등한 권리를 보장하고 노예였던 사람들의 시민권을 인정한 조항—옮긴이), 뉴딜 복지 입법, 유엔 헌장—로는 부족하다. 사회 정책에 혁명적 변화가 필요하다.

문제는 우리가 그런 혁명을 어떻게 일으켜야 하는지를 모른다는 것이다. 권력과 부가 정부, 기업, 군대에 집중되어 있고 국민들은 정치학자들이 "국가 다원론"이라 즐겨 부르는 파편화된 권력을 한 조각씩만 갖고 있는 선진 산업사회에는 그런 혁명의 선례가 전무하다. 우리는 목소리를 내고 심지어 투표를 하지만, 국내외 정책을 완전히 새로운 방향으로 돌릴 수 있는 수단—더 투박하게 말하면, 권력—은 우리 손에 없다.

바로 이 때문에 지식 산업(매년 국가 예산이 5백억 달러씩 들어가고 있는 대학교, 칼리지, 학교)은 대단히 중요하다. 지식은 권력의 한 형태다. 사실, 병력은 권력의 가장 직접적인 형태이고, (막스 베버Max Weber가 말했듯이) 정부는 이 권력을 독점한다. 하지만 사회 통제가 "피지배자들의 동의"에 달려 있는 오늘날, 병력은 비상시에만 동원되고, 일상의 통제는 그 사회의 성직자와 교사들이 한 세대에서 다음 세대로 전하는 가치 체계와 일련의 규칙을 통해 이루어진다. 우리는 민주주의의 출현이라고 말하지만, 실은 사회를 유지하는 주요 수단이 무력에서 기만(단도직입적으로 말하자면, "교육")으로 바뀌었음을 의미한다.

이런 상황에선 지식이 중요해진다. 지식은 무력에 직접 대항할 순 없지만, 무력을 합법으로 둔갑시키는 정부의 기만적인 행위를 저지할 수는 있다. 또한 지식 산업은 7백만에 달하는 젊은 대학생들에게 직접 도달할 수 있고, 그렇게 해서 활기차고 예민한 권력의 중심이 될 수 있다. 권력은 예전처럼 현 상태를 유지하는 데 쓰일 수도 있고, (학생 운동가들이 주장하듯) 현 상태를 변화시키는 데 쓰일 수도 있다.

확실한 권력 형태(정치적 통제와 부)를 지배하는 자들은 지식마저 멋대로 부리려 한다. 산업은 가장 뛰어난 지식인들을 유혹해서 기업의 임원 자리를 내준다. 정부는 더 매혹적인 특수직으로 지식인들을 유혹한다. 예를 들어, 물리학자들을 끌어들여 수소폭탄을 연구하게 하고, 생물학자들을 끌어들여 전염병 분야라는 애매한 이름(실제로는 생물 무기를 연구하기 때문이다—옮긴이)의 연구를 맡기고, 화학자들을 끌어들여 신경가스(유타 주에서 양 6천 마리를 죽인 것과 같은)를 연구하게 하고, 정치학자들을 끌어들여 대반란 전술을 연구하게 하고, 역사학자들을 백악관에 불러놓고 역사가 만들어지고 있는 순간을 즉시 기록할 수 있도록 전화로 알려준다. 때로는 분야가 무의미해진다. 전쟁은 학제적이다.

하지만 지식은 대부분 직접 거래되지 않는다. 지식은 또한 다른 방식으로—사소한 주제에 펑펑 쓰여서—사회 안정에 이바지한다. 대학은 놀이터가 되어 사회가 선호하는 아이들을 구내에 초대하고, 장난감과 상을 주고, 곤경에 빠지지 않게 한다. 예를 들어, 얼마 전에 주요 정치 학술지에는 허리케인 베시가 뉴올리언스의 시장 선거에 미친 영향을 다룬 기사가 실렸다. 혹은 (든든한 정부 지원금으로 무장한) 사회심리학자 팀이 슬럼가(물론 그 학자가 관련을 맺고 있는 동네)에 직접 들어가서 광범위하고 정교하게 조사를 한 뒤, 중요한 사실 두 가지를 발견한다. 슬럼가에 사는 흑인들이 가난하다는 사실과, 그들 가정에 문제가 있다는 사실 말이다.

지금 나는 학계의 민감한 신경을 건드리고 있다. 나는 즉각적인 현실 관련성이 없는 학문을 모두 폐기해야 한다고 주장하는가? 그렇진 않다. 문제는 균형이다. 초고층 건물을 짓는 것은 그 자체로는 불쾌하지 않지만, 그 장소가 오래된 슬럼가 옆이라면 개탄할 만한 일이 된다. 아시아 학회가 1969년 회의에서 명나라 문제들을 비롯해 우리와 동떨어진 주제들을 논의한 것은 잘못이 아니지만, 12번의 회의 중에 단 한 차례도 베트남을 다루지 않은 것은 문제다.

지식은 사소한 연구나 은밀한 연구에 쓰일 뿐 아니라 사회과학의 허세부리는 개념화에도 흥청망청 쓰인다. 짤막한 유행어 하나에 학문적 논의가 끝없이 이어지고 현실 세계에 아무 소용이 없는 토론이 퍼져나가지만 끝내 울타리를 넘지 못하고 학문적 담론으로 끝이 난다. 학자들은 도식과 모델과 체계를 발명해서 심오한 분위기를 연출하고 경력을 끌어올리지만, 그뿐이다.

따라서 1967~68년경에 시작된 흑인연구 프로그램과 미국 사회에 대한 급진주의적 비판에 토대를 둔 새로운 학생주도형 강좌 덕분에 격한 시위들이 일어난 것은 놀라운 일이 아니다. 1968~69년에 학문의 현실적 타당성을 요구하는 학생들 편에, 연례적인 학술 대회에 반대하는 교수들이 합세하기 시작했다. 미국 철학회는 미국의 베트남 정책을 비난하기로 결의했고, 미국 정치학회는 새로운 간부회의를 통해 프로그램을 근본적으로 변화시켰으며, 미국 역사학회는 1968년 회의를 시카고에서 다른 도시로 이전시켜 데일리 시카고 시장의 폭력 정치에 항의했고, 현대 언어학회는 젊고 급진적인 영어과 교수를 학회장으로 선출했다.

그러나 우리 상황이 여전히 힘든 까닭은 우리의 머리를 좋은 목적에 써야 하는 절박한 과제 앞에서도 오랜 믿음이 학자들에게 달라붙어 있어서 아무리 적극적인 행동주의자라 해도 그 곰팡이를 말끔히 털어낼 수가 없기 때문이다. 그 믿음은 대략 "사심 없는 학문… 감정에 흔들리지 않는 지식… 객관적 연구… 과학적 방법" 등으로 불리지만, 이 모든 표현은 결국 더 도덕적인 목적에 우리의 지성을 사용하는 것이 적절하지 않다는 두려움과 맞닿아 있다. 그래서 우리는 대개 전문직의 믿음에 계속 굴종한다. 그 믿음이 우리가 인간으로서 느끼는 가장 심오한 감정을 위반하더라도, 학자의 전통적인 중립성이 우리가 가르치는 역사의 숭고한 목적에 해가 되고, 비중립적인 세계의 희생자들을 팔아넘긴다 해도.

따라서 우리는 "사심 없는, 중립적인, 과학적인, 객관적인" 학문에 찬성하는 논리를 조사해볼 필요가 있다. 만일 지식을 사용하는 데에 어떤 혁명을 일으켜 사회 혁명과 맞먹는 변화를 야기하려면, 지식을 계속 낭비하게 하는 규칙들에 이의를 제기하는 데서 시작해야 한다. 이제 그런 규칙 몇 개를 열거하고, 새로운 접근법을 간략히 제시하고자 한다.

규칙 1. **"사심 없이" 학문하라**(나는 한 시간 동안 글을 읽는 중에 이 구절을 사용해서 훈계하는 대목을 세 번 마주쳤다. 월터 립먼Walter Lippmann의 에세이 《신공화국New Republic》, 리처드 홉스태터Rochard Hofstadter의 1968년 컬럼비아 대학 취임 연설, 아이러니컬하게도 《공익The Public Interest》이라는 잡지에 실린 대니얼 벨Daniel Bell의 기사에서다). 이 훈계는 마냥 순진하다. 학계에는 이미 강력한 이해관계가 작동할 뿐더러, 다양한 수준의 자의식까지 널리 퍼져 있기 때문이다.

우리 사회에는 정치권력과 기업의 부가 기성 체제로 굳어 있다. 그들의 관심사는 사회 구조를 변화시키려는 사람들이 아니라 이미 존재하는 적소에 어울리는 사람들을 대학이 양산하는 것이다. 우리는 우리의 교육계가 사람들을 "사회화"시킨다고는 알고 있었지만, 그에 대해 단 한 번도 걱정하지 않았다. 우리의 사회적 규범이 영속할 가치가 있다고 가정했기 때문이다. 이제 잘못된 가정에서 벗어나 우리는 그 점을 의심하기 시작하고 있다. 교육 관료제는 그 자신—즉 기부된 재산, 건물, 지위(명예와 물질), 정통 노선에 따른 지속적 성장—을 유지하는 데 관심이 있고, 이런 큰 이해관계가 승진, 종신 재직권, 더 많은 봉급, 위신 같은 학자의 동기에 내면화되어 있다. 이제는 규범화된 명령을 쇄신할 때 그 모든 동기를 가장 잘 성취할 수 있는 시대에 접어들었다.

이런 이해관계는 모두 어떤 음험한 결정을 통해서가 아니라 기름칠이 잘 된 체계의 원활한 메커니즘을 통해 작동한다. 마치 불합리한 경제 체제가 어떤 극악무도한 음모에 의해서가 아니라 이윤 동기와 시장 메커니즘에 의해 돌아가고, 그에 못지않게 불합리한 정치적 결정이 해마다 의회에서 재생산되고 있듯이 말이다.

어느 누구도 벌어지는 사태를 정확히 **기획**하진 못한다. 사람들은 그저 게임의 일반 규칙을 따른다. 교육도 마찬가지다. 그래서 우리는 학자에게 사소한 주제, 허세, 과장된 목소리, 획일화된 졸업생 양산을 은밀히 요구하는 이 규칙들에 도전할 필요가 있다(에머슨의 말은 지금도 옳다. "**사태**가 안장에 걸터앉아 인류를 몬다").

따라서 "사심 없는" 학자 공동체란 있을 수 없고, 학자들이 어떤 이익에 봉사하는가라는 질문만 남는다. 내가 믿기에 우리는 사회의 바탕이 되는 휴머니즘에 의식적으로 봉사해야 하며, 어떠한 계급이나 당,

국가, 이데올로기보다 휴머니즘을 더 앞에 놓아야 한다. 나는 교육에서 우리가 어떤 "가치들"을 육성한다고 말할 때(어떻게 행동하든 간에) 그 진정한 의미는 이것이라고 생각한다.

대학과 그 학자들(교수, 학생, 연구원)은 소극적인 태도를 버리고 그들의 관심이 전쟁, 가난, 인종과 민족 증오, 정부의 인권 탄압을 제거하는 데 있고, 협동 정신을 촉진하고 다음 세대를 배려하는 마음을 장려하는 데에 있다고 선언해야 한다. 학자들은 특정한 국가나 당, 종교 또는 정치 이념에 봉사하지 말아야 한다. 아이러니하게도 학자들은 종종 편협한 정치, 군사, 경제의 이익에 봉사하면서도, 중립성을 지켜야 한다는 이유로 더 큰, 초월적 가치들을 외면한다.

규칙 2. **객관성을 지켜라.** 교육과 학문의 "객관성" 신화는 우리 모두가 겪고 있는 혼동에 기초해 있다. 본 것을 정확히 전하고자 신중을 기하는 것이 객관성이라면 그런 태도는 칭찬받아 마땅하다. 하지만 정확성은 필요조건에 불과하다. 대장장이가 믿을 만한 측정 도구를 사용하는 것은 일을 잘 할 수 있는 하나의 조건일 뿐, 정말 중요한 문제에는 답이 되지 않는다. 지금 이 대장장이는 그의 도구를 사용해서 검을 만들려 하는가, 쟁깃날을 만들려 하는가? 애초부터 쟁깃날을 염두에 두었다 해도 그는 치수를 왜곡할 필요가 없다. 이와 마찬가지로 학자가 전쟁이 아닌 평화를 택했다 해도 손에 쥔 사실을 왜곡할 필요는 없다.

너무 많은 학자들이 궁극적인 가치와 그걸 얻는 데 필요한 도구를 제대로 구분하지 못해서 최초의 가치를 공공연히 포기한다. 가치는 (인간의 필요에서 나오므로) 당연히 주관적이지만, 도구는 객관적이어야 한다(정확성). 학문적인 탐구에서 우리의 가치관은 답이 아니라, 우리가 던지는 **질문**을 결정한다.

예를 들어, 역사 저술에서 "객관성"은 어떤 지형 위에 있는 모든 것—심지어 모든 것의 견본—을 지도에 나타내려는 시도만큼이나 무의미하다. 현재의 목적에 소용이 있으려면, 즉 우리를 어떤 목적지로 데려가려면, 어떤 지도도 그 지형에 있는 모든 요소를 보여줘서는 안 되고, 보여줄 수도 없다. 따라서 지도제작자의 목적에 따라서 각기 다른 지도들을 만들 필요가 있다. 각각의 지도는 그 목적에 꼭 필요한 것들을 포함하고, 목적과 무관한 것들을 제외하기 때문에 "당파적"이라는 비난을 들을 수 있다. 하지만 당파적인 것이야말로 현재의 특수한 임무에 가장 충실하다.

지도가 우리의 기대를 저버리는 때는, 추상적 보편성이 부실해서 전체를 포괄하지 못할 때가 아니라, 진리가 의미—현재의 인간적 필요와, 그 필요를 충족하기 위해 우리가 해야 할 일—를 갖는 단 하나의 영역에 대해 부실할 때다. 역사 이야기도 마찬가지다. 키르케고르는 이렇게 말했다. "진리는 개인이 행동으로 생산하는 동안에만 존재한다."

규칙 3. **학과를 고수하라.** 의료계에서처럼 교육계에서도 전문화는 터무니없이 극단화되었다. 개인은 더 이상 미국 정치의 전문가가 아니라, 의회, 대통령 또는 압력 단체의 전문가다. 역사학자는 "식민 시대"의 연구자거나 "초기 국가 시대"의 연구자다. 교육이 가치의 증진과 분리되었을 때 이런 현상이 자연스럽게 일어난다. 현실의 문제(예를 들어, 매년 8천억 달러의 부를 생산하는 나라에서 가난을 어떻게 몰아낼 것인가)를 연구하려면, 주저함 없이 여러 학과의 경계를 넘나들면서 역사 자료, 경제 이론, 정치적 장애를 다뤄야 한다. 전문화된 환경에서는 한 사람이 어떤 문제를 처음부터 끝까지 포괄적으로 이해하기가 불가능하다. 그런 환경에서는 체제의 격언인 "분할하여 통치하라"(divide and rule. 분할해서 통치한다는 지배층의 지배·통치 기술—옮긴이)가 학계에도 작용한다.

또 다른 종류의 학문적 격리도 대학에 있는 사람들이 긴급한 사회 문제를 다루는 데 장애가 된다. 이는 사실과 이론을 분리하는 경향이다. 우리는 교육의 한 부분에서 위대한 철학자와 시인들의 사상을 배운다. 그리고 나머지 부분에서는 현실적인 직업 세계에 진출할 준비를 한다. 예를 들어 정치학에서 어떤 정치 이론가는 좋은 사회의 초월적 비전을 논하고, 다른 정치 이론가는 현 정부를 사실 그대로 묘사한다. 하지만 어느 누구도 현재와 당위를 함께 다루진 않는다. 그렇게 하려면 여기서 저기로, 즉 지금의 현실에서 시적 비전으로 건너뛰어야 한다. 정치학에서 사회 변화의 전술을 연구한 예가 얼마나 적은지에 주목해보라. 학생과 교수 모두 이론과 현실을 다른 수업에서 다룬다. 구획을 나눈 덕분에 그들은 안전한 중립에 머문다.

규칙 4. **"과학적"이려면 중립성을 지켜야 한다.** 이는 실제로나 계획상 과학이 어떻게 굴러가는지를 잘못 이해한 말이다. 과학자들도 가치관을 지니고 있다. 다만 너무 오래전에 정립된 탓에 기억을 잘 하지 못할 뿐이다. 그들은 인간의 생명을 구하고, 인간이 환경을 더 많이 통제해서 많은 사람들을 더 행복하게 하는 것을 목표로 삼는다. 이는 과학 연구 뒤에 놓인 무언의 가정이라, 누군가가 생리학자에게 삶과 죽음, 건강과 질병과 관련하여 중립적 입장에서 출발하라고 제안하면 그는 깜짝 놀랄 것이다. 사회과학자들은 아직 그들의 목표가 사람들의 생명을 지키고, 지구의 자원을 공평하게 분배하고, 인간적 자유의 영역을 확대하는 것이고, 결국 그런 목적을 이루기 위해 노력하는 것임을 솔직하게 인정하는 단계에는 이르지 못했다.

사회과학은 그 도구가 주관성에 오염되어 있기 때문에 "다르다"는 주장은 자연과학에서 밝혀진 사실들을 무시하는 말이다. 자연과학에서도, 관찰한다는 사실 자체가 물리학자의 측정을 왜곡하고, 무엇이 보이는지가 공간상의 위치에 따라 달라진다. 물리과학은 더 이상 확실성을 거론하지 않고 "확률"을 이야기한다. 그 확률은 사회과학보다 높을 수 있지만 두 분야 모두 안개 같은 데이터를 다룬다.

규칙 5. **학자는 "이성적"이어야 하므로 "주정주의"를 피해야 한다.** 맞다. 감정은 왜곡의 명수다. 하지만 향상의 명수이기도 하다. 만일 학자의 임무 중 하나가 정확한 묘사라면, 전쟁을 무감정하게 묘사하는 동시에 정확하게 묘사하기는 불가능하다. 또한 마음에 특별한 능력이 있어서 우리가 제한된 개인의 경험 너머에 있는 것을 지각할 수 있다면, 감정은 그 능력을 촉진하고 그 지각을 강렬하게 해준다. 노예제를 묘사할 때 충분한 주정주의는 노예제가 흑인들에게 어떠했는지를 백인 대학생에게 정확히 전달하는 **기반**이 될 것이다.

이렇게 지성의 임무—우리의 이해를 넓혀주는 것—란 관점에서 볼 때, "냉정하고, 이성적이고, 무감정한" 접근법은 도움이 되지 않는다. 미국 백인은 냉정하고 부적절한 역사 저술 때문에 이 나라에서 흑인이 당한 고통과 너무 오랫동안 감정적으로 분리되어 있었다. 인쇄된 지면의 단조로움 덕분에 전쟁과 폭력은 그 잔인성을 감추고 젊은이들에게 용인할 수 있는 것이 되었다(영어 수업에서는 시와 소설을 읽지만, 역사와 정치 수업에서는 거론조차 하지 않는다). 라인홀드 니버Reinhold Biebuhr가 강조했듯이, 이성은 감정으로 보완될 때 비로소 정확해진다.

학자들이 사심 없음, 객관성, 과학적 절차, 이성 같은 전통 개념에 얽매이기를 거부하고 더 살기 좋은 세계를 의도적이고 비중립적으로 추구할 때 어떤 종류의 연구를 하게 될까? 나는 학문 활동을 오웰 식으로 통제해야 한다고 주장하고 있는가? 절대 그렇지 않다. 나는 학자들 스스로가 그동안 지켜온 규칙들을 재고하고, 시대의 긴급한 문제들에 지적 에너지를 쏟으라고 제안하고 있다. 교육의 참된 과제는 상한 지식을 버리는 것이라고 알프레드 노스 화이트헤드Alfred North Whitehead는 경고했다. "지식은 생선만큼이나 보존하기가 어렵다. 지식은 산 채로, 생생하고 힘 있게 보존해야 한다."

특히 우리는 모든 사회가 감추고 싶어 하는 사실들—부와 가난, 공산주의와 자본주의 국가의 독재, 정치인과 대중매체, 교회와 민중의 영웅이 내뱉은 거짓말—을 폭로해서 사람들을 자족의 늪에서 끌어내는 일에 연구 시간과 에너지를 쓸 수 있다. 우리는 거짓된 논리, 겉치레뿐인 비유, 기만적인 슬로건 등 사람들을 도취시켜 살인을 저지하게 하는 그 모든 상징과 개념들을 폭로할 필요가 있다. 우리 시민들이 정치적 수사 밑에 숨겨져 있는 구체적 현실을 판단할 수 있도록 그 추상 개념들의 밑동을 파헤칠 필요가 있다. 모순과 이중 잣대를 폭로할 필요가 있다. 요컨대 우리는 문화를 두둔하고 영속시키는 자가 아니라 비판하는 자가 되어야 한다.

우리는 운이 좋아 지식의 원천을 소유하게 된 계층으로, 그런 일에 특히 적합한 장비를 갖추고 있다. 물론 사업의 압박, 군사적 필요, 정치에서 멀리 떨어져 있진 않지만 우리에게는 변화를 대변할 수 있는 꼭 그만큼의 자유재량, 진실을 말하는(실제로는 빈번히 위반되긴 하지만) 그 전통이 있다.

그 명령에 따라 우리는 잊힌 비전, 사라진 유토피아, 이루지 못한 꿈을 모든 사람이 볼 수 있도록 높이 들어올려야 한다. 냉소가 만연해 있는 이 시대에 절박하기만 한 그 가치들을. 그런 비전과 함께 우리는 중요한 목적을 성취할 수 있는 구체적인 계획을 만들어 그것을 이용할 수 있는 집단들 앞에 펼쳐놓아야 한다. 경제학자는 연방준비제도 이사회의 금리 권고안을 연구하는 대신에 무료식량 계획을 내놓아야 한다. 정치학자는 군사용 대반란 전술이 아니라 가난한 사람들의 반란 전술을 연구해야 한다. 역사학자는 과거의 데이터로부터 재미나 지루함이나 위선이 아닌 깨우침과 영감을 꺼내 제공해야 한다. 과학자는 자동차를 안전하게, 도시를 아름답게, 공기를 깨끗하게 만들 수 있는 계획을 연구해서 국민 앞에 내놓아야 한다. 모든 사회과학자는 세계를 있는 그대로 묘사하는 대신에 세계를 변화시키는 방식을 연구해서 고통을 최소화하는 혁명적 개혁안을 제시해야 한다.

사회에서 혁명이 어떤 모습으로 일어날지 모르듯, 학자들 사이에 혁명이 어떤 모습으로 일어날지 확실히는 모르겠다. 다만 그 형태가 어떤 거대한 지각변동 같으리라고는 생각하지 않는다. 그보다는 소란과 평온이 주기적으로 반복되는 가운데, 한두 명이나 10여 명씩 여기저기 낡은 기관 안에서 진지한 그룹을 만들고 그곳을 안으로부터 바꾸는 과정이 될 것이다. 최후의 심판 같은 날은 오지 않을 것이다. 대신에 우리는 새로운 세계를 위해 우리가 "투표"할 수 있는 구역—우리의 교실, 연구, 저술—을, 남들이 신중하게 골라준 순간이 아니라 주어진 매 순간마다 전력을 다해 **바로 지금** 해방시켜야 한다(소로가 제안했듯이).

그럴 때 우리는 학자보다 인간으로 존재할 수 있는 신념을 실천할 것이다. 그러기 위해서는 판에 박힌 관습을 강요하고 (자선을 베푸는 순간 이외에는) 도처에 널린 잔인함을 외면하게 하는 학문적 신화에 도전할 필요가 있다. 우리는 위대한 시인과 철학자들의 말을 처음으로 진지하게 받아들여 그들의 말을 인용하고 한 걸음 더 나아가 몸소 실천할 것이다. 우리는 부자와 권력자에게 봉사하거나 우리 자신의 경력을 쌓기 위해서가 아니라, 시를 읽고 철학을 공부할 기회가 없는 사람들, 지금까지 겨울을 따뜻하게 보내고 전쟁에 소집되어 살아남기에 전력을 다해온 사람들을 위해 그렇게 할 것이다. 궁극적으로 우리는 우리 자신과 우리의 아이들을 위해 행동할 것이다.

2. 역사가 사사로운 사업이라고?

이제 일반적인 학자에서 특수한 역사학자로 눈을 돌려보자. 오랫동안 역사학자는 자신의 인간성 때문에 어려워했다. 가난한 광경에 화가 나고, 전쟁에 소름이 끼치고, 인종차별이 역겹고, 반대파 탄압에 분개했지만 그럼에도 역사학자는 자세를 흩뜨리지 않고, 목소리를 유지하고, 감정을 절제했다. 실은 역사학자도 자신의 감정에 맞게 연구를 은밀히 조율할 때가 꽤 많았지만, 너무 은밀하고 학문적 기술로 잘 위장해서 가까운 친구들과 의회위원회의 연구자들을 제외하고는 역사학자의 동정심을 알아채기가 어려웠다.

역사학자는 현 상황에 대한 깊은 관심이 과거의 진실을 왜곡하는 결과로 이어질 수 있음을 우려한다. 실제로 내가 아래에서 논의할 조건들 하에서는 그렇게 될 가능성이 더욱 높다. 하지만 무관심은 또 다른 왜곡을 낳아서, 역사라는 광석이 쟁깃날도 검도 되지 못하고 그냥 녹아서 쇠로 팔린다. 역사학자는 저술과 강의를 해서 생계를 유지하는 전문가다. 그는 전문분야에서 자신의 지위를 유지할 필요가 있기 때문

에 논쟁에서 멀어지고(학문적 토론이 필요한 정치 논쟁을 제외하고), 곤란을 모면한다.[3]

인간적인 충동과 전문분야의 관행이 긴장을 불러일으키는 탓에 많은 역사학자들이 학문 연구와 그밖의 활동을 병적으로 분리하고, 그렇게 해서 카를링거 왕조와 교황권의 관계를 연구하는 역사학자는 연구를 잠시 중단하고 시민권을 위한 청원서에 서명을 한다. 때로는 그렇게라도 분리하기가 어려운 탓에, 아시아 역사의 전문가는 영리하게도 베트남에 관한 티치인(teach-in. 공익과 관련된 문제에 대한 교수와 대학생간의 장시간에 걸친 토론 집회—옮긴이) 을 외면하고 자신의 연구를 현 상황에 물들이지 않는다. 이 모든 결과로 미국의 특유한 현상, 은밀한 급진주의가 만연한다.

대학의 역사학자 중 절반 이상이 박사학위를 따는 과정에서 활기찬 사회적 관심을 잃어버린다. 학위를 취득하는 과정에서 언급되지 않은 10년이나 사람 또는 주제를 찾아야 하는 기본적인 요구에 몇 년 동안 가혹한 노동을 하고 나면 괴물 같은 무관심의 노예가 된다. 또한 그 이후에도 지위, 종신 재직권, 연봉 등이 개인의 행동주의나 사회에 도움이 되는 학문을 전적으로 차단하진 않아도 어느 정도 제지하는 역할을

3 18세기와 19세기의 역사학자는 대부분 국가의 이익이나 상류계급의 이익을 대변했지만, 전문적이지 않았고 그래서 당파적인 역사를 쓰는 경우가 더 많았다(헨리 애덤스Henry Adams, 조지 밴크로프트George Bancroft). 어쨌든 그의 글에는 전문적인 역사학자에게서는 찾아보기 어려운 삶의 냄새와 격투가 있었다. 하지만 가끔은 편협한 이익을 초월하기도 했다. 밴크로프트는 애국의 열정으로 글을 쓴 반면에, 리처드 힐드레스Richard Hildreth는 초기 민족국가 시대에 (그 자신이 묘사한 대로) "거친 애국심으로 치장하지 않은" 글을 썼다. 힐드레스는 비교적 무명이었고, 밴크로프트는 인기가 매우 높았다.

한다.

물론 기벽에 가까운 행동도 볼 수 있다. 헨리 스틸 코머저Henry Steele Commager는 공산주의자들을 옹호하는 편지들을 《타임스》에 실었고, 마틴 듀버먼Martin Duberman는 미국의 수치를 무대에 올렸고, 스토턴 린드Staughton Lynd는 하노이로 날아갔다. 또한 학문의 신중함이란 규칙에도 다음과 같은 빛나는 예외들이 있었다.

찰스 비어드Charles Beard의 《헌법에 대한 경제적 해석An Economic Interpretation of the Constitution》은 미국의 추문을 폭로한 역사서로, 과거의 영웅들에게 진흙을 튀겼다기보다는 몇 세대에 걸친 독자들로 하여금 그들 시대의 정치에 경제적 이해가 개입하는 것을 우려하게 했다. 아서 슐레진저 시니어Senior Arthur Schlesinger는 《미국 역사의 새로운 관점들New Viewpoints in American History》에 실린 한 에세이에서, "주의 권리"(연방국가를 구성하는 단위인 주정부가 독립적인 정치주체로서 갖는 헌법상의 고유권한. 州權이라고도 한다—옮긴이)라는 허식을 납작하게 눌러서 그 후로 어느 누구도 그 구절을 듣고 미소를 짓지 않을 수 없게 만들었다. 두보이스William Edward Burghardt Dubois는 《흑인 재건Black Reconstruction》을 통해 학자로서 **데모**라는 말의 가장 심오한 의미에 최대한 가까이 다가가, 끈질기고 해로운 순진함에 펑크를 냈다. 매튜 조지프슨Matthew Josephson의 《강도 실업가The Robber Barons》와 헨리 데이비드Henry David의 《헤이마켓 사건의 역사History of the Haymarket Affair》는 저자들의 동정심 때문에 햇빛을 보지 못했다. 월터 밀리스Walter Millis의 《전쟁으로 가는 길The Road to War》은 1차 세계대전에 대한 낭만적인 허튼말을 신중하고 효과적으로 되받아쳤다. 아서 웨인버그Arthur Weinberg의 《명백한 운명Manifest Destiny》는 미국의 팽창을 이상화한 보수주의자들과 자유주의자들의 위선을 조용히 폭로했다. 리처드 홉스태터의 《미국의 정치 전통The American Political Tradition》은 자유주의의 영웅들—제퍼슨, 잭슨, 윌슨, 두 명의 루스벨트—을 납작하게 눌러 **현재**에 대한 의문을 증폭시켰다. C. 밴 우드워드C. Van Woodward의 《짐 크로의 이상한 이력The Strange Career of Jim Crow》은 인종 차별이 아무리 깊이 스며들어 있어도 아주 단시간 내에 바뀔 수 있음을 점잖게 상기시켜주었다(Jim Crow는 1876년부터 1965년까지 시행됐던 미국의 흑백분리법—옮긴이). 이밖에도 많은 예외들이 있다.

하지만 이 모든 선례에도 미국에서 역사 저술을 지배하는 분위기는(역사 평론 저널들을 들춰보라) 당대의 문제에 직접 맞서기를 피하고, "객관성"에서 벗어난 징후 때문에 사과를 늘어놓고, 사회 운동과의 접촉을 경멸한다. 역사학자 에드워드 N. 새비스Edward N. Saveth는 최근에 나온 미국 역사 논문집을 소개하면서,* 사회과학의 역사 접근법은 "현재주의의 목적론" 때문에 "혼란스러웠다"고 주장했다(새비스는 3페이지 안에서 "혼란"이란 단어를 세 번이나 변주해가면서 현재주의의 영향을 이야기했다).

현재주의presentism란 무엇인가? 1912년에 칼 베커Carl Becker는 현재주의를 "지식은 목적에 봉사해야 하고, 학문은 삶의 문제를 해결하는 데 적용되어야 한다는 절대적인 명령"이라고 정의했다. 새비스는 많은 동료들을 대변하며 머리를 가로저었다. "개혁과 상대주의의 쟁점에서 번지는 불길을 먼저 둑으로 막아야 역사와 사회과학의 관계를 객관적으로 조사할 수 있었다."*

그건 사실 불길이 아니라 찰스 비어드, 제임스 하비 로빈슨James Harvey Robinson, 칼 베커가 일으킨 지독하게 끈질긴 불똥이었다.[4] 그건 "둑으로 막을" 필요가 없었고, 사소한 것들을 "객관적으로" 연구한 책 수천 권으로 덮어서 끄기만 하면 되었다. 그런 것들이 학술대회, 박사학위 논문, 전문 저널을 통해 다른 역사학자들에게 유통되면서 역사학을 대표하는 트레이드마크가 되었다.

《무엇을 위한 지식인가?Knowledge for What》에서 로버트 S. 린드Robert S. Lynd는 1937년 《미국 역사평론American Historical Review》에 실린 "마라톤 전투의 방패 신호"의 세밀한 분석에 현실적 의의가 있는지 따져 물었다. 린드는 그 분석이 과연 "과학적 에너지의 적정한 분출"이었는지를 의아해했다. 그로부터 25년이 지난 후에 《미국 역사평론》(1965년 7월 호)의 주요 논문은 〈맘스베리의 윌리엄이 기록한 글로체스터의 로버트: 《히스토리아 노벨라》의 재평가〉다. 1959년에 남부역사학회의 한 회의에서 역사학자들은 긴 논문을 발표한다(그 회의는 흑인을 제지하는 호텔에서 회의를 개최하는 관행을 즉시 중단하자는 결의안을 묵살했다). 논문의 제목은 〈남해의 영국 군함들, 1793~1802〉, 〈직물: 질풍노도 시대〉, 〈뱀슨 특공대의 뱀슨〉이다.

린드 교수는 오래 전에 이런 상황을 다음과 같이 표현했다. "그렇게 과거를 객관적으로 발견하는 것 외에는 어떤 지침도 없이 항해를 할

---

4 제임스 하비 로빈슨James Harvey Robinson의 《새로운 역사The New History》 MacMillan, 1912; 칼 베커Carl Becker의 《누구나 자기 나름의 역사학자Everyman His Own Historian》 Appleton-Century-Crofts, 1935를 보라. 또한 리처드 홉스태더Richard Hofstadter, 《진보적 역사학자들The Progressive Historians: Turner, Beard, Parrington》 Knoft, 1968, 특히 pp. 170~181을 보라.

때 역사는 광막한, 종잡을 수 없는 사업이 된다." 그리고 그런 역사는 본질적으로 **사사로운** 사업이라고 나는 덧붙이고 싶다.

그렇다고 해서 위중한 사회 문제에 직접 적용할 수 있는 주제에서 1~2도밖에 틀어지지 않은 뛰어난 역사 연구가 많이 있다는 사실을 부인하는 것은 아니다. 문제는 그 비율이다. 미국에는 과거를 자세히, 열심히 조사하려는 지적 에너지가 엄청나지만, 중요한 문제들—인종 차별, 가난, 전쟁, 억제, 고독, 소외, 투옥—을 해결하는 데 계획적으로 투입되는 양은 극히 적다. 역사 연구가 유용했던 경우들에도 계획보다는 우연이 작용해왔다. 이는 가공한 펄프재로 도서관을 넘치게 채우면 결국 쓸모 있는 어떤 것이 나와서 사회의 갈증을 해소시킨다고 주장하는 일종의 낙수효과 이론이다.

학자들은 사회의 목적에 도움이 되겠다는 막연하고 일반적인 바람을 갖고 있지만 역사 연구서의 출간은 소용보다는 이윤(승진, 위신, 그리고 약간의 돈)이 좌우한다. 그렇다고 해서 쓸모 있는 지식이 생산되지 않는다는 뜻은 아니다(또는 허름한 동네에 사람들이 살고 있음에도 우리 사회가 훌륭한 오피스빌딩을 건설하듯이, 생산물의 품질이 그 자체로 훌륭하지 않다는 뜻도 아니다). 내 말은 이 산물이 중요하지 않을 때가 너무 많다는 것이다. 경제는 풍요로운데 유의미한 비율이 사회 개혁에 쓰이지 않을 경우에 낭비, 즉 잃어버린 기회와 헛된 노력은 엄청나게 커진다.

사실, 역사 저술은 혼합 경제(계획 경제와 시장 경제를 혼합한 체제—옮긴이)지만, 그 혼합을 자세히 들여다보면 사회적 비중이 전체에서 낮은 비율을 차지한다는 것을 알 수 있다.[5] 내가 제안하고 있는 것은 학문에 대한 전체주의의 명령이 아니라, ("마라톤 전투의 방패 신호"와 "뱀슨 특공대의 뱀슨"을 분석하고 싶어 하는 사람들에게는 완벽한 자유와 행운을 허락해주고) 장려, 설득, 데모를 통해서 사회적 구역을 확대하자는 것이다.

드물지만 간혹 어떤 역사서들은 사회 문제를 밝히기보다는 마치 예술작품처럼 한 시대의 분위기, 색조, 사실, 사건, 개인을 재현하면서 즐거움과 진솔한 감정의 온기를 전달한다. 나는 여기에 이의를 제기하지 않는다. 그 방식은 충분히 정당하다. 따지고 보면 인간의 행복을 확대하는 것이 사회 변화의 최종 목적이기 때문이다.

하지만 예술도 과학도 아닌 역사 연구가 너무나 많다. 가끔은 직접적인 용도를 알 수 없는 수학자의 공식인 양 그런 역사를 "기초 연구pure research"라고 옹호한다. 하지만 기초 과학자는 미래에도 무한히 사용할 수 있는 데이터로 연구한다. 반면에 역사학자는 끝난 전투나 세상에 알려지지 않은 인물에 대해 연구한다. 또한 과학에서는 "기초 연구"를 하는 비율은 아주 낮다. 역사학자의 현재 상황은 정반대로, 다른 경우에도 적용할 수 있는 데이터로 연구하는 비율이 낮다. 추가 반대쪽으로 이동해야만 역사학자는 비로소 기초 연구가 설 자리를 잃고 있다고 불평할 수 있다.

역사학에서 사회적 비중을 확대하려면 우선 "주관성"이란 말에서 수치심을 씻어내야 한다. 베네데토 크로체Benedetto Croce는 일찍이

---

5 존 하이엄John Higham은 《미국 역사의 재구성The Reconstruction of American History》에서 이렇게 지적한다. "순전한 크기로 봤을 때 그 산물은 어느 현대 국가의 역사 문헌에도 뒤지지 않거나 그것을 능가한다." Harper (Torchbook edition), 1962, p. 10.

1920년에 "과학적 역사"의 엄격한 요구에 반발하면서 이 일에 착수했다. 그가 반발한 것은 폰 랑케가 강조한 "사실 그대로의" 역사, 베리 John Bagnell Bury가 "더도 덜도 아닌, 그저 하나의 과학"이라 부른 역사였다. 크로체는 과거를 조사하기 위해 그가 선택한 것은 "현재의 삶에 대한 관심"에 따라 결정되었으며, 과거의 사실들은 "현재의 관심사에" 답해야 한다고 당당히 밝혔다.* 미국에서는 제임스 하비 로빈슨이 다음과 같이 말했다. "지금까지 현재는 과거에 자발적으로 희생했다. 이제는 전세를 뒤집어, 현재가 진보를 위해 과거를 이용해야 할 시대가 도래했다."*

하지만 현재의 문제에 관심을 두었다는 이 고백에 다른 학자들은 불편해했다. 예를 들어 철학자 아서 O. 러브조이Arthur O. Lovejoy는, 역사학자의 목표를 "사회개혁가"의 목표와 혼동해서는 안 되며, 역사학자가 "현 시대"의 문제에 기초해서 서술하면 "그만큼 더 부족한 역사학자가 될 것"이라고 말했다. 그는 역사학자의 일은 "특정한 사건이나 사건의 연속이… 특정한 과거에 발생했는지, 그리고 그 사건의 성격이 어땠는지를 아는 것"이라고 선언했다(그가 이렇게 선언한 때는 현충일 대학살〔1937년 시카고 경찰이 비무장한 파업 노동자에게 무차별로 발포한 사건—옮긴이〕, 게르니카 폭격, 뉘른베르크 법〔1935년에 유대인의 독일 시민권을 몰수한 법—옮긴이〕의 시대였다). 철학자들이 그것은 역사학자의 우선적인 용무가 아니라고 제안하는 시대에, 러브조이는 "그런 생각은 역사학자의 윤리를 훼손할 뿐"이라고 말했다.

내가 보기에 참여를 두려워하는 마음에는 궁극적 가치와 도구적 가치의 혼동이 자리해 있다. 궁극적 가치들—전쟁, 가난, 인종 증오, 감옥은 폐지해야 한다, 인류는 단일한 종이다, 호의와 협동이 폭력과 적대 행위를 대체해야 한다—을 확실히 고수한 채로 역사 연구를 시작할 때, 그 가치의 옹호자는 진실을 멋대로 변경하라는 압력에 흔들리지 않는다. 흄과 논리실증주의에 속하는 그의 후계자들은 어떤 **당위**should도 **존재**is하는 것으로는 입증되지 않다고 주장했는데, 이 주장에는 유용한 면이 있다. 어떤 사실적 발견으로도 절대적인 도덕을 논박할 수 없기 때문이다.[6]

어윈 웅거Irwin Unger는 《'신좌파'와 미국 역사》에서 이 점을 혼동하고 있다.*

> 만일 미국에 지금까지 진정한 이견이 없었다면, 미국에 자본주의, 인종관계, 팽창주의에 대한 일반적인 합의가 우세했다면, 그리고 지금까지 존재해온 그런 이견이 변덕스럽고 졸렬했으며 적응에 실패한 사회가 아니라 적응에 실패한 개인의 산물이었다면, 우리 시대의 급진주의에 미국 역사는 현실적 의의가 없을 것이다.

6 우리의 궁극적인 목표가 인간의 행복이고 주거 유형별로 각 인종들을 배치하는 것이 **수단**이라고 할 때, 우리는 특별한 장소에 여러 인종을 통합하는 것이 만족스러운 해결책이 아닌 것으로 입증됐다고 해도, 그것이 우리의 궁극적 가치에 흠집을 낼지 모른다는 두려움 때문에 그 사실을 감출 필요가 없을 것이다. 그 사실은, 통합 그 자체로는 행복을 유발하기에 부족하다는 것을 보여주고—그래서 다른 요인들을 찾아볼 수 있고—그와 동시에 우리는 특별한 장소에서든 모든 장소에서든 통합이 불행을 유발할 수도 있음을 계속 염두에 둘 것이다. 내가 이 예증을 제시하는 것은 그 사실적 정확성 때문이 아니라, 우리가 궁극적 가치와 도구적 가치를 구분하면 정직성과 "주관성"이 어떻게 화해하는지를 보여주기 때문이다.

웅거는 자본주의에 반대하는 급진적인 역사학자가 역사 연구를 자신이 할 만한 일로 삼기 위해서는, 미국의 과거에서 자본주의에 대한 그와 같은 반대를 찾아내야 한다고 믿는 듯하다. 이 믿음에는 만일 급진적인 역사학자가 그런 반대를 찾아내지 못하면 그런 것을 발명하거나, 발견한 것을 부풀릴 수도 있다는 의미가 담겨 있다. 하지만 사실적인 데이터에 미래의 어떤 징후가 포함되어 있어야만 역사학자가 그런 미래를 옹호할 수 있는 것은 아니다. 우리가 기억하는 한 이 세계에는 전쟁이 끊이지 않았다. 하지만 역사학자가 평화를 추구하고 더 나아가 자신의 연구로 평화로운 사회에 기여하고 싶어 한다고 해서 전쟁과 관련된 사실을 왜곡할 필요는 없다. 더 나아가 과거의 전쟁과 그 영향에 대한 역사학자의 기록은 그 자체로, 과거에는 썩 두드러지지 **않았던** 새로운 인간관계 형태가 미래에는 절실히 필요하다는 점을 독자에게 효과적으로 상기시켜줄 수 있다.

(윌리엄 A. 윌리엄스William A. Williams의 《미국 역사의 형세Contours of American History》를 논할 때에도 웅거는 《'신좌파'와 미국 역사》에서 범했던 실수를 되풀이한다. 그는 윌리엄스의 책이 미국에서 사적 소유가 일반적으로 용인되고 있음을 보여준다고 지적하고, "《미국 역사의 형세》는 젊은 세대의 급진적인 학자들에게 계속 곤혹스러운 책이 될 것"이라고 말했다.)

인종 평등에 궁극적 책무를 둔 미국 역사학자는 많은 노예 소유자들이 노예들에게 채찍을 쓰지 않았고, 노예들은 대개 반란을 일으키지 않았으며, 재건 시대에 일부 흑인 공무원들이 타락했고, 백인보다 흑인들 사이에서 살인율이 더 높다는 사실을 애써 무시하지 않는다. 하지만 역사학자가 그런 책무를 잊지 않고서 과거를 있는 그대로 열거하기보다 미래를 만드는 일에 더 관심을 기울인다면, 그는 노예제가 "좋은 대우를 받은" 노예들에게 무엇을 의미했는지를 지적하고, 다른 모든 시대와 마찬가지로 1870년대에도 백인과 흑인이 함께 타락했음을 설명하고, 엉클토미즘(Uncle Tomism. 백인 사회에 순종하는 정신—옮긴이)을 논할 때 강제수용소에서 유대인이 보여준 수동성과 풍요로운 미국에서 3천만의 빈민이 보이고 있는 무기력증을 함께 논하고, 가난과 몇몇 범죄의 관련성을 지적하지 않을 수 없게 된다.[7]

반면에 **도구적** 가치—특정 국가, 조직, 지도자, 사회 체제, 종교, 기술 등 그 자체의 효력으로 궁극적 가치를 증진할 수 있다고 주장하는 모든 것들—에 맹목적으로 헌신하는 사람은 강한 압박에 떠밀려 역사적 사실을 숨기거나 왜곡하게 된다. 조국에 철저히 헌신하는 미국인은 미국 "외교사"에 깔려 있는 잔인한 요소들을 쉽게 외면한다(외교사란 말 자체가 고상한 분위기를 풍긴다). 예를 들어, 1965년 부활절에 미국이 다른 나라들에게 베푼 고상한 행동을 다룬 제임스 레스턴James Reston의 경건한 칼럼과, 에드먼드 윌슨Edmund Wilson이 미국의 팽창주의를 혹독하고 예리하게 묘사한 《애국의 피Patriotic Gore》의 서문을 비교해보라.

소련에서 숙청과 그밖의 일들을 묘사할 때 역사 날조를 하도록 이끈 것은 인간적인 맑스주의의 궁극적 관심(ultimate concerns. 신학자 폴 틸리히가 규정한 종교의 정의—옮긴이)이 아니라 스탈린을 향한 완고한 신앙심이

---

7 **거짓말**은 가장 심각한 문제가 아니다. 역사학자가 거짓말을 하면 누군가가 곧 진실을 밝혀낸다. 하지만 역사학자가 현실 관련성을 외면하면, 다루기가 더 어려워진다. 우리는 진리를 기준으로 인정하고 진리에 열심히 호소하지만, 현실 관련성은 아직 받아들이지 못했다.

었다. 1956년 이후에야 비로소 도구에 대한 신앙에 변동이 생겨 날조에 반대하는 분위기가 형성되었다. 냉전이 시작되면서 미국은 평화와 자유를 도구적 가치—미국의 해외 정책—로 동일시하는 사회과학 연구를 정부가 지원하고 크게 발전시키면서 소련을 능가하기 시작했다.

그렇게 군대와 계약을 맺은 사회과학자 팀들은 소련이 서유럽 침공을 계획하고 있다는 미국 정부의 전제를 의심하지 않고 받아들였고, 이 전제로부터 정책에 쓸 온갖 추론을 만들어냈다. 이제 그 전제는 틀린 것이 되었다(같은 분석가들이 그렇게 말한다). 하지만 그 도그마 자체가 무너진 것이 아니라, 새로운 전제—공산 국가인 중국이 아시아를 통째로 집어삼키고 결국 세계를 지배하려 한다—가 그 자리를 대신했고, 그래서 다시 컴퓨터를 클릭해서 정책을 만들어내기 시작했다. 도구적 가치의 절대화—이 경우에는, 현재 미국의 해외 정책(다른 경우에는 소비에트 정책 또는 가나 정책 등등)—는 애초부터 연구 결과를 왜곡시킨다.[8]

도구적 가치에 대한 헌신이 사실 왜곡으로 이어질 수 있음을 알고 나서 어떤 학자들은 종종 모든 종류의 헌신을 경계한다. 보이드 샤퍼 Boyd Schafer는 1965년 여름에 빈에서 열린 국제 역사학자 회의를 미국 역사학회에 보고하면서, 한 회의에서 베트남 문제를 끌어들이려는 시도가 있었다고 밝혔다. 그 회의의 집행부는 "현재의 정치 문제는 끌어들여선 안 된다고 완강히 반대하면서," 그 단체는 "과학적 역사 연구

---

8 역사학자들이 기여할 수 있는 한 가지 방법은 어떤 사회적 수단들의 약점과 문제점을 드러내 그 절대적 가치를 논박하고, 그렇게 해서 우리가 특정한 국가, 인종, 이데올로기, 당에 절대적으로 찬성하는 것을 막아주는 것이다. 예를 들어 피터르 게일Pieter Geyl은 《역사의 조우Encounters in History》 Jeridian, 1961에서 역사는 우리에게 이해를 제공해서 한 민족 전체, 한 문명 전체에 대한 증오를 예방해줄 수 있다고 강조한다.

에 전념해왔고 그런 연구만 할 수 있다"고 말했다. 40개국에서 역사학자 2,400명이 왔으니, 역사의 모든 분야에서 나온 데이터와 통찰의 양이 엄청났을 것이다. 만일 그 많은 연구가 베트남 문제에 어떤 해결의 실마리도 던져주지 못한다면, 역사가 현재에 대한 이해를 도와주는 학문이라고 어느 누가 주장할 수 있겠는가?

미국에서만 매년 학자 수만 명이 모여 중요성이 제각기 다른 산만한 주제들에 관한 논문 수백 편을 발표하고 듣는데, 어느 한 학회에서 잠시 주목할 문제—가난, 인종 편견, 베트남 전쟁, 사회 변화의 대안적 방법—를 선택할 방도를 차단하는 것은 역사의 전문화와 그로 인한 역사학자의 비인간화를 증명한다.

하지만 일련의 "궁극적 가치"—평화, 인종 평등, 경제 안정, 표현의 자유—에 이끌려 답을 왜곡하지 않은 채 질문을 할 수 있다면, 그 가치들은 어디서 나온 것일까? 우리는 그 유효성을 어떻게 입증할 수 있을까?

우리가 우리의 가치들을 정당화하지 못해 쩔쩔매는 경우는 "증거"를 학문적 연구와 동일시할 때뿐이다. 수백 년에 걸쳐 살아온 수백만 사람들의 경험, 각 사람들이 모든 인간에게 주어진 공통된 양상들을 겪으며 저마다 확인한 경험이, 사랑이 미움보다, 평화가 전쟁보다, 우애가 적대감보다, 기쁨이 슬픔보다, 건강이 병보다, 음식이 기아보다, 삶이 죽음보다 낫다는 것을 **증명한다**. 그래서 충분히 많은 사람들이 이 가치들을 인정하고(모든 나라, 모든 사회 체제 안에서), 더 이상의 학문적 논쟁은 행동을 가로막는 장애물이라 생각한다. 프로이트가 정의한 가장 넓은 의미의 에로스(삶의 본능) 그리고 에릭 에릭슨Erik Erikson이 말한 "더 포용적인 정체성" 개념에 비추어 볼 때, 우리가 보고 느끼는 것(우리는 인간의 감정을, 말로 할 수 없는 이성이 결정화된 것이라고 봐서는 안 되는가?)은 더욱 확실한 사회심리학적 사실이 된다.[9]

그렇다면 이 가치들을 역사학자는 어떻게 실제 연구에 적용해야 할까? 우선, 지금까지 어둠에 묻혀 있었지만 밝게 비추면 정의와 형제애를 높일 수 있는 역사적 사실들을 강조할 필요가 있다. 모든 역사 저술이 사실의 바다에서 의미 있는 사실을 선택한다는 것은 이제 자명한 사실이다. 하지만 어떤 기준이 그 선택을 지배해야 하는가?

하버드의 철학자 모턴 화이트Morton White는 "상대주의로의 성급한 비약"에 맞서 "역사적 객관성"을 열렬히 옹호하면서, "역사의 이상적인 목적"은 "온전히 진리를 말하는 것"이라고 말한다.* 하지만 일어났던 모든 일을 역사 이야기 속에 열거할 순 없으므로, 화이트는 더 짧고 "대표성 있는" 목록을 제시하는 것이 역사학자의 일이라고 말한다. 화이트는 "비개인적인 기준"과 "중립적 관점"을 중요시한다. 이 주장의 핵심은 역사학자의 근본적인 목표는 과거의 이야기를 최대한 많이 말하는 것이라는 생각에 닿아 있다.

설령 주어진 역사 시대의 사건을 **모두** 열거하는 것이 가능하다 해도, 정말 그렇게 해서 한 시대의 인간적 진실을 포착할 수 있을까? 가장 완벽한 역사 이야기를 쓰면 기아, 전쟁, 고통, 기쁨이 마땅한 대접

---

9 이 점—이 가치들의 직관적이고 실체적인 "증거" 너머에는 그 가치들을 뒷받침하는 생물학적, 심리학적, 문화적, 역사적 증거가 풍부히 존재한다는 점—에 대한 포괄적인 논의로는, 에이브러햄 에들Abraham Edel, 《윤리적 판단Ethical Judgement: The Use of Science in Ethics》 Free Press, 1955를 보라.

을 받게 될까? 사건의 **질**이 양보다 더 중요하지 않을까? 인간적 조우에서 그 의미가 제거된 과거를 종이 위에 재현한다면 어떤 핵심이 남을까? 완전함이나 "사실"의 대표성에 관심을 두면 차가운 젤리 같은 중립성이 전체를 뒤덮어서 독자들에겐 저자의 분위기—즉, 초연한 학자의 분위기—만 남게 되지 않을까? 그리고 설령 그렇게 쓴다고 해도, 역사학자는 그 시대의 질에 관심을 기울이고, 인간적인 알맹이를 복원하는 방법으로 그 목록을 작성할 필요가 있지 않을까?

과거든 현재든 간에 정의를 잘못 시행하는 세계에서 사실을 "중립적"으로나 "대표성 있게" 재현하는 따위는 존재하지 않는다. 이는 굶주린 거지와 백만장자에게 똑같이 빵을 한 조각씩 주면서 그들을 "평등하게" 취급하는 것과 똑같다. 분배가 공정한가를 판단할 때에는 받는 자들의 조건이 결정적으로 중요하다.

미국 최고의 역사학자들은 스스로 인정을 안 할 수도 있지만, 이 점을 놓치지 않았다. 비어드의 제헌 연구는 필라델피아 제헌의회와 관련된 사실들의 대표성 있는 목록이 아니었다. 그는 건국의 아버지들의 경제적·정치적 배경을 뽑아내서 경제적 이익이 정치적 사건에 미치는 힘을 설명했다. 비어드가 그렇게 한 것은 (나중에 그가 표현했듯이) "헌법에 대한 이 사실주의적인 시각이 주의 권리 및 국민 주권에 대한 추상적 논의 그리고 사법적 의견들에 대한 형식적, 논리적, 차별적 분석 밑으로 거의 다 가라앉아버렸기" 때문이었다.[10]

---

10 비어드의 구체적인 데이터를 너무 꼼꼼히 분석하는 학자들은 종종 이 큰 요점을 망각한다. 예를 들어, 로버트 E. 브라운Robert E. Brown, 《찰스 비어드와 헌법Charles Beard and the Constitution: A Critical Ananlysis of an Economic Interpretation of the Constitution》 Princeton, 1956을

C. 밴 우드워드는《짐 크로의 이상한 이력》을 쓸 때 1880년대에 공공시설, 투표, 운송수단에서 남부 흑인들을 평등하게 다룬 예들을 선택했다. 분명 "대표적인" 예들은 아니었다. 하지만 그가 그 예들을 강조하기로 선택한 것은 그 시대(1945년)가 북부에서든 남부에서든 미국 국민 대부분이, 남부의 인종 차별이 너무 오래 그리고 깊이 정착해서 어떻게 해도 바뀌지 않으리라고 믿었던 시대였기 때문이다. 우드워드의 의도는 남부의 상황이 항상 똑같지 않았음을 가리키는 데 있었다.[11]

이와 마찬가지로 최남부 지방에서 학생비폭력조정위원회가 사용하는《자유 입문서Freedom Primer》도 미국 흑인과 관련된 산더미 같은 사실 중에서 미시시피의 흑인 아이들에게 자부심과 가치 의식을 심어줄 수 있는 영웅적 행위와 저항의 이야기들을 신중하게 선택한다. 그 아이들을 둘러싼 모든 상황이 바로 그런 감정을 깨뜨리려 하기 때문이다 (하지만 우리는 흑인은 잘못된 행동을 하지 않는다는 생각을 가진 흑인 아이에게, 역사에는 또한 영웅과 반대되는 흑인들도 있었다는 사실을 머뭇거리지 말고 지적해줘야 한다)

내가 든 예들은 "중립적"이거나 "대표적"이지 않지만, 모든 인간은 하나라는 이상과 인간이 분리된 현실에 대해 **진실한** 것들이다. 역사 서술은 과거의 일에 적합하고 현재의 상황에 적합한 동시에 미래의 당

보라. 이 책에서 브라운이 주로 정정한 것은, 헌법은 토지를 소유한 "중간계급 재산 소유자"의 편을 든 반면에 비어드는 동산 소유를 강조했다는 점이다.

11 비어드의 연구를 분석한 로버트 브라운이 그랬던 것처럼 학술 평론가들은 종종 우드워드의 주안점을 놓치고 만다. 그의 요점은 노예제와 인종 차별의 증거가 나란히 있다고 해서 효력이 사라지지는 않는다. 이는 Roger A. Fisher의 〈남북 전쟁 전의 뉴올리언스에서의 인종 차별〉,《미국 역사 서평American Historical Reviews》 February 1969에서와 같다.

위에 적합할 때 가장 진실하다. 몇 가지 예를 살펴보자.

역사학자는 1920년대를 어떻게 묘사할 수 있을까? 1920년대는 빛나는 "번영"과 실직자 수백만 명이 공존한 시대였다. 상점에는 새로 나온 상품이 넘쳐나고 농장에는 가난이 넘쳐났다. 백만장자들이 새로운 계급으로 부상할 때 도시 빈민가의 사람들은 집세와 가스요금에 버둥거렸다. 가장 큰 기업 2백 개의 자산은 두 배로 늘어났지만, 이스트 할렘의 노동자 선거구를 대표하는 국회의원 피오렐로 라과디아Fiorello LaGuardia는 1928년에 아래와 같이 말했다.*

> 사실 멜론 씨, 포드 씨, 로젠월드 씨, 슈와브 씨, 모건 씨, 그밖의 수많은 사람들은 엄청난 재산을 본래대로 유지하고 있을 뿐 아니라, 해마다 재산을 늘리고 있다… 하지만 그들 중 어느 사례가 뉴욕의 서민 아파트에서 주급 30달러로 다섯 또는 여섯 아이를 키우면서 살림을 하는 마리아 에스포시토 부인, 레베카 엡스타인 부인, 매기 플린 부인이 재정적 능력을 끌어올릴 수 있을까?

미국 역사교과서에 가장 많이 기술된 20년대의 "포괄적" 그림은 번영을 강조하고 이와 함께 정부의 부패를 보여주는 재미있는 사례들, 간략한 해외 정책, 시대의 문학 한 줄, K.K.K.에 대한 짤막한 언급, 스콥스 재판(학교에서 진화론을 가르친 교사 존 스콥스에 대한 재판—옮긴이)을 나열한다. 바로 이런 서술이 "대표적"이다. 읽는 사람은 대체로 잘 산 시대였을 거라는 막연한 느낌과 함께 초점이 없는 뒤범벅을 만난다. 하지만 20년대의 역사가 번영의 외관 뒤에 수백만 빈민의 궁핍을 강조했다면, 과거의 사실과 미래의 가치 양쪽에 가장 진실하지 않았을까? 20년대를 그렇게 강조한 역사가 널리 보급되었다면 풍요 속의 빈곤을 발견한 시점(1960년대에 비로소 발견했다)을 앞당길 수 있지 않았을까?

역사학자에게 당면 주제를 "대표적"으로 다루라고 권유하는 견해에는 또 다른 맹점이 있다. 역사학자는 텅 빈 벌판에서 역사를 쓰지 않는다. 그에 앞서 수천 명이 각기 나름의 방식으로 그 이야기를 다뤘다. 맑스주의 역사학자인 허버트 앱세커Herbert Aptheker는 《미국 흑인노예 반란American Negro Slave Revolts》에서 소수의 흑인밖에 관여하지 않은 현상들을 강하게 부각했다. 하지만 그는 율리치 필립스Ulrich Phillips 같은 사람들의 글이 지배하는 분위기 속에서, 즉 교과서들이 행복한 노예 개념을 말하던 시대에 그 책을 쓰고 있었다. 그리고 케니스 스탬프Kenneth Stampp가 《이상한 제도The Peculiar Institution》를 쓴 것도 아마 그런 각성이 여전히 필요하다는 인식 때문이었을 것이다.

지구는 아주 오랫동안 부유하고 피부가 희고 권력을 쥔 남성들에게 대단히 편향되어온 탓에 똑바로 세우기까지는 엄청난 노력이 들 것이다. 유진 뎁스Eugene Debs의 일대기(레이 진저Ray Ginger의 《구부러진 십자가The Bending Cross》)는 "하층계급이 있는 한 나는 거기에 속해 있을 것이고, 범죄 요소가 있는 한 나는 그와 무관하지 않을 것이며, 감옥에 갇힌 영혼이 있는 한 나는 자유롭지 않을 것이다"라는 생각에 일생을 바친 남자의 영웅적인 자질에 의도적으로 초점을 맞춘다. 하지만 존 D. 록펠러John D. Rockefeller나 시어도어 루스벨트Theodore Roosevelt의 일대기와 비교할 때 급진적인 뎁스의 일대기는 얼마나 적은가? 연구 주제를 선택한다는 것은 이런저런 가치를 위해 사회의 눈금을 이동시키는 첫걸음에 해당한다.

나의 요점은, 복잡한 현상을 "대표하는" 이야기 같은 것은 없으며 그 평가를 읽을 환경이 강조점을 결정한다(중요한 조건을 덧붙이자면, 반대 증거를 무시하지 않고)는 것이다. 예를 하나 더 들어보자. 아널드 토인비Arnold Toynbee(《역사의 연구A Study of History》)와 피터르 게일(《역사의 조우Encounters in History》)이 논쟁할 때 게일은 토인비가 서양 문명의 실패들을 강조한 것에 반대하고, 서양의 성공들을 더 강조할 필요가 있다고 말했다. 그 논쟁의 이면에는 냉전이 있었다. 게일은 공산주의 국가들보다 서양 국가들의 잘못을 더 많이 암시하는 세계사에 날카롭고 예민하고 반응하고 있었다. 하지만 게일-토인비 논쟁을 평가할 때 결정적으로 중요한 것은 과거에 대한 시각이 아니다. 토인비와 게일처럼 우리도 공산주의 국가들이 저지른 죄악의 목록에 쉽게 동의하고, 그와 함께 서양이 저지른 죄악의 목록에도 동의할 수 있다. 이 상황을 수량화해서 야구 경기처럼 "승자"를 선언하기가 어렵다는 점을 고려할 때 우리가 서야 할 곳은 어디일까? 결정적인 요소는 현재, 그리고 평가를 받아든 우리가 현재 무엇을 할 것인가의 문제다. 또한 토인비는 기본적으로 서양의 독자들에게 말하고 있었으므로, 그의 평가에는 서양 사람들이 도취해서 자축하기보다는 그들 자신의 문화를 비판적으로 보는 것이 (동서양 모두의 비평가들이 존중하는 가치들에) 더 유익한 결과로 이어지리란 생각이 깔려 있다. 과거에 관한 주장에는 정답이 없으므로, 그의 판단을 현재와 미래로 향하게 하는 편이 더 바람직하다.[12]

---

12 윌리엄 바크William Bark는 피터르 게일의 《역사의 조우》 (Meridian, 1961), 《역사와 이론》

보통 대중적인 역사 저술에서 "이야기하는" 역사와 "해석하는" 역사의 차이는 내가 제시한 기준과 사실상 무관하다. 사람들은 흔히 어떤 사건이나 시대를 단순히 묘사한 것은 "수준이 낮은" 역사이고, 반면에 사건, 시대, 개인을 해석한 역사는 "수준이 높고" 그래서 사회적 관심을 지닌 역사학자의 가슴에 더 가깝다고 생각한다. 하지만 미국의 사법 체계를 장밋빛으로 보는 사람에게는 헤이마켓 사건이나 사코-반제티 사건을 이야기체로 서술한 역사가 1812년 전쟁(영미 전쟁—옮긴이)의 원인을 해석한 역사보다 훨씬 더 큰 충격을 준다. 서술의 동기가 심리학적 불안이었다고 결론을 맺는 노예폐지론자들의 정교한 "해석"보다는 웬델 필립스Wendell Phillips의 연설을 사실적으로 이야기한 역사들이 (젊은이들이 사회운동에 참여할 생각에 가슴 설레는 시기에) 사회 개혁에 훨씬 더 긍정적인 작용을 한다. 그에 반해 역사의 "개념들"을 더욱 새롭게 연구할 때에는 숲과 나무를 모두 포기하고 성층권에 주목한다.

현재의 근본 가치를 의도적으로 증진할 목적을 갖고 과거의 데이터에 접근할 때 역사학자는 몇 가지 방법을 채택할 수 있다. 우선 문서와 출판물을 무작위로 탐색해서 그 가치와 관련된 자료를 찾는 접근법

Vol. IV, 1964를 논평할 때 이 점을 혼동한다. 바크는 역사를 자유롭게 조사하고자 하는 욕구와, 서양을 비판으로부터 옹호하려는 욕구를 연결시킨다. 그는 이렇게 말한다. "자유로운 역사 연구를 믿는 사람은 그 자신에 대한 자유로운 역사 해석을 문화의 산물로 간주하는 문명, 그 자신이 자유로운 역사 연구에 필수 불가결한 토대가 되는 문명을 믿는다. 그 문명과 그 역사가 무의미하고 바야흐로 붕괴되고 있다고 공격할 때 그 말이 아무리 설득력이 있어도 그런 역사학자는 논쟁적인 토론을 피하지 못할 것이다…" 바크는 다음과 같은 말에서 게일로 하여금 서양을 옹호하게 만든 것과 같은 과거 지향적인 접근법을 분명히 드러낸다. "게일의 위대한 공헌은 역사 저술의 기준을 고수하고, 역사의 올바른 역할은 과거에 대한 믿음을 보호하고 그럼으로써 건강과 균형을 보호하는 것임을 역설해왔다는 점이다."(p. 107).

이 있다(이렇게 하면 골동품 수집가가 접하게 되는 자료나 관심이 낮은 자료는 제외될 것이다). 역사학자는 "현재주의적인" 목표를 공언하고서 전통적인 연구 방침(특정한 시대, 사람, 주제. 가령, 진보 시대〔미국 역사상 사회 운동과 정치 개혁에 대한 열망이 들끓었던 1890년대에서 1920년대까지—옮긴이〕, 링컨, 은행 전쟁〔표준 화폐를 둘러싼 앤드류 잭슨과 니콜라스 비들 간의 정치적 갈등—옮긴이〕, 노동 운동)을 따를 수 있다. 혹은 가장 경제적인 방법을 채택해서, 문제를 중심으로 미국의 과거에 접근할 수 있다. 이 방법은 미국 역사학에서 가끔씩만 사용되지만, 잠시 논의해볼 가치가 있다.

그 출발점은 **현재의** 문제라는 것을 강조할 필요가 있다. 미국 역사에서 이른바 "문제 접근법"으로 통하는 방법들은 과거의 문제에 기초한 경우가 많다. 그중 일부는 유추를 통해 현재의 문제로 확대되기도 하지만(18세기의 정치적 사건 뒤에 놓인 경제적 동기—비어드), 대다수는 완전히 죽은 것들이다(1820년대의 관세 논쟁, 남부의 휘그당, 믿을 수 없이 많은 주목을 받아온 터너의 프론티어 논지). 이 낡은 문제들에서도 일말의 유의미한 지혜를 끌어낼 순 있지만, 쏟은 관심에 비해 보상은 보잘 것이 없다.[13]

---

13 베네티도 크로제Benedetto Croce는 이렇게 말한다. "생명이 피어날 때 죽은 역사는 되살아나고 과거의 역사는 다시 현재가 된다." 과거의 일에 **관심을 두는** 순간 그것은 현재가 된다고 그는 말한다. 그가 보는 **역사**와 **연대기**의 차이는 이 현재적 관심에 기초한다. 역사는 현재이고, 연대기는 죽은 과거이기 때문이다. 크로체는 다음과 같이 말한다. "먼저 역사가 있고, 그 다음에 연대기가 있다. 먼저 생명체가 있고, 그 다음에 시체가 있다. 역사를 연대기의 자식으로 만드는 것은 시체에서 살아 있는 것을 탄생시키는 것과 같다." (Hans Meyerhoff, Philosophy of History in Our Time, Doubleday [Anchor edition], 1959, p. 52에서 재인용함.) 그의 은유는 다트머스 칼리지 도서관에 있는 오로스코Orozco의 벽화를 생각나게 한다. 그 그림에서 대학 가운을 걸친 해골들이 아기 해골들을 낳는다.

역사 교수들과 저술가들은 대부분 "역사 연구가 우리 시대를 이해하는 데 어떻게 도움이 되는지"를 흥분해서 (그리고 애매하게) 가르친다. 이는 교수가 개강 수업을 시작하자마자 그 점을 강조하거나, 교과서가 그 점을 첫 문장으로 처리하고 그런 뒤 학생들에게 과거를 백과사전식으로, 연대순으로 개괄한다는 뜻이다. 사실상 학생들에게 이렇게 말하는 셈이다. "과거는 현재에 유용하다. 이제 어떻게 유용한지를 각자 생각해보라."

배링턴 무어Barrington Moore는 역사학자가 자신의 지식에 의존해서 현재를 풍부하게 설명하기를 꺼려하는 현상을 거론하면서 이렇게 말한다. "거의 항상 그는 그런 압박에서 물러나 문학적 속물근성과 사이비 교양으로 숨는다. 그리고 이를 위해 역사가 '지혜'나 '진정한 이해'를 어떻게 전하는지에 대한 공허한 일반화 형식을 동원한다… 이 지혜가 어떻게 효과적으로 쓰이고 증폭되고 수정될 수 있는지를 알고 싶고자 하는 사람에게 그의 질문들은 주로 짜증을 불러일으킨다."*

역사 연구를 현재의 관심으로부터 시작하려면 미국의 과거를 연대순으로 (식민 시대, 혁명 시대, 잭슨 시대, 기타 등등, 뉴딜과 전쟁과 원자 시대로) 잘게 자르는 관습을 무시해야 한다.[14] 그리고 자신이 정한 문제가

---

14 존 하이엄은《미국 역사의 재구성》Harper(Torchbook edition), 1962에서, "근래에 미국 역사가 겪은 재고찰"에 관심이 있다고 선언하고, 책 속의 에세이들은 저마다 "미국 역사의 표준적인 주제가 한 세대 전에는 어떻게 이해됐고, 지금은 그 해석이 어떻게 바뀌었는지를 다룬다"고 말했다. 하지만 그 책은 새로운 해석의 신선함을 고루하고 목적이 없는 범주들—"표준적인" 주제들, 즉 청교도, 혁명, 서부, 잭슨 시대, 남북전쟁, 진보주의 전통, 강대국으로의 발돋움—속에 가둬버렸다. 그래도 두 편의 에세이는 주제가 신선했다 ("The Working Class"와 "The Quest for National Character").

이끄는 곳으로, 필요하다면 수세기를 건너뛰면서 문제를 좇아야 한다.

데이비드 포터David Potter는 역사를 이론화하지 않는다고 주장하는 역사학자들의 은밀한 이론적 전제를 지적한 바 있다.* 나는 그의 요점을 더 확장하고 싶다. 즉, 모든 역사학자는 현재주의를 선택하든 거부하든 간에 역사를 서술함으로써 현재의 사회 상황에 영향을 미친다. 따라서 진짜 선택은 세계를 주무르느냐 마느냐가 아니라 이 일을 의도적으로 하느냐 무의식적으로 하느냐를 결정하는 것이다. **15**

심리학은 역사학자의 역할을 이해하는 데 꼭 필요한 몇몇 생각을 우리에게 제공해주었다. 우선 심리학자는 환자의 파일을 늘리기 위해, 또는 환자가 살면서 겪은 일들이 "흥미롭거나" 복잡한 이론을 세우게 해준다는 이유로 그의 사건을 기록하지 않는다. 그는 사람들의 문제를 치료하는 일에 전념하는 치료사이고, 그래서 자신이 발견한 모든 데이터를 치료라는 단 하나의 목적에 따라 평가한다. 역사학자들은 아직 이런 식으로 사회에 기여하지 못하고 있다.

둘째, 심리학자를 "참여자"로 보는 해리 스택 설리번Harry Stack Sullivan의 개념이 있다. 심리학자는 좋든 싫든 경청하는 자에 머물지 않는다. 그는 환자에게 영향을 미친다. 이와 마찬가지로 역사학자는 서술을 통해 역사에 참여하는 사람이다. 역사학자는 중립성을 외칠 때에

---

15 어윈 웅거는 "[오늘날] 젊은 급진주의자들의 노력은 주로 역사학의 자연스러운 논의가 아니라 역사학 바깥에 있는 문화계와 정치계의 관심이 지배한다"라고 불평한다. 하지만 이 불평은 역사학의 "자연스러운 대화"란 존재하지 않고, 존재하는 것은 단지 바깥 세계의 관심들이 명하는 논의뿐이며, 역사학자가 이 사실을 인정하기로 선택하는가 아닌가는 그와 무관하다는 사실을 무시하고 있다. "The 'New Left' and American History," American Historical Review, July 1967.

도 영향을 미친다. 현실과 무관한 데이터로 방대한 책을 펴낸들 사회적 소통을 붐비게 할 뿐이다. 따라서 이제 문제는 자신의 참여를 의식적으로 인정하느냐, 자신의 에너지를 어느 방향으로 쓰느냐의 문제로 응결된다.

역사학자를 현재주의적이고 가치 지향의 역사 쪽으로 특히 강하게 이끄는 것이 사회 운동 자체의 결속력이다. 1965년 봄에 미국 역사학자들이 단체로 흑인들과 함께 셀마에서 몽고메리로 행진할 때 그들은 색다른 행동을 보여주고 있었다. 사회과학자들은 간혹 공공 정책에 대해 연설을 하고 글을 쓴다. 하지만 몸소 행동에 참여해서, 생각과 공감이 아니라 박탈로 인한 직접적인 고통 때문에 거리로 나온 사람들과 접촉하는 일은 거의 없다. 그런 접촉, 그런 직접적인 참여는 사회 변화의 주체들과 정서적 애착을 맺게 해준다. 그런 애착은 서가 옆에서 아주 많은 시간을 보내도 좀처럼 약해지지 않는다.

물론 교수들의 상대적인 복지, 중산층 사회에서의 고립, 고리타분한 사회성 패턴도 개인적으로나 학문적으로나 당대의 정치 투쟁과 무관하게 남으려는 경향과 얼마간 관계가 있다. 학자는 어떤 사회적 목적에 봉사하겠다고 막연히 목표를 삼지만, 1년에 1,500달러를 버는 사람은 문제 해결과 안정 사이에서 말 못할 갈등을 겪는다. 사회적 쟁점을 일부러 회피하진 않아도, 회전 운동을 하는 생존 메커니즘에 이끌려 합의된 학문 안에서 연구를 하게 된다.

아서 맨Arthur Mann은 "미국 역사학회의 수많은 이질적인 회원들을 통합하는 것은 옷도 스타일도 말투도 아니다"라고 말한 뒤 곧이어 이렇게 말했다. "미국 역사의 저자들은 대부분 존 F. 케네디John F.

Kennedy에게 표를 던지고, 그 전에는 애들레이 스티븐슨Adlai Stevenson, 해리 S. 트루먼Harry S. Truman, 프랭클린 D. 루스벨트Franklin D. Roosevelt, 알프레드 F. 스미스Alfred F. Smith, 우드로 윌슨Woodrow Wilson, 시어도어 루스벨트, 윌리엄 제닝스 브라이언William Jennings Bryan에게 표를 던진 자유주의 지식인들이다."* 다시 말해 역사학자들은 거의 모두 리처드 홉스태터가 "미국의 정치 전통"이라 부른 미국적 합의에 꼭 들어맞는다. 그래서 (다시 한 번 맨의 표현을 인용하자면) 리처드 홉스태터는 "관객"인 반면에 아서 슐리진저(잭슨, FDR, 케네디에게 애정을 바치는 책들을 썼다)는 "투표를 하듯 역사를 서술"한다. 하지만 그 이유는 이 나라가 공화당과 민주당, 즉 보수주의자와 자유주의자에게만 표를 던질 수 있으며, 이 정치체제에서는 리처드 홉스태터 같은 열렬한 급진주의자에게는 표를 던질 수 없기 때문이다. 홉스태터가 《미국의 역사 전통》이라는 속편(《미국의 정치 전통》의 속편이란 뜻—옮긴이)을 통해 자신이 미국 정치에서 발견한 역사학자들의 자유주의적 합의를 묘사한 것도 당연한 일이다. 그 자유주의적 합의는 온건한 정치적 자유주의로 흐르고, 그 결과 역사학자가 의미를 찾아 참여로 나아갈 때 그 참여는 자유주의적인 민주당 프레임에 갇힌 목표들을 벗어나지 못한다. 맨은 그 자신도 이 프레임에 갇혀 있음을 보여주는 증거로, 거의 모든 미국 역사학자들이 상찬하는 '용서' 덕분에 "약 80년 전의 사회 다원주의 정글이 오늘날과 같은 인간적인 자본주의 사회로 변했다"고 말한다. 이 말이 발표된 뒤로 5년이 지났을 때 미국의 도시 빈민가에서는 이 "인간적인 자본주의 사회"에 반대하는 폭동이 거세게 일어나고 있었다.

사회 운동 참여는 학자가 자신의 학문을 인간적인 관심사로 돌리는 데 필수적이진 않으며, 인간이 감정과 상상력을 비약시켜 당면한 상황을 초월해나가는 경이로운 과정의 일부분이다. 하지만 사회의 지하 운동과 접촉하면 역사학자는 자신의 가치관을 실행할 수 있는 힘을 얻을 뿐 아니라, 새로운 데이터에도 눈이 열릴 수 있다. 우리를 빽빽이 둘러싼 보이지 않는 민중들의 경험, 생각, 감정 말이다. 정사正史, 유명 인사들의 선집, 교양인들의 일기, 신문 기사, 정부 문서는 이런 데이터를 거의 취급하지 않는다.[16]

나는 학자가 활동가로서 발휘할 수 있는 잠재력을 과장할 생각이 없다. 하지만 자유주의 사회에서 학자의 역할은 특히 중요하다. 그런 곳에서는 사회 변화에 쓰일 수 있는 힘이 약하고, 중산층의 마비가 변화를 지연시키는 큰 요인이기 때문이다. 현실은 열정을 보강할 뿐 만들어내지는 못한다. 그러나 열정이 체를 통과하듯 메디슨주의적 헌법을 어렵게 빠져나오는 곳에서는 열정을 강하게 지탱해야 한다.

흑인 혁명을 통해 우리는 자기만족에 흠뻑 빠진 사회에서도 그 은밀한 틈새기에는 분노가 살아 있음을 알게 되었다. 지적인 설득은 공정한 미국을 창조하는 힘으로 충분하지 않다면서 니버가 듀이를 꾸짖은 것은 옳았다. 니버는 이성이 그 힘이 다해도 사회적 열망, 그 "숭고한 광기"는 파괴되지 않을 것이라고 그의 희망을 이야기했다(《도덕적 인간과 비도덕적 사회Moral Man and Immoral Society》에서). 아니, 이성은 오히려

16 존 하이엄의 《미국 역사의 재구성》에 실린 에세이 〈노동 계급The Working Class〉에서 롤랜드 버소프Rowland Berthoff는 이렇게 말한다. "보통사람에 대한 이 나라의 평등주의는 … 중산층에게만 해당하는 교의다… 따라서 빈민과 불우한 계층을 다루는 역사학자는 보통 그들을 특별한 케이스로 보고 접근한다… 그 결과, 미국 역사학의 주류는 중산층 시민들에게 특별한 문제가 있을 때를 제외하고는 이 사회적 벽지를 그냥 지나쳐 흐른다."

열망을 한데 모으는 역할을 할지 모른다.

양심이 살아 있고, 웅변적이고, 드문드문 존재하는 극소수를 제외하고 미국 역사학자들은 전쟁, 기근, (근래의 기억에는 없는) 제국의 통치를 피한 국가가 경험할법한 사치의 시대를 오랫동안 누려왔다. 그러나 이제 그런 행운을 누리지 못한 나라의 국민들이 사방에서 꿈틀대며 일어나고 있으며, 최근에는 우리나라 한복판에서도 그런 현상이 일어나고 있다. 분노한 가난한 흑인, 베트남 전쟁을 비판하는 학생과 교사, 주립 교도소와 시립 구치소를 에워싼 침묵의 벽들, 이 모든 것이 국경 바깥뿐 아니라 가장 사치스러운 이 나라에도 인종, 계급, 민족의식, 이데올로기, 또는 권력의 독점에 기초한 배타적인 체제가 있다는 슬픈 사실을 깨우쳐주고 있다.

이렇게 해서 우리는 서로에게서, 이 세계의 다른 국민들에게서, 우리의 자유로부터 멀리 떨어질 수밖에 없었다. 이 배타성을 부끄러워하지 말고 비판적으로 연구하는 것은 그에 저항하는 작은 행동이 될 것이다. 또한 거꾸로 이 배타성에 저항할 때 우리는 예리한 눈과 두뇌뿐 아니라 열망 가득한 가슴으로, 하나의 인류를 이루는 모든 이들과 함께 그 배타성을 더욱 충실히 연구할 수 있다.

3. 급진주의 역사란 무엇인가?

역사 저술은 항상 우리에게 어떤 영향을 미친다. 우리의 수동성을 강화할 수도 있고, 우리를 행동하게 할 수도 있다. 어떤 경우든 역사학자는 중립을 선택할 수 없다. 역사학자는 달리는 기차 위에서 글을 쓴다.

때론 역사학자의 말이 한 사람의 인생을 바꾼다. 1968년 5월 밀워키에서 나는 지역 징병위원회의 징집 통지서를 태운 사건 때문에 열린 재판에서, 한 가톨릭 신부가 왜 그런 행동을 하게 됐는지 설명하는 것을 들었다.

> 나는 로마에서 교육받았습니다. 나는 철저한 보수주의자이며, 신학교에서 단 한 번도 규칙을 어긴 적이 없습니다. 그런데 고든 잰Gorden Zahn의 《독일 가톨릭교회와 히틀러의 전쟁German Catholic and Hitler's Wars》이라는 책을 읽게 됐습니다. 히틀러가 그런 활동을 하는 동안에 가톨릭 교회가 어떻게 평소처럼 활동을 계속했는지를 말하는 책이었습니다. 그리고 나치 친

위대가 어떻게 미사에 참례한 뒤 교회 밖으로 나가 유대인을 체포했는지를 말하고 있었지요. 그 책을 읽고 내 인생이 바뀌었습니다. 나는 교회가 다시는 과처처럼 행동해서는 안 된다고 생각했고, 나 역시 그러지 않기로 다짐했습니다.

이 예는 유달리 명백하다. 대개의 경우에는 사람들이 새로운 방향으로 나아갈 때 그 원인이 대단히 복잡하고 미묘해서 추적하기가 사실상 불가능하다. 그럼에도 우리 모두는 우리가 읽거나 들은 것 때문에 우리의 세계관 또는 우리의 행동 방침이 어떻게 변했는지를 조금은 의식한다. 우리는 많은 사람들이 악을 직접 경험하진 않았으나 그런 일이 존재한다는 것을 확신하고, 그에 따라 마땅히 악에 반대해야 한다는 것을 알고 있다. 우리가 인간인 것은, 마음의 힘으로 직접적인 감각능력의 너머에 도달해서 다른 사람들이 느끼는 감정을 어느 정도 느끼고, 그 공감에 따라 행동할 수 있기 때문이다.

따라서 나의 출발점은, 인간의 감수성을 확장하도록 역사를 서술할 때 그 방향을, 이 책에서 다른 책들로 넓히는 것이 아니라 사람들이 어떻게 살아야 하는지, 더 나아가 사람들이 과연 살아야 하는지를 둘러싼 현실의 갈등으로 넓혀야 한다는 우리의 경험적인 생각이다.

나는 지금 가치 지향적인 역사학을 주장하고 있다. 나는 나의 방식이 답이 아니라 질문을 결정할 뿐이라고 주장했고, 즐거움을 위해 아름답게 써진 역사도 나름의 가치가 있다고 인정했으며, 우리가 어떤 선택을 하든 우리의 일은 가치와 무관하지 않다고 주장했다. 그럼에도 이에 반대하는 사람이 있다면 내 생각을 받아들인 미국 교육의 한 분야를 그에게 소개하고자 한다. 나는 "흑인 연구Black Studies"를 말하고 있다. 흑인 연구는 1969년에 시작한 뒤로 미국의 대학에서 아주 빠르게 채택되고 있다.

현재 급증하고 있는 흑인 연구 프로그램은 대학에서 연구할 과목을 하나 더 늘리려는 꼼수가 아니다. 이 프로그램은 이 나라에 사는 흑인과 백인의 의식을 변화시켜, 두 집단 내에 퍼져 있는 '흑인은 열등하다는 믿음black inferiority'을 줄이는 것을 구체적인 목표로 삼고 있다.

인종 평등을 촉진하고자 하는 이 의도적인 시도가 언젠가는 국민의 평등과 계급의 평등을 이루려는 비슷한 노력들과 합쳐지리라는 것이 나의 예상이자 바람이다. 흑인 연구 프로그램이 탄생한 것처럼 그런 합류도 아마 정당한 주장들이 점진적으로 수용되는 과정이 아니라 신속한 태도 변화를 **요구**하는 급박한 위기 때문에 이루어질 것이다. 학문적인 권유로는 역사 저술에 새로운 흐름을 창조할 수 없고, 그런 흐름을 지원하고 용이하게 할 뿐이다.

어떤 종류의 인식이 사람들을 휴머니즘의 방향으로 이끌고, 역사 저술이 어떻게 그런 흐름을 만들어낼까? 나는 역사가 다섯 갈래로 유용할 수 있다고 생각한다. 하지만 이는 거의 시작에 불과하다. 나는 공식을 정하고 싶지는 않다. 미리 구상한 범주에 들어맞지 않지 않아도 충분히 유용하게 쓰여진 역사가 있을 수 있다. 나는 단지 나처럼 전문분야의 관행보다는 인간적인 열망에 이끌려 글을 쓰는 사람들을 위해 그 초점을 명확히 밝히고자 할 뿐이다.

1. 우리는 현실이 이 세계의 희생자들에게 얼마나 잔인한지를 더

욱 분명하고, 폭넓고, 날카롭게 지각해야 한다. 이 일은 점점 더 자선 행위의 성격을 잃어가고 있다. 인종, 지리, 계급에 관계없이 우리 모두가 불에 타고 방사능에 오염된 지구의 잠재적 희생자가 되고 있기 때문이다. 하지만 우리는 대부분 백인이고 부유한데다가, 희생자보다는 공격자가 될 가능성이 훨씬 높을 정도로 과도하게 무장한 나라에 살고 있는 탓에 남들의 희생이 우리와 무관하다고 생각하는데, 꼭 그렇게 우리 자신의 희생도 시간과 우리의 빈약한 상상력 때문에 우리와 멀찍이 떨어져 있다고 느낀다.

역사는 이 두 종류의 분리를 모두 극복하고자 노력할 수 있다. 현재의 위험한 경향들을 차갑게 논리적으로 분석하는 강연보다는 과거의 역사적 사건을 흥미롭게 전개한 이야기가 우리에게 더 큰 영향을 줄 수 있다(단 한 가지 이유를 제외해야 한다. 우리는 지난 이야기의 끝을 알기 때문이다). 사실 핵전쟁을 숙고하면 오싹하기도 하지만, 정말 끔찍한 가능성들까지 인정할 기분은 들지 않는다. 그 불길한 의미가 최대한 효과를 발휘하려면 이미 결말을 알고 있는 다른 이야기로 보강할 필요가 있다. 지금과 같은 핵시대에 수소폭탄의 확산이 야기하는 우리의 근심은 1차 세계대전의 발발을 묘사한 바버라 터크먼Barbara Tuchman의 이야기를 읽을 때 훨씬 더 깊고 강해진다.*

> 모든 국경에 전운이 감돌았다. 정부들은 갑자기 당황해서 전쟁을 피하려고 발버둥쳤다. 아무 소용이 없었다. 국경 지대의 첩보원들은 순찰하는 기병대를 볼 때마다 선제공격의 조짐이라고 보고했다. 일촉즉발의 상황에서 애가 탄 장군들은 적에게 선수를 일분이라도 뺏기지 않으려고 책상을 당탕

치며 공격 신호를 요구했다. 국가의 운명을 마지막까지 책임져야 할 원수들은 전운에 두려움을 느끼고 뒤로 물러나려 했지만 군사 일정에 묶여 앞으로 질질 끌려갔다.

다름 아닌 **우리** 이야기다. 물론 시간은 다르다. 하지만 틀림없이 우리다.

어떤 단절(예를 들어, 벼랑 끝에 몰린 가난한 사람들—흑인, 빈민, 죄수—과의 단절)은 공간보다는 시간을 가로지를 때 더 쉽게 극복할 수 있고, 그래서 역사적 회고가 가치를 갖는다. 《맬컴 X의 자서전Autobiography of Malcolm X》과 《프레데릭 더글러스의 자서전Autobiography of Frederick Douglass》은 시대는 다르지만 둘 다 역사이고, 둘 다 우리의 자족감을 공격한다. 오늘날 슬럼가에서 건물을 불태우는 흑인들의 사진도 그와 비슷하지만, 자서전은 특별한 일을 수행한다. 자서전을 읽을 때 우리는 화면에 나온 그 흑인들의 비인격성을 뚫고 더 자세히, 신중하게, 개인적으로 보게 된다. 슬럼가의 흑인들은 아직 그러지 않지만 자서전은 우리 가정에 침입하고, **지금 당장**의 요구에 무심하게 닫혀 있는 우리 마음을 건드린다. 자서전은 흑인으로 사는 것이 어떤지를 우리에게 말해준다. 어느 한도 내에서지만, 짓밟힌 흑인을 자유주의적인 입장에서 바라보는 그 모든 진부한 표현들과는 어조가 확연히 다르다. 그렇게 해서 자서전은 우리에게 행동을 촉구하고, 흑인들이 왜 행동하고 있는지를 설명해준다. 우리에게 선동은 아니지만 반응을 하게끔 준비시켜준다.

노예제는 끝났지만 흑인의 굴욕은 이제 다른 형태들로 나타나고 있으며, 그 밑바닥에는 흑인은 사실상 인간이 아니라는 믿음이 암암리에 깔려 있다. 노예제가 어떤 것인지, 노예가 어떤 존재인지를 상기시키면 그 믿음을 더 효과적으로 공략할 수 있다. 1848년에 프레데릭 더글러스Frederick Douglas(메릴랜드에서 흑인 노예로 출생. 21세에 매사추세츠 주로 도망쳐서 노예제 반대 웅변으로 인기를 끌고 결국 흑인 최초로 행동적·이론적 노예 폐지론자가 된다—옮긴이)는 자유를 향해 날갯짓을 한 지 10주년에 되는 날에 젊은 시절의 스승에게 편지를 썼다.*

선생님께 오늘 편지를 쓰기로 정한 것은 오늘이 바로 저의 해방 기념일이기 때문입니다… 정확히 10년 전 이렇게 아름다운 9월 아침에 선생님께서 태양처럼 환히 비춰주시는 가운데 노예—가난하고 천한 소유물—인 저는 그대도 인간이라며 탄식하는 선생님의 목소리에 전율했습니다…

일찍이 여섯 살 즈음에 저는 도망치겠다고 마음을 먹었습니다. 기억을 돌이켜볼 때 저의 첫 번째 정신적 시도는 나는 왜 노예인가라는 수수께끼를 풀려고 한 것이었죠… 노예사냥꾼이 여자 노예를 채찍으로 때리고… 그녀의 비참한 울음소리가 들릴 때 저는 구석진 담장 밑으로 기어들어가서 눈물을 흘리며 그 수수께끼를 곰곰이 생각했습니다… 그리고 언젠가는 도망쳐야겠다고 결심했지요.

그 행동의 도덕적 원리를 저는 이렇게 결론지었습니다. 나는 나 자신이고, 당신은 당신 자신이며, 우리는 두 명의 독립된 사람이다. 당신이 사람인 것처럼 나 또한 사람이다. 당신이 본래 나에게 구속된 존재가 아니듯, 나도 날 때부터 당신에게 구속된 존재가 아니다…

왜 우리는 과거로, 노예제의 시대로 돌아가야 하는가? 우리 자신의 시대, 맬컴 X의 경험으로 충분하지 않을까? 내가 보기에 과거로 돌아가는 데에는 두 가지 쓸모가 있다. 첫째, 과거를 다룰 때 우리는 경계심을 푼다. 이미 끝난 일이라 모든 것을 받아들여도 두려울 게 없다는 생각으로 시작하기 때문이다. 우리의 잘못이 명백히 드러난다. 그 직접성이 우리를 때리고, 우리가 깨닫기도 전에 마음을 물들인다. 부당함을 인식해봤자 이미 늦었다. 우리는 거기에 없다. 두 번째 이유는 자칫 일시적인 현상으로 보고 넘길 수 있는 문제에, 시간이 깊이와 강도를 더해주기 때문이다. 프레데릭 더글러스와 맬컴 X를 지배한 그 굴욕이 수백 년을 지나 오랫동안 지속되었다는 것을 알면, 화이트 아메리카에서 흑인들의 이 시련이 격노가 일 정도로 오래 되었다는 것을 똑똑히 보게 된다. 다른 것은 차지하고라도 우리가 조급증으로 보고 넘길 수도 있는 것, 그러나 역사는 너무 긴 인내라고 설명하는 것에 흑인들이 어떤 심정인지를 이해하게 된다.

역사는 또한 부유한 교외지역의 무성한 나뭇잎에 가려서 보이지 않는 가난을 날카롭게 인식시켜준다. 눈이 멀도록 번쩍거리는 화려한 사회에서는 가난한 사람들이 흑인들처럼 눈에 띄지 않는다. 물론, 1960년대 미국에서처럼 우리의 감수성이 인권 운동에 예민해지고 정부에 대한 인내심이 베트남 전쟁으로 바닥을 드러낸 시대에는 역사의 도움 없이도 가난한 사람들의 존재를 날카롭게 인식할 수 있다. 그런 시대에는 마이클 해링턴Michael Harrington의 《또다른 미국The Other America》 같은 책들이 과거로 돌아가지 않고도 우리에게 일격을 가하곤 한다. 우리가 어두운 곳을 볼 수 있도록 램프를 비춰주고 우리에게 눈을 뜨라고 다그치는 것만으로도 그 일을 해낸다.

하지만 역사는 다른 방식으로 그 일을 한다. 다른 시대에 우리와 비슷한 상황에 놓인 다른 사람들이, 같은 도시에 사는 이웃들의 가난한 삶을 왜 보지 못하는지를 우리 눈앞에 드러내는 것이다. "번영"에 젖은 1950년대에 우리가 또 다른 풍요의 시대인 1920년대의 이야기를 읽는다고 가정해보자. 열심히 보면 1928년에 석탄노조가 파업할 때 펜실베이니아의 상황을 조사한 몬태나 주의 상원의원 버튼 휠러Burton Wheeler의 보고서를 발견할 수도 있다.*

> 나는 석탄 회사들에게 살던 집에서 내쫓긴 여자들의 가슴 아픈 이야기를 하루 온종일 들었다. 빵을 달라면서 애절하게 구걸하는 어린아이들의 울음소리도 들었다. 용역 경찰에게 잔인하게 맞은 남자들에게서 놀라운 이야기들을 들었을 때에는 놀라서 기겁을 했다. 충격적이고 괴로운 경험이었다.

이 글을 볼 때, 어쩌면 우리 시대에도 수많은 미국인의 삶 위에 가림막이 쳐져 있고, 번영의 소리가 다른 모든 소리를 압도하는 가운데 부자들의 목소리가 역사를 지배한다는 것을 어렴풋이 알 수 있지 않을까?

과거처럼 이 시대에도 우리는 사회에서 가장 표현력이 좋고 최고의 특권을 가진 사람들이 쓴 이야기에 기초해서 "역사"를 구성한다. 그 결과 역사는 사람들이 어떻게 사는지를 왜곡해서 보여주고, 가난을 과소평가하고, 비참한 사람들의 상황을 생생히 묘사하지 못한다. 만일 우리가 과거 속에서 약자의 목소리를 들을 수 있다면, 우리 시대의 들리지 않는 항변을 찾아 나서게 될지 모른다. 물론 과거로 돌아가지 않고 지금 이 시대에 그 일을 직접 할 수도 있다. 하지만 가끔 과거 속에 감춰진 것이 드러나 우리의 행동을 촉구하면서도 직접적인 가책을 불러일으키지 않을 때, 우리는 현 사회를 더 깊고 예리하게 꿰뚫어보게 된다(내 경험상 피오렐로 라과디아의 문서에서 20년대에 이스트할렘의 빈민들이 보낸 편지를 읽을 때에는 소위 "황금기"라고 하는 50년대를 다시 보게 된다).

그런 희생자들이 그린 그림이 진실한 그림일까? 역사의 한 국면을 진실하게 나타낸 그림, 객관적인 묘사는 존재하지 않는다. 있지도 않은 객관성을 찾는 탓에 우리는 아이러니컬하게도 특별히 퇴행적인 주관성, 즉 구경꾼의 주관성에 빠지고 말았다. 어느 사회나 다양한 이해가 충돌하는데, 이른바 객관성은 그중 하나인 중립의 가면이다. 사실 비중립적인 세계에서 중립은 허구에 불과하다. 희생자가 있고, 사형집행인이 있고, 구경꾼이 있다. 수많은 머리가 매 시간마다 바구니 속으로 굴러 떨어지는 이 시대의 동역학에서, "진실한" 것은 자기 머리가 어떻게 되는가에 따라 달라진다. 남들의 머리가 굴러떨어지는 한 구경꾼의 "객관성"은 제발 아무것도 하지 말라고 애원한다. 카뮈의 《페스트The Plague》에서 의사 리유는 이렇게 말한다. "내가 주장하는 건 하나뿐이오. 이 세상에는 페스트가 있고 희생자가 있는데 최대한 페스트와 협력하지 않는 것이 우리가 할 일이라는 거요." 행동하지 않으면 번지는 페스트와 협력하게 된다.

1968년의 미국에서 흑인들이 처한 상황의 "진실"은 무엇일까? 흑인의 위치가 향상되었음을 보여주는 통계 수치를 모을 수도 있다. 또한 흑인의 상황이 과거와 마찬가지로 열악하다는 것을 보여주는 통계 수치를 모을 수도 있다. 양쪽 다 "옳다."[17] 하지만 첫 번째 통계는 현재의 변화 속도에 만족하는 입장, 두 번째 통계는 변화의 속도를 끌어올리고 싶어 하는 입장을 이끌어낸다. 그 알쏭달쏭한 "객관성"에 가장 가까워지는 방법은 한 상황에 존재하는 모든 주관을 정확히 보고하는 것이다. 하지만 우리는 항상 그 주관적 견해들 중 이런저런 것들을 강조한다. 나는 우리가 특권을 쥔 관찰자라는 기존의 입장에서 벗어나기를 제안한다. 우리가 즐겨 말하는 "객관적인" 입장에서 몸을 빼지 않는다면, 자신이 인정하든 부인하든 우리의 심리는 희생자보다는 사형집행인에 더 가깝게 된다.

일부 흑인들이 미국 사회의 계층 사다리를 전보다 더 빠르게, 더 많이 오르고 있음을 보여주는 데이터를 감출 필요는 없다. 그럼에도 사다리 근처에 접근할 수 없는 사람들의 삶을 강조해야 할 필요성은 줄어들지 않는다. 이 필요는 생활필수품(음식, 주거지, 존엄, 자유)이 여전히 부족한 사람들을 대변하고자 하는 결심에서 나온다. 인구청의 최신 데이터가 어떤 추상적인 의미에서 "옳은" 것처럼 맬컴 X와 엘드리지 클리버Eldridge Cleaver의 자서전도 옳은 이야기다. 하지만 급진적인 역사학자는 전자를 감추지 않으면서도(어쨌든 그렇게 말할 이해관계가 이미 많아졌다) 우리가 대개 무시하고 마는 사실들을 강조할 것이다. 그리고 그 사실들은 희생자들에게만 진실하게 보인다.

---

17 비비안 헨더슨Vivian Henderson, 《흑인의 경제적 지위The Economic Status of Negroes》, Southern Regional Council, 1963을 보라. 《시민 소요에 관한 미국 국가자문위원회National Advisory Commission on Civil Disorders》, Bantam, 1968, p. 13의 한 문장은 그 복잡성을 여실히 보여준다. "전국적으로 흑인의 수입은 증가하고 '최저생계' 수준에 못 미치는 흑인의 수도 감소했지만, 도심 지역에 있는 흑인의 조건은 여전히 위기 상황이다."

따라서 탈주한 노예들의 이야기에 기초한 노예제 역사는 특히 중요하다. 그런 역사가 역사학을 독점하지는 못한다. 기존의 역사는 노예 소유자의 입장에서 쓴 것(예를 들어, 농장 일기에 기초한 울리치 필립스의 이야기)이거나, 냉정한 관찰자(노예제를 질책하면서도 행동을 이끌어낼 만한 열정은 보이지 않는 자유주의 역사학자)의 입장에서 쓴 것들이 전부이기 때문이다. 노예의 입장에서 역사를 쓴다 해도 전체의 분량이 늘어날 뿐이다. 하지만 그 충격으로 우리는 무기력 상태에서 깨어난다.

미국 혁명을 상인이 아닌 선원의 입장에서 이야기하거나,* 멕시코 전쟁을 멕시코 국민의 입장에서 이야기하는 것도 마찬가지다. 나의 요점은 (어쨌든 이 분야를 지배하고 있는) 특권층의 관점을 빼자는 것이 아니라, 과거처럼 지금도 역사를 위에서부터 보는 경향이 항상 존재한다는 사실을 잊지 말자는 것이다. 아마 중국인의 눈으로 본 아편 전쟁의 역사는[18] 미국인에게 베트남 국민의 눈으로 본 베트남 전쟁과 같을 것이다.

2. 우리는 중립적이거나 시혜자인 척하는 정부의 위선을 폭로할 수 있다. 사람들을 행동하게 하는 첫 번째 필요조건이 잘못된 것을 분명하게 인식시키는 것이라면, 두 번째 필요조건은 잘못된 것을 정부에 의존해서 바로잡을 수 있다는 환상을 깨뜨리는 것이다.

이번에도 나는 우리 주위에 매우 부당한 일들이 가득하다는 전제에

---

18 청나라 관료 린저쉬(임칙서)가 빅토리아 여왕에게 보낸 편지를 보라. 스위둥Ssu-yu Teng과 존 K. 페어뱅크John K. Fairbank, 《서양에 대한 중국의 대응China's Response to the West》, Harvard University, 1954, p. 24.

서 출발한다. 모든 사람이 부당한 일을 겪는 것은 아니지만, 우리가 편안하게 받아들이기에는 너무나 많다. 세계의 정부들은 현실을 급격히 변화시키려 하지 않는다. 게다가 정부가 앞장서서 부당한 짓을 벌이는 경우도 비일비재하다. 이 점을 주지시키면 직접적인 행동을 이끌어내는 강한 힘이 된다.

그렇다면 내가 지금 정부의 역할을 "객관적으로" 보지 않고 있다는 뜻이 되는가? 역사 속에서 미국이 인종 문제를 어떻게 다뤘는지를 살펴보자. 예를 들어, 남북전쟁이 끝난 직후에 다양한 미국 정부는 흑인을 위해 무엇을 했는가? "객관적인" 입장에서 이 질문에 답이 되는 모든 사실들을 이야기해보자. 이때 우리는 헌법수정조항 제13, 제14, 제15조, 프리드먼 사무소, 남부의 무장병력 주둔, 1866, 1870, 1870, 1875년의 시민권법 통과에 주목해야 한다. 하지만 그와 동시에 헌법수정조항 14조를 무력화한 법원의 판결들, 1877년에 헤이즈와 틸든이 합의한 흑인에 대한 배신, 시민권법의 미집행을 기록해야 한다. 궁극적으로 보면 그 모든 것을 말한다 해도 우리의 강조는 결국 주관적이게 된다(우리가 누구이고 무엇을 원하는지에 달리게 된다). 현재의 관심, 즉 시민이 직접 행동할 필요가 있다는 관점에서 볼 때, 역사학자는 흑인들의 동등한 권리를 확보하는 문제에 있어 정부란 존재는 신뢰하기 힘들다는 점을 강조하게 된다.

또 다른 질문이 있다. 이 나라의 부를 평등하게 분배하는 문제에서 우리는 정부를 얼마나 신뢰할 수 있는가? 당연히 우리는 경제 정의를 향한 듯 보이는 20세기에 통과된 법들—진보 시대의 철도 규제법, 윌슨 정부 시절의 누진소득세 탄생, 시어도어 루스벨트와 태프트 정부의 반

독점기업 재판들—을 고려할 수 있다. 하지만 미국 인구의 상하위 5분의 1에 돌아가는 부의 배당이 근본적으로 변하지 않았다는 사실에 **현재** 주목할 때, 우리는 그 모든 입법이 단지 현 상태를 유지시키기만 했음을 알게 된다. 이것을 변화시키려면 우리는 지금까지 강조되지 않은 것, 즉 정부가 미국 경제체제의 지속적인 불평등을 개선하지 못하고 계속 실패했다는 점을 강조할 필요가 있다.

역사학자들의 뉴딜 평가를 보면 이 문제를 쉽게 이해할 수 있다. 뉴딜을 어떻게 묘사하든 간에 당시에 개혁 입법이 놀라울 정도로 많았고 그 입법이 미국의 가난과 실업을 해결하기에 부적합했음을 포함시킨다면 그 묘사는 "객관적"이라고 말할 수 있다. 하지만 모든 묘사에는 우리가 이 그림에 강하거나 약하게 부여한 강조가 스며 있다. 어떤 역사학자는 미국이 경제 위기를 어떻게 극복할 수 있었는지에 만족스러운 감정을 덧씌운다. 다른 역사학자는 정부가 이 나라의 자원이 기본적으로 불합리하게 분배되는 문제를 아직도 해결하지 못한 것에 비추어, 우리의 직접적인 행동을 독려할 것이다. 현재의 문제들은 두 번째 방식이 바람직하다는 쪽을 가리킨다.[19]

윌슨 정부가 자랑하는 진보적인 개혁도 이 그림 속에 놓고 볼 가치

---

19 제럴드 S. 오어바치Gerald S. Auerbach가 뉴딜을 비판하는 신좌파를 비난하는 뜻으로 말한 "유죄거리 찾기"와 이 두 번째 방식을 혼동해서는 안 된다. 나의 요점은 FDR의 뉴딜 정책을 비난하거나 칭찬하려는 것이 아니다. 이 책의 17장에서 책임을 논의할 때 말하겠지만, 그런 역사 평가는 무익하다. "New Deal, Old Deal, or Raw Deal: Some Thoughts on New Left Historiography," Journal of Southern History, February 1969에서, 오어바치는 루스벨트의 개혁이 부적당하다는 점을 강조하는 사람들(예를 들어, 나의 New Deal Thought이 Bobbs-Merrill, 1966이나 폴 콘킨Paul Conkin의 The New Deal)의 의도를 잘못 이해하고 있다. 우리의 목표는 과거의 정치를 징계하는 것이 아니라 현재의 시민들을 고무하는 것이다.

가 있다. 예를 들어 1914년의 러들로 대학살(이 책 5장—옮긴이) 같은 상황에서 윌슨은 연방군을 동원했지만, 그 시점은 파업 중인 콜로라도 광부들이 볼드윈-펠츠 흥신소 탐정들의 기관총에 쓰러지거나 주 방위군이 그들의 집을 방화할 때가 아니라, 광부들이 대규모로 무장을 하고 보복에 나섰을 때였다. 또 다른 사례로, 1935년에 발의된 사회보장법안에는 FDR을 지지한 계층이 포함되어 있었지만 루스벨트는 그보다 더 온건한 법안을 밀어붙여 통과시켰다는 사실을 아는 것도 도움이 된다. 현재와 과거에 사회보장연금의 지급액이 턱없이 부족하다는 우리의 때늦은 깨달음에 비추어볼 때, 우리가 FDR의 사회보장제도를 어떻게 보느냐에 따라 현실을 변화시키려는 우리의 결심은 강해질 수도 있고 그렇지 않을 수도 있다.

그렇다면 급진주의 역사는 정부 개혁의 한계, 정부와 부유한 특권층의 연결, 전쟁과 외국인 혐오를 부추기는 정부의 경향, 법의 중립성 뒤에서 벌어지는 돈과 권력의 유희를 폭로할 것이다. 급진주의 역사는 현실을 유지시키는 정부의 역할이 어떻게 이루어지는지—폭력이나 기만을 통해서인지 양자를 능수능란하게 결합해서인지, 의도적인 계획을 통해서인지 주위의 기대에 따라 자기 역할을 수행하는 수많은 개인들의 그물망을 통해서인지—를 구체적으로 밝힐 것이다.

현 정부들에 관한 산더미 같은 데이터에서도 그처럼 우리의 동기를 자극하는 사실들을 얼마든지 찾을 수 있다. 하지만 역사적 자료는 어떤 생각에 깊이를 더해준다. 시간이 그 깊이를 부여한다. 지금 눈에 보이는 것은 지나가는 현상일 수 있지만, 그와 똑같은 상황이 역사의 여러 시점에 나타난다면, 그것은 일시적인 사건이 아니라 장기적인 상황, 일탈이 아니라 진지하게 주목해야 할 구조적 이형異形이 된다.

예를 들어 정부조사위원회의 역사를 안다면, 그런 위원회들이 뿌리 깊은 사회 문제를 다루는 데 한계가 있음을 더욱 분명히 알 것이다. 시민 소요에 관한 미국 국가자문위원회에서 케니스 클라크Kenneth Clark(하워드대 출신 흑인 인권운동가—옮긴이)가 내뱉은 통명스런 증언을 예로 들어보자. 이 위원회는 1967년의 도시 폭동 이후에 구성되었다. 클라크는 1919년의 시카고폭동 이후에 구성된 비슷한 조사위원회를 가리키며 다음과 같이 말했다.*

> 나는 1919년 시카고폭동에 관한 이 보고서를 읽었습니다. 마치 35년 할렘폭동 조사위원회의 보고서, 43년 할렘폭동 조사위원회의 보고서, 워츠폭동에 관한 맥콘 위원회의 보고서를 읽는 듯하더군요. 《이상한 나라의 앨리스》와 비슷하게도, 나는 솔직히 다시 한 번 이 위원회의 구성원 여러분에게, 누차 되풀이해서 제시된 이 가슴 아픈 사진들과 함께 그때와 똑같은 분석, 똑같은 권고, 똑같은 무기력을 말하지 않을 수 없습니다.

3. 우리는 만하임이 현재의 질서를 정당화하는 이론적 설명이라고 정의한 "이데올로기" 개념을 이용해서 미국 문화에 퍼져 있는 이데올로기를 폭로할 수 있다. 우리 사회는 인종차별, 전쟁, 경제적 불평등을 노골적으로 신성화한다. 또한 다음과 같은 재료들로 그보다 더 미묘한 버팀 구조를 만들기도 한다. 반쪽 진실("우리는 19세기의 제국주의 열강과는 다르다"), 고상한 신화("우리는 자유롭게 태어났다"), 거짓("교육은 지식을 순수하게 추구한다"), 수사적 속임수("모두에게 자유와 정의를"), 이

상과 현실의 혼란(독립선언과 우리의 언어 전통에 퍼져 있는 혁명의 필요성, 스미스법과 우리의 법률서에 퍼져 있는 혁명적 요구에 대한 금지), 불명료한 현실의 상징("메인 호를 잊지 말자" 대 군대에 상한 고기를 납품한 사건[두 사건 모두 미국-스페인 전쟁 때 일어난 일이다—옮긴이]), 무지한 이중 잣대(존 브라운John Brown의 폭력은 개탄하고, 율리시즈 그랜트Ulysses Grant의 폭력은 환영), 음험한 아이러니(수정조항 제14조를 흑인이 아닌 기업을 돕는 데 사용).

한 사회에 교육이 넓게 퍼져 있을수록 부당한 것을 감추기 위해 더 많은 속임수가 사용된다. 교회, 학교, 글말이 연합해서 그런 은폐 기능을 한다. 이건 음모가 아니다. 사회의 특권층도 이 신화의 희생자들이고, 그걸 퍼뜨리는 교사, 성직자, 기자들도 마찬가지다. 모든 사람이 단지 자연스러운 일을 행하는데, 자연스러운 일이란 항상 들어왔던 바를 말하고, 항상 믿어왔던 바를 믿는 것이다.

역사에는 특별한 힘이 있다. 조상들이 만든 사회적 틀에 우리 모두를 붙잡아매는 그 믿음들이 바보 같다는 것을 폭로하는 힘이다. 또한 사회적 틀을 더 강하게 보완하기도 하는데, 역사는 거의 항상 이 역할을 해왔다. 우리가 풀어야 할 문제는, 양방향으로 작동할 수 있는 이 역사의 힘을 돌리는 것이다. 인습 타파를 주장하는 사회학자 E. 프랭클린 프래지어Franklin Frazier가 어느 날 저녁에 조지아 주 애틀랜타에서 흑인 대학생들에게 한 말이 생각난다. "지금까지 사는 동안 백인들이 너희를 현혹하고, 설교자들이 너희들을 현혹하고, 선생들이 너희를 현혹했다면, 나는 너희를 깨우치려고 이 자리에 섰다."

과거에 대한 미사여구를 기억하고 그 수사를 과거의 실제 모습과 대조할 때 우리는 현재의 현혹을 꿰뚫어볼 수 있다. 현재의 진실은 지금 펼쳐지는 중이라 그 모순들이 뚜렷이 보이지 않는다. 1900년 1월 9일에 앨버트 비버리지Albert Beveridge는 상원에서 "전지전능한 하나님이 우리를 선민選民으로 삼아 이 세계를 갱생토록 하셨으니 그에게 감사를 돌리자"라는 고상하기 이를 데 없는 구실을 대며 필리핀을 점령해야 한다고 주장했다. 우리가 이 연설을 읽은 다음, 독립을 원하는 필리핀 반군에게 살육을 안긴 우리의 역사를 읽으면, 오늘날 우리의 "세계적 책임"을 운운하는 연설에 쉬이 현혹되지 않을 것이다. 그 역사를 기억할 때 우리는 "미국적 사고에 예로부터 존재해온 대단히 명예로운 두 개념"(그중 하나는 "미국은 세계를 구할 사명을 갖고 있다"는 개념이다)으로 베트남전을 위해 "역사 체제"를 구성하려는 아서 슐레진저의 시도에 정당한 의심을 품게 된다.* 미국의 팽창주의와 관련된 생각과 사실의 역사에 비추어볼 때, 그 개념은 조금도 명예롭지 않다. 베트남전의 재앙은 슐레진저가 말했듯이 그 개념들을 "마지막이자 비극적으로 잘못 적용한 예", 즉 다소 자비로운 역사적 전통에서 벗어난 일탈이 아니라, 항의하는 외국 민족을 숨 막히게 하는 죽음의 개념들이다.

개념의 역사가 현재를 가리키는 예를 하나 더 들어보자. 이 예를 살펴보면, 2차 세계대전이 끝난 뒤 실질적인 이해관계가 없어 보이는 시기에 태평양에서 미국은 왜 팽창을 꾀했는가라는 아리송한 문제가 명확해진다. 매릴린 B. 영Marilyn B. Young은 문호개방 시대를 연구한 책에서, 미국은 "세계열강"의 꿈에 도취한 나머지 "상업과 금전의 이익이 없는데도" 공격적인 정책을 감행했다고 지적한다. 그렇게 해서 "문호개방은 미국의 신성한 원칙에 포함되었고, 미국이 중국에 '중대한 이해관계'가 있다는 가정이 출현해서 결코 사라지지 않았다."* 오늘날 미국 지도자들은 아시아 국가에 진출하는 정책을 옹호하지만, 국민들은 "중대한 이해관계"라는 이 개념이 계속 누적된 탓에 혐오와 거부감을 느낄 지경이라고 말한다.

오늘날 목적을 생각하지 않고 능률과 성공을 찬양하는 데 열중하는 미국인들에게, 《서부전선 이상 없다All Quiet on the Western Front》(1차 세계대전의 악취)와 1917년의 미국 지식인에 대한 랜돌프 본Randolph Bourne의 논평을 동시에 읽는 것은 굴레에서 벗어나는 효과를 줄 수 있다.*

> 요컨대 그들은 지적인 봉사, 즉 수단을 목적에 잘 적용하는 것 외에는 뚜렷한 인생철학이 없다. 자신들이 어떤 사회를 원하고 미국이 어떤 사회를 필요로 하는지에 대해서는 생각이 막연한 반면에 그 사회를 이루는 데 필요한 행정적 태도와 재능은 완벽하게 갖추고 있다… 아주 명확한 시적 비전을 갖고 출항하지 않으면, 우리는 도구주의에 이끌려 행복하고 부지런하게 일하고 있는 젊은 지식인들처럼 국가적인 전쟁 사업에 가닿을 것이다.

4. 우리는 지금까지 세상을 지배해온 것보다 더 나은 삶의 가능성을 보여주는 얼마 안 되는 과거의 순간들을 되불러낼 수 있다. 사람들을 행동하게 하려 한다면, 부당함을 간파하는 능력을 길러주고, 권력자들이 신뢰할 수 없음을 보여주고, 우리의 지금 이 사고방식이 편협하고 뒤틀리고 타락했음을 드러내는 것으로는 부족하다. 한 걸음 더 나아가 우리는 다른 어떤 것이 가능하고, 변화가 일어날 수 있음을 보여야 한다. 그렇지 않으면 사람들은 사생활, 냉소, 절망, 더 나아가 부역하는 삶으로 쉽게 숨어 들어간다.

역사는 더 나은 어떤 것이 필연적이라고는 확증할 수 없지만, 상상하는 것은 가능하다고 입증한다. 역사는 사람들이 서로 도왔던 순간들(흑인과 백인이 함께 운영한 언더그라운드 철도〔남북 전쟁 전의 노예의 탈출을 도운 비밀 조직—옮긴이〕 조직, 히틀러에 맞서 싸운 프랑스 레지스탕스, 스페인 내전 때 카탈로니아에서 무정부주의자 민병대가 이룬 전과)을 가리켜준다. 역사는 정부들이 진정한 관심을 약간이라도 보이는 때(테네시 강 유역 개발공사〔뉴딜의 일환—옮긴이〕, 사회주의 국가들의 무료 진료, 파리 코뮌의 동일 임금 원칙)를 발견한다. 역사는 범죄자나 바보가 아니라 영웅에 가깝게 행동한 사람들(소로, 웬델 필립스, 유진 뎁스, 마틴 루터 킹Martin Luther King, 로자 룩셈부르크Rosa Luxemburg)을 밝혀낸다. 역사는 겉으로 무기력해 보이는 집단들이 극히 낮은 확률을 뒤집고 승리한 사건들(노예폐지론자들과 수정조항 제13조, CIO〔산업별조합회의〕과 연좌 파업, 프랑스에 대항한 베트민과 알제리 국민)을 상기시킨다.

역사의 증거는 특별한 기능을 한다. 우선 당대의 삶에서만 골라내면 허약해 보일 수 있는 증거에 무게와 깊이를 부여한다. 또한 시간의 흐름에 따라 사람의 움직임을 묘사함으로써 변화의 가능성을 보여준다. 실제의 변화는 아주 작아서 오늘날 우리를 절망에 남겨둘지라도, 계속 힘을 내기 위해서는 변화가 가능하다는 믿음이 필요하다. 따라서 얼마나 많은 문제가 남아 있는가에 올바로 주목하면서도 그와 동시에 1930년대와 1960년대 흑인에 대한 미국 백인의 의식을 비교해서 창조적 갈등의 시대가 어떻게 사람들의 생각과 행동을 변화시킬 수 있는지를 보는 것도 중요하다. 또한 중국에 얼마나 많은 문제가 남아 있는가에 올바로 주목하면서도, 중국 공산당이 어떻게 7억이나 되는 국민을 기아와 질병에서 믿기 힘든 속도로 구해내고 있는지를 보는 것도 중요하다. 저항하는 국민에게 쏟아지는 비난과 고함 뒤에는 무서운 힘이 가로놓여 있지만, 그 힘과 마주할 때 우리가 광기에 사로잡힌 것이 아니며, 시간이 흘러 위대했다고 밝혀진 사람들도 당시에는 우리처럼 느꼈다는 것을 알 필요가 있다. 혁명을 비난하는 일반적인 생각과 타협하고 싶어지는 순간에는 토머스 제퍼슨Thomas Jefferson과 톰 페인Tom Paine을 떠올리면서 새로운 힘을 얻을 필요가 있다. 법을 찬미하는 태도로 돌아서고 싶어지는 순간에 소로와 톨스토이를 본다면 정의가 법보다 높은 데 있다는 우리의 확신을 되살릴 수 있다.

그런 이유로 스토턴 린드의 《미국 급진주의의 지적 기원》 같은 책은 유용한 역사다. 린드의 책은 다음과 같이 선언한 18세기의 앵글로-아메리카 전통을 되살려낸다.*

> 정치의 올바른 토대는 모든 사람이 직관적 상식으로 자명하게 알 수 있는 옳고그름에 대한 보편적인 법이고, 자유는 어느 누구도 타인에게 위임할 수 없는 스스로 방향을 결정할 수 있는 권한이며, 사회의 목적은 재산의 보호가 아니라 살아 있는 인간들의 필요를 채우는 것이고, 좋은 시민은 구제할 수 없는 독재 정부를 전복할 권리와 의무뿐 아니라 그런 시점이 오기 전에 그 정부의 악법을 깨뜨릴 권리와 의무를 갖고 있으며, 우리가 궁극적으로 충성해야 할 대상은 이런저런 국가가 아니라 인류라는 이름의 한 가족이다.

사방에서 외쳐대는 "법과 질서," "애국심" 속에 이 전통이 파묻혀버린 시대에(정부에 대한 관심과 다른 인간들에 대한 관심의 혼동에 의거한 말장난이다) 우리는 휴머니즘적이고 혁명적인 충동의 **깊이**를 떠올릴 필요가 있다. 수백 년을 가로지를 때 그 깊이를 만나게 된다.

내가 지금까지 논의해온 기준으로 그 전통을 기억하는 것이 급진주의 역사다. 따라서 우리는 미국의 노예제에 관심을 둔 또 다른 급진주의 역사학자 유진 제노비스Eugene Genovese가 왜 린드의 책을 심하게 비판했는지 그 이유를 살펴볼 필요가 있다.*

제노비스는《미국 급진주의의 지적 기원》이 "단지 정치적 목적에 봉사할 의도로" 씌어진 책이라며 우려를 표현했다. 만일 제노비스가 단지 "역사 저술에서는 정치적 이용을 위한 신화 만들기와 변조하기가 가능하다는 가정"을 비판하고 있었다면(예를 들어, 이른바 맑스주의자들이 스탈린주의 양식으로 쓴 역사), 그의 비판은 옳았을 것이다. 하지만 제노비스는 다른 어떤 것을 말하는 듯하다. 린드는 초기의 앵글로 아메리카 사상가들의 사유에 담긴 순수한 진리를 전해주고 있기 때문이다. 그는 역사 저작이란 "한 시대와 장소를 걸러낸 도덕적 기준"에 따라 과거를 다루면 안 된다고 말한다.

특히 제노비스는 린드가 독립선언의 사상을 시간을 초월한 일종의 "도덕 지상주의"로 사용해서 18세기의 급진주의자들과 20세기의 급진주의자들을 비교한 반면에, "계급의 역할 그리고 급진주의자들이 벌인 논쟁의 역사적 배경"은 논하지 못했다며 못마땅해 한다. 그는 "린드가 이 사상과 그것을 주장하는 사회 집단의 관계를 들여다보지 않았다"고 비판하고, 린드는 "사상이 출현하는 사회적 맥락의 중요성을 부인하고" 위대한 도덕적 진실을 "자명하고 절대적인 것으로" 본다고 주장한다. 이는 제노비스에게, 린드가 "그럼으로써 역사의 유용성을 도덕적 권유의 목적으로만 인정하고 있다"는 뜻이 된다. 그는 린드가 "노동계급과 사회주의 운동" 그리고 "좌파의 대립적 경향과 반대 견해"를 외면했고, 그럼으로써 그 책을 "역사의 졸렬한 모조품"으로 만들었다고 말한다.

이는 강력하고도 중요한 비판이다. 하지만 나는 제노비스가 틀렸다고 확신한다. 그가 틀린 것은 린드의 연구를 묘사한 데서가 아니라 그 가치를 평가한 대목에서다. "시간과 공간을 걸러낸" 도덕적 기준으로 과거를 논하지 말아야 한다는 제노비스의 항변은 귀를 솔깃하게 한다. 우리(특히 우리 역사 전문가)는 역사적 특수성이라는 닻에 매여 있고, 천상의 유토피아에서 떨어진 듯한 판단기준을 좋아하지 않기 때문이다. 하지만 시간과 공간은 아무리 걸러내도 완전히 제거되진 않는다. 다만, 둘 이상의 역사 시대—더 구체적으로는, 다른 시대와 우리 시대—사이에 공통의 기반이 드러날 때까지 역사의 세부적 사실들을 걸러낼 뿐이다(더 나아가 어느 한 시대와 장소의 도덕적 기준이나 한 사회 운동의 견해를 논할 때에도 당연히 그런 과정을 거쳐야 한다). 따라서 제노비스가 말한 "도덕 지상주의"에 비추어 과거를 연구한다는 것은, 현재에 우리의 마음을 움직이지만 역사 속의 다른 시대에 다른 사람들도 움직였을 만큼 크고 폭넓은 이상에 의거해서 과거를 연구한다는 뜻이다.

"시간과 공간"의 매력은 "내 시대"나 "내 주제"에 관심이 있는 역사 전문가의 매력이다. 이 시공간적 특수성은 제기하는 질문에 따라 대단히 유용할 수 있다. 하지만 제기하는 질문이 (린드의 경우처럼) 현재 필요한 가치들을 위해 과거에서 어떤 도움을 찾을 수 있을까 하는 것이라면, 많은 상황 증거에서 특수성이 지워진다. 현재의 질문이 없을 때 비로소 모든 구체적 정보, 한 시대의 풍부하고 복잡하고 무한에 가까운 세부 정보가 무차별하게 중요해진다. 이는 곧 전문 역사학의 절대 원칙, 즉 최대한 많이 말하라는 명령에 굴복하는 것이다.

이와 마찬가지로 로크나 페인의 자연법 사상을 다룰 때, 제기하는 질문이 다음과 같은 것이라면 "계급의 역할"은 대단히 중요해진다. (오늘날 이데올로기적 사고와 유토피아적 사고의 약점을 더 잘 이해하기 위해서) 계급적인 배경과 사상은 어떻게 상호 작용하는가? 하지만 스토턴 린드의 특별한 목적에는 다른 강조가 필요했다. 특정한 질문들을 가지고 역사에 초점을 맞출 때에는 많은 것이 생략된다. 하지만 이 말은 초점이 없는 경우에도 해당된다.

"시간과 공간"을 요구하는 전문 분야의 도그마는, 마치 급진주의 역사의 시금석인 양 "계급의 역할"을 요구하는 맑스주의 지식인들의 도그마와 유사하다. 조잡한 맑스주의의 경제 결정론을 폐기하고 (제노비스가 열렬히 바라는 것처럼) 계급을 "물질적 이해관계, 이데올로기, 심리적 태도의 복잡한 혼합체"로 다루는 "역사적 변화에 대한 정교한 계급 분석"을 그 자리에 놓는다 해도, 오늘날 사람들을 변혁으로 이끌 수 있을지는 미지수다. 바로 이 미지수—역사가 오늘날의 사회 환경에 미치는 영향의 총량—가 진정한 급진주의 역사의 기준으로, 맑스주의자들과 그밖의 역사학자들이 강박적으로 고수하는 어떤 추상적이고 절대적인 방법론상의 기준과는 거리가 멀다.

예를 들어, 제노비스는 린드가 논의한 위대한 도덕적 진리 중 하나—권위에 맞선 양심을 정치적 도덕의 최종 기준으로 보는 것—가 과거에 혁명을 이끈 한 힘이었다고 인정한다. 하지만 제노비스에게 혁명은 특수한 시대의 역사적 사실인 반면에 "린드는 그 진리들을 사회주의 혁명에 접목시키려 하고, 그 혁명의 내용은 설명하지 않는다. 그는 그 진리들이 혁명적 사회주의 사고의 심지를 형성한다고 주장하지만, 어떤 사회주의 운동도 그런 이데올로기로 권력을 쟁취한 적이 없다…" 린드가 18세기의 어떤 사상가들(그리고 어떤 차원에서는, 맑스와 엥겔스)이 공유했던 도덕적 가치를 주장한 것은 바로, 지금까지 사회주의 운동이 모든 국가에 맞선 양심의 자유에 충분히 주목하지 않았기 때문이다. 진정한 급진주의는 어떤 사회 체제에 대해서라도 판단을 하고 변화시킬 수 있는 초월적 믿음(바로, 절대적 원칙)을 주장한다.

요약하자면, 어떤 가치는 특수한 역사적 상황을 구체적으로 분석할 때 유용한 반면에, 다른 종류의 가치는 역사의 시대들을 가로질러 오늘날 강조할 필요가 있는 믿음에 힘을 실어주고자 할 때 유용하다. 문제는 맑스주의 역사학자들조차도 《포이어바흐에 대한 테제Theses on Feuerbach》에 담긴 맑스의 충고에 충분히 주목하지 않았다는 것이다. 맑스는 이렇게 말했다. "경험과 격리된 사고의 현실성이나 비현실성에 대한 논쟁은 순전히 학문적인 문제다." "진짜" 역사에 관한 논쟁은 이론으로 해결되지 않는다. 중요한 문제는, "진실할" 수 있는 (실체적 진리라는 기초적인 차원에서) 역사 중 과연 어떤 것이 급진주의적인 해석을 명하는 어떤 독단적인 개념이 아니라 우리 시대의 사회 변화를 이끌 실제적 필요에 진실한가 하는 것이다. 만일 제노비스가 반대하고 린드가 채택한 "정치적 목적"이 한 국가나 당이나 이데올로기의 편협한 이해관계가 아니라 우리가 아직 도달하지 못한 인도주의적 가치라면, 역사는 정치적 목적에 봉사하는 것이 바람직하다.

5. 우리는 좋은 사회 운동이 어떻게 잘못될 수 있는지, 지도자가 어떻게 추종자들을 배신할 수 있는지, 반역자가 어떻게 관료가 될 수 있는지, 이상이 어떻게 얼어붙고 메마를 수 있는지를 보여줘야 한다. 이 노력은 혁명가들이 종종 그들의 운동, 지도자, 이론 속에 도입하는 맹목적인 믿음을 바로잡는 데 꼭 필요하다. 그럴 때 미래의 사회변혁 활동가들이 과거의 함정을 피할 수 있다. 칼 만하임Karl Mannheim의 구별법을 이용하자면, **이데올로기**는 권력을 쥔 자들이 진실을 위조하는 경향이고, 유토피아주의는 권력을 쥐지 못한 자들이 진실을 왜곡하는 경향이다. 역사는 이 두 경향의 발현을 모두 보여줄 수 있다.

역사는 스스로 공언한 원칙을 어겨 추종자들에게 실망을 주는 혁명가들의 경향을 경계하도록 우리를 일깨워야 한다. 우리는 독립 선언에 그 모든 주장이 담겨 있음에도 미국 혁명가들이 노예제를 폐지하지 못한 것과, 부당한 세금 때문에 혁명을 일으켰음에도 이른바 신생 공화국이 펜실베이니아의 위스키 반란에는 공정하게 대처하지 못했음을 상기할 필요가 있다. 이와 마찬가지로 프랑스 대혁명이 승리한 그 순간에 자크 루Jacques Loux와 그라비유 구역의 빈민들은 부당이득 행위에 반대하고, 장 바를레Jean Varlet가 "독재는 왕의 궁전에서 위원회 패거리에게 넘어갔다"고 선언하면서 혁명에 항의한 것을 기억할 필요가 있다.[20] 혁명가들은 변화의 열정을 유지한 채로 1956년에 흐루시초프가

---

20 프랑스 대혁명의 이 양상을 기록한 경이로운 역사서로는, Scott, ed., The Defense of Tracchus Babeuf Before the High Court of Vendome, University of Massachusetts Press, 1967을 보라.

20차 전당대회에서 한 연설문과, 스탈린의 편집증적인 잔학 행위에 대한 당의 보고서를 읽어야 한다.

나의 요점은 사회 운동에서 멀어지자는 것이 아니라 혁명가들이 그들 자신의 주장에서 얼마나 쉽게 멀어지는지를 보고 사회 운동에 비판적으로 참여하자는 것이다. 예를 들어 흑인 출신의 노예폐지론자인 시어도어 S. 라이트Theodore S. Wright가 1837년에 뉴욕 노예폐지 협회의 우티카 회의에서 한 연설을 읽으면, 억울한 자들에게 온정주의적 태도를 보이는 경향이 우리—깨우친 사람들이지만—에게 있음을 인식할 수 있다. 또는 1843년에 헨리 하일랜드 가넷Henry Highland Garnet이 그의 호전성을 비난한 백인여성 노예폐지론자에게 보낸 답장을 읽어도 좋을 듯하다.*

> 당신은 내가 "나쁜 조언"을 받아들였다고 말합니다. 자신의 비천한 하인에게 그의 비천한 생산물이 어느 앵글로색슨의 "조언"에 의해 생산되었다고 말한 사람은 당신뿐이 아닙니다. 나는 무지한 노예소유자들과 그들의 옹호자들에게 더 이상 어떤 것도 기대하지 않습니다만, 노예폐지를 주장하는 여류시인이자 보스턴 《해방자Liberator》의 임시 편집자인 마리아 W. 채프먼Maria W. Chapman에게는 사실 이보다 더 나은 것을 기대했습니다…

급진주의 운동의 역사를 통해 우리는 자아도취적인 오만, 지도자를 맹목적으로 우상화하는 어리석음, 환경을 주의 깊게 살피는 대신 도그마에 의존하는 경향, 운동의 지도자가 권력자와 너무 자주 어울릴 때 찾아오는 타협의 유혹을 경계할 수 있다. 자본주의 국가에서 사회주의자가 공직에 당선되는 것에 기뻐하는 모든 사람에게, 독일 사회민주당에 관한 로베르트 미헬스Robert Michels의 이야기는 값진 깨달음을 줄 것이다. 미헬스는 의회 권력이 어떻게 타락할 수 있는지를 보여준다. 그 이유는 공직에 뽑힌 급진주의자들이 그들의 평당원들에서 멀어지고, 후광을 둘러 그들의 행동을 비판하기 어렵게 만들었기 때문이다.*

제국의회에서 루르 강 유역의 탄광 파업에 대해 논의하던 중(1905) 후에 Hue 의원은 당의 최대 강령이 "유토피아적"이라 말했으며, 사회주의 신문은 폭동의 전조를 단 하나도 보도하지 않았다. 그 의회 회의에서 당은 모든 군비 지출에 무조건 반대한다는 원칙에서 벗어나, 헤레로족(아프리카 남서부의 반투족—옮긴이)과의 전쟁에 150만 마르크를 투입하기로 가결할 때 단지 기권하는 것에 만족했다. 이 놀랍고 신기한 일은 다른 나라의 사회당 같았으면 틀림없이 당원들이 거세게 항의했을 테지만… 독일 사회주의자들 사이에서는 소극적인 시위가 산발적으로 몇 차례 일어났을 뿐이다.

이렇게 급진주의 운동의 역사를 찾아내면 그 수단들—당, 지도자, 강령—을 절대화하는 경향을 막을 수 있다. 그 수단들은 끊임없이 검토하고 고찰해야 한다.

맑스는 혁명가들 본인이 전통에 매여 있고 낡은 사고방식으로부터 완전히 벗어날 수가 없음을 알았기 때문에, 《루이 보나파르트의 브뤼메르 18일The Eighteenth Brumaire of Louis Bonaparte》의 인상적인 첫 구절에서 이렇게 말했다.

인간은 자기 자신의 역사를 만들지만, 자신이 원하는 대로는 만들지 못한다. 자신이 선택한 상황이 아니라 과거로부터 주어지고 전해진, 직접 닥쳐오는 상황 속에서 역사를 만들기 때문이다. 모든 죽은 세대들의 전통은 산 자의 뇌를 악몽처럼 무겁게 짓누른다. 그래서 그들이 혁명적 위기의 시대에 그들 자신과 현실에 혁명을 일으켜 완전히 새로운 것을 창조하고 있다는 생각이 들 때, 그들은 과거의 정신을 그들에게 유리하게 불러내고 그들의 이름, 투쟁 구호, 의상을 차용해서, 그 유서 깊은 복장과 그 빌린 언어로 세계 역사의 새로운 장면을 그려보기를 열망한다.

과거에 붙들리지 않는 법과 세계 변화를 위해 과거를 이용하는 법, 이 두 가지 기술은 과거의 경험을 신중하게 가려낼 때 날카로워질 수 있다. 하지만 역사의 데이터만으로는 두 기술의 섬세한 균형에 도달할 수 없고, 인간적인 목적을 확실하고 뚜렷하게 보여주는 비전을 통해서만 도달할 수 있다. 역사는 그런 비전에 봉사해야 한다.

역사가 반드시 쓸모 있는 것은 아니다. 역사는 우리를 구속하기도 하고 해방시키기도 한다. 편안한 자들의 눈으로 세계를 보여주는 역사는 동정심을 파괴한다("노예들은 행복하다. 그들의 말을 들어보라"라는 말은 "가난한 사람들은 만족하며 산다. 그들의 모습을 보라"라는 말로 이어진다). 산더미 같은 사실들을 잡다하게 열거하는 역사, 우리를 지적 게임에 빠뜨리는 역사, 허황된 "해석"으로 행동보다는 사색을 부추기는 역사, 끝이 없는 재난 이야기로 우리의 시야를 제한해서 냉소와 은둔을 조장하는 역사, 표준 교과서에 나오는 백과사전식 절충으로 우리의 초점을 흐리는 역사는 행동의 결심을 억누른다.

하지만 역사는 우리의 마음, 우리의 몸, 우리의 운동성—외부자로서 삶을 관조하기보다는 적극적으로 삶을 영위하려는 성향—을 해방시킬 수 있다. 과거의 소리 없는 목소리를 포함시켜서 우리의 시야를 넓혀주고 그렇게 해서 현재의 침묵에 가려진 이면을 보게 할 때 역사는 그런 일을 한다. 역사는 세계의 문제를 해결할 때 남들—국가, 교회, 또는 그밖의 자칭 은인들—의 말에 의존하는 어리석음을 깨우쳐준다. 역사는 우리 시대의 권력이 우리에게 사상을 어떻게 주입하는지를 폭로하고, 그렇게 해서 우리의 정신을 주어진 현실 너머로 확장시킨다. 과거에 사람들이 인간답게 행동했던 그 몇 안 되는 순간들을 되살려내어 그런 일이 **가능하다**는 것을 입증하는 역사는 우리를 고취시킨다. 역사는 우리의 비판 능력을 강화해서, 심지어 행동하고 있는 동안에도 자포자기가 불러올 위험을 생각하게 한다.

지금까지 내가 제시한 이 기준들은 대략적인 지침일 뿐 결정적인 것은 아니다. 역사는 질서정연한 도시가 아니라(그 도서관의 서가는 잘 정돈되어 있지만) 정글이다. 나의 지침이 절대로 확실하다고 주장한다면 어리석을 것이다. 내가 확신하는 단 한 가지는, 정글에 뛰어드는 우리 역사학자들은 우리가 무엇을 하고 있는지를 생각할 필요가 있다는 점이다. 우리가 가고 싶어 하는 곳이 정글만은 아니기 때문이다.

The Politics of History Howard Zinn

제2부 미국 역사 에세이

4. 불평등

미국은 유일무이하다는 개념이 그럭저럭 유지되고 있다. 자크 바전Jacques Barzun은 미국은 "신의 나라, 나의 조국"이라고 했다.* 이 나라는 태어날 때부터 신의 섭리 또는 친절한 환경이 보살핀 덕분에 가혹한 계급 구분, 강화된 특권층, 완강한 귀족 계급, 무지한 농민 대중 등 근대가 열리기까지 유럽을 병들게 한 그 모든 요인에서 자유로웠다는 믿음이 일반적이다. 고난과 3천 마일의 바다가 정착민들에게 있는 그대로의 조건, 강한 현실주의, 용기를 안겨주었고, 이같은 요인들이 결합한 결과 겉보기에는 조잡하지만 사회적으로 오점 없는 개념이 탄생했다는 말을 우리는 자주 듣는다.

따라서 우리의 탄생은 구세계의 복제가 아니라 새로운, 정말 새로운 문명의 탄생이었다. 토크빌의 말을 인용하면, 우리는 "자유롭게 태어났다."

1844년에 휘그당원이자 목사인 캘빈 콜튼Calvin Colton은 미국에 대한 믿음을 다음과 같이 밝혀 우리의 지배적인 자아상을 표현했다.*

이 나라에서는 사람들이 천한 혈통에서 출발하여… 스스로 선택한 분야에서 최고의 자리에 오르거나 가장 큰 부를 획득할 수 있다. 출생에 따른 배타적 특권, 재산의 상속, 사회정치적 박탈이 앞길을 가로막는 경우가 전혀 없고, 누구나 자신의 재능, 분별력, 개인적인 노력에 따라 남들과 동등한 기회를 누릴 수 있다. 이 나라는 자수성가한 사람들의 나라이며, 다른 어떤 표현도 이 나라의 사회상을 이보다 더 잘 말해주지 않는다.

콜튼의 자기기만(남부에는 노예제가 있었고, 북부에서는 공장제도가 수많은 미국인들을 잔인하게 옭죄고 있었다)은 우리의 출발점인 식민지 시대에서부터 오늘날의 제국주의 시대에 이르기까지 미국 역사의 모든 시대를 관통한다. 사실 우리는 전혀 자유롭지 않게, 조금도 평등하지도 않게 태어났으며, 수세기 동안 영토, 자원, 인구가 엄청나게 증가하는 중에도 최초의 불평등은 그대로 유지되었다.

그렇다면 그 신화는 왜 존속하는가?

판단은 우리가 사용하는 기준에 따라 달라진다. 미국인들은 자기 나라를 평가할 때 주로 세계의 다른 나라들을 근거로 삼는다. 미국의 특별한 평등주의를 장황하게 얘기할 때, 그 말에 내포되어 있지만 가끔씩만 언급되는 실제의 의미는 우리가 정말로 자유롭거나 평등하다는 것이 아니라 유럽보다 **더** 자유롭고 평등하다는 것이다. 새로 탄생한 사회는 물리적으로 개방되어 있고 구조가 헐거운 탓에 (한동안, 일부 지역에서, 어느 정도는) 낡고 딱딱한 사회보다 개인의 지위를 끌어올리는 것이 더 수월하다.

미국의 평등을 말하는 이 비교급 진술이 참이 되려면 터무니없는 전제를 필요로 한다. 흑인 노예를 포함시키지 않는 것이다(미국 혁명이 일어나기 직전에 흑인 노예는 인구의 20%에 달했다). 그 진술은 유리한 출발점을 채택했다. 즉, 흑인 노예를 제외하고 입맛에 맞춘 뒤에 이 나라를 평가했다. 우리가 자기평가를 할 때 항상 드러내는 불변의 양상이 하나 있다. 흑인 문제에 적당히 비통해 하고 그런 뒤 미국 문명을 평기할 때에는 흑인을 고려의 대상 바깥에 둔다. 노예제와 차별 대우는 일단 언급한 뒤에 잊어야 하는 특별한 현상으로 취급해왔다. 이 나라의 민주주의, 자유, 평등에 대한 모든 시도를 망가뜨리기 때문이다.

하지만 이렇게 부정직한 것 외에도 다른 나라—유럽 또는 훨씬 더 극적으로 대조하기 위해, 아시아—를 평가의 기준으로 사용하는 방식은 문제가 있다. 왜 이상적인 사회, 지구상에 존재한 적이 없는 사회, (자크 바전이 표현한 대로) "불합리한 특권"을 제거한 가상의 사회를 우리의 표준으로 삼지 않을까? 나는 풍부한 자원을 기만적으로 분배해서 생긴 그런 특권을 불합리한 특권으로 부르고자 한다.

이 두 기준(한편으로는 유럽의 완고한 계급 제도, 다른 한편으로는 이상 사회)의 차이는 첫 번째는 현실주의적이고(다른 곳의 현실과 우리를 비교할 때), 두 번째는 이상주의적이라는 것(어디에서도 도달하지 못한 목표와 우리를 비교할 때)이 아니다. 현실에 영향을 미친다는 점에서 둘 다 현실주의적이다. 하지만 첫 번째는 과거를 출발점이자 목표로 사용하는 역사 연구에 적합하고, 두 번째는 현재를 바람직한 미래의 방향으로 변화시킬 목적으로 세운 역사관에 적합하다. 이 두 종류의 역사학은 모두 정확하고 정당하게 과거의 데이터를 쓸 줄 안다. 하지만 선택한 기준에 따라 그중 한 종류는 관조와 학문의 성격이 짙어지고, 다른 한 종류는 실존과 행동이 우세해진다.

그렇다면 이제 두 시대—식민지 시대와 현재—의 데이터에 잠시 의존해 미국의 계급 불평등을 논의해보자. 나의 요점은 미국의 어떤 면을 결정적으로 **입증**하는 것이 아니라, 평등주의의 행복한 신화에 의문을 제기하고, 지금까지 "복지 국가" 하면 떠올렸던 변화보다 더욱 대담한 변화를 촉구하는 것이다.

오점 없는 개념을 반성하다

독립선언이 선포되기 1백 년 전에 식민지 미국에서 처음 일어난 폭동은 영국이 아니라 버지니아 귀족들의 뿌리 깊은 권력에 대항해서 일어났다. 반란이 진압되고 반군 지도자들이 형장의 이슬로 사라진 뒤 왕립위원회는 왕에게 올린 비밀 보고서에서 1676년 봉기의 지도자, 너새니얼 베이컨Nathaniel Bacon을 다음과 같이 묘사했다.*

> 전 재산을 잃고 절망한 그는 약 14개월 동안 외진 곳에서 은둔 생활을 하며 그런 목적에 맞게 몸을 단련했습니다… 나이는 대략 34~5살로, 키는 중간이지만 호리호리하고, 검은 머리에 불길하고 수심에 찬 우울한 표정을 짓고, 논리적인 말투로 사람들을 감염시켜 무신론을 퍼뜨린다고 합니다… 그는 가장 무지한 빈민들(카운티마다 그런 부류가 3분의 2 정도 됩니다)을 그렇게 유혹해서 그들의 마음과 희망을 완전히 사로잡았습니다. 그런 뒤 그는 총독을 태만하고 사악하고 불성실하고 무능한 지도자로, 법과 세금을 불공정하고 포악한 착취구조로 몰아붙이면서 반드시 시정해야 한다고 선동했습니다. 그렇게 해서 베이컨은 폭동을 부추겼고 불온한 군중이 그를 믿고 따르자 커다란 종이 위에 그들의 이름을 원형으로 써서 주모자들이 드러나지

않게 했습니다. 이렇게 주모자들을 원 안에 숨기고, 브랜디를 줘서 마음을 호리고, 굳은 결속과 복종의 맹세를 받아낸 뒤 뉴켄트 카운티로 가서 반란을 준비했습니다.

이 반란은 복잡한 현상이었다. 직접적인 도화선은 버지니아 주정부가 변경 지방의 농민들의 요구를 계속 무시해서 쌓여온 불만이었지만, 기본적으로는 상류계급의 정치경제적 특권에 하류계급이 대항해서 일으킨 봉기였다. 베이컨과 같은 시대에 살았던 토머스 매튜스Thomas Mathews는 납세 제도를 자세히 검토하자는 발의를 두고 버지니아 의회에서 논쟁을 벌일 때 총독이 발의를 가로막았다고 지적한 뒤, "하지만 납세 제도로 불이익을 당하는 가난한 사람들은 이 나라의 억압에 짓눌려 신음하고 있었다"고 적었다.*

우리의 초기 정착민들은 구세계의 계급 차별을 그대로 안고 대서양을 건넜다. 미국의 황무지는 그 차별을 완화하고 복잡하게 만들었지만 완전히 제거하진 못했다. 인구가 늘어날수록—부가 증가하고 사회가 복잡해질수록—상류계급과 하류계급의 격차는 더욱 심해졌다. 17세기에는 노예 계약을 맺은 백인들이, 18세기에는 흑인 노예가 하류계급을 형성하면서 기본적인 노동력을 제공했고, 이후에는 둘 다 다양한 유형의 도시 노동자로 대체되었다. 사회의 상류에서는 식민지 귀족이 성장하고 생활방식을 끌어올리면서 하류계급과의 격차를 갈수록 벌리고 있었다. 양극단 사이에서 독립된 소농이 상당히 큰 중산층을 형성하고 있었기 때문에 빈곤의 총량은 눈에 띄지 않았고—미국 역사에서 중산층은 언제나 이런 역할을 해왔다—인구의 큰 부분(약 3분의 1)이 신체적·

경제적으로 예속되어 있는 현상을 시야에서 차단했다.

하지만 용케 사회적 틈새를 뚫고 올라온 소수를 제외하고는 자작농 계급조차도 경제와 정치의 실제 권력에서 소외되어 있었다. 다른 몇 번의 식민지 봉기와 마찬가지로 베이컨의 반란도 이 계급의 분노가 자연발생적으로 터져나온 현상이었다. 폭동을 일으키기 1년 전인 1675년에 너새니얼 베이컨은 다음과 같이 개탄했다. "이 나라는 부자가 모든 권력과 지배력을 쥐고 흔들 정도로 빈부의 격차가 심하다. 부자들은 터무니없이 유리한 조건을 이용해서 평민들을 빚에 빠뜨리고, 수단과 방법을 다해 그들에게 재갈을 물리고 구속해왔다."

1700년에 버지니아 주에는 5만 달러 상당의 부를 쌓은 가문이 50가구였다. 그 시절, 특히 변경 지방의 새로운 사회에서 5만 달러는 엄청난 액수였다. 그 부자 가문들이 대농장을 소유하고, 주정부 의회에 출석하고, 지방의 치안판사를 역임했다. 메릴랜드 주에는 영국 왕으로부터 식민지 전체의 통치권을 위임받은 반半봉건 영주가 주민들을 지배했는데, 그에게 대항한 봉기가 1650년부터 1689년 사이에 다섯 차례나 일어났다.

미국이 "자유롭게 태어났다"는 주장은 이 신생 국가가 존 로크John Locke의 사상을 채택했다는 사실에서 유래한 것으로 보는 사람이 있다. 하지만 캐롤라이나 남북주의 "기본헌법"을 작성해서 여덟 명의 영주가 이끈 봉건 형태의 귀족 정치를 명시한 사람이 바로 로크였고, 이 식민지의 40%를 소유하게 될 사람은 그 여덟 명의 남작이었다. 남작이 지배하는 군(남작령)의 우두머리만이 총독이 될 수 있었고, 5백 에이커를 소유한 사람만이 하원의 대의원이 될 수 있었다. 영주들은 변경에서 이 제도를 시행하려 했고 이는 갈등과 계엄령으로 이어졌다. 기본 헌법은 계획대로 실현되지 못했지만, 한줌밖에 안 되는 영주들이 부재 지주로서 식민지를 운영했다. 토지 소유권을 둘러싼 갈등은 1719년에 폭동으로 이어졌다. 폭동의 직접적 원인은 가난한 이민자 5백 명의 토지 소유열이었지만, 벼농사를 짓는 많은 농민과 영국 상인이 주도권을 넘겨받아 영주들을 몰아내고 그들에게 유리한 왕정을 확립했다. 독립된 왕의 식민지가 된 이후로 노스캐롤라이나 주에서는 1750년까지 대규모의 투기업자들이 50만 에이커를 독점했는데, 해안 지대의 비옥한 경작지가 전부 여기에 포함되었다. 이곳의 가난한 정착민들은 그 시대가 끝날 때까지 소작료를 놓고 싸움을 벌였다.

펜실베이니아 주, 뉴저지 주, 뉴욕 주의 소농들도 토지를 놓고 영주와 싸움을 벌였다. 지폐 발행 때문에 식민 정부와 싸운 것도 끊임없이 빚에 허덕인 이 소농이었다. 보스턴에서 채무자들은 5만 파운드어치의 토지은행 지폐를 발행하는 데 성공했다. 상인들이 그 지폐를 받으려 하지 않자 농민들은 도시에서 행진을 벌였다. 행진의 선도자들은 감방에 갇히고 은행은 불법화되었다(파산한 사람들 중에 샘 애덤스Sam Adams〔독립혁명의 지도자—옮긴이〕의 부친이 있었다). 로드아일랜드 주에서는 빚을 진 농민들의 요구로 지폐를 발행하자 뉴포트의 상인들이 유통을 가로막았다.

미국의 식민지들 중 뉴욕 주가 유독 봉건국가에 가까웠다. 허드슨강을 따라 네덜란드인들이 만든 봉건적인 지주제, 퍼트룬십patroonship하에서 거대한 남작령들이 형성되었는데, 소작농들의 경제권뿐 아니라 정치권과 사법권까지도 그 남작들이 독점 지배했다. 허드슨밸리의 영지 하나—렌슬러스윅—가 70만 에이커에 달했다. 1664년에 영국인들이 양도받을 때에도 거대한 영지들은 유지되었고, 영주인 요크 공이 전제 군주의 권력을 행사했다.

뉴욕 총독인 플레처는 총신인 존 에번스John Evans 대령에게 년 20실링을 납부하는 조건으로 50만 에이커에 가까운 땅을 교부했다. 플레처는 뉴욕 주의 땅 4분의 3을 약 30명에게 하사했다. 1700년대 초에 총독을 지낸 콘베리 경의 차이는 단 하나, 개인보다 투기업자들을 선호한다는 점이었다. 한 교부지는 2백만 에이커에 달했다.

1689년에 뉴욕 주에서 제이콥 라이슬러Jacob Leisler와 그의 추종자들이 일으킨 무모한 폭동은 영국의 명예혁명에서 드러난 종교적·정치적 쟁점들이 적당한 구실이 되었을 뿐 본질적으로는 부유한 지주와 상인의 연합에 대항한 계급 봉기였다. 라이슬러는 교수형을 당했고, 몇 가지 정치 개혁이 점진적으로 도입되었지만 광대한 영토를 소수 특권층에게만 분배하는 관행은 계속되고 그로 인해 극부층과 극빈층의 격차는 더욱 벌어졌다. 독립 전쟁 이전에 뉴욕 주에서는 소작농의 폭동이 끊이지 않았지만, 경쟁하는 땅 투기업자 집단들이 종종 소작농을 이끌고 이용한 탓에 폭동의 계급적 성격이 드러나지 않을 때도 있었다.

착취에 시달리고 무시당한 소농들은 식민지의 땅 투기업자, 상인, 관공리 앞에 무기력했다. 1678년 디어필드 읍에서 매사추세츠 주의회에 당도한 청원서에는 다음과 같이 적혀 있었다. "최고로 좋은 토지, 가장 좋은 토양, 조건이 가장 놓은 땅, 읍내의 한가운데 있는 땅, 전체에서 거의 절반에 이르는 땅이 지주 8명 또는 9명의 소유라는 것을 알아주시기 바랍니다." 또한 다양한 종류의 선원과 항만 노동자 수만 명도 식민지 노동계급에 포함되어야 한다. 18세기 초에 세일럼과 보스턴에만 그 수가 약 3천8백 명에 달했다.

식민지 사회에서 노예들이 처한 상황을 장황하게 설명할 필요는 없을 듯하다. 다만 미국의 계급 관계 그리고 부와 권력의 분배를 공정하게 논할 때에는 어느 누구도 흑인을 제외할 수 없으며, 제외하는 즉시 흑인을 인간 이하로 본 남북전쟁 이전의 견해를 수긍하게 된다는 점을 되풀이하는 것으로 충분하리라. 독립 전쟁 당시에 노예가 전체 식민지 인구의 20%였으며, 버지니아 주와 사우스캐롤라이나 주에 가장 몰려 있긴 했지만 남북을 통틀어 모든 식민지 주에 분포해 있었다는 사실을 강조할 필요가 있다. 일반적으로 그들을 최하층으로 취급했다는 사실은 1693년에 펜실베이니아 주의 퀘이커 입법부를 통과한 법으로 명백히 알 수 있다. 그 법은 어떤 개인이라도 "농장 밖에서 남자든 여자든 흑인이 돌아다니는 것을 발견하면 그 흑인을 체포할 수 있고… 감방에 가둘 수 있고, 고기나 물을 주지 않고 밤새 가둬둘 수 있으며, 다음날 아침에 공개된 자리에서 등을 벗겨놓고 채찍으로 39대를 때리게 할 수 있고, 그들이 주인이라고 밝힌 사람은 채찍질한 사람에게 15펜스를 지불해야 한다."

1771년 3월 28일 《버지니아 신문Virginia Gazette》은 광고 하나를 실었다. "리즈타운에 방금 도착한 《저스티시아》 호에 건강한 남녀와 소년 노예 약 100명이 있음… 판매는 4월 둘째 주 화요일에 시작함…" 식민지의 계급구조에서 노예 바로 위에 있지만 노예와 구분하기 힘들 정도로 비참하고 빈곤할 때가 많아 "반半노예"라 불리는 계층이 있었다. 바로 고용계약 하인이다. 17세기에 노동의 주요 공급원이었던 계약 하인은 18세기에도 계속 식민지에 쏟아져 들어왔는데, 예를 들어 펜실베이니아 이민자의 3분의 2가 백인 노예였다. 고용계약 제도는 19세기 초까지도 사라지지 않았다. 식민 시대에 계약 하인으로 일한 사람은 25만 명 이상이었음이 분명하다. 이들은 가난한 유럽인으로, 미국까지 운송해주는 대신 그 대가로 미국의 주인에게 5년 내지 7년 동안 노예노동을 하기로 계약서에 (자의로든 타의로든, 많은 사람이 영국에서 죄수나 부랑자였기 때문이다) 서명한 사람들이었다.

오늘날까지 사람들이 여행하는 방식은 그들의 사회경제적 계급을 정확히 보여주지만, 식민 시대에는 그들이 도달한 죽음의 문턱까지 보여주었다. 계약 하인들은 비명을 지르며 죽어가는 아프리카 노예들처럼 배에 짐짝처럼 실려오기도 했다. 정원이 3백 명인 배에 6백 명까지 실리기도 했다. 한 여행에서는 기아와 질병으로 32명의 아이가 바다에 던져졌다.[21]

고용계약 하인은 노예와 달리 소송청구권을 비롯한 몇 가지 권리를 갖고 있었지만, 법원은 대체로 하인보다 소유자에게 더 우호적이었다. 허락 없이는 결혼할 수 없었고, 주인이 마음대로 가족과 분리시킬 수 있었으며, 범죄를 저지르면 채찍질을 당할 수도 있었다. 17세기에 펜실베이니아 법은 하인이 "주인의 동의 없이 결혼하면 간통이나 간음죄

---

21 애벗 스미스Abbot Simth, 《예속된 식민지 이주민Colonists in Bondage》, University of North Carolina, 1947, 특히 가난한 아이들의 강제 운송에 대해서는 pp. 147~51을 보라. 항해의 끔찍한 환경(1732년에 150명 중 100명이 굶어죽은 항해)에 대해서는 다음을 보라. 칼 가이저Karl Geiser, 《식민지와 펜실베이니아 영연방에서의 무임도항 이주자와 고용계약 하인Redemptioners and Indentured Servants in the Colony and Commonwealth of Pennsylvania》, Tuttle, Morehouse, & Taylor, 1901, 특히 Chapter 5, "The Voyage."

로 고발당할 수 있으며, 그 자식은 서자가 된다"고 규정했다.* 도망친 하인을 찾는 수많은 광고들이 그들이 살고 일했던 조건이 어땠는지를 말해준다. 주인의 말을 그대로 적은 판사들이 고시한 신체조건을 보면 당대의 어느 관찰자가 말했듯이 "십중팔구" 열악했다.*

18세기 중반에 미국에서 독일로 돌아온 고틀리프 미텔부르크Gottlieb Mittelburg는 펜실베이니아 주에서 노예로 사는 독일인들의 고난을 글로 전했다. 많은 동포들이 그에게 독일에 가면 이 상황을 사람들에게 알려서 더 이상 유혹당하지 않게 해달라고 부탁했다 한다. 계약 하인의 생활조건이 좋다고 말하는 당대의 기록들은 대부분 이민을 부추길 목적으로 작성되었다는 점을 고려해서 신중히 접근할 필요가 있다. 그 당시에 쓴 다음과 같은 편지들은 아주 다른 이야기를 들려준다. "유럽에서 잘 사는 사람은 거기에 남는 편이 더 낫습니다. 다른 곳과 마찬가지로 여기는 빈곤과 고통뿐이며, 사람과 조건에 따라서는 유럽과 비교할 수 없을 정도로 비참합니다." 편지는 아래와 같이 이어진다.

> "오, 사랑하는 아버지, 한 치의 거짓도 없이 진실하게 말하고자 하니 부디 제 말을 믿어주시고, 과거에 제가 저지른 나쁜 행동과 이곳에서 겪고 있는 고통을 상쇄해주신다면 분명 이 불쌍한 딸이 가여우실 거예요. 우리 불행한 영국 사람들이 여기서 겪고 있는 고통은 영국에 남아 있는 사람들이 상상조차 할 수 없는 것으로, 그 불행한 사람 중 하나인 제 얘기로 충분하겠지요. 저는 거의 밤낮으로, 거의 마소처럼 고되게 일하고 있으며… 그런 뒤 꽁꽁 묶어서 동물에게도 하지 못할 정도로 채찍질을 하고, 인디언옥수수와 소금 외에는 먹을 걸 전혀 주지 않고, 오히려 흑인들이 부러울 정도로 천하게 취급합니다. 거의 벌거벗은 채로, 신발이나 양말도 없이 지내고, 주인들

이 향락을 즐기는 동안 노예처럼 일한 뒤에야 편한 마음으로 남은 음식을 담요에 싸서 마당에 펼쳐놓고 먹습니다. 당신의 가엾은 딸 베티는 이런 비참한 상황을 견디며 살고 있답니다…*

한참 뒤인 독립혁명 시대에 존 애덤스John Adams는 매사추세츠 주의 상황을 이렇게 기록했다. "어쩌면 미국에는 계급 차별이 없다고 할 수도 있지만… 과연 이 나라에 노동자, 자작농, 신사, 향사(기사 바로 밑의 신분—옮긴이), 존경하는 신사(국회의원을 칭하는 말—옮긴이), 훌륭한 신사(돈과 지위를 겸비한 사람—옮긴이)가 없단 말인가?" 식민지에는 부자와 빈자가 있었고, 그 차이는 경제와 정치의 힘만이 아니라 일상생활 전반에 걸쳐 있었다. 부자와 빈자는 다른 종류의 집에서 살고, 다른 음식을 먹고, 다른 방식으로 즐기고, 다른 존칭을 듣고, 다르게 묻혔다. 18세기 초에 한 여행자는 "더럽고 가난한 집에 들렀는데 돼지들처럼 뒹구는 아이들 외에는 아무것도 없었고" 다른 집에는 방 하나에 열 사람이 "돼지처럼 우글거리고 있었다."

하지만 18세기의 후반에 부유한 상인과 대농장주들은 화려한 치펜데일 가구와 정교한 도자기로 장식된 호사로운 대저택에서 붉은 포도주, 포트와인, 마데이라 백포도주를 마셨다(그 동안 가난한 사람들은 빈속에 럼주를 마셨다). 빈부의 차이가 충분하면 변경의 사회라 해도 귀족 출신의 한량을 부양할 수 있다. 조사이어 퀸시Josiah Quincy는 메릴랜드 주에 잠시 체류했던 경험을 글로 적었다. "어제는 주로 부유한 젊은이들과 시간을 보냈다. 그들은 도박과 투계, 사냥개 개량과 경마 출전을 즐겼다."

매사추세츠 주의 법은 남편의 재산이 200파운드를 넘지 못하면 실크 보닛과 스카프를 쓰지 못하도록 규정했다. 상류계급은 주인과 여주인으로 불렸고, 보통 사람은 굿맨과 굿와이프로 불렸다. 상류계급은 법을 위반해도 채찍을 맞지 않았다. 가난한 사람은 맞았다. 17세기 매사추세츠 주에서 인구의 5분의 1 내지 6분의 1이 하인이었다.

중요한 식민도시 다섯 곳—보스턴, 뉴욕, 필라델피아, 뉴포트, 찰스타운—을 연구한 책에서 칼 브리덴보Carl Bridenbaugh는 다음과 같이 결론지었다. "그 마을들에 정착한 이주민들은 당시에 영국이나 네덜란드에 있던 사회 질서를 유지하려 했고, 꽤 성공적으로 그와 비슷한 체제를 구축했다." 그들은 "당시에 유행한 사회적 불평등 개념에 완전히 물들어 있었으며… 분명 계급 없는 사회라는 말은 단 한 번도 들어보지 못했을 것이다."* 그의 책은 이 다섯 도시의 계급 사회를 빠르게 스케치해준다.

보스턴: "초기 보스턴의 지도자들은 상당한 재산을 가진 신사 계층으로, 성직자들과 연합해서 본국의 사회 제도를 미국에 정착시키기 위해 열심히 노력했다. 무역과 상업을 지배하고, 교회와 주민회의를 통해 거주민들에게 정치적 지배력을 행사하고, 그들끼리 신중하게 혼인 연대를 맺어간 끝에 이 소수의 독재자들은 17세기 보스턴에 귀족계급이 득세할 수 있는 기초를 쌓았다."* 부유한 상인들은 대저택을 지었으며, "신분이 높은" 사람들은 대형 마차와 의자 가마를 타고 여행을 하고, 초상화를 그리게 하고, 가발을 쓰고, 기름진 음식과 백포도주로 배를 채웠다. 공황에는 부의 불균형한 분배 때문에 식량이 부족해졌

다. 한 보스턴 시민은 1713년 어느 날 밤의 일을 이렇게 기록했다. "그 날 밤의 폭동은… 평민 200명이 거기서 옥수수를 구할 수 있다는 생각에 일으킨 것이었다."

코튼 매더Cotton Mather(미국의 목사이자 역사학자—옮긴이)가 다음과 같이 기록한 것도 그해였다. "내가 필요한 구호품을 나눠주거나 조달해주는 빈민 가족들이 이제는 너무 많아지고 매일 나타나는 통에, 여기에서 그들을 언급할 필요가 없을 지경이다." 보스턴의 부자들은 "아름다운 설비와 우아한 가구를 갖춘 세련된 타운하우스에서… 흑인과 백인으로 이루어진 많은 하인을 거느리고 살았다. 보스턴의 귀부인들은 런던에서 유행하는 가장 값비싼 옷을 입고 번쩍이는 보석으로 치장을 했다." 부자들은 화려한 장례식에 아주 많은 돈을 쓰기 시작해서 주의회는 과도한 장례비용을 금지하는 법을 통과시켜야만 했다.

뉴포트: 브리덴보는 보스턴에서처럼 이곳에서도 "주민회의가 겉으로는 민주적이지만 실제로는 해마다 똑같은 상인-귀족 집단이 지배하고… 중요한 자리를 대부분 차지했다"고 기록했다. 그 시대의 한 목격자는 뉴포트의 상인-귀족 체제를 이렇게 묘사했다. "타는 듯한 주홍색 외투와 조끼를 입고 그 위에 눈부시게 번쩍이는 금빛 레이스와 술 장식을 단 남자들… 교활한 퀘이커교도들은 감히 이렇게 멋진 외투와 조끼를 입진 못해도 화려한 장식을 좋아해서 찬장을 은식기류로 채우기는 할 수 있었다." 평범한 선원, 창고 노동자, 항만 노동자가 도시의 하층을 형성했다(그 아래에 노예와 하인이 있었다). 1730년 여름에 "신사 일행" 노동자 일행 간에 말싸움이 불씨가 되어 도시에 폭동이 일어났다.

뉴욕: 북부 도시들에서는 흑인 노예가 차지하는 노동계급의 비중이 일반적으로 알려진 것보다 훨씬 더 높았다. 1720년에 뉴욕의 인구 7천 명 중 흑인이 1600명이었고, 월스트리트는 노예소유주가 하루 또는 일주일 단위로 흑인 노예를 고용할 수 있는 시장으로 지정되었다. 1712년 뉴욕시에서 유혈 흑인폭동이 일어났고, 노예 21명이 처형되었다.

1735년, 존 반 잔트John Van Zandt는 자신의 노예가 야경꾼에게 거리에서 발견되었다는 이유로 죽을 때까지 말채찍으로 때렸다. 뉴욕시의 검시 배심원은 다음과 같이 기록했다. "죽음의 원인은 주인이 가한 징계가 아니라… 신이 내린 벌이었다." 1741년에 뉴욕에서 또 다시 흑인 폭동이 일어나 흑인 15명이 화형, 8명이 교수형을 당했다.

모든 도시를 통틀어 뉴욕의 귀족이 가장 화려했다. 브리덴보는 이렇게 적었다. "모직 커튼, 옻칠한 테이블, 금테를 두른 거울, 8일에 한번 태엽을 감는 거대한 시계… 흑인 시종들." 중류 계급의 삶은 상당히 안락했지만 부자들의 사치스러운 삶에는 한참 못 미쳤고, 가난한 노동자들과 자유 흑인들은 하인-노예 계급의 바로 위, 빈곤의 낭떠러지 끝에서 살았다.

피터 젠저Peter Zenger는 1737년에 뉴욕 《저널Journal》에 편지를 보내 뉴욕의 빈곤 아동들이 처한 상황을 알렸다. "교화된 이교도들이 이 광경을 보면 큰 충격을 받을 것입니다. 인간의 형상을 한, 반쯤 굶어죽은 차디찬 물체, 팔꿈치와 무릎이 드러난 옷과 하늘로 뻗친 머리카락… 대략 4살에서 14살에 이르는 아이들이 낮에는 거리에서 보내고… 그런 뒤 도제로 들어가 4~5년이나 6년을 보냅니다."

구체적인 사정은 다르지만 찰스타운과 필라델피아의 계급 차별도

이와 비슷했다.

역사적 선택의 문제

미국 역사에서 식민 시대가 우리의 출생과 유아기에 해당한다면, 우리는 결코 "자유롭게" 태어나지 않았다. 우리는 노예제와 반半노예제, 가난, 토지 독점, 계급 특권, 계급 갈등의 한복판에서 태어났다. 더구나 이 말은 당시 상황을 과장해서 표현한 것이 아니다. 역사는 항상 상류계급과 중간계급이 써왔으며, 아주 드물게만 하류계급의 불행한 현실을 힐끗 보듯 씌어졌기 때문이다. 부의 불평등에 관한 지적 담론은 본래 절제되고 초연한 목소리가 지배한다. 백인들이 쓴 미국 역사가 인종 문제에 대해서 자족하는 성격을 띠는 것처럼 말이다. 역사적인 묘사를 넘어 끔찍한 현실에 접근이라도 하려면 졸라, 디킨스, 멜빌 같은 사람의 예술적 재능이 필요하다.

이제 지금까지 잠시 덮어두었던 요점 세 가지, 즉 우리가 "자유롭게" 태어났다는 개념의 근거들을 살펴보기로 하자. 첫째는 미국에서 하류계급의 조건이 어떠했든 간에 유럽의 조건보다는 나았다는 것이다. 이 말이 사실이려면, 우리는 미국 역사학자의 관행에 따라 흑인 노예를 빼고 인종과 무관하게 사회 조건을 평가해야 한다. 그 말은 다음과 같이 수정되어야 한다. 하류계급에 속한 백인 앵글로색슨 농민, 노동자, 하인의 삶은 영국보다 미국이 더 나았다.

두 번째 요점은, 하류계급에서 상류계급으로 이동한 비율이 미국 식민지에서 훨씬 높았다는 것이다. 미국에서 계급 이동이 많이 이루어지긴 했지만, 오늘날 아시아와 아프리카의 신생 국가들도 미국 초기와 비슷한 역동적이고 급속한 이동을 보이고 있다. 갓 태어난 활발한 사회에서는 항상 그런 이동이 보이므로, 미국 특유의 현상이었다고 하기는 어렵다. 다른 나라처럼 미국에서도 예나 지금이나 이런 계층 이동은 기껏해야 소수의 전리품이고, 대다수 국민의 지위에는 영향을 미치지 않았다. 얼마 전에 경마복권 당첨자들이 뉴욕시의 로어이스트사이드(맨해튼 남동쪽의 가난한 지역—옮긴이) 사람들을 흥분과 기만에 빠뜨렸듯이, 계층 이동은 사회를 속이고 흥분시킨다.

"자유롭게 태어났다"는 생각을 부추기는 세 번째 요점은 우리 미국에는 거의 처음부터 커다란 중간계급이 있었고, 그런 계급은 구세계의 봉건귀족 사회나 동양의 독재군주국에는 존재하지 않았으며, 그래서 호사까지는 아니어도 어느 정도의 안락함이 과거 어느 때보다 더 많은 인구에게 돌아갔다는 것이다. 이 역시 다음과 같은 사실을 기억할 때 비로소 진실이 된다. 그건 애초에 노예제와 강제 노동이 있었기에 가능했으며, 미국 역사를 통틀어 거대하고 배부른 중산계급이 있었다는 기특한 사실은 그에 못지않게 거대하고 굶주린 하류계급이 존재했다는 사실을 감추는 역할을 해왔다.[22]

따라서 역사적 객관성이란 개념에는 문제가 있다. 내가 방금 입증했듯이 우리는 식민지 미국이 부와 지위가 대단히 불평등한 계급 사회였다고 주장할 수 있다. 이와 마찬가지로, 지금까지 여러 번 언급했듯이,

---

22 잭슨 터너 메인Jackson Turner Main은 《혁명기 미국의 사회구조The Social Structure of Revolutionary America》, Princeton University Press, 1965라는 연구서에서, 혁명기에 흑인과 백인 중 "영원한 무산자"가 30%였다고 추산한다. 오늘날 영원한 빈민의 추산치도 상당히 비슷할 것이다.

계급 구조가 유동적이고 꽤 부유한 사회였다고 주장할 수도 있다. 이 두 묘사는 하나의 복잡한 현실을 구성하는 다른 두 측면에 초점을 맞추고 있다. 또한 대부분의 역사학자들처럼 "주장"에서 물러나 양쪽의 논객들이 필요로 하는 사실들을 넉넉히 제시할 수도 있다. 이 관점은 유용할지는 몰라도 인간의 필요를 무시하는 사회적 초연함을 표현한다.

평등하다는 주장과 불평등하다는 주장이 모두 동일한 역사 자료에서 나올 수 있음을 인정하고 중립을 피하고 싶다면, 사회를 분석하는 사람은 어느 쪽에 무게를 둬야 할까? 그것은 그의 기준에 달려 있다. 만일 미국 사회를 재단하는 그의 판단 기준이 전 세계 다른 나라의 일반적인 평등이라면, 미국의 계급 유동성, 폭넓은 중간계급의 안락함, 많은 하류계급 구성원들의 비교적 좋은 지위를 강조할 것이다. 만일 그의 기준이 "불합리한 특권"이 존재하지 않는 이상적인 사회라면, 그는 여전히 개탄할 만한 수준에 머물고 있는 하류계급의 상태 그리고 부의 불균등한 배분을 강조할 것이다. 하지만 어느 기준을 적용해야 하는가? 그 선택은 독단이나 변덕이나 본능에 맡기는 대신, 그 시대의 사회적 요구와 사회적 가능성의 관계에 따라 이성적으로 결정하는 편이 바람직할 것이다.

이 문제는 우리가 논의하고 있는 주제에만 그치지 않고, 분석하는 사람의 분석이 역사에 들어가서 반드시 **어떤** 영향이라도 미친다(중립성이나 "객관성"도 영향을 미친다)는 것을 본인이 알고 이해하는 모든 상황에 적용된다. 그런 상황에서 그는 이미 이루어진 진보를 강조할지 아니면 앞으로 성취해야 할 목표와의 거리를 강조할지를 결정해야 한다. 내가 보기에 이미 이루어진 진보를 강조하는 것이 정당한 경우는 둘로 요약된다. 진보의 가능성을 못미더워하는 사람들에게 용기를 불러일으킬 때와, 상황을 실질적으로 개선시킬 가능성이 없고 그래서 이상에 집중하면 그릇된 기대와 심한 좌절만 부채질할 때다. 인간의 행복은 기대와 성취의 균형에 달려 있는 듯하다. 성취할 가능성이 없으면 기대를 줄이는 것이 사회적으로 바람직하다(불교는 욕심을 비워내라는 가르침을 통해 그런 기능을 한다).

두 이유 중 첫 번째—비관주의와 싸우는 것—는 미국의 상태를 분석할 때 하나의 소주제로서 다른 나라들 또는 과거에 비해 우리가 성취한 진보를 정당하게 옹호하면 오늘날 충분히 효과적이다. 하지만 두 번째 이유는 우리에게는 존재하지 않는다. 가난을 완전하고도 영원히 제거할 수 있고 보건, 교육, 주거 시설을 인구의 모든 구간에 분배할 수 있을 만큼 넘치도록 부유한 이 나라에서, 우리가 이루지 못한 가능성과 현재 존재하는 부끄러운 불평등을 큰 소리로 강조하는 일은 없어야 한다.

식민 시대의 불평등을 강조한다고 해서, 그 시대에 상황을 변화시키기 위해 한 일이나 하지 못한 일의 잘잘못을 따져야 하는 것은 아니다. 사실 과거에 "가치 판단"을 내리는 것은 상당히 무익한 일이다(이미 지나갔기 때문에). 사회적으로 유용한 판단은 단 하나, 현재에 대한 판단이고, 과거를 해석할 때 유용한 점은 아리스토텔레스가 비극이 관객에게 준다고 말한 그런 효과일 것이다. 확장된 시공간에서 다른 사람이 실패한 경험을 보고 느낌으로써 자기 자신의 삶을 더 강하게 지각하는 것이다. 이것이야말로 역사 분석의 가장 유용한 기능일 것이다. 미국의 과거에서 계급 불평등에 초점을 맞춰야 하는 것은 바로 우리의 **현재적** 필요 때문이다.

하지만 현재의 어떤 필요인가?

오늘날의 계급

현대 미국은 세 가지 새로운 항목을 던져준다.

1961년 여름에 아이오와 주 카운슬플러프스에서 윌리엄 맥과이어 William Maguire라는 젊은 아버지가 세 자녀를 목 졸라 죽이고, 남아있는 6살짜리 아들과 함께 차를 몰고 주차된 트럭으로 돌진해 세 아이를 뒤따라갔다. 맥과이어는 얼마 전부터 병원에 입원해 있는 아내에게 쪽지를 남겼다. "미안해. 하지만 이게 최선의 방법이야. 1961년 2월 9일의 사고 이후로 허리 통증은 심해지고 청구서는 쌓여만 가네. 더는 버틸 수가 없어. 세 아이가 항상 아파서 더 힘이 들었어. 사랑해. 맥."

대략 비슷한 시기에 뉴욕시에서는 이런 일이 있었다. "어젯밤 연극을 구경하러 온 사람과 행인 수천 명이 지켜보는 가운데 다섯 자녀를 둔 실업자 아버지가 맨해튼 호텔의 옥상 간판 위에서 한 시간 동안 위험하게 비틀거리다 안전하게 구조되었다. 그 남자는 8번가 위로 120여 미터 상공에 걸터앉아 그가 들어온 사회의 거짓말들을 횡설수설 폭로하고 더 이상 아이들을 부양하지 못하겠다고 말하며 흐느꼈다."

1962년 가을 애틀랜타: "세 자녀의 어머니인 35살의 메리 H. 하든 Mary H. Harden 부인이 새로 난 고속도로 근처에서 아들들을 산 채로 묻으려는 것을 동네 이웃들이 가로막았다… 월요일에 열린 공판에서 하든 부인은 '아이들을 고통에서 해방시켜주고 싶었다'고 말했다. 또한 그녀와 아이들이 목요일부터 토요일까지 아무것도 먹지 못했으며, 포레스트로드의 집에서도 퇴거를 당한 상태라고 말했다."

우리는 미국 문명을 추켜세우는 최고의 신문들, 고급 잡지, 여타 훌륭한 뉴스매체들을 제쳐두고, 대도시의 타블로이드판 신문들을 펼쳐서 가족 간의 칼부림, 자살, 어머니의 영아 익사 등 미국의 거대한 (그리고 중산계급에게도 보이지 않는) 지하세계에서 일어나는 수천 가지 끔찍한 일들을 읽을 필요가 있다. 만일 미국의 빈곤 통계수치를 보지 못한다면, 가난이 불러온 이 엄청난 폭력의 분출을 산발적이고 고립된 사건들로만 보고 넘길 수가 있다. 통계에 따르면 신문에 나오는 선정적인 기사들 못지않게 이 나라 전역에서는 닫힌 문 뒤에서 개인의 비극, 슬픔, 고통의 이야기가 무수히 펼쳐지고 있지만, "풍요로운 사회"의 얄팍한 번영을 조금씩 누리는 국민의 3분의 2는 그 어두운 세계를 알아채지 못하고 있다.

해마다 미국에서 자살하는 2만 명은[23] 4천만 명으로 이루어진 빈곤 피라미드의 꼭짓점에 불과하다. 이 4천만 명은 연소득이 1천 달러에서 4천 달러인 20%의 가구에 해당한다(독신자 1천2백만 명 중 20%는 연소득이 1천 달러 미만이다).* 이 피라미드는 겉으로 보기에는 다양하지만 기본 성분은 동일한 자재, 즉 가난으로 축조되어 있다. 우리는 미국이 번영했다고 항상 착각하고, 어느 누구도 그 신성한 거품을 터뜨리려 하지 않는다. 미국인의 "평균" 연봉(지난 몇 년 동안 7천 달러 이상)을 행복

---

23 1966년에 자살한 사람은 21,281명에 이른다. 《미국 통계자료 요약Statistical Abstract of the U.S.》, 1969, p. 58.

하게 거론하고, 오늘날 모든 미국인이 잘 살고 있다고 믿고 만족해한다. 개인의 고통을 은폐하기 위해서는 국가의 "평균"이라는 포장지로 그 날카로운 모서리를 감싸는 것이 가장 좋은 방법일 것이다.

하지만 우리 사회를 경제 계층들로 나누고 각 계층이 어떻게 살고 있는지를 들여다보면 이 나라는 즉시 다르게 보인다. 1966년에 미국 인구 중 약 30%(약 7천만 명)가 1년에 5천 달러 미만을 버는 가구에 속해 있었고, 그중 약 절반의 연소득은 3천 달러(자식 1명을 대학에 보내 공부시키는 1년치 학비 정도)를 밑돌았다. 미국 인구의 약 40%는 1년에 5천 달러에서 1만 달러를 버는 가구에 속했다. 가난하다고 할 만큼은 아니지만 기본적인 생활을 꾸리기 위해 필사적으로 노력해야 하는 액수였다. 마지막으로 인구의 30%는 1년에 1만 달러 이상을 벌었다.*

유럽이나 아시아의 기준으로 보면 부유하다. 하지만 미국에서 생산되는 엄청난 부와 비교할 때 이 부의 분배는 지극히 편파적이다. 상대적으로 크고 안락한 중간계급이 있다는 것을 감안할 때, 인구의 가장 부유한 5분의 1이 국가 총수입의 40%를 차지하고, 가장 가난한 5분의 1이 5%만 점유한다는 것은 대단히 불공평하게 들린다(1947년부터 1966년까지 이 비율은 거의 변하지 않았다).

통계학은 연소득이 3천 달러에 못 미치는 그 3천만 명의 삶을 정확히 그려 보이지 못한다. 《보스턴 선데이 글로브Boston Sunday Globe》는 1966년 10월 2일에 매사추세츠 주의 농장 노동자를 다음과 같이 묘사했다.

> 보스턴 북쪽에 있는 이 농장은 최악의 상황을 대표적으로 보여준다. 인

부들은 시간당 95센트를 받고 하루에 14시간, 일주일에 7일을 일한다. 그들은 바닥에 골판지를 깔고 판잣집에서 생활한다. 농장주는 인부들이 쇼핑을 하러 농장 바깥에 나가는 것을 허락하지 않는다. 또한 방문객을 만나는 것도 금지한다. 이 농장의 인부는 20명인데, 화장실은 옥외변소 하나다. 인부들의 삶과 노동을 본 어느 성직자는 그들의 조건이 "노예 신분"이라고 묘사했다.

로버트 램프먼Robert Lampman은 1960년에 전국경제조사국 대표로 의회에서 증언을 할 때, 미국의 상위 1%(약 40만 가구)가 모든 유형 자산(돈, 주식, 채권, 저당권, 부동산)의 4분의 1 이상을, 더 나아가 미국의 전체 주식 중 75%를 소유하고 있다고 증언했다. 소득 분배는 점진적으로 개선되어왔지만, 부의 불균등한 분배를 크게 줄이기까지는 아주 오랜 시간이 걸릴 것이다.

극부층과 극빈층의 상대적 지위는 거의 변하지 않은 반면에 중간 범위의 소득은 눈에 띄게 올라갔다. 1947년에 최하위 10%는 총소득의 1%를 벌었고 1960년에도 여전히 1%에 머물렀지만 상위 10%의 총소득 점유율은 33%에서 27%로 감소했다.* 1950년에서 1960년까지 미국 가구의 최하위 20%와 최상위 20%가 실제로 손에 쥐는 소득은 같은 비율로 증가했다. 하지만 그 속내를 보면, 최하위 20%는 5백 달러를 더 번 반면에 최상위 20%는 5천 달러를 더 벌었다. %는 우리를 기만한다.

다시 한 번 통계는 부와 가난에 대한 감수성을 무디게 한다. 우리가 가난한지 부유한지는 인생의 가장 기본적인 사실들을 결정한다. 잠자리가 추운지 따뜻한지, 여름에 숨이 막히는지 숨 쉴 만한지, 사람만 사는지 벌레나 쥐와 함께 사는지, 온종일 우리를 둘러싼 냄새가 향긋한지 역겨운지, 적절한 치료를 받을 수 있는지 없는지, 치아가 건강한지 아닌지, 자녀들을 대학에 보낼 수 있는지 없는지, 휴가를 갈 수 있는지 없는지, 야간에 다른 일을 해야 하는지 안 해도 되는지, 이혼이나 낙태를 할 돈이 있는지 또는 결혼을 하거나 자식을 하나 더 낳을 여유가 되는지를.

어떤 통계수치도 이 나라에서 경제적 궁핍을 겪고 있는 3천만, 4천만, 5천만 또는 6천만 국민의 개인적인 삶을 말해주지는 못한다. 짐꾼, 웨이터, 비숙련 공장노동자, 배달 "소년," 하녀의 사무실 청소부, 이주노동자, 주유소 종업원, 거리의 청소부, 소작농, 사환들의 삶을. 술을 마시거나 마약을 해야 하는 사람, 지체장애자, 정신질환자, 낯선 땅에서 사는 외국인, 자신의 땅에서 사는 흑인, 창밖을 바라보는 노인들의 삶을.

우리가 주위를 둘러볼 때까지 이들은 모두 투명인간이다. 우리가 정신을 차리는 순간 갑자기 사방에서 나타난다. 그들이 무리지어 있는 곳이 있다. 도심 병원의 응급병동, 미국 모든 도시의 버스터미널, 도시의 황폐한 구역에 있는 직업소개소, 아침 7시의 길모퉁이, 시골의 한산한 도로와 샛길, 뉴욕시의 지하철, 저소득 계층의 주거단지, 슬럼가 주변 등이다. 윌리엄 포크너William Faulkner의 이야기에서 "워시"라는 이름의 남자, 버나드 맬러머드Bernard Malamud의 "점원Assistant," 존 업다이크John Updike의 《달려라, 토끼Rabbit, Run》, 이들은 모두 가공인물이 아니다. 미국에는 그들처럼 경제뿐 아니라 정신마저 가난한 사람 수백만 명이 실제로 존재한다.

정부의 대변인들은 무계급의 신화를 영속화하는 데 이바지해왔다. 1961년 8월에 연방준비제도이사회의 매리너 에클리스Mariner Eccles는 의회의 합동경제위원회 앞에서 증언을 할 때, 은행과 부유한 주주들에게만 유리하다고 사람들이 비난하고 있는 금리 상승을 두둔하면서, 국채는 "매우 광범위하게 퍼져 있다"고 말했다. 하지만 1959년 7월에 《연방준비제도이사회월보Federal Reserve Bulletin》에 따르면, 미국 가구의 모든 소비주체 중 73%가 미국 저축채권을 한 장도 소유하고 있지 않고, 저축채권 총액인 425억 달러 중 360억 달러가 5%의 소비주체에게 집중되어 있었다.

미국 경제의 계급적 성격은 조세 구조에도 반영되어 있지만, 시간이 없거나 조세를 자세히 보는 훈련을 받지 않은 사람들은 보지 못하게 가려져 있다. 예를 들어 존 F. 케네디John F. Kennedy 대통령은 1기 행정부 시절에 끊임없이 "감세"를 제안했다. 모든 사람이 정말 중요한 문제들을 순식간에 지나치고 말았다. 부자와 가난한 사람들에게 얼마씩 감세를 하고, 기업과 4천 달러 미만의 가구들에겐 얼마씩 감세를 하는가? 대통령은 "전반에 걸쳐" 감세를 한다고 말했지만, 세법 전문가는 "숨겨진 기울기"를 지적했다. 케네디의 계획안에서, 1년에 2480달러를 버는 2인 결혼 가구는 세후 소득 증가분이 124달러였지만, 1년에 143,454달러를 버는 2인 결혼 가구는 세후 소득 증가분이 몇 천 달러에 이르렀다.*

조세에는 본래 계급 긴장이 깔려 있지만 신문 보도와 공식 성명은 계급을 구분하지 않고 두루뭉술한 표현으로 그 긴장을 은폐한다. 어느 누구보다 저소득층이 납세 구조에 무지하다. 중간 계급은 대학을 다녀서 상황을 썩 잘 이해한다. 상류 계급은 일류 회계사들을 고용해서 계산을 맡긴다.

지난 몇 십 년 동안 세금에 일어난 주요한 혁명은 대체로 국가가 저소득층과 중저소득층에게 부과한 세금 부담의 변동이었다. 비율을 인용하면서 그럴 듯하게 떠드는 사람들은 부유층을 90% 반영하고 빈민층은 20%만 반영함으로써 부자가 세금을 피하듯 사실을 회피한다. 1929년에 1만 달러 미만을 버는 사람들은 소득세 총액 중 5% 미만을 납부했다. 1956년에 그들은 총소득 중 3분의 2를 납부했다. 다른 한편으로 1만 달러 이상을 버는 사람들은 1929년에 소득세 수입 총액의 3분의 2를 납부했지만, 1956년에는 20분의 1만 납부했다. 오늘날 소득세의 6분의 5가 최저소득세 계층, 그 20% 계층에서 나온다.

1929년에 저소득층은 연방 소득세를 한 푼도 내지 않았다. 지금은 낸다. 아내와 두 자녀를 둔 가장이 4천 달러를 번다면 1센트도 소중하겠지만, 연방 정부는 세금으로 240달러를 가져갈 수 있다. 10만 달러를 버는 사람이 세금을 빼고 2만5천 달러만 받는다면(그런 일은 절대로 일어나지 않는다), 누구의 짐이 더 클까? 상공회의소들은 소득이 20만 달러를 넘으면 세금 91%를 "몰수하듯" 걷어간다고 불평하지만, 그렇게 많이 버는 사람 중 어느 누구도 91%를 납부하지 않는다. 1956년에 재무부는 20만 달러 이상의 소득에서 약 37%만을 세금으로 걷어갔다. 하지만 부자들에게 우호적인 잡지, 《포춘Fortune Magazine》은 고소득 계층의 과세를 가리켜 "큰 소득에 체를 깊이 담가 건져 올린다"고 과장했다.

1966년에 세법을 조사한 브루킹스 연구소Brookings Institution에 따르면, 연소득이 1백만 달러 이상인 사람들은 총수입의 26.7%만 연방 소득세로 납부했다고 한다.* 1961년에 연소득이 1백만 달러 이상인 미국인 중 17명과 50만 달러 이상인 미국인 중 35명은 세금을 1센트도 내지 않았다.* 그해에 애틀랜타의 흑인이자 건물관리인으로 일하는 나의 지인은 저축이 전혀 없고 시간당 1달러를 받고 있음에도 국세청에 불려가 체납세금 몇 백 달러를 완납하라는 통보를 받았다. 소득세 신고양식을 잘 몰랐던 그는 가난한 다른 많은 사람들처럼 "회계사"를 찾아갔다. 회계사는 5달러를 받고 순식간에 그의 신고서를 작성해주었다.

부자들은 버는 돈의 많은 부분을 봉급에 포함시키지 않고 경비로 처리한다. 소득이 증가해도 세금을 피할 수 있는 인기 있는 방법이다. 1년에 약 50억 달러가 경비지출로 처리되는데, 때문에 이 돈은 과세를 피하고 국고에 10억여 달러의 손실을 입힌다. 한 낙농회사 임원과 그의 아내는 아프리카에 사파리 여행을 다녀온 것이 그의 사업을 홍보했다는 이유로 과세할 수 있는 소득에서 1만6천 달러를 공제받았다. 어떤 제조업자는 열대 섬에서 크루즈 낚시를 하고 항공기를 이용한 것이 손님 접대였다는 명목으로 26만9천 달러를 공제받았다. 다른 제조업자는 고객들을 켄터키 경마에 데려갔다며 1만 달러를 공제받았다. 법원은 이 공제를 모두 승인했다.

조세제도를 연구한 어느 학자는 세법에 과세특례가 약 1백 가지가 있다고 지적하면서 다음과 같이 말했다. "우선 거의 모든 과세특례는 그 이유가 아무리 합리적이든 칭찬할만한 것이든 간에 주로 상류계층 납세자에게 도움이 되고 저소득 계층에게는 거의 또는 전혀 도움이 되지 않는다는 공통점이 있다."* 그는 부부가 소득세 합산 신고를 하면 1년에 4천 달러를 버는 사람은 40달러를 절세하고 20만 달러를 버는 사람은 22,180달러를 절세하게 된다고 지적했다.

조세는 소득을 분배하는 효과가 있지만 전후에 의회가 저지른 가장 유명한 개악은 석유산업의 엄청난 소득 중 27.5%를 특별 감모공제(석유·목재 등 언젠가는 고갈할 자원의 소득에 대한 세금의 공제—옮긴이)로 인정한 것이었다. 그 결과 1953년 한 해에만 20억 달러가 세수에서 빠져나갔다. 다트머스 대학의 한 교수는 하원 세입위원회(청취만 하고 행동은 하지 않았다) 앞에서, 20만 달러를 투자한 회사가 20년 동안 60만 달러의 세금 공제를 받을 수 있음을 보여주었다. 이 석유회사와는 달리 개별 임금 노동자는 연소득에서 단돈 50센트도 "공제"받을 권리가 없다.*

미국은 계급 사회, 즉 극부층과 극빈층의 나라인가? 극부층과 극빈층 사이에 거대한 중간 계급이 있다는 사실이 항상 명쾌한 답을 가로막았다. 최근에 중간 계급이 교외로 빠져나감에 따라 그림은 더 뚜렷해졌다. 도시에 극부층과 극빈층이 남겨진 것이다. 미국의 어느 대도시에서든 오랫동안 거리를 걷노라면 우리가 실제로 계급 사회라는 사실을 어렵지 않게 확인할 수 있다.

사실 이는 미국 특유의 현상이 아니며, 세계 어디에서나 계급 사회를 볼 수 있다. 하지만 미국에만 특유한 사실이 하나 있다. 우리는 풍요와 빈곤이 이렇게 극심하게 대비될 핑계거리가 없는 세계 유일의 나라다. 어마어마하게 부유하지 않은가. 한 경제학자는 가장 관대한 순간들에도 변화를 위한 우리의 태도가 얼마나 하잘것없었는지를 지적했다. "총소득이 한 해에 400억 달러씩 증가하고 있는 사회가 빈민 중에서도 가장 불행한 계층을 위해 1년에 10억 달러를 증액하지 않으려 하고 있다. 전반적인 사회정치 구조상 이런 자선행위로는 아무것도 변하지 않는다."*

나는 식민 시대의 상황과 현재의 상황을 개관하면서 이 나라가 탄생기와 성숙기에서 드러낸 공통의 사실, 즉 자원의 불공평한 분배를 발견했다. 나는 두 가지 기준에 기초해서 "불공평"이란 말을 사용한다. 첫 번째 기준은 이 나라의 전례 없는 부다. 두 번째 기준은 행복을 추구할 권리에 있어 "모든 인간은 평등하게 태어났다"라는 제퍼슨의 말이 표현하고 있는 현대의 평등 이념—또는 풍요로운 사회에서 인간은 "각자의 필요한 만큼" 부를 받아야 한다는 맑스주의의 이념—이다. 복지국가를 향한 그 모든 빛 좋은 진보가 기본적인 역사적 불평등을 개조하는 데 거의 쓸모가 없었다는 점을 인식할 때 우리는 보다 더 급진적인 해결책을 모색하게 된다.

5. 러들로 대학살

셀리그 펄먼Selig Perlman과 필립 태프트Philip Taft의 노동운동사를 펼치면 다음과 같은 생동감 있는 구절을 만나게 된다. "1914년 4월 20일에 콜로라도 탄광 파업이 전 국민의 이목을 끌었다. 러들로 천막촌에서 어린이 11명과 여자 2명이 끔찍한 화재로 목숨을 잃었다."*

그들이 묘사한 사건은 이른바 러들로 대학살로, 미국 역사에서 기업의 권력과 노동자들 사이에 일어난 가장 격렬한 투쟁에 정점을 찍은 잔혹한 행위였다.[24] 당시에 의회 조사팀들이 수집한 증언이 5천 쪽에 달했음에도 이 사건은 아직 세상에 알려지지 않았고 미국 역사교과서

24 그 증언이 이 에세이의 기본 자료다. 증언은 상원 문서 415번, 산업관계위원회가 발행한 9권짜리 보고서 중 마지막 3권, pp. 6347~8903(U.S. Commission on Industrial Relations, Report and Testimony》, Government Printing Office, Washington, 1916), 그리고 하원광산광업위원회House Mines and Mining Committee가 작성한 2권짜리 보고서,《콜로라도 탄광의 조건Conditions in the Coal Mines of Colorado》(Government Printing Office, Washington, 1914)에 실려 있다. 의회 증언은(부록을 제외하고) 러들로 대학살 직전에 수집한 것이고, 산업관계위원회의 증언은 그 직후에 수집한 것이다.

에도 거의 등장하지 않는다.[25]

나는 지금도 그 사건을 기억하지만 드라마처럼 자세히 기억나진 않는다. 그렇다. 사람들 눈에 이 사건은 새로 부상한 복지국가 밑으로 행복하게 가라앉아버린 특이한 사건들로만 보인다. 하지만 그 속에서 나는, 그 특수성을 벗겨내면 아직도 살아 숨 쉬고 있는(광부들이 있던 자리에 흑인들이 보이고, 노조 대신에 학생운동이나 시민복지 운동단체가 보이는) 국민과 정부의 관계를 감지한다. 그 속에서 나는 장황한 말과 겉치레에 현혹되거나 콜로라도 시골지역의 특이성—탄광이 즐비한 협곡들, 그 시대와 장소만의 낯설고 독특한 소리, 색깔, 분위기—에 눈을 돌리면 쉽게 잊히고 마는 1914년부터 1969년까지 일관된 정부의 행동을 본다.

이제 그 연속성에서 발견한 몇 가지 요소를 나열할 테니 독자 여러분은 콜로라도 사건의 실제 사실들과 우리가 알고 있는 현대 미국의 실상으로 미루어, 내가 과연 너무 사소한 일로부터 너무 큰 결론을 끌어내고 있는 것인지 여부를 판단하기 바란다.

1. 정부의 결정 그리고 사법기관의 판단에서 명백히 드러나는, 부와 정치권력의 뿌리 깊은 유착.

2. 부자와 권력자 편을 드는 지방경찰의 아둔한 행동이 그보다 은밀하지만 똑같이 편향된 정부의 개입으로 이어지는 연방 체제의 팀플레

---

25 예를 들어, 다른 면에서는 자세하기 이를 데 없는《미국역사 백과사전Encyclopedia of American History》(Richard Morris, ed. Harper & Row, 1965)에는 콜로라도 파업이 한 줄도 없다. 또한《옥스퍼드 미국 민중사Oxford History of the American People》(Oxford University Press, 1965)도 마찬가지다(물론 고의적으로 생략했다는 뜻은 아니다. 역사에서 "망각"의 과정은 그보다 더 복잡하다). 새뮤얼 옐렌Samuel Yellen의《미국의 노동투쟁Marican Labor Struggles》(Harcourt, Brace, 1936)에는 콜로라도 파업을 훌륭하게 서술한 장章이 들어 있다.

이.

3. 정부의 권력이 기업과 지방경찰의 폭력을 다룰 때에는 무기력하기만 하고 항의하는 측의 폭력을 다룰 때에는 확실하고 효과적인, 폭력의 선택적 사용.

4. 저항할 힘이 없거나 국내에서 정치 세력화할 힘이 없는 외부자들—즉, 외국인(멕시코, 1914, 도미니카공화국, 1965)—을 다르게 취급하는 정부의 이중적 방식. 힘이 없는 주민을 다루는 지방경찰과 비슷하다.

5. 의회 조사의 마취 효과.

하지만 1913~1914년의 콜로라도로 돌아가보자.

남북전쟁이 끝나고 얼마 지나지 않아 콜로라도 남부에서 로키산맥의 엄청난 무게 밑에서 형성된 유연탄이 발견되었다. 철도로 덴버에서 남쪽, 뉴멕시코에서 북쪽으로 이동하면 닿는 곳이었다. 오래된 산타페 철도를 타고 내려온 정착민들이 로키산맥의 바로 동쪽, 뉴멕시코 주 경계에서 북쪽으로 약 15마일 거리에 있는 퍼거토리 강둑에 트리니다드 시를 건설했다.[26] 거대한 콜로라도연료철강회사와 그밖의 작은 회사들이 산 사면에 갱도를 파고, 이주 노동자를 구하는 광고를 내고, 노동자를 지하로 내려 보내 석탄을 캐 올렸다.

1902년에 존 D. 록펠러가 콜로라도연료철강을 매입했다. 1911년에 록펠러가 자신의 지분(회사를 지배하기에 충분한 약 40%의 주식)을 아들인

26 마이클 베쇼어Micheal Beshoar, 《트리니다드와 라스아니머스 카운티의 모든 것All About Trinidad and Las Animas County》, Stearn Printing House, Denver 1882. 또한 하원광산광업위원회, 《콜로라도 탄광의 조건Conditions in the Coal Mines of Colorado》, p. 7을 보라.

존 D. 록펠러 2세에게 넘긴 뒤부터 회사의 주요한 결정은 뉴욕시 브로드웨이 26번가의 사무실에서 내려졌다.

80미터, 100미터, 120미터 지하—살아 있는 듯 그로테스크한 그 완전한 암흑 속—에서 노동자들이 곡괭이로 탄층의 표면을 찍어내면 삽을 든 인부들이 기다리고 있는 수레에 석탄을 퍼담았고, 노새에게 끌려 주갱으로 모인 석탄은 선별장이 있는 지상으로 끌어올려진 뒤 선별하는 체를 거쳐 무개화차 위로 쏟아졌다. 탄층은 갱도 바닥에서 평균 90센티미터 높이에 있었기 때문에 광부는 무릎을 꿇거나 옆으로 누워서 일을 했다. 통풍구를 여닫는다는 뜻의 "트래퍼 보이"들이 갱도 문을 조작해서 환기를 시켰는데, 주로 탄광 일을 배우기 시작한 13~14세 아이들이었다.

가파른 협곡 안, 산모퉁이 여기저기에 탄광촌이 있었다. 광부들은 나무로 허름한 오두막을 짓고, 추위를 막으려 벽에 오래된 신문지를 대고 못으로 고정시켰다. 근처에 있는 광산 건물과 코크스 가마에서는 시커먼 매연이 흘러나와 하늘을 뒤덮었다. 오두막들 뒤로는 석탄재와 생활 오수로 누렇게 변한 샛강이 굼뜨게 흘렀고, 그 샛강을 따라 아이들이 놀았다.

탄광촌은 석탄회사가 운영하는 중세의 왕국이었다. 회사가 "법"을 만들고, 통행금지 시간을 정하고, 수상한 외부인의 방문을 차단하고, 사내 잡화점에서만 물건을 사게 하고, 회사가 고용한 의사에게만 진료를 받게 했다. 회사가 임명한 보안관이 법을 집행하고, 교사와 목사도 회사가 뽑았다. 1914년에 콜로라도연료철강은 탄광촌 27개와 그 대지, 가옥, 술집, 학교, 교회, 상점을 모두 소유하고 있었다.* 탄광촌을 담당한 회사 관리자들을 가리켜 한 종업원은 "난폭하고, 무식하고, 부도덕하고, 종종 지독하게 잔인하고… 욕설을 하면서 약자를 괴롭히는 사람들"이라고 묘사했다.[27]

최초의 광부들은 웨일스와 잉글랜드에서 건너온, 모국에서 경험을 쌓은 사람들이었다. 하지만 1880년대와 1890년대에 이탈리아, 그리스, 폴란드, 헝가리 출신의 이민자들이 들어왔다. 그중에 맥시코인과 흑인도 많았다.[28]

콜로라도연료철강은 당연히 콜로라도 주의 주요 정치세력이 되었다. 1913년 5월에 회사의 부장인 바우어스Bowers는 존 D. 록펠러 2세에게 다음과 같은 편지로 상황을 보고했다.[29]

> 여러 해 동안 콜로라도 연료철강은 콜로라도 남부의 정치를 독재한다고 비난받았고, 실제로 주 전체에 강력한 힘을 행사했다. 내가 여기 왔을 때만 해도 회사가 귀화를 한 사람과 하지 않은 사람을 막론하고 모든 고용인에게 투표를 하게 했고, 운이 좋아 이름을 갖고 있는 노새들까지 등록시켰다는 말이 있었다.

---

27 파업 기간에 콜로라도연료철강의 사회문제부장인 유진 S. 개디스 목사Rev. Eugene S. Gaddis가 1915년 5월 19일에 미국 산업관계위원회 앞에서 한 진술. 탄광촌의 삶을 묘사한 책으로는 조지 코슨George Korson, 《바이올린 위의 석탄재Coal Dust on the Fiddle》, Folklore, 1965와 맥앨리스터 콜먼McAlister Coleman, 《인간과 석탄Men and Coal》, Farrar & Rinehart, 1943을 보라.

28 1901년에 콜로라도연료철강의 종업원 7500명 중 500명이 흑인이었다. Sterling Spero and Abram Harris, The Black Worker, Atheneum, 1968.

29 조지 P. 웨스트George P. West, 《콜로라도 파업에 관한 보고Report on the Colorado Strike》, Government Printing Office, 1915, p. 46. 웨스트의 보고서는 산업관계위원회의 보고서를 요약한 공식 문서다.

바우어스는 1904년 선거 운동을 할 때 회사가 80,605달러를 후원하고 "많은 구역의 주류 사업권을 따내 악명을 얻었다. 회사는 최대한 모든 곳에 술집을 세웠다." 회사의 후원을 등에 업고 선출된 한 보안관은 탄광촌에 있는 16개 주류상점의 동업자가 되었다.

물론 바우어스가 들어왔다고 해서 상황이 변하진 않았다. 회사 관리자들이 계속해서 선거관리자로 뽑혔다. 회사가 조종하는 검시관과 판사들은 부상당한 종업원들이 피해보상금을 받지 못하게 했다. 라스애니머스 카운티에서 도박꾼이자 바텐더이자 콜로라도연료철강의 친구인 존 C. 볼드윈John C. Baldwin은 카운티 재판의 80%에서 배심원장을 도맡았다. 파업이 한창일 때 애먼스 주지사는 자신이 다스리고 있는 주의 기본적 인권에 대해 질문을 받았다. 질문자인 앳킨슨 목사Rev. Atkinson는 그 인터뷰를 다음과 같이 기록했다.*

앳킨슨 목사: 콜로라도 주에는 헌법과 입헌 정치가 없습니까?

애먼스 지사: 전혀 없습니다, 탄광들이 있는 시골 지역에는.

앳킨슨 목사: 그 말은, 지사님 주의 많은 지역에 헌법이 보장하는 자유가 없다는 뜻입니까?

애먼스 지사: 분명히 그렇습니다.

콜로라도의 한 공무원은 파업을 조사하고 있는 하원위원들에게 이렇게 말했다. "휴에파노 카운티에서는 친구가 없으면 누구의 죄도 입증하기가 어렵습니다. 제프 파Jeff Far 보안관이 배심원을 선정하는데, 사건을 유죄나 무죄로 만들기에 적당한 사람을 뽑습니다."*

1913년 초, 콜로라도 남부 탄전에서 10년 전에 파업을 했으나 실패를 맛보았던 광산노동자조합이 다시 한 번 파업 운동을 시작했다. 노조는 광산 운영자들에게 협상을 제안했다. 운영자들은 제안을 거절하고 볼드윈-펠츠 흥신소의 인력을 고용했다. 주지사는 갈수록 위태로워지는 사태를 조사하도록 노동부 보안위원을 파견했다. 보안위원 수백 명이 라스애니머스와 휴에파노 카운티의 보안관들이 취임시킨 자들이었다.

1913년 8월 16일 저녁에 광산노동자조합에 소속되어 있는 젊은 노동자 제럴드 리피어트Gerald Lippiatt가 기차를 타고 트라니다드에 도착해서 토요일 저녁에 중심가에서 군중 속을 걷다가, 얼마 전에 보안 위원으로 임명된 볼드윈-펠츠 흥신소 탐정 두 명과 험한 말을 주고받던 중에 총을 맞고 사망했다.

두 탐정, 조지 벨처George Belcher와 월터 벨크Walter Belk는 검시 배심(사인을 평결하는 배심—옮긴이)이 구성되기도 전에 보석금 1만 달러를 내고 풀려났다. 결국 검시 배심은 트리니다드 사람 6명으로 구성되었는데, 웰스파고 운송회사의 경영자, 트리니다드 국립은행의 지배인, 서먼-코스머 상업회사의 회장, 컬럼비아 호텔의 경영자, 한 상점 체인사의 소유자, 그리고 도박꾼이자 술집주인에 십장처럼 행동하고 있는 존 C. 볼드윈이었다.*

배심원들은 누가 먼저 총을 쐈는지, 몇 발이 발사됐는지, 리피어트와 탐정들 사이에 무슨 말이 오갔는지에 대해 혼란스러운 보고서를 받았다. 모든 목격자가 동의한 사실은 리피어트가 거리를 걸어갔고, 벨처와 벨크를 만났고, 벨처와 총격을 주고받았고, 죽었다는 것뿐이었다. 리피어트에게 가장 먼저 달려간 윌리엄 대즐리William Daselli라는 광부는 벨크가 총을 꺼내려 했고, 벨처가 총을 꺼내 발포했고, 리피어트가 땅에 쓰러진 뒤 방아쇠를 당겨 벨처의 허벅지에 상처를 냈고, 그런 뒤 마지막으로 쓰러졌다고 증언했다. 대즐리가 리피어트의 머리를 들었을 때 벨크의 총은 여전히 리피어트의 머리를 겨누고 있었다고 그는 말했다.[30]

배심원단의 판결은 정당방위에 의한 살인이었다.

그러자 탄광촌에서 노조의 조직 속도가 빨라졌다. 교회에서, 피크닉에서, 산속의 폐광에서 비밀회의들이 열렸다. 광부들은 9월 중순에 트리니다드에서 총회를 열기로 하고 수백 번의 회의를 통해 각 사업장의 대표를 선출했다.

그동안 볼드윈-펠츠 흥신소는 임박한 파업을 파괴할 목적으로 덴버의 바와 술집 그리고 주 경계 너머에서 수백 명의 남자를 끌어들였다. 9월 1일에 휴에파노 카운티에는 제프 파 보안관이 보안위원으로 임명한 남자 1,326명이 석탄회사들이 지급한 돈과 무기를 손에 들고 있었다.*

광산노동자 총회는 대의원 280명이 참석한 가운데 트리니다드 오페라대극장에서 열렸다. 이틀에 걸쳐 일반 조합원들이 불만을 접수했다. 석탄 1톤을 캘 때마다 4백~8백 파운드를 약탈당하고, 1달러에 90센트 가치밖에 없는 전표로 월급을 받고(콜로라도 주법의 위반), 8시간 근로제가 지켜지지 않고, 광부들이 채탄 검량인을 직접 뽑도록 보장하는 법

---

30 총격에 관한 기록은 다음에 있다. 《광산노동자조합 저널United Mine of Workers Journal》 1913sus 8월 21일과 8월 28일. 또한 마이클 베쇼어, 《심연으로부터Out of the Depths》, Golden Bell, Denver, 1957(파업 지도자 존 로슨John Lawson의 일대기)를 보라.

이 완전히 무시되고, 광부들이 회사 상점과 술집에서만 돈을 쓸 수 있고(25~40%가 더 비쌌다), 탄광 관리자가 원하는 대로만 투표해야 하고, 불만을 얘기하는 광부들을 때리거나 해고하고, 무장한 경비들이 공포를 조장해서 광부들을 회사에 복종시킨다고. 광부들의 평균 일당은 8시간에 1.68달러, 10시간에 2.10달러였다.* 콜로라도의 산업재해율은 광산이 있는 다른 주들보다 2배가량 높았다.

트리니다드 총회의 하이라이트는 광산노동자조합을 조직한 80살의 메리 존스Mary Harris Jones(동화 속의 마더 존스Mother Jones)의 등장이었다. 웨스트버지니아의 탄광지대에서 격렬한 파업을 하던 중에 막 도착한 것이다. 마더 존스는 상대적으로 보수적인 광산노동자조합(예를 들어, 조합은 1912년 선거에서 진보주의와 사회주의 후보들을 외면하고 애먼스 주지사와 민주당을 지지했다) 내부에서 급진주의를 대표하는 인물이었다(그녀는 세계산업노동자동맹IWW의 창립자 중 한 사람이었다).[31] 마더 존스의 연설은 길게 인용할 가치가 충분하다.*

> 오늘날 이 나라에서 발생하고 있는 문제는 산업 과두정치입니다… 이 모든 탄광, 이 산속에 묻혀 있는 석탄이, 여러분이 힘과 근육을 써서 캐내지 않는다면 무슨 가치가 있을까요?…
>
> 나는 웨스트버지니아 주에 들어갔습니다… 거기서 볼드윈-펠츠의 청부

---

31 마이클 베쇼어는 다음과 같이 썼다. "존 로슨과 그의 광부들은 정치 문제에 순진했다. 그들은 민주당이 짓밟힌 약자를 항상 수호할 것이라고 생각했다. 그들이 주에서 민주당이 걸어온 기록을 보고 명백한 결론을 이끌어낸 적이 한번이라도 있었다면 절대 그런 입장을 취하지 않았을 것이다."(《Out of the Depths》). 베쇼어는 콜로라도 주의 초기 역사에서 광부들과 친했던 의사 마이클 베쇼어의 손자였다(동명이인).

업자들에게 맞아 죽은 여자들, 어머니의 자궁 속에서 구타를 당해 빛을 보지 못하고 숨을 거둔 아기를 보았습니다. 바로 미국에서 일어난 일입니다, 동지 여러분. 나는 이렇게 다짐했습니다. "볼드윈의 청부업자들이 떠나기 전까지 절대로 웨스트버지니아를 떠나지 않겠다"고 말입니다…

찰스타운에 3천 명의 노동자가 행진을 했습니다. 우리의 요구를 새긴 깃발을 들고 주의회 의사당 마당으로 걸어들어갔지요. 그곳은 우리 땅이니 우리가 원한다면 언제든 점거할 권리가 있습니다… 나는 위원회를 소집하고 나서 이렇게 말했습니다. "자, 이 서류를 지사의 사무실로 갖고 가서 제출하세요. 이번에는 무릎을 꿇지 마세요. 우리 미국에는 왕이 없습니다. 머리를 꼿꼿이 들고 똑바로 서서 지사에게 이 서류를 제출하세요." 그러자 광부들이 "그러고 나서 기다릴까요?"라고 말하더군요. 나는 "아니요, 기다리지 마세요. 존칭도 쓰지 마세요"라고 말했습니다. 거기엔 존경할 만한 사람이 거의 없으니까요…

우린 그렇게 모였습니다. 만일 펜을 가진 사람이 있어서 그 집회의 사회학적 의미를 기록했다면, 나는 그 사람을 미국 재무장관으로 삼고 싶습니다. 그의 글이 전 세계를 뒤바꿔놨을 테니까요… 광부들은 발가락이 삐져나온 신발을 신고 주린 배를 움켜쥔 채 산에서 내려왔습니다… 그 자리에 1천5백 명의 남자가 있었고, 민병대(주 방위군을 가리키며 시민군, 국민군과 같은 말이다—옮긴이)가 있었고, 볼드윈의 청부업자들이 있었습니다… 집회가 막 끝날 때 나는 이렇게 말했습니다. "여러분, 마더가 한 마디 하겠습니다." 그러자 광부들이 "뭡니까, 마더?" 하고 묻더군요. 내가 말했습니다. "자유의 여신은 죽지 않았습니다. 여신은 단지 조용히 쉬고 있었지요. 여러분이 부르기를 기다리면서 말입니다." 순간 1천5백 명의 함성이 대기를 울리고 하늘에 닿았지요. 광부들이 말했습니다. "오, 마더, 자유의 여신을 부르세요, 지금 당장 불러요!"…

분명히 우리는 유치장에 갇힐 겁니다. 틀림없이 그러겠지요. 난 감옥에 가봤습니다. 오 하나님, 하필 감옥을 지으시다니요! 난 감옥에 갇혔습니다… 연방 법원에서 재판을 받았지요. 나이든 판사가 묻더군요. "당신은 내 가처분 명령(노동분쟁이 발생할 때 판사가 일방적으로 노동조합의 활동을 중지시킨 명령—옮긴이)을 읽었습니까?" 저는 읽었다고 대답했습니다. "그 명령에서 탄광 사태에 눈을 돌리지 말라는 명령을 봤습니까? 당신은 탄광 사태를 봤습니까?" 나는 "똑똑히 봤습니다"라고 대답했지요. 판사가 묻더군요. "그렇다면 왜 그 명령을 어겼나요?" "왜냐하면, 당신보다 더 큰 심판관이 있기 때문입니다. 그분이 나에게 시력을 주셨으니 난 내가 보고 싶은 것을 볼 것입니다."

그러자 법정에 있던 한 아첨꾼이 다가와서는 이렇게 말하더군요. "존경하는 재판장님이라고 말해야 해요. 여긴 법정입니다. 존경하는 재판장님이 의자에 앉아 있습니다." 누가 아니랍니까? 존경하는 재판장님이 의자에 앉아 있었지요. 그 책상 뒤에 콧수염을 기른 작자 말예요…

여러분은 로마 공화국이 1천 년 동안 모은 것보다 더 많은 부를 모으고 창조했지만, 여전히 빈털터리입니다…

나는 전능하신 하나님께 콜로라도, 캔자스, 앨라배마의 노조가 완성되면 눈을 감게 해달라고 말할 것입니다. 하지만 그 전에는 절대로 눈을 감을 수 없습니다!

회사가 협상 요구를 거절했기 때문에 총회는 표결을 통해 1913년 9월 23일에 파업을 하기로 결정했다.

그날 콜로라도 남부의 탄광지대에 장대한 광경이 펼쳐졌다. 탄광 노동자의 약 90%에 달하는 광부 1만1천 명이 가족과 재산을 수레와 당나

귀에 싣거나 몸소 등에 지고 광산촌에서 나와 노조가 시골 지역에 세운 천막촌으로 행진했다.[32] 한 목격자는 다음과 같이 기록했다.*

> 천막이 전부 도착하지 않았고, 날씨마저 경영자와 결탁한 듯했다. 이틀 동안 비와 눈이 내렸다. 운 좋게 가재도구를 수레에 실은 광부들의 이동행렬보다 더 가엾은 광경은 없었다. 화요일에 온종일 비가 내렸고, 광부들은 초라하기 짝이 없는 세간살이 위에 아내와 아이들을 싣고 사방에서 트리니다드로 모여들었다.

마더 존스의 증언을 인용하자면, 그날 개인 소유물을 실은 마차 28대가 푹푹 빠지는 진창길을 지나 러들로 천막촌에 들어왔다. 말들은 녹초가 됐고 어머니들 품에는 아기들이 안겨 있었다. 천막과 매트리스는 비에 젖었고, 아이들은 그날 밤 그 매트리스 위에서 잠을 자야 했다.*

가장 큰 천막촌은 러들로에 있었다. 러들로는 콜로라도연료철강의 사유지 가장자리에 있는 철도 정거장으로, 트리니다드 북쪽 18마일 거리에 있고 월센버그의 직접 연결되어 있었다. 여기에 천막 4백 동과 사람 1천 명이 있었고, 그중 어린아이가 271명이었다. 파업하는 중에 이 천막촌에서 21명의 아기가 새로 태어났다. 나중에 주 방위군의 한 장교는 지사에게 러들로 천막촌의 상황을 이렇게 보고했다. "천막촌의

32 콜로라도연료철강의 사장인 웰본Welborn은 자사의 광부 중 70%가 파업에 참가했다고 추산했다. West, 《Report on the Colorado Strike》.

인원은 수백 명이지만 미국인 가족은 몇 명 안 됩니다. 나머지는 대부분 그리스, 몬테네그로, 불가리아, 세르비아, 이탈리아, 멕시코, 티롤, 크로아티아, 오스트리아, 사부아 등 유럽 남부에서 온 이방인들입니다."[33]

폭력은 곧 시작되었다. 볼드윈-펠츠 흥신소는 상부에 개틀링 기관총을 얹은, 강철 갑옷을 두른 특수 장갑차를 만들고 '특별 사신Death Special'이란 이름을 붙였다. 10월 17일, 시골지역을 돌아다니던 장갑차가 포브스에 있는 천막촌을 공격해서 남자 한 명을 죽이고 10살 된 소년의 다리에 9발의 총알을 남겼다.* 그런 뒤 무장을 한 광산 경비대 2열이 광부 49명을 트리니다드로 연행하고, '특별 사신'이 광부들의 등에 총을 겨냥한 채 뒤를 따라갔다. 서부광부연맹(세계산업노동자동맹을 발족하는 데 일조한 투쟁적인 광부 노조)에 소속된 G. E. 존스Jones가 장갑차를 사진 찍으려 하자 볼드윈-펠츠 흥신소의 경영자인 앨버트 펠츠가 권총의 개머리로 뒤통수를 쳐서 기절시켰다. 존스는 치안을 어지럽힌 죄로 체포되었다.*

같은 달에 기관총과 소총으로 무장한 경비대원 190명이 장갑열차를 타고 러들로 촌으로 향했다. 무장한 광부 파견대가 열차를 탈취하고, 뒤이어 전투가 벌어져 광산 경비대 한 명이 사망했다. 《뉴욕타임스》는 노조가 거둔 최초의 작은 승리를 보도한 뒤 다음과 같이 논평했다. "오늘밤 상황은 극도로 위험하다. 무장한 파업 참가자 700여 명이 들판에

---

33 에드워드 보턴Edward Boughton, 《Report to the Governor》(Denver, 1914). 보턴은 군사위원회의 의장을 맡아 1914년 4월 20일의 사건을 지사에게 보고했다.

포진해서 광산 경비대와 맞서고 있다고 한다."*

이미 파업 노동자와 경비대 사이에 적어도 4차례 전투가 있었고 최소 9명이 사망했는데, 사망자는 대부분 파업 노동자였다. 천막촌은 포위된 상태였고, 높은 산마루에서 기관총과 탐조등이 끊임없이 천막을 겨냥하고 있었다.

1913년 10월 28일에 애먼스 지사는 계엄령을 선포하고, 주 바깥에서 파업파괴자(strikebreaker. 파업에 참가하지 않은 비노조원이나 대체 노동자를 말한다—옮긴이)를 유입하지 못하게 명했으며, 콜로라도 주 방위군의 체이스 장군에게 군대를 이끌고 파업 지역에 들어가라고 명령했다. 이는 소위 "균형 잡힌" 정치적 조처 중 하나였을 뿐, 지사는 노동자들의 요구(파업파괴자들의 유입 금지)를 무시하고 회사 측의 요구(정부의 군대로 광산 경비대를 보강하는 것)는 효과적으로 시행했다. 애먼스가 방위군을 동원할 수밖에 없었던 배경은 콜로라도연료철강의 바우어 부회장이 뉴욕의 존 D. 록펠러 2세에게 보낸 편지가 어느 정도 설명해준다.*

> 우리가 도시의 모든 은행가에게서 협조를 얻어냈다는 것을 아시면 흥미로우실 것입니다. 은행가들은 우리의 작은 카우보이 지사와 서너 차례 면담을 했고, 그 결과 주 은행가들이 정부를 후원하여 민병대를 유지하고 광범위한 치안을 유지하는 데 필요한 자금 전액을 지원하는 것에 지사가 동의했습니다… 은행가들 외에도 상공회의소들, 부동산 거래소들, 그리고 수많은 최고의 실업가들이 이 사악한 선동가들을 주 경계 밖으로 몰아낼 조치를 취하라고 지사에게 촉구하고 있습니다. 주에서 가장 유력한 신문사들의 주필 14명이 힘을 모아 경영자들을 대변하기로 한 것도 큰 힘이 되고 있습니다.

광산 경영자들의 사설 군대가 5주 동안 공포를 조장했기 때문에 파업 광부들은 주 방위군이 미국 정부를 대표해서 질서를 회복하러 왔다고 철석같이 믿었다. 러들로 천막촌 사람들은 방위군을 환영하기 위해 푼돈을 모아 커다란 국기를 구입했다. 1천 명에 달하는 남자, 여자, 어린이들이 굶주려 수척한 얼굴로 일요일에 입는 가장 좋은 옷을 차려입고 아이들에겐 흰색 옷을 입힌 채 러들로 기차역 앞 도로에 도열했다. 급조한 밴드가 빛바랜 그리스와 세르비아의 군복을 입고서 "노동조합이여, 영원하라The Union Forever!"를 연주했다. 기차역에서 맨 처음 기병대가 나오고 체이스 장군이 백마를 타고 의기양양하게 뛰어나왔다. 그런 다음 소규모 야전 포병대가 나오더니, 챙이 넓은 모자에 노란 각반을 찬 보병 2개 연대가 뒤따라 나왔다. 광부들과 그들의 아내와 아이들은 마지막 부대가 천막촌을 지나 버윈드 협곡으로 사라질 때까지 환영인사를 외치고 노래를 불렀다.*

하지만 1913~14년 그 춥고 배고픈 겨울 동안 주 방위군은 볼드윈-펠츠의 청부업자들과 조금도 다르지 않았다. 12월에 러들로 천막촌 근처의 도로에서 스페인-미국 전쟁의 훈장을 단 땅딸막한 방위군 중위 린더펠트가 10대 청소년에게 다가가 말을 건 뒤 인사불성이 되도록 주먹으로 때렸다. 1월에 트리니다드에서 여자들이 줄지어 행진을 하자 기병대가 공격을 했고, 겁에 질려 도망치는 16살 된 소녀가 앞발을 든 백마에게 채였는데, 그 말에 체이스 장군이 타고 있었다. 린더펠트 중위는 러들로 천막촌의 지도자이자 대학교육을 받은 루 티카스Lou Tikas라

는 이름의 그리스인을 구타하고 감옥으로 끌고 갔다.[34]

그해 겨울에 주 방위군은 172명을 체포했다. 두 아이의 어머니인 메리 M. 토머스Mary M. Thomas는 벌레가 들끓는 감방에 3주 동안 갇혀 지냈다. 한 파업 노동자는 차디찬 시멘트 바닥에서 잠을 자야 했고, 결국 25일 후에 사망했다. 임신한 19세 소녀는 어느 날 밤 주 방위군 병사들에게 골목으로 끌려가 의식을 잃었다. 광부의 아내인 얀킨스키Yankinsky 부인은 네 아이와 집에 있었는데 민병대가 들이닥쳐 돈을 빼앗고 어린 딸의 코를 발로 차 부러뜨렸다. 세건도 시에서는 술 취한 방위군들이 어린아이들을 총검으로 몰아대며 두 시간 동안 시내를 행진하게 했다. 광부인 마로 제니Marro Zeni는 5일 동안 감방에서 잠을 자지 못했다. 병사들이 얼굴에 물을 붓고 총검으로 끊임없이 찔러댔기 때문이다.*

파업 노동자들의 폭력도 있었다. 아길라 천막촌 옆에서 파업파괴자인 페드로 아미요Pedro Armijo가 죽었다. 비노조원이자 콜로라도연료철강의 사무원인 허버트 스미스Herbert Smith는 트리니다드 인근에서 잔인하게 구타당했다. 파업 노동자들은 파업파괴자들이 들어와 살고 있는 포브스 광산촌에 불을 질렀고, 기병 중대에게 쫓겨 해산했다. 라베타에서는 광산 경비대원 4명이 비노조원을 호위하던 중 살해당했다. 그리고 리피어트를 죽인 조지 벨처가 트리니다드의 약국에서 걸어 나온 뒤 길모퉁이에서 담배에 불을 붙일 때 어디선가 날아온 단 한 발의

34 내가 이 에세이에 인용한 방위군의 잔학한 행위들은 목격담들을 편찬한 콜로라도노동자동맹의 600페이지짜리 보고서에 들어 있다. 그것을 요약한 짧은 보고서로는 다음을 보라. Militarism in Colorado(published in Denver, 1914), by William Brewster of the Yale Law School.

총탄에 즉사했다.[35]

애먼스 지사가 주 바깥에서 대체 노동자를 데려오지 못하게 한 명령을 철회하자, 주 방위군은 대체 노동자들을 광산까지 호위하기 시작했다. 세인트루이스에서 출발한 열차가 탄광 지대에 그런 광부들을 풀어놓으면 민병대원들이 대검 달린 소총을 들고 그들을 보호했다. 하원위원회는 연방노역법 위반에 관한 증언을 들었다. "시실리 사람인 살바토레 발렌틴Salvatore Valentin은 위원들에게, 자신이 속아서 피츠버그에서 이송되었고, 그후로 지금까지 델라구아 탄광에서 강제로 일을 하고 있다고 증언했다. 또한 그와 함께 일하던 다른 대체 노동자 한 명은 광산에서 모르는 사람에게 총을 맞아 사망했다고 말했다."[36]

1914년 1월 초에 마더 존스가 "내 자식들을 도우러" 트리니다드에 돌아오자, 주 방위군은 즉시 그녀를 추방했다. 그녀는 흥신소 탐정 3명을 따돌리고 다시 왔지만, 민병대 1백여 명이 월센버그의 톨텍 호텔을 습격해서 그녀를 포로로 삼았다. 그녀가 감옥에 있는 20일 동안 두 명의 보초가 무장으로 하고 문을 감시했다. 여자들이 그녀의 체포에 항의하며 트리니다드에서 행진을 벌이자 방위군은 그중 11명을 구속했다.* 사후에 방위군의 행동을 지사에게 보고할 때 체이스 장군은 다음과 같이

---

35 광부들이 폭력을 쓴 사건들은 장군의 부관이 지사에게 올린 보고서, 《콜로라도 탄광 파업지역의 군사적 점령The Military Occupation of the Coal Strike Zone of Colorado》, 1914에 수록되어 있다. 벨처의 죽음은 《국제사회주의자평론International Socialist Review》, February 1914에 기록되어 있다.

36 《New York Times》, February 11, 1914. 수십 건의 노동법 고발이 하원광산광업위원회의 《Conditions in the Coal Mines of Colorado》, pp. 48, 749, 1239, 1363, 1374, 1407, 그리고 그밖의 청문회 기록에 산재해 있다.

적었다. "공정하고 분별력 있는 대중들이 결국에는 콜로라도 주의 고결함과 명예를 수호한 이 병사들의 공훈을 인정하리라고 기대합니다."

1914년 봄이 다가오자 방위군의 운영자금이 바닥나기 시작했다. 급료 총액만 한 달에 3만 달러가 들어갔고, 비판자들은 장교의 수가 지나치게 많다고 지적했다. 장교 395명에 사병이 695명이었다. 주 정부는 어느덧 은행가들에게 큰 빚을 지고 있었다. 봉급이 나오지 않자 정규 등록된 민병대원들이 빠져나갔고, 콜로라도연료철강의 광산 경비대원들이 주 방위군 군복을 입고 회사 돈을 받으며 그 자리를 대신했다.

1914년 4월 초에 애먼스 지사는 2개 중대를 제외한 주 방위군 전원을 다시 소집했다. 이때 주 방위군은 대부분 콜로라도연료철강에서 급료를 받는 광산 경비대였고, 그 지휘관은 지역의 술집주인인 팻 햄록Pat Hamrock 소령과 린더펠트 중위였다. 그들은 바위산 능선에 병력을 배치했다. 산 아래로 1천 명의 남녀와 아이들이 사는 러들로 천막천이 내려다 보였다.*

4월 20일 월요일 아침, 햄록 소령의 병사들이 러들로를 굽어보고 있는 산에서 다이너마이트 폭탄 두 개를 터뜨렸다. 작전을 개시하라는 신호였다. 오전 9시에 기관총 한 대가 천막을 향해 불을 뿜기 시작했고, 곧이어 다른 기관총들이 가세했다. 여자들이 아이를 품에 안고 비명을 지르며 이 천막에서 저 천막으로 안전한 곳을 찾아 뛰어다녔다. 일부는 용케 산속으로 피신했다. 다른 사람들은 몇몇 천막 아래에 미리 파놓은 어두운 구덩이와 동굴로 기어들어갔다. 총구를 돌리기 위해 광부들이 천막을 떠나 마른 협곡의 틈새로 뛰어들고 반격을 가했다. 나중에 한 목격자는 다음과 같이 전했다.*

기관총은 무시무시했다. 수백 수천 발이 쏟아져 나왔다. 천막촌에는 총이 거의 없었다. 엽총을 포함해서 50자루가 넘지 않았다. 여자들과 아이들은 너무 무서워서 천막 아래의 얕은 구덩이에서 기어 나오질 못했다. 그들에게 다가가려다 남자 몇 명이 죽었다. 군인들과 광산 경비대는 모두를 몰살시키려 했다. 움직이는 모든 것에, 심지어 개한테도 총을 쐈다.

파업 지도자 티카스와 린더펠트 중위의 오랜 반목은 그날 오후에 끝이 났다. 티카스는 큰 천막에서 여자들과 아이들을 대피시키고 부상자들을 보살피고 있었다. 기적적으로 전선이 무사했는지, 전화벨이 울리기 시작했다. 산등성이에서 린더펠트가 건 것이었다. 그는 긴급한 일이라며 티카스를 만나고 싶다고 말했다. 티카스는 거절했다. 전화벨이 계속 울렸다. 그렇다면 올라가겠다고 티카스가 대답했다.

티카스는 백기를 들고 산으로 올라가 린더펠트를 만났다. 민병들이 중위를 에워쌌다. 유일한 목격담은 친구와 함께 콜로라도를 방문했던 젊은 기사의 증언이다. 기사와 친구는 근처의 절벽 위에서 그 장면을 목격했다. 두 사람이 이야기를 주고받는가 싶더니 린더펠트가 소총을 들어 개머리판으로 있는 힘껏 티카스의 두개골을 내리쳤다. 소총은 두 동강이 나고, 티카스는 얼굴을 땅에 박고 쓰러졌다. "그가 쓰러지자 민병들이 물러났습니다. 그런 뒤 그들은 소총을 겨냥해서 의식을 잃은 그 남자의 몸에 총을 쏘더군요. 내가 본 최초의 살인이었습니다…"*

무장이 해제된 채 붙잡혀 있던 다른 파업 노동자 2명도 비슷한 방법으로 산 위에서 죽음을 맞이했다. 기관총들은 계속해서 천막들을 향해 불을 뿜었고, 그 와중에 5명이 사망했다. 그중 한 명은 10살 될 소년 프랭크 스나이더Frank Snyder였다. 아이의 아버지는 다음과 같이 증언했다.*

> 프랭크는 바닥에 앉아 있었습니다… 여동생에게 뽀뽀를 하려고 했는지 쓰다듬어주려고 했는지, 허리를 구부리는 중이었죠… 나는 천막의 앞쪽 문 근처에 서 있었는데, 총알이 아이의 머리를 때리는 소리가 들렸고… 안에서 폭발하는 것처럼 두개골이 깨지는 소리가 들렸습니다.

블랙힐스 너머로 해가 기울자 총격이 잦아들었다. 군인들이 언덕을 타고 내려와 천막 그림자로 숨어들더니 범포에 석유를 뿌리고 불을 질렀다. 방문 중인 기사는 나중에 그 장면을 아래와 같이 묘사했다.*

> 우리가 바위틈에 숨어 지켜보는 동안 민병대가 러들로 정거장 위로 솟아 있는 워터탱크 산으로 기관총을 끌고 올라가더니 마른 개천들을 향해 잔인하게 발포했다. 그런 뒤에는 천막촌을 향해 난사했다. 천막들이 화염에 휩싸인 건 절대로 우연이 아니었다고 확신한다. 높은 곳에서 똑똑히 보였다. 불이 시작된 천막촌의 북쪽 모퉁이 근처에 민병들이 밀집해 있었고, 민병대 한가운데에서 이글거리는 횃불이 몇 초 동안 흔들린 뒤 큰 불이 일어나 천막촌을 집어삼켰다.

화염에 휩싸인 범포를 뚫고 총알이 굉음을 내며 지나가는 동안 사람들은 공포에 휩싸여 천막과 그 밑의 동굴에서 빠져나왔다. 그 결과는 《뉴욕타임스》 급보에 일부 담겨 있다.*

7살 된 여자아이가 불이 붙은 천막에서 뛰쳐나왔다. 총알이 지나가는 서늘한 소리가 귓전에 들렸다. 아이는 공포에 사로잡혀 다시 천막 안으로 들어갔고, 구멍 속으로 들어가 남아 있던 가족 곁에서 숨을 거뒀다. 그 아이는 아귈라의 노조 지도자 찰스 코스타Charles Costa의 딸이었다 한다. 코스타는 아내 및 또 다른 아이와 함께 죽었다… 트리니다드 지부의 회계 간사인 제임스 파일러James Fyler는 아내를 화염에서 구하려다가 이마에 총탄을 맞고 사망했다… 마셀리나 페드라곤Marcelina Pedragon 부인은 치마에 불이 붙은 채로 막내아이를 불길에서 구출했지만, 다른 두 아이는 끝내 화마에 남겨둘 수밖에 없었다…. 신원미상의 한 남자는 화재가 시작된 직후에 이륜마차를 몰고 백가를 흔들면서 천막촌 밖으로 달려나왔다. 그는 정지 명령과 함께 리볼버 총을 쏘기 시작했고, 민병대의 일제 사격으로 사망했다.

천막촌은 딱딱 소리를 내며 타오르는 횃불이 되었고, 그 소름끼치는 불빛이 시골 지역을 밝히는 동안 아버지, 어머니, 아이들은 산속을 배회하며 살아남은 가족을 찾았다. 저녁 8시 30분에 민병대가 러들로 천막촌을 "점령"했을 때 그곳은 이미 연기가 피어오르는 잿더미가 되어 있었다.

이튿날인 4월 21일에 전화 보선공이 폐허를 거닐다가 천막 아래에 판 대피 구덩이 중 하나에 덮여 있는 뒤틀린 철제 침대를 들어올렸다. 그리고 침대 밑에서 여자 두 명과 아이 11명의 새까만 시체가 죽기 전에 필사적으로 탈출하려 한 듯 심하게 망가지고 훼손된 상태로 수북이 쌓여 있는 것을 발견했다.

장례식은 트리니다드에서 열렸다. 트리니다드적십자에 따르면 파업 참가자 26명의 시신이 트리니다드에서 발견되었다 한다.* 장례식이 끝난 뒤 광부들은 죽은 이들의 관을 뒤로 하고 무기를 들었다. 이웃한 탄광촌 12군데에서 노조 광부들이 아내와 아이들을 집에 남기고 합류했다. 무기와 탄약을 든 광부들이 산으로 들어갔다. 러들로의 시체 구덩이가 발견된 다음날 덴버에서 광산노동자조합의 임원들은 "무장 동원령"을 선포했다.[37]

> 지역사회에서 남자들을 조직해 지원병 중대를 만드십시오. 주 민병으로 위장하고 석탄회사를 위해 일하는 암살자들이 광부들과 그들의 아내, 아이들을 살해하고 소각하는 것을 막아야 합니다.
>
> 방어 목적을 위해 법적으로 사용할 수 있는 모든 무기와 탄약을 모으십시오…
>
> 주 정부는 우리에게 아무런 보호도 제공하지 않고 있으니 우리 스스로 우리를 지켜야 합니다… 이는 시민으로서 우리의 합법적 권리를 행사하여 우리의 가정과 우리의 헌법적 권리를 지키고자 함입니다.

이웃한 프레몬트 카운티의 천막촌들에서 무장한 파업 노동자 3백 명이 대오를 갖춰 도우러 왔다. 다른 광부들도 총과 탄약을 들고 어둠 속을 걸어왔다. 언론은 러들로 남쪽에 전화와 전신이 끊긴 고립된 5제곱킬로미터 구역에서 군인들과 파업 노동자들이 일련의 교전을 주고받았다고 보도했다. 콜로라도&남부 철도의 열차승무원 4명은 군인과 탄

---

37 하원광산광업위원회, 《Conditions in the Coal Mines of Colorado》, Vol. II, 부록. 이 동원령에 서명한 사람은 존 로슨을 비롯한 광산노동자조합의 임원들과 서부광산노조의 회계 간사인 어니스트 밀스Ernest Mills였다.

약을 트리니다드에서 러들로로 운송하기를 거부했다. 콜로라도 전체에서 총파업을 해야 한다는 말이 나왔다.

아궐라 근방에 있는 엠파이어 광산이 포위 공격을 당했고 그 와중에 선별장이 불에 타고 경사로 어귀가 다이너마이트 폭발로 움푹 함몰했다. 공방전 중에 광산 경비대원 3명이 죽었다는 말이 돌았고 갱도 2갱이 잿더미가 됐다. 언론은 "산이 온통 광부들로 가득했다"고 보도했다. 러들로 궤간에서 민병과 회사 경비대원 2백 명이 다른 지역과 차단되었는데, 그들을 고립시킨 것은 "사방에서 언덕을 넘어 끊임없이 벌떼처럼 몰려드는 무장한 파업 노동자 부대들"이었다. 콜로라도스프링스에서 노조원 광부 3백 명이 일을 중단하고 리볼버, 소총, 엽총을 들고 트리니다드 구역으로 향했다.*

최초의 사법 조치는 푸에블로에서 나왔다. 이곳의 연방대배심은 콜로라도 주 하긴스에서 회사 우체국을 공격한 혐의로 체포된 파업 광부 8명을 기소하라고 요구했다.

애먼스 지사는 광부들이 델라구아와 헤이스팅스를 공격했다고 발표했다. 버윈드 광산도 위태로웠다. 마침내 트리니다드의 시장과 상공회의소는 우드로 윌슨Woodrow Wilson 대통령에게 연방정부의 개입을 호소했다.*

이 무렵 윌슨 대통령은 멕시코 문제로 분주했다. 1914년 4월 9일 후에르타 정권을 압박하는 의미로 멕시코를 봉쇄하고 있던 미국 함선에서 수병 몇 명이 탐피코에 상륙했다가 체포당했다. 미국 제독은 멕시코의 사과와 함께 미국 국기를 내걸고 예포 21발을 쏘라고 요구했다. 윌슨은 4월 19일까지 시간을 줬다. 그리고 그동안 2만2천 명의 병력과

52척의 함선을 준비시켰다.[38] 멕시코 외무 장관은 멕시코가 미국과 예포를 교환할 것이며, 예포를 먼저 쏘겠지만 조건 없이 쏘진 않겠다고 응답했다. 미국 수병들을 체포한 장교는 체포되었으며 미국인들은 조사도 받지 않고 풀려났다고 밝힌 뒤 장관은 이렇게 말했다. "멕시코는 체면이 허용하는 한에서 최대한 양보했다. 멕시코는 미국 국민의 공정한 마음과 정의로운 정신을 믿는다."*

4월 20일 윌슨은 의회에 무력 사용 권한을 요청했다. "이 일을 통해 이유 없는 공격이나 이기적인 침략을 실행할 뜻은 전혀 없습니다. 우리는 미국의 존엄과 권위를 지키고자 합니다. 우리가 항상 바라는 것은 단지, 미국에서나 인류를 위해 해방되어야 할 다른 어느 곳에서나 우리의 위대한 영향력을 방해받지 않고 계속 자유롭게 사용하는 것이기 때문입니다."*

《뉴욕타임스》는 멕시코 사건을 논설로 다뤘다.*

> 우리가 스페인과 막 싸움을 벌일 때, 《메인》 호(아바나 항에서 격침당해 미국-스페인 전쟁을 촉발한 미국 군함—옮긴이)의 폭발을 모른 체해야 한다고 주장하는 사람들이 있었다… 지금도 후에르타에겐 권리가 있고 우리에겐 공격할 구실이 없다고 주장하는 사람들이 있다. 그에 대해 우리는 윌슨 대통령의 공정한 생각, 옳은 판단, 평화로운 기질을 믿어야 한다. 멕시코 사태로 국민이 흥분할 이유가 추호도 없으며, 어느 누구도 주식 시장이나 자신의 사업 때문에 불안해할 필요가 없다.

---

38 《New York Times》, April 20, 1914. 기사 제목은 "지난 몇 달 동안 해군 전문가들이 계획해서 현재 세부적으로 시행되고 있는 군사 행동"이었다.

윌슨은 의회의 승인을 기다리지 않고 미 해군에게 작전 명령을 내렸다. 4월 21일 러들로에서 시체 구덩이가 발견된 그날 미국 군함들이 베라크루스를 폭격하고 보트 10척의 해병대를 상륙시켜 도시를 점령했다. 그 과정에서 멕시코인 1백여 명이 죽었다.

1910년에 멕시코 혁명이 일어난 뒤로 사업가들은 멕시코에 개입할 것을 요청해왔다. 멕시코의 유전, 광산, 토지, 철도에 대한 투자—1913년도에 투자 총액이 10억 달러였다—가 위협을 받았기 때문이다. 따라서 윌슨의 행동에 열광하는 사람들이 있었다. 《타임스》는 아래와 같은 기사를 실었다.[39]

> 뉴욕상인연합회의 평의원회 오찬에 참석한 5백여 명의 사업가들은 어제 사회자인 윌리엄 C. 브리드William C. Breed가 참석자들에게 윌슨 대통령에 대한 충성을 맹세하며 축배를 제창하자 흔쾌히 자리에서 일어났다. 브리드는 이렇게 외쳤다. "멕시코 공화국에 평화, 질서, 안정적인 정부를 복구하기 위해 대통령이 결정하는 모든 방침에 건배합시다."

대통령이 콜로라도 사태에 주목하기까지는 며칠이 걸렸다. 그동안 콜로라도 광부의 무장 폭동은 하루가 다르게 거세지고 있었다. 군인들을 싣고 덴버에서 파업 지역으로 가던 군용열차에서 사고가 일어났다. C 중대 군인 82명이 반란을 일으키고 목적지로 가기를 거부했다. "군

39 《New York Times》, April 23, 1914. 7월에 후에르타는 자리에서 물러났고, 11월에 미국 점령군은 베라크루스에서 철수했다.

인들은 여자들과 어린이들에게 총을 쏘는 일은 하지 못하겠다고 선언했다. 그들은 출발한 350명에게 야유와 저주를 퍼부었다."*

덴버에서는 주의회 의사당 앞 잔디밭에 5천 명이 모여 퍼붓는 비속에서 시위를 벌였다. 한 대표자는 햄록, 린더펠트, 그밖의 주 방위군 장교들을 살인죄로 기소하고 주 정부가 광산을 빼앗아 운영할 것을 요구하는 결의문을 낭독했다. 시위대는 애먼스 지사를 반역자이자 살해 종범자라고 비난하고, 콜로라도 주민에게 자기 방어를 위해 무장을 하라고 요청했다. 덴버담배제조업노동조합은 오전에 투표를 통해 무장 노조원 5백 명을 러들로와 트리니다드에 보내기로 결정했고, 덴버의 류노동자연합노조는 콜로라도 파업 참가자들을 돕는 간호사로 일하기 위해 4백 명이 자원했다고 발표했다.*

콜로라도 광부를 지지하는집회와 데모가 전국에서 일어났다. 업튼 싱클레어Upton Sinclair를 비롯한 작가들은 브로드웨이 26번지의 록펠러 사무실 앞에서 장례식 복장을 하고 피켓 시위를 했다. 록펠러가 가끔 일요일에 설교를 하는 교회 앞에서 한 목사는 대학살에 항의하다 경찰에게 곤봉으로 구타당했다. 평소에 온화한 유진 뎁스Eugene Debs(전설적인 노동운동가—옮긴이)도 콜로라도 사태에 분노하며 다음과 같은 글을 썼다.*

> 광산노동자연합과 서부광부연맹이 특별히 월말평가를 시행하여 총잡이 방위기금 같은 단체를 만들 때가 되었다. 이 기금은 모든 구성원에게 최신 고성능 소총, 즉 회사 총잡이들이 사용하는 것과 동일한 소총과 5백 발이 든 탄약통을 지급할 정도로 충분해야 한다. 이밖에도 록펠러의 암살자 사설군

대의 장비에 대적할 수 있도록 모든 지부가 개틀링 기관총을 충분히 구입해서 갖추고 사람을 배치해야 한다. 이 제안은 곰곰이 생각한 끝에 하는 것이며, 나는 이 모든 말에 책임을 질 것이다.

콜로라도의 주 방위군이 광부들의 약탈을 통제하지 못하고, 피해액이 수백만 달러에 달하고, 대학살 이후 사망자가 20명을 넘어서자 윌슨 대통령은 연방 군대로 질서를 회복해야 한다는 압력에 시달렸다. 애먼스 지사가 공식적으로 요청했지만, 비공식적인 강력한 신호는 《뉴욕타임스》에서 나왔다. 《타임스》의 반응에는 재계와 정계의 중요한 요소들이 반영되어 있기 때문에 잠시 주목할 가치가 있다.

러들로 대학살을 다룬 《타임스》의 첫 번째 기사는 부정확했다. 표제는 이러했다. "화염에 파괴된 천막촌 구덩이에서 여성들과 아이들이 탄 채로 발견. 광부들의 탄약과 다이너마이트 창고가 폭발. 잔해가 뿔뿔이 흩어짐."* 파업 초부터 내내 광부들에게 무심했던 《타임스》가 이제야 여성과 아이들의 죽음에 공포를 표현했다. 하지만 《타임스》를 가장 화나게 한 것은 파업 노동자들에게 유리한 상황이 되도록 민병대와 행정당국이 어리석게 행동했다는 사실이었다.*

누군가가 큰 실수를 저질렀다. 경기병 여단을 죽음의 아가리로 돌격시킨 명령(19세기 크림전쟁의 발라클라바 전투에서 영국의 카디건 장군이 내린 명령—옮긴이)보다 더 멍청하고, 그 결과는 캘커타의 블랙홀(1756년 영국-인도 전쟁 때 유럽인 146명 중 123명이 더위와 산소결핍으로 사망한 지하 감옥—옮긴이)보다 더 끔찍했다. 그 명령으로 콜로라도 주 민병대가 러들로의 광부 천막촌에 기관총을 겨냥하고, 천막들을 불태우고, 사격호와 참호에 피신해 있던 수십 명의 여자들과 아이들을 질식사하게 했다… 파업 주동자들도 노동 전쟁의 책임에서 전적으로 자유로울 수 없다… 하지만 민병대가 여자와 아이들을 음식과 물이 없는 구덩이와 광에 24시간 동안 가두고, 기관포와 소총으로 사격을 하고, 불타는 천막 속에서 덫에 걸린 짐승처럼 죽게 했다면 어떤 상황도 그들의 행위를 정당화하지 못한다. 주권 국가가 그런 잔인한 수단을 쓸 때 그로 인한 무정부 상태에서 무엇을 예상하지 않을 수 있겠는가?

이틀 후 광부들이 민병대에 맞서 무기를 들자 《타임스》는 다시 한 번 사설을 실었다.*

정신이 야만적인 사람들 손에 현대 문명의 가장 치명적인 무기가 있으니, 무력으로 진압하지 않는다면 콜로라도의 전쟁이 어디까지 갈지 누구도 예언할 수가 없다. 대통령은 멕시코에서 눈을 돌려 콜로라도 사태에 장기간 엄격한 조처를 취해야 한다.

민병대를 향한 분노는 대략 하루 정도 지속되었다. 광부들이 맹렬히 공격당한 오랜 기간 동안에 단 한 번도 연방정부의 개입을 요청하지 않던 신문이 일단 광부들이 무기를 들자 갑자기 질서를 염려했다. 대학살로부터 1주일 뒤 《타임스》는 다시 한 번 사설을 실어, 주 방위군이 파업 노동자들에게 저지른 행동을 설교단에서 비난한 두 명의 성직자, 맨해튼의 퍼시 스티크니 그랜트Percy Stickney Grant 목사와 브루클린의 존 하워드 멜리시John Howard Melish 목사를 비판했다.

그 설교에 대해《타임스》는 이렇게 말했다.*

> 설교는 온정적인 발언이며 냉철하고 공평한 견해와는 거리가 있다… 콜로라도의 오명이 민병대가 노동자를 쏘고 있다는 사실에 기인한다고 생각하는 사람들이 있다. 하지만 노동자들이 사회와 질서에 맞선 것에도 잘못된 점이 있다고 주장할 수 있다. 민병대는 법 못지않게 공적이고 공평하다.

4월 29일에 우드로 윌슨은 질서 회복을 위해 콜로라도에 연방군을 투입했다.* 전쟁 장관인 개리슨은 모든 사람에게 무기를 내려놓고 연방군에게 항복하라고 선언했다. 연방군 지휘관은 다른 주에서 파업파괴자를 유입하는 것을 금지하고, 피케팅을 금지하고, 비노조원을 보호했다.*

다음 7달 동안은 협상, 평화제의, 중재 계획 이야기로 가득한 분위기였다. 주지사는 조사위원회를 지명했다. 하원의 광부광업위원회와 상원의 산업관계위원회가 청문회를 열었고, 그동안 연방군이 파업 지역을 순찰했다. 하원과 상원에 쌓인 증언이 5천 페이지를 넘었다. 파업은 점차 소멸하다 1914년 12월에 공식적으로 종료되었다. 노조는 결국 인정받지 못했다. 그동안 남자, 여자, 어린이 66명이 죽었다. 민병대나 광산 경비대는 단 한 명도 범죄로 기소되지 않았다.[40] 광부들의 저항은

40 정반대로 파업 지도자인 존 로슨은 1년 뒤 재판에서 살인죄로 유죄 판결을 받았다. 회사가 보안 위원으로 고용한 존 니모John Nimmo를 살해했다는 것이다. 로슨이 문제의 총탄을 발사했다는 것을 입증하려는 노력은 전혀 없었다. 파업을 이끌었고, 전투 당일에 러들로 천막촌에 있었다는 이유로 그에게 책임을 물은 것이다. 판사인 그랜비 힐라이어 Granby Hillyer는 콜로라도연료철강의 전직 변호사로, 파업 노동자들에 대한 고소를 함께

너무 많은 목소리에 파묻히고 총검에 떠밀려 깨끗이 분쇄되었다.

러들로 대학살 이야기를 우리는 어떻게 읽어야 할까? 과거의 또 다른 "흥미로운" 사건으로? 아니면 1914년과 1970년에 걸쳐 있는 긴 **현재**에 대한 분석의 증거 자료로? 만일 노동조합과 석탄산업의 역사에 발생한 하나의 사건으로 좁게 읽는다면 러들로 대학살은 노염을 불러일으키는 과거의 오점이자 새로운 사건들 속에서 빠르게 희미해져가는 얼룩이다. 만일 더 큰 문제—정부와 대기업 권력의 관계, 양자와 사회변혁운동과의 관계—와 관련된 논평으로 읽는다면, 현재를 다루고 있는 셈이다. 그때 우리는, 형식은 달라졌으나 미국 역사뿐 아니라 모든 나라의 역사에 존속해온 일련의 특징을 보게 된다. 그때 우리는 야만적인 힘과 순수한 우려를 교묘하게 섞어 사용하는 기법 그리고 빗발치는 조사, 말, 협상, 위원회, 탄핵—이 모두가 진보를 눈곱만큼 이끌면서 부와 권력을 지금 그 자리에 유지시킨다—을 본다. 물론 변한 것도 있다. 이제는 사회적 약자에게 돌아가는 물질적 혜택이 늘어났다. 정부와 기업이 저항을 해소하려고 사용하는 방법도 더 미묘해졌으며,[41] 다른 방법이 실패했을 때 등장하는 무기도 더 현대화되었다(가스, 비행기).[42] 또한 희

준비한 사람이었다. 배심원은 라스아니머스 카운티 보안관이 뽑은 위원단이 선정했다. 로슨의 선고는 나중에 뒤집혔다. West, 《Report on the Colorado Strike》 p. 22.

41 복지와 자선을 대변하는 정부 기관과 위원회가 얼마나 다양한지에 주목하라. 콜로라도 파업 이후에 록펠러가 미국의 주요 홍보관인 아이비 리Ivy Lee를 고용한 사실, 그리고 정부와 기업 운영에서 대중홍보가 얼마나 중요한 일이 되었는지에 주목하라. 또한 파업 당시에 새로 생긴 록펠러 재단이 활동을 늘렸고, 사회 전반적으로 재단이 늘어난 사실에 주목하라.

42 나는 캘리포니아 주 버클리 경찰이 국내 데모에서 처음으로 가스를 공중 살포한 직후에 (헬리콥터가 최루탄을 살포했다—옮긴이) 이 글을 쓰고 있다(1969년 5월).

생자의 일부는 다른 피부색, 다른 민족, 다른 국가에 속한 다른 국민으로 대체되었고, 그들의 인내심이 바닥날 때마다 그 수가 증가하고 있다.

러들로 이야기는 개인의 책임 문제로 읽힐 수 있다. 그때 우리는 누구 탓인지를 끊임없이 따지는 무의미한 논쟁에 빠지게 된다. 존 D. 록펠러 2세를 비난해야 하는가? 그는 대학살 직후에 그와 그의 회사는 노동자의 노동권을 지키기 위해 싸웠다고 증언했다(한 국회의원이 그에게 물었다. "당신이 완전히 파산하고, 당신의 종업원이 모두 죽는다고 해도 그렇게 할 겁니까?" 그러자 록펠러가 대답했다. "그건 큰 원칙입니다. 국가적인 문제죠").* 혹은 록펠러의 경영자들을 비난해야 할까? 아니면 주지사를? 대통령을? 린더펠트 중위를?

혹은 개인의 책임 너머로 눈을 돌려야 할까? 그럴 때 우리는 모든 시대, 모든 나라의 특권층(그리고 그들의 추종자들)이 비슷하게 행동한다는 것을 보게 된다. 큰 원칙을 위해서는 살인도 서슴지 않는 행동 말이다. "원칙"이란 말은 지상의 열매를 현재의 규칙에 따라 계속 분배하겠다는 말의 완곡어법이다. 그럴 때 우리는 그 살인이 엘리트가 공모한 결과가 아니라, 어느 한 계층 의식보다 더 거대한 사회 구조의 결과임을 보게 된다. 그런 시각을 가질 때 우리는 그 책임이 과거의 어느 한 개인에게 있는 것이 아님을 보게 된다. 어떻게 하면 그 구조를 부수고, 동시에 가해자와 희생자로 이루어진 팀을 불가결한 노동력으로 요구하지 않는 구조를 건설할 수 있을지를—생각과 함께 행동으로—모색하는 것이 현재 우리의 책임이라는 것을.

6. 재즈 시대의 라과디아

모든 시대에는 역사가 들추지 않은 밑면이 있다. 특권층이 남긴 기록에 의거해서 역사를 쓰기 때문이다. 우리는 정치 지도자들에게서 정치를 배우고, 사업가들에게서 경제를 배우고, 대농장 주인들에게서 노예제를 배우고, 엘리트 지식인들에게서 시대의 생각을 배운다.

승리자들이 전쟁에 이름을 붙이고, 만족하는 자들이 시대에 명칭을 부여한다. 하지만 십자군 전쟁이 사망한 농민들에게 무슨 의미가 있고, 계몽운동이 미개한 사람들에게 무슨 의미가 있었을까? 혹은 호감의 시대(나폴레옹 전쟁의 여파로 미국인들 사이에 국가적 통합을 위한 목적과 열망이 반영된 미국 정치사 내부의 시대—옮긴이)가 버지니아의 노예들에게, 진보 시대가 로렌스 방직공장의 소녀들에게, 뉴딜이 할렘의 흑인들에게 무슨 의미가 있었겠는가?

때때로 우리 역사학자들은 사슬에 묶인 사람들의 이야기, 혹은 지나간 세계가 우리 생각과 달랐음을 보여주는 단편적인 증거들을 열심히 찾고, 발굴해낸다. 어떤 경우에는 자신이 속한 시대나 계급의 경계에

선 사람들이 역사로부터 배제되기 쉬운 흔적을 보여주기도 한다. 그럴 때에도 우리는 전쟁이 부상자들에게, 혹은 한 시대가 침묵하는 다수 대중에게 어떤 의미가 있었는지를 아주 희미하게, 단편적으로 볼 수 있다. 흙속에 묻혀있던 문명의 유물이 과거의 모습을 아련히 그려 보일 때처럼.

미국에서 1920년대는 번영의 시대(경제적 호황과 버블의 시대—옮긴이)였고, 피오렐로 라과디아는 그 명칭이 턱도 없는 거짓말이라고 생각한 몇 안 되는 공인 중 한 명이었다. 1920년대는 또한 후세들에게는 해외의 사건들과 동떨어진 조용한 고립의 시대였다. 라과디아는 이것도 믿지 않았다. 마지막으로 1920년대는 전반적으로 복지의 분위기 속에 정치 투쟁이 잠잠해진, '국가 정치적 합의의 시대'라고 알려졌지만, 라과디아는 그 합의에 포함되지 않은 사람들, 득표수만 계산되고 삶의 조건은 무시당한 사람들을 대변하고자 노력했다.

피오렐로 라과디아는 1916년에 하원의원으로 선출되었고, 미 육군에 임관되어 이탈리아 전선에서 한동안 복무한 뒤 1922년에 다시 의회 진출에 성공했다. 이때부터 1933년까지 그는 하원의 자리에서 선거구 주민들의 눈을 통해, 즉 이스트할렘의 서민 공동주택의 창 너머로 미국의 풍경을 보았다.

이 특별한 시점에서 20년대의 "번영"은 씁쓸한 농담처럼 보였다. 재즈 시대의 소란한 분위기 속에서 라과디아는 주의 깊게 귀를 기울이며 블루스의 독특한 음을 가려냈다. 많은 미국인들에게 20년대의 수준 높은 삶은 저렴한 좌석에서 바라본 구경거리에 불과했고, 극장 문을 나선 사람들은 향락이 넘치는 바빌론이 아니라 로버트 린드Robert와 Lynd

헬렌 린드Helen Lynd(20세기 중반 미국 문화를 분석한 사회학자 부부—옮긴이)가 "직업의 긴 팔"(영향력이 광범위하다는 뜻이다—옮긴이)이라 부른 가정으로 돌아갔다. 라과디아는 워싱턴에서 이 사실을 인지하고 그에 따라 행동한 보기 드문 정치인이었다.

그는 땅딸막한 체구에 귀에 거슬리는 목소리로 당대의 모든 주요한 정치세력에 맞서 싸웠다. KKK단의 회원 수가 수백만까지 치솟고 반이민주의자들의 편견이 법령집에 실리는 시대에 라과디아는 이민 제한을 끝내야 한다고 주장했다. 카리브 해를 미국의 호수로 만들기 위해 해병대를 파견하자 라과디아는 철수를 요구했다. 색종이테이프가 하늘을 수놓을 때 라과디아는 펜실베이니아 광부들의 파업을 전국에 알리고자 했다. 민주당과 공화당이 정치라는 링의 중앙에서 미리 짠 레슬링을 연기하며 쿵쿵 걸어다닐 때 라과디아는 앞 열로 나가 실질적인 행동을 부르짖었다. 그의 외침이 진짜 행동을 이끌어내진 못했지만, 우리는 그 메아리를 주의 깊게 듣고, 그때나 지금이나 정치적으로 소외되고 있는 것들을 의식하고, 희뿌연 막을 걷어내 우리 시대의 수치를 바라볼 필요가 있다.

라과디아는 그리니치빌리지의 수수한 아파트에서 태어났다. 어머니는 이탈리아 트리에스테 출신의 유대인이었고, 아버지는 유명한 소파라노 아델리나 패티Adelina Patti의 노래를 편곡하기 위해 미국으로 건너온 재능 있는 음악가였다. 미 육군에서 악단장을 하던 아버지는 스페인-미국 전쟁 때 음식 중독으로 사망했다. 대형 통조림공장들이 병참부대에 판 "방부제 소고기"에 수천 명이 희생될 때였다. 피오렐로 라과디아는 죽는 날까지 부친의 죽음이 "부당 이득자" 때문이었다고 역설했다.

라과디아는 부다페스트와 피우메에서 미국 영사로 일했고, 그런 뒤 엘리스 섬에서 이민자 통역관으로 일했다. 그동안 야간에는 법대를 다니고, 맨해튼에서 파업하는 의류 노동자들과 함께 피케팅 행진을 하기도 했다. 공화당의 진보파에 이끌린 그는 1916년에 선거에서 승리해 동료 당원들을 놀라게 했다. 의회에서 그는 전시에 군 병력에 조악한 물품을 파는 자들을 사형시키는 법안을 제출했다(의회 활동을 하는 동안 그가 제출한 거의 모든 법안과 마찬가지로 보류되었다). 또한 정부를 "거칠고 모욕적으로" 비판하는 것을 금지한 1917년의 방첩법을 비난하고, 서민의 세금 부담을 줄이기 위해 싸웠으며, 정부가 전시뿐 아니라 평상시에도 식품 산업을 규제해야 한다고 주장했다. 그는 합스부르크 제국의 수백만 국민을 해방시켜야 한다는 취지로 1차 세계대전을 지지하고, 의회를 떠나 오스트리아 전선으로 날아가 폭격기 부대 지휘관을 역임했다. 하지만 전쟁이 끝나고 평화회의를 지배한 권력다툼 속에서 윌슨의 "민족자결주의"가 실종되자 라과디아는 "세계에 민주주의를 보급하기 위한 전쟁"을 신랄히 비판했다.

공화당은 라과디아를 제지하려고 애쓰는 동시에 한편으로는 이민자 표를 끌어모으고자 그를 이용했다. 1920~21년에는 그를 뉴욕시의회 의장 자리에 앉혀놓고 길들이려 했지만(뉴욕시에는 이탈리아 유권자가 10만 명 있었다), 그는 정치적 골칫거리가 되었다. 라과디아는 정당하게 뽑힌 사회주의자 의원 5명을 쫓아낸 것 때문에 공화당이 이끄는 입법부를 비난했고, 5센트 운임을 회복시키지 못한 것 때문에 공화당 주지사를 호되게 비판했으며, 올버니(뉴욕 주의 주도—옮긴이)의 주의회 의사당에 가서는 소작료 경감을 요구하는 소작농들에게 자신은 "지주를 찬양하려고 온 것이 아니라 묻어버리려고 왔다"고 말해 군중으로부터 환호와 갈채를 이끌어냈다.

1922년 주지사 선거에 방해가 될 것을 우려한 공화당 지도부는 그에게 이스트할렘—뉴욕 어퍼이스트사이드에 유대인-이탈리아인이 모여 사는 하층민 선거구—의 하원의원 출마를 제안했다. 그는 제안을 수락하고 자신의 정치철학을 다음과 같이 요약해서 뉴욕《월드World》지에 실었다. "나는 에이브러햄 링컨Abraham Lincoln의 공화주의를 옹호합니다. 미시시피 강 동쪽의 일반적인 공화당 지도자들은 헨리 포드Henry Ford가 탈무드에 대해 아는 것보다 에이브러햄 링컨에 대해 더 많이 알지 못합니다. 나는 진보주의자입니다."

1922년 선거에서 라과디아와 경쟁을 한 민주당 후보는 허먼 프랭크Herman Frank로, 선거일이 다가올수록 그의 후원자들은 절박해져서 지역구의 모든 유대인 유권자에게 유대월력의 설날 카드를 보내고, "이탈리아인 라과디아는 골수 반유대주의자이자 유대인 혐오자"라는 문구와 함께 "유대인의 심장을 가진 유대인"인 허먼 프랭크를 지지해 달라고 호소했다.

라과디아는 격노했다. 그는 이디시어(미국과 동유럽의 유대인들이 주로 쓰던 혼성 언어—옮긴이)로 편지를 받아쓰게 해서 지역구 전체에 돌렸다. 선거의 쟁점들에 대해 토론을 하되 이디시어로 하자고 프랭크에게 도전장을 내민 것이다. 프랭크가 이를 무시하자(그는 이디시어를 할 줄 몰랐다), 라과디아는 유대인 구역을 순회하며 이디시어로 세 차례 연설을 했다. 그의 경쟁자는 자신이 유대인이라는 점에 근거해서 표를 얻으려

하고 있다고 라과디아는 주장했다. "그는 샤마스로 취직하고 싶은 걸까요, 아니면 국회의원으로 뽑히고 싶은 걸까요?"(샤마스schamas는 유대교 회당의 관리인이다). 라과디아는 245표 차이로 당선되었다.

다시 한번 의회에 진출한 라과디아는 이번에도 민주당원들을 어리둥절하게 하고, 공화당원들을 노하게 하고, 사회당원들을 혼란에 빠뜨렸다. 뉴욕의 한 공화당 지도자는 이렇게 말했다. "라과디아는 절대로 공화당원이 아니다. 그가 공화당원이면 소련 국회의원들도 공화당원이다."

뉴욕에서 시카고에 이르는 하원의원 몇 명과 힘을 합쳐 라과디아는 20년대에 거세지던 반이민주의와 싸웠다. 그는 이민을 철저히 제한해야 한다는 주장, 특히 남유럽과 동유럽 출신의 이민자 수를 제한할 목적으로 만들어진 "국적" 할당제를 신랄하게 비난했다. 하원 회의장은 제한을 찬성하는 파와 라과디아가 치열한 설전을 벌이는 장이었다. 오리건의 엘튼 왓킨스Elton Watkins는 이렇게 선언했다. "이 나라에는 외국인이 너무 많다… 우리는 미국 인종이 더 많아지기를 원한다." 미시건의 그랜트 허드슨Grant Hudson는 다음과 같이 말했다. "교육과 환경은 인종의 가치를 근본적으로 변화시키지 못한다." 캔자스의 틴처Tincher는 동료 의원들에게 "참된 미국정신을 생각하고 행동하고 실행하라"고 주장하고, 이민이 과거처럼 계속된다면 언젠가는 국회의원들도 "이탈리아어나 그밖의 다른 언어로" 하원 의장에게 인사를 해야 할지 모른다고 경고해서 큰 박수갈채를 이끌어냈다.

이민 제한 법안은 "편협한 정신과 완고한 신앙에서 나온 비과학적인 결과"이며 "앵글로색슨의 우월성에 집착하는 유력가들이 그런 생각을 고취한다"고 라과디아는 반박했다. 켄터키의 프레드 빈슨Fred Vinson이 뉴욕에서 "이탈리아어 권역"을 떼어내자고 말하자 라과디아는 화를 내며 블루리지산맥 주민들의 문맹률을 언급했다. 이 말에 켄터키의 또 다른 의원이 발끈했다. 그는 즉시 일어나서, 그의 유권자들은 "어머니의 젖가슴에서 미국정신과 애국심을 빨고 자란 사람들인데… 그렇게 위대하고 정직하고 근면하고 법을 준수하고 자유를 사랑하고 하나님을 두려워하고 애국심이 충만한 사람들을 어느 의원은 거만하고 파렴치하고 경멸적으로 비방하니 분노를 금치 못하겠다"고 외쳤다.

이민제한은 법이 되었지만 1920년대가 끝날 때까지 논쟁은 계속되었다. 라과디아는 전국 잡지를 통해 한 작가와 설전을 벌였다. 그는 "지금 당장 허리띠를 졸라매고 전투를 벌여야 한다"고 주장하면서 "이질적이고 융화할 수 없는 인종들이 섞여든 탓에 이 나라가 퇴보에 잠식되고" 있으니 이에 저항해야 한다고 촉구했다. 라과디아는 국적 플랜을 가리켜 "편협한 정신에서 태어나 증오하는 가슴에서 자란" 아이라고 불렀다. 하지만 시대는 그의 편이 아니었다. KKK단은 그 어느 때보다 강력했다(라과디아의 표현을 빌리자면, 찰스 도스Charles Dawes 부통령은 "가벼운 비난으로 그들을 칭찬했다"). 미국재향군인회와 하딩, 쿨리지, 후버 정부는 물론이고 심지어 노리스와 보라와 존슨 같은 중서부의 "진보주의자들"도 반대편에 섰다. 라과디아는 20년대의 반이민주의를 가르며 힘차게 나아갔지만 파도는 갈수록 거세졌다.

하지만 라과디아가 가장 강력하게 공격을 퍼부은 대상은 보편적 번영이라는 1920년대의 신화였다. 1922년을 알리는 유쾌한 새해 인사는 온 나라를 가득 채운 떠들썩한 소음에 묻혀 거의 들리지 않았다. 그 시대는 "포효하는 20년대," "재즈의 시대"처럼 소리와 동일시되었기 때문이다. 모든 사람이 그 소음은 번영에 겨워 내지르는 즐거운 소리라고 생각했다.[43]

꽤 많은 미국인들에게 번영은 사실이었다.[44] 1년에 2천 달러 이상을 버는 사람, 즉 전체 가구 중 40%는 모든 도시와 읍내의 쇼윈도를 가득 채운 멋들어진 장비와 기계를 현금이나 할부로 충분히 구입할 수 있었다. 국민 총소득의 15%를 점유한 부자 30만5천 명에게는 보석, 모피, 끝없는 오락거리는 물론이고 값비싼 자동차와 대저택이 있었다. 소비는 본래 눈에 띄는 행동이고 야단법석은 직물공장 노동자의 10시간 노동보다 더 인기 있는 뉴스거리이기 때문에 20년대의 전반적 분위기—번영과 행복—는 경제적으로 가장 활발한 사람들에게 초점이 맞춰져 있었다.

하지만 전반적인 자축의 분위기, 기업 지도자들의 점잖은 연설과 색

43 하지만 그 일부는 폭력의 소리였다. 폭력은 수준 높은 생활을 하는 계층의 전 연령에 상처를 남긴 듯하다. F. 스코트 피츠제럴드Scott Fitzgerald는 다음과 같이 썼다. "롱아일랜드에서 한 젊은이가 급우의 아내를 죽이고 자살을 했다. 한 젊은이는 뉴욕의 고층빌딩에서 '사고로' 떨어졌다. 한 사람은 시카고의 무허가 술집(금주법이 시행된 시기였다—옮긴이)에서 살해당했다. 다른 사람은 뉴욕의 무허가 술집에서 죽도록 맞은 뒤 집으로 기어가다가 프린스턴클럽에서 숨을 거뒀다. 또 다른 사람은 갇혀 있던 정신병원에서 다른 환자가 휘두른 도끼에 두개골이 박살났다. 이 사건들은 내가 마음먹고 찾아나선 재앙이 아니라 친구처럼 흔히 만나는 것들이다. 게다가 불황기가 아닌 활황기에 일어났다." 피츠제럴드의 에세이 "Echoes of the Jazz Age," Scribner's November 1931 중에서.

44 1921~27 사이에 실업자는 4백27만 명에서 2백5만5천 명으로 줄고, 실질 임금도 증가했다. 부농의 수도 증가해서, 1929년에 2만5천 개의 농장이 2만 달러 이상의 연수입을 올렸다. Recent Social Trends: Report of the President's Research Committee on Social Trends, McGrawHill, 1933, Vol. II, p. 820.

종이테이프를 찍어내는 위풍당당한 기계음 속에서도 수백만에 달하는 국민은 광산에서, 공장에서, 소작지나 저당 잡힌 토지에서 하루 종일 일하고 있었다. 그들은 저녁에 신문을 읽거나 아직 할부금이 남아 있는 라디오에 귀를 기울인 채로 미국의 수도꼭지 주둥이 밑에 입을 벌리고서 모두가 이야기하는 달콤한 환락이 몇 방울 떨어질 수도 있는 토요일 밤을 고대했다. 하지만 사실은 많은 국민이 검소하고 불안하게 살고 있었고, 직업은 있었지만 (대부분 10년 전과 똑같이) 가난했기 때문에 인구의 절반을 차지하는 잘 사는 사람들의 멋지고 풍요롭고 수준 높은 삶과는 단절되어 있었다.

조지 소울George Soule은 20년대의 경제 상황을 자세히 연구한 뒤에, 행복한 투기가 폭발한 덕에 생산과 이익이 하늘 높이 치솟았지만, "미국 국민 모두가 그 상승을 누리진 못했다"고 결론지었다.* 1919년에서 1929년까지 생산성은 40% 향상된 반면 실질임금은 26% 올랐으며,* 이는 "임금 상승과 물가 하락의 조합을 통해 기업이 생산 수익을 봉급 소득자 및 소비자와 충분히 공유하지 않았음"을 의미했다. 그 결과 "운이 더 좋은 산업과 그 분야들을 지배하는 대기업들이 엄청난 수익을 올렸다."* 1922년부터 1929년까지 제조업 분야에서 일인당 실질 임금은 연 1.4% 증가한 반면에 보통주 주주들의 수익은 연 16.4% 증가했다.*

린드 부부는 인디애나 주 먼치 시의 1920년대를 연구한 권위 있는 사회학 저서, 《미들타운Middletown》에서 일반적인 노동자들이 그 시대의 번영을 함께 누리지 못했고 그들의 삶이 "직업의 긴 팔"에서 하루도 벗어나지 못했음을 그래픽으로 보여주었다. 미들타운의 주민 3만 명은 전국에 흩어져 있는 다른 수백 개의 공업도시 주민들과 똑같이 살고 있었고, 정확히 두 부류로 나뉘었다. "노동자 계급과 사업가 계급."

린드 부부는 이렇게 말했다. "겨울 아침 6시경에 미들타운 거리를 배회하면 두 종류의 가정을 알아볼 수 있다. 사람들이 곤히 자는 어두운 집과, 주방에 불이 켜져 있고 어른들이 부산하게 움직이며 하루를 시작하는 집이다." 부모에게 아침식사를 "가족이 느긋하게 재결합할 수 있는 시간"으로 만들어서 아이들에게 좋은 영향을 줘야 한다고 강연하는 사람은, 그 도시 가구의 3분의 2에서 "아버지는 겨울에 어두울 때 일어나서, 여명이 어스름하게 비치는 주방에서 급하게 아침을 먹고, 아이들이 등교하기 1시간 전에서 2시간 15분 전 사이에 출근한다"는 사실을 깨닫지 못했다.*

어떤 사람들은 장막 뒤에 감춰져 있는 고통을 살짝 들여다봤지만 그들의 목소리는 환호에 묻히거나 무시되었다.[45] 멀 커티Merle Curti는 이렇게 썼다.*

> 실질 소득이 뚜렷이 증가한 계층은 사실 총인구의 상위 10%에 불과했다. 하지만 보통 그런 사실 때문에 일어난 시위는 광범위하지도, 파급력이 높지도 않았다. 이는 주요 정당들의 대전략 때문이기도 했고, 다른 한편으로는 대중의 의견에 이르는 주요 통로가 대부분 대규모 출판회사들의 통제 아래에 있어서이기도 했다.

45 피츠제럴드는 이 시대를 다음과 같이 묘사했다. "마치 덤으로 얻은 시간처럼… 전체 국민의 상위 10%는 대공처럼 태평하게, 코러스 걸처럼 제멋대로 살았다." 앞의 책.

모든 목소리가 파묻히진 않았다. 어떤 목소리는 너무 웅변적이거나 너무 강력하거나 너무 끈질겨서 무시하기가 어려웠다. 싱클레어 루이스Sinclair Lewis, 시어도어 드라이저Theodore Dreiser, 존 도스 파소스John Dos Passos, H. L. 멘켄Mencken, 오스월드 개리슨 빌라드Oswald Garrison Villard, 루이스 멈포드Lewis Mumford의 음성이 그랬다. 이 문학가들은 친절하거나 냉소적인 어투로, 격노하거나 빈정거리는 어투로 그들 세대에게 진실을 이야기했다. 그들은 사회구조의 핵심을 때로는 투박하게 때로는 섬세하게 파헤치면서도 어느 경우에서나 물질적 부를 숭배하고 정통을 신격화하는 세태를 비웃었다.

또한 국회에서는 소수의 진보주의자들과 사회주의자들이 힘을 합쳐 시대의 양심을 자극했다. 그들 중 특별히 시끄럽고 화려하고 급진적인 사람이 이스트할렘의 국회의원, 피오렐로 라과디아였다.

전시의 임대료 규제를 연장해야 하는가라는 문제가 불거졌을 때 라과디아는 국회에서 임차인의 권리를 옹호했다. 집주인들은 대학 교수들과 법률전문가를 이용해서 그들의 주장을 전개했다. 라과디아는 다음과 같이 말했다.*

> … 하지만 가진 자들은 모든 방면의 전문가, 모든 교수, 모든 법률적 수완을 갖추고 있는 반면에, 주급을 받아 가족을 부양하는 사람은 상대와 맞서 싸울 이론이 없다. 사실 그렇게 높은 임대료를 내고나면 자식들을 제대로 돌보고 먹일 수가 없다. 뉴욕시의 상황이 그렇고, 워싱턴 DC의 상황이 그렇다.

라과디아는 농민들이 노동의 대가를 거의 얻지 못하고, 소비자가 식품비로 너무 많은 돈을 지출하고 있음을 알고는, 의회에서 이렇게 말했다.*

> 내 동료들 중에 가끔 나를 급진주의자라고 부르는 친구들이 있습니다. 그들의 말이 내가 식료품의 지나친 소매가격과 농민이 받는 보잘것없는 대가의 괴리를 발생시키는 바로 그 조건을 철저히 변화시키고자 한다는 뜻이라면, 나는 그렇게 불러도 놀라지 않겠습니다… 가격 조작이 가능한 조건, 식품을 독점하고 그 결과 농장을 압류해서 농민을 쫓아내고 미국 도시의 공립학교에 영양이 부족한 아동이 수천 명에 이르게 하는 그런 조건이 존재한다면 뭔가 철저히 잘못되었기 때문입니다.

라과디아가 요구한 것은 포괄적인 입법을 통해 운송, 마케팅, 돈을 국가가 규제하는 것이었다. "여러분은 달러를 보호하고 생산자를 무시해왔습니다. 여러분이 재산을 보호하고 인간을 망각한 탓에 우리는 잔인한 착취 시스템을 합법화했습니다. 이제 우리는 진정한 변화가 필요한 시점에 도달했습니다."*

1926년 초에 라과디아는 하원에서 뉴욕시의 고기값 인상과, 농무부에 도움을 요청한 것에 대해 이야기했다. "**이것이** 내가 받은 도움입니다," 고기를 경제적으로 사용하는 법이 담긴 팸플릿을 들고 말했다. 농무부는 "새끼양고기 및 양고기 조리법"에 관한 소책자도 보냈지만, 뉴욕 시민 중 90%는 새끼양고기를 구입할 형편이 안 된다고 라과디아는 말했다.

“자 여기, 제가 갖고 왔습니다…” 라과디아는 이렇게 말하며 조끼 주머니에서 상당히 얄팍한 새끼양고기 한 조각을 꺼낸 뒤, 뉴욕에서 30센트를 주고 산 것이라고 말했다. 그는 다른 주머니에서 스테이크용 고기 하나를 꺼내며 말했다. “이건 1.75달러짜리 고기입니다.” 마지막으로 또 다른 주머니에서 불고기용 고기 하나를 꺼내며 이렇게 말했다. “자, 이건 로스트 고기 3달러어치입니다. 어느 노동자 가족이 로스트 고기를 이만큼 사려고 3달러를 지불할 수 있겠습니까?”*

육우생산업자는 파운드당 2.5센트 내지 5센트를 받는 반면에 소비자는 파운드당 75센트 내지 80센트를 지불하고 있다고 그는 말했다. 정육을 포장하는 독점기업들이 부당하게 많은 이윤을 가져가고 있으며 따라서 육류 가격은 대폭 낮아질 수 있다는 말로 그는 연설을 마무리했다.

라과디아는 1920년대 전 기간에 자신의 목소리가 효과를 낼 수 있다고 생각한 모든 곳에서 다양한 노동전선에 참여했다. 1926년에 그는 피케팅 시위대와 함께 도심을 행진한 뒤 매디슨스퀘어가든에서 의류노동자파업을 지지하는 연설을 했고,* 몇 달 뒤에는 종이박스 노동자들의 파업을 도우러 달려갔다. 또한 파업 중인 미국 선원들을 대체하기 위해 중국인 노동자를 “납치”해서 투입한 것을 공공연히 비난하고, 잡역부 1만2천 명의 노조 설립을 방해한 것으로 풀먼 사를 공격했다.* 그는 정부 노동자의 임금 인상을 위해서도 싸웠으며, 심지어 “야구 노예제”를 비난하고 야구선수들의 노조설립을 도와 스포츠 면에 오르내리기도 했다.*

하원 인사위원회 앞에서 라과디아는, 공공기관에서 1년에 1,200달러를 버는 여자들은 일요일에 집에서 밀린 빨래를 하느라 교회에 갈 시간이 없다고 증언했다. "사람들은 앤드류 멜론Andrew Mellon이 위대한 재정가라고 말합니다." 그가 말했다. "의원 여러분, 수천만 달러를 갖고 놀기는 쉽습니다. 하지만 1년에 1,200달러로 가족을 청결하고 남부끄럽지 않도록 뒷바라지할 줄 아는 여자야말로 진정한 재정가입니다."*

1925년 8월에 펜실베이니아 동부에서 무연탄 광부들이 파업을 하자 라과디아는 정부가 그 광산들을 사들이라고 주장했다.*

해결책은 하나뿐입니다. 축복받은 우리나라는 석탄이 풍부합니다. 그것은 어느 한 사람이 발명한 것이 아니라 신이 미국 국민에게 준 선물입니다. 석탄을 캐고, 땅속에서 끌어올려 인류에게 유익하게 사용하도록 하는 데에는 인간의 노동이 들어갑니다. 미국 국민은 누구나 이 석탄에 이해관계가 달려 있습니다. 정부는… 이 신의 선물이 모든 미국 국민에게 이익이 되도록 궁극적으로 정부가 소유하는 방향으로 정책을 펴야 합니다.

2년 뒤, 이번에는 일련의 임금 삭감에 반대하는 파업이 펜실베이니아 탄전지대를 휩쓸자 라과디아는 파업 현장을 방문했다. 그는 파업 노동자, 그들의 아내, 아이들을 면담했다. 분노가 하늘을 찔렀다. 다시 한 번 노동가처분이 발효되었고, 그에 따라 연방법원의 접근금지 명령을 어긴 피케팅 시위대를 주 경찰이 체포한 것이다. 또한 전날 브로턴에 있는 학교에서 350명의 아이들이 하교하기 직전에 파업파괴자들이 창문으로 일제사격을 퍼부어서, 아이들이 광부 오두막의 침대 밑에 숨어 있는 것을 보았다. 그는 신문기자들에게 아래와 같이 말했다.*

나는 탄광 운영자들과 그들의 석탄철강 경비대가 그 불행한 파업노동자들에게 가한 그런 주도면밀한 잔학 행위를 살면서 처음 목격했습니다. 상상해보십시오, 여러분! 사설 군대가 감옥을 운영하면서 광부들을 불법으로 감금하고 악랄하게 폭행하고 있는 것을!… 나는 미국정신을 내가 이해하는 대로 설파해왔습니다. 정의와 자유, 법과 질서가 승리한다고 말이죠. 하지만 이 광부들과 그 가족들에게는 먼 이야기입니다… 나는 하원 의사당에 똑바로 서서 이 모든 것을 분명히 말할 것입니다.

20년대가 저물 때까지 라과디아는 70살 된 재무부장관, 앤드류 W. 멜론과 충돌했다. 윌리엄 앨런 화이트William Allen White(미국의 양심적인 신문인—옮긴이)가 "하얀 대리석 궁전 안에서 상공회의소가 신성시하는 모든 것을 지켜주는 수호천사"*라고 묘사한 인물이었다. 거대한 멜론 제국은 석탄, 코크스, 가스, 석유, 알루미늄 기업을 거느리고 있었다. 멜론의 전기작가는 이렇게 썼다. "다른 어떤 부호도 그렇게 많은 물건과 서비스에서 사용료를 거둬들인 적이 없다."* 이미 막대했던 멜론의 재산은 전쟁물자 계약으로 더욱 불어나 20억 달러를 바라보고 있었다. 1백 개의 달하는 멜론의 회사들은 자산이 2억5천만 달러인 금융기관, 유니온트러스트를 통해 하나로 연결되어 있었다.

20년대에 멜론이 내놓은 다양한 조세정책에는 일관된 기본 주제가 있었다. 고소득자의 세금을 낮추는 것이었다. 예를 들어 1921년에 의회에 처음 제출한 보고서에서 그는 세금감면을 권고하면서도 그 대상을 연소득 6만6천 달러 이상으로 정했다. 위스콘신의 밥 라폴렛Bob LaFollette 의원이 공격하자 멜론은 이렇게 대답했다.*

> 이 나라에서 활동력과 진취적 정신을 가진 사람은 누구나 인생으로부터 자신이 원하는 것을 얻을 수 있습니다. 하지만 그 진취적 정신이 소득의 상당 부분을 빼앗아 가는 조세제도에 짓눌려 위축될 때 그 개인은 더 이상 노력하지 않을 것이고, 이 나라는 그 위대함을 지속시켜온 활동력을 잃어버릴 것입니다.

라과디아는 의회에서 멜론 법안과 치열하게 싸웠다. 한 속기사가 불만의 편지를 보내자 그는 다음과 같이 답했다. "연소득 20만 달러에 대한 당신의 걱정과 동료 속기사들의 걱정이 쉽게 이해됩니다. 나도 한때 속기사였기 때문에, 1년에 20만 달러를 넘는 소득이 얼마나 걱정스러웠는지 기억이 납니다.*

라과디아와 동료 의원 몇몇은 반대했지만 의회는 멜론의 원칙에 손을 들어주고 그의 조세 법안을 통과시켰다. 재계는 환호했다. 컬럼비아 대학 총장인 니컬러스 머리 버틀러Bicholas Murray Butler는 한 공화당 지도자에게 편지로 기쁨을 전했다. "피츠버그에서 방금 돌아왔습니다. 지난 토요일 밤 상공회의소의 디너파티에서는 멜론 장관을 지지하는 엄청난 박수갈채가 터져나왔습니다… 정말 대단한 행사였습니다."*

라과디아는 부당 이득에 격분했다. 1백만 달러를 사취해서 유죄판결을 받은 철도 공무원이 심장이 약하다는 이유로 징역형 없이 벌금만 12,500달러를 선고받자 라과디아는 기자들에게 이렇게 얘기했다. "조이스는 약한 심장으로 1백만 달러를 훔쳤는데, 심장이 강했다면 무슨 짓을 저질렀을까?"*

지역구 주민들과 편지를 주고받고, 또한 116번가의 할렘하우스에서 항상 근무하고 있었던 비토 마르칸토니오Vito Marcantonio(라과디아를 지지한 이탈리아계 미국인 변호사이자 사회민주주의 성향의 정치인—옮긴이)를 통해서 라과디아는 지역구 주민들의 문제에 계속 관심을 기울였다. 그는 I.R.T.(뉴욕 지하철의 노선—옮긴이)과 지하철 요금을 7센트로 올리게 해준 법원의 판결을 비난했다.* 또한 "배타적인 사람들의 배타적인 클럽을 센트럴파크에" 세운 것에 반대하면서 이렇게 말했다. "먼 적도 지방의 계절과일, 특별히 수입한 희귀한 생선, 까다로운 미식가의 혀를 간질이도록 엄선된 음식이 메뉴에 오르는데, 정작 놀라운 것은 그 높은 가격이다. 로마가 불타고 있을 때 네로황제가 연회를 열고 바이올린을 켠 이래로 국민들의 권리, 위안, 감정을 그토록 경멸하는 행위는 찾아볼 수 없다."*

1928년이 저물 때 라과디아는 한 신문사의 연말 구호기금 계획과 연계해서 기자를 대동하고 도시의 몇몇 가난한 구역의 가정들을 방문한 뒤 이렇게 전했다. "솔직히 나는 이런 광경을 볼 준비가 되어 있지 않았다. 이렇게 가난한 삶이 실제로 존재하리라고는 차마 생각하지도 못했다."* 그 기사는 1929년을 맞이하며 춤추고 노래하고 즐겁게 환호하는 기사들 속에 파묻히고 말았다.

만일 "번영의 시대"에 어두운 면이 있었다면, 많은 사람들이 1920년대의 특징으로 꼽는 "고립주의"에도 어두운 면이 있었다. 이 이름이 붙은 이유 중 하나는 미국이 국제연맹과 세계재판소에 참여하기를 거부한 것에 당대의 학자들이 초점을 맞췄기 때문이다. 하지만 윌리엄 애플먼 윌리엄스William Appleman Williams가 지적했듯이, 미국은 전쟁을 통해 산업과 금융의 세계적 지도자가 되었고, 그러면서 정치적 합의에 불참한 것과는 무관하게 세계 경제의 주요한 역할을 맡게 되었다.* 미국은 석탄, 선철, 석유의 주요 생산자, 유럽 국가 대부분에게 돈을 빌려준 채무자, 세계적인 사업들을 추동하는 투자자였다.

미국의 경제국수주의—전쟁채무의 상환 주장, 높은 관세 장벽—은 고립주의의 산물이 아니었으며, 민주주의적 이상보다는 투자수익에 의거해서 세계 문제에 개입하는 원칙의 그림자였다. 1920년대의 전 기간에 걸쳐 국무부는 부분적으로 카리브 해를 비롯한 몇몇 지역에 정치 "안정"을 도입할 목적으로 민간 은행이 다른 나라에 대부를 하도록 강한 영향력을 행사했다. 역사학자 허버트 파이스Herbert Feis는 20년대를 다음과 같이 평가한다. "우리는 가난한 세계의 모든 나라에게 은행가 노릇을 했다. 민간 자본이 자금을 댔다. 하지만 미국 정부가 그들의 뒤를 봐줬다."*

윌슨은 평화조약에서 민족자결주의를 외쳤지만 미국은 전쟁 중에 버진아일랜드를 매입하고, 쿠바의 해군기지를 점유하고, 파나마공화국, 니카라과, 아이티, 도미니카공화국에 지배력을 행사해서 그들을 "사실상의 보호령"으로 삼는 등 카리브 해를 지배하는 강대국이 되었다.* 뿐만 아니라 극동아시아에서 미국의 영향력은 알류샨 열도에서 하와이와 서태평양을 지나 필리핀까지 확장되었다.

미국은 국제연맹 가입에 신중했지만, 그러면서도 쿨리지 행정부는 카리브 해에서 미국의 투자금과 정치력을 보호하려고 무력과 결단력을 아낌없이 사용했다. 1924년경에 미국은 라틴아메리카 20개국에서 금융의 절반을 어느 정도 좌지우지하고 있었다.* 다른 전술이 먹히지 않을 땐 해병대를—아이티, 도미니카공화국, 니카라과에—투입했다. 현실은 쿨리지가 취임연설에서 외친 약속과 일치하지 않았다. "미국은 피와 무력을 토대로 지상의 제국을 건설하지 않을 것입니다… 미국이 파견하는 군단은 검이 아니라 십자가로 무장할 것입니다."

니카라과는 해병대 외교를 보여주는 생생한 예였다. 니카라과는 파나마와 가깝고 국토를 횡단하는 운하가 언제든 건설될 수 있어서 국무부의 계획상 특별한 지위를 점하고 있었다. 또한 과일과 목재에 투자한 미국 민간기업 그룹들도 관심을 기울이는 나라였다.

1909년에 미국의 원조를 받은 혁명이 자유민주적인 젤라야 정부를 전복한 이후로, 신용 차관과 해병대가 번갈아가며 허약한 보수주의 정부들을 호위해주는 이른바 양키 개입이라는 패턴이 확립되었다.[46]

1925년에 국 해병대가 철수한 뒤 민주주의 혁명이 시작되었고, 미 해군의 친정부 작전에도 반란군이 수도 마나과를 압박하자 "미국의 과일 목재 회사들은 국무부에 매일 항의서한을 보냈다."*

1927년 1월 8일에 미국 해병대는 니카라과 수도가 내려다보이는 로마 요새에 주둔하라는 명령을 받았다. 이틀 뒤 쿨리지는 의회에 특별교서를 보냈다.[47]

---

46 엘리후 루트Elihu Root(미국 보수주의 정치인—옮긴이)는 1915년에 이렇게 말했다. "우리와 이 조약을 맺으려 하고 있는 현 정부는 니카라과에 미국 해병대가 주둔하고 있는 덕분에 정권을 유지하고 있다." Council on Foreign Relations, 《미국 외교관계 조망Survey of American Foreign Relations》, 1929, pp. 167~197.

47 럴 J. 바틀렛Ruhl J. Bartlett, 《미국 외교의 기록The Record of American Diplomacy》, p. 546. 그레이엄 H. 스튜어트Graham H. Stuart는 《라틴아메리카와 미국Latin America and the United States》, Appleton-Century-Crofts, 1955에서 이렇게 말한다. "맨 처음 상륙한 군대는 미국인의 생명과 재산을 보호하기만 하라는 명령을 받았다. 하지만 미국인의 생명과 재산이

본인은 미국이 니카라과를 비롯한 중앙아메리카 공화국들의 국내 문제에 개입하기를 원치 않습니다. 그럼에도 현 시점에 우리는 니카라과의 질서 유지와 안정적인 정부에 명확하고도 특별한 이해관계를 갖고 있습니다.

다음 6주 동안 미군 5천 명이 상륙하고, 미국은 니카라과 정부에 소총 3천 정, 기관총 2백 정, 탄약 3백만 발을 지원했다. 나중에 국무부는 이렇게 말했다.*

이 거래를 시작할 때 미국 정부는 기존 질서를 전복하려는 혁명 운동이 입헌 정부를 포위할 때 그 정부에 용기와 도덕적 지원을 보내주는 관례를 따랐다.

국무장관 프랭크 켈로그Frank Kellogg는 상원 외교관계위원회에서, 공산주의 세력이 니카라과를 위협해서 미국이 개입했다고 설명했다.

라과디아는 켈로그의 진술을 어떻게 생각하느냐는 질문에 "어처구니없는 이야기"라고 말했다. 그는 니카라과에 공산당이 활동하는 증거는 전무하다고 말한 뒤 이렇게 덧붙였다. "니카라과에서 미국 국민의 생명과 재산을 보호하려고 그렇게 막강한 해군과 해병대를 투입해야 하는가? 나에게 뉴욕 경찰 50명을 달라. 충분히 안전하게 지킬 테니."*

라과디아는 한 유권자에게 보낸 편지에서, 앞선 11월에 켈로그는 공산당이 활동한다는 이야기를 언론에 흘리고 그런 이야기를 인쇄하라

위태롭다는 증거는 거의 없었다." p. 332.

고 여러 통신사에 요청했다고 말했다. 연합통신이 호응했다. 라과디아가 이 일을 공개적으로 비난하자 국무부는 그 사실을 부인했고, 다시 라과디아가 일전에 켈로그와 회의를 할 때 니카라과에 어떤 병력도 보내지 않았다는 인상을 받았다고 말하자, 켈로그는 회의 자체를 부인했다.*

1927년 4월에 쿨리지는 전 국민의 비판에 시달리다 못해 헨리 L. 스팀슨Henry L. Stimson 대령에게 니카라과의 적대적인 파벌들 사이에 평화를 중재하라고 명령했다. 나중에 스팀슨은 "커다란 산사나무" 아래서 반군 지도자 몬카다Moncada를 만났고, 30분 만에 양측이 평화협정 조건에 동의했다고 보고했다.* 여기에는 1929년에 열릴 선거들을 미국이 감독하는 조건, 여섯 개 주의 13 부서에 자유당(혁명당을 말한다—옮긴이) 장관을 임명하는 조건, 그리고 미 해병대가 니카라과에 주둔하는 조건이 포함되었다.[48]

라과디아는 비판을 멈추지 않았다. 그는 켈로그에게 편지를 썼다. "장관님, 보통선거와 비밀투표는 군복을 입고 총검을 든 해병대와 조금도 어울리지 않습니다. 그 둘은 조화를 이룰 수가 없습니다."*

반면에 스팀슨은 "극심한 고통에 시달리는 허약한 중앙아메리카 국가를 이타적으로 돕고자 하는" 노력을 "부끄러워할 이유가 전혀 없다"고 생각했다. 미국이 니카라과의 주권을 침략하지 않았다는 그의 주장

---

48 몬카다의 양보는 압도적인 병력과 싸워봤자 무익하다는 생각에서 나왔다. 협상을 수락할 당시에 그는 이렇게 말했다. "나는 비인간적이지 않다… 나는 국민들에게 우리의 자유를 위해 애국의 피를 전부 쏟으라고 충고할 수가 없다. 그렇게 또 다시 희생해도 이 자유는 무한히 거대한 병력 앞에 굴복할 수밖에 없고, 이 나라는 북아메리카 독수리의 발톱에 더 깊이 박힐 것이기 때문이다. Council on Foreign Relations, 앞의 책, p. 195.

밑에는 모든 조치가 니카라과 정부의 요구에 따른 것이었다는 믿음이 깔려 있었다.*

니카라과에 관한 1920년대의 주장들은 베트남에 관한 1960년대로 쉽게 옮겨올 수 있다. 가난, 물가, 조세에 관한 그때의 주장들도 우리 시대에 유효하다. 그 시대에서 우리 시대까지(그리고 미래에까지) 미국 역사에 지속적인 정책과 미사여구가 있다면, 우리는 라과디아처럼 표면을 파헤쳐 그 속에 감춰진 견해를 모두에게 높이 들어보이는 몇몇 사람들의 도움으로 그런 지속성을 발견할 수 있다. 이는 우리에게, 활동력과 목소리를 가진 사람들이 당대의 독선 밑에서 인간의 고통을 발견한다면 어느 시대에든 그런 일을 할 수 있음을 말해준다.

7. 뉴딜의 한계

우리가 과거에 말을 거는 것은 지나간 사건의 전모를 시시콜콜하게 듣거나 좋았던 시절의 추억을 얻고자 함이 아니다. 우리는 현재의 문제에 지혜를 주는 이야기를 듣고자 한다. 그런 의미에서 뉴딜 시대는 다시 들여다볼 만한 과거다. 루스벨트 서클 안팎에서 다양한 긴장도를 띠며 진행된 대화 가운데 우리가 복기해야 할 것들이 있다.

뉴딜 정책가들부터가 언변이 좋고 인간적이고 때로 심오한 자들이었다. "브레인 트러스트"(애돌프 벌Adolf A. Berle, 레이먼드 몰리Raymond Moley, 렉스퍼드 가이 터그웰Rexford Guy Tugwell), 장관들(헨리 월리스Henry Wallace, 프랜시스 퍼킨스Francis Perkins, 해럴드 이키스Harold Ickes), 알파벳으로 줄여서 불렀던 각종 기관들의 수장(해리 홉킨스Harry Hopkins, 데이비드 릴리엔털David Lilienthal), 의회 대변인(로버트 와그너Robert F. Wagner, 휴고 블랙Hugo Black 등)이 그들이다. 그리고 누구보다도 프랭클린 D. 루스벨트가 그런 사람이었다. 1929~32년의 공황에서 벗어나는 것 외에 이들에게 명확하게 규정된 최종 목표는 없었다. 그러나 위기에 대처하는 과정에서 때로는 도처에서 들려오는 경고의 외침에 귀 기울이고, 때로는 자기 내면의 인도주의적 동기를 따르면서 이들은 새로운 법을 만들고, 테네시강 유역 개발청(TVA), 사회보장제도, 농가 보조금, 최저 임금에 관한 기준, 전미 노동관계 위원회(NLRB), 공공주택 같은 제도를 도입했다.

이 정책들은 많은 국민이 혁명이 일어나고 있다고 느낄 정도로 놀라운 결실이었고, 그러면서도 자칫하면 빠질 수 있었던 전체주의의 덫을 잘 피해갔다. 그러니 뉴딜 정책이 이 나라 전체에 꾸준한 열광, 심지어 경배를 받았다는 것은 놀라운 일이 아니다.

그러나 뉴딜이 끝날 때까지 근본 문제는 해결되지 않았으며, 그 사정은 지금도 마찬가지다. '이 나라가 은총으로 받은 막대한 자연의 부와 경이로운 생산 능력을 국민 모두가 누리게 할 방법은 무엇인가.' 이 문제의 당연한 산물인 정치 문제 역시 해결되지 않았다. 울부짖는 목소리로 (이미 분명할 대로 분명해진) 위기를 호소하는 것 말고, 그보다는 알아차리기 어려운 사정을 국가 지도층에게 전할 수 있도록 일반 국민을 조직할 방법은 무엇일까. 비상사태가 아닌 일상의 고통을, 다시 말해 쓰레기가 널린 슬럼가며, 좁아터진 학교, 낡아빠진 버스정류장, 부실한 병원, 도심의 흑인 거주지, 시골의 판잣집에서 일상적으로 겪는 고통 등을 함께 논할 방법은 무엇인가. 세상에서 가장 부유한 나라의 수백만 국민이 그런 환경에서 근근이 살아가고 있는데.

1939년 전후로 뉴딜의 개혁 에너지는 사그라지기 시작했고, 공황도 끝이 났다. 미국은 정상으로 돌아왔다. 정상적인 미국은 산업예비군이 상존하는 나라, 번영을 누리며 열심히 소비하는 거대한 중산층에 가려 2~3천만 명에 달하는 빈곤층이 공공의 시야에서 거의 차단되는 나라였다. 미국의 정상적인 경제는 대단한 효율과 낭비를 동시에 자랑했다. 무언가를 만들기로 작정하면 끝없이 만들어 공급할 수 있다는 점에서 효율적이지만, 사회에 가장 필요한 것이 아니라 기업이 가장 큰 이윤을 얻을 수 있는 것을 생산하기에, 명백한 낭비였다.[49]

물론 뉴딜은 공황기에 아찔하게 추락했던 중산층을 되살렸고, 실업자 절반의 일자리를 회복시켰으며, 최하층에게는 딱 선의의 분위기가 조성될 만큼의 선의(한줌의 공공주택과 최소한의 사회보장)를 보였다. 이 모든 과정에서 뉴딜 정책가들은 온갖 제안이 쏟아지는 분위기를 경험했지만, 전통적인 사회 메커니즘이 다시 움직일 정도로만, 이에 더해 정말로 파급력 있는 사회 재건이 어떤 것인지를 맛보여주는 선까지만 제안을 수용했다.

내가 뉴딜의 성취를 이처럼 가혹하게 평가하는 것은 역사학자가 과거를 논한다는 것은 (스스로 그렇다고 생각하든 그렇지 않든) 곧 현재를 논하는 것이라고 믿기 때문이다. 역사학자는 도덕적인 책임이 있는 집단의 일원으로서, 필요하다면 오래된 애착과 믿음을 포기하더라도 현재의 필요를 고려해야 한다고 믿기 때문이다. 오늘날 뉴딜을 어떻게 '해석'할 것이냐를 따지는 것은 무익하다. 이제는 루스벨트를 놓고 찬반

49 《풍요로운 사회The Affluent Society》(Houghton Mifflin, 1958)에서 존 케네스 갤브레이스John Kenneth Galbraith는 미국 경제가 공공의 요구보다 사적인 요구를 우선시한다고 설득력 있게 지적했다. 마이클 해링턴Michael Harrington의 《또다른 미국The Other America》(Macmillan, 1963)과 레온 키설링Leon Keyserling의 《미국의 가난과 결핍Poverty and Deprivation in the United States》(Conference on Economic Progress, 1962)은 뉴딜로부터 30년이 지난 지금에도 거대한 빈곤 구역들이 계속 존재한다고 증언한다.

투표를 할 수는 없다. 우리는 그저 우리가 살아가는 세상에 영향을 미칠 수 있을 뿐이다. 또한 1930년대가 아니라 1960년대인 지금도 어떤 사람은 아주 호화롭게, 어떤 사람은 아주 비참하게 살고 있으며, 미국 경제는 기회가 사라지고 부는 낭비되는 고질병에 시달리고 있다.[50]

뉴딜 시대의 생각과 의견을 돌아보는 것은 지금의 세상을 위해서다. 뉴딜은 문제를 단편적으로만 해결했지만, 그 앞뒤 어느 시기에서도 볼 수 없으리만치 치열하고 전면적인 논의를 남겼다(절망적인 시대였기 때문이리라. 절망은 혁신을 싹틔운다). 뉴딜의 외부자들은 손님으로나 불청객으로 논의에 가담해서 정치적, 경제적 상상력의 경계를 내부자들의 한계 너머로 확장시켰다. 때로는 왼쪽으로, 때로는 오른쪽으로, 때로는 종잡기 어려운 방향으로.

그중에는 철학자, 작가, 평론가가 있었고, 변호사와 시인, 대학교수와 저널리스트가 있었으며, 반대파 정치인, 이렇다 할 경력이 없는 시사해설자도 있었다. 그들의 이름은 지금도 잊히지 않았다. 존 듀이John Dewey, 찰스 비어드Charles Beard, 라인홀드 니버Reinhold Niebuhr, 폴 더글러스Paul Douglas, 스튜어트 체이스Stuart Chase, 존 메이너드 케인스John Maynard Keynes, 노먼 토머스Norman Thomas, 오즈월드 개리슨 빌라드Oswald Garrison Villard, 헤이우드 브라운Heywood Broun, 맥스 러너Max Lerner, 모리스 코헨Morris Cohen, 월터 화이트Walter White, 에드먼드 윌슨Edmund Wilson, 펠릭스 프랭크퍼터Felix Frankfurter, 존 스타인벡John

50 1960년대 미국 경제에 관한 날카로운 비평은 데이비드 베이즐런David Bazelon의 《페이퍼 경제The Paper Economy》(Random House, 1963)와 로버트 시어볼드Robert Theobald의 《자유인과 자유시장Free Men and Free Markets》에서 찾을 수 있다.

Steinbeck, 존 루이스John L. Lewis, 업튼 싱클레어Upton Sinclair.

이들의 생각이 우리의 문제에 손쉬운 해답을 제공하는 것은 아니지만, 역사에 회고 이상의 쓰임새가 있다면 그 하나는, 다른 시기에 흘러넘치던 꿀을 가져다 척박한 이데올로기의 시기에 자양분을 주는 것이다. 또한 1939년의 세계와 지금의 세계는 거의 딴판이지만, 그때와 지금을 관통하는 중요한 사회적 쟁점들이 분명히 존재한다. 그러므로 우리는 뉴딜 정책가들의 생각과, 각자의 입장에서 각자의 거리를 유지하면서 루스벨트의 벽난로 주위로 모여들었던 사회 비판가들의 생각 사이에 어떤 상호작용이 일어났는지 본다면, 지금 우리에게 유의미한 제안과 접근법을 발견할 수 있을지 모른다.

I

이제까지 뉴딜 정책가의 생각을 설명할 때 가장 많이 쓰인 단어는 아마 '실용주의'일 것이다.[51] 이 말은 루스벨트 행정부의 방법이 실험적이었고, 한 단계에서 다음 단계로 즉흥적으로 넘어갔으며, 체계나 장기 프로그램이나 철저한 이론이 부재했음을 가리킨다. 실제로 리처드 홉스태터는 루스벨트 정부가 정치철학에 중요하게 기여한 바가 있다면, 그것은 서먼 아널드Thurman Arnold의 이론, 특히 그의 두 저서 《정부의 상징들The Symbols of Government》과 《자본주의의 민간전승The Folklore of Capitalism》뿐이라고까지 말한다. 홉스태터는 아널드의 글이

51 그 대표적인 진술이 아서 슐레진저 주니어Arthur M. Schlesinger, Jr.의 《격변의 정치The Politics of Upheaval》(Houghton Mifflin, 1960)에 들어 있다. "루스벨트에게 자유주의 정부는 실용적인 기법이었다… 엄격한 지적 체계들은 루스벨트의 마음을 끌지 못했다." p. 649.

"루스벨트가 현실 정치에서 발휘한 그 엄청난 기회주의적 기교의 이론적 등가물"이며 "이론들을 공격하는 이론"이라고 평한다.* 루스벨트의 "이데올로기"를 주로 표현했다는 점에서 아널드의 연구는 잠시 주목할 가치가 있다.

아널드가 두 저서에서 차갑고 냉소적인 문체로 시종일관 칼을 들이댄 것은 "선입한 믿음", "선입한 원칙", "정부에 관한 이론과 상징", "거창한 편견", "전통적인 이상", "도덕적인 이상", "완전한 치료"다. 《정부의 상징들》의 마지막 몇 단락에서 그는 이렇게 말한다.

> 대중이 정부의 근본 원칙을 무조건 믿는 한, 그들은 정치학의 새로운 이념을 비난하고 핍박할 테고, 웅변가가 전문가를 압도할 것이다. 실질적인 결과보다도 사전에 주입된 원칙이 더 중요시되는 한, 인간의 고통을 실제로 완화하고 실질적으로 위로가 될 수 있는 것들을 분배하는 길은 요원할 것이다… 필자의 믿음은, 이제 법과 경제의 이상에 관한 새로운 공적 태도가 서서히 나타나고 있다는 것과, 그로부터 조성될 환경에서는 대립하는 정치 이념들의 광신적인 편 가르기가 사라지고, 능력 있고 실용적이고 기회 중심적인 지배계급이 권력을 잡으리라는 것이다.*

루스벨트 정부는 사실 종합 계획도 없이 즉흥적으로 실험을 했고, 그래서 많은 사람에게 루스벨트의 '실용주의'는 뉴딜의 발상을 설명하는 가장 중요한 진술로 삼게 되었다. 이렇게 생각의 내용이 아니라 생각의 방식에 집중해서는 그 생각의 가장 중요한 의미를 놓칠 위험이

있다.[52]

실험은 정치가들의 특기다. 니콜라스 황제는 두마(제정 러시아 말기의 의회—옮긴이)를 수립했고, 레닌은 수년간 사기업을 장려했고, 비스마르크는 사회복지 법안을 발의했고, 마오쩌둥은 마을 제강로(製鋼爐)를 도입했고, 조지 워싱턴은 중앙은행 설립을 주장했다. 이 사례들을 보건대, 실험이라는 방법은 다른 많은 종류의 사회 이상과 연결될 수 있다. 유독 실험에 몰두하는 정치인이 있는데, 특히 위기 속에서도 수많은 실험을 감행하는 정치인은 칭찬할 만하다. 루스벨트도 그렇다. 하지만 우리가 어느 정부의 발상에 대해서나 던질 수 있는 정말 중요한 질문은 '어떤 방향으로, 얼마나 멀리까지 실험하고자 하는가? 어떤 목표, 어떤 이상, 어떤 기대가 그 실험을 이끄는가?'이다.

서먼 아널드 본인부터가 내용보다 방법에 주목하는 이 오류를 저질렀다. 그는 뉴딜의 복지 정책을 가로막은 낡은 신화를 허무는 데 급급한 나머지 그 신화들 자체를 자신의 중심 문제로 삼아버렸고, 낡은 잔해를 쓸어내는 데 전념한 나머지 아이러니컬하게도 그 자신의 민간설화에 붙들렸으며, 잔해를 청산하겠다는 생각에 사로잡혀서 그 말끔해진 땅에 무엇을 심어야 좋을지를 구상하지 못했다.

아널드의 《정부의 상징들》을 검토해보면 그가 신화에 맞서 십자군 전쟁을 시작한 동기가 보인다. 즉, 사람들에게 값싼 전력을 보급하는 것을 방해하고, 빈민 구제와 공공노동과 사회보장을 제도화하는 데 걸

52 눈에 띄는 예외 하나는 윌리엄 로이첸버그William E. Leuchtenburg의 《프랭클린 D. 루스벨트와 뉴딜Franklin D. Roosevelt and the New Deal》, Harper & Row, 1963, pp.344~346이다.

림돌이 되는 상징체계를 폭로하고자 한 것이다.[53] 사회 정의에 관한 그의 가장 강력한 표현은 다음과 같다. "우리의 거대한 산업 봉건제를 지배하는 자들은 몇 가지 낡은 공리를 맹신한다. 다시 말해, 인간이 개인의 이윤을 추구할 때만이 효율적으로 일하고, 인본주의적 이상은 정부나 기업체의 주요한 목적으로 작동할 수 없고, 국가가 나서서 자원을 관리하고 낭비를 절감하고 재화를 계획적으로 분배하면 자유와 효율성이 함께 훼손되리라고 믿는다."[54]

루스벨트의 동료인 서먼 아널드에게도 해당하는 말이지만, 루스벨트의 실험주의와 우상파괴에 기준과 이상이 전혀 없는 것은 아니었다. 거기엔 어떤 방향이 있었다. 공황을 막고, 빈민을 돕고, 정부가 경제에 개입해서 대기업의 무자비한 관행에 제동을 거는 방향이었다. 루스벨트가 하는 연설에는 도덕의 십자군 전쟁 같은 뉘앙스가 있었다. 1932년 민주당 전당대회의 대선 후보 수락 연설에서 그는 "미국연방 정부는 과거 어느 때처럼 지금도 공공복리의 범위를 더욱 넓게 확대할 책무가 있습니다"라고 말하면서 "미국인을 위한 새로운 계획(a new deal)"을 공

53 《정부의 상징들》, Yale University Press, 1935, pp. 16, 110~111. 홉스태터는 《개혁의 시대The Age of Reform》(Knopf, 1955, p. 318)에서 아널드의 저서에 빈번히 반복되는 단어를 분석하면서 그가 진보주의에 입각한 도덕주의에서 멀어졌음을 보여준다. 그러나 그는 이 논지를 전개하면서도 '인도주의적'이라는 말이 너무도 자주 나오기에 이 단어를 배제해서도 안 된다고 말한다.

54 《정부의 상징들》, pp. 259~260. 아널드는 본인에게도 일정한 가치가 있음을 쉽게 인정하지 않았다. 그 결과 시드니 후크Sidney Hook는 《자본주의의 민간전승》 서평에서 그의 말을(더 정확히는, 그가 강조한 말들을) 액면 그대로 받아들여서 아널드가 "모든 기준과 이상을 난센스"로 생각한다고 평했다. 《시카고 대학 법 비평University of Chicago Law review》 V (April 1938, pp. 341~357).

약했다. 같은 해 샌프란시스코 커먼웰스 클럽의 유세 연설에서는 "우리 정부는 모든 국민이 본인의 노동을 통해서 저 풍부하고 충분한 부의 정당한 몫을 가져가서 그들 자신의 필요를 채울 수 있도록 보장해야 합니다"라고 말했다. 1936년의 후보 수락 연설에서는 "경제 왕당파"의 권력을 논하며 이렇게 말했다. "미국의 제도에 충성하려면, 이런 권력을 타도해야만 합니다."

그러나 루스벨트의 사상은 충분히 명확하지 않았던 탓에 상이한 접근법을 오가며 비틀거릴 수밖에 없었다. 그는 수지 균형을 맞추겠다고 거듭 약속하다가도 비상 상황이 닥치면 막대한 지출을 했고, (국가재건법 등으로) 대기업의 이익과 노동자의 이익을 중재하려 하다가도 뒤늦게 친노동자 성격의 노동관계법을 지지했으며, (재정착 관리국을 통해) 소작농에게 특별한 관심을 보이다가도 (1938년의 농업조정법으로) 기업형 농가를 위해 높은 가격을 유지할 것을 강조했다.

루스벨트는 경제 개혁만이 아니라 정치적 리더십에서도 그와 똑같이 변덕스럽고 협소하게 사고했다. 1934년 선거에서는 경제적, 사회적 변화를 과감하게 논하는 대표적인 인물들(캘리포니아의 사회주의자 업튼 싱클레어, 펜실베이니아의 진보 인사 기퍼드 핀처트Gifford Pinchot 등)에 대한 지지를 아꼈다. 그러다가 결국 의회의 보수파 후보들에 적극적으로 맞서기로 했지만, 때는 너무 늦었고 행동은 소극적이었다. 그는 여러 번 의회를 강력하게 이끌어 자신의 경제 프로그램을 뒷받침하고자 했으나, 이 또한 중요한 위원회들을 장악한 여러 남부 보수파를 포함한 의회의 기존 지도층과 손잡는 데 그쳤다. 루스벨트의 정치적 도전은 빈민과 실업자, 소작농 등 불리한 계층 가운데서 새로운 정치 세력을 건설하는 데에 이르지 못했다. 그가 이 계층의 지지를 얻었다면 더 과감한 경제 프로그램을 실현할 수 있었을지도 모른다.

참모와 각료와 기관장 등 루스벨트 서클 안에는 자유주의자와 보수주의자가 기묘하게 공존하고 있었다. 그들은 서로 동문서답하며 일했다. 수년간 루스벨트와 함께한 렉스퍼드 가이 터그웰은 저소득층 구제를 위한 국가적 계획을 강력히 주장했다. 그런데 또 다른 측근인 레이먼드 몰리는 기업의 이익을 더 강하게 수호하는 방향을 주장했다. 극소수의 예외가 있긴 하지만, 이 무리에서는 자유주의자마저도 비특권계층에 대한 그들의 보편적인 관심을 지나치게 밀어붙이게 될까 머뭇거렸다. 노동부 장관 프랜시스 퍼킨스는 최고 수준의 사회사업가로, 인도주의적 본능을 가졌음에도 노동 운동에 방향을 제시하기보다는 오히려 그 뒤를 마지못해 따라가는 모습을 자주 보였다(뉴딜의 가장 진보한 노동 입법인 와그너법에 대해 퍼킨스 장관은 후에 이렇게 썼다. "나 자신은 그 법안에 거의 조금도 공감하지 못했다"). 내무부 장관은 진보 성향의 해럴드 이키스였지만 상무부 장관은 보수파인 대니얼 로퍼Daniel Roper였다. 1939년에 해리 홉킨스가 로퍼를 대신했지만 내각에는 재정 보수주의와 수지 균형을 주장하는 강력한 세력인 재무부 장관 헨리 모겐소Henry Morgenthau가 남아 있었다.

요컨대 뉴딜의 실험주의에는 한계가 있었다. 이 한계 안에서 루스벨트는 사회에 진실로 따뜻한 관심을 가졌고 놀라운 정치적 용기를 발휘했고 굳건한 인도주의 정신을 유지했다. 그러나 한계를 넘어가면 추진력이 떨어졌다. 그래서 1938년 드디어 나라가 공황의 밑바닥에서 벗어나고 사회 개혁의 기본 뼈대가 법전에 담겼을 때, 그리고 그해 의회 선거에서 정치적 승인이 갑자기 약해졌다는 결과가 나왔을 때, 루스벨트의 프로그램은 늪에 빠졌다. 뉴딜은 그렇게 서서히 종료되었다. 뉴딜은 거대한 성취의 산을 남겼지만, 앞에는 아직 오르지 못한 산들이 그대로 있었다. 수백만 국민(기업가, 전문직 종사자, 상업적 농민)이 실질적인 도움을 받았다. 그러나 또 다른 수백만 국민(소작농, 슬럼 거주민, 남북의 흑인, 실업자)은 아직도 진정한 '새로운 계획'을 기다리고 있었다.

II

뉴딜이 1938~39년 전후로 기세를 잃은 이유는 무엇일까? 일단, 1933~35년의 위기감이 사라졌다는 사실이 중요하게 작용한 듯하다. 1939년이 되자, 아직 실업자가 9천만 명에 이르긴 했어도, 심리적 공황은 가라앉았다. 어쨌거나 미국에서는 실업이 정상이었다. 1937년에 해리 홉킨스는 호황 때도 "실업자 수를 최소 4~5백만 명으로 예측하는 것이 타당하다"라고 했다.* 미국 국민은 그간 살아오면서 '평상시'에 대한 일정한 기대치를 품고 있었는데, 1938년경의 사정은 그러한 기준에 근접하고 있었다.

홉킨스의 발언과 루스벨트 정부의 활동 중지를 보면, 뉴딜 정책가들의 이상이 미국의 전통적인 경제 구조에서 그렇게 멀리 벗어나지 않았음을 알 수 있다. 애초에 그들은 1932~33년의 끔찍한 경제 재앙에서 벗어나기를 원했고 온건한 개혁 정책을 완수하고자 했다. 이 목적은 달성되었다. 루스벨트 본인을 포함한 일부 인사는 아직 더 해야 할 일에 대해 이야기하기도 했다. 그러나 나라가 회복되어 익숙한 안정 상태에 가까워지자, 소득 분배는 여전히 끔찍하게 불평등한데도, 도시고 시골이고 온 나라에 슬럼이 창궐하는데도, 대다수 노동자가 아직도 조직 없이 제 임금을 받지 못하고 국민의 3분의 1은 여전히 (루스벨트의 표현대로) "제대로 입지도 먹지도 자지도 못하는"데도, 뉴딜의 추진력은 꺼져버렸다.

뉴딜 정책의 기대와 이상(아널드가 말한 민간설화와 상징)은 왜 그렇게 제한적이었을까? 왜 그들은 계속해서, 모든 실업자가 일자리를 구하고 도시에서 슬럼이 완전히 사라질 때까지, 최저 생활수준 이하의 소득 가구가 전부 없어지고 모두가 적절한 의료를 받을 수 있을 때까지, 원하는 사람은 누구나 대학 교육을 받을 수 있을 때까지 정부 사업을 진행하고 실험하고 확장하겠다고 선언하지 않았을까? 그러한 목표를 실현하는 데 정치적 장애물이 있었던 것은 맞지만, 그것을 **최종 목표**로 언명했다면 그 장애물을 극복하는 첫걸음이 되었을 것이다. 그랬다면 정치학자 제임스 맥그리거 번스James MacGregor Burns가 보기에 루스벨트가 실패했다고 평가하는 과제, 즉 노동자를 비롯한 비특권 계층 내에 "조직화된 견고한 대중 기반"을 건설하는 일을 해낼 수 있었을 것이다.*

순수하고 소박한 인도주의는 한계 앞에서 멈춘다. 자기이익을 추구할 때만이 그 너머로 갈 수 있다. 뉴딜 정책가들이 고통 받는 국민을 염려하는 것 외에, 그리고 이따금 과감한 수사학을 구사하는 것 외에, 근본적으로 새로운 경제 균형을 만들어낼 만한 원동력은 없었다. 이것을 공급해야 할 주체는 이해 당사자 집단인 소작농, 노인층, 실업자, 소득 최하위 노동자였다. 대농장 운영자, 산별노조회의에 가입한 수백만 공장 노동자 등 조직을 가진 사람들은 본인들의 지위를 상당히 개선했다. 그러나 당시 시카고 대학 경제학 교수였고 후에 연방 상원의원이 된 폴 더글러스는 1933년에 이렇게 썼다.

> 루스벨트 식 개혁 프로그램과 함께 추진해야 하는 또 다른 목표는, 이 세상이 존중하는 것, 바로 권력을 획득하도록 힘없는 사람들을 조직화하는 것이다. 이 목표를 이루지 않는 한, 루스벨트 자유주의의 영구한 혜택이란 윌슨 시대의 그것만큼이나 허황된 것에 지나지 않음을 깨닫게 될 것이다.*

1930년대에는 필요에서 시작되고 새로운 혁신의 기운에 힘입어 조직적인 운동이 여럿 나타났다. 타운센드 운동은 노인 인구에게 월 200달러의 생활보조금을 지급할 것을 요구했다. 가톨릭 사제 찰스 코플린Charles Coughlin의 "사회 정의"라는 만병통치약(코플린은 사회 정의Social Justice라는 슬로건을 전면에 세우고 같은 이름의 신문을 발행하면서 전방위적으로 활동했다—옮긴이)은 수백만 라디오 청취자에게 가닿았다. 루이지애나 주 상원의원 휴이 롱 또한 "부를 공유하자Share the Wealth"라는 구상으로 많은 사람을 매료했다. 전미흑인회의, 농민연합, 미국청년회의 등은 특수한 필요를 대변하면서 워싱턴 정치판에 에너지를 쏟아부었다.

그러나 이 이질적인 집단들을 효과적으로 결집할 만한 정치적 강령이 없었다. 또한 많은 경우에 이러한 집단은 요구하는 바가 어느 정도라도 수용되면 추진력을 잃기 시작했다. 공황 속에서 태어나 뉴딜 입법에서 활기를 얻었던 대중 운동 가운데 가장 크고 가장 성공적이었던 산별노조회의마저 결국 그 집단 자체의 특수한 이익을 대변하기에 이르렀다.

매디슨주의에 따르면, 여러 주로 이루어진 연방 공화국이 정치적 안정을 확실히 유지하는 이유는 어느 한 주에서 일어난 반란은 지지를 얻지 못하고 끝나기 때문이다. 이 논리가 경제 분야에도 해당된 결과, 어느 한 집단의 경제적 이해가 제 영역에서는 아무리 격렬할지라도 사회 전체를 아우를 만큼 폭넓은 관심을 단 한 번도 끌어내지 못했다. 그 이유로 들 수 있는 것 중 하나는 이것이다. 지금까지 미국은 그 모든 작은 반란, 그 어떤 위기에서도 사회 전반의 분노에 불이 붙지 않도록 적당한 양보로 대처했으며, 그러는 동안 분개했던 각개 집단은 이만하면 되었다고 느끼고 싸움을 끝냈다는 것.[55]

그러나 폴 더글러스가 말한 대로 비특권층의 처지에 뚜렷한 변화를 일으킬 만한 추진력을 제공할 수 있는 주체가 이해 당사자인 비특권층뿐이라고 한다면, 거기에 필요한 이론을 보급하고 이상을 표현하고 기대를 명시하는 역할은 사회의 지식인이 맡을 것이다. 그런 의미에서 우리는 호의반 적의반으로 뉴딜 주변에 모여들었던 이들, 아마도 권력 보전에서 더 자유로웠기에 더 넓은 이데올로기적 지평에 이를 수 있었던 바로 그 사상가들로부터 지금 세대에 유의미한 제안을 찾아볼 수 있다.

---

55 개브리얼 콜코Gabriel Kolko는 《보수주의의 승리The Triumph of Conservatism》(Free Press, 1963) pp. 302~304에서 "정치적 자본주의" 이론을 주창하면서, "개혁의 수사학"과 개혁의 "구조적 결과"를 구분하고 우리가 말하는 '개혁'이 실은 자본주의자들이 "자체적으로 해결할 수 없는 문제를 국가의 집중된 권력"을 이용하여 해결하는 것에 지나지 않는다고 주장한다.

III

거의 즉시 우리는 존 듀이에게서, 궁극의 의의는 실험주의 자체가 아니라 그 경계의 정의에 있다는 논증을 마주한다. 듀이는 미국 실용주의의 아버지 중 한 사람으로 실험적 방법론에 관한 탁월한 이론가였다. 그는 1918년의 한 논문에서 밝힌 실용주의적 실험에 관한 견해를 1952년에 세상을 떠날 때까지 견지했다.

> 관건은 사회가… 그때 사용할 수 있는 지력과 통찰력과 예견력을 활용하는 법을 배워서, 지적인 프로그램을 토대로 문제를 파악하고 차근차근 격파할 수 있느냐다. 이때의 프로그램은 지나치게 엄격한 계획, 모든 일정을 미리 명확하게 짜놓는 식의 계획이 아니다. 그 계획은 가장 긴급하게 해야 할 일들에서 눈을 떼지 않는 것이며, 그러는 중에 획득한 경험이 그 다음에 필요한 것과 그 다음에 취해야 할 조치를 밝혀준다는 믿음에 기초한다.*

루스벨트와 듀이는 둘 다 실험주의자였고 둘 다 다양한 이상을 추구했다. 그러나 존 듀이에게는 루스벨트의 가장 원대했던 이상보다 훨씬 더 원대한 이상이 있었다. 루스벨트는 1935년 9월 2일 신문 발행인 로이 하워드Roy Howard에게, 자신의 입법은 '치료용'이며 뉴딜은 "경제적 모험의 조건과 규칙을 수정"하기 위한 프로그램이라고 설명하면서 이렇게 말했다. "하지만 이 기본 프로그램은 이제 실질적으로 완료되었습니다." 물론 이것은 불안해하는 한 유력한 시민을 어떻게든 안심시키려는 것이었다. 또한 뉴딜은 그 뒤로도 최저임금법, 공공주택 등 여러 대책을 계속 수용했다. 그러나 그것은 주로 그전까지의 개혁에서 이어진 탄성 때문이었고 대중의 압력 때문이었다. 루스벨트의 비전은 이미 한계치에 이르고 있었다.

듀이는 1935년에 버지니아 대학 강연에서 이렇게 말했다.

> 지속력 있는 사회 조직의 형식 가운데 지금으로서 가능한 유일한 형식은, 사회 구성원 개개인의 실질적인 자유와 문화적 발전을 도모하기 위해 생산성의 새로운 힘들을 그 방향으로 관리하고 사용하는 것이다. 모든 개인은 저마다 사적인 이득에 매달리므로 개인의 행동을 외부에서 무계획적으로 수렴하는 것으로는 그 같은 사회 질서를 확립할 수 없다. 이제는 조직적인 사회 계획만이, 자유주의가 본연의 목표를 실현하기 위해 동원할 사회적 행동의 유일한 방법이며… 그럴 때 산업과 경제의 방향이 사회적으로 결정되는 질서가 창출될 것이다.*

루스벨트와 듀이, 두 사람 모두 차근차근 나아가기를 주장했다. 그러나 루스벨트는 이윤 체제를 보존하려 했고, 듀이는 그 체제를 철저하게 뜯어고치고자 했다. 듀이의 목적이 더 컸으므로, 목적에 이르는 보폭 역시 듀이 쪽이 더 컸다. 한 번에 두세 걸음씩이었고 덜 마구잡이였다. 그는 말했다. "한마디로 자유주의는 이제 급진적이어야 한다. 실제 상황의 가능성과 현실 사이의 심연이 얼마나 큰지 그때그때 착수하는 얼기설기한 정책으로는 그 간극을 메울 수가 없다."* 듀이는 전체주의의 위험을 매우 경계했지만, 자유주의가 "생산 세력들을 사회화"하는 데 이를 때까지도 표현의 자유정신은 계속 지켜질 수 있다고 믿었다.* 같은 실용주의자라 하더라도 중대한 차이가 분명히 존재한다.

어떤 면에서 루스벨트의 '실용주의'는 좌파의 교조적 발상을 거부하는 태도였다.* 그의 주변에는 어디에나 맑스주의의 기운이 감돌았다. 여러 지식인이 소비에트 러시아의 5개년 국가 계획에 열광했다. 영국의 맑스주의자들이 영향력을 행사하고 있었다. 해럴드 라스키Harold J. Laski가 미국에서 활발하게 강연을 하고 글을 썼고, 존 스트레이치John Strachey는 《자본주의 위기의 본질The Nature of Capitalist Crisis》(1935) 등의 저서를 통해 사회주의의 개념들을 대중화했다. 공황에 짓눌린 미국에는 다음과 같은 맑스주의의 주장에 매력을 느끼는 사람들이 나타났다. "우리는 사회를 '과학적으로' 분석할 수 있다. 생산이 복잡하고 거대한 동시에 무계획적인 곳에는 필연적으로 경제 위기가 발생한다. 사적 이윤을 주된 동기로 삼아 굴러가는 체제는 노동자 착취를 바탕으로 한다. 국가는 중립적이지 않으며 경제 권력층의 도구일 뿐이다. 사회를 장악하여 계급도 갈등도 없는 세상으로 이끌 힘은 오직 노동자계급에게 있다……." 진정한 실용주의자라면 맑스주의의 제안 일부를 답사 정도라도 했겠지만, 루스벨트의 사고는 밀실에 머물렀다. 그 안에서 그는 바깥의 조류 가운데 무엇을 안으로 들일지를 통제했고, 맑스주의는 거기에 끼지 못했다.

후버 시대의 민간설화인 '자유로운 사업', '절약', '자유방임주의'를 걷어내고 맑스주의 이론도 거부하자 중간에 널따란 지대가 펼쳐졌지만, 루스벨트는 오직 한 부분만 탐사했다. 일례로 사회 평론가이자 에세이 작가 에드먼드 윌슨은 루스벨트처럼 맑스 변증법을 거부했지만 그래도 그로부터 일말의 진실을 뽑아내고자 노력했다. 그는 다음과 같이 (좀 더 무난한 맑스주의를 상상하면서) 맑스주의에 우호적인 태도를 보였다. "사회가 어떻게든 살아남고자 한다면, 평등의 새로운 원칙들 위에 재조직되어야만 한다."* 윌슨 외에도 맑스주의자는 아니지만 각자의 개혁 이념에 따라 뉴딜보다 더 많은 것을 요구하던 많은 이들이 자신의 이데올로기적 울타리 너머를 정찰했다.

신학자이자 사회 철학자로서 1930년대에 '사회적 복음'을 새로운 경계까지 밀어붙인 라인홀드 니버는 "생산 과정의 사적 소유"를 폐지하자고 주장했지만,* 새로운 질서로의 이행이 농민, 노동자, 저소득층을 아우르는 동맹을 통해 폭력 없이 완수되기를 바랐다. 1930년대에 여러 인기 저서를 쓴 경제학자 스튜어트 체이스는 과거의 대안들은 급속한 기술 발전에 완전히 밀려났으며 이제 선택은 자본주의와 사회주의 사이의 양자택일이 아니라고 주장했다. 그에 따르면 이제는 "희소한 지위를 잃은 생산 시설의 소유권을 두고 다투는 대신 잉여의 분배를 종합적 목표로 삼게 될, 자본주의와 사회주의 어느 쪽으로도 분류할 수 없는 집산주의 사회가 필요"하다는 것이다.*

하버드대 철학자 윌리엄 어니스트 호킹Williamm Ernest Hocking은 "생각 없는 자유주의"의 집산주의나 "생각만 많은" 공산주의와 파시즘의 집산주의가 아닌 "새로운 종류의 집산주의"를 요청했다. 그는 "국가가 생산에서 맡을 임무는 거의 어떤 자본도 '공익과 무관하게' 쓰이지 않는다는 진실을 현실 경제에 깨우치는 것"이라고 썼다. 그리고 말했다. "소비할 권리를 가진 공동체 구성원 전체가 **무엇을 생산할 것인가**를 결정할 때만이 경제적 작용들이 모여 하나의 단일하고 건강한 유기체를 구성한다."* 호킹의 목표는 뉴딜의 목표보다 훨씬 먼 곳에 닿아 있었다.

20세기 초부터 폭로를 전문으로 했던 업튼 싱클레어는 맑스와 무관한 자생적 사회주의를 설파하며 많은 지지자를 확보했고, 그 덕분에 1934년 캘리포니아 주지사 선거에서는 거의 이길 뻔했다.[56] 싱클레어는 예언했다. "신체 건강한 젊은 남자가 하루 서너 시간 일하면 한 해 5,000달러를 버는데, 협동조합을 만들면 모든 남자, 여자, 아이가 그 정도를 벌 수 있다."* 1933년 당시로서는 분명 유토피아적인 예언이었다. 그렇지만 결국 실행 과정에서 왜곡되고 수정될지라도 이 같은 비전이야말로 온건한 목표를 내세운 뉴딜보다 더 근본적으로 사회개혁 프로그램을 수행할 수 있고, 아마도 더 강력한 유권자 세력을 확보할 것이다.

정부의 프로그램은 목표를 한정하면서도 실용주의에 입각해서 다양한 수단을 탐사할 수 있다. 추진하려는 범위에 한계가 있더라도 추진 방향은 명확히 할 수 있다. 실험성과 우유부단함은 다르다. 1934년, 저명한 사회학자 로버트 매키버Robert MacIver는 루스벨트 정권하에서 다양한 제도가 새로 들어선 데 감탄했지만, 그것이 실은 "사회와 문화가 재형성되는 시대의 낙성식"이 아닌지 의심했다. "이제 새로운 제도들이 마련되었다. 그러나 가장 중요한 것은 그 제도를 누가 관리하느냐다."* 뉴딜에는 불확실성이 있었고, 특히 처음 2년간은 불확실성이 커보였다. 국가재건법에 따라 대규모 경제계획을 수립하는 기관들이 생기고, 그 안에서 대기업들이 계획을 결정하는 것처럼 보였

56 민주당 예비 경선에서는 자유주의자 조지 크릴George Greel을 쉽게 이겼으나, 본선에서 루스벨트의 지지를 받지 못해 반뉴딜파에 패했다.

다. 자유주의와 급진주의 진영에서는 여기에서 잠재된 파시즘적 목표를 보았고[57] 일부 유력 기업가는 이것을 지지했으며,[58] 정치계는 이를 둘러싸고 이합집산하며 행복한 혼란을 이어갔다.

뉴딜의 전체적인 방향은 1935년을 지나면서 (트러스트 철폐 등 구체적인 영역에서는 여전히 모호했으나) 명확해졌다. 즉, 비특권 계층, 특히 조직으로 단결한 노동자에게 온정적이었고, 자유주의·인도주의적 개혁의 정신으로 충만했다. 그러나 동시에 뉴딜의 범위 또한 명백해졌는데, 국가적 계획이라는 문제, 독점 기업에 대한 대응 문제, 자금 부족과 공공사업 확대를 둘러싼 논란, 적절한 사회보장제도를 수립하는 문제 등 1933년부터 1939년까지 뉴딜이 맞선, 때로는 애써 맞서지 않으려 한 수많은 사안에서 그 한계가 확인된다.

IV

루스벨트는 1932년 대통령 선거 유세 기간에 오글소프 대학의 연설에서 "더 폭넓은 사회적 계획"에 찬성한다고 말했다. 하지만 그 폭이 어디까지인지는 확실하지 않았다. 과연 루스벨트는 자신의 고문인 컬럼비아 대학의 렉스퍼드 가이 터그웰Rexford Guy Tugwell만큼 멀리 나갈 생각이었을까? 터그웰은 이윤 동기를 비판했고 "생산에 계획을 세운

---

57 공산당의 윌리엄 포스터William Z. Foster, 사회당의 노먼 토머스, 재야 급진주의자 I. F. 스톤I. F. Stone이 그 예다.

58 J. P. 모건앤드컴퍼니의 러셀 레핑웰Russell Leffingwell, 보스턴의 무역상인 필린 가문의 에드워드 필린Edward Filene, 뉴욕증권거래소 소장 리처드 휘트니Richard Whitney 등 여러 사람이 찬성했다.

다는 것은 소비에도 계획을 세운다는 뜻"이라고 말했고, "이윤을 제한하고 그 쓰임도 통제해야 한다"라고 선언했으며, 국가 계획은 "소유자가 아니라 소비자를 위해 여러 사업을 통합하여 운영하는 것과 비슷하다"고 설명했다. 또한 "논리대로라면 기업은 사라질 것을 요구받을 것이다"라는 서술이 "말 그대로의 뜻"이라며, 그 이유는 "국가 계획이란 자본 사용을 관리하고… 소비에 맞추어 생산을 조절함을 뜻하는데, 이를 달성하는 유일한 방법은 가격 및 이윤 마진을 통제하는 것뿐이기 때문이다"라고 설명했다. 터그웰은 그 모든 방식으로 기업을 제한한다는 것은 사실상 "원래 의미의 기업을 파괴하고 그로부터 다른 무언가를 만들어내는 것"을 의미한다고 했다.*

루스벨트 정부의 초기 입법에 직접적으로 관여한 레이먼드 몰리 또한 뉴딜에 국가적 계획이 빠져 있다고 개탄했지만, 그는 전혀 다른 집단을 위해 국가 계획에 주목했다. 터그웰은 저소득층에게 구매 능력이 없는 것을 걱정했다. 몰리 역시 어느 정도는 빈곤층에 대한 순수한 걱정에서 움직이긴 했으나, 그의 주된 고민거리는 "좁은 이윤 마진"과 "기업 경쟁력"이었다.* 결국 루스벨트는 양쪽 의견을 모두 거부했다. 그가 내놓고자 하는 계획은 어떤 식으로든 하층 계급을 도울 계획이었다. 테네시강 유역 개발청[TVA]처럼 말이다. 반면에 전국적인 계획을 내놓을 생각은 없었다. 나아가 기업 이윤 위에 서 있는 미국 경제의 근본 성격을 해칠 계획이나, 국민에게 부를 조금이라도 재분배하려고 하는 계획은 염두에 두지 않았다. **얼기설기한** 계획의 표본인 TVA에는 그런 한계가 다 들어 있었다.

뉴딜의 접근법에 가장 가까운 입장은 TVA를 논한 저서에서 그 방법론을 옹호한 데이비드 릴리엔털에게서 발견된다. 그는 "우리는 지금 이곳에서부터, 차근차근 나아가고 있다"라고 썼다.* 그러나 국가의 경제계획에 대한 그 다양한 견해는 언제까지고 진지하게 고려되지 않았을 뿐더러 "차근차근" 나아가는 걸음은 TVA 후에도 그리 먼 곳까지 이르지 못했다. 주택공급을 비롯한 여러 지역계획은 새로운 가능성을 보여 주기도 했지만, 전국의 엄청난 수요에 응하기에는 전부 역부족이었다.

루스벨트가 마지막까지 모호한 태도를 보인 문제는 대독과점 기업 정책이었다. 국가재건법은 법이 규제하는 안에서는 대기업이 유익하다고, 혹은 적어도 불가피하다고 솔직하게 인정하는 법이었다. 증권거래위원회와 공익기업지주회사법은 대법관 루이스 브랜다이스Louis Brandeis의 의견에 따라 다시 대기업의 규모와 세력에 제동을 거는 방향으로 (그러나 윌리엄 더글러스William O. Douglas가 당시에 평가한 대로, 미약하게)* 돌아갔다. 루스벨트는 1936년에 "경제 왕당파"를 격렬하게 비판한 바 있지만, 대기업 중심 경제에 대한 기본 정책에 있어서는 계속 갈피를 잡지 못했고 1938년에서야 의회에 독점에 대한 전면적 조사를 요청했다. 그런데 그렇게 대기업의 권력을 억제하자는 쪽으로 분명히 회귀하던 때에도, 그가 의회에 보낸 메시지의 한 문장에는 예의 그 불분명함이 보인다. "국가 경제를 좌우하는 소수의 권력은 다수에게 분산되든지, 국민과 국민을 민주적으로 책임지는 정부에 이전되어야만 합니다."

두 대안 중 전자는 명백히 낭만적인 관념이었고, 후자는 의회나 루스벨트 본인의 능력을 한참 넘어섰다. 그후 임시국가경제위원회는 31권의 기록물과 43권의 보고서를 채울 정도로 충분한 진술을 들은 뒤,

(윌리엄 로이첸버그의 표현을 빌리자면) "더 어려운 문제에 달려들거나 기존의 이해관계를 건드릴 만한 권고를 내리지" 않으려고 했다."* 루스벨트는 거대하면서도 무책임한 경제 권력을 "국민과 국민을 민주적으로 책임지는 정부에" 이전하겠다고 말해놓고도, 아직도 그것을 명확하고 단호한 목표로 삼지도, 국가적으로 표명하지도 않았다. 뉴딜 정책가의 생각에 나타난 한계를 가장 잘 보여주는 사람은 아마 아돌프 벌일 것이다. 그는 사적 활동의 대규모 확장 또는 핵심 산업의 국유화만이 번영을 가져온다고 말했다. 그러나 그는 사기업이 그 답이 아님을 알면서도 국유화를 주장하지 않았다. 뉴딜 정책가 중 국유화를 주장한 사람은 없었다.

루스벨트는 공공사업 및 그에 따른 정부의 지출을 옹호하는 데 있어 실험적이고 변덕스럽고 기회주의적이었다. 제임스 맥그리거 번스는 말한다. "루스벨트는 엄격한 경제를 시도했다가 다음에는 막대한 지출을 시도했다가 다음에는 지출을 제한하려고 했다. 그는 직접 구제에의 지출과 공공노동에의 지출 사이를 왔다갔다 했다."* 그러나 중요한 것은 추의 진동 자체가 아니라 추가 그리는 호의 폭이었다. 루스벨트 정부의 '막대한' 지출은 영국 경제학자 존 메이너드 케인스가 회복책의 일환으로 권고한 양에 절대적으로 못 미쳤다. 미국의 케인스주의자 앨빈 핸슨Alvin Hansen은 미국처럼 "성숙"한 경제에는 지금보다 훨씬 더 지속적이고 강력한 정부 지출이 투입되어야 한다고 주장했다.[59]

---

59 1937년 말 재무부 장관 헨리 모겐소 주니어는 미국 정치학회 연설에서 1933년의 비상사태는 끝났으며, 이제는 예산 수지를 맞출 수 있다고 말했다. 그는 공공노동, 실업자 구제, 농가 혜택에서 지출을 줄여야 한다고 주장했다.

루스벨트는 공적인 논의에 '척도' 개념을 도입했고(정부의 사업이 사적 생산자들에게 척도 내지 표준이 된다는 의미로 보인다—옮긴이), 이를 대표한 것이 사적 생산자와 경쟁함으로써 그들을 소비자의 필요 쪽으로 끌어당기려 한 테네시강 유역 개발청이었다(이후 루스벨트는 의회를 통해서 다른 지역에도 "일곱 개의 작은 TVA"를 도입하려 했으나 실패했다). 그러나 이 개념의 가장 큰 함의들은 결국 탐사되지 않았다. 정치학자 맥스 러너는 정부 소유의 라디오 방송국과 정부 보조금을 받는 신문사를 만들어서 거대 계열사의 여론 독점을 저지해야 한다고 주장했으나 아무 반응을 얻지 못했다.* TVA, 짧은 황금기 후에 사라진 연방 극장, 태부족했던 공공주택, 가장 힘든 시기에만 가동된 공공노동 프로그램 등의 '척도'들은 공공사업을 창출하는 문제에서 뉴딜이 갇혔던 이데올로기적, 정서적 한계를 여실히 드러냈다.

소정의 목적에 이르는 최적의 수단을 찾아내기 위해 실험하는 것과 목표 자체를 인식하지 못하는 것은 전혀 다르다. 뉴딜의 '사회보장제도'는 가장 좋은 유형의 제도를 찾는 실험이 아니었다. 루스벨트는 그것이 노인층, 실업자, 소외층의 빈곤 문제를 해결할 가장 효과적인 방법이 아님을 처음부터 알았다. 법제화라는 기본적인 정치 문제 뒤에는 비전의 협소함이라는 근본적인 문제가 있었다. 사회보장 전문가 에이브러햄 엡스타인Abraham Epstein은 당시부터 이 점을 지적했고* 의회에서도 발언했다.* 외국의 의료 복지를 연구하던 의사 헨리 시거리스트Henry E. Sigerist는 꾸준히 글을 써서 의료 사회화의 필요를 명확하게 논했고 반론에 대응하고 그 작동 방식을 설명했다.*

이와 같이 '뉴딜의 소산'이라는 개념을 확장해서 더 많은 사상가(누구는 정부 가까이에 있었고, 누구는 저 멀리 떨어져 있었다)를 하나의 큰 무리로 바라볼 때, 우리는 만병통치약이나 완벽한 계획이 아니라, '평등'과 '정의'와 '보장'이 가리키는 더 큰 약속, 더 과감한 목표, 더 높은 기대를 얻게 된다.

V

우리 역사학자들이 뉴딜을, 특별한 활기로 전통적 구조를 다시 세운 자이로스코프 운동이라고 평가할 때, 여기에는 자연과학에서 가설을 검증하는 수단인 '대조군'이라 할 만한 것이 있다. 하나는 인종 관계 문제이고, 또 하나는 전쟁 경험이다.

인종 평등 영역에는 경제에 나타난 그런 종류의 위기가 없었고, 자이로스코프의 메커니즘이 급격하게 기울지 않았기 때문에 '새로운 계획' 같은 것은 나타나지 않았다. 공황으로 인한 특별한 지장을 제거하는 정책은 다른 많은 미국인과 더불어 흑인에게도 도움이 되었지만, 전통적인 경제 구조를 위협할 정도는 되었던 그 혁신들로도 **항구적인** 카스트 구조는 바뀌지 않았다. 남부 백인들은 1877년 타협 이후 그래왔듯이 여전히 살인이나 구타, 무자비한 정치적·경제적 배제 등 원하는 방식으로 흑인을 다룰 수 있었다. 수정 헌법 14조는 그랜트 시대 이후 모든 행정부 초반에 그랬듯이 일없이 집행을 기다리고만 있었다. 워싱턴 D. C. 자체가 여전히 빈틈없이 인종을 분리하는 도시였다. 북부의 할렘들은 국가적 실패를 의미하는 거대한 상징물로 계속 존재했다.

엘리노어 루스벨트Eleanor Roosevelt가 남편과 더불어 따뜻한 마음으로 동등한 권리를 믿었어도, 메리 맥리어드 베선Mary McLeod Bethune,

로버트 위버Robert Weaver 등이 정부 부속 기관의 중직에 임명되었어도, 심지어 구제책과 공공노동진흥청이 만든 일자리가 그렇게 광범위하게 분배되었어도, 미국 흑인의 삶에 달라붙은 근본적인 불공평함을 바꾸기엔 부족했다. 뉴딜의 실험적인 성향은 중요한 성과들을 끌어낼 수도 있었건만, 인종분리 철폐라는 과제는 경제 분야의 비등한 과제들과 마찬가지로, 단 한 번도 분명한 목표로 수립되지 않았다.

2차 세계대전의 발발(1939)과 함께 루스벨트의 리더십 아래서 경제·사회적 실험은 활짝 꽃을 피워, 상당히 폭넓은 국가적 계획이 수립되고, 모두를 위한 일자리가 만들어졌으며, 1,800만 참전 용사가 전후 교육 혜택을 누릴 수 있는 거대한 제도가 마련되었다. 걸림돌은 거의 없었다. 승전이라는 전통적인 목표가 있었으니 새롭고, 근본적으로 다른 국가적 목표는 필요치 않았다. 그것만으로도 정책은 대담하고 광범위할 수 있었다.

어쩌면 다가올 어떤 세대는 뉴딜의 정신을 적절하게 인정하는 동시에 (윌리엄 제임스William James가 말한) "전쟁에 임하는 것과 같은 도덕적 노력"을 찾을지도 모르겠다. 새로운 사회적 목표, 새로운 기대가 출현했을 때, 거기에 이르기 위한 창의적이고 유연한 실험 속에서 말이다. 그런 모험에 과거의 생각이 도움이 될 수 있다면, 그렇게 하는 것이 마땅하리라.

8. 노예폐지론자와 선동 전술

미국 역사에서 이보다 더 심하게 욕본 집단이 있을까? 신문 편집인, 연설가, 도주노예, 해방노예 투사, 총을 든 목사 등 다양한 구성원으로 이루어졌던 '폐지론자Abolitionist' 말이다. 개리슨, 필립스, 더글러스 같은 폐지론자는 흑인에게 동정하는 많은 일반인을 감화시켰다. 반면에 (소수의 예외는 있지만) 학자들은 폐지론자의 극단성을 꾸짖든가, 아니면 정신분석을 들고 와서 그들을 인정 욕구에 사로잡힌 감정적인 일탈자로 분류했다.

이 심리전을 뒤집는 것도 흥미롭겠다. 우리가 역으로 그 학자들의 삶을 파헤쳐서 그들이 대체 무슨 이유에서 역사의 가장 장대한 십자군 중 하나인 노예제 폐지 운동의 도덕적인 열기에 그토록 냉담한지 추측해보는 것이다. 하지만 유용하기로는 폐지론자의 활동을 자세히 들여다보고, 그것이 이후 인종 배제를 반대하는 운동들에 미친 영향을 밝히고, 이를 통해 사회를 좋은 방향으로 바꾸는 일에 있어 '극단주의자extremist', '급진파radical', '선동가agitator'가 가지는 가치를 평가하는 쪽이 더 좋을 듯하다.

급진 개혁파와 비슷한 목표를 공언하면서도 방법은 더 온건하기를 요구하는 자유주의 성향의 사람들은 참 많은 것을 문제 삼는다. 주장을 너무 열띠게 펼치면 적의 보복을 산다 하고, 너무 극단적인 수단을 밀어붙이면 잠재적 아군이 고개를 돌린다 하고, 너무 많은 것을 너무 급하게 요구해서는 아무것도 얻지 못한다, 독설은 감정을 자극해서 이성적인 숙고를 방해하고, 극단과 극단이 맞붙으면 격렬한 갈등과 폭력이 난무할 뿐이다.

지금까지 여러 시기에, 여러 사람이 그런 전술상의 과오를 들어 폐지론자를 비난했다. 오늘날에도 흑인 운동은 공격성이 강한 요소들에 대해서 똑같은 비난을 듣고 있다. 그러나 그때나 지금이나, 그런 혐의의 타당성을 함께 면밀하게 검토하면서 변화를 실현할 바람직한 접근법을 논의하는 일은 없다. 20세기 들어 인간은 사회 구조를 개조하면서 혼돈을 겪은 데서 벗어나 일정한 목적을 가진 사회 행동으로 이행하고 있으므로, 우리는 그러한 공동 행동의 전술을 전보다 더 주의 깊게 고찰해야 한다.

폐지론자의 분노와 신랄함과 성마름은 부정할 여지가 없다. 그들 모두의 사제였던 언론인 윌리엄 로이드 개리슨William Lloyd Garrison은《해방자Liberator》에 피로 쓴 칼럼을 싣고 뉴잉글랜드 곳곳의 연단에서 불을 내뿜었으며 외국에 나가 미국을 무자비하게 비판했다. "나는 지금껏 우리 인류가 목격한 가장 심각한 조롱으로 하느님을 모욕하고 있는 나의 조국을 고발합니다." 그는 프레이밍햄의 들판에서 수천 명이 지켜보는 가운데 미국 헌법을 불태우면서 그것을 "다른 모든 악행의 원천이자 어버이요, 죽음과의 서약이고 지옥과의 협정"이라고 불러 군중에게서 "아멘!"을 이끌어냈다. 그는 적의 분노를 터무니없이 도발했다. 남부인들은 그의 이름을 듣기만 해도 경기를 일으켰다. 사우스캐롤라이나 주는 《해방자》를 배포하는 백인에게 무조건 1,500달러의 벌금을 매겼고, 조지아 주 의회는 개리슨을 체포하고 법정에 세우는 데 500달러(5,000달러의 오기인 듯하다. 다른 자료에는 5,000달러로 되어 있다.- 옮긴이)의 현상금을 걸었다.

웬델 필립스Wendell Phillips는 보스턴 명문가 출신으로, 개리슨보다 부유했지만 결코 더 유하진 않았다. 필립스의 아내는 연단에 오르는 그에게 "뜨뜻미지근해선 안 돼요"라고 속삭였고, 그는 절대로 그러지 않았다. 1835년의 어느 날 보스턴의 귀족들이 거리에서 개리슨을 끌고 다니는 광경을 보았을 때 그가 느낀 분노는 결코 사라지지 않았으며, 그 분노는 미국의 참을 수 없는 악, 노예제만을 향했다. 그는 선언했다. "남부는 거대한 매음굴과도 같다." 그는 점진주의도, 개리슨이 택한 무저항주의 언어도 거부했다. "아뇨, 선생님. 우리는 빈둥거리거나 우물쭈물할 수가 없습니다. 혁명뿐입니다. 지금껏 그 누군가가 자유로워졌다면 그것을 가능케 한 유일한 힘은 혁명입니다." 그는 뉴잉글랜드의 경건함에 겁먹지 않았다. "미국의 교회라, 그것은 무엇인가? 사탄의 회당이다." 개리슨이 헌법을 불태운 바로 그 풀밭에서 필립스는 말했다. "우리는 아주 적은 수입니다. 우리는 결코 부유하지 않습니다. 우리를 지탱해줄 여론도 없습니다. 우리가 할 수 있는 유일한 일은 단지 독수리처럼 적을 향해 날아가 그 눈알을 파내는 것입니다."

존 브라운John Brown 앞에서는 개리슨과 필립스마저 온건해 보인다.

비쩍 말랐지만 기운 좋은 이 인물은 아내가 둘, 자식이 스무 명이었고, 선동가 한 무리에 맞먹는 분노로 차 있었으며, 노예제도를 끝내기 위한 개인의 전쟁을 선포했다. 연설을 하고 기사를 쓰는 것은 그의 일이 아니었다. 이 노년의 남자는 군사 전략을 연구하고, 남부의 지형도를 탐구하고, 무장 자금을 모금하고, 폭동과 게릴라전을 통해서 노예를 강제로 해방시킬 계획을 세웠다. 1856년 문제의 안식일 밤에 브라운은 '피의 캔자스' 포타와토미 골짜기에 있던 반폐지파의 진지를 급습하고 다섯 명을 냉혹하게 살해했다. 1859년 가을, 버지니아주 하퍼즈 페리의 무기고를 습격한 뒤 교수대로 향하는 길에 그는 이렇게 썼다. "나 존 브라운은 이 죄 지은 땅의 범죄들이 결코 정화되지 않을 것이며 오직 피로써 그 죄를 씻을 수 있다고 믿는다."

프레데릭 더글러스는 그 자신이 막 노예 신분에서 벗어난 흑인으로 그 후 오랫동안 다른 이들도 자유롭게 하라는 "도덕의 권고"를 따랐다. 그는 1847년 존 브라운의 집에서 그와 이야기를 나눈 뒤 깊은 인상을 받고 돌아왔다. 2년 후 더글러스는 보스턴 청중 앞에서 이렇게 말했다. "내일 혹시라도 남부의 노예들이 들고일어났다는 소식이 들리면, 그래서 남부를 미화하고 치장하는 데 동원되었던 악마의 무기들이 이제 죽음과 파괴를 퍼뜨리는 데 쓰인다고 하면, 나는 기뻐할 것이다." 그는 하퍼스 페리 계획이 무모하다며 반대했지만, 존 브라운이 하퍼스 페리에서 시작한 전쟁이 노예제를 끝냈다는 믿음을 끝까지 지켰다. "그가 일격을 가하기까지 자유의 전망은 흐릿하고 어둡고 불확실했다… 존 브라운이 팔을 앞으로 뻗었을 때, 하늘이 개었다."

이들이 문제의 극단주의자다. 이자들은 자유라는 대의에 흠을 냈을까, 아니면 힘이 되었을까? 이들의 활동은 지나치게 비싼 값에 해결책을 내놓았던가? 우리가 이런 질문과 그 밖의 질문에 답할 수 있다면, 이 시대의 선동가, 과격파의 전술에도 빛을 비출 수 있을 것이다. 그들의 외침은 개리슨만큼 날카롭지는 않다 해도 누군가의 귀에는 그에 못지않게 불쾌하고, 그들의 행동은 존 브라운만큼 폭력적이진 않았어도 조심하고 절제하기를 요구하는 이들에게는 정확히 그 정도로 역겹다.

미국 남북전쟁의 정치를 다룬 유명한 책 《링컨과 급진파Lincoln and the Radicals》의 처음 네 페이지에서 해리 윌리엄즈T. Harry Williams는 폐지론자 개인들과 그 무리를 다음과 같은 형용사로 묘사한다. "급진적이고… 열성적이고… 불같고… 경멸적이고… 혁명적이고… 광신적이고… 성급하고… 자코뱅 같고… 공격적이고… 복수심 강하고… 매우 파벌적이며… 신랄하고… 불똥을 튀기고… 광적이고… 비현실적이고… 극단적이다." 역사학자는 서술에 생기를 불어넣고자 이 같은 평가의 말을 자주 쓰지만, 그 말이 면밀하게 분석되는 일은 없다. 이런 언어는 저자의 전반적인 태도를 드러내는 편리한 근사치로 (그래서 검토되지 않고 독자에게 옮겨 가도록) 기능하는 한편, 엄밀한 이해에 필요한 정밀한 차이를 보여주진 않는다. 예컨대 우리는 폐지론자를 묘사하는 데 가장 많이 쓰였던 '극단주의자'라는 말을 자세히 들여다볼 필요가 있다.

보자. 어떤 여자가 극도로 아름답다거나, 어떤 남자가 극도로 다정하다거나, 어떤 정비사가 극도로 능숙하다거나, 어떤 아이가 극도로 건강하다고 할 때, 그 말은 찬사로 통한다. 그러나 정치에서는 '극단주의'라는 라벨이 부정적인 뜻을 지닌다. 그 사람은 대다수가 요청하는 것보다 더 전면적인 사회 변화를 바란다는 뜻으로 쓰일 수 있다. 예를 들어, 대다수의 사람들이 노예를 풀어주되 그들에게 선거권을 줄 생각은 없을 때, 동등한 권리를 옹호하는 사람은 극단주의자가 된다. 또, '극단주의자'는 모두가 바라는 목표를 이루는 데 있어 대다수보다 더 과감한 행동을 추진하는 사람, 다시 말해 (링컨처럼) 보상을 통해 노예를 해방한 뒤 외국에 식민화하자고 하지 않고 (존 브라운처럼) 노예 반란을 지지하는 사람을 뜻할 수도 있다. 하지만 조금이라도 현실성 있는 정치적 상황에서는 실제로 주장되는 전위적인 행동 계획이 가능한 선택지 전체에 비해 더더욱 적다고 봐야 한다. 어떤 특정한 시기에 나온 가장 극단적인 제안은 당시에 가능했던 다른 많은 행동방침보다 훨씬 덜 파괴적일 때에도 '극단주의'라는 꼬리표가 붙게 된다.

예컨대 윌리엄 로이드 개리슨은 그 시대의 적들과 현대의 역사학자들 모두에게 극단주의자로 평가되지만, 그는 본인이 추구할 수 있는 만큼의 파급력 있는 목표를 추구하지 않았다. 1830년경에 그는 "즉각 폐지"라는 목표를 이렇게 설명했다. "즉각 폐지라는 것이, 노예가 지금 당장 참정권을 행사할 것, 또는 모든 공직에 자격을 가질 것, 또는 법의 구속에서 해방될 것, 또는 호의적인 보호와 제제에서 벗어날 것을 뜻하지는 않는다"(하지만 1865년이면 새디어스 스티븐스Thaddeus Stevens, 찰스 섬너Charles Sumner, 그리고 개리슨에게 참정권은 동의하기 어려운 목표가 아니었다). 또 한 명의 '극단주의자' 웬델 필립스는 폭력을 사용해서 노예를 해방하는 것에 반대했다. 그는 1852년에 이렇게 말했다. "3백만 노예가 걸린 문제이며 이처럼 국가적인 강력한 제도를 파기하는 일은 반드시 천천히 진행되어야만 한다. 우리는 국민 정서의 변화를 기다려야 하는 다른 모든 상황에서처럼 이 변화도 참고 기다려야 한다"(존 브라운은 그렇게까지 참을성이 많지는 않았다). 당시 헌법은 남부 주들에게 노예제 유지를 선택할 권리를 주었는데, 상원의 '급진파' 공화당원이었던 찰스 섬너는 미국의 헌법을 넘어서는 주장은 하지 않았다(헌법을 태운 개리슨보다는 차분했다).

요점은 명확하다. 우리는 '극단주의'라는 척도를 부정확하게 쓰고 있다. 표현력을 가진 사람 대다수의 (또는 저자 본인의) 생각을 넘어서는 과감한 제안이라면 글을 쓰는 사람은 무엇이든 '극단적'이라고 평할 수 있다. '극단'이라는 말에서 유독한 정치적 냄새가 나고 식자 집단이 아리스토텔레스적 중용을 끔찍이 모시는 이 사회에서 우리는 단지 제한적인 대안들 가운데 극단일 뿐인 제안을 향해 그 말을 부당하게 휘두를 때가 많다. 생각해보라. 1960년과 1961년에 비합법적 대중 행동인 연좌농성과 '프리덤 라이더스Freedom Riders'가 출현하자, 남부 전역에서 그 동안 공산당이나 다름없는 급진적인 단체로 매도당했던 미흑인지위향상협회NAACP가 이제 점잖은 준법 단체로 보이기 시작했다. 마찬가지로 K.K.K.단이 활동하던 시기에는 백인시민회White Citizens Councils가 인종 문제에 '온건한' 견해를 가진 단체라고 자임할 수 있었다.

극단성을 판단하는 기준이 그렇게 유연하고, 극단의 한계가 끊임없이 바뀐다면, 어떤 입장이 '극단'인지 '온건'인지 어떻게 판단할 수 있을까? (애초에 우리가 그런 꼬리표를 받아들이는 것은 그 기초에 깔린 단순한 기준 덕분에 우리가 정신을 혹사하지 않아도 되기 때문이다. 또한 마음이 편안해서다. 박탈당한 이들의 끔찍한 문제에 함께하지 않고 그래서 **극단적인** 문제와 대면할 일이 없는 지식인에게는 특히, '온건한' 해법이 가장 좋은 해법이라는 추정이 마음 편하지 않겠는가?) 가치의 한 기준은 문제의 성격과 심각성인지도 모른다. 그저 그런 악이라면 몇 마디 예리한 말로 물리칠 수 있겠지만, 노예제를 철폐하는 일에는 분명 과감한 행동이 필요했고, 폐지론자들은 고상하고 온화한 사람인 척하지 않았다. 그들은 매우 의식적으로 그 악의 극악함에 맞게 언어를 조정했다. 1831년 1월 1일에 발행된《해방자》첫 호에는 개리슨의 유명한 선언이 실려 있다. "이 주제에 있어 나는 온건하게 생각하거나, 온건하게 말하거나, 온건하게 쓰고 싶지 않다. 그럴 수가 없다! 절대로! 집에 불이 난 사람에게 온건하게 위급함을 알리도록 해보라. 강간범에게 잡힌 아내를 온건하게 구하라고 남편에게 말해보라. 어미에게 불구덩이에 빠진 아이를 점진적으로 구하라고 해보라. 하지만 나에게는 현재와 같은 목적에 절대 온건함을 권하지 말라."

노예제는 얼마나 큰 악이었을까? 개별적인 사례들을 들여다보면 공통점이 거의 없는 복잡한 현상이었지만, 그 모든 다양한 사례가 모여 입에 담을 수 없으리만치 비인간적인 하나의 체제를 이루고 있었다. '가장 좋게' 말하자면, 노예제는 인간의 존엄성에 대한 맹렬한 공격이었다. 가장 노골적으로 말하자면, 노예제는 앨런 네빈스Allan Nevins의 표현대로 "지금까지 미국에 존재한, 흑인과 백인 모두에게, 최악의 참사, 최악의 잘못, 최악의 저주"였다. 남부의 신문에 실린 도주 노예를 찾는 광고(많게는 1년에 5,400건)에는 이해를 돕기 위해 다음과 같은 묘사가 실려 있었다. "가슴에 N. E. 라는 글자가 찍혀 있고 양쪽의 작은 발가락들이 잘렸음." "목에 철로 된 큰 칼을 차고 한 쌍의 거대한 뿔을 썼으며 왼다리에 철로 된 큰 막대 또는 테를 차고 있음." "왼뺨에 'R'

자로 낙인이 찍혀 있으며, 왼쪽 귀가 약간 잘렸음. 두 다리 안쪽에도 똑같은 글자가 찍혀 있음." 한 농장 일지에는 이렇게 쓰여 있다. "오늘 밤에 모든 일꾼을 매질했음." 나체즈의 한 노예는 백인을 공격했다가 나무에 묶여 산 채로 화형당했다.

이에 비하면 개리슨의 말은 얼마나 부드러워 보이는가.

《충돌 전야The Eve of Conflict》에서 G. F. 밀턴Milton은 폐지론자들의 "뿌리 깊은 격정"과 "감정의 홍수… 표출하라고 아우성치는 마음의 힘들"을 말하고 그들의 "개혁과 변화와 동요를 향한 욕구는 지성의 중재를 전혀 환영하지 않는다"라고 이야기했다. 또한 밀턴에 따르면 소로, 파커 같은 개혁가는 "대중의 잠재적인 감정에 대해 놀라울 만큼 예리한 통찰을 보여주었고, 군중 심리를 동원하고자 적절한 계략을 사용하기를 망설이지 않았다." 광신, 무분별, 감정 표출. 바로 이런 특질들이 폐지론자들의 속성이라고 거듭 보도되었으며, 지금은 또 급진 개혁가들의 속성이라고 알려져 있다. 이 비판은 얼마나 타당할까?

'감정적'이라는 말이 제 자신과 타인 모두를 흥분 상태에 이르게 한다는 뜻이라면, 여기에는 우리가 논할 것이 없다. 그러나 '감정 표출'이 개탄의 대상이라는 생각에 대해서는 논의가 가능하다.

지식인과 학자는 대체로 감정 표시에 화들짝 놀란다. 감정을 내보이는 것은 흔히 이성에 대한 공격으로 여겨진다. '냉정하다'는 칭찬으로 애용되는 말이다. '차분하다, 신중하다, 이성적이다'는 서로 비슷한 뜻으로 쓰이는 것 같다. 우리는 독재자들과 남부의 인종주의 정치꾼들과 종교 사기꾼들과 믿음의 치유사들을 소환하는 사람이다. 그렇지만 1964년의 여름에 저 아래 남부에 있는 어느 '흑인 침례교회'에 앉아

"우리 승리하리라…" 하는 회중의 노래에 귀 기울이고 그들이 "자유를! 자유를!" 하고 외치는 소리를 듣는다면, 아마 우리 가운데 가장 지적인 사람도 기쁨과 사랑이 밀려오는 것을 느낄 것이고, 그 자발적인 감정 표시 앞에서 일말의 불편함을 느낀다 해도 그러한 동요를 거의 억누르지 못할 것이다. 내 생각에 우리가 불편한 것은 주정주의가 **도덕적 중립**의 도구임을 인정하지 못해서다. 훌륭한 목표에 연결되는 감정은 긍정적인 목적에 봉사한다는 것을 알지 못해서다. 또한 감정은 '분별이 없는' 것이 아니라 '분별과 무관'한 것임을 이해하지 못해서다. 감정은 도구에 지나지 않으며, 감정의 분별력은 오직 감정이 목표하고 있는 것의 가치에 달려 있기 때문이다.

노예제를 둘러싼 싸움이 매우 팽팽하게 이어지던 시기에 윌리엄 로이드 개리슨은 낸터킷에 밀집한 군중과 함께 자유를 찾은 흑인 프레데릭 더글러스의 연설을 처음 들었다. 개리슨이 외쳤다. "지금까지 우리에게 이야기하던 자가 사람입니까, 아니면 물건입니까?" 청중이 끓어올랐다. 농장에서 멀리 떨어진 그곳, 매일매일 인간의 몰락을 상기시키는 사태를 볼 수 없었던 뉴잉글랜드에서 사람들은 순간적으로 번뜩인 그 말과 전해져오는 감정을 통해, 그들이 막고자 하는 악의 진정한 의미가 아마 처음으로 마음 속에 홍수처럼 밀려들어오는 것을 느꼈을 테고, 그 경험으로 인해 더욱 기꺼이 행동에 나서게 되었을 것이다. 《호르스트 베셀Horst Vessel의 노래》는 나치 일당의 마음을 움직였지만, 《공화국 전투 찬가Battle Hymn of the Republic》는 반노예제 투사들을 고무했다. 말이나 행동으로 감정을 뒤흔드는 것은 하나의 기술이다. 그런 의미에서 선동은 진영의 도덕성과 전혀 관계없이 쓰이는 도구다. 끝으로, 스스로의 감정적 흥분에 난처해하는 지식인들을 달래주기 위해서라도 짚어야 할 점은, 주정주의와 비이성 사이에는 그 어떤 필연적인 연관성도 없다는 것이다. 뿐만 아니라, 우리가 더 훌륭하고 큰 앎에 기초한 결정을 추구한다면, 그리고 그런 앎은 비단 정보만이 아니라 힘과 세기 또한 포함한다는 것을 시인한다면, 감정은 더 이성적인 결정을 가능케 하는 도구가 될 수 있다. 노예제를 더 많이 '아는' 사람은 누구인가? 관련 통계를 다 외우고 제 일만 차분하게 하는 사람인가, 아니면 아는 자료는 적지만 어떤 책이나 연설가를 통해 노예제의 현실을 깨닫고 지하 철도(도주 노예의 탈주를 도운 시민조직—옮긴이)에 역을 하나 세우는 사람인가?

주정주의라는 주제에는 왜곡과 과장이라는 혐의가 단단히 붙어 있는데, 이 혐의는 주정주의로 인해 존재한다고 볼 수도 있다. 오늘날에도 개혁을 주장하는 선동가는 이 혐의로 비난받는다. 역사학자 에이버리 크레이븐Avery Craven은 《남북전쟁의 도래The Coming of the Civil War》에 폐지론자들이 남부에 관한 수천 가지 왜곡된 이야기를 퍼뜨렸다고 썼다. "20여년이라는 세월 동안, 이렇게 여론을 만들어내는 사람들이, 자신의 거룩한 문화를 지키고 확장할 권리를 위해 다투고 있는 두 민족의 갈등을 꾸준히 지어냈다… 이윽고 한 민족은 이것이 옳고 그름의 문제, 선과 악의 대결이라고 믿게 되었다." 이런 식으로, 진실을 찾는 사람들을 호도해서 선동가가 외치는 문제로부터 안전한 거리를 유지하게 하는 일이 흔하다.

그러나 노골적인 사실 왜곡이나 개인적인 중상을, 개혁가의 입장을 지지하기 위해 복잡한 진실의 일부를 과장하거나 선별하는 것과는 구분해야 한다. 실제로 급진 개혁가들은 거짓 진술을 하며, 이것이 특히 용납되기 어려운 것은 진실을 이야기하는 개혁가라면 자신의 주장을 뒷받침하기 위해 증거를 위조할 필요가 전혀 없기 때문이다. 그러나 왜곡 혐의는 대체로 그렇게 간단하지가 않다. ("1851년 3월 3일 일꾼이 주인에게 매질을 당했다"는 식의) 단순 사실 진술은 생략하고 (네빈이 노예제를 "최악의 참사, 최악의 저주"라고 평가하듯이) 사회 제도를 총체적으로 평가하는 경우에는 '맞다', '틀리다'를 쉽게 적용할 수 없다(이는 앎의 이론을 다루는 철학의 문제다. 많은 역사학자가 인식론의 규칙을 충분히 들여다보지도 않고 게임에 나가서 뛰는 반면에, 철학자는 학문상의 규칙을 논하기만 하지 창문을 열고 바깥에서 게임이 실제로 어떻게 진행되는지를 보려 하지 않는다). 노예제는 복잡한 제도다. 노예제를 온전하게 설명하는 단일한 진술은 존재하지 않는다.

보자, '어떻게 하면 복잡한 진실을 단순하게 진술할 것인가'에는 답이 하나 있지만, 그 답은 학자에게서 거의 찾아볼 수 없는 적극적인 전망을 요구한다. 가령 어린아이에게 조심해서 길을 건너라고 가르칠 때 나는 "자동차에 치여 죽을 수 있단다"라고 말하면서 복잡한 전체 현실 중에서도 자동차 사고에서 사람이 죽는 얼마 안 되는 비율을 부각한다. 그런 설명이 '교통 문제'에 관한 완전한 진실과는 거리가 멀다는 것은 나도 잘 알지만, 바람직한 행동을 뒷받침하기 위해서 진실 가운데 바로 그 대목을 강조하는 것이다.

《링컨과 급진파》에서 해리 윌리엄즈는 폐지론자의 선동으로 인해 "노예제가 남부인의 인격을 야만화했다는 생각이 널리 퍼져 있었다"라고 불평한다. 이렇게 폐지론자를 원인으로 강조하는 설명이 처음 생각하기에는 현실 전체를 묘사하지 못하는 것으로 보인다. 남부의 모든 백인이 노예제 때문에 인간성을 잃은 것도 아니고 말이다. 그런데 이 평가는 그런 체제에서 저항하지 않고 **살아가는** 것 자체가 야만화의 한 징후라는 생각을 일깨운다. 지나친 단순화로 보이던 진술이 이제 과거와 현재 모두에 적용 가능한 미묘한 진실을 담고 있는 것이다.

원근법의 이점을 누린다고들 하는 역사학자들은 급진파를 해당 시기의 협소한 도덕 체계 안에서 판단하는 반면에, 급진파는 더 나은 시대를 바라보면서 현재 사회를 평가하는 경향은 역설적이다. 진보가 바람직한 것이라면, 또 당대의 속박에서 벗어나는 것이 건강한 것이라고 한다면, 누구의 관점이 더 마음을 끄는가? 선동가의 관점인가, 아니면 잔소리하는 역사학자의 관점인가? 웬델 필립스는 폐지론자의 지도자 앤젤리나 그림케Angelina Grimke에게 호의를 표하면서 이런 말을 했다. "나를 사로잡은 도덕적, 지적 특성을 하나만 꼽으라고 한다면, 주변 사람의 판단에 흔들리지 않은 그녀의 공평하고 침착한 태도일 것이다." (데이비드 리즈먼David Riesman이 "내향성"이라고 표현한) 바로 그런 종류의 공평함이 현대 역사학계에서는 거의 발견되지 않는다.

남북전쟁을 앞둔 시기에 보스턴에서 새뮤얼 메이Samuel May는 사회 개역의 전술 중 선동의 분별성에 관한 주장의 두 가지 측면을 적절히 요약했다. 메이는 개리슨에 대해 이렇게 말했다. "그는 우리나라의 중심까지 뒤흔들 것입니다. 하지만 그로 인해 우리나라의 노예제가 떨어져 나갈 것입니다." 반면에 리먼 비처Lyman Beecher 목사는 이렇게 말했다. "참된 분별력은 공동체가 개혁가를 지지하는 한에서만 대의를 주장하는 것이다." 이렇듯 온건 개혁가는 선동가들이 사회를 너무 세게 흔들어대는 탓에 타협이 불가능해지고, 지지자들이 멀어지고, 개혁이 오히려 늦춰진다고 주장한다.

폐지론자는 타협이라는 방법을 무시하지 않았다. 모든 사회 투쟁은 거의 항상 타협과 같은 형식으로 결실을 맺는다는 것을 그들은 잘 알고 있었다. 그러나 지레 타협한다는 것은 급진파만이 논쟁에 가동할 수 있는, 진보를 향한 바로 그 추진력을 착수 단계에서부터 해치는 것임도 알았다. 필립스는 이렇게 말했다. "한 덩이의 절반을 얻을 생각이라면, 한 덩이 전체를 요구해야만 한다." '노예 해방 선언' 자체가 타협이었다. 그것은 급진파와 온건파가 링컨 행정부 안팎에서 긴 싸움을 벌인 끝에 힘겹게 끌어낸 산물이었으며, 그것이 그 정도로 일찍 나올 수 있었던 것은 바로 타협하지 않는 폐지론자들의 추진력 때문이었다.

진짜 문제는 다음이다. 과연 온건함은 전면적인 개혁을 위한 효과적인 전술이 될 수 있는가? 흔히 선동가의 극단성 때문에 잠재적인 동맹이 고개를 돌린다고들 한다. 폐지론자의 여러 활동에 자금을 지원한 부유한 뉴욕 시민 루이스 태펀Lewis Tappan은 영국인 폐지론자 조지 톰슨George Thomson에게 보내는 편지에서 다음과 같이 우려를 표했다. "해방론자 중 여러 사람이 《해방자》의 언사가 거칠고, 또 그들이 보기에 기독교 정신에 맞지 않다면서 도저히 이 신문을 지지할 수 없다고 항의한다는 사실을 당신에겐 숨기지 않아도 되겠지요." 바로 이것이 미국반노예제협회AASS 집행위원회의 심정이었다고 보면 되겠다. 물론 AASS 자체는 개리슨의 극성에도 그들의 목표를 끝까지 지켰지만, 다른 사람들이 떨어져나갈까봐 걱정했다.

그러나 누가 떨어져나간단 말인가? 노예 소유주가? 노예가? 온건

개혁자가? 관대한 보수파가? 사람들은 같은 호소에 대해서도 인구 집단에 따라 다르게 반응한다. 급진파가 원칙을 완전히 포기하는 것 외에는 그 무엇에도 결코 만족하지 않을 인구 집단이 있다면, 급진파가 그런 집단을 만족시키기 위해 언어나 계획을 순화해야 할 이유는 무엇인가? 노예 소유주들부터가 온건한 건의로는 결코 설득당하지 않는다는 태도를 명확하게 내보였다. 1854년 리치몬드 《인콰이어러Enquirer》의 편집인은 이렇게 썼다. "교회 안에서나 국가 안에서나, 노예제를 건드리지 않는 것 이외의 방법으로 노예 소유주를 기쁘게 하려고 것은 망상일 것이다." 개혁을 가장 못마땅해 하는 집단에게 온건한 절제가 영향을 미칠 수 있을까? 버지니아 주 의회가 노예제 폐지에 관한 그 유명한 논의들을 시작하게 된 것은 1831년 그 지역에서 발생한 냇 터너Nat Turner의 노예 폭동 때문이었다. 랠프 콘골드Ralph Korngold에 따르면 "정말로 한동안은 퀘이커 교도가 프로파간다로 성취하지 못했던 것을 터너의 피가 이뤄낼 것 같았다."

개혁가의 아군은 거친 말이나 대찬 행동에 반발해도, 그런 이유로 열의를 잃는 일은 분명 없다. 다시 말해 양쪽 극단이 전술에도 회유에도 꼼짝하지 않는다면, 결정권은 상황에 따라 조금씩 바뀌는 집단에게 주어진다. 개리슨은 그의 호소를 듣고 있는 인구 중 대다수가 자신의 견해에 동조하지 않는다는 사실을 잘 알고 있었다. 그러나 그는 필립스를 비롯한 주요 폐지론자와 마찬가지로, 말과 감정으로 힘차게 휘몰아야 노예 문제에 안주하고 있는 백인들을 움직일 수 있음을 알고 있었다(존 브라운은 이를 지적으로 표현하진 않았지만 바로 그렇게 느끼고 그렇게 행동했다). 개리슨은 자신에게 "자네는 왜 그렇게 불같기만 한가"라며 좀 더 냉정하기를 요구하는 친구 새뮤얼 메이에게 이렇게 말했다. "형제여, 나는 불같아야 하네. 나를 둘러싼 이 얼음산들을 녹이려면."

우리는 역사 기록을 보면서 개리슨의 독한 말이, 그리고 웬델 필립스의 도를 넘은 호소가 대중의 정서를 노예제 찬반 중 어느 쪽으로 끌었는지를 확인할 수 있다. 1830년대 북부에서는 몇몇 남자가 소리 높여 노예제에 반대하다가 사람들에게 두드려 맞고 돌팔매질당하고 총살당했다. 1849년이면 반노예제 정서가 분명 강해지고 있었고, 미국에서 가장 중요한 인물 가운데 몇 사람이 노예제 폐지를 주장했다. 제임스 러셀 로웰James Russell Lowell은 폐지론자들이 운동을 저해하고 있다고 비난하는 이들에게 짧게 물었다. "북부에서, 아니면 남부에서 여론이 실제로 더 나쁜 방향으로 바뀌었는가? 《해방자》가 생긴 이후 18년 사이에?" 1860년에는 수백만 국민이 노예제가 악랄한 제도라고 확신했고, 존 브라운의 공공연한 반란은 30년 전 개리슨이 말로써 얻어낸 것 이상의 대중적인 지지를 형성했다.

선동가의 전술을 경계하는 목소리는 정치와 관련될 때 가장 커진다. 온건한 관찰자는 흔히 급진파가 어리석게도 정치가들에게 극단적인 요구를 한다고 생각하는데, 이는 정치가와 선동가 각각의 사회적 역할을 구분하지 못해서다. 대개 그 차이는 정치가보다도 개혁가가 더 명확하게 알고 있다. 웬델 필립스는 이를 간결하게 표현했다. "개혁가들은 숫자에 무심하고 인기를 무시하고 오직 생각과 양심과 양식을 따진다… 개혁가는 즉각적인 성공을 기대하지도 않고 걱정하지도 않는다. 반면에 정치가는 영원한 현재를 살아간다… 그의 업무는 여론을 지도하는 것이 아니라 대변하는 것이다." 급진파를 비판하는 관찰자는 무의식적으로 급진파로만 이루어진 세상을, 함성과 한탄과 규탄이 그치지 않는 세상을 그리고 있는지 모른다. 하지만 그럴 땐 급진파가 한 명도 없는 세상을 함께 상상해보길 바란다. 또 그 어느 시대에나 급진파가 먼저 있었고 그 다음에야 온건파가 나타나서 사회 질서 앞에 쓰러진 이들에게 손을 내밀었다는 사실도 기억했으면 좋겠다. 호레이스 그릴리Horace Greeley가 개리슨을 광신적이라고 비난했을 때, 제임스 러셀 로웰은 이렇게 쏘아붙였다. "왜 하느님은 저 사람을 저 특별한 사명과 함께 이 세상에 보내시고는 더는 아무도 보내지 않으셨을까요… 모든 사람이 광신도가 되어서는 안 되겠지만, 우리에게 저러한 종류의 광신도가 이만큼이나 있는 데 마음 다해 감사합시다. 어떻게 보아도 아직은 너무 많은 수가 아닙니다."

급진파의 압력이 있어야만 행동을 촉구하는 온건한 정치인의 전형이 다름 아닌 에이브러햄 링컨이다. 1858년 스티븐 더글러스Stephen Douglas에 맞선 연방 상원의원 선거전에서 링컨이 한 일련의 발언은 정치가의 양면성을 더없이 분명하게 표현하고 있다. 다음은 링컨이 그해 7월 시카고에서 한 말이다.

> 이 사람은 어떻고 저 사람은 어떻고, 이 인종은 어떻고 저 인종은 열등하고, 하면서 반드시 누군가를 열등한 위치에 놓는 트집 잡기는 그만두도록 합시다.

9월, 일리노이 주 남부에서는 이렇게 말했다.

과거에도 그러했고 지금도 나는 어떤 식으로든 백인과 흑인의 사회적 또는 정치적 평등을 구현하자는 데 찬성하지 않습니다… 나아가, 백인과 흑인에게는 신체적인 차이가 있으며, 그 때문에 두 인종이 사회적, 정치적으로 평등한 조건 위에서 함께 살아가는 것은 앞으로도 영원히 불가능하다고 말해야겠습니다. 함께 살아갈 수 없는 한, 실제로 함께 살더라도 우월한 위치와 열등한 위치가 나뉠 수밖에 없다고 말해야겠습니다. 그리고 다른 모든 사람만큼이나 나도 백인에게 지정된 우월한 지위를 지지한다고 말해야겠습니다.

링컨에 관한 가장 충격적인 진술, 우리가 그 본질을 깨닫는다면 더욱 충격적인 진술은 프레데릭 더글러스가 워싱턴의 자유민 기념비 제막식에서 한 연설에 들어 있다.

에이브러햄 링컨은 노예제가 있는 곳에서 노예제를 보호하고 옹호하고 영속화하기 위해서는 그 어떤 대통령 못지않게 기꺼이 국가의 칼을 뽑았습니다. 그는 미국의 헌법이 보장한다는 그 모든 권리를 동원해서 노예 주 어디에서나 노예 제도를 지키고자 했습니다. 그는 도망친 노예를 추적하고 체포해서 소유주에게 돌려주려고 했습니다. 죄를 지은 주인은 이미 정부에 맞서 무기를 들고 있는데도 말입니다. 우리가 속한 인종은 그분이 숙고하는 특별 대상이 아니었습니다. 그 사실을 아는 내가 이 자리에서 백인 시민 여러분에게 고백합니다. 그분의 완전하고도 지고한 헌신은 정말 대단했습니다. 처음에도 중간에도 마지막에도, 그분이 가장 깊이 사랑하고 가장 진지하게 염려한 것은 여러분과 여러분 가족이었습니다. 여러분이 에이브러햄 링컨의 자식입니다. 우리(흑인—옮긴이)는 기껏해야 그의 수양자식, 입양으로 얻은 자식, 상황과 필요의 힘이 낳은 자식입니다.

때로는 분명한 말로, 때로는 무언으로 오간 에이브러햄 링컨과 폐지론자 사이의 흥미진진한 대화 속에서 우리는 급진 개혁가와 대비되는 정치가의 전형적인 자세를 발견한다. 링컨의 근본적인 인도주의를 고려한다면 그를 정치만 생각한 정치가라고 말할 수 없으며, 폐지론자는 가끔이라도 정치를 한 적이 없다는 말 역시 정확하지 않다. 그러나 그런 편차는 어느 쪽이나 사소했고, 양쪽 모두 각자의 독자적인 역할을 완벽에 가깝게 해냈다.

링컨의 전기를 쓴 앨버트 베버리지Albert Beveridge는 링컨이 "여론을 거의 완벽하게 반영하는" 인물이었다고 썼다. 링컨은 '도주노예법' 폐지에 반대했고, 캔자스의 폭력 사태와 섬너 폭행 사건에 대해 침묵했으며, 대다수가 찬성하는 사안(그중 하나가 노예제 확대 중단이었다) 이외에 대해서는 입을 열지 않는 전술을 따랐다. 그가 분리 독립 위기 때나 남북전쟁기의 거의 내내 노예제에 대해 얼마나 애매하고 조심스러운 입장을 취했는지에 대해서 영국의 폐지론자 조지 톰슨이 개리슨에게 이렇게 말했다. "그는 어떤 발언에서도 큰 원칙을 주장하지 않습니다. 권리나 정의에 호소하는 법이 없어요. 그가 노예와 관련하여 하는 모든 말과 행동에는 편의주의가 깔려 있습니다." 링컨의 가장 큰 소망은 연방을 유지하는 것이었다. 노예제 폐지는 부차적인 문제였고, 공화파가 나라 전체를 계속 지배하는 데 필요하다면 그마저도 희생할 생각이었다.

링컨이 꾸준히 여론의 풍향을 확인하는 동안, 폐지론자는 이데올로기의 거대한 물결을 타고 대중과 여론 추종자 양쪽을 공략했다. 1861~62년 겨울, 5만 명이 웬델 필립스의 연설을 들었다. 수백만 명이 그의 연설을 읽었다. 탄원서와 대표단이 백악관의 링컨을 포위했다. 개리슨은 링컨을 살살 다루긴 했으나, 그의 글은 역시 변화에 안달하는 무리를 만들어냈다. 그 증거가 1860년에는 여론을 잘 반영해서 선거에서 승리했던 링컨이 1861년과 1862년에 노예제 사안에 대해서는 여론에 발맞추지 않았다는 사실이다. 정치가와 선동가는 저 유토피아를 향한 인류의 단속적인 행군에서 각자 특별한 역할을 맡지만, 선동가는 제 자신의 행동을 계산에 넣기에 역동적이고, 반면에 여론만 읽는 정치가는 그의 정적이다. 이런 맥락에서, 정치상의 결정이 보수적일 때가 많은 것은, 정치가가 기존 세력들의 힘을 가늠하느라 바쁜 나머지 그 자신이 가진 힘을 여론을 **바꾸기**보다는 여론을 **읽는** 데 소모하기 때문이다.

대통령이 여론의 대세를 반영하는 존재 이상일 때도 분명 있었다. 그때 그의 활력은 대개 개혁파의 목표가 아니라 국가주의적 목표를 위해 발휘되었다. 링컨과 윌슨, 루스벨트와 트루먼의 노력은 그들이 치르고 있는 전쟁에 대중적 지지를 확보하기 위한 것이었다. 그렇지만 테디 루스벨트와 윌슨의 개혁은 무엇보다 인민당과 진보당의 항의에 미지근하게나마 화답한 것이었다. 프랭클린 루스벨트의 뉴딜은 개혁 프로그램을 추진하는 과정에서 지지 정서를 끌어내는 역동적인 노력에 가장 가까운 사례다. 그러나 인종 문제와 관련해서는 링컨부터 케네디, 존슨까지 국가 정치권력의 정점에 선 이들이 '극단주의자', '급진파', '난동꾼'의 거센 압박에 조심스러운 힘겨루기로 대응하는 쪽을 선택했다. 링컨은 폐지론자에게, 케네디는 프리덤 라이더 사람들과 버밍햄 시위대에게, 존슨은 미시시피의 여름 운동가에게 그렇게 응했다. 백악관에 앉아 있는 사람에게는 선동가가 항의와 함성으로 해낼 수 있는 것보다 100배는 크게 여론을 바꿀 힘이 있다. 그러나 지금까지 그 어떤 대통령도 인종 평등을 위해 역동적인 역할을 한 적이 없다.

우리가 오늘날에 유용한 무언가를 배울 수 없을 때, 선동가의 전술을 분석하는 역사학은 아무 의미가 없다. 기껏해야 역사 연구에 따라오는 관념적인 즐거움이 있을 뿐이다. 100년이 지난 지금 우리에게는 폐지론자의 후예들이 있다. 연좌 농성을 벌이는 선동가, 프리덤 라이더, 미시시피의 투표자 등록 운동가가 그들이다. 폐지론자에게 적용할 수 있는 모든 반론은, 그리고 모든 변론은 현대의 폐지론자에게도 적용 가능하다.

1960년의 그 봄에 남부에서 연좌 운동이 발생했을 때, 그 운동은 전미흑인지위향상협회의 느릿한 법정 전술과 선을 긋는, 급진적이고 극단적인 움직임으로 여겨졌다. 그동안 협회는 환영할 만한 법정 판결을 얻어내긴 했어도 최남부 지역에 실질적인 변화는 거의 일으키지 못했던 것이다. 연좌 운동은 대법원의 1954년 학교 판결에 공감하던 남부의 백인 자유주의자들을 들쑤셨다. 그러나 1961년에 '프리덤 라이더'가 등장하자(북부의 흑인과 백인이 함께 버스를 타고 최남부의 가장 뒤처진 지역을 돌아다님으로써 그 지역의 법과 관습을 직접적이고 충격적으로 위반했다) 연좌 농성이 비교적 온건한 운동으로 보이게 됐다. 그러다 또 호전적으로 백인에 맞서는 '블랙 무슬림'이 출현하자, 비폭력 노선을 따르는 흑백 통합주의 운동가들이 더더욱 온건한 집단으로 보이게 됐다. '극단주의'는 지금도 상대적인 용어다.

개리슨은 자신이 반대하고 있는 악의 정도에 맞추어 급진의 정도를 정한다고 했다. 이 오래된 주장은 남부에 새로 나타난 젊은 급진파에게 그대로 적용할 수 있다. 백인뿐인 간이식당에 앉아 꿋꿋이 버티는 것이 정말로 인종 분리라는 악에 비하면 너무도 극단적인 수단인가? 감정 표시라는 요소 또한 현재의 인종 평등 운동에서 특별한 역할을 맡는다. 중요한 시위와 행동에는 반드시 예배와 노래와 불같은 웅변이 곁따른다. 그러나 이 주정주의는 목적에 맞추어 의식적으로 채택한 수단이다. 미국 독립 선언의 기본 원칙 및 수정 헌법 14조를 이론으로만이 아니라 현실에서도 수호하겠다는 극히 이성적인 목적에 말이다. 마틴 루터 킹은 자기 사람들의 감정을 이용하면서도, 그것이 언제까지나 분별력을 잃지 않고 면밀하게 설정한 목표를 향하게 했다.

오늘날 인종 평등 운동의 선동가는 흑인의 처지에 관한 진실을 과장하고 있는가? 미국에서 흑인으로 산다는 것은, 대다수 흑인에게는, 대개의 경우에는, 구타당하거나 살해당하는 것을 의미하지 않는다. 그러나 미국에서 흑인으로 산다는 것은, 모든 흑인에게, 그 모든 경우에, 통계에 다 담기지 않는 근본적인 고통을 의미한다. 미국은 폭력과 야만의 구렁텅이 같은 곳이 아니다(공산주의 프로파간다에서는 그렇게 그려질 수 있겠지만). 그러나 이 나라의 공기에는 **그 어느** 진영의 프로파간다에서도 지금껏 충분히 정확하게 묘사된 적 없는 종류의 변치 않는 야만성이 퍼져 있다. 또한 그런 점에서 백인을 향한 비난과 규탄은 그 어느 것도 심각한 과장으로 볼 수 없다. 타협하라는 온건한 권유에 관해 말하자면, 침착하게 분노한 남부의 흑인 학생들은 배울 것을 배웠다. 있는 힘껏 압박할 것, 그래야 종국에 가능한 가장 높은 수준에서 타협이 이루어진다는 것을.

선동가와 대비되는 정치가의 역할은 링컨 정부에 이어 케네디 정부에서도 분명하게 드러났다. 링컨이 그랬듯이 케네디는 대중적 관심의 풍향을 읽고 그에 대응했지만, 결코 그 수치를 과감하게 바꾸기 위해 백악관의 전력을 가동하지 않았다. 케네디 또한 어느 정도 인도주의를 실천한 사람이지만, 그는 버밍햄 사태가 있고 나서야 처음으로 분명하게 도덕에 호소하며 인종 분리에 반대했고 처음으로 시민권 입법을 추진(1964년의 시민권법)했다. 린든 존슨 역시, 미시시피에서 폐지론자의 후예들이 살해당하는 와중에도, 1877년의 타협을 무효화하고 미시시피 주에 연방법을 시행하는 결단을 내리지 않았다.

미국 정부가 인종 평등을 향해 내딛는 그 모든 걸음 뒤에는 불매 운동과 저지 시위와 폭행 피해와 연좌 농성과 대규모 시위의 땀과 아픔이 있다. 미국 현대사의 모든 행정부는 깔때기와도 같다. 위쪽에서 사람들이 막대한 노력을 쏟아부으면 (마틴 루터 킹 같은 급진 선동가와 학생비폭력조정위원회의 젊은 투사들이 그 투입을 조직했다) 저 아래 끝에서 조금씩 느릿느릿 사회 진보가 나타났다. 링컨 이래 미국의 모든 대통령은 그들이 여론을 **역동적으로** 읽어낼 때 사회 변화를 위한 막대한 가능성이 생긴다는 것을 이해하지 못했다. 아마도 미국은 인종 평등을 향해 진보할 것이다. 그러나 그럴 수 있는 것은 선동가들, 급진파들, 극단주의자들, 그 안에 함께 있는 백인과 흑인, 현재로서는 오직 그들만이 미국은 원래 혁명으로 세워진 나라임을 상기시켜주기 때문이다.

9. 반대 세력의 정신을 분석한 두 사례

(데이비드 도널드David Donald와 폐지론자,
루이스 포이어Lewis Feuer와 학생 반란)

I

데이비드 도널드는 폐지론자에 대해 (대부분 반대)주장을 편 전통적인 역사학자 진영에서 다소 어긋나 있다.[60] 폐지론자들의 목표에는 공감한다(나는 1950년대 초에 컬럼비아 대학에서 도널드가 개리슨과 필립스에 대해 강의하던 중에—우리 모두와 마찬가지로—깊이 감동하는 것을 보았다). 그렇지만 대통령에게 노예제를 폐지하라고 압력을 가한 "철두철미한 이데올로기 신봉자들"보다는 링컨의 조심스러운 실용주의를 훨씬 더 마음 편하게 느낀다. 도널드는 폐지론자들을 심리학적으로 분석하고, 그들의 십자군 전쟁을 사회라는 무대에서 개개인이 겪은 좌절의 분풀이로 전환시킨다.[61]

---

60 다음 두 권을 보라. Louis Ruchames, "Charles Sumner and American Historiography," Journal of Negro History, April 1953. Fawn Brodie, "Who Defends the Abolitionists?" in The Anti-Slavery Vanguard, edited by Martin Duberman, Princeton University Press, 1965.

61 나는 이 에세이에서 도널드의 저서 두 권을 참조할 것이다. 퓰리처상을 받은 연구서,

《링컨을 재고찰하다Lincoln Reconsidered》에서 도널드의 목표는 사회심리학과 사회학을 이용해서 폐지론자들의 정신과 행동을 탐구하는 것에 맞춰져 있다. 그들이 왜 그런 사람이 되었는지를 밝히고자 하는 것이다. "방대한 회고록과 자서전에 따르면, 그들은 단지 종교, 독서, 성찰을 통해 노예제가 악하다고 믿게 되었고, 자신의 삶과 신성한 명예를 불살라 노예제를 분쇄하기로 맹세했다."

도널드는 여기에 만족하지 않는다. 하지만 그 자신이 결국 결정적이라고 본 요인들(폐지론자에 대한 분석에 적용한 심리적 요인들—옮긴이)보다는 링컨 이야기가 설명으로서 설득력이 훨씬 높다. 그가 쓴 "단지"라는 단어는 그 자신의 답이 훨씬 더 복잡하다고 느꼈음을 가리킨다. 그러나 위에서 열거한 요인들(종교, 독서, 성찰)이 너무 단순하다면, 완전히 다른 설명의 장으로 건너뛰기보다는 바로 그 요인들이나 그와 관련된 요인들을 더 자세히 분석하고 조사하는 데에 우리가 찾는 복잡성이 있지 않을까? 다시 말해, 방금 인용한 요인들이 단순하다는 사실만으로는 그 요인들을 완전히 기각할 수 있는 충분한 근거가 되지 못한다.

그래, 나도 폐지론자들의 진정성을 알고 있다고 그는 말한다. 하지만 왜 그런 진정성이 다른 시대가 아닌 1830년대에 집중되었을까? 내가 느끼기에 그 답은 어쩌면 "단순"하다(폐지론자들을 젊은 세대로 상정하기 위해 포이어가 프레임 조작을 한 것이다—옮긴이). 폐지론은 1830년대에 봇물처럼 터져나왔지만, 미국혁명에서부터 남북전쟁에 이르기까지 미

Charles Sumner and the Coming of the Civil War, knopf, 1960과 에세이 선집 Lincoln Reconsidered, Knopf, 1956이다.

국 역사의 모든 10년대에 그 현상은 계속 존재했다. 폐지론이 가장 크게 성장한 것은 1830년대가 아니라 1840년대와 1850년대였다. 그렇다면 왜 1830년대를 유독 신비하게 강조할까? 어떤 특별한 인과적 콤플렉스를 그 10년대와 특별히 결부시킬 정도로 강하게?

자신이 제기한 질문에 답할 수 있는 가장 좋은 방법은 "노예제 폐지 운동의 지도부를 분석하는 것"이라고 도널드는 말한다. 그는 폐지론의 지도자 250명의 명단을 작성하지만, 1840년 이후에 합류한 많은 사람의 이름을 명단에서 제거한다. 1840년대에 노예제 폐지 운동이 정치권에 진입했기 때문에 이 시기에 합류한 사람들은 "정치적" 폐지론자들이고, 그래서 자신의 분석 범위에 들지 않는다는 불확실한 가정에 의거해서다.

그렇게 해서 추린 106명은 "1830년대에 활동한 노예폐지론자들의 핵심 지도부"가 된다. 이제 도널드는 IBM 기계로 무장한 사회과학자들 사이에서 유행하는 일련의 통계 작전에 돌입해서 특징들을 도표화한다. 그런 뒤 예를 들어, 1831년에 그 그룹의 중간 나이가 29세라는 사실을 발견하고, "따라서 노예제 폐지론은 젊은이들의 반란이었다"고 결론짓는다. 사회연구의 결과로서 이 결론은 의미 자체도 애매하지만(타운젠드 운동〔대공황기에 의사인 타운젠드가 주도한 노령자 연금운동—옮긴이〕을 제외하고 노인들이 주도한 개혁 운동이 얼마나 될까?). 1831년이 아닌 1839년, 즉 그가 연구하고 있는 그 10년대의 첫 해가 아닌 마지막 해의 평균 나이에 주목하는 것 역시 똑같이 정당하지 않겠는가? 그렇다면 평균 나이는 38세가 된다. 하지만 이런 것들이 무엇이 중요할까?

도표화하는 기계가 다시 가동하더니, 폐지론 지도자의 60%가 뉴잉글랜드 출신이라는 사실을 건져올린다. 이 발견 역시 중서부가 폐지론의 중심부라고 주장하는 역사학자들(예를 들어, 시어도어 웰드Theodore Weld를 연구한 벤저민 토머스Benjamin Thomas)과 개리슨와 필립스에게 열중하는 역사학자들의 무익한 싸움에 힘을 실어준다.

이제 도널드의 핵심이 우리를 기다린다. "지도자들의 부모는 일반적으로 분명한 사회 계층에 속해 있었다. 많은 부모가 목사, 의사, 교사였고, 단 세 명만이 제조업자였다… 은행가는 한 명도 없었고, 일일 노동자는 한 명뿐이었다… 가족들은 부유하거나 가난하지 않았다." 다시 말해 그들의 배경은 대체로 중간계급이었다. 그리고 곧 소개할 정보는 매우 중요하다.

"거의 모든 부모가 철두철미한 연방주의자였다." 그들이 사는 곳은 연방주의의 중심지였고 그 지역에서 연방당이 압도적인 지배권을 확립한 시기였으므로, 그리 놀라운 일은 아니다.

이제 도널드의 주제가 모습을 드러내기 시작하는데, 그의 방법론과 조사 결과를 자세히 추적해들어갈 때 우리는 그의 주제를 기억할 필요가 있다. 그 주제는 바로, 폐지론자들은 빠르게 도시화, 산업화가 되고 있는 세계에서 자랐지만 그 안에 그들의 자리는 없었기 때문에, "1830년대의 부산한 민주주의"에 뒤처지지 않으려고 지도자가 되는 수단으로 선동을 택했다는 것이다. 도널드는 에세이 전체에서 이 주제를 입증하고자 노력한다. "뉴욕 주에서 폐지론이 가장 강했던 곳은 한때 경제를 지배했고 1830년대에도 여전히 번창했지만, 더 유리한 위치에 있는 이웃 지역들보다 상대적으로 낙후하게 된 카운티들이었다." 이 두 현상 사이에 분명한 인과 관계가 있다고 해도, "카운티"가 경제적으로 낙후하게 되었다는 사실이, 그 카운티의 주민들도 낙후했고 그래서 폐지론자를 뒤처진 개인과 동일시하는 도널드의 개념이 설득력이 있다는 것을 의미할까?

"젊었을 때 폐지론의 시조들은 지역사회와 주의 지도자들이었다. 나이가 들자 그들은 거상, 재벌, 기업의 고문변호사 등에게 밀려났다." 역동적인 경제 상황에서 사람들은 대부분 나이가 들면 밀려나지 않는가? 도널드가 가족의 배경을 강조했으니, 폐지론 지도자들의 형제를 조사해보는 것도 흥미로울 것이다. 그들도 같은 부모, 같은 배경에서 자랐으니 말이다. 폐지론 지도자들의 형제자매들이 그 운동에 참여하지 않은 것은 왜일까? 물론 테펀 형제도 있었고(경제적인 경쟁에서 뒤처지지 않았고, 꽤 잘 살았다), 그림키 자매도 있었다. 하지만 다른 모든 형제자매들은 어떠했는가?

도표화 기계는 작동을 시작한 뒤로 멈출 줄을 모른다. 도널드는 "폐지론 지도자들의 종교는 도표화하기 어렵다"는 것을 발견한다. "대부분 영적인 불만족을 겪었고, 구원을 찾아 이 교파에서 저 교파로 옮겨 다녔다. 하지만 회중-장로교회와 퀘이커교가 크게 우세했다." 또한 최근 연구들에 따르면 "펜실베이니아 주를 제외하고 인본주의적 개혁과 회중-장로교회가 인과적으로 상호 관련되어 있다고 생각하는 것이 옳다는 결론이 나온다." 그 연구들이 어떻게 수행되었는지를 알면 도움이 되겠고, 정확히 **어떤 이유로** "회중-장로교회"와 인본주의적 개혁 사이에 특별한 인과적 관련성이 있는지를 따져보는 것도 흥미로울 듯하다. 또한 만일 폐지론자들 "대부분"이 "이 교파에서 저 교파로 옮겨 다녔다"면, 그 특별한 인과적 관련성은 얼마나 중요하겠는가? 또한 펜실베이니아에서는 퀘이커교의 존재가 개혁과 회중-장로교회의 인과적 연결성을 왜 깨뜨렸을까?

도널드는 "전체 그룹 중 13명만이 미국의 대도시에서 태어난 것"이 중요하다고 생각한다. 그들은 18세기 말과 19세기 초에 태어났으므로, 미국의 "대도시"에서 태어나지 **않은** 거대한 인구집단에 속하지 않았을까? 도널드는 폐지론이 "뚜렷한 농촌 운동"임을 발견하고, 뉴잉글랜드 출신의 다수가 아니라 중서부 출신의 소수에 속하는 웰드를 예로 들어 이 점을 입증한다. 하지만 폐지론자들의 활동은 대부분—신문 편집, 강의 등—은 도시에서 이루어졌고, 도시 사람들을 겨냥했다.

그는 개리슨을 비롯한 일부 지도자들은 노동에 동정심을 보이지 않았다고 올바르게 지적하면서도, 웬델 필립스가 보인 강한 친노동 정서에는 거의 눈길을 주지 않는다. 그는 다음과 같이 마무리한다. 하지만 "사실 폐지론자들은 노동에 적대적이었다기보다는 무관심했다." 1830년대의 세계에서 이 말은 이해하기 어렵지 않다. 미국 경제에서 제조업은 아주 작은 부분을 차지했고, 노동조합은 유아기 수준에 있었다. 그는 에머슨, 파커, 섬너가 "방직공장 재벌들"을 공격한 것이 착취에 대한 공격이라기보다는 주로 "옛 뉴잉글랜드의 도덕성"을 공격한 것이었다고 교묘하게 해명한다.

"그러므로 폐지론 지도자들을 합성한 초상화는 다음과 같다"고 그는 말한다. "그들은 낡은 사회의 지배층(목사, 교사, 농부가 "사회의 지배층"일까?)인 북동부 가문의 후손으로, 적극적인 신앙과 도덕적인 분위기 속에서 자랐고(하지만 대부분 "이 교파에서 저 교파로 옮겨다녔다"), 협조적인 지도력을 기르도록 교육받은 결과, 1830년대에 성년기에 도달한

이 젊은이들은 낯설고 적대적인 세계와 마주하게 되었다." 하지만 미국에는 이 묘사에 어울리는 수천 명의 다른 젊은이가 있지 않았는가? 왜 그들은 폐지론 지도자가 되지 않았을까? "사회 및 경제의 지도층이 시골에서 도시로, 농부에서 제조업자로, 목사에서 기업 변호사로 이전하고 있었다." 이 이야기는 1830년대뿐 아니라 1840년대, 1850년대, 1870년대, 1890년대 등 사실상 미국이 발전한 모든 시대에 해당하지 않을까? 폐지론자들은 지도하고 싶었지만 추종자를 찾을 수 없었다고 도널드는 말한다. "그들은 역할이 없는 엘리트, 미국 사회의 난민 계층이었다." 하지만 웬델 필립스는 자신이 원한 사회적 역할들을 쉽게 발견했고, 찰스 섬너도 마찬가지였다. 개리슨의 경우에는 그의 배경이 위의 초상화와 잘 일치하지 않는다.

결국 도널드는 다음과 같이 결론짓는다. "개인적으로 사회적으로 자아를 실현할 기회는 선동뿐이었다." 이 지도자들은 "새로운 산업사회에서 이방인"이었다. 그들의 "개혁을 위한 호소는 그들 자신의 계급에게 과거와 같은 사회적 지배권을 되돌려달라는 귀에 거슬리는 요청이었다." 하지만 도널드가 말한 집단, 즉 상류계급이 아니라 중간계급, 부유한 제조업자나 힘 있는 정치가가 아니라 교사, 목사, 의사, 농부에게 과거에 어떤 "사회적 지배권"이 있었던가?

비논리는 비논리를 먹고 자란다. "노예제를 공격하는 것이 그들로서는 최선이었지만, 무의식으로는 새로운 산업사회에 대한 공격이었다." 여기서 우리는 지나치게 단순하고 근거도 희박한 형태로 프로이트의 "전이transference"를 보게 된다. 폐지론자들은 실은 새로운 공업체제를 증오했지만, 그 증오를 노예소유주들에게 퍼부었다. 왜 노예들에게 퍼붓지 않고? 왜 정치인들에게 퍼붓지 않고? 왜 외국인들에게 퍼붓지 않고? 왜 공업체제에 직접 퍼붓지 않고? 왜 이 공업체제의 전면적 발전을 가로막고 있는 거대한 장애물—남부의 노예 대농장 체제—을 파괴하려 했을까? 정신분석은 사회운동을 설명하는 이론으로서 대단히 유혹적이다. 그에 비하면 낡고 조잡하지만 훨씬 더 믿음직스러운 다음과 같은 개념은 매력이 떨어진다. 이 지도자들은 직접 보고, 듣고, 읽은 것에 마음이 움직였다는 것, 그들의 개인적인 삶은 수많은 이유 중 어떤 이유로든 불만족스러웠겠지만 그들이 성취를 찾고자 한 정확한 방향은 소름 끼치는 노예제가 그들의 의식에 새긴 특별한 충격으로 결정되었다는 개념 말이다.

"개혁이 이 밀려난 사회적 엘리트의 삶에 의미를 부여했다." 하지만 반개혁 역시 의미를 부여하지 않을까? 다시 말해, 도널드가 폐지론자들을 둘러싸고 있다고 묘사한 그 조건들이 일종의 진공을 만들어냈다고 우리가 인정한다 해도, 정확히 무엇으로 그 진공을 채워야 하는지는 그 조건들이 결정하지는 않을 것이다. 불안, 탐색, 배제, 떠밀림 같은 사실들은 사람을 어떤 운동의 지도자로 만드는 동기가 될 순 있지만, 왜 그들이 특수한 운동의 지도자가 되었는지는 설명하지 못한다. "기본적으로 폐지론은 불만을 품은 계급이 그들을 소외시킨 세계를 향해 괴로워하며 항의한 것이라고 보아야 한다." 이 구절을 읽을 때 우리는 폐지론의 이름 대신 수많은 항의 운동의 어떤 이름이라도 쉽게 넣을 수 있다. 도널드의 구체적인 목표, 즉 폐지론자라는 이 특수한 그룹이 1830년대라는 이 특수한 시기에 왜 큰 힘을 분출하게 되었는지를 이야기하고자 하는 그의 목표는 다음과 같은 일반적인 결론으로 쪼그라든다. 불만을 품은 사람들이 기존 질서에 반대하는 운동의 지도자가 된다.

나는 폐지론자들이 왜 폐지론자가 됐는지를 안다고 주장하지 못한다. 현대의 폐지론자—즉, 인종차별철폐 운동의 지도자들—이 된 남부의 백인들과 친밀하게 접촉하고 끊임없이 물어도, 이 특수한 사람들이 정확히 왜 그런 사회의식을 키우게 되었는지를 알 수가 없다. 인과관계를 보는 나 자신의 태도는, 그 사건이 너무 복잡한 탓에 구체적인 사회적 목표를 갖고 시작을 할 때에만 그 실타래에서 실 한 가닥을 풀어내 규정할 수 있다는 믿음에 기초해 있다. 인과관계를 전체적으로 찾다보면 실패할 운명을 피하지 못한다는 것이 나의 생각이다.

개인에게 사회의식을 발달시키는 특수한 X인자를 찾아서 개혁지도자의 수를 늘리는 데 일조하려면, 그 인자를 고립시켜야 한다. 만일 경험과 이데올로기를 인과적 요인으로 본다면, 우리는 사람들이 사회 개혁, 사회 개혁을 다룬 서적과 직접 접촉하게끔 노력할 수 있다. 그런 경험을 한 1백 명의 개인 중에서 지도자 한 명이 나오리라는 희망을 품고 말이다. 도널드의 인과율 연구에서는 어떤 특별한 사회적 목표도 보이지 않는다. 그는 폐지론자들의 진정한 관심사가 노예의 불행이 아니라 그들 자신의 사회적 입지인 양 묘사해서 그들을 사회적 불평분자로 그리고, 그렇게 해서 그들의 고결한 이상주의를 폄훼한다.

도널드에게 그의 심리-사회적 명제는 또 다른 목적에 기여한다. 그는 링컨이 노예제 폐지를 더디게 했기 때문에 폐지론자들이 그를 비판하고 공격한 것이라고는 보기 어렵다고 생각한다. 이 설명은 너무 단순하고, 너무 쉬운 증거가 그것을 뒷받침한다. 그들이 품은 적개심의 바닥에는 어떤 심리적 병증이 깔려 있다. 즉, 폐지론자들은 링컨의 "서민적 혈통, 칼뱅주의적 열정의 부재, 법인법 분야에서 거둔 성공, 현실 정치에서 보여준 기술" 때문에 그를 좋아하지 않았다는 것이다. 이를 뒷받침하는 증거는 전무하며, 폐지론자들이 왜 폐지론자가 되었는지에 관한 허황된 이론을 받아들인 사람에게만 이 설명은 논리적인 추론처럼 보인다.

도널드의 명제와는 정반대로 우리는 역사적 사실을 통해, 링컨이 노예제 폐지를 가장 망설였을 때 폐지론자들이 그에게 가장 분노했고, 링컨이 폐지 쪽으로 움직인다고 느꼈을 때 그를 지지하기 시작했으며, 링컨이 노예제를 철폐하는 수순에 전념하는 듯 보일 때 개리슨과 필립스가 링컨을 적극적으로 지지했다는 것을 알고 있다. 하지만 도널드의 논리대로라면, 우리는 사람들의 말을 믿지 말아야 하는 해괴한 사회과학을 채택해야 한다. 그래서 링컨이 노예제와 호전적으로 싸우지 않기 때문에 그가 싫다고 폐지론자들이 말한다면, 그 말의 속뜻은 그들이 성공하지 못한 그 새로운 사회에서 링컨은 성공한 정치인이기 때문이라고 믿어야 한다.

도널드는 폐지론자들이 링컨에 반대한 까닭은 "노예제 철폐에 이르는 효과적인 행동들로 링컨이 폐지론자들에게 대의를 남겨놓지 않았기" 때문이라고 생각한다. "그들에게 에이브러햄 링컨은 위대한 해방자가 아니라, 꿈을 살해한 자였다." 첫째 링컨의 반노예제 행동들은 거의 효과가 없었다. 그의 주된 행동은 전쟁에서 승리하는 쪽을 향해 있었고, 그의 유능함은 주로 이 분야에서 나타났다. 그는 노예해방 선언 자체도 전쟁을 이기는 데 쓸모 있다고 보았으며, 선언이 노예를 해방시키는 데 직접적인 효과를 발휘한 것도 아니었다. 그렇게 되기까지는 수정헌법 제13조와 그 이상의 것이 필요했다. 둘째, 도널드 자신의 의심스러운 심리 분석으로 폐지론자들의 좌절을 지어낸 것 말고 도대체 어떤 증거가 노예제가 끝났을 때 폐지론자들이 **유감스러워했다**는 것을 증명하는가? 그런 이유를 갖다붙인다면 우리는 역사상 성공한 모든 개혁 운동을 비난할 수도 있다. 성공을 해서 대의를 제거했기 때문에 유감천만이라 하면서.

링컨의 "효과적인 반노예제 행동"을 언급한 직후에 도널드는 폐지론자들이 링컨의 망설임을 비판했다며 그들을 공격한다. "권력의 책임을 어깨 위에 지지 않고, 행동의 더 큰 의미도 모르면서 대통령의 신중한 행보를 비판하고, 그의 굳은 신념을 의심하고, 그가 더 강력한 해방론자로 교체되기를 바랐다. 미국 정치에서는 그런 불평불만이 정상적이다. 전국의 어느 마을에나 정부를 이렇게 또는 저렇게 운영해야 한다고 대통령에게 잔소리하는 사람이 적어도 한 명씩은 있다." 여기에서 도널드는 폐지론자들이 확실히 알고 있었던 것, 즉 대통령에겐 대통령의 역할이 있고 그들에겐 그들의 역할이 있다는 점을 잊고 있다. 도널드는 폐지론자들이 대통령을 괴롭힌 것은 대통령직에 고유한 역할을 예리하게 인식한 기초에서 나온 것임을 보지 못하고 있다. 그 자신도 알고 있듯이, 여론을 읽고 국민의 의견과 신중하게 조화를 이루어 행동하는 것이 대통령직의 성향이 아니던가?

정치인의 신경중추를 일부러 압박하는 것이 선동가의 역할임을 도널드가 알았다면, 신비한 심리적 부적응을 찾아내서 선동가의 행동을 설명하려고 하지 않았을 것이다. "환자가 약한 자극에 너무 격하게 반응할 때 의사는 즉시 어떤 뿌리 깊은 병증을 의심하게 된다." 노예제가 약한 자극이고, 역사학자가 정신의학을 전공한 의사인가? "이와 마찬가지로 역사학자는 자극이 없는데도 특별하게 튀어나오는 폭력적인 표현에서, 어떤 뿌리 깊은 사회적 또는 심리적 혼란의 증상을 보도록 경계를 늦추지 말아야 한다." 폐지론자들의 폭력적 표현이 자극이 없는 것이었을까? 우리는 심리적 질환을 찾은 도널드의 행동을 다음과 같이 인과적으로 설명할 수 있겠다. 대학의 역사학자들은 사회적 불의의 현장에서 너무 멀리 떨어져 있어서, 어떤 사람들이 악에 직면했을 때 품게 되는 깊고, 불타오르는 적개심을 이해하지 못하는 건 아닐까? 만일 선동가에게 선동을 하게 만드는 사회적 병인의 뿌리를 역사학자가 진심으로 느낀다면, 굳이 심리적 혼란을 찾을 필요는 없을 것이다.

도널드의 섬너 전기 역시 노예제를 향한 섬너의 강한 증오를 설명하고자 심리적 요인에 초점을 맞춘다. "채닝의 영향을 통해 섬너는 국제 평화, 징역형, 노예제에 관한 견해를 신중하게 완성하고 표현의 명확성을 높였다. 하지만 개인의 불행을 통해 사회적 불의를 예민하게 느끼기 시작한 뒤에야 그 문제들을 적극적으로 세상에 알리기 시작했다." 공공의 영역에서 개인적인 불행을 겪고서 사회적 불의에 예민해지지 않을 개인이 몇이나 될까? 필시 개인적인 불행은 개인의 내면에 이미 형성된 감정을 강화한다. 하지만 그렇다 해도 그 역할은 지지하고 강화하는 역할이지 원인으로서의 역할은 아니므로, 섬너의 비타협적인 폐지론을 발생시킨 인자로서 초점을 맞출 가치는 없다. 섬너의 개인적 불행이 깊어진 시절에 우연히 노예제 문제가 심각해졌고, 개인적인 삶이 섬너와 달랐던 다른 많은 사람들도 노예 문제에 그와 같은 투쟁 정신을 갖게 되었다고 보는 것이 합리적이다.

아래는 도널드의 전기에서 발췌한 구절이다.

기억이 미치는 한 섬너는 노예제를 혐오했다. 그의 부친은 그에게 흑인은 자유뿐 아니라 평등과 행복을 누려 마땅한 존재라고 가르쳤다… 리디아 마리아 차일드Lydia Maria Child가 1833년에 펴낸 팸플릿《아프리카계라 불리는 미국인 계층을 옹호하는 호소문An Appeal in Favor of that Class of Americans called Africans》을 읽은 뒤 섬너는 노예제와 인종차별의 부당함을 더욱 깊게 확신하게 되었다. 그는 1834년 워싱턴으로 가는 도중에 노예를 처음 보고서 충격을 받았고, 1830년대에 칼훈의 제자들이 노예제를 지지하자 그들의 거만한 어조에 격노했다. 1836년에 그는 리버(Francis Lieber, 미국의 정치사상가—옮긴이)에게 편지를 써 보냈다. "우리 북부 사람들은 빠르게 폐지론자가 되고 있습니다."

유럽을 여행한 뒤 미국은 노예제를 폐지해야 한다는 믿음이 더욱 굳어졌다. 노예제는 미국의 수치라는 말을 해외 어느 곳에서나 들을 수 있었다.

섬너가 폐지론을 믿게 된 복잡한 원인이 이 구절에 충분히 나와 있지 않은가? "그의 견해는 매사추세츠의 거의 모든 사람이 공유하고 있었기 때문에 결코 특이한 것이 아니었다"고 말해놓고서, 개인적인 곤경을 강조할 필요는 또 무엇인가?

어떤 악이 극심할 때 우리는 그 상황에서 사람들이 당연히 그 악에 대항하리라고 생각하고 느끼지 않은가? 급진적인 선동가의 출현을 이렇게 상식적으로 설명하면 사회가 잘못되었음이 강조된다. 반면에 현재 일부 역사학자들 사이에 유행하고 있는 심리학적 설명들은 선동가에게 문제가 있음을 강조한다. 한쪽의 설명은 이렇게 말한다. 사람들이 선동가가 되는 것은 이 세계에 악이 있기 때문이라고. 다른 한쪽의 설명은 이렇게 말한다. 사람들이 선동가가 되는 것은 그들이 심리적 장애를 앓기 때문이라고. 두 설명 모두 "증거"로 뒷받침할 수 있다. 결국 우리가 어느 설명을 선택하는가는, 우리가 현 사회의 조건에 더 많은 급진주의자가 필요하다고 생각하는가 아닌가에 달려 있다.

II

루이스 포이어의 책 《세대 갈등The Conflict of Generations》은 1969년에 세상에 나왔다. 그 해에 베트남전에 반대하고 흑인연구 프로그램과 대학 개혁을 요구하는 시위가 전국의 대학을 휩쓸었다. 학생들이 정부 건물을 점거하고, 신병 징모관의 통행을 막고, 다우케미컬사의 대리인들을 방해하고, ROTC에 항의하고, 학위 수여식을 방해했다.

《세대 갈등》은 오늘날 학생운동을 겨냥한 포이어의 분노를 보여주는데, 그는 이론 하나를 창안해서 자신의 분노를 정당화한다. 그의 이론에 따르면, 학생운동은 지난 세기와 금세기 전반부에 기성세대를 향한 일종의 부모살해 충동이 추동한 현상으로, 항상 허무주의와 테러리즘(아니면 적어도 불합리성)으로 변질했고, 그렇게 해서 번번이 세계의 진보를 가로막았다고 한다고 한다. 그의 책은 이 이론을 역사적으로 "증명"하는 데 많은 부분을 할애한다. 독일, 보스니아, 러시아, 중국, 일본 등지의 학생운동을 몇 장에 걸쳐서 다루고, 현재 미국에서 일어나고 있는 학생운동에 특별한 관심을 기울인다.

이 두꺼운 책의 시작과 끝에서 포이어는 학생운동에 내재한 이기심과 폭력, 이상주의와 불합리성을 "영원한 이중성"이라는 말로 충분히 설명하면서, 학자들이 자신의 바지인 양 좀처럼 벗어던지지 못하는 "균형 있는 판단"으로 점잖은 겉모습을 취한다. 하지만 몇 줄 안 되는 호의적인 속삭임 사이에서 들리는 것은 젊은이들에 대한 불만, 귀에 거슬리는 긴 넋두리뿐이다.

포이어의 악마론에서, 학생운동(그리고 궁극적으로, "세대 갈등")은 정도는 다르지만 다음과 같은 재난들에서 기인했다.

1. 1차 세계대전: 오스트리아 왕자를 암살한 가브릴로 프린치프Gavrilo Princip는 학생운동의 일원이었다(포이어가 이 장에 붙인 제목은 다음과 같다. '보스니아 학생운동이 분별없이 도발한 1차 세계대전').

2. 히틀러주의(국가사회주의): 1819년에 독일의 한 학생운동 그룹이 극작가 코체부Kotzebue를 암살한 것을 계기로 정부가 억압적인 칼스바트 법령을 선포했다. 그러므로 "독일 입헌주의가 패배한 주된 책임은" 학생운동에 있으며, 결국 "1817년 독일 학생운동의 유산은 나치에게 넘어갔다."

3. 볼셰비키 혁명: 알렉산드르 2세가 막 헌법을 내놓으려 했을 때 한 학생이 폭탄을 던져 그를 죽였고, 모스크바 대학생들이 "자유주의적 판단의 미덕"을 옹호하는 입헌민주당보다 혁명가 그룹을 더 믿고 따랐기 때문이다(그 미덕에는 1차 세계대전을 지지한 것이 포함되어 있었다는 점을 우리는 간과해서는 안 된다).

4. 스탈린주의(스탈린은 "반항적인 신학생"이었다): 1934년에 학생들이 키로프Kirov를 암살하고, 이듬해에 콤소몰(공산주의청년동맹) 당원들이 스탈린 암살을 계획해서 스탈린의 분노를 자극했기 때문이다.

5. 2차 세계대전: 30년대에 학생들의 반전운동으로 "히틀러에게 집중됐어야 할 저항이 약해졌기" 때문이다(체임벌린, 달라디에, 미국중립법은 빠져 있다. 스페인과 체코슬로바키아에서 갈등을 중재할 총과 권력은 학생들이 갖고 있었는가, 정부들이 갖고 있었는가? 젊은 급진주의자들이 어떻게 해도 포이어는 찬성하지 않는다. 그는 전쟁에 반대하는 옥스퍼드 서약을 채택했다는 이유로 옥스퍼드유니언[옥스퍼드의 학생 토론그룹—옮긴이]을 비난했다. 하지만 그들이 스페인에서 싸우다 죽을 때 보이어는 불만어린 투로, "그 죽음은 완전히 그릇된 이해에 빠진 젊은이들이 인민에게 돌아가겠다는 영웅적 충동에 굴복한 결과"라고 보았다).

6. 중국 공산주의혁명: "마오와 부친 사이에 갈등이 있었고 그 갈등이 마오의 정치사상에 가장 큰 동기였던 것은 그와 함께 출현한 중국 학생들의 전형적인 특징이었다." 그리고 1926년과 1927년에 "책임 있는 권위자들이 조롱당했다"(정치든 교육이든 당시에 중국의 권위자에게 "책임이 있다"고 말하는 것은 중국 역사에 근본적으로 무지하다는 것을 보여준다).

7. 카스트로주의: 학생 시절 카스트로에게 "미국은 비난 받아야 할 대리부父가 되었다"(쿠바 국민이 미국에 분개하는 데에 다른 어떤 이유가 있겠는가?).

8. 미국 내의 간첩활동과 반역: "이성을 잃은 격렬한 세대간 증오가 타락한 이상주의를 낳고 그것이 반역으로 이어졌다"(포이어는 로젠버그 같은 반역자를 말하고 있다).

9. 50년대의 침묵: "아들들이 아버지 세대의 정치적 영웅들을 부서진 우상으로 취급하며 거부했다."

10. 매카시즘: 미국학생연합의 유산은 "도덕의 덫… 죄의식 그리고

그로 인한 탈정치화"였다. 하지만 포이어는 몰락한 매카시를 정의롭게 비판한 많은 비판자들처럼, 내심으로는 팬이었다. 그는 윌리엄 레밍턴 William Remington이 "비속한 간첩활동에 연루되어" 있었다고 말한다. 매카시 시대의 부정한 법원 판결(러니드 핸드Learned Hand가 이의를 제기했지만 연방 대법원이 재조사를 하지 않았고, 돈을 받은 밀고자이자 레밍턴의 전 아내의 증언에 기초한)을 무덤덤하게 받아들이고 있는 것이다. 그 법원 판결로 한 남자가 위증죄를 덮어쓴 뒤 감방에서 살해당했다.

포이어의 책은 다른 사회과학자들이라면 조금 더 세련되게 적용했을 방법론을 터무니없이 적용해서 그들의 방법론이 참으로 어리석고, 한심하리만치 목적이 없다는 사실을 일깨워준다는 데 그 가치가 있다. 우리는 (대개 짤막한 표어의 형식을 띤) 어떤 개념이 논의 중인 주제의 모든 요소에 "잘 들어맞는다"고 허세를 부리는 사기에 얼마나 자주 현혹되는가? 그것이 사실은 모든 논의의 모든 주제에 끼워 맞춰지고 있다는 것을 알아차리지 못한 채 말이다.

심리적 설명은 우리의 작은 세계가 뒤집어지는 것을 바라지 않는 사람들에게 편안하게 들린다. 항의를 유발하는 쪽의 불합리성보다는 항의를 하는 쪽의 불합리성을 강조하기 때문이다. 우리로서는 폐지론자들이 노예제의 끔찍함을 나름대로 파악했다고 믿기보다는, 그들이 신분 상승을 위해 투쟁하고 있었기 때문에 열성적이었다고 믿기가 훨씬 더 수월하다. 또한 학생들이 그들을 (엄밀히 말해서) 사지로 내모는 사회에 분노하고 있다고 믿기보다는, "해소되지 않은 강렬한 오이디푸스 콤플렉스… 어머니와의 무시무시한 애착, 아버지에 대한 맹렬한 적개심"을 품고 있다고 믿기가 더 수월하다.

당연히 반역자와 항의자는 불합리한 행동을 하고, 당연히 그들의 전술은 천재성과 자포자기, 동정심과 자기학대의 혼합물이다. 어느 바보라도 흑인노예에게서 성적 충동을, 젊은이들에게서 기성세대를 향한 무차별적인 분노를 볼 줄 안다. 하지만 지혜의 시작은 균형감이다. 교황 피오 12세는 속마음으로는, 유대인의 영리함을 생각해서 그들을 독가스로 처리한 나치에게 아무 행동도 하지 않은 자신을 합리화했을지 모른다. 우리 모두는 그와 비슷하면서도 더 지적인 이유로 대리인[62]이 되고 싶어 한다. 이 세계에 더 이상 목격자가 없고 우리 모두가 유대인이 되는 시대가 와도.

5백 쪽 분량의 포이어의 책보다는 3쪽짜리 《포이어바흐에 관한 테제》가 우리를 더 잘 이끌어줄 것이다. 그 글은 《맑스와 엥겔스: 정치와 철학에 관한 기초 저작Marx and Engels: Basic Writings on Politics and Philosophy》에 실려 있다(몇 년 전에 루이스 포이어가 편집했다). 거기에 담겼다고 해서 완벽할 수는 없겠지만, 그 생각들은 현명하고 인간적이다(그리고 여담이지만, 포이어가 젊은 세대를 이해하는 것과는 비교가 되지 않을 정도로 자본가를 잘 이해하고 있다). 그 책을 읽는 사람은 이 세계의 실질적인 문제가 우리의 구체적인 삶 속에 역사적으로 뿌리내리고 있다는 것을 알게 된다. 또한 그 문제들이 우리가 해석하기를 멈추고 행동을 시작한다면 그 즉시 조작 가능하다는 것을 알게 된다.

62 The Deputy. 1963년 롤프 호흐후트Rolf Hochhuth의 연극으로, 나치의 유대인 학살에 대한 가톨릭교회의 책임을 묻는다.

10. 자유주의와 급진주의

1920년대 자유주의 인류학자들은 휴스턴 체임벌린Houston Chamberlain, 매디슨 그랜트Madison Grant의 이론을 인정하지 않았다. 그들의 이론은 미국 흑인만의 특수하고 비극적인 역사가 어떤 유전 형질에 기인한다고 보았다. 유전형질이 신체적 차이를 유발할 뿐만 아니라 지능과 도덕성까지 열등하게 만든다는 것이었다.[63] 1940년대 자유주의 사학자들은 율리치 필립스Ulrich Phillips와 존 버제스John Burgess 같은 인종차별주의 학자들에게서 등을 돌렸다.

이와 같이 지난 50년 간 미국의 자유주의는 "흑인 문제"의 뿌리를

---

63 생물학적 열등함을 믿는 증거는 16세기와 17세기 영국까지 거슬러 올라간다. 윈스럽 D. 조던Winthrop D. Jordon의 《흑인보다 우월한 백인White Over Black》 U. of North Carolina Press, 1968, Chapter 1을 보라. 버지니아에서는 법원의 재판서가 보관되자마자(1624) 소송 사건에 인종차별주의가 나타났다(1630). 백인인 휴 데이비스Hugh Davis는 "흑인과 함께 누워 제 몸을 더럽힘으로써…자신을 욕보인 명목으로…호되게 매를 맞아야 한다"는 명령을 받았다. 헬렌 캐터롤Helen Catterall, 《미국 노예와 흑인에 관한 법적 소송Judicial Cases Concerning American Slavery and the Negro》 Vol. Ⅰ, Da Capo, 1968.

선천적인 특성이 아니라 후천적으로 학습한 태도에서, 유전학이 아니라 역사학에서 찾기 시작했다. 인종 관계의 결정 요인을 생물학 대신 역사학에서 찾는 이런 접근법이 정계와 학계에서 지배적인 자리를 차지하기까지 약 300년이 걸렸다(1619년 제임스타운에 최초로 흑인 노예선이 도착한 때를 기준으로). 그렇지만 자유주의 역사관에도 한계는 있다. 미국 흑인의 고난이 노예제와 인종차별로 인해 결정되었다고 주장하기 때문이다. 존 칼훈John Calhoun, 조지 피츠휴George Fitzhugh, 벤 틸만Ben Tillman, 존 랜킨John Rankin이 그런 주장을 펼쳤다.

역사가 기록하지 않은 부분은, 미국의 자유주의가 암묵적으로든 기정사실로든 인종차별주의의 협력자로서 그 역할을 했다는 사실이다. 이 부분이 누락되는 바람에 두 가지 의문점이 남았다. 18세기와 19세기에 자유주의 혁명으로 대표적인 국가에서 어떻게 소수 노예 소유자들이 그토록 막강한 영향력을 행사할 수 있었을까? 그리고 1960년대 케네디와 존슨 행정부 시절에 인종 간 자유주의가 정점에 이르렀을 때 어째서 환멸과 소외감, 격렬한 흑인 급진주의가 생겨났을까?

이 에세이에서는 미국 자유주의와 흑인 간의 관계를 역사 속에서 간략하게 살펴보고자 한다. 이렇게 역사의 개요를 훑으면 내가 주장하는 바를 설득력 있게 전할 수 있으리라 본다. 나는 현재 흑인 급진주의가 자유주의와 흑인의 관계를 늘 얼룩지게 한 그 위선에 대한 당연한 반응이라 생각한다.

우선 16세기, 17세기, 18세기, 19세기에 수많은 흑인 노예가 신세계로 강제 이주한 사건을 보면 그 기본적인 특징이 우리가 자랑스러워하는 서구 문명과 유사하다. 대규모 노예제는 중세 암흑시대의 산물이 아니라 르네상스, 과학 혁명 그리고 상업 혁명의 산물이다. 또한 노예제는 봉건 세력이 아니라 신흥 민족국가에 의해 확장되었다. 노예제의 강한 추동력은 영주제도가 아니라 자본주의였으며, 이교도의 제례가 아니라 그리스도교 교리(종교개혁과 관련한 프로테스탄트 교회와 로마 가톨릭교회 주창자에 의해) 정당화되었다.

미국 자유주의의 근간으로 유명한 존 로크는 1669년에 캐롤라이나가 식민지가 되었을 때 캐롤라이나 기본헌법을 작성하기도 했다. 이 헌법에는 다음과 같은 구절이 담겨 있다. "캐롤라이나의 모든 자유인은 사상이나 종교에 상관없이 자신의 흑인 노예에 대한 절대 권력과 권한을 가진다." 그리고 1641년 매사추세츠에는 식민지 시기임에도 미국 자유주의 유산을 창조하는 데 크게 기여했을 자유헌장이 있었다. 여기에는 다음과 같은 조항이 있었다.

> 정당한 전쟁에서 붙잡힌 합법적 포로와 자의로 노예가 되거나 노예로 팔린 자를 제외하고 어떠한 노예제, 농노제, 감금이 있어서는 안 된다.

이 "제외하고"라는 단어는 미국 자유주의를 얼룩지게 한 자기기만이자 그럴 듯하게 남을 속이는 말이다.

독립혁명에서 힘을 얻은 미국 자유주의는 미국 독립선언문에서 그 이론을 가장 낭만적으로 표출했다. 독립선언문에서 삭제된, 제퍼슨이 쓴 유명한 구절은 흔히 자유주의를 대표하는 것으로 묘사된다. 하지만 그 글은 미국 노예제가 아니라 영국 노예무역을 겨냥하고 있으며, 노예 제도 자체가 아니라 노예의 폭동을 선동하는 사람들에게 더 강하게 분노했다. "노예무역이 형편없다"는 사실뿐만 아니라 왕이 "그 선동가들을 자극해서 무장 봉기에 미국인을 끌어들였다"는 이유로 영국을 비난하는 글이었다.

노예해방에 처음으로 의사표시를 한 사람은 제퍼슨이나 다른 자유주의자들이 아니라 버지니아 주 총독이었던 던모어 경Lord Dunmore이었다. 그는 독립선언문이 작성되기 6개월 전에 식민지 반란을 진압하기 위해 무장한 노예를 모두 해방시킨다고 선언했다. 왕정주의자인 던모어 경이나 보수주의자인 워싱턴 총사령관 또는 자유주의자 토마스 제퍼슨은 전쟁과 같은 긴급사태와 자신의 이익이 있을 때를 제외하곤 흑인 노예제를 반대하는 데 동참하지 않았다. 처음에 워싱턴은 흑인 자유민과 노예는 모두 미국군으로 입대할 수 없다고 주장했지만 던모어의 간청에 못 이겨 방침을 바꾸었다. 결국 흑인 자유민 약 5,000명이 혁명군에 가담하게 되었다.

이와 같이 미국사 초기부터 흑인에 대한 정부의 태도는 이해관계를 둘러싼 충돌과 편의주의에 따라 결정되었다. 그런 경쟁 속에서는 어떤 타협이든 가능했다. 독립전쟁은 사회적 파장이 엄청나서 북부 지역에서는 느슨했던 노예제가 무너졌지만, 다른 지역은 사정이 달랐다.

미국 헌법은 국가 통합을 최우선으로, 흑인의 자유는 뒷전에 두었다. 얼마 지나지 않아 링컨도 이 우선순위에 동의한다고 분명히 밝혔다. 여기에 개리슨이 공개 비난하고 나선 것은 당연한 일이었다.* 두 사람 사이에 5분의 4의 타협과 노예무역에 관한 격렬한 논쟁이 오고 갔지만, 누구도 노예제의 **존재** 자체를 문제 삼지는 않았다. 그런데다 헌법 제 4조 2절의 도주노예 조항에 대해서는 사실상 아무런 논의도 없었다. 이 조항은 다음과 같다. "특정 주법에 따라 복역 또는 노역하는 노예는 다른 주로 달아나더라도 본 헌법에 명시된 법률 또는 규정에 의거, 해당 복역 또는 노역에서 면제되지 않는다. 다만 해당 복역 또는 노역을 하기로 예정된 주의 요청이 있을 때에는 노예를 반환해야 한다." 로저 셔먼Roger Sherman은 도망간 말들을 되찾을 때도 그런 세부사항이 필요하지 않다며 지적했지만, 의회의 다른 의원들은 그 의견에 전혀 지지를 보내지 않았다.

독립전쟁과 남북전쟁 사이에서 남부의 노예제는 "기이한 제도"일 수도 있었지만, 노예제는 연방정부의 공식 정책에 의해 유지되고 보호받았다. 특히 의회, 대통령, 대법원 세 부문의 지원을 받았다(미국은 심지어 메테르니히Metternich〔오스트리아의 정치가—옮긴이〕 체제 기간에도 유럽과 라틴 아메리카의 여러 국가에서 자유의 상징이었다). 권리장전을 제정한 지 2년 후인 1793년에 의회는 최초의 도주노예법을 제정했다. 1807년에 노예무역을 금지하기는 했지만(아이티와 남부에서 노예 반란이 일어나 노예제가 지극히 중요한 문제가 되었다), 존 호프 프랭클린John Hope Franklin이 지적한 바와 같이 도주노예법은 처음부터 제대로 시행되지 않았다.* 1808년과 1860년 사이에 미국으로 흑인 약 25만 명을 들여온 불법 노예무역은 사실 프랭클린의 말마따나 "최초의 언더그라운드 철도(p. 88 옮긴이주 참조—옮긴이)"였다.

사람들은 앤드류 잭슨을 가장 민주적인 대통령이라 생각한다. 아서 슐레진저 2세Arther Schlesinger, Jr.는 자서전에서 이런 견해에 힘을 보탰다. 슐레진저는 잭슨을 제퍼슨과 더불어 뉴딜 시기의 다원적 자유주의의 초기 원형으로 묘사했다. 다원적 자유주의란 "어떤 집단도 사사로운 이익을 위해 민주주의와 자유를 희생시킬 수 없는 사회"다.* 하지만 슐레진저는 백인이 그런 집단이라고 여기지 않았거나, 잭슨의 자유주의 노선에 담긴 반흑인주의에 별 관심을 기울이지 않았다. 잭슨 자신이 노예 소유주이기 때문만은 아니었다. 그는 1835년 12월 의회에 교서를 보내 남부 주에서 폐지론자의 전단 배포를 금지하는 법안을 통과시키라고 촉구했다. 그 법안은 통과되지 않았는데, 대체로 남부 출신 의원들이 그럴 필요를 느끼지 못해서였다. 그러나 잭슨의 체신부 장관과 그 후임자들은 남부의 지역 우체국장들이 우편물에서 노예제 폐지에 관한 전단을 없애는 것을 눈감아주었다.

로저 토니Roger Taney는 잭슨의 법무장관이었다가 나중에 대법원장으로 임명되었다. 드레드스콧 사건에 대한 토니의 판결은 이상한 것이 아니었다. 흑인은 재산이라는 그 판결은 연방 정부의 지배적인 의견을 여지없이 따른 것이었다. 폐지론자로 여겨지는 조지프 스토리Joseph Story 판사조차 이러한 원칙을 받아들여 1842년의 프리그 대 펜실베니아 사건 판결에 반영했다. 당시 스토리는 노예주가 도주노예를 강압으로 붙잡아 데려가는 일에 펜실베이니아 주가 간섭할 권리가 없다고 주장했다. 리안 리트왁Leon Litwack이 자신의 저서 《북부 노예제North of Slavery》에서 두주頭註로 인용한 부분은 되풀이해서 볼 만하다. 그 부분은 남북전쟁 이전에 흑인에 대한 미국 "자유주의자"의 태도를 전형적으로 보여준 것으로, 찰스 맥케이Charles Mackay가 1857~58년에 북아메리카를 여행하는 이야기에서 한 구절을 인용한다.

"우리는 흑인을 노예로 만들어서는 안 된다. 흑인을 사거나 팔아서는 안 되고, 함께 어울려서도 안 된다. 흑인은 할 수만 있다면 생활을 꾸리고 부자가 될 수 있고, 세금을 내고 의무를 다하는 일에서도 자유로워야 한다. 그러나 흑인은 우리 식탁에서 음식을 먹을 수 없고, 배심원석에서 함께 토의할 수 없으며 판정석에 앉을 수 없다. 다만, 법원에서 변론하고, 의회에서 우리를 대변하고, 우리가 몸져누워 있을 때 간호하고, 연주실과 강의실, 극장, 교회에서 어울리거나 우리 딸들과 결혼할 수 있다. 우리는 다른 인종이며 흑인은 열등하다. 흑인이 자신의 위치를 깨닫고 그 자리를 지키게 하라." 이 대목은 북부 자유주 사람이 하는 말은 아니지만, 당시의 일반적인 견해를 보여준다.

지금까지 에이브러햄 링컨의 조심스럽고, 법을 존중하고, 정치적으로 기회주의적인 행보에 대해 언급한 사람이 많았다.[64] 하지만 노예제는 북부 지역에서 분노가 폭발하거나, 연방 정부가 자유의 원칙을 고수해서 폐지된 것이 아니었다. 노예제는, 노예주의 정치적, 경제적 이익이 북부 정치인들과 기업의 정치적, 경제적 이익과 전쟁을 치르는 듯 첨예하게 부딪혔기 때문에 폐지되었다. 도덕 관념이 가미된 편의주의가 노예해방을 이끌어냈으며 그것도 폐지론자들이 링컨을 오랫동안 끊임없이 압박한 후에야 가능했다.*

노예해방 이후 얼마 지나지 않아 흑인들이 남부 정치에 참여할 수 없게 되었을 때, 그들이 공화당 진보파("공화당 급진파"라고 잘못 언급되

64 특히 리처드 홉스태터Richard Hofstadter가 쓴 《미국의 정치 전통The American Political Tradition》 Alfred Knopf, 1948에서 링컨에 관해 쓴 장을 보라.

는)를 배반하는 일은 예정된 것이었다. "급진적 재건"은 진정한 흑인의 힘이 아니라, 북부 정치들이—한동안—느끼는 흑인의 효용가치에 기반을 두었다. 그랜트 2기 행정부에 이르렀을 때 북부의 주요 권력자들은 자신의 부와 권력을 쟁취하는 데 흑인의 선거권은 중요하지 않다는 사실을 분명히 깨달았다. 사업가와 정치인들은 국내 안정화를 최우선으로 바랐고, 그러기 위해서는 남부 지역의 백인 엘리트의 협력이 보장되어야만 했다. C. 반 우드워드C. Vann Woodward는 1877년 윌리 타협(치열했던 1876 대통령 선거를 수습한 회의. 헤이즈와 틸던은 남부에서 군대를 철수하고 재건 시대를 끝내기로 합의했다. 1877년 타협이라고도 한다—옮긴이)이 맺어지기 수십 년 전에 어떻게 워싱턴에 이러한 인식이 굳게 자리 잡았는지 기록한 바 있다.*

윌리 리 로즈Willie Lee Rose는 남북전쟁 시기와 그 이후의 시아일랜드(sea islands. 사우스캐롤라이나 주, 조지아 주, 플로리다 주 북부 연안의 제도—옮긴이)를 연구한 저서 《재건을 위한 리허설Rehearsal for Reconstruction》에서, 정부는 선거권을 부여함으로써 흑인에게 해야 할 일을 다 했다고 여겼음을 지적한다. 그렇지만 교육과 경제적 자유가 간과되었고, 이 두 가지가 뒷받침되지 않으면 투표는 무의미한 일이었다.* 국가의 우선순위가 흑인들이 생각하는 우선순위와 달랐고, 그래서 힘이 없이 독립한 흑인들은 국가라는 배가 자기 쪽으로 다가오도록 바람이 불기만을 기다려야 했다. 몇 년 간은 제대로 부는가 싶더니, 더는 바람이 불어오지 않았다.

흑인의 무력함을 바탕으로 한 1877년 타협은 오랫동안 효력을 발휘했다. 우드워드는 이렇게 말했다. "1877년 기본 협정에 심각한 위반

사항이 있지는 않다. 이를테면 군사 개입, 주권 존중, 흑인 보호에 대한 연방 정부의 책임 회피 측면에서 말이다." 1875년 시민권법은 의회의 평등주의자들에게 마지막 보루였으나 1883년에 대법원에서 무효화하고 만다. 이에 우드워드는 다음과 같이 말했다. "1877년 타협에 대한 비준인 셈이다."[65]

북부는 남부와 불가침 조약을 맺게 되는데, 이는 이제 남부가 자유롭게 흑인을 공격해도 된다는 의미였다. 1877년 이후 흑인의 처지는 레이포드 로건Rayford Logan이 말한 "밑바닥"까지 떨어졌다. 1882년부터 1900년까지 18년 동안 흑인 1,645명이 린치를 당했다. 정부는 1860년 이전에 노예제를 지켜볼 때와 마찬가지로 이 사건을 그저 우두커니 보기만 했으며, 이번에도 무력한 법을 탓했다.[66]

이 법적 논쟁은 헌법 수정조항 제 14조로 인해 더는 이어나가기가 어려웠다. 존 할란John Harlan이 대법원 판사 중 유일하게, 남북전쟁은 흑인을 명목상 해방시킨 것이 아니라 전반적으로 해방시킨 것이라고 주장했다. 1883년 시민권 소송에 대한 할란의 주장은 흑인을 보호하기 위한 법적 근거로 쓰일 수도 있었지만 아무도 신경 쓰지 않았다. 대법원의 나머지 판사들은 관심을 돌려 수정조항 제 14조가 기업을 위해 쓰이도록 애썼다. 적법절차 조항이 흑인의 삶이 아닌, 대기업의 재산 보

65 Reunion and Reaction, p. 266. 존 호프 프랭클린의 미발표 논문에도 법무부가 1875년 시민권법을 집행하는 데 실패한 사실이 기록되어 있다.

66 남북전쟁과 제2차 세계대전 사이의 시기를 풍성하게 기록한 자료를 참고하려면 레이포드 W. 로건Rayford W. Logan의 《흑인의 배반: 러더퍼드 B. 헤이스부터 우드로 윌슨까지The Betrayal of the Negro: From rutherford B. Hayes to Woodrow Wilson》 Collier Books, 1965를 보라.

호를 위해 활용된다는 점이 그 시대의 우선순위를 제대로 드러냈다.

"진보" 시대에 우드로 윌슨과 시어도어 루스벨트가 등장했지만 상황은 바뀌지 않았다. 윌슨은 1901년 《애틀랜틱 먼슬리Atlantic Monthly》 기사에서 지난 30년은 유례없는 진보의 시기였다고 말한 뒤, 명백한 시인하는 말투로 미국이 1860년대의 "열정"을 잃었다고 지적했다. 반흑인주의 유혈 폭동이 1898년(그린우드, 사우스캐롤라이나, 윌밍턴, 노스캐롤라이나), 1904년(스테이츠버로, 조지아, 스프링필드, 오하이오), 1906년(애틀랜타, 조지아, 브라운즈빌, 텍사스, 그린즈버그, 인디애나)에 일어났고, 마지막으로 1908년에 스프링필드와 일리노이에서도 발생했다. 이때의 폭동으로 흑인 수십 명이 살해당하고 부상 입었다. 스테이츠버로 폭동에서 루스벨트는 군사력을 동원해 폭동 주동자를 체포하라고 촉구했으나, 법무장관은 법무부가 조치를 취할 수 없다고 답했다. 법무 차관보가 대배심을 위해 증거를 마련했을 때 법무장관은 연방 정부에는 사법권이 없다며 대배심을 해산시켰다.

우드로 윌슨은 미국 자유주의의 전형이었다. 그는 프린스턴 동문의 평등권 쟁취를 위해 기꺼이 싸웠지만 흑인 문제에 관해서는 다른 태도를 고수했다. 윌슨은 우체국과 재무부에 인종차별을 도입했는데, 이렇게 해야 마찰을 최소화한다는 이유에서였다. 1917년 이스트세인트루이스에서 폭행 사건이 일어나 흑인 40명이 칼에 찔려 죽고, 곤봉에 맞아 죽고, 목이 매달려 죽고, 총에 맞아 죽었을 때 윌슨은 이 사태에 반대의 목소리를 냈지만 조치를 취하지는 않았다. 그는 전임자나 후임자가 그랬던 것과 마찬가지로 법적 근거가 빈약하다고 핑계를 댔다. 흑인 살인 사건은 지역의 문제일 뿐이라며 수정조항 제 14조의 지배를 받지 않는다고 주장했다. 이 수정조항이 흑인과 백인을 다르게 대우하는 주의 권한을 제어할 목적으로 제정되었는데도 말이다.*

진보 시대에 흑인의 무력한 현실은 다음의 사실에서 잘 드러난다. 인종 폭동을 계기로 1910년에 미국 흑인지위향상협회NAACP가 창설되었지만 그 협회의 절대 다수는 백인이었다. W. E. B. 두보이스가 유일한 흑인이었다(당시 부커 T. 워싱턴Booker T. Washington은 유럽을 순회하면서 미국이 인종 관계 분야에서 급속도로 진보하고 있다고 언급했다). 미국에서 "진보적인"과 "자유주의적인"이라는 개념을 정의할 때 인종 평등 문제는 언제나 열외였다. 토머스 제퍼슨, 앤드류 잭슨, 우드로 윌슨, 시어도어 루스벨트는 모두 미국 자유주의 전통에 속한 사람들이었지만, 흑인에게는 한결같이 냉담했다.

개혁 시대에 최고의 업적은 분명 뉴딜 정책이다. 이와 동시에 미국의 자유주의는 흑인 문제를 최우선으로 여기지 않는다는 가설을 확인하기에도 더없이 좋다. 루스벨트는 빈민의 가난을 구제하려고 힘썼고, 그 과정에서 극빈층인 흑인의 고통도 덜어주었다. 하지만 이런 조치는 오히려 흑인의 지위를 대공황 이전 시대로 되돌릴 뿐이었다. 그 결과 북부 지역에는 끔찍한 빈민가가 형성되었고, 남부 지역에는 굴종, 빈곤, 폭력이 난무했다. 루스벨트의 전기작가 프랭크 프라이델Frank Freidel은 이렇게 썼다. "루스벨트 대통령은 백인 우월주의에 관한 문제라면 내버려둘 작정인 듯 보였다."*

문득 루스벨트는 후임 대통령들에게 전해질 어떤 교훈을 깨달았다(아마 부커 T. 워싱턴을 만찬에 초대했을 때 아이디어를 얻었을 것이다). 즉, 정부 고위직에 영향력이 큰 흑인을 어느 정도 배치하면 진정한 사회 변화를 대신한다는 사실이었다. 미국 흑인지위향상협회의 회원인 이키즈Ickes 내무장관은 내무부의 중요한 자리에 흑인 몇 명을 배치했다(일명 "흑인 내각"). 루스벨트 영부인은 친히 여러 차례 흑인 인권에 대해 연설했고, 루스벨트 대통령은 목소리를 높여 린치를 가하는 것을 반대했다. 그러나 그는 린치에 반대하는 법안을 상정하는 데 아무런 지원도 하지 않았고, 연방정부는 남부 폭행 사건에 대해 여전히 소극적인 자세를 취했다. 1935년에 월터 화이트Walter White는 "미국 (백인) 법무부"를 통렬히 비판했다. 그는 이렇게 썼다. "법무부 업무 중 적어도 한 분야에 대해서는 100% 확실하게 평가할 수 있다. 초미의 문제인 흑인 인권을 침해한 것은 분명한 사실이라고 말이다."*

권력이 없고, 가장 자유주의적인 행정부에서도 우선순위에서 밀려나 있던 흑인은 국정 과제에서 편의주의와 도덕성이 만나는 때를 다시 한 번 더 기다려야 했다. 그리고 2차 세계대전이 발발했다. 국가의 사활이 걸려 있었으므로 독립전쟁과 남북전쟁 때와 마찬가지로 흑인 해방을 위한 원동력이 생겨났다. 군대의 인종차별 철폐도 트루먼 행정부에서 다시 시작되었는데, 이는 이미 참전 경험이 있는 많은 흑인들의 고조된 기대에 부응하기 위함이었다. 이러한 조치는 남부의 정치에 직접 관여하는 것이 아니었기 때문에 정치적으로도 위험하지 않았다.[67]

1954년에 대법원은 브라운 사건의 판결을 내렸다. 노예해방선언과 마찬가지로 그 판결은 이해관계가 첨예하지 않은 지역(경계주)에서는

67 사학자 윌리엄 C. 버먼William C. Berman은 《트루먼페이퍼스Truman Papers》와 광범위하게 일한 경험이 있는 사람으로, 1948년 헨리 월리스Henry Wallace의 경쟁후보도 트루먼이 그러한 결정을 내리는 데 중요한 요소로 작용했다고 주장한다.

엄청난 영향을 미쳤으나, 완고한 태도를 유지하는 최남부 주(사우스캐롤라이나, 조지아, 미시시피, 앨라배마, 루이지애나, 아칸소)에서는 크게 영향을 미치지 못했다. 학교에서 당장 대규모로 인종차별을 철폐한 극적인 사례가 일부 있었지만(워싱턴, 볼티모어, 루이빌), 남부 지역에서 흑인의 삶은—사실은 전국에서—기본적으로 그 전과 다르지 않았다. 1957년 아이젠하워 대통령이 리틀록에 군대를 파견한 것은 남부에 연방 정부의 영향력을 발휘하는 데 주저했던 과거 대통령들과 크게 다른 점이었다. 그렇지만 이는 허울뿐인 제스처였다. 최남부 지역에서는 거의 변화가 없었으며 대법원의 판결을 무시하고 흑인을 계속해서 차별했다.[68]

또 한 명의 자유주의적인 대통령(앤드류 잭슨)은 대법원 판사에게 이렇게 말한 적이 있다. "존 마샬John Marshall이 판결을 내렸으니 이제 그가 집행하도록 놔두시오." 사실 대법원은 판결을 집행할 수가 없었다. 그리고 미국의 자유주의 전통을 살펴보면 미 대통령 중 어느 누구도 학교와 그 밖의 공공시설에서 인종차별을 금하는 법원의 연이은 판결을 과감하게 집행하는 사람은 없었다. 미국 자유주의가 더디게 적용되는 상황에 안달하는 흑인들이 있었기에 그들의 저항이 결정적인 국면으로 접어들 수 있었다. 자유주의자들은 흑인의 공격성이 높아진 것을 남부 지역의 인종차별주의자의 비타협적인 태도에 대한 반응이라고 보았지만, 사실은 정부의 소극적인 태도에 대한 반응에 더 가까웠다.

68 1967년 《Southern Regional Council》에 수록된 보고서 "Lawlessness and Disorder: Fourtheen Years of Failrue in Southern School Desegregation"을 보라.

흑인의 저항은 1955년 몽고메리 버스 보이콧을 시작으로, 1960년 연좌 운동, 1961년 프리덤 라이드 운동, 1961년과 1962년 조지아 주 올버니에서의 대규모 행진, 1963년 버밍엄 시위, 1964년 미시시피 자유여름 운동으로 이어졌다. 흑인의 힘이 정치적인 구조 속에서 처음으로 폭발한 것이다. 흑인들은 워싱턴을 충분히 뒤흔들어 일련의 권리를 되찾았다. 1957년, 1960년, 1964년, 1965년에 시민권법을 획득한 것이다. 헌법 수정 조항 제 14조와 제15조에 근거하면, 행정적 조치를 통해 새로운 법률의 거의 모든 부분을 실현할 수도 있었다. 그러나 법률의 통과는 정부에게나 유용했다. 그 덕에 사람들의 관심이 가두시위에서 의회의 논의로 쏠리고, 엄청난 성과를 거둔 것처럼 보이기도 했다. 하지만 새로운 법률은 1세기 전에 통과된 법률과 마찬가지로 적극적으로 집행되지 않았다.

투표권법이 바로 그런 최후를 맞이한 경우였다. 헌법 수정 조항 제15조에 따르면 흑인 투표에 대한 차별은 명백히 불법이었다. 필요한 것은 대통령의 집행뿐이었다. 그러나 1957년과 1960년에 이 문제는 의회 소관으로 넘어갔고, 각각의 결과는 보잘 것 없었다. 1964년에 더 많은 법률이 통과되었으나 이번에도 변화는 미미했다. 마지막으로 1965년에 투표권법이 등장했다. 이런 과정을 겪는 동안 법무부는 변함없이 소극적인 태도를 취했고, 선거인 등록이 필요한 일부 지역에 한해서만 1965년 투표권법의 선거인 등록 조항을 활용했다. 마침내 최남부 지역에서 흑인의 선거인 등록이 엄청나게 증가하기 시작했다. 하지만 경제력이 없는 남부 흑인은 첫 번째 재건의 역사를 되풀이할 수밖에 없었다. 당시에도 경제적인 기반이 없으면 선거권은 환상에 불과한 약속이었다.

1969년 무렵에는 미국의 자유주의가 흑인을 위해 이뤄낸 성과에 한계가 있음이 분명히 드러났다. 소수의 흑인들은 호텔, 레스토랑, 공원, 교통 시설에서 차별을 금하는 법의 혜택을 누릴 정도의 돈과 용기가 있었다. 일부 흑인들은 선거인으로 등록할 정도의 자극과 용기가 있었다. 하지만 견디기 어려운 두 가지 현실이 계속되었다. 첫째는 흑인들이 민간인과 경찰들이 가하는 폭력에 속수무책으로 당할 수밖에 없는 현실이었다. 이런 사건이 발생했을 때 연방 정부는 법무부를 통해 그런 폭력으로부터 법적으로 흑인을 보호할 수 없다고 주장했다.[69] 둘째는 계속해서 극심한 빈곤에 시달리는 현실이었다. 남부 시골 지역, 북부와 남부의 더러운 빈민가에서 가난은 지속되었다.[70] 쏟아져나오는 법률 중 그 어느 것도 두 현실에 가닿지는 않았다.

한껏 기대를 품은 시기에 미국 자유주의가 한계를 드러내자 남부 지역을 제외한 대도시에서 흑인들의 반란이 일어났다. 1964년 할렘, 1965년 로스앤젤레스, 1966년 시카고, 1967년 150개 도시에서 봉기한 것이다. 대체로 흑인들은 빈민가 생활을 견디다 못해, 조직 하나 없이 충동적인 방식으로 분노를 표출했다. 흑인들은 랭스턴 휴스Langston Hughes의 예언을 떠올렸다. 휴스는 《늦추어진 꿈A dream deferred》이라는 시에서 마지막에 이렇게 질문을 던진다. "아니면 확 터질 것인가?"

---

69 연방 정부의 무위에 관한 미묘한 변론을 참고하려면 버크 마셜Burke Marshall의 《연방주의와 시민권Federalism and Civil Rights》 Columbia University Press, 1964를 보라. 마셜을 신랄하게 비판하려면 전 법무부 변호사 리처드 워서스트롬Richard Wasserstrom이 《University of Chicago Law Review》 Winter, 1966에 실은 서평을 보라.

70 《National Advisory Commission on Civil Disorders》 Chapter 7을 보라.

자유주의가 정점일 때도 미국이 흑인의 정의를 실현하지 못했다는 이 길고도 일관된 이야기[71](이 글에서는 간략하게만 소개했다)는 흑인을 사려 깊게 다룬 플롯은 아니다. 그렇지만 그저 우연히 일어난 일들을 꺼내놓은 것도 아니다. 이 이야기는 미국 사회에 깊숙이 자리 잡은 몇 가지 요소들을 보여준다. 결국 그런 요소들이 국가 지도자가 자유주의자든 보수주의자든, 민주당이든 공화당이든, 북부 사람이든 남부사람이든 관계없이 인종차별을 영속시킨다.

그렇다면 그런 요소에는 어떤 것이 있을까? 나는 길게 논하지 않고 다음과 같이 제언하려 한다.

1. 노예제라는 역사적 사실이다. 노예제는 흑인이 더 열등하다고 믿도록 주문을 건다. 이 주문은 없앨 수 있고, 다른 요소들이 개입하지 않으면 사라질 테지만, 오히려 다른 요소들을 덧붙여 제도적으로 더욱 흑인을 격하시킨다.

2. 자본주의라는 경제적 사실이다. 노예 소유자든 부동산 매매업자든 자본주의에서는 인권보다 수익과 재산을 앞세운다. 게다가 부가 불평등하게 분배되어 빈곤층이 생긴다. 만약 국가에 빈곤층이 반드시 있어야 한다면 흑인이 그 빈곤층을 다 차지할 것이고, 이는 여러 요인을 통해 확인된다.

3. 힘과 특권이라는 정치적 사실이다. 엘리트는 엘리트를 위해 힘과

---

71 케네디와 존슨 행정부의 미국 흑인에게 보인 냉담한 태도를 더욱 자세히 참고하려면 내 책《SNCC: 신흥 폐지론자SNCC: The New Abolitionists》Beacon Press, 1964,《미시시피의 법률 집행Law Enforcement in Mississippi》Southern Regional Council, 1964을 보라. 그리고 인권위원회의《Law Enforcement》1965를 보라.

특권을 행사하며(현실보다는 이상을 지적한 링컨의 고상한 발언과는 달리), 이상을 저버리는 일과 특권을 상실하는 일 중에 선택을 해야 한다면 이상을 저버릴 것이다.

4. 인종차별주의라는 심리적 사실이다. 흑인의 신체적 차이점과 함께 (위에서 언급한) 다른 요소들까지 수반되면 흑인을 경시하는 현상은 더욱 심해질 것이다.

이런 요소들은 미국의 자유주의에서만 나타나는 것은 아니다. 인종차별주의는 독재 국가나 민주 국가, 자본주의 국가나 사회주의 국가에 상관없이 어디에나 존재한다. 여기에서 분명히 말하고 싶은 바는, 미국의 자유주의에는 다른 이데올로기에서 보이는 무자비한 속성이 없다는 주장은 틀렸다는 것이다. 이는 곧, 어떤 정부도, 심지어 가장 높이 평가되는 정부조차도 시민의 자유를 위임받을 수 없으며, 시민은 언제나 자신의 안전, 보안 그리고 존엄성을 위해 싸워야 한다는 것을 의미한다.

11. 조지아 주 올버니와 뉴프런티어*

전통적으로 역사학자들은 당대 사건을 기록하기를 꺼린다. 하지만 왜 그럴까? 19세기가 과거인 것처럼 어제도 과거다. 사건이 일어난 지 일 년 후의 관점은 백 년 후의 관점 못지않게 중요하다. 그저 다를 뿐이다. 만약 역사학자들이 반드시 타인이 기록한 과거 자료에 의지해야 한다면, 그러면서 "1차 자료"라고 치켜세우는 경우라면, 왜 그들은 현재와 미래를 위해 그들 나름의 1차 자료를 만들어내지 않을까?

이런 관점에서 나는 앞으로 조지아 주 올버니의 역사, 즉 1961~62년의 인종 위기를 살펴보고자 한다.* 몽고메리 버스 보이콧과 1961년 프리덤 라이드 운동이 일어난 지 6년이 지나자, 올버니는 최초로 대규모 저항운동의 본거지가 되었다. 지난 10년 동안 미국과 남부 지역을 뒤흔든 지역 경찰의 공권력을 향해 저항한 것이었다. 이 글에서는 앞 장에서 다루었던 역사의 전반적인 패턴을 세부적으로 짚어본다.

---

* '뉴프론티어'는 J. F. 케네디가 1960년 대통령선거전에서 내세운 정치 표어이다. ―옮긴이

조지아 주 사람들은 대부분 Albany를 올-베니로 발음한다. 남북전쟁이 일어나기 전의 미국은 목화재배와 노예의 나라였고, 도허티 카운티에서는 올버니가 그 무역의 중심지였다. W. E. B. 두보이스는《흑인의 영혼The Souls of Black Folk》에서 올버니를 다음과 같이 묘사했다.

> 올버니에서 반경 100마일에는 비옥한 땅이 펼쳐져 있다. 이곳은 소나무와 참나무, 물푸레나무, 히코리나무, 포플러나무가 무성하게 숲을 이루고, 햇볕은 뜨거우며, 대지는 검디검은 늪지대로 축축하다. 바로 여기에 목화왕국이 세워졌다.

20세기로 넘어갈 즈음 올버니는 조용하고 작은 도시였다. 흑인이 백인보다 많았고, 노예제는 사라졌으며 인종차별이 굳게 자리잡았다.

올버니는 이제 애틀랜타에서 남쪽을 따라 곧장 운전하면 차로 4시간 거리에 있다. 지나가는 길옆에는 목화가 듬성듬성 나 있고, 블랙앵거스 소떼가 어슬렁거리고, 피칸나무가 늘어선 누런 들판이 아름답게 펼쳐진다. 올버니의 깨끗하고 넓은 대로는 킨차푸니크리크로 이어지고, 그 옆으로 플린트 강이 흐른다. 올버니는 조지아 남서부의 상업 중심지로, 옥수수, 소, 피칸을 거래한다. "급성장한 미국 도시 10위"라고 상공회의소 직원이 내게 일러주었다. "등급이 있습니다. 흑인과 백인에 따라 나뉘죠."

올버니는 언제나 흑인보다 백인에게 높은 등급을 매겼다. 이 뿌리 깊은 이유로 1961년 12월에 도시를 뒤흔드는 대규모 시위가 일어났고, 대규모 검거가 이어졌다. 이듬해 여름에도 같은 일이 벌어졌다.

올버니 인구의 40%가 흑인(56,000명 중 23,000명)인데도 흑인 정치인은 0%였다. 백인과 흑인은 올버니를 서로 다르게 인식했다. 백인들은—정치 지도자의 사무실에서, 사업가의 접견실에서, 중산층 가족의 거실에서—내게 누누이 말했다. "올버니에서는 늘 인종 관계가 좋았습니다… 우리 흑인들이 만족스러워 하죠… 우리가 상당한 진보를 이룬 겁니다." 하지만 흑인들에게, 올버니의 "평화"는 대가를 치러야 누릴 수 있는 귀중품이었다. 바로 사회 재화를 지극히 불평등하게 배분하는 방식을 감수하는 대가였다. 흑인에게 "진보"는 (흑인 거주 지역의 길을 포장하고, 흑인 축구장의 불을 밝히고, 에어컨이 설치된 흑인 학교를 세우는) 거대한 감옥 속의 미약한 변화였다.

1961년에 흑인이 올버니에 오려면, 버스에서는 흑인석에 앉고, 흑인 전용 대합실로만 드나들고, 흑인 전용 음수대에서 목을 축이고, 흑인 전용 화장실을 이용하고, 식사가 가능한 식당을 찾아 8블록을 걷고, 흑인 전용 모텔로 가기 위해 6마일을 더 움직여야 했다. 올버니에 도착하면 문제를 일으키지 않는 편이 나았다. 법정은 백인용과 흑인용이 분리되어 있었고, 교도소도 마찬가지였으며 판사, 배심원단, 보안관, 보안관보, 시 경찰 모두 백인이었다. 흑인 전용 세금신고서는 색깔도 달랐다. 흑인은 직업을 얻을 수는 있지만 바늘구멍을 빠져나갈 수 있을 때만 가능했다. "백인만큼 일을 잘 할 수 있다 해도, 왜 저는 일할 수 없습니까?" 한 흑인 짐꾼이 자신이 고용된 백인 교회 계단에 서서 내게 이렇게 물었다.

1961년 초에 올버니 흑인들의 기나긴 침묵이 깨지기 시작했다. 이런 현상은 어쩌면 남부 다른 지역에서 성공한 연좌 운동, 프리덤 라이드 운동, 보이콧에서 영향을 받았을 수도 있고, 어쩌면 막연하게나마 아프리카와 아시아의 유색 인종들이 일으킨 반란에서 자극을 받았을 수도 있고, 이도저도 아니라면 쉽게 단정 지을 수 없는 복잡한 요인들이 섞여있을 공산이 컸다.

2월에 올버니 흑인 지도자들이 특정 시립시설에서의 인종차별을 폐지해 달라고 시 행정관에게 요청했다. 그러자 올버니의 유일한 일간지 《헤럴드Herald》(올버니에서 가장 권위 있는 정치인이 소유한 신문)가 시 위원회를 대신해 흑인들의 요청을 단호히 거부했다. 그 무렵 올버니주립대학교 캠퍼스에서는 여기저기서 사건이 발생했다. 차를 타고 급습한 백인들이 달걀을 던지고 총을 쏘면서 흑인 학생을 깔아뭉개려고 한 것이다.

올버니 사람들 사이에 불안과 좌절감이 쌓이고 점점 움직임이 일자, 애틀랜타에 기반을 둔 학생비폭력조종위원회(Student Nonviolent Coordinating Committee, SNCC)에서는 1961년 9월에 올버니로 한 팀을 보내 지역 흑인들의 선거인 등록을 도왔다. SNCC는 1960년 연좌 운동을 계기로 조직되었다. 연좌 운동과 프리덤 라이드 운동에 가담하다 구속되거나 구타당한 경험이 있는, 예전에 대학생이었던 이들로 구성된 작은 단체였다. 그들은 샤일로 침례교회에서 두 블록 떨어진 곳에 자리한 다 쓰러져 가는 작은 건물에 사무실을 차렸다. 그런 다음 지역 흑인들의 선거인 등록을 추진했다. SNCC 구성원들이 열의를 보이며 힘을 쏟은 활동들은, 이미 꿈틀거리기 시작한 지역공동체에 촉매로 작용했다.

1961년 11월 1일에는 주간통상위원회Interstate Commerce Commission가 그해 여름에 일어난 프리덤 라이드 운동에 바로 반응하여, 주간州間 상거래에 이용되는 모든 기차와 버스 시설에서 인종차별을 폐지하고 해당 내용을 고지하는 표지판을 내걸기로 결정했다. SNCC는 흑인과 백인이 분리된 올버니 터미널에서 시행 첫 날 이 방침을 제대로 지키는지 테스트해보려고 준비했다. 흑인 학생들이 올버니의 트레일웨이즈 버스 터미널 백인 전용 대합실로 걸어들어가자 경찰들은 나가라고 명령했다. 멤피스 출신의 백인 여대생 샐린 맥컬럼Salynn McCollum이 그 목격자였다. SNCC는 법무부에 이 사실을 알렸다.

이는 정부가 주간통상위원회의 방침을 시행하는지 살펴보기 위한 첫 테스트였다. 그러나 결과는 실패였다. 이런 식의 항의는 아무런 효과가 없었다.

몇 주 뒤에 올버니운동이 조직되었다. 여기에는 SNCC, NAACP 지부, 흑인목사연맹, 기타 흑인 단체가 가담했다. 전 지역에서 인종차별을 폐지하기 위해 모두 굳은 의지를 보였다. 한 지도자는 이렇게 말했다. "젊은이들이 어쨌든 하고 있잖소… 나름대로 대중 집회를 열고 계획을 세우고… 저들만 애쓰도록 내버려두고 싶진 않습니다."

11월 22일 아침에 올버니 NAACP의 청소년협의회 구성원 3명이 프리쳇 경찰서장에게 체포되었다. 경찰서장이 나가라고 명령했는데도 트레일웨이즈 터미널 구내식당으로 다시 돌아왔다는 이유에서였다. 오후에는 올버니주립대학 학생 2명이 백인 전용 대합실에 들어가려고 하다가 붙잡혔다(운동에 가담했다가 올버니주립대학에서 퇴학당한 40명 중 첫 퇴학생들이었다). 두 사건으로 법무부는 두 번째, 세 번째 테스트에서도 불합격했다. 법무부는 아무 것도 하지 않았다.

10월 10일에 치렀던 네 번째 테스트는 가장 극적이었다. 올버니 흑인 수백 명이 그들 친구를 맞이하러 기차역에 나와 있을 때였다. 애틀랜타에서 올버니까지 백인 전용 객실에 같이 앉아왔던 SNCC 연합동아리 회원 8명은 올버니 터미널에 도착해서도 백인 전용 대합실로 들어갔다. 그러자 프리쳇 경찰서장은 나가라고 명령했고, 그들이 터미널을 빠져 나가 차에 오르는 중에 체포해버렸다. 차량 통행을 방해하고, 난동을 부렸으며 경찰의 명령에 따르지 않았다는 것이 체포 이유였다. A. C. 설즈A. C. Searles는 흑인 주간지 《사우스웨스트조지안Southwest Georgian》의 편집장으로, 그 현장을 보고 이렇게 보도했다. "거기에는 아무런 차량도, 소란도, 선동하는 사람도 없었다. 학생들은 인종차별이 철폐된 올버니로 무사히 여행 온 것뿐이었다. 모든 일이 너무 자연스럽게 흘러갔고, 그래서 경찰서장이 화가 난 것 같다."

법무부는 이번에도 불합격이었다. 법무부의 오랜 외면이 불씨가 되어 1961년 크리스마스를 한 주 앞두고 올버니에서 갈등이 폭발했다.

이제 올버니운동이 본격적으로 시작되었다. 이후 7일 동안 흑인 커뮤니티에서는 대규모 집회가 계속 이어지고, 천 명이 넘는 흑인들이 도심을 행진했다. 사람들은 행진하면서 노래를 부르고, 기도하고, 구속된 학생들의 석방을 요구했다. 한 여성은 구속되었다가 풀려난 뒤 이렇게 말했다. "우리의 권리를 찾기 위해서입니다." 올버니의 긴 침묵이 끝나가고 있었다.

학생들이 체포된 지 이틀 후 올버니 법원에서 재판이 열리는 날, 400명이 넘는 흑인 고등학생과 대학생들이 시위하러 도심으로 행진했고, 법원을 지나갈 때에는 노래를 불렀다. 경찰들은 경찰차의 확성기를 통해 해산하라고 명령했지만 흑인들은 계속해서 걸었다. 그런 다음 시청 옆에 있는 너비 15피트(약 4.5미터)의 골목에 모여들었다. 경찰이 흑인

한명 한명에게 프리덤 라이더와 동일한 혐의를 씌워 조서를 꾸미느라 흑인들은 쏟아지는 비를 맞으며 두 시간 동안 그 자리에서 내내 기다려야 했다. 다음날에는 시위가 세 차례나 일어났다. 시청 앞에서 기도회를 한 번 열었고, 두 번 행진했다. 이 과정에서 수백 명 이상이 체포되었다. 프리쳇 경찰서장은 기자에게 이렇게 말했다. "NAACP든 SNCC든 흑인 단체가 대규모 시위를 벌여 이 도시를 장악하는 것을 참을 수가 없습니다."

금요일에는, 올버니운동 집행위원회의 초청으로 마틴 루터 킹Martin Luther King, Jr.이 랠프 애버내시Ralph Abernathy 목사와 함께 애틀랜타를 떠나 올버니에 도착했다. 그리고 사람들로 가득한 샤일로 침례교회 기도회에서 연설을 이어나갔다. 킹은 청중들에게 되풀이해서 말했다. "지금 멈추지 마십시오. 계속해서 밀고 나가세요. 지치면 안 됩니다. 우리는 견디는 능력으로 저들을 꺾을 것입니다." 다음날 킹은 찬송가를 부르는 남자, 여자, 청소년 250명을 이끌고 법원을 향해 잭슨 거리로 나섰다. 프리쳇 경찰서장은 시청에 도착하기 두 블록 앞에서 사람들을 멈춰 세웠다. 그러고는 킹에게 행진 허가를 받았느냐고 물었다. 킹은 이렇게 대답했다. "우리는 시청에 기도하러 가는 것뿐입니다." 프리쳇은 무허가 행진을 혐의로 전원 체포 명령을 내렸다.

이제 체포된 사람은 모두 737명으로, 대다수 사람들이 인근 카운티의 교도소로 보내졌다. 토요일 늦은 밤, 확성기를 단 트럭이 도시를 돌아다니면서 군인들에게 공군기지와 해병대기지로 돌아가라고 공지했다. 경찰은 술집과 주류 판매점 영업을 막았다.

올버니운동 참가자와 시 당국은 며칠 후 구두 합의를 통해 협상을 끝맺었다. 시위를 중단하고, 구속된 사람들을 풀어주고, 시에서 흑인의 요구를 들어주기로 약속했다. 사람들은 교도소에서 우르르 쏟아져 나와 샤일로 침례교회로 갔다. 나는 거기서 사람들의 경험담을 들을 수 있었다. 테럴 카운티 교도소에서 방금 나온 찰스 쉐로드는 지크 매튜스 보안관에 대해 말해주었다. 매튜스 보안관은 수감자들에게 이렇게 명령했다. "내 구치소에서는 그 빌어먹을 노래도, 빌어먹을 기도도 해서는 안 돼." 쉐로드가 그에게 말했다. "우리가 구치소에 있더라도 여전히 사람이고 기독교인입니다." 보안관은 그 말을 듣고 쉐로드의 얼굴을 갈겼다. 관계자들은 쉐로드를 다른 감방으로 옮겼고, 또 다른 보안관이 그를 때렸다.

여성 51명이 리 카운티 영창으로 보내졌다. 거기에는 잠 잘 곳이 없었고, 그저 감방에 축축하고 더러운 매트리스만 깔려 있었다.

율라 잭슨은 "끔찍한 베이커" 카운티 교도소에서 사흘을 보냈다. "모래가 섞인 완두콩을 주더군요. 줄 때도 바닥에 내려놓고 발로 차서 감방 안으로 밀어넣었어요. 전 사흘 내내 아무 것도 안 먹었어요."

또 다른 여성의 이야기다. "88명이 한 방에서 토요일 밤부터 월요일 밤까지 있었어요. 철제 침대는 22개뿐이고 매트리스도 없었죠… 보안관이 우릴 카밀라로 데려가더군요. 버스에서 그는 이렇게 말했습니다. '여기에서는 노래, 기도, 박수를 허용하지 않는다.'"

토요일 밤에 체포된 남자가 말했다. "아무도 제 몸에 손대지 않았지만, 온통 두들겨맞은 느낌이었습니다. 딱딱한 콘크리트 바닥에서 자고 나면 저절로 몸이 쑤시죠. 전 일 년 내내 일하는 트레일러 운전수에요. 그런데 오늘 아침 일하러 와보니 해고되어 있더라고요. 저한테 이렇게 말하더군요. '당신, 프리덤 행진 참가자잖아.'"

또 다른 남성의 이야기다. "시 교도소 12명 정원인 감방에 42명이 함께 있었습니다. 그러다가 구치소로 옮겨졌는데, 거기에는 남자 60명에 침대 16개가 있었어요. 서로 바짝 기댄 채 서 있을 수밖에 없었습니다. 음식이요? 정말 엉망이었죠!"

젊은 기혼 여성은 청소 업체에서 일 년 간 일한 적이 있었다. 주당 30달러를 받았고 실 수령액은 28.10달러였다. 일주일에 6일, 하루에 12시간씩 일했다. 어느 날 밤 10시까지 강제로 일하고 추가 수당을 받지 못했을 때, 그 일을 그만 두고 다른 일을 구했다. 체포된 다음에는 그 일마저 사라졌다.

교도소 환경 때문에 사람들이 깊이 상처받은 것은 아니었다. 그럴 만한 이유는 차고넘쳤다. 올버니주 출신의 젊은 여성은 이렇게 말했다. "시청에서 무릎 꿇고 기도했다고 투옥될 줄은 몰랐어요."

1961년 12월의 휴지기는 머지않아 깨졌다. 1962년 1월 12일 금요일, 예전에 올버니 주립대학생이었던 올라 매 쿼터맨Ola Mae Quarterman이라는 18세 흑인 소녀가 올버니 시내버스 앞좌석에 앉았다. 운전사는 운전석에서 빠져나와 쿼터맨의 얼굴을 쿡쿡 찌르며 이런 식의 대화를 나눴다. "어디에 앉아야 하는지 몰라?" 쿼터맨이 대답했다. "전 망할 놈의 20센트를 냈고, 원하는 자리에 앉을 수 있어요." 운전사는 경찰을 불렀고, 곧 그녀는 체포되어 구치소로 갔다. 프리쳇 경찰서장 말에 따르면, 쿼터맨이 비속어("망할")을 썼다는 것이 체포 이유였다.

"저는 '망할'이라는 말을 제가 낸 20센트에다 한 것이지, 운전사에게 한 말이 아닙니다." 나중에 쿼터맨은 연방 법원 공청회에서 이렇게 주장했지만 법원에서는 그 의미를 구분하는 것 같지는 않았다. 그 공청회에서 담당 검사는 그녀가 버스 앞좌석에 앉아서가 아니라 비속어를 썼기 때문에 체포되었음을 밝히려고 애썼다. 이 모든 것은 남부의 법정에서 정교하게 짜놓은 재판 게임에 불과했다. 다들 체포된 사람의 인종은 경찰의 안중에 없다는 듯 굴었고, 흥미를 끄는 체포 혐의만 새로 만들어냈다.

하지만 올라 매 쿼터맨은 거기에 놀아나지 않았다. 담당 검사가 "당신이 앉은 자리에 앉으려고 했던 건 아니잖아요?"라고 묻자, 쿼터맨은 나지막이 대답했다. "그건 저들이 한 말이에요." 그런 다음 법정에 다 들리도록 큰 목소리로 한 번 더 말했다. "그건 저들이 한 말입니다."

쿼터맨은 "저속한" 말을 했다는 이유로 유죄 판결을 받았다. 그러자 흑인들의 시내버스 보이콧 운동이 한층 더 격렬해졌다. 3주가 채 지나기도 전에, 수익의 상당 부분을 흑인 승객에게 의지하는 버스 회사는 운영을 중단할 수밖에 없었다.

1월 말에 올버니운동 조직은 시 위원회에 12월 협정에서 정한 대로 도시의 다양한 시설에서 인종차별을 폐지하라고 요청했다. 시 위원회는 모든 요청을 거부하며 이렇게 답했다. "특권을 요청한다면 언제 어디서든 응하지 않을 것이다… 교만함, 무법 상태, 무책임한 태도가 가라앉지 않으면." 그러면서 다음과 같이 덧붙였다. 흑인 지도자들이 "흑인들에 대한 인정을 얻어내려면 흑인들의 도덕과 윤리 기준을 향상시켜야 한다."

3월에는 카운티 법원에서 12월 10일 프리쳇 경찰서장에게 체포된 첫 프리덤 라이더들의 재판이 열렸다. 찰스 쉐로드는 그날 아침 법정으로 들어올 때 "백인" 구역 앞을 지나갔고, 즉시 경찰부서장 라마 스튜어트의 손에 이끌려 바닥으로 내쳐졌다. 스튜어트는 쉐로드를 법정 뒷좌석으로 끌고 갔다. 밥 젤너를 비롯해 톰 헤이든과 퍼 라우센이라는 백인 피고인 두 명, 톰의 아내 산드라 헤이든Sandra Hayden이 쉐로드 옆자리에 앉자, 보안관보가 그들에게 달려들어 법정 밖으로 끌어냈다. 한 보안관보는 늘어선 좌석 위로 헤이든 부인을 넘어뜨린 다음 회전문으로 끌고 나갔다. 칼 E. 크로우Carl E. Crow 판사는 이 모든 광경을 지켜본 후 기자들에게 말했다. "담당관들이 법원 규정을 집행하는 중입니다."

비슷한 시기에 올버니에서 카페를 운영하는 월터 해리스라는 흑인이 경찰이 쏜 총에 맞아 죽었다. 경찰은 해리스가 체포에 불응하면서 칼로 공격했다고 주장했다. 수많은 흑인들이 이전에도 "체포에 불응" 했다는 이유로 경찰의 손에 목숨을 잃고도 침묵했던 시간을 이제 만회해야 했다. 어찌되었든, 해리스 총격 사건 이후에 어른과 청소년 29명이 시위를 벌이려고 시청 앞에 모였다. 해산 명령에도 자리를 떠나지 않아 모두 체포되었다. 어떤 청소년들이 소극적 저항의 표시로 인도에 누워있었다. 경찰은 그들을 체포해 경찰 본부로 끌고 갔다.

그러는 동안 마틴 루터 킹과 랠프 애버내시가 12월 행진을 주도한 혐의로 법정에 서기 위해 애틀랜타를 떠나 올버니로 다시 들어왔다. 변호인들은 당시 흑인들을 체포한 것은 인종차별을 유지하기 위한 근거이며, 수정헌법 제1조에 명시된 발언의 자유와 집회의 권리를 비롯해 수정헌법 제14조 동등한 법의 보호를 받을 권리 또한 침해했다고 주장했다. 그러나 시에서는 체포할 때 인종은 전혀 고려하지 않으며, 경찰서장이 시위행진 허가 규정을 집행한 것뿐이라고 진술했다. 브리쳇 경찰서장에게 "행진"을 어떻게 정의하느냐고 질문하자, 그는 딱히 정의할 만한 것이 없다고 답했다. "그럼 당신 마음대로 정합니까?" 하고 묻자, 이렇게 대답했다. "제 생각에는 그렇습니다."

킹과 애버내시는 유죄 판결로 45일 형을 선고 받았다. 변호사는 판사에게 그렇게 판결을 내리는 데 근거한 법적 인용문이 무엇인지 물었다. 그러자 판사는 그런 것은 없지만 "법에 관한 일반적인 연구"에 근거한다고 대답했다.

두 피고인은 벌금을 내는 대신 수감되는 쪽을 택했고, 올버니와 전국에서 소요가 일어났다. 올버니운동 조직이 시청에서 대규모 기도회를 열기로 계획하자, 켈리 시장은 콜럼버스로 가서 연방지방판사 J. 로버트 엘리엇을 만났다. 엘리엇은 조지아 정계를 주름잡던 탈매지 가家 사람들과 오랜 친분이 있었고, 케네디 대통령에 의해 막 임명된 참이었다. 기도회가 열리기 전날인 7월 20일 금요일 자정에 엘리엇이 일괄 명령을 내렸다. "불법 피켓 시위, 집회, 가두 행진… 상거래를 막는 보이콧 가담"을 허용하지 않으며, "치안방해를 일으키는 어떠한 행위"도 사실상 금지한다는 내용이었다.

판사의 금지 명령이 일시적으로 시행되는 바람에 토요일 오후에 예정된 시위는 일어나지 않았다. 그러나 저녁이 되어서는 노소를 막론하고 흑인 160명이 샤일로 침례교회에서 시청으로 걷기 시작했다. 그러다 프리쳇 경찰서장의 명령으로 체포되고 말았다. 가두시위에 참여한 대다수가 13살, 14살 청소년으로, 미첼 카운티 인근의 카밀라로 수송되었다. 한 아이가 말했다. "소년교도소라고 했는데, 거긴 그냥 낡은 교도소였어요." 청소년 12명이 정원인 방에 64명을 가두었고, 8명 정원인

방에 52명을 집어넣었다.

이틀 후, 슬레이터 킹 부인(올버니운동 부회장의 아내로, 임신 6개월째였다)이 친구 딸에게 음식을 전해주러 다른 흑인 여성들과 함께 차를 타고 카밀라에 갔다. 그녀는 자녀 3명을 데리고 왔고, 그 중 한 명은 뱃속에 있었다. 보안관보 2명이 그들에게 교도소 바깥 울타리에서 벗어나라고 명령했다. "거기 흑인들 모두 울타리 밖으로 나가시오." 한 보안관보가 강하게 요구했다. 여성들은 자리를 뜨기 시작했고, 킹 부인도 자신의 차로 천천히 걸어갔다. 그런데 한 보안관보가 킹 부인을 가리키며 욕설을 퍼부었고, 서두르지 않으면 체포하겠다고 을러댔다. 그녀는 돌아보며 이렇게 말했다. "체포하고 싶으면 하세요." 어느새 그녀는 발길질 당하고 바닥에 쓰러져 있었다. 한 보안관보가 그녀의 옆머리를 두 번 후려치는 바람에 정신을 잃은 것이었다. 그녀는 10분이 지나서야 깨어났다. 일행 중 운전을 할 수 있는 다른 사람이 없어서 겨우 차를 몰아 올버니로 돌아왔다. 몇 개월 후 슬레이터 킹 부인은 유산하고 말았다.

그 주에 체포된 청년 중에는 신시내티 출신의 SNCC 백인 활동가 윌리엄 핸슨이 있었다. 그는 즉각 도허티 카운티의 백인 전용 교도소에 수감되었다. 그를 감방에 집어넣은 보안관보가 모범수에게 말했다. "우릴 교정해주려고 온 놈들 중 하나야." 모범수가 이렇게 답했다. "그렇다면 제가 그 녀석을 교정해보죠." 핸슨은 감방 바닥에 앉아 신문을 읽고 있다가 기습을 당했고 정신을 잃을 때까지 얻어맞았다. 턱뼈가 부러지고, 입술이 터졌으며 갈비뼈 몇 개가 부러졌다. 결국 그는 시 교도소로 옮겨졌다.

그날 늦은 오후, 슬레이터 킹의 형이자 올버니의 유일한 흑인 변호사 C. B. 킹이 핸슨의 상태를 확인하기 위해 컬 캠벨 보안관을 만나러 갔다. 킹이 자신의 사무실에 있는 것을 본 보안관은 이렇게 말했다. "어이 깜둥이, 내가 밖에서 기다리라고 하지 않았나?" 킹은 뭔가 말하려고 몸을 돌렸다. 그때 보안관이 바구니에서 지팡이를 꺼내들고는 (바구니에 쓰인 안내문에 따르면 지팡이는 시각 장애인들이 만들었고, 법원 방문객에게 50센트에 판매되는 것이었다) 온 힘을 실어 킹의 머리를 내리쳤다. 킹은 비틀거리면서 사무실을 나왔다. 얼굴은 피범벅이었고, 옷에도 피가 묻은 채였다. 그는 간신히 길을 건너 프리쳇 경찰서장에게로 갔고, 경찰서장이 의료진을 불러다주었다.

뉴욕의 《타임스Times》 기자 클로드 시턴은 다음과 같이 캠벨 보안관의 말을 인용했다. "그 작자가 안 나가더라고요, 빌어먹을. 그래서 내쫓은 겁니다." 시턴은 또한 다음의 내용도 글에 실었다. "프리쳇 경찰서장은 폭력을 예방하면서도 시, 카운티, 주의 법 집행관 160명 이상을 관할한다." 프리쳇은, 시청 앞에서 15분 간 기도하고 노래한 흑인 28명을 막 잡아들인 참이었다. 그는 킹이 당한 폭행을 두고 "매우 유감스럽다"라고 말했다.

한 달 후 올버니에 두 번째 방문하는 나는 캠벨 보안관을 만나러 갔다. 지팡이를 담아 둔 바구니가 복도에 놓여 있었다. 보안관은 나를 자신의 사무실로 안내하면서 이렇게 물었다. "그 망할 흑인들을 지지하는 것은 아니죠, 그렇죠?" 나는 대답하지 않는 편이 좋겠다고 생각했다. 대신 킹 변호사 일에 대해 물어보았다. 그러자 그는 나를 빤히 쳐다보았고 이렇게 대답했다. "맞습니다. 제가 그 개자식을 죽도록 때렸죠. 다음에도 그렇게 할 겁니다. 그 자식한테 알려주고 싶거든요… 나는 백인이고, 너는 망할 흑인이라고요."

8월 초에는 백인 두 명과 흑인 여섯 명이 볼링장을 사용하려고 했다는 이유로 올버니에서 체포되었다. 그중 셜리 게인즈라는 16세 소녀는 월터 해리스가 경찰에게 살해되었을 때 시위에 가담하다 지난 4월을 카밀라 교도소에서 보낸 적이 있었다. 볼링장에서 붙잡힌 게인즈는 계단에 앉아서 근처에 주차된 호송차를 기다리고 있었다. 나중에 내게 들려준 이야기에 따르면, 게인즈가 기다리는 동안 경찰 두 명이 와서 그녀의 치맛자락을 머리 위로 들추었고, 두 다리를 붙잡아 계단 아래까지 질질 끌고온 다음 바닥에 내동댕이쳤다. 한 남자가 다가와 그녀의 옆구리를 걷어찼다. 그녀가 비명을 지르자 근처에 서 있던 경찰이 이렇게 말했다. "깜둥이년, 어디 더 크게 소리 질러보시지." 그러더니 그녀를 호송차로 끌고갔다. 게인즈는 허리를 다쳐서 시청 내부 건물 바닥에 꼼짝 못하고 누워 있었다. 근거리에 있던 어떤 남자가 계속 자동문을 여닫으며 매번 그녀의 머리를 쳤다. 게인즈가 끊임없이 악을 쓰자, 한 경찰이 입을 막으려고 얼굴에 물을 끼얹었다. 또 다른 경찰은 이렇게 말했다. "더 크게, 깜둥이!"

경찰은 그녀를 다시 호송차에 태워 퍼트니 병원으로 갔다. 가는 와중에도 내내 무릎으로 걷어차면서 바닥에 깔아뭉갰다. 검시 의사는 그녀가 허리를 다쳐 일어날 수 없는 것을 보고 의사에게 보냈다. 의사가 그녀의 허리를 이리저리 살펴보더니 아무런 외상이 없다고 했다. "그 흑인에게는 아무런 문제가 없습니다. 발에 차여도 싸죠." 게인즈는 시 교도소에서 하룻밤을 보냈고, 그런 다음 흑인 접골사에게 진찰을 받았다. 허리에 멍이 들고 상처가 나 있었다.

프리쳇 경찰서장은 그해 여름 올버니에서 폭력을 예방했다는 이유로 전국 언론에서 찬사를 받았다. 애틀랜타의 《컨스티투션Constitution》 기자는 프리쳇 경찰서장을 다룬 기사에서 칭찬을 아끼지 않았다. 뉴욕 《헤럴드트리뷴Herald Tribune》 기자는 프리쳇이 "올버니에 전문적 업적의 기준을 보여주었다. 더욱이 폭력을 규제해야 하는 상황임을 감안하면 그의 업적은 누구도 필적할 수 없다…"

바로 이런 상황이 미국인들이 말하는 폭력 예방과 치안 유지의 전형적인 사례다. 언제나 재화와 자유의 분배는 빈곤층과 흑인보다 부유층과 백인에게 유리했다. 경찰의 공권력에 억눌리고, 현 체제에 도전장을 내미는 사람은 누구나 복종해야 했다. 프리쳇은 남녀노소 가릴 것 없이 모두 구속시켰다는 이유로 미국 북부와 남부, 자유주의자와 보수주의자 모두로부터 칭송받았다. 프리쳇에게 붙잡힌 사람들은, 헌법으로 보장된 자신의 권리가 침해당한 것에 어쨌든 용감하게 이의를 제기했다. 프리쳇은 사람들이 기도하고, 노래하고, 행진하고, 피켓 시위를 한다는 이유로 천 명 이상을 잡아들였다. 프리쳇은 캠벨 보안관이 바로 맞은편에서 C. B. 킹을 지팡이로 내리쳤을 때, 그 때문에 킹이 피투성이가 된 채 비틀거리며 프리쳇의 사무실로 당도했을 때 그런 상황을 막으려는 어떠한 시도도 하지 않았다.

머레이 켐프턴 기자가 보도한 사건이 있었다. 시위행진 후 조서 기록 때문에 올버니 시청에 대열을 이룬 흑인들 사이에 작은 소년이 모습을 드러냈다. "몇 살이지?" 프리쳇 경찰서장이 물었다.

"아홉 살이에요." 소년이 대답했다.

"이름은?" 경찰서장이 이어서 물었다.

"자유입니다. 자유." 소년의 대답이었다.

그러자 경찰서장이 말했다. "집으로 돌아가, 자유."

정부는 그 동안 무엇을 하고 있었는가?

헌법상 연방 정부는 권한이 있었다. 수정헌법 제1조와 제14조, 남북 전쟁 이후 통과된 여러 법률에 근거하면 시민의 권리—발언과 집회의 권리, 인종차별을 당하지 않을 권리—를 위한 방편이라면 어떤 것이든 지방 공무원이 있다 하더라도 미국 전역에서 집행할 수 있다. 연방 정부는 지방 공무원이나 민간인이 시민의 권리를 빼앗는 행위를 막기 위해 연방 정부기관을 활용할 수 있다. 또한 연방 정부는 경찰이나 헌법이 보장하는 권리를 침해하는 사람은 누구든지 기소할 수 있다.[72]

역사를 살펴보면 미국 정부는, 경찰이 흑인들의 자유를 빼앗지 않도록 흑인들을 제대로 보호하기 위해 이러한 권한을 행사한 적이 한 번도 없었다. 게다가 조지아 주의 올버니 사례에서는 "뉴프론티어"를 약속했던 존 F. 케네디 행정부 또한 예외가 아니었다.

1961년 12월에 여러 사건이 발생하는 동안 FBI는 올버니 사무실에서 성실히 자리를 지키며 흑인들이 보낸 수많은 진술서를 취합했다. 흑인 시민들이 시와 카운티 관료에게서 헌법상의 권리를 침해당했다고

72 이 문제와 관련해 더 많은 법적 논거를 참고하려면 내 책《SNCC: 신흥 폐지론자SNCC: The New Abolitionists》Beacon Press, 1964에서 "Which Side Is the Federal Government On?"을 보라. 또한 잭 그린버그Jack Greenberg가 쓴《인종 관계와 미국법Race Relations and American Law》Columbia University Press, 1959를 보라. 그리고 리안 프리드먼Lean Friedman의《남부의 정의Southern Justice》, ed., Pantheon, 1965를 보라.

항의하는 내용이 많았다. 그러나 FBI는 아무런 조치를 취하지 않았다. 1962년 봄과 여름에도 흑인 수백 명이 시와 카운티 관료들에게 또다시 헌법상의 권리를 침해당했다. 그렇지만 이번에도 조치는 없었다. FBI에 관해서라면, 흑인 청년이 내게 다음과 같이 신랄하게 해준 말이 있다. "그들도 인종차별주의자와 한패입니다."

12월에 흑인 구속이 줄줄이 이어지는 동안 《뉴욕타임스》에서는 올버니 현지 상황을 이렇게 보도했다. "법무부가 이곳의 진전 상황을 주의 깊게 지켜보고 있다." 9개월 후, 선거인 등록 담당 흑인/백인 활동가가 살고 있는 테럴 카운티의 집에서 엽총 난사 사건이 발생했을 때에도 법무부 대변인은 워싱턴에서 이렇게 말했다. "우리는 상황을 대단히 주의 깊게 지켜보고 있습니다."

1962년 6월, 주간통상위원회의 방침을 여러 차례 어긴 지 6개월이 지났을 때 애틀랜타 《저널Journal》의 워싱턴 특파원이 다음과 같이 보도했다. "미국 법무부는 올버니에서 인종을 차별한 것으로 추정되는 버스터미널을 조사하기 시작했다." 같은 달 26일, 애틀랜타 《컨스티투션》에 따르면 켈리 시장은 로버트 케네디Robert Kennedy 법무장관과 함께 워싱턴에서 의견을 나눈 적이 있었다. 뉴스 기사는 이렇게 언급했다. "켈리는 자신이 케네디에게 올버니의 인종 문제는 지역 사람들이 처리해야 할 문제라고 알려주었고, 케네디도 이에 동의했다고 전했다."

켈리가 진실을 말하는지 진위 여부에 상관없이 미국 법무장관은 켈리 말이 맞는 것처럼 **행동을 취했다**.

애틀랜타 《저널》의 워싱턴 특파원은 7월에 이렇게 보도했다. "법무부 관계자는 올버니에서 월요일에 발생한 사건을 두고 '긴박한 상황'

이라고 설명했지만, 아사 켈리 시장과 로리 프리쳇 경찰서장이 '질서를 유지하겠다는 강한 의지를 보였다'고 덧붙였다. 법무부에서는 올버니 경찰이 합당한 법적 보호를 제공하지 않는다는 사실을 증명하는 어떤 증거도 받지 못했다고 밝혔다." 이는 C. B. 킹 변호사가 인근에 시·카운티 경찰이 100명 넘게 있음에도 도허티 카운티 보안관에게 피투성이가 되도록 폭행을 당했던 사건 직후였다.

여름이 끝나갈 무렵, 분노가 담긴 전보를 몇 차례 받고, 북부와 남부 시민들이 백악관에서 피켓 시위를 벌이고, NAACP의 로이 윌킨스와 미국시민자유연맹American Civil Liberties Union의 윌리엄 쿤스틀러가 직접 청원한 후에야 법무부는 미약하지만 두 가지 법적 조치를 취했다. 첫째, 법무부가 법정 조언자 변론 취지서 작성에 착수했다. 이는 시위를 금지하는 명령을 기각하라는 올버니운동의 요구를 뒷받침하는 것이었다. 둘째, 남서부 조지아의 특정 관료들이 선거인 등록 활동에 개입하는 것을 막기 위해 법무부가 가처분 신청(테럴 카운티의 선거권 침해가 도를 넘어섰기 때문에 대개 침착함을 유지하는 현장의 취재진까지 분노했다)을 했다.

올버니에서 여러 사건이 발생하는 동안 정부 기관에서 딱 한 번 열의를 보인 적이 있었다. 마틴 루터 킹이 7월 10일에 투옥될 때였다. 대통령이 보고를 요구하고, 법무장관이 부산을 떨고, 시민권 담당 법무차관보가 여러 번 전화를 걸고 나서야 다음날 킹이 석방될 수 있었다. 그렇지만 같은 시기에 기본적으로 같은 이유로 구속된 올버니의 평범한 시민 수백 명을 위해서는 그토록 깊은 관심을 보이지 않았다.

1963년 여름, 전년도 올버니 사건에서는 소극적인 태도를 보였던 미국 정부가 움직이기 시작했다. 법무부는 처음으로 대규모 형사소추를 추진했다. 그 대상은 올버니운동 흑인 지도자 8명과 백인 학생 1명이었다.

1961년 "끔찍한 베이커" 카운티에서의 사고가 도화선으로 작용했다. 찰리 웨어라는 흑인이 수갑을 찬 상태에서 보안관에게 잡혀가는 동안 네 번 총상을 입었다. 웨어는 연방법에 따라 시민권을 침해했다는 명목으로 보안관에게 12만 5천 달러를 요구하는 소송을 냈다. 1963년 4월 메이컨에서 열린 재판에서 전원 백인으로 구성된 배심원단은 웨어의 요구를 기각했다.

그 배심원단 중 한 명인 칼 스미스는 올버니에서 수퍼마켓을 운영하고 있었다. 올버니 사업가들은 일 년 넘게 피켓 시위를 겪었는데, 이런 피켓 시위는 올버니운동에서 추진하는 일반적인 보이콧의 일환이었다. 웨어의 재판이 끝나자마자 스미스의 가게를 상대로 피켓 시위가 벌어졌을 때, FBI요원들이 도처에 깔린 것 같았다. 그 직후에 올버니운동 지도자들이 기소되고, 재판을 받고, 유죄 판결을 받았다. 스미스의 수퍼마켓에서 피켓 시위를 벌이고 보이콧을 함으로써 법 실행을 방해하기로 공모했거나 피켓 시위와 관련하여 위증했다는 것이 그 이유였다.

수퍼마켓 주위의 피켓에는 스미스에게 흑인 고용을 촉구하는 내용이 씌어 있었고, 웨어의 재판에 대한 언급은 전혀 없었다. 피켓 시위가 벌어진 지 하루 만에 스미스—일 년에 총수익이 20만 달러 이상이었다—는 가게 문을 닫고, "업계에서 쫓겨났다"(스미스의 주장을 인용한 것이다—옮긴이). 그렇게 해서 연방법원 관할 사건으로 딱 맞는 사건이 성립되었다.

재판 과정에서 FBI 요원 최소 38명이 기소에 관여했다는 사실이 밝혀졌다. 지난 2년 간 흑인들이 무수히 폭행당하고 투옥되는 동안 그렇게 많은 FBI 요원이 올버니 법정의 증언대에 선 적이 없었다. 로버트 케네디 법무장관의 승인이 없었다면 기소는 이루어지지 않았을 것이다(더 조심스럽게 말하자면, 그의 반대에도 불구하고 이루어졌다[공식적인 표현을 인용한 것이다—옮긴이]). 워싱턴에서 내려온 법무부 대표 한 명이 재판 내내 법무장관과 앉아 있었다. 미 정부가 무조건 기피(이유를 밝히지 않고 배심원을 기피할 수 있는 권리—옮긴이)를 신청했기 때문에 배심원 후보로 선정된 흑인들은 모두 제외됐다.

결과는 정말 뜻밖의 아이러니였다. 그 순간 나는 바로 슬레이터 킹이 떠올랐다. 킹의 아내가 보안관보에게 구타를 당했을 때 그를 올버니에서 인터뷰한 적이 있었다. 그때 킹은 아내의 진술을 조사하는 FBI 요원이 냉담한 태도를 보인다고 토로했다. 킹은 투옥된 적도 있고 구타를 당하기도 했다. 그의 형은 보안관이 휘두른 지팡이로 피를 흘리기까지 했다. 이런 사건들로는 연방 정부가 움직이지 않았다. 당시 임신 중이던 킹의 아내는 폭행 때문에 유산하고 말았다. 그런데 이제야 그 FBI 요원이 유죄 판결로 1년 형을 받았다. 그것도 미국 정부가 제기한 소송에서.[73]

그 시기에 조지아 주 올버니에서 벌어진 모든 일들은—뉴프런티어라는 과장된 표현에도 불구하고—능동적이든 수동적이든 미국 정부가 권력, 특권, 백인의 편이라는 사실을 또 다시 증명해주는 강력한 증거

---

73 결국 유죄 판결은 항소에서 기각되었다. 1969년에 슬레이터 킹은 교통사고로 목숨을 잃었다.

였다.

나는 교사이면서 농부인 제임스 메이스Kames Mays와 대화를 나누려고 목화와 땅콩으로 풍요로운 리 카운티의 흙길 여기저기를 차로 달리던 때가 유난히 기억에 남는다. 그는 내게 총알 30발 때문에 입은 피해를 보여주었다. 불과 몇 시간 전, 한밤중에 집 현관문과 창문으로 총알이 날아들었고, 그 바람에 무너진 벽의 파편이 자고 있던 사람 19명의 머리 주변으로 떨어졌다. 대부분 아이들이었다. 새벽녘에 그는 서둘러 항의의 표시를 써서 손에 들고 리즈버그로 향하는 간선도로에 섰다. 전 세계와 우주로 세력을 떨치는 국가의 국민이었지만, 제임스 메이스는 혼자였다.

올버니운동 이후에도 정부의 배신은 계속되었다. 백악관의 연설도, 의회에서 통과된 수많은 법률도 소용이 없었다. 흑인에게 저지르는 만행과 미국 정부의 소극적인 태도는 앨라배마, 미시시피, 최남부 지역의 각지에서 여러 번 되풀이해서 나타났다. 1965년을 시작으로 북부 도시에서도 이런 현상이 눈에 띄게 많아졌다. 올버니 사태에서 여실히 드러난 이 패턴, 자유주의적 개혁으로 고칠 수 있는 이상 현상이 아니라 훨씬 더 깊은 문제를 가리킬 정도로 미국에 만연하게 된 이 패턴이야말로 점점 고조되는 호전성, 흑인의 권력, 미국 청년 흑인들의 새로운 혁명 정신의 출현을 설명해준다.

12. 자유주의의 공격성

역설 개념은 우리의 결벽성을 유지하는 데 유용하다. 우리는 역설을 최후의 방어선으로 삼고 그 앞에 다른 장벽 두 개를 세운다. 첫 번째 벽은 우리의 가장 깊은 믿음에 도전하는 사실들을 굳이 찾아보지 않거나 외면하는 것이다. 두 번째 벽은 (더 이상 세상이 우리의 외면을 용인하지 않을 때) 행여 하나로 합쳐지면 우리 문화의 신화를 날려버릴 수 있는 그 요소들을 우리의 의식 속에서 멀찍이 분리해놓는 것이다. 두 장벽이 모두 무너질 때, 우리는 뒤로 물러나 일종의 긴급 대책으로 마지막 해명을 내놓는다. 바로 역설—말이 안 되지만 참인 조합—이다.

보편적 투표권, 의회를 통한 대의정치, 기술 진보, 대중 교육, 권리장전, 사회 복지 등으로 장식된 서양의 자유민주주의는 이 세 겹의 방어선을 앞세워 제국주의, 전쟁, 인종차별, 착취의 기록에도 불구하고 선한 체제라는 명성을 유지하고 있다. 우선, 불쾌한 사실들을 무시한다(혹은 다른 집단의 천인 공로할 죄와 교묘하게 병치해서 물타기를 한다). 다음에는 뇌의 다른 부분에 분리시켜놓는다. 그러다 뇌가 과부하에 걸려 더 이상 그 사실들을 분리하는 일이 불가능해지면, 역설 개념을 동원해서 서구 문명이 본질적으로 선하다는 생각 내지 착각을 보호한다. 최대한 자극적인 병치를 통해 자유주의는 상처 하나 입지 않고 유지되며, 그 간략한 표현이 상징하는 사회 체제는 아무런 의문도 제기 받지 않고—좋은 것들뿐 아니라 나쁜 것들까지—온전히 살아남는다.

이 에세이에서는 첫 번째 방어선, 즉 난감한 사실을 잊어버리는 전략을 다루고자 한다. 난감한 상황을 피하려고 고집을 부리는 문제의 신화는 이렇다. 국내에서 보여준 행동에서 기대할 수 있는 것처럼, 미국은 국경 밖에서도 유례없이 훌륭한 국가라는 것이다.

어쩌면 우리는 영국의 자유주의로부터 모유와 함께 그 신화를 빨아들였는지 모른다. 영국의 역사학자 제프리 배러클루Geoffrey Barraclough는 제1차 세계대전 시기 독일의 영토 확장주의를 다루는 글에서 이렇게 말했다. "아프리카나 중국에 대한 프랑스와 영국의 제국주의를 비판하기는 쉽지만, 그들(독일)의 가장 극악한 범죄에는 비할 바가 못 된다. 모든 잘못을 고려한다 해도 인도의 커즌Curzon과 이집트의 크로머Cromer에게서 드러났듯이, 영국의 제국주의는 봉사 정신과 사명감, 진정한 이상주의적 요소를 갖추고 있다."*

"이상주의적 요소"는 국외에서 공격 행동을 벌일 때 늘 편리하게 사용된다. 하지만 트로이 전쟁이 내세운 헬레네의 순결과, 십자군 전쟁이 내세운 예수 탄생지의 신성함도—우리는 이런 요소들을 무한히 열거할 수 있다—보어 전쟁 당시에 영국 자유주의자들이 내놓은 더 교묘한 명분과 마찬가지로 정복, 살인, 착취 같은 기본적인 사실을 뒤바꿔놓지는 못했다. D.A.N. 존스D.A.N. Jones가 당시 윈스턴 처칠의 역할에 대해 쓴 것처럼 말이다.*

> 처칠은 추한 현실에 고상한 분위기를 덧씌웠다. 1901년에 그는 남아프리카에서 돌아온 전쟁 특파원 자격으로 의회를 방문해, 보어 전쟁이 피를 나눈 형제간의 장엄한 결투라고 묘사하는 능력을 발휘했다. 처칠은 자신의 첫 번째 의회 연설에서, "처음부터 끝까지 의무일 따름인 전쟁을… 탐욕의 전쟁으로 낙인찍으려고" 노리는 자들이 있다고 말했다.

처칠은 백인인 적(보어 전쟁에서 영국과 싸운 네덜란드계 백인을 말한다—옮긴이)이 흑인 주민을 무장시키지 않은 것에 찬사를 보냈다. "검은 위험Black Peril은… 유럽 민족들을 이어주는 유대감이다." 처칠은 1907년에 부인에게 편지로 자유주의 정부의 부총리가 한 말을 전했다. "15만 명이 넘는 원주민이 우리의 직접 통제 하에 있습니다… 유혈사태는 발생하지 않을 것 같습니다… 이렇게 대영제국은 급진주의적 행정부 밑에서 더욱 성장할 것입니다!"[74]

이것은 영국 자유주의의 "역설"이었을까? 국내에도 유사한 특성들이 있어서 서양의 자유민주주의에 대한 찬사 일색의 평가를 의심케 했다는 사실을 무시하기만 하면 그랬을 것이다. 하지만 그런 특성이 국내에도 있었음을 보여주는 예가 있다. 처칠은 "나는 국가가 가난한 이를 돕고, 철도와 운하를 공공자산으로 만들고, 최저임금을 도입하는

---

74 《윈스턴 S. 처칠: 청년 정치인 1901~1914Winston S. Churchill: Young Statesman 1901~1914》, 랜돌프 처칠Randolph Churchill 편집, D. A. N. 존스의 《뉴욕 서평New York Review of Books》, May 23, 1968에서 재인용.

등의 개입에 전적으로 찬성한다. 그런 정책은 항상 말뿐이었다"라고 말했다. 또한 이렇게 말했다. "부랑자와 방탕한 이들은… 적절한 **강제 노동 시설**에 들어가… 국가에 대한 의무를 다해야 한다…" 또한 1911년에 내무부 장관이었던 처칠은 경찰이 무정부주의자로 지목된 외국인 강도들을 추격하자 경찰을 따라나섰다. 용의자들의 집은 불타고, 시신 두 구가 발견됐다. 처칠은 총리에게 서신을 보냈다.*

> 선량한 영국인이 흉포한 악당을 구조하다 목숨을 잃느니, 집이 완전히 불타는 게 낫다고 생각합니다. 외국인법을 좀 더 엄격하게 집행해야 할 듯합니다…

미국의 자유주의에 존재하는 "역설"적인 주장에 응수하려면 미국의 대외 활동을 국내 정책의 현실과 나란히 놓고 살펴봐야 한다. 하지만 그전에 우선 미국의 해외 활동을 일반적으로 설명하는 것보다 더욱 면밀하게 검토할 필요가 있다. 미국의 전쟁을 미화하는 초등학교 교과서나, 혹은 그보다 더 지적이라고 자부하는 미국 학계는 미국의 동기를 미화해서 다른 "이상주의적 요소들"과 함께 미국의 대외정책이 다른 국가들보다 특별히 훌륭하다고 파악하는 근거로 제시하고 있지만 말이다.[75]

---

75 우리의 순수성에 대한 이와 같은 주장은 터무니없는 지경에 이르곤 한다. 1968년에 《라이프Life》는 미군 헬리콥터의 총격에 맞아 다리를 절단한 베트남 소녀의 사진을 게재했다. 세계재활기금World Rehabilitation Fund 총장인 하워드 러스크Howard Rusk 박사는 이렇게 썼다. "국제 발전을 위해 미국 기관에서 일하는 미국인들이 아니었더라면 나이 어린 트란Tran이 의족을 달 수 없었을 거란 점을 《라이프》의 독자들은 반드시 알아두어야 한

미국의 대외 정책을 간략히 조사해보면, 건국 초기부터 공격성, 폭력성, 기만이 (다른 국내적 특성들과 떼어놓고 봤을 때) 우리 미국을 서양식 자유민주주의의 원형으로 만들어주는 국내적 특성들의 발전과 나란히 존재해왔음이 드러난다. 물론 이 조사는 선택적이지만, 미국이 사회적 위기에 빠진 시기를 면밀히 들여다보겠다는 목적을 위해서라면 이 취사선택은 정통에 더 가까운 선택의 문제점을 교정한 쓸모 있는 개선책이라 할 수 있다. 나는 개인과 국가 사이에는 중대한 차이가 있다고 생각하며, 그 차이가 나의 비판적 선택을 지지한다. 과거의 악행을 눈감아주는 일은 개인에게는 변해야겠다는 심리적 동기를 부여해서 미래의 행위에 긍정적인 효과를 불러올 수 있다. 하지만 국가에겐 그런 감수성이 없다. 국가라는 완고하고 무심한 메커니즘에 필요한 것은 심리적 동기가 아니라 시민에 의한 해체와 재조합이다. 이 과제는 대단히 험난해서, 심각한 위험에 빠졌다는 자각으로만 촉발되고, 과거에 그 메커니즘이 실패했던 사례들을 집중적으로 복기할 때에만 힘을 받는다.

신생 국가 미국이 최초로 외교력을 발휘해 영국과 평화조약을 체결할 당시다. 독립 전쟁과 독립선언의 뜻은 고귀했지만, 이제 우리 미국은 선조들의 탐욕을 내보이기 시작했다. 브래드퍼드 퍼킨스Bradford Perkins는 리처드 B. 모리스Richard B. Morris의 《피스메이커The Peacemakers》의 서평에서 최대한의 정확성을 발휘해서 이렇게 지적한다.*

다고 나는 생각한다."

미국 역사학자의 대부분과 마찬가지로 리처드 모리스도, 당시 미국의 사절들은 고귀한 민중을 위해 일했기 때문에 냉소적인 행동은 물론이고 부정직한 행동까지도 용서받을 수 있고, 반면에 상대 유럽 국가의 사절들은 미국만큼 계몽되지 못한 국민을 대표하고 있기 때문에 비난받아 마땅하다고 생각하는 듯하다. 하지만 제이, 프랭클린, 애덤스가 승리를 거둘 수 있었던 것은, 바로 동시대인들의 잔인무도한 도덕성을 그대로 채택한 덕분이었다. 그들은 자국의 막대한 이익을 위해 그들이 받은 교육과 프랑스와의 동맹 정신을 배반했다. 모리스가 넌지시 내비친 것처럼, 도덕적 차원에서 그들을 옹호하기는 불가능하다. 그들이 시작하고, 그들의 동시대인들이 동조했으며, 이후 그들의 국민이 재확인한 것이 있다면, 미국인은 대체로 다른 국가의 국민보다 도덕적으로 훌륭하게 처신한다는 거짓된 주장이었다.

독립 전쟁 직후의 평화는 처음으로 민족주의적 열정이 흘러넘치는 가운데 여전히 불안하고 초조한 평화였다. 북쪽 국경 지대에서는 영국이 군사적 거점과 무역소를 유지하고 있었고, 남쪽에서는 플로리다 지역에 스페인이 버티고 있었다. 프랑스도 곧 뉴올리언스를 비롯해 북쪽으로는 광대한 루이지애나 지역까지 소유하게 됐으며, 미국 전역에 인디언이 있었다. 전쟁의 열병은 워싱턴 재임기에는 영국을 향해, 아담스 재임기에는 프랑스를 향해(이 열병은 프랑스혁명으로 더욱 강화되었다), 또한 (아이러니하지만, 아이러니야말로 국제 관계의 일반적 상황이다) 영국에게 우리가 독립 당시에 느낀 것과 동일한 적대감을 품고 미국을 찾은 아일랜드 독립주의자들을 향해, 타오르고 사그라들기를 반복했다.

"자유주의"든 "보수주의"든, 연방주의든 공화주의든, 휘그당이든 민주당이든, 민주당이든 공화당이든 애초부터 공격적인 영토 확장은 국가 이데올로기와 국가 정책의 상수였다. 최초이자 최대 규모의 영토 확장은 제퍼슨의 손에 이루어졌다. 법적으로 미심쩍은 구석이 있는 거래였지만, 대통령은 자신이 사실상 장물(나폴레옹이 루이지애나를 매각해서 스페인과의 조약을 위반했으므로)을 취득하고 있다는 사실을 간편하게 무시해버렸다.

팽창주의는 도덕적 명분을 얻었다. 미국은 서부를 안전하게 지킬 수 있는 "자연권"이 있다는 것이다. 이는 근대 역사에서 흔히 나타나는 도약으로, 식민 통치로부터의 독립을 정당화하기 위해 불러낸 이상주의적 민족주의에서부터, 신생 국가가 다른 나라의 영토를 빼앗을 때 내놓는 자기변명에 이르기까지 많은 사례에서 찾아볼 수 있다. 아서 K. 웨인버그Arthur K. Weinberg는 고전이 된 연구서 《명백한 운명Manifest Destiny》에서, "새로운 인도주의적 민족주의를 가장 깊이 들이마신 이들이 제국주의 시대를 낳은 팽창주의의 열광에 가장 쉽게 빠져들었다"라고 표현했다.

프랑스는 루소에서 나폴레옹으로 도약했고, 미국은 독립선언에서 (웨인버그가 말한) "외국인(인디언)의 동의 없는 지배 범위의 확장"으로 도약했다. 그리고 루이지애나 지역을 구입할 당시에 인디언의 반발을 막기 위해 군대를 보낸 사람은 "피지배자들의 동의"라는 구절의 저자인 제퍼슨 자신이었다. 1787년에 그는 "인디언들의 동의 없이는 한 뼘의 땅도 취하지 않을 거란 점은 확신해도 좋다"고 썼다. 그러던 그가 이제 인디언들에게서 그 땅을 빼앗기 위해 정당화 논리로 사용한 것은 그들이 땅을 경작하지 않기 때문이라는 것이었다. 하지만 20여 년이 지나 막상 인디언들이 남부에 정착해 땅을 일구기 시작하자 미국은 그들을 내쫓았다(제퍼슨으로부터 "자유주의적" 전통을 이어받은 앤드류 잭슨 Andrew Jackson이 한 일이었다).[76]

팽창주의와 그에 따라다니는 핑계는 자유주의나 보수주의, 사회주의나 자본주의와는 관계없는, 민족 국가의 항시적 특징으로 보인다. 지금 나는, 자유민주주의 국가가 더 큰 잘못을 했다는 것이 아니라, 다른 종류의 국가보다 딱히 더 결백하지 않다고 주장하는 것이다. 동유럽에 대한 러시아의 팽창주의와, 티벳에 진입하고 국경지역에서 인도와 전쟁을 벌이는 중국의 행태 역시 미국 독립 초기의 영토 확장만큼이나 공격적이다. 그리고 한 국가의 독립이 다른 국가의 독립으로 이어지는 상황은, 독립의 현실적 가능성과 무관하게 편집증적인 공포를 불러일으킨다.

그렇게 미국 혁명이 끝나고 6년 뒤에 프랑스가 대혁명으로 격동했다. 다음 세기가 되어서는 라틴 아메리카가 불을 지폈다. 처음에는 미국 해안과 의심스러울 정도로 가까운 아이티, 다음은 베네수엘라, 아르헨티나, 칠레, 그리고 나머지 국가들이었다. 유럽의 전제 군주들은 세계 전역에서 변화의 기운이 술렁일 때마다 지금 우리가 소비에트 러시아(혹은 더 최근에는 중국이나 쿠바)를 비난하는 것처럼 미국을 비난했다. 미국의 '명백한 운명,' 즉 (웨인버그가 말했듯이) "한 국가(미국)에게는 우수한 사회적 가치와 유난히 드높은 사명이 있고, 그 결과 도덕적 원칙을 적용할 특별한 권리가 있다"는 철학은 오늘날 소련의 명분과

76 인디언을 상대로 한 길고 잔혹한 전투에 대해서는 존 테벨John Tebbel과 키스 제니슨Keith Jennison의 《미국의 인디언 전쟁The American Indian Wars》, Harper & Row, 1960을 보라.

크게 다르지 않다. 사회주의와 자유주의는 잔혹한 행위에 자애로운 빛을 덧씌우는 능력만큼은 봉건 군주제보다 우월하다.

1812년 전쟁의 전야에 매디슨Madison 행정부는 파괴적인 선동과 기만 전략을 적절히 활용해서 멕시코 만에서 바통루지에 이르기까지 스페인의 코 밑에 위치한 플로리다 서부 지역을 얻어냈다. 남부 주들이 스페인 당국에 저항해 론스타 공화국Lone Star Republic을 수립하고 미국에 합병을 요청한 배경에는, 이들의 팽창주의적 요소들을 부추기고, 어쩌면 물질적으로도 지원했을 법한 매디슨 행정부가 자리하고 있었다. 어떤 면에서는 텍사스 병합의 예고편이라 할 수 있었다. 토머스 A. 베일리Thomas A. Bailey에 따르면, 국무부 장관 제임스 먼로James Monroe는 해당 지역이 루이지애나 구입에 포함된 미국 영토임을 주장하기 위해 "중요한 문서의 날짜까지도 조작했다."* 스페인은 나폴레옹과 전쟁을 하느라 다른 일에 신경 쓸 여유가 없었지만, 몇 년 후 《런던 타임스London Times》는 이렇게 적었다. "루이지애나와 플로리다 지역과 관련한 매디슨 씨의 비열한 속임수는 아직 받아야 할 벌을 받지 않았다."

한 세기 반에 걸친 역사 연구도 1812년 미국이 왜 영국과 전쟁을 시작했는지 정확한 이유를 밝혀내지는 못했다. 영국이 미국인 선원을 징발한 일에 대한 불만이 팽창주의의 목표들과 뗄 수 없이 엮여 있다고 보인다. 하지만 어떤 복합적인 이유가 자리하고 있든, 역사적으로 당시 강력한 팽창주의적 정서가 팽배했다는 사실에는 의문의 여지가 없다. 존 칼훈John Calhoun과 헨리 클레이Henry Clay의 제국주의적 발상을 미심쩍게 여겼던 버지니아 주 하원의원 존 랜돌프John Randolph는 하원에서 징발 문제는 허위라고 주장했다. "전쟁을 일으킨 것은 해양에 대한 권리가 아니라 땅에 대한 탐욕"이었다고 그는 말했다. "위원회의 보고 이후… 우리는 그 문제에 관해 단 한 마디밖에 들은 바가 없습니다. 영원히 한 가지 소리만 내는 쏙독새처럼 우짖는 소리죠. 캐나다! 캐나다! 캐나다!"

그의 고발이 사실임을 확증하듯 내슈빌 《클라리온Clarion》 지는 이렇게 물었다. "도대체 운명의 책 어디에 미합중국이 체서피크 만부터 누트카 해안까지, 파나마 지협부터 허드슨 만까지 영토를 확장해서는 안 된다고 적혀 있단 말인가?" 그 뒤로는 북미 대륙 전체가 기다리고 있었다.

1812년 전쟁은 영국 땅을 빼앗아 영토를 확장하려 했던 미국 입장에서는 흐지부지 끝나고 말았다. 하지만 스페인의 플로리다가 있었다. 1817년에 이제는 전쟁 영웅이 된 앤드류 잭슨이 행동에 나섰다. 그는 약탈자들—세미놀 인디언, 도망친 노예들, 백인 범죄자들—을 붙잡는다는 이유로 미국 정부로부터 권리를 부여받아 플로리다 국경을 넘은 뒤, 자신이 맡은 임무를 초과 달성했다. 플로리다의 주요 거점들을 차지하고, 스페인 왕립 기록보관소를 몰수하고, 스페인인 총독을 미국인으로 교체하고, 두 명의 영국인을 처형하고, 플로리다 지역에 미국의 세법이 적용될 것이라 공표했다. 그렇게 그는 미국의 전쟁 영웅이 되었다.

우리의 교과서에 이 사건은 "플로리다 매입"이라는 온건한 표현으로 등장한다. 국무부 장관 존 퀸시 애덤스John Quincy Adams는 스페인이 플로리다 영토를 이양하고, 미국 시민들에게 5백만 달러에 달하는 배상금을 지불할 것을 요구했지만, 스페인은 플로리다 영토를 매각하는 대가로 한 푼도 받지 못했다. 베일리는 이렇게 요약한다.*

우리가 애덤스의 대가다운 외교력에 아무리 찬사를 퍼붓더라도, 그 협상에는 전적으로 유쾌하지만은 않은 측면들이 있다. 확실히 스페인은 지척거리고 미적거리고 무책임했고, 미국은 거칠고 고압적이고 오만했다. 어떤 작가들은 플로리다 할양을 강자의 국제적 괴롭힘이라 말했다. 반면에 다른 이들은 무르익은 과일이 떨어지는 것과 같은 명백한 운명이라 일컬었다.

먼로 독트린은 애국적 정서의 든든한 지원을 받았지만 그 정확한 내용에 대해서는 다들 희미하게만 알고 있었다. 1920년대에 크리스천 사이언스Christian Science의 지도자 메리 베이커 에디Mary Baker Eddy는《뉴욕 타임스》에 전면 광고를 실었다. 표제는 다음과 같았다. "나는 먼로 독트린, 헌법, 신법을 절대적으로 믿는다."

먼로 독트린은 들여다볼수록 자신의 주변에 저지선을 구축한 뒤 자기방어 차원을 넘어 영토의 확장을 꾀하는 모든 신생 국가들의 일반적 경향처럼 보인다. 러시아는 동유럽에서, 중국은 남아시아에서, 이집트는 중동에서 비슷한 양상을 보였다. 그리고 1960년 8월, 가나 총리 콰메 은크루마Kwame Nkruma는 의회에서 자신이 "아프리카에서 먼로 독트린을 시행할 만큼 주제넘게 행동하지는 않겠지만" 아프리카의 문제는 아프리카 국가가 해결해야 한다는 것이 자신의 생각이라고 밝혔다. 그의 성명에 드러나는 정의와 가부장적 권한에 대한 확신에 찬 논조는 1823년 미국에서 제임스 먼로가 의회에 전달한 대통령 교서와 정확히 일치한다. 먼로는 미국이 유럽 국가 간의 문제에 간섭하지 않을 거라 약속함과 동시에 "이쪽 반구에 그들의 체제를 확장하려는 어떤 시도도 우리의 평화와 안전을 위협"하는 것으로 간주하겠다고 으름장을 놓았다.

먼로 독트린이 과연 라틴 아메리카에서 독립과 민주주의를 지켜냈는지는 의문의 여지가 있지만, 그것이 라틴 아메리카에서 미국의 영향력을 확장하고자 했던 포크Polk 대통령과 시어도어 루즈벨트Thodore Roosevelt에게 정당화의 근거로 사용되었다는 점은 거의 명백하다. 흥미롭게도 중부 유럽에서 메테르니히가 이 근대 민족주의의 일반적 조치에 보인 감정은 미국이 소비에트 연합 및 다른 공산주의 국가를 바라볼 때 느끼는 이데올로기적 공포와 다르지 않았다. 메테르니히는 먼로 독트린에 다음과 같이 반응했다. "미국은… 선동을 교사하는 사도들에게 새로운 힘을 빌려주었고, 모든 음모자들의 용기를 북돋워주었다. 이 악랄한 독트린의 물결과 위험 사례들이 미 대륙 전역으로 확산된다면, 우리의 종교 제도와 정치 제도는 과연 어떤 모습이 될까…"

19세기 초반에 수십 년에 걸쳐 미국이 자유주의적이고 민주주의적인 것으로 내세운 제도들을 수립해나가던 시기에 명백한 운명의 정신은 특히 강력했다. 참정권이 확대됐고, 대중 선거를 통해 대통령을 선출했으며, 공공 교육이 확산됐고, 문학이 부흥했다. 미국 최고의 연설가 중 한 명인 에드워드 에버렛Edward Everett은 1836년에 벙커힐 전투 기념연설에서 청중을 향해 말했다.

> 어디든 인간이 살아가고 노동하고 고통 받고 기뻐하는 곳이라면, 그곳에는 우리의 형제가 있습니다. 명예로운 친구와 애국자들이여, 더 멀리 국경 밖을 보십시오! 저 멀리 떨어진 나라, 지구의 저편에 여러분의 성취와 사례가 사회적 진보를 추동한 곳을 보십시오! 위대한 개혁의 정신이 거인의 발걸음처럼 문명화된 세계를 가로지르고, 걸음마다 오래된 박해를 짓밟는 모

습을 보십시오!… 거인이 프랑스에서 기적을 행하는 것을, 미 대륙의 스페인령 이웃 나라들에서 족쇄가 풀리는 것을. 때로 승리하고, 때로 짓밟히기도 하고, 가짜 친구들에게 배신당하고, 더 강한 힘에 짓눌리기도 하지만, 그래도 결국에는 스페인, 포르투갈, 이탈리아, 독일, 그리스를 지나 앞으로 나아가는 것을 보십시오!

이제 살이 찌고 풍요로워진 서양의 자유주의 세계는 독수리처럼 날개를 활짝 펴고 전 세계의 상공을 비행하며 공산주의 국가가 내세우는 새로운 정의와, 아시아와 아프리카의 새로운 민족주의가 가진 메시아적 열정에 경계의 눈빛을 보내고 있다. 하지만 자유주의 역시 발전 단계에서 그들과 유사한 특성을 보였다. 1830년대에 토크빌Tocqueville은 이렇게 썼다. "일상의 삶에서 미국인들의 성마른 애국심보다 더 당혹스러운 것은 없다."

당시 미국에서 가장 인기 있는 역사학자는 조지 밴크로프트George Bancroft였다. 그는 미국의 민주주의를 신이 세계에 내려준 특별한 선물로 여겼다. 밴크로프트는 자신이 미국 역사를 연구하는 목적이 "자비로운 신의 섭리가 우리 제도를 창조하고, 미국이 현재의 행복과 영광에 이르게 된 발자취를 좇는 것"이라 밝혔다. 같은 시기 미국이 채무자들을 감옥에 가두고, 자유로운 사람들을 **강제노동 시설**이라는 비참한 환경에 몰아넣고, 흑인 인구의 1/6을 노예화했다는 사실이 떠오른다면, 여기서 우리는 "역설"의 해명을 꺼내들어야 할까?

초기 뉴딜 정책의 시행자이자 제퍼슨의 자유주의적 전통의 계승자로 평가받는 앤드류 잭슨의 행정부가 특히 공격적이었다. 체로키족은 미국과 잇따라 조약을 맺은 끝에 남부 지역에 독립 국가를 수립할 수 있었다. 그들은 근면하고 진보적이고 평화로웠다. 체로키족 정부는 조지아 주, 노스캐롤라이나 주, 테네시 주보다 더 민주적이었고, 더 앞선 교육 체계를 갖추고 있었다. 험준한 산들이 체로키족 사회를 지켜줬다. 조지아 주가 1832년 오직 연방정부만 체로키족 영토에 사법권을 가질 수 있다는 판결에 불복했을 때, 앤드류 잭슨은 조지아 주의 입장을 지지하며 유명한 말을 남겼다. "존 마셜John Marshall은 결단을 내렸다. 이제 그가 결단을 실행에 옮기도록 해주자."

결국 잭슨은 구시대의 인디언 사냥꾼 노릇을 했다. 그는 체로키족을 쫓아내기 위해 하원을 압박해 인디언 추방법을 제정했다. 몇 년 뒤 윈필드 스콧Winfield Scott 장군이 7,000명의 병력을 이끌고 체로키족 영토를 침범했다. 체로키족은 강제수용소에 수용됐고, 집은 불타버렸다. 체로키족 14,000명이 서쪽을 향해 "눈물의 길"로 불린 먼 길을 걸어야 했다. 이 여정에서 남자, 여자, 아이들 4,000여 명이 사망했다.

이 일화를 보면 "민주주의적인" 미국의 대외 정책이 특별히 선하다는 자신감은 아무리 못해도 흔들리게는 될 것이다. 헝가리 봉기 후 4년이 지났을 때, 소비에트 연합의 서기장 흐루쇼프Khrushshev는 헝가리 문제가 모두가 만족할 수 있는 방식으로 해결됐다고 선언했다. 앤드류 잭슨이 직접 고른 후계자인 마틴 밴 뷰런Martin Van Buren 대통령은 체로키족 추방 작전에 대해 이렇게 말했다. "의회가 마지막 회기에 승인한 조치는 가장 만족스러운 결과를 가져왔다… 체로키족은 눈에 띄는 저항 없이 이주했다."

미국이 태평양까지 국경을 확장시킨 것은 멕시코를 상대로 벌인 침략 전쟁을 통해서였다. 1819년 스페인과 맺은 조약에서 미국은 텍사스에 대한 모든 권리를 포기했다. 하지만 잭슨 행정부의 외교 공사 안소니 버틀러Anthony Butler는 텍사스를 팔라고 끊임없이 멕시코의 관료들을 매수했다. 이 시도가 실패로 돌아가자 미국은 텍사스와 멕시코를 분리하려는 혁명을 적극적으로 지원했고, 결국 약 십 년 간 론스타 공화국을 존립시키는 데 성공했다. 미국은 텍사스뿐만 아니라 캘리포니아와 그 사이에 있는 모든 지역에 눈독을 들였다. 당시 멕시코 영토의 절반에 이르는 땅이었다. 1845년에 텍사스를 병합한 뒤 포크 대통령은 캘리포니아에서 활동하던 비밀요원 토머스 O. 라킨Thomas O. Larkin에게 비밀 지령을 보내 캘리포니아 병합을 위해 힘쓰라고 지시했다.

포크는 우선 캘리포니아와 뉴멕시코를 구입하고자 했다. 그러나 멕시코가 이를 거절하자 누에세스 강과 리오그란데 강 사이의 분쟁 지역에 군대를 보냈다. 텍사스와 멕시코가 각기 권리를 주장하던 곳이었다. 포크는 내각과 전쟁 문제에 관해 논의했고, 멕시코가 먼저 전쟁을 시작하는 편이 유리하다는 의견이 제시되었다. 놀라운 우연의 일치로 그날 밤 멕시코가 분쟁지역에 진입해 전투가 발생했고, 16명의 미국 측 사상자가 나왔다는 보고가 전해졌다. 포크는 의회에 선전포고를 요청하며, 멕시코가 "우리의 영토를 침략해 미국 땅 위에 미국의 피를 흩뿌려 놓았다"고 말했다. 텍사스를 지켜내야 한다는 포크의 주장은 멕시코가 9년간 텍사스를 탈환하려는 어떤 시도도 하지 않았다는 점에 비추어보면 다소 근거가 약했다.

전쟁은 별다른 어려움 없이 승리로 끝났고, 미국은 1848년 과달루페 히달고 조약을 통해 원하던 바를 이루었다. 뉴멕시코, 캘리포니아, 그리고 텍사스의 분쟁 지역을 얻은 것이다. 멕시코의 절반에 이르는 땅이었다. 미국에서는 멕시코를 전부 차지하지 못했다며 한계를 지적하는 의견까지 나왔다. 이 견해는 전쟁 동안 널리 퍼져나갔다. 잭슨 기념일 만찬에서 뉴욕의 디킨슨Dickinson 상원의원은 "북미 대륙 전체를 아우르는, 보다 완전한 연방"을 위한 건배를 제안했다. 자유주의적 언론인 뉴욕《이브닝 포스트Evening Post》는 멕시코에서 군대를 철수해선 안 된다고 주장했다.

> 이제 우리는 물어야 한다. 우리가 점령하고 있는 땅에서 군대를 철수한다는 것이… 무지몽매한 겁쟁이들과 방탕한 불한당들이 지난 25년 동안 차지하고 있던 아름다운 나라에서 물러나야 한다는 것이 도대체 차분히 고려할 수 있는 사안이란 말인가? 인류는 외칠 수밖에 없다. 도대체 왜? 문명과 기독교는 이에 저항한다.

팽창주의는 자유주의나 보수주의의 특성도 아니고, 남쪽이나 북쪽의 특성도 아니다. 팽창주의는 미국의 속성이자, 다른 모든 국가들의 속성이며, 경쟁적이고 법 없는 세계에서 폭발적인 힘과 특권을 가진 모든 집단들의 속성이다. 《이브닝 포스트》의 정서는 남북전쟁 직전에 다음과 같이 쓴 미시시피 주 상원의원 제퍼슨 데이비스Jefferson Davis와 크게 다르지 않았다.

> 우리는 전 세계를 아우를 만큼 확장될 수 있습니다. 멕시코, 중미, 남미, 쿠바, 서인도 제도, 나아가 영국과 프랑스도 아무런 문제없이 병합할 수 있습니다… 각 지역마다 각자의 입법부를 두고 각자의 방식으로 각자의 문제

들을 다루게 하는 것입니다. 그리고 각하, 이것이 공화국의 사명이며 궁극적인 운명입니다.

과연 미국 정부는 범세계적인 권력을 향해 나아갔다. 독립전쟁부터 남북전쟁에 이르는 사이에 미국은 대서양에 면한 가늘고 길쭉한 국가에서, 두 대양과 마주한 거대한 대륙 국가로 확장되었다. 미국은 거래, 압력, 침략, 기만, 전쟁을 통해 이를 이루었다. 이처럼 다양한 무기를 활용해 미국은 스페인, 프랑스, 인디언, 멕시코를 상대했다. 미국은 늘 오만한 정의를 내세웠고, 미국의 깃발을 널리 휘날리는 것은 곧 다른 민족들에게 세계에서 가장 위대한 선물을 주는 것이라 생각했다.

1890년 이후에 우리는 카리브 해와 태평양, 더 멀리는 중국 해안까지 진출했다. 낱낱이 진술하기에는 너무나 잘 알려진 이야기다. 스페인과 "눈부신 작은 전쟁"을 치르고, 하와이를 병합하고, 필리핀 군도를 차지하려고 필리핀 저항군을 몰살하는 추악한 전쟁을 벌이고, 푸에르토리코를 삼키고, 쿠바에 보호국을 수립하고, 재빠르게 파나마 공화국을 독립시켜 콜롬비아 영토에서 운하 건설을 위한 땅을 챙기고, 아이티, 도미니카 공화국, 니카라과 등 카리브 해 지역에 해군을 진출시키고, 베라크루스를 폭격하고, 또 점령하고, 그 사이 전함과 달러와 외교력을 신중하게 활용해 중국과 일본에서 이득을 얻고 영향력을 강화했다. 1차 세계대전으로 우리는 세계의 은행이 되었다. 2차 세계대전으로 우리는 전 세계의 온갖 땅덩어리와 모든 바다에 군사기지를 구축했으며, 대놓고 혹은 은밀하게 그리스, 레바논, 과테말라, 쿠바, 도미니카 공화국, 한국, 베트남에 개입했다. 1969년에 일본인들은 자신들의 영토였던 오키나와에 미군이 인체에 치명적인 신경가스를 비축하기로 했다는 결정에 저항해야 했다.

우리는 이 같은 간략한 요약에서 드러나는 사실들을 외면하거나, 미국 역사의 풍부한 향취에 뒤섞어 희석시켜버린다. 하지만 이 사실들이 확실히 드러날 때 우리는 이를 자유주의의 최정상, 혹은 세계 역사에 우뚝 선 자유민주주의의 승리라는 우리 사회에 대한 관대한 평가와 나란히 놓고 취급해야 한다. 자국 내 "자유주의"를 국외에서의 공격성과 단순하게 구분하는 일을 거부하고, "역설"적인 말로 논의를 종결짓는 일을 거부할 때만 우리는 어떤 방향으로든 두 사실의 조화를 시도할 수 있을 것이다.

그것이 말하는 바는 우리의 대외적 행위들이 얼핏 느껴지는 것처럼 특별히 악한 것이 아니라, 실은 자국 내 자유주의에서 발견할 수 있는 특징들을 비축해두었다가 쏟아붓는 것과 다름없다는 점이다. 한 예로 《명백한 운명과 미국 역사에 나타난 사명의 재해석Manifest Destiny and Mission in American History, a Reinterpretation》의 프레더릭 머크Frederick Merk는 명백한 운명과 제국주의가 실제 미국의 정신을 대표한다는 발상에 불만을 느꼈다. 그는 이 개념들은 예외적인 경우에 해당하는 것으로, 진정한 미국의 풍조는 다른 민족을 해방시키는 "사명"에 있으며, 미국은 결국 "스스로 확신하지는 못하지만, 이상주의적이고 사사롭지 않으며 국가적 열망을 축복하는 신의 자비를 희망해왔다"고 말한다.

나는 사실을 다른 방식으로 바라볼 것을 제안하고자 한다. 국내 문제와 국외 문제에는 모두 유사한 원칙이 작동하고 있다. 짐작컨대 자유주의 국가가 됐든 다른 종류의 국가가 됐든 마찬가지다. 인도적인 협동정신이나 메커니즘이 충분히 발달하지 않은 세계에서, 대체로 힘과 특권의 탐욕스러움은 희생자들이 저항하는 강도에 따라 달라진다. 국내에서의 공격성이 해외에서보다 더 감춰져 있고, 더 산발적이며, 더 통제되어 있는 것은 국내에는 그와 길항하는 힘이 발달해 있기 때문이다. 국외에서의 저항력은 대체로 잔혹한 외세의 물리력 앞에 무력하다. 국내 집단들이 무력한 경우에는 그들도 전시의 적과 같은 무자비한 대우를 받는다. 흑인들, 인디언들, 조직되지 않은 노동자들, 감히 권위에 도전하는 학생들처럼 말이다.

이것이 의미하는 바는 단 하나로, 고등학교와 대학에 보급된 수많은 교재에서 "서구 문명"이라 불리는 서구 국가들을, 특별히 애정 어린 눈길로 바라보기를 중단해야 한다는 것이다. 이들의 대외 행위는 본래의 특성에서 불운하게 이탈한 예외가 아니다. 이는 (산업 사회 발전에 반드시 필요했던) 상당한 문해력과 상당한 행동력으로 무장한 사람들이 최소한 부분적으로나마 저항하지 않았더라면 국내에서도 똑같이 벌어졌을 일이다.

자유주의 국가들의 대외 정책을 둘러싼 이상주의적 수사는 과거의 공격적인 문명들이 역사적으로 사용해온 수사의 변용에 불과하다. 그리스는 고귀한 명분을 내세워 밀로스 사람들을 몰살했고, 교황들은 신성한 말씀을 앞세워 기독교의 군대를 진군시켰다. 사회주의 국가들은 사회주의적 명분을 발명해서 다른 국가들을 공격했다. 약간의 역사적 관점을 갖춘다면 우리 시대에 다른 국가들 그리고 우리 자신이 출병시킨 십자군 문제를 다루는 데 도움이 될 것이다.

13. 베트남: 도덕의 방정식

우리 중 전쟁을 끝내고 싶은 이들이 열정을 담아 베트남전의 "도덕적 문제"를 얘기할 때, 이를 이해하는 건 오직 우리의 친구들뿐인 것 같다. 정부는 여전히 어촌을 폭격하고, 여자들을 쏘고, 불을 지르거나 폭탄을 터뜨려 아이들을 불구자로 만들고 있지만, 허버트 험프리Hubert Humphrey(민주당 상원의원—옮긴이)도, 오스카 핸들린Oscar Handlin(미국 역사학자—옮긴이)도, 맥스 러너도, 다른 수백만 명의 사람들도 정부에 반대하는 목소리를 내지 않고 있다. 우리는 그 이유가 궁금하다.

내가 보기에 그 대답은 수단의 변질, 목적의 혼동, 차악 이론, 그리고 폭력에 대해 상징(문자)이 불러일으킨 도덕적 분노는 쉽게 뒤집힐 수 있다는 사실과 관련이 있다. 하지만 이 모든 것을 전부 설명하려면 상당히 위험한 질문에 휘말리게 된다. 그래서 저항 운동에 참여하는 사람들은 추상적인 "도덕"에 관해 진지하고 막연하게 이야기하거나, 군사적 현실, 법률적인 임기응변, 협상 과정에서의 입장, 그리고 "정치적 통합"의 전술 같은 사안들을 열심히 들춰내며 문제를 회피한다. 하지만 수단과 목표와 관련된 근본적인 질문—폭력, 혁명, 대안적인 사회체제 등의 문제들—을 논의하지 않고서는, 베트남전에 "도덕적 문제"가 있다는 말이 무슨 뜻인지를 우리는 이해하지 못할 것이다.

우선 우리는 악의 수단이 20세기에 들어 크게 확대됐다는 점을 인식해야 한다. 우리 중 그 과정에서 무고를 주장할 수 있는 사람은 많지 않다. 히틀러가 한 일은 무차별 대량살상이라는, 이미 모두가 승인하고 있던 독트린(제1차 세계대전의 전장에서 천만 명이 목숨을 잃었다)을 그 논리적 말단까지 밀고나갔고, 그렇게 해서 우리가 용인할 수 있는 한계를 유례없이 확장해놓은 것이다. 나치는 전 세계 유대인 인구의 3분의 1을 살해함으로써, 그들의 잔혹함과 약간밖에 차이가 없는 수많은 잔혹행위를 덜 공포스럽게 만들었다(내가 가르치는 학생과 함께 호흐후트Hochhuth의 《대리인The Deputy》에 관해 토론하던 중, 내가 베트남 마을이 폭격당하는 것을 지켜보고 있는 우리는 오늘날의 "대리인"인 셈이 아니냐고 묻자, 그 여학생은 그렇지 않다고 답하며, 베트남에서 벌어지는 일은 히틀러만큼 나쁘지는 않다고 말했다).

좌파는 지금도 정당한 목적을 달성하기 위해 폭력을 사용해도 되는가의 문제를 교묘히 회피한다(로버트 폴 월프Robert Paul Wolff와 공동으로 《순수 관용 비판A Critique of Pure Tolerance》을 집필한 헤르베르트 마르쿠제Herbert Marcuse와 배링턴 무어 주니어Barrington Moor, Jr.는 여기에 해당되지 않는다. 그러나 미국 공산주의자들은 분명히 해당된다. 미국 정부는 스미스 법Smith Act[2차 세계대전을 앞두고 혼돈한 정세에 있던 1940년에 미국에서 제정한 치안입법—옮긴이]을 위반한 공산주의자들의 재판에서, 그들이 혁명을 위해 폭력을 사용할 때 고작 토머스 제퍼슨Thomas Jefferson만큼 과격해질 수 있음을 입증하기 위해 사실을 왜곡해야만 했다). 이뤄야 할 목적으로서 사회 체제들을 서로 비교하는 논쟁을 회피하고 그 수단이 되는 폭력에 관해 앞서 말한 논의를 회피하면서 이 문제를 외면한다면, 우리 정부가 베트남에서 벌이는 일을 도덕적으로 비난할 합리적 근거를 마련할 수는 없을 것이다.

나는 절대적인 비폭력을 내세우는 것은 논리적으로 무력하다는 가정에서부터 논의를 시작하고자 한다. 더 큰 폭력을 방지하려면 약간의 폭력이 필요할 수 있다는 것은, 적어도 이론상으론 수긍할 수 있는 이야기이기 때문이다. 이 말에 즉각 불쾌감을 느끼는 사람이라면 제2차 세계대전, 히틀러 암살 시도, 미국, 프랑스, 러시아, 중국, 쿠바의 혁명, 남아공에서 일어날 수 있는 무장 봉기, 로데시아의 사례, 미국 내 흑인의 경우를 고려해봐야 한다. 베트남 전쟁 지지자들 중 많은 사람들이 베트남 전쟁이 위의 사례들에 사용된 폭력과 비슷하다고 믿기 때문에 전쟁을 지지한다는 점도 명심해야 한다.

끔찍한 것은 일단 절대 비폭력의 입장을 벗어나는 순간, 즉시 폭력을 남용하는 가장 충격적인 사례에 문을 열어주게 된다는 것이다. 외과의와 살인마로 반반씩 구성된 열의에 찬 집단에게 수술용 칼을 나눠주는 것과 같아진다. 하지만 이는 인간이 항상 부딪치는 딜레마—문제에 매몰되지 않고 진실을 끌어내는 것—이다.

외과의와 살인마를, 사람을 구하는 폭력과 사람을 죽이는 폭력을 우리는 어떻게 구분할 수 있을까? 첫 번째 조건은, 늘 비폭력을 원점으로 삼아야 한다는 것, 그러므로 입증의 책임은 폭력을 옹호하는 쪽에 있으며 그 내용이 상당한 개연성을 갖춰야만 그의 입장이 정당화된다는 것이다. 근대 미국 문명에서 한 개인에게 사형을 선고하려면 배심원 12인의 만장일치 의견이 필요하다. 하지만 우리는 더없이 조잡한 정치적 추정(혁명의 전염성에 관한 도미노 이론 같은)만으로도 수천 명의 생명을 앗아갈 준비가 되어 있다.

어떻게 정당성을 증명해야 할까? 나는 네 가지 검증 요건을 제시하고자 한다.

1. 자기방어. 외부의 침입자나 국내 반反혁명 세력의 공격을 물리치기 위해 필요한 정도를 넘어서지 않는 자기방어로서의 폭력은 정당하다. 몇 년 전 조지아타운이라는 작은 마을에서, 아이들과 함께 집에 있던 흑인 여성이 총과 쇠사슬을 소지한 백인 무리들을 향해 문에 대고 총을 발사해 그중 한 명이 죽고 나머지는 달아난 사건이 이에 해당한다. 히틀러에게 1936년에 라인란트, 나아가 오스트리아(오스트리아인들이 전쟁을 원하지 않았으므로)를 내준 것은 자기방어라고 할 수 없겠지만, 스페인 내전 때 정부군을 지원하고 1938년에 체코슬로바키아를 지킨 것은 자기방어에 해당한다. 또한 꼭두각시 정부를 조종하는 미국 침략자들에 맞선 베트남 사람들의 항전도 여기 해당한다.

2. 혁명. 달리 다른 방도가 없을 때 깊이 뿌리박힌 압제 정권을 전복하고자 하는 혁명은 정당하다. 이때 외부의 지원을 받을 수는 있지만(미국 독립혁명의 경우처럼 저항군은 대개 권력을 쥔 자들보다 불리한 상황에 있기 때문이다), 혁명을 이끄는 이들은 현지인이어야 한다는 조건이 붙는다. 그것 자체가 혁명의 대중적 지지를 판가름하는 시금석이기 때문이다. 프랑스, 미국, 멕시코, 러시아, 중국, 쿠바, 알제리의 사례가 이에

해당한다. 베트콩의 저항 역시 마찬가지다. 그리고 남아공의 봉기는, 발생해 마땅하다.

3. 위의 조건들을 모두 만족하더라도, 무고한 이들에 대한 폭력은 도덕적으로 정당화될 수 없다. 그러므로 자기방어를 위한 폭력과 혁명의 폭력은 반드시 악한 자들에게 집중해야 하고, 목적을 이루기 위해 꼭 필요한 정도로만 제한해야 하며, 더 빨리 승리하기 위해 더 강한 폭력이 필요하다는 모든 주장에 저항해야 한다. 이 요건을 통해 제2차 세계대전에서 독일의 도시에 대한 전략적 폭격과 히로시마와 나가사키에 대한 원자폭탄 투하는 정당한 폭력에서 제외해야 한다. 설사 혁명이 진행 중이라 하더라도 시민에 대한 테러리즘 역시 제외해야 한다. 범죄자에 대한 폭력 역시 순전히 복수를 위해 이루어진 경우라면 정당화될 수 없다. 그러므로 사형은 어떤 종류의 범죄에 대해서도 정당하지 않다. 폭력은 목표에 집중되어야 한다는 조건에 따르자면, 남베트남 마을의 지도자들을 살해한 베트콩과 병원을 폭격한 미군 폭격기를 동일시하는 것은 터무니없는 이야기다. 물론 베트콩의 살인도 만일 복수를 위한 테러 행위였거나 마을의 사회조건을 변화시키기 위해 반드시 필요한 경우가 아니라면 정당화할 수 없다.

4. 근대 전쟁 환경의 변화에 따라 더욱 긴급하게 고려해야 하는 요건이 하나 더 있다. 앞서 말한 세 원칙들을 모두 충족하더라도, 폭력을 수행하기 전에 반드시 네 번째 원칙을 고려해야 한다. 폭력의 강도나 지속성 때문이든 혹은 폭력이 확산될 위험 때문이든, 자기방어나 사회 변혁을 위해 치러야 하는 대가가 승리를 통해 얻을 가치를 넘어서면 안 된다는 것이다. 소비에트 연합이 쿠바를 지키는 일은—자기방어

를 위한 일이지만—전면전을 무릅쓸 만큼의 가치는 없었다. 베트남 전쟁이 전면전으로 확산될 심각한 위험이 있다면, 중국과 소비에트 러시아가 베트콩 측에 지원군을 파견하는 일은 옳지 않다. 몇 가지 조건 하에서, 국민은 몰살당하는 것보다 포로로 잡히는 편이 낫고, 혁명가들은 적당한 때를 기다려야 한다. 사실 어디에나 편재하는 압도적인 군사력—미국과 USSR 같은(영국, 프랑스 네덜란드, 벨기에, 포르투갈과 싸우는 국가들은 이에 부합하지 않겠지만)—때문에, 혁명 운동이 압제 정권을 무너뜨리려면 무장 봉기가 아닌 다른 전략을 발명해야 할지 모른다.

내가 친구처럼 친해지고 싶은 기본 원칙은, 생명이 걸려 있는 당사자들이 목숨을 걸 만한 가치가 있는 일이라고 판단했을 때 폭력은 가장 확실하게 정당화될 수 있다는 것이다. 자기방어와 게릴라전은 본성상 이미 이러한 결정을 체화하고 있다. 징병을 통해 조직된 군대와 목표에만 집중하지 않는 전쟁은 이 원칙을 위반한다. 또한 빨갱이는 죽는 게 낫다거나, 내 삶의 방식을 지키기 위해 남이 죽어야 한다거나, 사람은 어떻게든 살아야지 (워싱턴에서 분신한 노먼 모리슨Norman Morrison처럼) 죽는 것을 선택하면 안 된다고 판결할 권리는 누구에게도 없다.

이 요약이 정확하다거나 완벽하다고 말한다면 어리석을 것이다. 자기방어가 필요한 상황에 처했거나 혁명에 참여한 이들에게는 지적 정당화가 필요치 않다. 그들의 감정은 이미 내적 근거를 반영하고 있기 때문이다. 위의 원칙들을 분명하게 숙고해야 하는 이들은 직접적인 투쟁의 외부에서 어느 한 편을 지지해야 할지 아니면 물러나 있어야 할지 고민하는 사람들이다. 그러므로 가장 막강한 힘을 지닌 채 자기방어나 혁명의 문제에서 가장 멀리 떨어져 있는 미국인들이야말로 심사숙고해야 한다. 우리가 사회적 분석으로 할 수 있는 일은 사고의 부재를 대체하기 위한 대략의 지침을 제시하고, 일종의 도덕적 계산법의 길을 여는 것이다.

하지만 지시를 받고 농경지, 마을, 부락에 폭격을 가한 미군의 경우는 전술한 기준에 부합하는지를 자세히 확인할 필요도 없다. 또한 미군의 폭격은 동남아시아나 세계가 처한 상황의 진실이 무엇이든 간에 심각하게 비도덕적인 행위다. 정부를 지지한 사람들—허버트 험프리부터 정부의 광고에 서명한 학계 인사들까지—의 침묵은 특히 수치스러운 일이다. 그들이 자신들의 다른 주장을 철회하지 않더라도 그것이 불필요한 야만 행위임을 즉시 인정할 수 있기 때문이다.

폭격은 제쳐두더라도, 미국이 베트콩을 상대로 벌인 군사 행위들은 외부의 침략에 맞서 자신을 지키기로 결정한 사람들을 도울 목적이 아니었다면 어느 하나 정당화할 수 없는 것들이다. 구체적인 사실로 입증할 수 없는 주장도 꾸준히 반복해 말하면 결국 사실로 여겨지기라는 바람으로, 미국 행정부가 베트남인들의 게릴라 활동을 계속해서 "침략"이란 용어로 묘사하는 것은 그런 이유 때문이다. 그러나 이 문제에 관한 전문가의 증언들은 차고넘친다.

1. 프랑스의 역사학자 필립 드빌레Philippe Devillers는 말한다. "내전은 공산주의자들이 참전하기 전부터 벌어지고 있었다… 게다가 공산주의자들 중에서도 주도적인 역할을 한 이들은 하노이가 아니라 작은 마을 출신들이었다. 독재자 지엠Diem에게 내몰려 스스로 무장하고 자신을

지키기로 한 사람들이었다.

2. 버나드 폴Bernard Fall은 말한다. "반反지엠 게릴라들은 잠입해 있던 북베트남 분대들이 싸움에 참여하기 오래 전부터 활동하고 있었다."

3. 《르몽드Le Monde》의 특파원 장 라쿠튀르Jean Lacouture는 (《베트남, 두 개의 평화 사이에서Le viet Nam entre deux paix》에서) 베트남 현지의 압박, 현지의 조건이 게릴라 활동으로 이어졌다는 점을 확인해주고 있다.

4. 컬럼비아 대학의 아시아 공산주의 전문가인 도널드 S. 자고리아Donald S. Zagoria는 최근에 "우리가 상대하고 있는 것이 남베트남 현지인들의 봉기라는 점은 명백한 사실이며, 북측의 개입이 아니라 바로 그 점이 가장 큰 곤경"이라고 말했다.

이 경우가 "침략에 맞선 방어"인지를 검증하는 방법은 자기 자신을 "방어"하고 있다고 주장하는 남베트남 정부군의 행태를 살펴보는 것이다. 거기서 발견할 수 있는 것은 정부군의 탈영자 비율이 높고, 마을 주민들을 강제수용소인 "전략 부락"에 몰아넣을 필요를 절감하고, 조국을 "지키기" 위해 전력할 수밖에 없는 남베트남 주민들을 고문해서 정보를 빼내고 있다는 사실, 그리고 이를 위해 미국은 베트남에서 그 모든 군사 작전을 펼쳤다는 사실이다.

베트남의 보통 사람들을 보면 국가가 외부의 "침략"에 맞서 스스로를 방어하고 있다는 어떤 징후도 보이지 않는다. 그들의 정부와 미국인에게 비협조적이라는 점을 제외하면 말이다. 먼저 십만여 명의 베트남 농민이, 주로 노획한 무기를 들고 반란을 일으키고 있었다(데이비드 할버스탐David Halberstam과 핸슨 볼드윈Hanson Baldwin은 《뉴욕 타임스》에서 위와 같이 확언했다. 이들은 I. F. 스톤I. F. Stone〔급진주의 성향의 저널리스트—옮긴이〕이 이미 통계적으로 분쇄했던 주장—국무부의 "침투" 백서—을 다시 한 번 차분하게 반박했다). 그런 뒤 농민들은 북베트남군 7,500명(1965년 11월에 미군 장교는 각기 1,500명으로 구성된 북베트남군 5개 연대가 남베트남에 주둔해 있다고 추정했다)과 함께 미군 15만 명의 침공에 맞섰다. 공산주의 국가들이 무기를 지원했지만, 베트남 하늘을 가득 메운 미국의 폭격기 군단에 맞설 전투기는 한 대도 없었다. 결국 북베트남이 아니라 (만약 북베트남을 정말 철저한 외부자로 여길 수 있다면 말이지만) 미국이 자신의 힘을 대리하는 꼭두각시 정부를 앞세워 침략했다는 이야기다.

그러니 미국이 베트남에서 벌인 폭격이나, 군사적 개입을 변호할 만한 유효한 원칙은 없는 셈이다. 구체적 사실을 통해 도덕적 주장을 뒷받침할 수 없는 미국은 단 하나의 대용물에 의존한다. 직접 머릿속에서 만들어낸 근거를 바탕으로 날조한 것으로, 검사관들이 접근하지 못하도록 감정적인 기운을 방어막으로 둘러친다. 그렇게 미리 묻어놓은 가짜 화석이 바로 '뮌헨의 비유'다. 그들은 영국 본토의 항공전에서 처칠이 보여준 것과 같은 열정을 분출하면서, 베트남을 포기하는 것은 챔벌레인Chamberlain이 뮌헨을 포기한 것과 같다고 말한다. 그 때문에 베트남의 마을 주민들은 죽어야 하는 것이다.

전쟁 애호가들이 뮌헨의 비유를 통해 얻은 커다란 이득은, 다른 누구보다도 특히 미국의 자유주의자들을 포섭했다는 것이다. 배리 골드워터Barry Goldwater, 린든 존슨Lyndon Johnson, 조지 미니George Meany, 존 로체John Roche 등을 포함하는 드넓은 정치적 연합체가 베트남 파병을 지지했다(극우를 제외하고 극좌를 포함했던 2차 세계대전 당시의 국내 연합을 반전시킨 셈이다). 이 연합은 침공군의 거대한 이미지에 자막만 "파시스트"에서 "공산주의자"로 바꿔 단 채 미국이 베트남에서 벌인 학살을 정당화하고 있다. 나치를 향한 거대한 분노가 지지를 보냈던 제2차 세계대전의 야만적 무기고—정당화될 수 있는 무기와 정당화될 수 없는 무기 전부—가 이제 미국의 세기American Century를 위해 고스란히 활용될 수 있다.

뮌헨의 비유를 그대로 내버려두는 것, 공산주의와 파시즘을 제대로 논의하지 않는 것은 베트남에서 벌이는 대량 학살에 가까운 현 정책의 주요 전제를 내버려두는 것과 같다. 최소한 논의라도 시작해야 한다는 것이 나의 제안이다.

뮌헨에서 무슨 일이 벌어졌는지 다시 한번 떠올려보자. 영국의 챔벌레인과 프랑스의 달라디에는 히틀러와 무솔리니를 만나(1938년 9월 30일이었다) 체코슬로바키아의 독일어 사용 지역인 수데텐 지방을 할양하기로 합의했다. 이를 통해 유럽에서 전면전이 발생하는 일을 막겠다는 심산이었다. 이후 챔벌레인은 영국으로 돌아와 자신이 "우리 시대에 평화"를 가져왔다고 선언했다. 6개월 후, 히틀러는 남은 체코슬로바키아 영토를 전부 집어삼켰고, 폴란드에 최후통첩을 했으며, 1939년 9월 3일에 유럽에서 전면전을 일으켰다.

만일 뮌헨에서 수데텐란트를 내주지 않고—그리고 체코슬로비키아의 철강과 전력 생산량의 70%, 화학물질 생산량의 86%, 석탄 생산량의 66%를 차지하는 수데텐란트가 체코슬로바키아의 강력한 요새로 남은 상태에서—히틀러가 전쟁을 시작했다고 하면, 체코슬로바키아의 잘 훈련된 35개 사단의 지원을 받아 그를 금방 물리칠 수 있었다는 강력한 증거가 있다. 그리고 그가 저항의 징후를 읽고 전쟁에 나서지 않는 편을 택했다면, 그는 적어도 거기서 영토 확장을 중단했을 것이다.

비유는 계속된다. 공산주의자가 지배하는 민족해방전선National Liberation Front이 남베트남에서 승리하도록 내버려둔다면(협상을 둘러싼 힘겨루기에서 진짜 장애물은 신생 정부를 장악할 민족해방전선이기 때문에), 동남아시아와 그 너머까지 공산주의의 확장을 부추기게 될 것이며, 어쩌면 지금의 전쟁보다 더욱 끔찍한 전쟁이 발발할 수 있다는 것이다. 그렇다면 남베트남에서 공산주의를 저지하는 것은 공산주의의 전 세계적인 확장을 억제하는 것이다.

우선 1938년 뮌헨의 상황과 현재 베트남과의 중대한 차이를 언급해야 한다.

1. 1938년에 체코의 현 상태를 뒤흔드는 중심 세력은 외부 세력인 히틀러의 독일이었고, 이를 지원하는 세력은 콘라트 헨라인Konrad Henlein이 이끄는 수데텐의 내부 세력이었다. 1958년 이후에(1942년으로 거슬러 올라갈 수도 있다) 남베트남의 현 상태를 뒤흔드는 중심 세력은 1960년에 조직된 민족해방전선, 즉 내부 세력이었고, 그 주요 지지 세력은 외국이 아니라 자국 내 다른 지역에 위치한 북베트남이었다. 베트남에 존재하는 가장 큰 외부 세력은 미군 병력이다(흥미롭게도 서독에서는 미군을 가리켜 '반덴캄프-페어반데[Bandenkampf Verbande, 전투강도부대]라 부르기도 했다. 2차 세계대전 때 독일 무장친위대에 소속된 살인전문 게릴라 부대에 붙인 이

름이었다). 다른 식으로 표현하면 1938년에 독일은 다른 국가의 영토를 차지하려 했다. 현재 베트콩은 자국 내의 어떤 지역을 차지하려 하고 있다. 1938년에 외부 세력은 독일이었다. 현재 외부 세력은 미국이다.

2. 1938년 서구가 히틀러에게 영토를 내준 베네시Beneš와 마사리크Masaryk의 체코 정부는 강력하고, 효율적이고, 번영한 민주 정부였다. 우리가 지원하는 남베트남 정부는 텅 빈 껍데기 정부다. 불안정하고, 대중과 유리되어 있고, 부패하고, 악당과 고문 기술자가 독재하고, 자유선거와 대의정부를 무시하는(최근에는 공산주의로 이어질 수 있다며 국회 구성을 반대했다), 바오 다이Bao Dai부터 지엠, 키Ky에 이르기까지 오래도록 폭군들이 통치해온 정부다. 앨라배마 주지사 월리스Wallace가 토머스 제퍼슨과 비교될 수 없는 만큼, 이들 역시 베네시와 마사리크와 나란히 평가받을 자격이 없다. 이 정부를 유지하는 것은 단 한 사람의 생명도 희생할 가치가 없는 일이다.

3. 1938년에 단호하게 대처한다는 것은 당시 가장 중요한 위협이었던 히틀러 독일을 완전히 무찌르는 일에 뛰어든다는 의미였다. 오늘날 베트남에서의 싸움은 설사 완벽하게 승리한다 하더라도 미국이 가장 중요한 적으로 여기는 소비에트 연합과 공산주의 중국과는 완전히 무관하다. 설사 국제 공산주의가 하나의 조직이라 하더라도, 베트콩을 궤멸하는 것은 코끼리의 발톱을 제거하는 것에 지나지 않는다. 우리가 우리 문제의 근원(언젠가는 공산주의 중국이, 그 다음은 소비에트 러시아가 될 것이다)으로 여기는 것과 싸우려면 핵전쟁이 벌어질 텐데, 이는 로버트 스트레인지 맥나마라Robert Strange McNamara(포드자동차회사의 사장, 케네디 정부의 국방장관으로, 베트남전 군사개입을 정당화하는 데 진력했다—옮긴

이)조차도 원하지 않는 듯하다.

4. 1938년 뮌헨과 1966년 베트남의 역사적 맥락에는 중대한 차이가 있다. 뮌헨은 오래도록 이어진 포기와 관망의 정점이었다. 1931년에 일본이 중국을 침공했고, 1935년에 무솔리니가 에티오피아를 침공했고, 1936년에 히틀러가 라인란트를 재무장시켰고, 1936년부터 1939년까지 히틀러와 무솔리니가 공화주의 스페인을 공격한 프랑코Franco를 지원했고, 1937년에 일본이 중국을 공격했고, 1938년 봄에 히틀러가 오스트리아를 점령했다. 반면에 베트남 위기에 이르기까지 벌어진 여러 사건들에서 서양은 어떤 때에는 주저했고(1948년 체코슬로바키아나 1956년 헝가리의 경우처럼), 트루먼 독트린, 베를린 봉쇄, 한국 전쟁, 1962년 쿠바 봉쇄처럼 어떤 때에는 단호하게 대처했다. 그러므로 베트남에서 철수한다고 해도 뮌헨 협정 때와는 달리 기존에 되풀이되어온 특정 양상이 강화되지는 않을 것이다. 이는 오늘날의 대외 정책을 반영하는 들쭉날쭉한 그래프에 그려질 또 하나의 선에 지나지 않는다.

5. 우리는 20년간 이어진 냉전사를 통해 뮌헨 비유에서 도출한 명제를 검증할 수 있다. 그 명제란, 베트남에서 단호하게 대처해야만 곳곳에서 공산주의자들이 봉기하는 것을 막을 수 있기 때문에 막대한 수의 생명을 희생할 만한 가치가 있다는 것이다. 하지만 남한의 패배를 막기 위해 개입하고(1950~1953), 필리핀에서 후크Huk단의 반란을 진압하게끔 지원하고(1947~1955), 말레이시아에서 말라야의 게릴라들을 진압한 결과가, 1958년에 남베트남에서 게릴라전이 시작되고 1960년에 이들이 민족해방전선 아래 결집한 일에 어떤 영향을 미쳤단 말인가? 1954년 전복활동을 벌이고 무력을 사용해 과테말라를 전복시켜 라틴 아메리

카에 우리의 진짜 의도를 보여주는 데 성공했다면, 어째서 1959년 카스트로가 봉기해 승리를 거둘 수 있었단 말인가? 1961년 쿠바 침공과 1962년 쿠바 봉쇄를 보고 라틴 아메리카의 혁명주의자들이 혁명을 단념했던가? 그렇다면 1965년 도미니카 봉기는 어떻게 설명할 수 있을까? 또 우리가 산토도밍고에 해군을 파견했다고 해서, 페루 산지山地에서 벌어지는 게릴라전이 종결됐던가?

뮌헨 비유는 누군가 건드리기만 해도 산산이 으스러지고 만다. 이로써 보다 더 근본적인 의구심이 제기된다. 미국의 정책입안자들과 그 지지자들이 공산주의의 본질과 전후의 세계에서 다양하게 벌어지는 봉기의 본질을 전혀 이해하지 못한다는 것이다. 굶주리고, 집이 없고, 억압을 받는 사람들은 외부의 선동 없이도 충분히 혁명에 나설 수 있다는 것을 그들은 이해하지 못한다. 미국 남부의 주지사들이 외부에서 선동하지 않더라도 흑인들 스스로 거리를 행진할 수 있다는 사실을 믿지 못하는 것처럼 말이다.

따라서 우리는 공산주의와 혁명에 대해 논의해야 한다. 이는 예민한 문제로, 저항 운동에 참여한 이들 중에는 혹시 동맹들을 멀어지게 될까 두려워 말 꺼내길 꺼려하는 경우도 있다. 하지만 미국이 더러운 베트남 전쟁에 대對히틀러 전쟁과 동일한 정당성의 광휘를 입힐 수 있게 만든 도덕의 전도를 다루려면, 이는 반드시 필요한 과제이다.

이 전도에서 핵심적인 가정은 공산주의와 나치즘이 동일한 방식으로 다루기에 마땅한, 충분히 유사한 사상이라는 것이다. 하지만 공산주의는 세계 전역의 선한 사람들을—인종차별주의자, 약자를 괴롭히는 사람, 군국주의자가 아니라—매혹시킨 일련의 이상들이다. 누군가는 공산주의 국가의 시민들이 충성을 강요당한다고 주장하겠지만, 이는 프랑스, 이탈리아, 인도네시아의 수백만 공산당원들과, 맑스의 이상에 영감을 받은 전 세계의 셀 수 없이 많은 사람들의 존재를 설명해주지 못한다. 게다가 왜 그래서는 안 된단 말인가? 공산주의 이상은 평화, 형제애, 인종 평등, 계급 없는 사회, 국가의 고사를 말하는데 말이다.

공산주의자들이 그들의 이상을 좇는 것보다 권력을 휘두르는 데 뛰어나다고 말하는 것은 그들의 이상이 아니라 그들이 비공산주의 국가의 권력자들과 공유하는 결점을 지적하는 말이다. 만일 그들이 이상을 추구하는 과정에서 악랄한 책략을 사용하고, 숨통을 조이는 관료제와 경직된 도그마에만 의지한다면, 유대-기독교의 유산을 과시하며 전쟁과 착취, 식민주의, 인종 혐오를 조장하는 다른 국가, 다른 사회 체제만큼 비난받아 마땅할 뿐이다. 우리는 우리의 이상을 기준으로 스스로를 평가하고, 행동을 기준으로 타인을 평가한다. 굉장히 편리한 일이다.

다시 한번 떠올려보자. 나치의 궁극적 가치는 인종주의, 엘리트주의, 군국주의였으며, 전쟁은 그 안에 내재된 결말이었다. 공산주의 국가나 자본주의적 민주주의와 달리 그들에게는 더 고귀한 목적에 호소할 근거가 없었다. 이데올로기적으로 공산주의 국가와 자본주의 국가가 공존할 수 있는 것은, 서로가 공유하는 궁극적 목표에 관해 대략의 합의가 이뤄졌기 때문이다. 전쟁이 멈춰 있는 동안 양 진영의 시민들은 지도자들이 그러한 가치에 부응해야 한다고 점점 더 크게 요구할 것이다(우리가 바라는 일이며, 실제로 그 일이 벌어지기 시작했다).

그처럼 공언된 가치 가운데 하나가—취약한 주장과 무력한 비유를 통해 미국이 힘겹게 숨기려 하고 있는—민중의 자기결정권이다. 전면전을 유발하지 않는 수단을 사용해서 깊이 박힌 과두정치—외국 세력이든 국내 세력이든—를 전복하는 일은 자기결정권을 통해 정당화될 수 있다. 중국, 이집트, 인도네시아, 알제리, 쿠바가 그 예다. 이와 같은 혁명은 독재정권 수립으로 이어지곤 하지만, 그럴 때조차 그 독재정권을 무너뜨리는 데 다시 사용될 수 있는 가치를 내세운다. 그러므로 그들은 미국의 독립주의자들이 받았던 것과 똑같이 일반적인 지지와 특수한 비판을 함께 받을 만하다. 미국의 독립주의자들은 노예를 소유한 정부를 수립했지만, 동시에 그들이 내세운 자유의 가치 때문에 이후에 노예폐지론이라는 **역풍**을 맞았다.

나치와 공산주의를 묘사하기 위해 간편하게 "전체주의"란 용어를 사용하거나, 남베트남 정권을 호치민Ho Chi Minh 정권과 동일시하는 것은, 좌파의 교주주의자들이 파시스트와 자본주의적 민주주의를 구분하지 못하는 것처럼 중대한 차이를 놓치고 만 처사다.

이 관점은 두 가지 면에서 몰역사적이다. 우선 오늘날의 신생국가에 필요한 급속도의 경제 성장을 공산주의자 정권이 성공적으로 해내고 있다는 점을 무시한다(공산주의 정부만 가능한 일은 아니지만). 이 과정에서 교육 수준과 생활수준이 향상되면, 내부에서 자국의 사고통제 체계를 공격할 수 있는 길이 열린다(소비에트 연합과 동유럽 국가들이 이미 보여줬듯이). 두 번째로, 오늘날 상당 수준의 표현의 자유를 갖추고 거만하게 번영을 뽐내는 미국과 서유럽이 현재 상태에 이르기 위해 노예와 식민지인들의 등을 밟고 올라섰으며, 얼핏 복지국가처럼 보이기 시작하기 전까지 수 세대에 걸쳐 노동자 계층을 비참한 상태로 지배해왔다는 점을 간과하고 있다.

역사적 관점은 그 수많은 결함에도 불구하고 마오쩌둥의 중국이 불구하고 장제스가 통치하는 중국보다 낫고, 카스트로의 쿠바가 바티스타의 쿠바보다 나은 것처럼, 호치민이 통치하는 통일 베트남이 남베트남의 엘리트 독재보다 낫다고 제안한다. 지금 완벽하게 순수한 선택지는 존재하지 않지만, 우리는 미래를 결정지을 가치들을 절대 포기해선 안 된다. 바로 지금 베트남에서, 인간 생명의 보호, 자기결정권, 경제적 안전, 인종 및 계급 간 억압 철폐, 그리고 교육받은 이들이 요구하기 시작한 표현의 자유 등 오늘날 인류의 공통된 도덕을 이루는 인간적 가치들이 정착할 수 있는 최선의 방안은 아마 공산주의 정부일 것이다.

정부의 정책을 비판하는 사람들은 이같이 결론내리기를 망설이고 있다. 그렇게 믿지 않는 이들도 있지만, "통합"이라는 배를 흔들고 싶지 않아 주저하는 이들도 있다. 그러나 미국이 베트남에서 철수하는데 가장 큰 장애가 되는 것은, 남베트남이 공산화될 거라는 현실적인 공포다. 이 문제를 솔직하게 논의하지 못한다면, 미국의 조치를 지지하는 논리 체계의 중요한 골자를 건드리지 않는 셈이 된다.

진짜 공포에서 가짜 공포로 비약할 때 우리는 미국의 국제 행위에서 볼 수 있는 바로 그 광기에 가까워진다. 리처드 호프스태터Richard Hofstadter는 《미국 정치의 편집증적 특성The Paranoid Style in American

Politics》에서 "편집증적 특성의 핵심 가정은, 가장 사악한 이들의 행위를 영속화하기 위해 만들어진 광범위하고, 은밀하고, 불가사의하리만치 능숙한, 국제적인 음모 네트워크가 존재한다는 것이다."

한때 음모의 중심은 러시아였다. 최근 정부를 위해 전략을 연구하는 한 정치과학자가 더없이 차분한 태도로, 비교적 최근에 자신이 속한 기관에서 미국의 정책이 전후시기에 기초로 삼았던 전제—러시아가 무력으로 서유럽을 차지하고자 한다는 전제—가 완전히 잘못된 것으로 결론이 났다고 말해주었다. 그럼에도 현재 침략 세력 가설은 일말의 의혹도 없이 통째로 중국을 향해 옮겨가고 있다.

편집증은 사실에 기초해서 출발하지만, 그런 뒤 터무니없는 결론으로 거칠게 비약한다. 중국이 표현의 자유를 제한한다는 점에서 전체주의적이고, 미국에 격렬하게 적대감을 드러내고, 티베트의 반발을 억압하고, 인도와 접한 국경 지역을 차지하기 위해 전투를 벌이는 것은 사실이다. 하지만 잠깐 인도의 경우를 생각해보자. 인도 역시 하이데라바드의 봉기를 분쇄하고, 케랄라 주를 점령하고, 중국에 접한 국경지대를 선제공격하고, 고아를 무력으로 점령했으며, 카슈미르 지역에 대한 권리를 맹렬하게 주장하고 있다. 하지만 우리는 인도가 세계를 지배하려한다고 비난하지 않는다.

물론 둘은 다르다. 중국은 세계 전역에서 격렬하게 일어나는 반란과 정서적으로 연결되어 있고, 이따금 반란을 지원하기도 한다. 하지만 중국이 반란의 출처는 아니다. 문제는 중국이 세계를 지배하고자 하는 것이 아니라, 다양한 민족들이 이 세계에서 자신의 지역을 차지하고자 하고 있으며, 이때 일반적인 상거래에 수반되는 예절을 지키지 않는다는 것이다. 와츠의 흑인들이 정말 들고일어나 로스앤젤레스를 차지하려 한다면 어떨까? 우리는 그 책임을 카스트로에게 돌릴까?

미국이 현지 공산주의 운동을 토대로 생겨난 다양한 공산주의 국가의 존재를 국제적 음모라고 파악하는 것은 오직 편집증 때문만은 아니다. 미국은 공산주의를 이번 세기에 벌어지고 있는 더 넓은 범위의 운동과 혼동하고 있다. 굶주리고 핍박 받는 민중들이 아시아, 아프리카, 라틴 아메리카(그리고 미국 남부에서)에서 들고일어나는 것이다. 우리는 어느 한 지역에서(그리스, 이란, 과테말라, 필리핀군도 등) 발생한 급진주의를 분쇄하려 하고, 또 분명히 성공을 거두지만, 곧 다른 어딘가에서 또 다른 혁명이—공산주의든 사회주의든, 민족주의든, 혹은 설명이 불가능한 어떤 방향으로든—발생하는 것을 발견하게 된다. 우리는 미 해군으로 전 세계를 포위하고, 우리의 전투기로 하늘을 뒤덮으며 돈을 바람에 날리고 있지만, 정작 미국에서 160km 떨어진 쿠바에서 또 혁명이 일어난다. 우리는 곳곳에서 벌어지는 모든 봉기가 모스크바나 베이징이 꾸며낸 사악한 음모의 결과라고 여기지만, 그 진상은 배불리 먹고 자유로워지길 바라는 세계 곳곳의 민중들이 목적을 이루기 위해 최후의 수단을 사용하고 여러 사회체제 가운데 하나를 선택하는 것이다.

다른 진영도 똑같은 실수를 저지른다. 러시아는 헝가리나 포즈난의 봉기가 부르주아의 영향이나 미국의 음모 때문이라 여긴다. 스탈린의 편집증은 수많은 볼셰비키 원로들을 총살대 앞으로 보냈다. 미국에 대한 중국의 강박증도 점점 심해지는 듯하다. 하지만 이 경우에 우리는 중국의 터무니없는 비난을 사실로 만들기 위해 애쓰고 있다. 만약 베이징 측에서 우리가 군사기지로 중국을 둘러싸고, 자국 국경에 인접한 국가들에 주둔하고, 수십만 명의 병력을 타격 범위 내에 배치하고, 또 중국을 향해 폭격을 고려하고 있다고 주장한다면 이는 편집증적인 이야기로 들릴 것이다. 만일 그 주장이 대체로 사실이 아니라면 말이다.

동구와 서구의 주요 국가들이 내세우는 가치인 자기결정권, 경제적 안정, 인종 평등, 자유를 얻기 위해 전 세계는 혁명을 일으키고 있다. 형태는 가지각색이다. 카스트로의 혁명이 있고, 마오쩌둥의 혁명이 있고, 나세르Nasser의 혁명이 있고, 수카르노Sukarno의 혁명이 있고, 셍고르Senghor의 혁명이 있고, 케냐타Kenyatta의 혁명이 있다. 목표를 전부 실현하지 못한다고 해서 그들의 혁명이 1776년 우리의 혁명보다 불완전한 것은 아니다. 자유를 향한 길은 험난하지만, 사람들은 그 길을 따라 행진할 것이다. 우리가 할 일은 그 길을 개선시키는 것이지, 날려버리는 게 아니다.

미국 정부는 베트남에서 내보인 도덕적 나체를 가리기 위해 애를 써왔다. 하지만 실패의 징후들이 나날이 확연해지고 있다. 어둠은 결국 빛을 이길 수 없다. 또한 최근에 우리는 정부에 보다 신중하게 대응하고, 사람들에게 희망을 걸게 하는 경험들을 얻었다. 시민권 운동, 학생 봉기, 공산주의 국가 내부에서 고개 드는 반대 목소리, 아프리카, 아시아, 라틴 아메리카, 그리고 여기 미국에서 출현하고 있는 신선하고 용감한 정신이 그것이다.

우리의 군사적 입장이 어렵다는 것을 지적하거나(그게 사실이라면 명백하게 드러날 테니까), 협상에 유리한 발판을 차지하기 위해 애를 쓰거나(반드시 그래야 한다면, 협상가들이 방법을 찾아낼 테니까), 정치적 연합을 이루기 위해 진실이라 알고 있는 것을 숨기는 것은(연합은 이질적인 집단이 공유하는 것으로부터 자연스럽게 이뤄지며, 합쳐졌을 때 그려내는 모자이크가 보다 정확하고 단단해지려면 각 요소들이 자신의 색을 최대한 정직하게 드러내야 한다) 시민으로서 우리의 일이 아니다. 이 시점 이후로 도덕을 위반하는 행위들은 공식적으로 천명된 가치들을 거슬러야 하는 탓에 모두 아이러니의 형식을 취할 수밖에 없다. 이는 세계가 이루어낸 기묘한 "진보"의 징후다. 어느 사회, 어느 시대에든 시민의 직무는 단지 그 아이러니를 지적해 드러내는 것이다.

14. 전쟁 포로: 현대사 한 토막

댄 베리건Dan Berrigan과 함께 방콕에서 파리로 가는 비행기 안에서 슬슬 긴장이 놓이기 시작하자 나는 (예수회 사제인) 그에게 내가 다면적 인성 검사MMPI의 '냉소성 척도'에서 정치학을 하는 동료들에게 지지 않으려고 무던 애를 썼지만 결국 내 뼛속에는 정부에 대한, 특히 내 나라 정부에 대한 순진한 태도가 조금은 남아 있었노라고 고백했다. 그 무렵 학생들에게 현대 세계의 마키아벨리주의를 가르쳤고 또 《추운 나라에서 온 스파이A Spy Who Came In From the Cold》(윌리엄 고드윈William Godwin의 초기 아나키즘 소설 《칼레브 윌리엄즈Caleb Williams》의 현대판이라 할 만한 작품으로, 한 남자가 모든 정부에 무자비하게 사냥당하는 이야기다)를 홀린 듯이 읽었어도, 나는 그런 사람이었다. 하지만 여기엔 그럴 만한 이유가 있었다.

그때까지 무슨 일이 있었는가. 미 국무부는 라디오 하노이의 보도를 듣고 북베트남이 포로로 억류하고 있던 미군 조종사 세 명을 곧 석방한다는 소식을 알았고, 《뉴욕 타임즈》의 기사를 읽고(이걸 '첩보'라고 하다니!) 하노이 측이 데이비드 델린저David Dellinger에게 전보를 보내 "믿을 수 있는 대표 한 사람"이 하노이에 와서 조종사들을 데려가 달라고 요청했음을 알게 되었다. 델린저는 코넬 대학의 베리건과 보스턴 대학의 나에게 전화를 걸었고(무슨 생각으로? 우리 둘이 어찌어찌하면 한 명의 "믿을 수 있는 대표"가 되겠다 싶어서?) 특사 해리먼W. Averell Harriman의 사무실에서는 출발하기 전에 우리를 한 번 만나기를 요청했다. 다음 날 국무부 직원이 뉴욕으로 오는 동안, 나와 베리건은 뉴욕-하노이 간 평화 창구의 베테랑인 델린저와 톰 헤이든Tom Hayden을 만나 이야기를 나누었다. 헤이든도 얼마 전에 민족해방전선NLF이 석방한 포로 세 사람을 캄보디아에서 미국까지 데려온 바 있었다.

국무부 남자는 준비해 온 몇 가지를 이야기했다. 첫째, 정부는 우리가 북베트남에 갈 수 있도록 기꺼이 여권을 승인할 것이다(우리는 답했다. "됐습니다. 우리는 시민의 이동을 승인하거나 불승인할 권리가 정부에 있다고 생각하지 않습니다"). 둘째, 베트남 측에서 호혜적 조치를 바란다면 미국은 북베트남 선원 포로 몇 명을 풀어줄 수도 있다(나포 정황이 비슷했다면 그 선원들은 코니아일랜드 같은 데서 잡혔겠지만, 그렇지 않았으므로 이는 '호혜'가 아니었다. 그래도 우리는 이 제안을 수용했다).

셋째, (그가 마지막 제안에 앞서 별 의미 없이 한 말은) 우리는 베트남에 가서 다음과 같은 미국 정부의 뜻을 분명히 밝혀도 된다. 미국은 샌안토니오 원칙을 바탕으로 협상할 의향이 있고, 폭격을 일시 중지하는 대가로 북베트남에 남으로의 모든 병참을 중단하라고 요구하지 않을 것이며 다만 공급량을 현재 이상으로 늘리지 않기를 요구할 것이다(이에 나는 미국 정부가 앞으로 발생하는 모든 중대한 국제적 위기를 조정할 때 텍사스의 소도시에서 만들어진 원칙을 근거로 할 참인지가 궁금해졌다. 제네바 협약이 아무리 난점이 많아도 샌안토니오 원칙보다는 더 중립적일 듯했다).

그러나 국무부 직원에게 가장 중요한 문제, 즉 우리를 만난 주된 이유는 귀국 방법에 관한 것인 듯했다. 우리가 조종사들과 함께 어떤 비행기를 타고, 어떤 경로로 돌아올지 말이다. 그건 우리도 알 길이 없었다. 우리가 가진 것이라곤 하노이발 전신 한 통뿐이었다. 우리는 하노이에 가서 일이 어떻게 되는지 지켜봐야겠다고 했다. 조종사들과 우리 모두가 비엔티안에서 군용기를 타고 미국으로 돌아오라는 제안에 대해 베리건 신부와 나는 별로 그러고 싶지 않다고 했다. 그러자 국무부 직원은 "군과는 최대한 거리가 먼" 비행기를 제공하겠다고 했지만, 그건 모호크 항공 따위가 아니라 또 다른 종류의 정부 비행기일 뿐이었다. 어쨌거나 우리는 가능한 한 조종사들 스스스 귀국 방법을 결정하게 하자고 잠정적으로 합의했다.

1월 31일 수요일 저녁, 우리는 케네디 공항을 출발했다. 그 후 28시간 동안 비행기를 계속 갈아타면서 지구 반 바퀴(코펜하겐, 프랑크푸르트, 로마, 테헤란, 카라치, 캘커타, 방콕, 비엔티안)를 서둘러 날았다. 비엔티안에서 하노이로 가는 금요일 밤 비행기를 타기 위해서였다. 국제통제위원회(International Control Committee: 제네바 협약의 유산으로, 인도, 폴란드, 캐나다로 구성되었다)가 운영하는 특별기가 한 달에 여섯 번(매주 금요일과 격주 화요일), 아침에 사이공을 떠나 프놈펜, 비엔티안을 거쳐 밤에 하노이에 도착했다가 귀항한다. 우리는 시간 맞춰 비엔티안에 도착했다. 그러나 NLF가 사이공을 공격해서 탄 산 누트 공항이 폐쇄되었고 특별기가 이륙할 수 없는 상황이었다.

우리는 (그다음 편인 화요일 비행기도 취소되는 바람에) 비엔티안에서 일주일을 머무르며 I.C.C. 비행기가 어떻게든 사이공에서 날아오기를 기다렸다. 그사이에 우리는 북베트남 대사관을 방문했다. 그들은 우리에게 차를 대접하면서 연민을 표하고 하노이행 비자를 주었다. 우리는 (슬슬 I.C.C. 비행기를 포기해야 한다는 생각에) 프놈펜 경유 비자를 얻으려고 캄보디아 대사관에 갔다. 특별기 외에 하노이에 들어가는 유일한 방법은 중국을 경유하는 것인데, 프놈펜에서 광저우로 가는 비행기가 있기 때문이었다. 우리는 중국 대사관에도 경유 비자를 받으러 갔으나 문 앞에서 깔끔하게 거절당했고, 좀 더 규모가 큰 프놈펜 주재 중국 대사관에 희망을 걸기로 했다.

우리는 저널리스트들을 만나 이야기했다(도쿄와 서울에 있던 NBC, CBS 특파원들이 우리의 임무를 기록하러 날아와 있었다). 또 미국에서 온 '국제 자원봉사단' 소속 젊은이들을 만났다. 그들이 제일 아는 게 많았다. 그들은 라오스어나 베트남어를 했고, 비엔티안 외곽에 듬성듬성 들어선 미국인 마을이 아니라 현지에서 현지인들과 함께 살았으며, 베트남과 라오스 양국에 대한 미국의 정책을 가차 없이 비판했다. 우리는 라오인 마을에서 하루를 보냈고, 비엔티안에서 파테트라오의 대변인과 면담도 가졌다.

우리는 미국 대사관 사람들도 몇 번 만났다. 애초에 공항에 대사관 직원이 나와 있었다. 그가 말하기를, 대사는 우리를 만나고 싶지만 우리 입장이 "민감한" 만큼 자신을 만나러 오지 않는대도 괜찮다고 했다. 그런데 체류가 길어지자 그들은 우리에게 여권을 승인받지 않겠느냐고 또 한 번 물었고(끝에 가서는 "구두로라도 안 되겠습니까?"라고 했다)

I.C.C. 운항 취소에 대해 이야기했으며 또 한 번 조종사들의 귀국 방법에 큰 관심을 보였다. 우리는 또 한 번, 그건 조종사들 스스로 결정하게 하자고 합의했다.

그들이 귀국 방식을 물었을 때 나는 그게 별로 중요한 문제가 아니라고만 생각했다. 그런데 보아하니 미국 정부는 정말로 그 사안에 관심이 많은 듯했다. 아니, 나는 정부가 그렇게 걱정하는 것에 놀라기까지 했다. 왜일까? 조종사들이 평화 운동의 마수(베리건과 진)에 들어갈까 봐? 그들은 우리도 같은 비행기로 귀국하기를 제안했으므로 그런 이유는 아닌 듯했다. 아무래도 그들은 조종사들이 세계의 언론 앞에서(방콕, 파리, 뉴욕, 그 밖에 민간 항공기가 들를 수 있는 모든 경유지에서) 자유롭게 인터뷰하는 상황을 막고 싶어 하는 듯했다. 그건 왜일까? 조종사들이 '뉘우치고 있다'고 한 하노이 라디오의 표현을 그대로 믿어서? 그럴 가능성은 낮을 것 같았다. 세 사람은 마지못해 입대한 징집병이 아니라, 철저하게 훈련받은 직업 군인, 미 공군의 소령, 미 공군의 대위, 미 해군의 대위였다. 수감 기간도 짧았다(세 사람 다 1967년 10월에 격추당했다). 그리고 톰 헤이든이 인수했던 NLF 포로 세 사람을 보건대 저쪽은 '뉘우침'을 석방 조건으로 삼지 않았거나, 조건으로 삼더라도 기준이 매우 느슨했다.

결국 그들이 걱정하는 것은 (이것은 순전히 추측이다. 대사관 사람들은 절대로 그들의 불안을 솔직하게 말하지 않았다. 그들이 베리건 신부와 내가 마음을 터놓고 상담할 사람으로 보였을 리도 만무하고) 전향이나 밀고가 아니라(물론 이 문제는 늘 일말의 가능성을 가지지만) 그저 자신들이 난처해질 수 있는 상황인 듯했다. 가령 조종사들이 베트남 사람에 대해 조금의 온정을 보이거나 (최악의 경우) 은연중에 북베트남에 대한 폭격을 비난하는 상황 말이다. 그동안 그 많은 시간, 인간적 필요에 무감각한 정부를 비판해온 우리는 정부 기관들의 그 민감한 감수성을 도저히 이해할 수가 없다. 그들은 미국이 세계에 내세우는, 세심하게 구성되었지만 허약한 그 이미지가 조금이라도 비난당하거나 조금이라도 흔들리는 상황에 얼마나 신경을 쓰는지 모른다. 그러니 리바이어던(성서에 나오는 거대 괴수—옮긴이) 측의 냉정한 합리성을 전제하고 있던 댄 베리건과 나는 정부가 귀국 경로 같은 사소한 일에 대해 그렇게 단호한 열정을 가지고 끝까지 제 방식을 고수하리라곤 예상하지 못했다. 그것도 정부 '소유'인 조종사들에게 피해를 줄 가능성까지 무릅쓰고 말이다.

2월 9일 금요일, I.C.C. 비행기가 드디어 특별 허가를 얻었다. 사이공을 떠나 비엔티안에 도착한 특별기는 다른 몇 명(대부분 I.C.C. 직원과 그 가족이었고, 멋지게 차려입은 젊은 영국 해외근무장교도 한 명 있었다)을 더 실어 하노이로 출발했다. 비행기는 무척 낡은 4엔진 보잉 항공기로, 그 2년 전까지 세계에 여섯 대밖에 남지 않았다고 했다. 이제는 세 대가 남아 있었다. 나머지는 모두 추락했고, 그중 하나는 승객을 싣고 비엔티안에서 하노이로 가던 도중에 사라졌다(격추당한 것으로 보이지만 아직 전모가 밝혀지지 않았다).

비행기는 (아래쪽의 저 모든 대공 포대가 사격을 멈추도록) 사전에 약속된 시간과 속도로, 사전에 약속된 고도를 유지하며, 사전에 약속된 좁은 공중회랑을 따라 날았고, 이륙 직전에 하노이와의 무선 교신으로 현재 하노이에 폭격이 없는 것을 확인했다. 라오스에서 국경을 건너 베트남으로 들어갈 때 프랑스인 승무원이 대공포 안전모를 나누어주었지만,

별일은 일어나지 않았다. 하노이 비행장에 이르자 서치라이트가 우리를 비추었고 우리는 곧 착륙했다. 베트남민주공화국 평화위원회 사람들이 우리를 따뜻하게 맞이하면서 꽃다발 두 개를 건넸다(3년간 우리나라에게 폭격당한 나라의 사람들이 손을 내미는 것에 감동하지 않기는 어려운 일이었다). 그 후 우리는 오싹한 기분을 느끼며 어둠이 깔린 하노이로 들어갔다. 자동차는 폭격으로 무너진 건물을 지나고, 어둠 속에 무리 지어 있는 대공포 분대를 지나고, 걷거나 자전거를 타고 가는 끝없는 인파를 지나갔다.

그날 '하노이 평화주의자'와의 첫 대면에서 (마치 샌프란시스코에 가서 만난 친구가 "여기 있는 동안 어디에 가 보고 싶어?"라고 묻는 듯한 분위기였다) 우리는 대번에 죽이 맞았다. 그들은 동구나 서구의 기관원과는 전혀 다른 느슨한 무리였다. 젊고, 투박한 재킷을 입고, 손을 주머니에 넣고 있는, 멋진 사람들이었다. 그들의 이름은 오안Oanh, 히우Hieu, 반Vann, 판Phan이었다. 셋은 영어를 했고 한 사람은 프랑스어를 했다. 첫날밤에는 조종사에 관한 이야기가 잠깐 나왔지만, 우리가 하노이의 사람들과 장소들을 탐사하는 동안에는 다시 언급된 적이 없었다. 우리는 베트남의 역사와 정치와 일상생활을 집중적으로 배우며 즐겁게 지냈다. 그렇게 닷새가 지난 수요일 저녁, 그날도 사람들과 차를 마시며 대화를 나눈 뒤 돌아오는 길에 베리건과 나는 마침내 포로들 상황이 궁금해졌다. 그때 우리의 친구 오안이 호텔에서 우리를 기다리고 있었다(그의 직업은 작곡가였다. 태평하고 느긋한 모습에 속기 쉽지만, 그는 한 치의 오차 없이 일을 해내는 사람이었다). 그가 말했다. "저녁을 좀 빨리 드세요. 한 시간 안에 포로들을 만나러 갈 겁니다."

우리는 차로 어두운 거리를 달려 수용소에 갔다. 그곳은 다른 많은 정부 건물과 비슷해 보였다. 옛 프랑스식 빌라를 새로운 긴급한 용도에 맞추어 개조한 것이다. 안으로 들어가자 일단 또 차를 마시며 서로 소개받는 자리부터 있었다. 수용소 소장은 우리에게 세 조종사에 관한 정보를 읽어주었다. 소령 노리스 오벌리Norris Overly, 39세, 남베트남의 한 기지에 소속됨, 디트로이트에 아내와 두 자녀가 살고 있음. 대위 존 블랙John Black, 30세, 타이 우돔 비행장 소속, 테네시에 아내와 세 아이가 살고 있음, 해군 대위(위관) 데이비드 메서니David Methany, 항공모함 소속, 24세, 미혼.

이윽고 우리는 다른 방으로 안내되었다. 베리건과 나는 평화위원회 친구 둘과 함께 작은 테이블 앞에 앉았다. 오른편 벽에는 호치민의 사진 밑으로 테이블이 하나 더 있었고 빈자리가 셋 있었다. 두 테이블에는 차와 쿠키, 담배가 놓여 있었다. 히우가 속삭였다. "그들이 들어오면 우리가 여러분을 짧게 소개할 거예요." 그리고 머뭇거리며 말했다. "악수를 할지 말지는 두 분이 알아서 하시고요."

왼편에는 커튼이 드리운 문이 하나 있었는데, 그 문으로 키가 매우 작고 매우 강한 인상의 군인이 들어오고 그 뒤로 세 조종사가 들어와서 그들 자리 뒤에 선 다음 소장에게 절을 하고 자리에 앉았다. 댄과 내가 조종사들에게 소개되었다. 우리는 그들에게 가서 악수를 했다. 그 뒤 한 시간 동안 우리가 나눈 대화는 정말 담소뿐이었다. "여러분, 얼굴이 좋아 보입니다"(실제로 그랬다. 그들은 잘 먹고 있는 듯했고 심지어 댄과 나보다도 통통해 보였다. 그게 썩 중요한 일은 아니지만). "어디에서 오셨습니까?" "아, 저도 그 도시를 압니다." "디모인에 있는 어디어디라고 아세요?" 계속 그런 식이었다. 상황에 맞지 않는 엉뚱한 대화가 아니냐고? 아마도.

잡담이 이어지고 30분쯤 지났을 때 오벌리 소령은 우리가 베트남 사람들을 대화에서 밀어냈다는 것을 알고 소장을 향해 우리가 미국식 주제에 몰두한 것에 대해 가볍게 사과했다. 소장은 정중했다. 그는 안경을 썼고 언행이 온화했다. 그렇지만 그는 그 방의 분위기를 흔드는 발언을 하나 했다. "여러분이 떠나기 전에 하노이가 폭격을 당한다면, 우리가 여러분을 석방하기로 한 결정을 재고할 수 있다는 것을 아시겠지요." 댄과 나는 나중에 호텔에서 그 만남에 대해 곰곰이 생각했다.

우리가 도착하고 처음 닷새간은 하노이에 폭탄이 떨어지진 않았지만, 첫날 아침부터 경보가 울려 모두가 대피소에 들어갔다. 우리가 미국으로 돌아온 뒤 신문기자들은 그때 하노이에 "폭격이 중지되었다"는 말을 반복했지만, 그 '중지된' 닷새에는 하늘이 너무도 흐렸었다. 우리가 조종사를 처음 만난 다음 날인 목요일에 처음으로 해가 났다. 그리고 그날 폭격기가 왔다. 우리는 그때 만나고 있던 가톨릭 평신도 지도자 몇 사람과 함께 비좁은 대피소에 숨었고, 하노이 외변부에서 폭탄이 터지는 소리, 비행기가 우리 머리 위를 지나가는 소리를 들었다.

이후 우리는 미국 정부의 우선순위에 대해 의문이 생겼다. 그들은 우리가 세 조종사를 데리러 하노이에 와 있다는 사실을 알고 있었다. 그런데 정확히 그 시점에 하노이를 폭격하면 석방에 문제가 생길 수 있다는 사실을, 그럴 가능성이 아주 조금은 있다는 식으로라도 떠올리지 못한 것일까? 미국에겐 베트남인의 생명을 조금도 고려할 수 없을 만큼 폭격의 군사적 목표가 중요했다고 치자(그뿐만 아니라 수백 채의 학교와 병원과 교회가 파괴되었고 마을들이 전소되었고 어마어마한 양의 대인 폭탄이 투하되었다는 점에서 이는 가정이 아닌 사실이다). 그러나 바로 그런 군사 작전에 참여했던 자국군 조종사 세 명이 자유를 되찾는 것보다도 그 군사적 목표가 더 중요했던가? 무슨 일이 있어도 폭격은 계속되어야 한다는 그 고집은 미국 정부가 대단하게도 자국민을 우선시하지 않는다는 뜻으로 이해될 수 있었다. 즉, 그들에겐 미국 국민이든 누구든 다 똑같이 소모되는 존재인 것이다. 우리가 세 조종사를 하노이에서 데리고 나왔을 때 다시 한 번 드러나는 것이 바로 이 평등주의적인 무자비함이었다(그렇다, 《추운 나라에서 온 스파이》는 현실이었다).

우리는 다음 I.C.C. 특별기가 뜨는 금요일에 하노이를 떠나기로 했다. 그 날짜는 조종사들과 공식적으로 만난 지 이틀 후였고, 폭격 하루 뒤였다. 날씨 때문에 폭격이 '중지'되었다는 추측에 과학자들이 말하는 '대조군'을 제공하기라도 하듯 금요일은 하늘이 흐렸고 하노이 상공은 '멈춰' 있었다.

그날 오후 우리는 북베트남 수상 팜반동Pham Van Dong을 만났다. 그는 극도로 지적이고 바다처럼 진중하고 인간적 온기가 넘치는 사람이었다(그런 위치에 있는 사람의 그러한 모든 면에, 우리는 자유세계를 이끄는 키Ky〔Nguyễn Cao Kỳ를 말한다. 뒤의 장은 장제스, 박은 박정희—옮긴이〕와 장과 박과 뒤발리에 등을 떠올리며 진저리를 칠 수밖에 없었다). 그는 정치 현실을 확고하면서도 섬세하게 파악하고 있었다. "여러분의 지도자들은 우리가 미국의 평화 운동에 기대고 있다고 착각해선 안 됩니다. 우리가 기대는 것은 우리 자신의 노력, 우리 자신의 결의입니다. 우리는 평화 운동의 힘에 대해 어떠한 환상도 가지고 있지 않습니다. 하지만 분명한 사실이 있습니다. 전쟁이 계속되면 여러분 자국의 문제들이 심화될 것이며, 미국 내 사회 문제가 점점 더 해결하기 어려워지면 이 전쟁은 미국 사회의 힘겨운 짐이 될 것이고 미국 국민이 그들 자신을 위해 전쟁 종결을 요구하게 될 것입니다."

하노이를 떠나기 몇 시간 전 우리는 작은 의전을 통해 북베트남 평화 위원회로부터 세 조종사를 '인계'받았다. 오안이 위원회를 대표해서 짧게 발언했고, 우리 둘 중에선 댄 베리건이 발언했다. 메서니 대위가 세 조종사를 대표하여 말했다. "북베트남 사람들의 친절함에 감사를 전합니다." 그 후 우리는 호텔로 돌아왔는데, 위원회는 우리 둘과 조종사들끼리만 식사를 할 수 있게 호텔에 자리를 준비해두었다(처음에 서로 악수를 나누게 한 것은 겨우 하나의 예이고, 그들은 우리와 조종사들의 관계를 시종일관 세심하게 고려해주었다). 저녁식사는 훌륭했다. 준비된 방에서 한 부대의 웨이터가 시중을 들었다. 따뜻한 수프와 햄류와 닭고기와 빵과 맥주가 끝없이 나왔다. 그 자리에서 이 전쟁에 관해 그나마 가장 직접적인 의견을 말한 것은 메서니(셋 중 가장 젊고 금발인 청년으로, 해군 조종사가 된 지 몇 년 되지 않았으며 다른 두 사람만큼 군인이라는 직업에 확신이 강하지 않았다)였다. "우리가 두 분과 이 전쟁에 대해서 이야기를 나눌 기회가 있으면 좋겠습니다. 저는 원래부터 애국심이 강한 사람입니다. 저는 조국을 수호하기 위해 싸우는 일이 옳다고 생각합니다. 하지만 두 분과는 이야기를 나누고 싶습니다."

우리는 식사를 하면서 비엔티안에서 미국으로 가는 경로를 의논했다. 우리는 선택지를 자세히 설명했다. 아마 비엔티안에 가면 정부가 군용기를 대기하고 기다리고 있을 것이다. 그 방법이 민간 항공기보다 (12시간에서 24시간 정도) 더 빠를 것이다(에어프랑스를 탈 경우엔 방콕에서 파리를 거쳐 뉴욕에 일요일 정오에 도착한다). 군용기를 타면 언론에 시달릴 일도 없다. 물론 우리가 방금 참석했던 의전에서는 플래시와 카메라와 세계 언론의 성가신 질문이 쏟아졌지만 가장 젊은 메서니도 아주 침착하게 언론을 상대했다. 우리는 조종사들에게 미국 정부는 분명 그들이 군용기를 타기를 원하지만, 귀국 경로는 당사자가 자유롭게 선택할 일임을 우리에게 적어도 두 번은 확언했음을 전했다.

상업 항공편을 고려해야 할 이유는 단 하나였다. 북베트남 측에서 댄 베리건과 나에게 조종사들이 곧바로 군용기에 올라 군사 기지로 이동하는 것은 바라지 않는다는 뜻을 비쳤던 것이다. 그러나 그것을 석방 조건으로 삼지는 않았다. 그러한 행동은 석방의 취지를 해칠 것이라면서. 그들은 조종사들이 본국에 도착한 뒤 군인으로서의 삶을 거부할 것이라는 환상은 품지 않았다. 오히려 세 사람이 다시 북베트남을 폭격하러 오는 일도 있을 수 있으며 정말 그렇게 되면 슬플 것이라고도 했다. 하지만 설령 그런 일이 벌어져도 그들의 적은 미국 국민도, 심지어 미국의 군인도 아니라는 기본적인 생각은 포기하지 않겠다고 했다.

우리가 선택지를 간략하게 요약하고 나자 오벌리 소령이 단호하게 말했다. "우리는 무엇보다도 우리 뒤에 남은 포로를 생각해야 하고, 앞으로 북베트남이 더 많은 포로를 석방할 가능성을 고려해야 합니다. 그러니 우리가 다 함께 상업 항공편으로 귀국하는 게 좋겠습니다." 다른 두 사람도 즉시 동의했고, 귀국 경로에 대한 논의는 그것으로 끝났다.

하노이에서 비엔티안으로의 비행은 순조로웠다. 승무원이 사탕과 아페리티프 와인을 제공했고 모두가 긴장을 풀었다. 나는 오벌리 소령과 블랙 대위 사이에 앉고 베리건 신부가 메서니와 함께 앉았다. 오벌리 소령은 나에게 수용소에서 겪은 일에 대해 이야기했다. "저는 비무장지대 북쪽에서 격추당했습니다. 그 후 28일 동안 군인의 감시를 받으며 하노이를 향해 북쪽으로 행군했는데, 그건 정말 다시는 하고 싶지 않은 경험이었습니다. 사람들은 나를 욕하고 침 뱉고 협박하고 폭행했습니다. 하지만 나는 그자들이 왜 나를 죽이고 싶어 하는지를 아주 잘 알았습니다. 나를 맡은 경비가 내 목숨을 세 번이나 살려주었습니다. 정말 이상했어요. 한 순간에는 누군가가 나를 죽이고 싶어 하고, 다음 순간에는 또 다른 베트남 사람이 나를 불쌍히 여기면서 도와주다니, 정말 알 수가 없었습니다. 나는 등에 큰 염증이 생겨서 무척 아팠습니다. 그들이 설파제를 줘서 한참 만에 염증이 나았죠. 일반 수용소에 도착하면서 최악의 상황은 끝났습니다. 우리는 좋은 대우를 받았습니다. 세뇌 교육 같은 것도 없었고, 베트남 역사에 관한 책을 몇 권 읽었을 뿐입니다. 먹을 것도 많았고, 다치면 치료도 받았어요. 미 공군에는 격추당했다가 교전지대로 돌아온 병사에 대한 규칙이 있지만, 저는 괜찮습니다. 일단 3년은 더 복무할 겁니다. 본국에 들어가서 일하는 것도 괜찮고요."

오벌리와 블랙은 내가 책을 몇 권 썼다는 사실을 알고 있었다. 그들은 내용이 궁금하다며 책을 구할 방법을 물었다. 나는 그들에게 책을 보내주겠다고 약속하고 주소를 받았다. 오벌리가 말했다. "미국에 도착하기 전에 제가 겪은 일을 자세히 말씀드리고 싶습니다. 두 분께 그 정도 신세는 갚아야죠."

결국 그런 일은 일어나지 않았다. 비행기가 비엔티안 비행장에 도착했을 때 비행사가 공항 신호탑에서 온 메시지를 방송으로 전했다. "포로 석방과 관계된 다섯 분은 다른 승객들이 내리는 동안 기내에 그대로 남아주시기 바랍니다." 우리는 수많은 기자와 카메라와 조명이 비행장에 모여 있는 것을 볼 수 있었다. 다른 승객들이 비행기를 떠난 뒤, 말끔하게 차려입은 남자 넷이 들어와 자기소개를 했다. 한 명은 라오스 주재 미 대사 윌리엄 설리번William Sullivan이었다. 나머지 셋은 그의 공군 무관, 해군 무관, 언론 무관이었다. 설리번은 조종사들에게 의료 처치가 필요하지 않느냐고 물었다. 그가 세 사람을 대하는 태도는 너무도 산뜻하고 깔끔하고 차분했지만, 베리건과 나로서는 그런 공식적인 겉모습 밑에 있는 정서를 이해할 수 없었다. 맥나마라Robert McNamara도 국방부에 마지막 인사를 하며 목이 메이지 않았던가. 조종사들은 의료 처치가 필요하지 않다고 했고, 실제로 그들에겐 위급한 의료 문제가 없었다(후에 해군 대변인은 그들이 의료 처치를 받기 위해 군용기를 탔다고 설명했다. 우리의 거짓말 기술은 저 옛날 십계명 시대보다 훨씬 더 발달했다).

설리번은 곧 자신의 가장 중요한 용무를 꺼냈다. "병사 여러분은 상업 항공편으로 귀국할지 군용기로 귀국할지를 선택할 수 있습니다. 그러나 여러분은 지금도 군의 일원이라는 사실을 잘 알 것이고, 여러분이 군용기로 귀국하기를 바란다는 국방부의 전언을 여러분에게 전하는 것이 제 임무입니다. 바로 100피트 옆에 대기중인 군용 제트기를 타면 타이의 우돈 비행장을 거쳐 내일 미국에 도착할 것입니다. 이는 워싱턴의 결정이라는 점도 알리는 바입니다." 그는 잠시 머뭇거리더니 이렇게 말했다. "정확히 말하면, 백악관의 결정입니다."

잠깐 침묵이 흘렀다. 이윽고 오벌리 소령이 대답했다. "대사님, 저는 17년간 공군에 있었으며, 정부가 그렇게 말할 때는 그것이 무슨 뜻인지 압니다. 우리는 군용기로 귀국하겠습니다." 블랙 대위는 곧 동의했다. 그러나 메서니 대위는 혼란스러운 것 같았다. 그는 말했다. "잠시만요. 이야기를 좀 나눕시다." 우리는 낡은 보잉기에 갇힌 채 40분간 팽팽한 논쟁을 벌였다. (속도가 빠르고 언론의 괴롭힘이 덜하다는) 군용기의 이점은 다들 인정했지만, 그로 인해 이후 북베트남의 포로 석방에 제동이 걸리지 않을지가 문제였다. 설리번 대사는 향후 베트남이 포로를 석방할지 말지는 그들이 냉정하게 정치적으로 계산하고 판단할 문제라고 했다. '공산주의의 위협'에 관한 B급 영화를 보면 몸집이 다부진 남자가 러시아어 억양을 짙게 풍기며 이렇게 말한다. "동지들, 우리의 숙고에 감정이 끼어들 자리는 없소." 그러나 A급 영화에서 호리호리하고 말쑥한 미국 남자가 분명한 본토 발음으로 그런 말을 하는 장면은 없으니, 정의 구현은 아직 멀었다.

대사가 나를 향해 말했다. "저는 북베트남이 석방에 조건을 건 줄은 몰랐습니다만." 나는 그들이 조건을 건 게 아니라고 답했다. 그건 좀 더 섬세한 문제, 마음과 취지의 문제였다. 대사는 북베트남이 정말로 그편을 바라는지 우리가 어떻게 아느냐고 물었다. 여기선 오벌리 소위가 대신 대답했다. "우리도 북베트남 측으로부터 똑같은 말을 들었습니다"(이건 나도 처음 듣는 이야기였다. 나는 그들이 조종사들에게도 그들의 감정을 내보였을 줄은 몰랐다).

우리는 집요하게 따져보았다. 군용기의 이점 중에 향후 포로 석방 문제보다 중요한 것이 있는가? 대사는 조종사들이 언론 앞에서 말실수라도 하면 그편이 석방에 지장을 줄 것이라고 반박했다. 우리는 하노이에서 가졌던 첫 기자 회견에 대해 말했다. 조종사들은 알아서 문제없이 처신했고 그 누구도 난처하게 만들지 않았다고. 더욱이, 그런 문제는 발언을 미리 준비하는 간단한 방법으로 얼마든지 해결할 수 있었다. 그 밖에 다른 반론이 있는가?

대사는 이 말만 되풀이했다. "워싱턴에서는 모든 선택지를 고려하여 결정을 내렸습니다. 워싱턴에서 가장 높은 분들이 관여했고요."(우리는 이 말을 짚지 않고 넘어갔다. 하지만 NLF의 공격이 계속되고 있는 마당에 "가장 높은 분들"이 이 일을 검토했다고?). 우리는 워싱턴 사람들이 아무리 영리해도 최근에는 북베트남에 와보지 못했을 것이고 북베트남 사람들과 대화를 하지도 않았을 것이고 그러니 조종사들이나 우리보다 이 상황을 더 잘 판단할 입장은 아니라고 주장했다. 이에 대한 설리번의 대답은 충격적일 만큼 비논리적이었을 뿐 아니라 이렇게 지적인 사람도 관료주의적 결정에 발목 잡히면 이렇게 아둔한 발언을 할 수 있음을 보여 주었다. "이 결정에 깊이 관여한 워싱턴의 그분은 1945년에 일본의 포로수용소에서 나왔을 때 몸무게가 44킬로그램이었답니다." 댄 베리건이 건조하게 말했다. "여기 세 사람 중 44킬로그램은 아무도 없습니다. 난 비슷한 점을 모르겠네요."

베리건이 더이상 참지 못하고 나에게 말했다. "그만 갑시다." 조종사들은 무척 힘들어했다. 메서니는 뭐라 설명하기 힘든 감정에 맞서 싸우고 있었다. 그들은 우리에게 악수를 청했다. "유감입니다." 그들은 그 말을 반복했다. 우리는 "조심히 가십시오"라고 했다. 오벌리는 나에게 무척 따뜻하고 개인적인 말을 속삭였다. 그들은 비행기에서 내려 카메라와 조명과 북적이는 기자들 앞에서 발언을 한 다음 군용 제트기로 향했다. 그들은 이제 포로가 아니었으나 그리 자유롭지도 않았다.

우리의 여정이 시작될 때나 이 글을 쓰는 지금이나, 귀국 경로를 둘러싼 논쟁은 웃음이 나올 만큼 사소한 문제로 보인다. 그들과 우리 모두에게 어울리지 않는 유치한 논란이었다. 세 사람이 전쟁에서 풀려나긴 했지만, 아직 수백만 명이 죽음의 솥이 되어 버린 베트남에 갇혀 있는 현실에서는 너무도 보잘것없는 일이 아니었나. 마을과 도로와 사람과 학교에 ('일부러'는 아니지만, 임무에 따라 '어쩔 수 없이'라고 하자) 폭탄을 떨어뜨린 세 사람이 왜 풀려나야 하는가? 공습 대피소 입구에 쭈그려 앉아 있던 베트남 아이 셋은 왜 풀려나지 못하는가? 아마 여기엔 더 큰 사안이 관련되어 있었을 것이다. 그러나 전쟁 당사자 중 어느 한쪽이라도, 호혜가 아니라 단독적 조치로써, 그것도 가장 죄 많은 전쟁 수행자인 무차별 폭격수에 대해서 연민을 표할 때, 우리는 그때마다 전쟁의 끝에 점점 더 가까워진다.

감상에 빠지지는 말자. 나의 가장 급진적인 친구들마저도 그 포로 석방 건은 북베트남이 어떤 정치적인 동기에서 추진한 게 분명하다고 말한다. 좋다, 그럴 수 있다. 이 세상에서 이루어지는 모든 좋은 행위에는 언제나 얼마간 이기적인 동기가 작용한다. 그런데 우리가 오직 그 사실만을 토대로 좋은 행위에 반응한다면, 상호 잔학의 악순환을 끝낼 가능성은 아예 존재할 수가 없다. 국민과 국가가 타자의 행위를 가장 냉소적으로 해석하고 그 해석을 토대로 반응할 수 있을 뿐이라면, 이 세계에 기회는 없다.

그것만이 아니다. 나는 하노이에서의 마지막 날에 (작별 오찬 자리에서 옆에 앉은) 오안에게 이 석방에 대해 미국 정부에게 호혜로 요구할 것이 **정말** 없느냐고 물었다. 그는 고개를 저으며 말했다. "이해하기 어려우시죠. 우리는 음력설에 맞춰 이들을 석방하는 겁니다. 이날은 우리에게 아주 중요한 명절이고 오래된 전통입니다. 설날에는 아무리 멀리 떨어져 있던 가족도 한데 모여 새해를 맞습니다. 그래서 우리는 전쟁 중이긴 해도 명절의 참뜻을 따라서 세 사람을 가족 품으로 돌려보내는 작은 표현을 하면 어떨까 했습니다." 그들은 그래서 조종사들이 곧바로 집으로 돌아가기를 바랐건만, 그렇게 되지가 않았다. 세 사람이 곧장 날아간 곳은 그중 한 명(블랙)이 북베트남을 폭격하러 이륙했던 태국의 그 공군 기지였다.

또 하나, 대사의 냉소와 (그리고 나 자신의 냉소와도) 맞대어 판단해야 하는 사실이 있다. 북베트남의 혁명 사상에는 적의 병사를 연민으로 대한다는 원칙이 정전으로 정해져 있다. 호치민은 프랑스에 맞선 전쟁을 시작할 때부터 이 점을 강조했다. 1945년 9월 26일 그는 세계가 아니라 그 자신의 군사에게 이런 메시지를 전했다. "나는 우리 남쪽 동포들에게 딱 한 가지만 권고하고 싶습니다. 프랑스인 전쟁 포로에 대해서만큼은, 그들을 면밀하게 지켜보되 관대하게 대해야만 한다는 것입니다. 우리는 세계인에게, 특히 프랑스인들에게 우리가 원하는 것은 오직 독립과 자유이며 우리가 특별한 원한과 적의 때문에 싸우는 것이 아님을 보여주어야 합니다. 우리는 세계 사람들에게 침략하고 살육한

자들보다 우리가 더 문명화된 지적인 민족임을 보여주어야 합니다."

호치민은 '알리자'라고 하지 않고 '보여주자'라고 했다. 내가 관여한 포로 석방 건이 (우리의 하노이행 전후에 기자들이 거듭 말한 것처럼) '프로파간다'였다면, 그것은 **실천**에 의한 프로파간다, 널리 채택된다면 세계를 하룻밤 사이에 개선할 수 있는 프로파간다다. 그게 부럽다면 미국도 미국만의 프로파간다 조치로 응하면 된다. 북베트남 폭격을 멈추는 것이다. 아니, 모든 프로파간다 가운데 가장 좋은 것을 택하면 어떨까. 베트남에 있는 미국의 모든 폭격기와 모든 총과 군대를 철수하는 것이다.

포로 석방 건에 대한 궁색하고 야비한 반응('생명'이라는 이름의 《라이프》 지는 "프로파간다적 계책"이라는 생기 없는 표현을 썼다)은 우리가 늘 미국의 특징이라고 믿고 싶어했던 관용 정신이 이제 어떻게 되었는지를 잘 보여준다. 아마도 후대는 이 아이러니를 더 잘 포착할 것이다. 어떤 작은 나라, 날마다 공격당하는 그 나라는 비히모스(성서에 나오는 육지 괴수—옮긴이)에게 세 약탈자를 돌려주어야 한다고. 그리고 그사이 비히모스는 단 하나의 영혼도 폭격하거나 죽이지 않은 자들을 다만 비히모스의 자식들에게 금지된 말을 했다는 이유로 감금하기에 바빴다고. "살인하지 말라"는 말을 했다고.

베트남의 그 작은 조치가 긴장을 얼마나 완화할 수 있었든 간에, 미국의 두려움은 그 가능성을 파괴했다. 역사에는 이보다 부유하고 힘 있는 나라가 없었고 이보다 두려움 많은 나라가 없었다. 그 일에서 미국이 두려워한 것은 세 명의 믿음직한 자국군 조종사가 워싱턴을 살짝 난처하게 하는 말을 하는 것, 고작 그것이었다. 불안 히스테리에 걸린 정부가 아니라면 그처럼 있을 법하지 않고 그처럼 사소한 사건에 우리 정부처럼 반응하지 않을 것이다. 아무렴, 오늘날 우리 정부와 같이 사실 때문에 괴로워하는 정부만이 벼랑 끝에서 벌벌 떨면서 누가 아주 살짝이라도 건드릴까봐, 뜻밖의 방향에서 미풍이 불어올까 두려워한다. 그런 정부는 가장 작은 위험도 무릅쓰려 하지 않는다.

그러나 깊은 불행에서 벗어날 수 있는 유일한 방법은 위험을 무릅쓰는 것이다. 인간적인 조치에 인간적으로 화답하는 위험, 나아가 단독으로 솔선을 보여주는 위험을 무릅쓰는 것이다. 그러나 어떤 나라가 애초에 자칭했던 가치를 망각하고 정치적으로 유리한 입장만을 궁극의 목표로 삼을 때, 어떤 정부가 소설 《캐치-22(Catch-22)》에서 세상 모든 것을 단순한 테스트("이것은 내 눈을 멍들게 할 것인가, 아니면 내 모자에 깃털을 달아줄 것인가?")로 판단하던 캐스카트 대령의 기준을 모든 행동을 판단하는 보편의 척도로 채택할 때, 그러한 모험은 불가능하다. 그런데 우리의 병은 그보다도 심각하다. 우리가 채택한 단 하나의 테스트는 "이것은 그들의 눈을 멍들게 할 것인가, 아니면 그들의 모자에 깃털을 달아줄 것인가?"이고, 우리는 그 답에 따라 얼마든지 세계를 망칠 준비가 되어 있기 때문이다.

이 다음에 점수를 잃으면 게임과 세계와 온 우주를 잃는다(그렇다, 또 다시 '파국의 도미노'다)는 이 강박적인 두려움은 적의 자식들의 생명만이 아니라 제 자식들의 생명에도 무관심하게 만든다. 미국 국민이 이를 깨달을 때, 즉 우리 정부가 베트남인이 죽든 말든 상관하지 않을 뿐 아니라 미국인이 죽든 말든 상관하지 않는다는 것을 깨달을 때, 모든 곳에서 대격동이 일어날 것이고 이 전쟁은 급격히 멈출 것이다.

15. 폭력: 이중의 기준

내가 이 에세이를 쓰는 지금에도 동남아시아의 군사 작전에서, 또 미국의 긴장감이 감도는 모든 대도시와 대학 캠퍼스에서 폭력 문제가 우리를 고통스럽게 짓누르고 있다. 그러므로 우리는 윤리적 가치에 기초해서 현실적인 관심사에 초점을 맞추고 폭력을 조사해야만 한다.

사회과학자로서 우리는, 우리가 인간으로서 믿고 있는 가치 때문에 학문이 왜곡되는 경우를 걱정한다. 하지만 또한 학문에 근시안적으로 초점을 맞추느라 우리의 가치를 망각하는 경우도 경계해야 한다. 어쩌면 이 객관성 문제에 접근하는 한 방법은, 의식적으로 선택한 몇몇 지점에서—경험적 데이터를 한창 나열하고 있을 때가 아니라(불편하다고 해서 사실을 외면할 수는 없기에), 그 앞이나 뒤에서—우리의 가치를 끼워 넣는 것일지 모른다. 지금까지 제기한 문제들에서, 그리고 우리가 발견한 것들을 우리를 둘러싼 세계에 적용시키는 과정에서.

나는 두 가지 가치에, 그리고 그중 하나에만 마음을 집중하면 우리의 도덕적 시각이 왜곡돼버린다는 역사적으로 유명한 사실에 관심이 있다. 극히 단순화된 한쪽 기준에서, 일반적으로 정의하는 폭력의 부재는 최상의 목표다(일반적인 정의로, 폭력은 인간에게 물리력을 과도하게 사용해서 생물학적 손상이나 죽음 또는 이 둘의 위험성을 유발하는 행위다). 하지만 위험을 무릅써야 하는 사회적 행동에 참여하기를 거부한다면 이는 현 상태와 타협을 하거나, 허버트 스펜서Herbert Spencer가(《제1원리First Principles》에서) 교란시키기를 원치 않았던, 진보를 향한 느린 진화와 타협하는 것을 의미할 수 있다(스펜서는 모든 것을 진화의 원리에 따라 체계적으로 설명했다. 스펜서는 이 느린 과정에 급격한 변화가 일어나는 것을 원하지 않았다고 저자는 말하고 있다—옮긴이). 또한 현 상태 자체에 돌발적이고 명백한 신체적 위해 말고도 많은 악폐들(일반적인 정의를 벗어난다면, 폭력의 형태들)이 포함되어 있을지도 모른다.

비폭력이라는 가치를 절대화하면, 평화적으로는 이룰 수 없는 모든 사회 변화를 늦추게 된다. 반면에 사회 변화라는 가치를 절대화하면, 보잘것없는 개혁을 위해 인간의 생명을 희생시키는 극심한 대가를 치르게 된다.

그러므로 사회 변화와 폭력 회피는 쌍을 이루는 목표로, 양자가 고르게 균형을 이루고 있는지를 항상 확인해야 하는 문제를 안겨준다. 만일 우리가 폭력의 정의를 넓혀서, 보다 덜 명백한 생물학적·정신적 피해, 즉 영양실조, 질병, 소외, 심리적 억압, 두려움, 굴욕 등을 포함시킨다면 균형을 회복하기가 한결 쉬워지리라는 것이 나의 제안이다. 이렇게 정의해도 인간관계 속에 존재하는 대안들을 저울질해야 하는 윤리상의 문제가 남지만, 그래도 명백한 물리력이 유일한 악이라는 거짓 주장은 하지 않게 된다.

내가 주장하고자 하는 바는, 우리가 미국을 기본적으로 잘못 생각하는 경향이 있다는 것이다. 바로, 미국은 특별한 신의 섭리로 의회가 주도하는 평화로운 개혁을 통해 사회 변화를 이룬, 유례없이 비폭력적인 국가라는 생각이다. 이 생각은 두 가지 착시에 기초해 있다. 하나는 다른 민족들, 다른 인종들—국경 바깥에 있는 집단들—에게 해온 우리의 행동이 얼마나 명백히 폭력적이었는가를 깨닫지 못하는 것이고, 다른 하나는 미국 역사에서 중요한 변화가 발생할 때마다 반드시 거기에는 폭력—명백한 폭력과 은밀한 폭력—이 있었음을 깨닫지 못하는 것이다.

이 착각이 이중의 기준을 낳는다. 한편으로는 사회 변화에 필요한 폭력이 다른 국가나 다른 인종을 향할 때, 인간의 생명을 가벼이 여기고 사회 변화의 가치를 절대화하는 국가적인 경향이 있고, 다른 한편으로는 국가의 틀, 현재의 체제 안에서 (사회 변화를 희생하고) 평화의 가치를 절대화하는 경향이 있는 것이다.

이상의 진술을 서문으로 삼아, 나는 미국 역사에 있는 폭력과 사회 변화를 짧고 전반적으로 조사하고, 그런 뒤 우리가 평화와 변화를 함께 갈망한다면 반드시 염두에 두어야 할 폭력에 관한 명제 몇 가지를 제안하고자 한다.

2차 세계대전 이후에 미국 역사를 폭넓게 평가하려는 전문화된 학술 흐름에서 일시적으로 벗어난 역사학자와 정치학자가 몇 있었는데, 그들의 지배적인 주제는 합의 개념이었다. 리처드 호프스태터는《미국의 정치 전통The American Political Tradition》에서, 건국의 조상에서부터 프랭클린 D. 루스벨트에 이르기까지 미국의 정치적 사고와 행동은 상당히 좁은 폭의 동의를 벗어나지 못했고, 해밀턴과 제퍼슨, 잭슨과 클레이, 링컨과 더글러스, 클리블랜드와 해리슨, 테디 루스벨트와 우드로 윌슨과 윌리엄 하워드 태프트의 경쟁은 물론이고 FDR과 허버트 후버의 경쟁까지도 집안다툼이었음을 강조했다.

허버트 에이거Hubert Agar는 《연방의 대가The Price of Union》에서, 두 주요 정당의 놀라운 유사성(브라이스 경Lord Bryce이 19세기 말에 언급한 그 유사성)이 미국의 평화로운 발전을 가능하게 한 필수조건이라고 보았다. 또한 루이스 하츠Louis Hartz는 《미국의 자유주의 전통The Liberal Tradition in America》에서, 이 나라에 극우나 극좌 운동이 없었음을 지적하고, 존 로크의 사상에 기초한 믿음의 핵이 정치와 이데올로기의 팽이 역할을 하면서 끊임없이 부동의 중심을 유지하게 했다고 말한다.

이 굵직한 해석들은 다른 역사학자들이 대체로 인정할 뿐 아니라 실제로 몇 가지 중요한 진실을 가리키고 있지만, 그럼에도 국가 발전에 평화와 안정성이 중요하다고 이미 지나치게 강조되어온 흐름을 더욱 강화시켜왔다. 미국학에서 이 "합의파"는 1930년대의 국내 갈등이 기억에서 희미해지고, 시민권 혁명이 아직 궤도에 오르기 전인 2차 세계대전 이후에 성장했다. 이 강조는 한편으로는 미국적 자의식의 한계를 보여주는 데 유용하지만 다른 한편으로는 미국의 과거 역사를 호도하는 데에도 매우 유용하다.

우리가 최초로 이룬 사회 대변혁은 영국과 그들의 지방 관공리를 몰아내고 독립 국가를 수립한 것이었다. 왕과 유산계급 중심의 식민 정부를 전복하고, 왕실과 유산계급과 국왕파의 토지를 몰수해서 재분배한 것을 토대로 해서 새로운 특권층이 탄생했다. 이 과정에서 다음과 같은 변화들이 발생했다. 새로운 국가 체제의 정치에 참여할 때 재산이 있어야 한다는 자격 요건이 완화되고, 장자상속법과 한사법(entail. 영지의 일정 부분 이상을 처분하지 못하도록 규정한 법—옮긴이)이 폐지되었으며(그 결과 대토지가 작은 덩어리로 쪼개질 수 있었다—옮긴이), 영국 국교회가 폐지되고 북부 주에서 노예가 해방되었다.

7년 동안 이어진 전쟁에서 아메리카 대륙의 병사 2만5천 명—복무한 남자 8명 중 1명꼴—이 목숨을 잃었다. 이 폭력이 어느 정도인지를 판단할 수 있는 방법이 있다. 현재 미국 인구에 이 비율을 적용하면 사망자는 1백5십만 명에 달한다.

우리가 두 번째로 맞이한 사회 대변혁은 대륙을 평정하여 대양에서 대양까지 2천4백 킬로미터까지 노동, 자본, 원자재, 완제품이 자유롭게 이동할 수 있는 거대한 공동시장을 창조한 것이다. 이 변화는 20세기에 세계 인구의 6%로 전 세계 물자의 50%를 생산해낼 거대한 산업 발전의 필수 조건이었다. 그런데 이렇게 공동시장을 창조하는 과정은 우리가 편리하게 기억에서 몰아낸 일련의 폭력 행위를 수반했다.

그중 첫 번째는 인디언을 제거하고 몰살시킨 행위였다. 콜럼버스 시절에 인디언은 지금의 미국 땅에 1백만 명이 살고 있었는데, 이제는 약 40만 명으로 줄었다. 분명 폭력은 집단 **내부**에서 빈발하지만, 낯선 사람들을 향할 때 가장 쉽게 촉발된다. 외부자는 신체가 다르거나, 언어나 문화가 다르거나, 거리 때문에 이질감을 풍기거나, 심지어 이런 요소들이 없어도 조작된 언어 기호를 통해 외부자라고 **선고**받은 사람들이다. 그렇게 해서 외부자는 보이지 않는 희생자, 사물 같은 존재, 아무 거리낌 없이 적의를 키울 수 있는 대상이 된다. 19세기 초에 한 프랑스 여행가는 미국이 인디언을 다루는 방식에 다음과 같은 문제가 있다고 지적했다.

> 치안이 훌륭하고, 지나치게 점잔을 빼고, 모자람이 없이 도덕적이고 고결한 이 사회의 한 복판에서 우리는 미국 인디언에 관해서라면 완전한 무감각을 드러내는, 차갑고 무자비한 이기주의를 만나게 된다… 다른 모든 곳에서처럼 여기에서도 유럽인을 움직이는 그 냉혹한 본능이 살아 숨쉰다.

존 콜리어John Collier(루스벨트 행정부에서 인디언사무국장이었고, 인디언 문제의 세계적인 권위자다)에 따르면, 백인이 북아메리카에 도착할 무렵에 인디언은 6백 개의 사회를 이루고 살았다. 대륙 전체에 주인이 없거나 노는 땅은 단 1평방마일도 없었다. "그들 사회는 숲, 평원, 사막, 강과 호수, 동물과 생태적으로 완벽한 조화를 이루며 존재했다." 그들 간의 전쟁은 절제되고 온건하고 조심스러웠으며, 야망은 작았다.

갑자기 백인이 몰려왔다. 어느 한 정복자가 아니라 리오그란데 남부 지역에서처럼 스페인, 네덜란드, 프랑스, 영국 등 다양한 세력이었다. 백인들은 서로 싸웠고, 인디언을 그들의 전투에 끌어들였다. 하지만 그들은 인디언 사회를 그대로 유지시켰고, 경쟁하는 유럽 강대국들의 계산된 정책에 따라 간접적으로 통치했다. 그런 뒤 새로운 아메리카합중국이 기본적인 백인-인디언 관계법을 성문화했다.

하지만 스페인, 네덜란드, 프랑스, 영국이 대륙에서 사라졌을 때, "인종적 편견과 무한한 영토 확장열을 가진 팽창하는 제국 하나만 남았다. 인디언 사회와 문화에 대한 정책이 180도 뒤바뀌었다. 인디언 사회와 그들의 모든 특성을 절멸시키고 최후에는 인디언을 깨끗이 절멸시키려는 정책이 처음에는 암묵적이고 산발적으로 이어지고, 그다음에는 명백한 정책이 교묘한 합리화와 복잡한 과정을 거치며 시행되더니 결국 공식적인 정책, 법, 관행으로 자릴 잡았다"고 콜리어는 말한다.

그 기록을 읽으면 누구나 움찔하게 된다. 미국인들이 가장 소중하게 생각하는 일들의 그늘진 이면이기 때문이다. 우리는 초기 버지니아 모험가들을 낭만적으로 묘사하지만, 포와탄 연맹체의 영토에 정착하고 잔인한 전쟁을 벌여 원주민을 학살한 것이 그들이었다. 우리는 청교도를 자랑스러워하지만, 메이플라워호가 상륙한 뒤 질병이 돌아 수많은 인디언이 죽을 때 청교도 목사이자 식민지의 지적 지도자인 코튼 매더Cotton Mather는 이렇게 말했다. "숲에서 유해한 생물들이 거의 제거되어, 더 나은 것들이 성장할 공간이 생겼다." 뉴잉글랜드의 정착민들이 피쿼트 족의 원형 오두막을 불태우고, 도망치는 원주민들을 학살했을 때, 코튼 매더는 다음과 같이 냉정하게 기록했다. "그날 6백 명이 조금 안 되는 피쿼트 족 영혼이 지옥에 떨어졌을 것이다."

남북전쟁이 끝난 뒤 평원인디언Plains Indians은 인간 사냥과 괴롭힘과 살해를 당했고, 남은 인디언들은 오클라호마 인디언 특별보호구로 끌려갔으며, 결국에는 거기서도 쫓겨났다. 미합중국 군대는 일련의 전쟁과 전투에서 인디언을 무참히 격파했다. 1864년에 콜로라도에서 치빙턴 대학살, 1868년에 텍사스에서 커스터 장군이 자행한 블랙케틀 대학살, 1878년에 남南샤이엔 인디언 족의 강제이주, 1890년 운디드니 마을 대학살이 일어났다. 1960년대에 샤이엔-아라파호 족과의 전쟁 그리고 수 족과의 전쟁이 있었다. 1870년대에는 레드리버 전쟁, 네즈퍼스 전쟁, 아파치 전쟁, 그리고 몇 번의 수 전쟁이 더 있었다.

폭력의 기록에서 우리는 신체를 순식간에 파괴하거나 정신을 서서히 파괴하는 것과는 다른 현상에 주목할 수 있다. 생활수단, 땅, 주거지, 옷, 음식을 빼앗는 것이다. 평원인디언에게 이 일은 그들에게 가장 필수적인 원자재, 버팔로를 도살함으로써 이루어졌다. 먼저 철도가 거대한 버팔로 무리를 둘로 나누었고, 다음에는 연발총을 가진 전문 사냥꾼들이 평원을 도살장으로 만들었다. 1870년이 될 무렵 1년에 1백만 마리가 도살되고 있었다. 1875년에는 남쪽의 무리가 사실상 멸종했고, 10년 후에는 북쪽의 무리도 멸종했다.

콜리어는 말한다. "사회를 말살하고 그런 뒤 인디언의 성격을 말살하는 정책 때문에 극단적으로 피해를 당한 이들은 평원인디언이었다." 이 말이 중요한 것은, 신체를 넘어서 문화와 인성을 파괴한 폭력을 인정하고 있기 때문이다.

이 말이 오늘날 우리에게 이상하리만치 익숙하게 들리는 까닭은, 우리가 이 나라에서 흑인에게 일어난 가장 끔찍한 일이 린치가 아니었음을 최근에 알게 되었기 때문이다. 스탠리 엘킨스Stanley Elkins는 《노예제Slavery》에서 나치의 강제수용소와 미국의 노예 대농장을 비교했다. 이 책에서 그의 관심은 채찍질과 구타가 아니라 영혼에 대한 폭행, 자아의 왜곡, 정체성의 불구화에 있다. 그리고 물론 노예제를 불법화한 뒤에도 이 문제는 끝나지 않았다. 개별 흑인들에게 가해지는 폭력이 남부의 대농장에서, 남부의 소도시에서, 북부의 게토에서 계속되고 있기 때문이다. 세대가 바뀌어도 흑인 아이들은 여전히 게토를 "강제소용소"나 "감옥"이라 부른다.

인디언 소개는 국유지를 강제로 개간해서 세계 역사상 가장 생산성이 높은 경제를 정착시키는 데 필요한 단계 중 하나였다. 때로는 루이지애나 구입과 오리건 준주의 경우처럼 영리한 외교를 통해, 때로는 앤드류 잭슨이 원정을 하며 괴롭힌 후에 동플로리다를 얻거나 멕시코 전쟁 뒤에 남서부 주들(뉴멕시코 주에서 캘리포니아 주까지)을 강탈할 때처럼 폭력을 통해서 지금의 미국이 조금씩 짜맞춰지고 있었다.

남북전쟁 때 미국은 대양에서 대양으로까지 영토를 확장했다. 1890년에 프레데릭 잭슨 터너Frederick Jackson Turner는 이제 국경이 사라져서 그 의미에 대한 일련의 논의가 시작되고 있다는 인구조사국의 조사결과를 이용할 수 있었다. 터너는 국경의 확장이 미국 민주주의에 좋은 영향을 미쳤다고 보았지만, 이는 우리가 신체적 경계나 심리적 경계 바깥에 있는 사람들—인디언, 흑인, 멕시코 사람, 스페인 사람—에게 어떻게 행동하느냐가 아니라 우리가 서로에게 어떻게 행동하느냐를 기준으로 우리의 박애 정신을 평가한 국가적 경향의 또 다른 징후에 불과했다.

남북전쟁은 복잡다단한 사건이지만, 위에서 묘사한 바로 그 과정에 크게 기여했다. 광대한 농경 후배지를 통제하고자 하는 정부의 노력이 폭력을 통해 성공한 것이다. 그 땅에는 19세기 말에 일어날 폭발적인 경제 발전에 필요한 원자재와 시장이 있었다. 링컨 대통령은 자신의 주요 관심사는 노예제가 아니라 남부를 연방에 존속시키는 것이라고 솔직히 말했다.

내 요점은 이 광대한 영토를 가진 미국이 경제 및 정치 체제를 '평화롭게' 발전시키는 과정에는 60만의 인명을 앗아간 전쟁이 필요했다는 것이다. 3천3백만의 인구 중 2백3십만의 젊은이가 싸우러 나갔고, 4명 중 1명이 목숨을 잃었다. 만일 현재 인구에 그 비율을 적용하면 3백5십만 명이 전쟁터에서 목숨을 잃은 꼴이다. 에드먼드 윌슨Edmund Wilson은 《애국의 피Patriotic Gore》를 시작하는 신랄한 서문에서, 남북전쟁의 백주년 기념식뿐 아니라, 미국의 영토 확장에 바치는 모든 아부의 말이 낭만적 난센스에 젖어 있다고 지적한다.

전쟁 중에 노예제는 폐지되었다. 노예제가 그 전쟁의 가장 중요한 원인이었든 아니었든 간에(그리고 주요 원인을 논할 때에는 그 전쟁의 정치경제적 측면과 인간적 측면을 구분할 필요가 있다), 그 폐지는 미국 역사상 아주 큰 사회적 변화였고 이 나라가 경험한 가장 맹렬하고 폭발적인 폭력의 결과였다. 노예제가 과연 그때 끝날 수 있었을까? 존 브라운John Brown(미국의 노예 해방론자. 노예 해방의 굳은 신념을 가지고 캔자스를 자유로운 주로 만들기 위하여 힘쓰는 한편, 노예들의 반란을 계획하고 병기 창고를 습격하다 잡혀서 처형되었다—옮긴이)이 계획한 것과 같은 일련의 폭력이나, 아이러니하게도 **덜 비싼** 수단으로 노예를 해방시키려 했다는 이유로 존 브라운에게 사형을 언도한 바로 그 정부가 2년 뒤에 일으킨 처참한 전쟁이 없었다면 알 수 없는 일이다.

우리의 자유로운 제도가 평화로운 의회 활동에 기초해서 발전했다는 명제가 제아무리 그럴 듯해도, 우리나라에서 흑인이 놓인 위치를 기준으로 삼을 때 어느 누구도 그 명제를 진지하게 입에 올리지 못할 것이다. 그 명제를 진지하게 말할 수 있다는 것 자체가, 국가의 의식에서 흑인이 차지하는 비중이 얼마나 작은지를 보여주는 증거가 된다.

흑인은 항상 예외이고, 눈길을 준 다음에 옆으로 치워버리는 존재라서 국가의 상태를 평가할 때 그의 골치 아픈 존재는 포함되지 않는다(이 나라의 6분의 1이 흑인 노예였을 때 그들의 존재는 "독특한 제도"라고 알려져 있었다).

게다가 신체적 학대 외에도 노예 상태의 흑인에게 가해진 폭력—재산, 아내와 자식, 교육, 아프리카 문화, 인간으로서의 정체성을 박탈해서 총체적 소외를 강요한 것—은 심지어 인간적인 색채가 더 강한 학자들도 제대로 고려하지 않고, 노예 농장주가 실제로 흑인을 몇 명이나 채찍질했는지에만 관심을 둔다. 현대 사회에서 흑인의 영혼에 가해진 폭력은 우리의 의식으로 들어가는 입구에 불과하다.

유럽의 지배에서 확실히 벗어나고 대륙이 통일되어 평화가 찾아온 뒤(여기에는 미국혁명 때처럼 몇 가지 보너스가 따랐다. 남부가 반대하지 않은 상태에서 국립은행·관세·철도법, 홈스테드법이 제정된 것이다) 다음에 일어난 큰 변화는 농경 국가의 산업화와 도시화였다. 이 발전이 평화로웠다고 간주할 수 있으려면, 폭력을 공공연하고 격렬한 신체적 상해로만 해석해야 한다. 철도 현장에서, 광산에서, 크고 작은 공장에서 일한 사람들은 몸과 마음을 파괴하는 일종의 노예 상태에 종속되어 있었다. 노동시간은 길었고 임금은 낮았으며 회사가 운영하는 마을에 농노처럼 예속된 경우가 많았다.

남북전쟁이 일어나기 직전에 조지 피츠휴George Fitzhugh는 《모두 식인자Cannibals All》에서 자기들은 산업 체제를 고수하면서 노예제를 비판하는 북부인들을 질책했다. "당신들은 그 자본으로 노동을 지배하고 있으니, 노예 소유주다. 주인이면서 주인의 의무는 없는 자들. 당신들을 위해 일하는 사람, 당신의 수입을 창조하는 사람들은 노예로서의 권리가 없는 노예들이다."

1870년대와 1890년대의 공황은 큰 고통을 몰고왔다. 예를 들어, 1874년의 첫 3개월 동안에 약 9만 명에 이르는 집 없는 노동자들이(여자도 많았다) 뉴욕시 경찰서 유치장에 투숙하며 긴 의자 위에 몸을 웅크리고 잠을 잤다. 날이 밝으면 굶주린 채로 쫓겨나 다음 사람들에게 자리를 내줬다. 그레인저 운동(1870년대에 중서부지방에서 곡물수송독점에 대항해 싸웠던 농민운동), 그린백 운동(1870년대 채무자들을 위해 통화를 팽창하고 이를 위해 지폐[greenback]를 발행하자는 운동—옮긴이), 포퓰리스트 운동(19세기 말 중서부와 남부에서 농본주의를 외치며 광범위한 정치 경제 입법을 주장한 운동—옮긴이)은 이 시기에 농민들의 고통에 대응해서 일어났다.

공황은 끝나고 운동은 소멸했지만, 요점은 이 나라의 산업 발전이 수백만 국민의 인간적인 희생, 넓은 의미의 폭력에 포함시켜야 하는 희생을 강요했다는 것이다. 배링턴 무어Barrington Moore의 《독재와 민주주의의 사회적 기원Social Origins of Dictatorship and Democracy》은 의회를 통해 평화롭게 발전했다고 하는 또 다른 나라, 영국의 인클로저 운동을 논하는 장에서, "폭력이 점진주의에 기여한 사례들"을 밝힌다.

미국 역사에서 우리가 맞이한 또 한 번의 중요한 사회 변화는 이른바 "복지 국가"의 발생이었다. 국민의 3분의 2가 흡족하게 살 수 있는 생활기준이 확립되었고, 가난과 고통은 쉽게 연합을 이룰 수 없는 사람들(농장노동자와 서비스노동자), 지역 기반이 없는 사람들(계절노동자), 인종적으로 소외된 사람들에게만 국한되었다. 복지 국가는 "진보 시대"에 윌슨 행정부의 입법과 함께 서서히 시작되어 뉴딜에서 정점에 이르렀다. 우리가 종종 간과하는 사실은 20세기에 시작된 이른바 "개혁 시대"를 여는 과정에서 공공연한 폭력이 한 역할이다.

루스벨트-태프트-윌슨의 진보주의의 뒤를 이어 어느 국가도 경험하지 못한 폭력적인 노동자 투쟁의 시대가 개막했다. 1877년의 철도 파업은 군대와 노동자 간의 무력 분쟁으로 발전했고, 1886년에 헤이마켓 사건, 1892년에 홈스테드 파업, 1894년에 풀먼 파업, 1912년에 로렌스 섬유 파업이 일어났으며, 1913~14년의 콜로라도 탄광 파업은 러들로 대학살로 정점에 이르렀다. 빅 빌 헤이우드Big Bill Haywood(미국 노동운동 지도자—옮긴이), 마더 존스, 세계산업노동자연맹(1905년 시카고에서 조직된 국제적인 급진적 사회주의 단체—옮긴이)의 시대였다.

뉴딜만 하더라도 연좌농성에서든 일반적인 파업에서든 폭력이 빈발했다. 라폴레트 위원회의 청문회에서 밝혀진 무차별 폭력의 기록을 읽는다면, 조용한 피케팅과 FDR의 웅변이 뉴딜 개혁의 전부였다고 생각하는 사람은 누구나 깜짝 놀라게 된다.

최근의 가장 중요한 사회 변화는, 사실상은 아니지만 법률상으로 남부에서 인종차별이 끝나고, 재건 시대 이후 처음으로 국민이 흑인의 외침에 귀를 기울인 것이다. 1957년 이후로 통과된 다양한 시민권법들은 부족한 점이 많고 시행도 되지 않고 있으며, 백악관에서 열심히 발표하는 인종 평등의 말들은 대체로 공허하긴 해도, 1955년의 몽고메리 보이콧에서부터 1965년의 셀마 행진에 이르기까지 10년 동안 흑인 사회에서 일어난 소란이 이 작은 성과들과 큰 관계가 있다는 사실은 누구도 부인하지 못할 것이다.

이 모든 사건을 한눈에 조망할 때 우리는 미국 사회가 시간이 지남에 따라 점점 더 합의에 도달하고 있음을 알 수 있다. 하지만 우리가 이룬 것은 하나의 긴 합의가 아니라 합의를 향한 일련의 단계들로, 모든 단계는 반대하는 집단을 파괴하거나 축출하거나 통합시킨 폭력을 수반했다.

그에 따라 독립혁명은 독립에 기초한 새로운 합의를 이끌어내고 영국과 국왕파 지지자들을 몰아냈다. 새로운 특권계급에 만족하지 못한 자들(매사추세츠의 셰이즈 반도, 펜실베이니아의 위스키 반도)은 무력으로 진압되고, 새로운 헌법 아래서 외견상 평화로운 합의가 이루어졌다. 새로운 제도 바깥에 남은 사람들—흑인—은 노예제의 온갖 장치에 매여 있었다. 조직화된 노동자 계급은 1877년부터 1939년까지 격렬한 파업을 벌인 뒤 뉴딜 입법의 품에 안착했다. 그리고 최근에 흑인 중산층은 백인 중산층의 삶과 통합시키겠다는 약속에 불만을 가라앉히고 호전적인 흑인 형제들(스토클리 카마이클Stokely Carmichael, 엘드리지 클리버Eldridge Cleaver)을 합의 바깥에 남겨두었다.

점점 더 많은 집단들이 대개 다양한 종류의 명백한 폭력을 수반하면서 하나씩 미국 사회의 지배적인 내內집단으로 들어왔다. 융합이 일어날 때마다 집단은 더 강해지고, 강화된 집단은 합의 바깥에 있는 사람들에게 계속, 심지어 더 강하게 폭력을 행사할 수 있다(존경할 만한 흑인 지도자는 백악관에서 점점 더 환대를 받고, 경찰은 도시와 대학 캠퍼스에서 흑인 반란을 점점 더 잔인하게 진압한다). 국내에서 실질적인 합의가 도출되면 그에 따라 해외의 외外집단에게 폭력을 사용할 가능성이 훨씬 더 커진다(나는 금세기에 미국이 쓴 폭력의 수단 및 사용 빈도가 급속히 늘어난 것에 대해서는 언급하지 않았다. 너무 유명한 사실이기 때문이다. 그 의미를 극적으로 보여주는 예가, 드레스덴의 소이탄 폭격, 히로시마의 원자탄 폭력, 베트남의 네이팜탄 폭격이다).

우리의 입헌 정치는 많은 찬사를 받고 있지만 그 토대에 있는 체제는 국가 차원(전체적인 경제 구조, 정치 질서, 가치관)에서는 평화를 유지하면서도, 인간 존재의 다른 두 차원에서는 평화를 파괴한다. 다시 말해서, 정부와 사회 차원에서 이 체제는 너무 가난하거나, 너무 피부색이 짙거나, 이런저런 식으로 너무 달라서 존중할 수 없는 미국인 수백만 명에 대해서는 그들의 내적인 평화를 깨뜨려도 된다고 말한다. 또한 해외 정책의 분야에서도 이 체제는 국권이라는 기본 전제(한때 사우스캐롤라이나가 미국 내에서 자신의 주권을 지키려 했던 것처럼, 전 세계 안에서 이 국권을 열심히 보호한다)를 내세워 의사 결정을 독재적으로 할 수 있게 한다. 예를 들어, 호전적인 흑인들이 자기방어를 외칠 때에는 이를 대체로 경계하는 반면에, 아시아에서 가장 무서운 폭력의 무기를 기꺼이 사용하는 이중적인 현상도 이것으로 설명이 된다.

이제, 폭력의 윤리 기준을 단일화한다면 어떤 요소들이 포함되는지 살펴보자.

1. 모든 형태의 고통과 학대—명백하고 집중적이고 신체적인 폭력이든, 심리적이고 은밀하고 은근한 폭력이든—에 파괴 행위라는 동일한 척도를 적용해야 한다. 이렇게 하면 폭력의 다양한 형태를 저울질할 때 큰 문제들이 발생하겠지만, 표준적인 정의를 넘어서는 폭력에 대해서는 아예 저울질을 하지 않아도 되므로 문제를 아주 쉽게 해결할 수 있다. 모든 유형의 폭력에 공통된 성분, 폭력의 분자들을 가려내야 한다.

2. 공적인 폭력에 특별한 권한을 부여해서는 안 된다. 존 브라운은 소규모의 폭력 행위를 통해 흑인 노예를 해방시키고자 시도했다는 이유로 교수형을 당했다. 하지만 미국 정부는 똑같은 이유로 60만 명을 죽인 전쟁에 대해서는 거의 비난받지 않는다. 경찰의 살인 또한 아무리 부당해도 시민의 살인행위에는 주어지지 않는 특권을 누린다.

타인이 행한 폭력도 우리 자신의 행한 폭력과 동등하게 놓고 저울질해야 한다. 히틀러가 로테르담을 폭격해서 약 1천 명을 죽였을 때 우리는 몸서리쳤지만, 연합군이 드레스덴을 폭격해서 10만여 명을 죽인 것은 쉽게 용인한다. 우리에게 마을의 족장을 죽인 베트콩의 행위는 그 마을의 주민들을 폭격한 미군이 행위보다 더 끔찍하고, 진주만 공습은 히로시마 폭격보다 훨씬 더 저주스럽다. 우리는 흑인이 백인 경찰에게 던진 돌 하나에 불안해하면서도 그 경찰이 다른 흑인을 쏜 것에 대해서는 그러려니 한다. 우리는 흑인들이 압제 정권을 제거하기 위해 앨라배마 주를 목격하기로 결정한다면 충격을 받겠지만, 국제적인 문제에 있어서는 그런 논리를 아무렇지 않게 받아들인다.

4. 모든 희생자는 평등한 존재고, 다른 인종이나 다른 정치적 신념에 속한 사람에게 가한 폭력이라도 특별 사면을 주지 말아야 하며, 죽은 공산주의자도 죽은 반공주의자처럼 한 명의 죽은 인간으로 간주해야 한다. 조지 오웰George Orwell은 《카탈로니아 찬가Homage to Catalonia》에서, 스페인 내전 때 달아나고 있는 파시스트 병사가 흘러내리는 바지를 붙잡느라 고생하는 것을 보고 사격을 중지했다면서 이렇게 적었다. "바지를 붙잡고 있느라 진땀을 흘리고 있는 사람을 어떻게 죽일 수 있겠는가?"

5. 재산에 대한 폭력을 사람에 대한 폭력과 동일시해서는 안 된다. 내가 살았던 애틀랜타 주에서 한 경찰관이 자동판매기에서 2달러를 훔쳐 달아나는 10대 흑인 소년을 총으로 쏴 죽였다. 전국으로 시야를 넓히면 그런 장면이 수백 배 증가한다. 최근 몇 년 동안 도시 폭동에서 사망한 많은 사람들이 단순히 가게를 약탈하고 있었다.

6. 우리는 상징적 주장에 기초해서 폭력을 용인하는 성향을 항상 경계해야 한다. 동물은 즉각적이고 눈에 보이는 목적으로 폭력을 쓰지만, 인간은 한 마디 말, 슬로건 한 줄 때문에 폭력적인 상태로 돌변하곤 한다. 이 파블로프의 조건화 과정에 빠지면 인간은 그 기호의 의미를 훌쩍 뛰어넘어, 우리의 행위로 발생하는 인간적인 희생과 이득을 이성적으로 저울질하지 못한다. "깜둥이," "제국주의자," "공산주의자" 같은 기호들은 과거나 지금이나 우리 시대의 지배적인 상징기호에 갇힌 사람들의 마음에서 이성적 판단을 말살한다.

7. 우리는 제레미 벤덤Jeremy Bentham이 공리주의적 윤리를 논할 때 강조한 **다산성**fecundity을 의식해야 한다. 우리는 행동의 직접적인 결과뿐 아니라, 그로 인해 증식하게 될 효과도 고려해야 한다는 뜻이다. 명백한 폭력에 시혜를 베푸는 적극적인 행동이든, 드러나지 않은 폭력을 용인하는 소극적 행동이든 모두 그런 결과를 낳는다. 어느 쪽이든 폭력에 무감각할 때 우리는 불의의 끔직한 결과를 맞이할 수 있다.

16. 히로시마와 로이앙

역사는 우리가 너무 쉽게 잊는 것을 상기시켜준다. 구체적으로, 십자군 전쟁 같은 커다란 도덕적 전쟁이 일어나면 그 주체가 민족이든 혁명 운동이든 간에 종종 군대가 잔혹 행위를 저지른다는 사실을 말이다.

이에 대해 우리는 몇 갈래로 반응할 수 있다. 우선 그 대안들을 신중히 고려한 끝에 불행한 일이지만 희생이 따르더라도 중요한 목표를 성취하기 위해서는 필요하다고 결론지을 수 있다. 또는 목표 성취에 필요하더라도 소름끼치는 일이므로 사명을 연기하거나 다른 수단을 찾아야 한다고 결론지을 수 있다. 셋째, 그런 일은 불필요하지만 유용한 투쟁의 어쩔 수 없는 산물이므로 유감스럽지만 받아들여야 한다고 결론지을 수 있다. 또는 그런 일은 불필요하기 때문에 더 큰 도덕적 원칙에 해로운 영향을 주지 말고 금지해야 한다고 결정할 수 있다. 더 나아가 그런 괴물 같은 자식을 낳은 목표의 정당성을 의심하게 될 수도 있다.

두 부분으로 이루어진 이 에세이에서 나는 두 가지만을 의도했다. 첫째, 우리나라와 여타 다른 나라들이 도덕의 이름으로 저지른 잔학 행위들을 사실 그대로 재조명하는 것이고, 둘째, 현재와 미래에 십자군 전쟁을 벌일 때 그 전쟁을 어떻게 수행할 것인지를 깊이 생각해보자는 것이다.

먼저, 우리는 히로시마를 자주 주목하지만 그 에피소드를 생생하게 떠올리지 못하고 거기에 내포된 의미를 지금도 깊이 이해하지 못한다. 내가 뒤에서 다룰 로이앙은 프랑스 바깥에서는 거의 알지 못하는 도시다. 로이앙의 잔학 행위는 히로시마보다 규모가 작다(하지만 코번트리와 로테르담을 폭격한 독일군의 훨씬 더 유명하고 끔찍한 사건보다 로이앙에서 더 많은 사람이 죽었다).[77] 그러나 로이앙은 도덕적으로 정당한 상황에서 인간이 무수히 저지른 "작은" 잔학 행위의 예로 되불러낼 가치가 있다.

히로시마

일본 입장에서 조사한 로버트 버토우Robert Butow의 연구, 참여한 원자학자들의 생각을 탐구한 로버트 정크Robert Jungk의 연구, 허버트 파이스의 국무부 파일 연구, 그리고 미국 전략폭격조사단의 당시 기록을 통해 우리는 다음과 같은 도덕적 문제에 네 방향에서 접근할 수 있다. 우리는 일본에 원자폭탄을 투하했어야 하는가? 더 나아가 우리는 그 증거를 모으고, 전 세계에 수소폭탄이 존재하는 이 소름끼치는 시대에 우리에게 길잡이가 되어줄 결론을 이끌어낼 수도 있다.

먼저, 내가 사용한 네 가지 출처를 소개하겠다.

---

77 로테르담에서는 1940년 5월 14일 독일군의 공습으로 980명이 죽었고, 코번트리에서는 380명이 죽었다. 다음을 보라. David Irving, The Destruction of Dresden, Holt, Rinehart & Winston, 1964, Chapter 1.

미국 전략폭격조사단은 독일 폭격의 효과를 연구할 목적으로 1944년 11월에 구성되었다. 1945년 8월 15일에 트루먼은 일본도 그렇게 조사해달라고 요청했고, 그 결과로 《전쟁을 끝내기 위한 일본의 고투Japan's Struggle to End the War》란 보고서가 탄생했다. 조사단은 (특히 폴 니츠Paul Nitze와 존 케니스 갤브레이스John Kenneth Galbraith의 주도로) 일본군 장교 7백 명을 심문하고 나중에 그 파일을 CIA에 제출했다.

1954년에 로버트 버토우란 이름의 미국 학자는 일본 외무성의 문서와 국제군사재판소 극동지부의 기록, 미군의 심문 파일 등을 섭렵하고, 일본의 전범 여러 명을 개인적으로 면담한 뒤 《일본의 항복 결정Japan's Decision to Surrender》을 저술했다. 이 책은 일본 편에서 쓴 가장 상세한 연구서다.

로버트 정크는 먼저 독일에서 나온 책에서 폭탄을 만들고 투하한 과정을 원자과학자들의 관점에서 연구했고, 1958년에 미국 판 《천 개의 태양보다 더 밝은Brighter Than a Thousand Suns》을 발표했다. 이 책은 폭탄을 주도적으로 제조하고 투하한 사람들을 개인적으로 인터뷰한 내용에 주로 기초해 있다.

맨해튼 프로젝트(원자폭탄 제조 프로젝트—옮긴이)에 관한 국무부 파일과 육군성 기록의 일부에 접근할 수 있었던 허버트 파이스는 1961년에 《일본의 항복Japan Subdued》을 발표해 워싱턴의 시각을 보여주었다.

이제 나올 내용은 태평양의 두 연안에서 맹목적으로 속도를 높이다가 급기야 1945년 8월 6일과 8월 9일에 일본의 두 도시, 히로시마와 나가사키를 굉음과 불길에 휩싸이게 한 운명의 사건들을 압축한 연대기다.

이미 1944년 봄에 일본의 최고위 해군장성들은 최종적인 패배를 예상하고 전쟁을 끝낼 방법을 논의하기 시작했다. 7월에 토조 정부가 무너졌다. 9월에 해군은 공격을 멈출 준비가 되어 있었던 반면에 육군은 태도를 굽히지 않고 있었다. 1945년 2월에는 원로 정치인들이 황제에게 패배가 확실하니 즉시 강화로 가야 한다고 말했고, 3월에 내각은 강화 제안을 구체적으로 논의했다. 같은 달 미국이 도쿄에 소이탄을 떨어뜨려 8만 명의 목숨을 앗아갔다.

1945년 4월에 미군은 일본을 근접 타격할 수 있는 거리에 있고 일본 열도의 최남단이라 알려진 오키나와 섬에 상륙했다. 코이소 정부를 대신해 취임한 스즈키는 전쟁을 최대한 빨리 끝내겠다는 생각으로 러시아 대사 말리크에게 접근해 평화 중재를 요청했다. 같은 달에 루스벨트 대통령이 사망하고 트루먼이 취임해서 전쟁 장관 스팀슨에게서 맨해튼 프로젝트 이야기를 들었다. 역시 같은 달에 그 프로젝트의 일환으로 유명 민간인으로 구성된 중간위원회와 오펜하이머Oppenheimer, 페르미Fermi, 아서 콤턴Arthur Compton, E. O. 로렌스Lawrence로 구성된 과학자문위원회가 출범해서 원자탄 사용을 연구하기 시작했다.

1945년 6월에 오키나와가 점령되자 일본 황제는 새로운 국내전 참모회의에서 종전 계획을 세우라고 말했지만, 임시위원회는 트루먼에게 경고 없이 민간과 군대를 동시 겨냥해서 최대한 빨리 원자탄을 사용하라고 권고했다. 같은 달에 원자과학자 제임스 프랭크James Franck, 레오 질라드Leo Szilard, 유진 래비노위치Eugene Rabinowitch는 일본에 원자탄을 투하하지 말라고 촉구하는 보고서를 작성했지만, 스팀슨을 통해 이 보고서를 참조한 과학위원회 4인은 그들의 충고를 무시했다.

1945년 7월 13일에 미국은 외무대신 토고가 모스크바의 사토 대사에게 보낸 비밀 전신을 가로챘다. 토고는 조건부 항복으로 전쟁을 끝낼 수 있는지를 소련에 문의하려 했다. 7월 16일에 뉴멕시코 주 앨러머고도에서 시험원자탄이 폭발했고, 포츠담 회의를 하루 앞둔 트루먼에게 그 소식이 전해졌다. 7월 26일 포츠담 선언은 무조건 항복을 요구하면서도 황제에 대해서는 언급하지 않았다. 황제의 지위는 일본 국민의 첫 번째 관심사였다.

일본 내각은 무조건 항복에 대해 의견이 엇갈렸고, 논의를 계속하던 8월 6일 히로시마에 원자폭탄이 떨어졌다. 일본인들이 회의를 열고 포츠담 조건을 수용하는 쪽으로 의견을 모으고 있는 사이 러시아가 8월 8일에 전쟁을 선포했고, 8월 9일에 두 번째 폭탄이 나가사키에 떨어졌다. 워싱턴이 황제의 신변처리를 정하지 못해 일본은 최종 수락을 연기했다. 결정은 8월 14일에 나왔다.

그 상황을 자세히 연구한 미국의 학자 4명은 아래와 같이 결론지었다.

미국 전략폭격조사단: "모든 사실을 정밀하게 조사하고 생존한 일본 지도자들의 증언을 참고한 끝에 조사단은 다음과 같은 견해에 도달했다. 원자탄을 투하하지 않고, 러시아가 참전하지 않고, 침공을 계획하거나 숙고하지 않았다 해도 일본은 명백히 1945년 12월 31일 이전에, 그리고 충분히 1945년 11월 1일 이전에 항복했을 것이다."[78]

---

78 아이젠하워, 맥아더, 마샬, 리히, 르메이 등 그 시기의 거의 모든 최고 군사 지도자들의 진술이 이 결론을 뒷받침한다. 이 에세이가 발표된 뒤에 가르 알페로비츠Gar Alperovitz는 탁월한 연구서 《원자 외교Atomic Diplomacy》를 발표했다. 그 책의 마지막 장에는 군사적 고려가 아닌 정치적 고려가 원자탄 투하에 가장 중요했다는 주장의 증거가 요약되어 있다.

로버트 정크, 미국이 일본의 전신을 가로챈 것을 언급하면서: "그러나 트루먼은 일본이 약하다는 이 중요한 증거를 외교적으로 이용하는 대신에 7월 26일에 포츠담 회의에서 포고를 했고, 이 때문에 일본은 그 상황에서 '체면을 잃지 않고' 조건부로 항복하기가 어려웠다."

로버트 버토우, 모스크바에서 러시아의 중재를 요청하던 일본의 밀사 코노에 왕자에 대해 언급하면서: "일본 정부가 제안을 수락할 수 있도록 연합군이 왕자에게 일주일의 말미를 줬다면, 원자탄을 투하하거나 소련이 참전하지 않고도 전쟁이 7월 하순이나 8월 초에 끝났을 것이다."

가로챈 전신에 대해 버토우는 이렇게 말했다: "그 다음 2주일 동안 일어난 일의 기록을 보면… 워싱턴은 명백히 중요한 정보를 새롭게 얻었으나 이를 적극적으로 유익하게 사용하지 못했음을 알 수 있다."

또한: "일본이 소련에 접근해 중재를 요청했다는 사실만으로도, 일본이 '최후의 1인이 죽을 때까지' 싸우겠다는 말과는 달리 연합군의 무조건 항복 요구를 받아들일 가능성이 높다는 것을 인지했어야만 했다. 워싱턴이 기존에 사용하고 있는 용어보다 더 특별한 용어로 표현하기만 했다면 충분히 받아들였을 것이다"(버토우가 "특별한"이라고 말한 것은 일황과 관련이 있다. 일황의 문제가 최우선이라는 생각을 전달하기 위해 조지프 그루Joseph Grew 전 대사가 백악관의 문을 계속 두드렸지만 아무 소용이 없었다).

허버트 파이스: "… 후유증까지 수반할 치명적 타격을 주기까지 미국 정부가 왜 그토록 오래 기다렸는지 계속 의문이 남는다." 그 이유는 개인적인 동기와 국민 정서의 복합이었다고 파이스는 말한다. 트루먼을 좌우한 것은 일본을 더 몰아붙이고 싶어 한 합동참모본부의 욕망,

연합군과 연합작전을 펴고 싶어 한 번스 국무 장관의 욕망, 원자폭탄을 시험해보고 싶어 한 스팀슨 전쟁 장관의 욕망, 조건부 항복에 대한 국내의 비판이었다. 또한 "전과와 전투 계획이 가진 관성, 응징하고 싶은 충동, 우리의 힘이 얼마나 큰지를 과시하고 싶은 성향"도 그에게 영향을 미쳤다.

파이스는 두 가지 질문을 던진다. (1) 폭격은 필수였는가? (2) 이른 항복을 이끌어내는 방법으로 폭격이 정당했는가? "첫 번째이자 답하기가 훨씬 더 쉬운 질문은, 몇 개월 안에 우리의 조건으로 일본을 항복시키는 데 과연 폭탄 투하가 필수적이었는가다. 그렇지 않았다. 이 문제는 심지어 결정을 내리는 순간에도 명확했어야 하지만… 그렇지 않았던 것 같다." 두 번째 문제에 대해 파이스는 확신하지 못한다. 그는 전쟁을 최대한 빨리 끝내고자 하는 요망이 대단히 컸다는 점과 시험 폭탄이 실패할지 모른다는 우려가 있었다는 점을 지적한다. 그러나 소련이 참전한 상황에서 원자탄 시범만으로도 미국은 똑같이 빠르게, 혹은 불과 몇 주일 늦게 승리했을 것이다.

죽음과 관련된 이 혼란스런 기록을 샅샅이 살펴본 뒤에 나는 모든 사람이 함께 생각해볼 만한 몇 가지 개념에 도달했다.

1. **책임**의 문제는 무시하는 게 좋다. 책임을 논하는 것이 유용할 수 있는 경우는 두 가지다. 첫째, 아직 생존해 있고 우리가 매우 중요한 책임을 맡기기 위해 선택해야 하는 개인들을 평가할 때다(예를 들어, 맨해튼 프로젝트의 경험을 되새길 때 우리는 원자력위원회의 의장으로 로버트 오펜하이머보다 레오 질라드가 더 안전하다고 느낄 것이다). 둘째, 우리나라처럼

자신의 행동을 자주 이상화하는 국가의 거짓된 환상을 깨뜨릴 때다. 그 외에는 대체로 지나간 분쟁보다는 현재 상황을 해결하기 위해 무엇을 배울 수 있는지에 관심을 쏟아야 한다. 또한 책임 지우기는 심리적 장벽을 쌓아 과거에 잘못을 범한 사람들과 신뢰감을 형성하지 못하게 한다.

2. 우리는 "민주주의" 국가와 "전체주의" 국가의 의사결정 과정이 다르다고 쉽게 일반화하지만, 모든 것이 사실상 눈앞에서 붕괴되고 있는 시기에 일본의 고위 참모들이 거친 수많은 숙고와 토론을 들여다볼 때—그리고 트루먼이 한국에 대해, 케네디가 쿠바에 대해 내린 빠른 결정을 기억할 때—그런 선입견을 반성하게 된다.

3. 원자폭탄이 투하되기까지 일본군이 항복을 미룬 과정 그리고 원자탄을 투하하겠다는 결정에 군인들이 큰 역할을 했음을 알게 된다면, 호전적인 사람들에게 중대한 정치적 결정을 맡기지 않아야 할 이유가 대단히 무거워진다(레슬리 그로브스Leslie Groves 장군은 폭격 결정을 내린 임시위원회의 공식 구성원이 아니었음에도 모든 회의에 참석해서 위원회의 결정에 주도적인 역할을 했다. 트루먼 역시 그로브스 같은 군인들에게 크게 좌우되었다). 하지만 나는 가르 알페로비치가 《원자 외교》에 적시한 증거를 읽은 뒤로, 군인들에게만 책임을 돌리는 것은 잘못이라고 믿게 되었다. 민간의 고위 관리들—트루먼, 스팀슨, 번스—도 폭탄을 투하하기로 결정한 중대한 책임자로 보인다. 그 책임은 긴 사슬을 이루고 있으므로, 우리는 우리 손으로 영향력을 미칠 수 있는 연결고리에 집중할 필요가 있다.

4. 의사결정 과정은 달리는 디젤 트럭처럼 소란스러워 보일 수 있지만 어느 한 사람의 확고한 입김이 전체의 흐름을 돌릴 때가 빈번하다. 투르먼이 분명 그런 역할을 할 수 있었다. 그로브스도 마찬가지고, 임시위원회 의장인 그로브스도 그렇게 할 수 있었다. 제임스 번스는 일황 문제를 강조하는 국무부의 메모를 포츠담에 갖고 갔으므로, 그 내용을 믿기만 했다면 일본이 반응할 수 있는 방향으로 최종 선언을 유도할 수 있었다. 오펜하이머나 페르미나 콤턴(로렌스는 이미 그 정책에 반대하고 있었으니, 제외하고)는 과학 고문들이 임시위원회에 제출한 특별 권고를 받아들였다면 물줄기를 돌릴 수도 있었다. 권력의 피라미드에서 더 낮은 쪽으로 갈수록 어느 한 사람이 중대한 결정을 뒤집을 확률은 그만큼 낮아지지만 완전히 사라지지는 않는다. 질라드와 그의 묵살된 청원도 다른 사람들이 함께 했다면 유의미한 변화를 일으켰을지도 모른다. 요점은 다음과 같다. 조직에 몸담고 있는 어떤 사람도 그 조직에 압도되어 생각 없는 기계가 되지 말아야 한다. 개인은 남들이 어떻게 할지 전혀 예측할 수 없는 상황에서도 냉정하게 확률과 통계를 따져가며 자기 자신의 압력을 최대한 행사할 필요가 있다.

5. "전쟁을, 그것도 최대한 빨리 이기고 싶은" 충동이 모든 이의 생각을 지배한 탓에 이성적이고 인간적인 판단이 마비되었던 듯하다. 서양의 가장 진보한 사상가들, 가장 위대한 자유주의자들(그리고 급진주의자들)은 역사상 어느 전쟁보다도 이 전쟁에 감쪽같이 현혹되었다(나는 1945년 8월 6일을 똑똑히 기억한다. 유럽에서 제8공군의 폭격수로 근무하던 나는 일정에 따라 태평양으로 가기 전에 국내로 돌아와 30일 동안 휴가를 보내고 있었

다. 그때 신문에서 히로시마 폭격 기사를 읽었을 때 나는 종전이 임박했다는 기쁨밖에 느끼지 못했다).

6. 오펜하이머는 임시위원회와 함께 프랭크 보고서를 거부하기로 결정할 때 "일본군의 상황을 조금밖에 알지 못했다"고 말했다. 그로브스 장군과 과학자문위원회는 국무부가 가로챈 전신의 내용을 알지 못했고, 국무부는 폭격이 임박했다는 사실을 알지 못했다. 정보의 자유로운 흐름이란 이렇게 중요하다. 하지만 악한 행동이 그저 불통의 결과라고 보는 것은 순진한 생각이다. 어떤 사람은 새로운 정보에만 기초해서도 견해를 바꿀 수 있지만, 옳고 그름에 대한 생각까지 근본적으로 변해야 하는 사람들도 있다. 오펜하이머와 페르미와 그밖의 사람들은 일본이 항복하기 직전에 있고 그래서 폭격을 하지 않아도 일본을 굴복시킬 수 있다는 것을 알았다면 다른 결정을 내렸을 것이다. 하지만 그로브스—어쩌면 트루먼 역시—같은 사람들에겐, '일본인 10만 명을 죽여서 미국인 한 사람을 구할 수 있다면?'이란 문제가 여전히 걸린다. 더 나아가 알페로비치가 폭로한 스팀스-번스-트루먼의 견해에서는 최상의 가치가 심지어 미국인의 생명이 아니고 국력이었다. 가치는 데이터의 양과 별 관계가 없고, 정보가 증가한다고 해서 바뀌는 것도 아니다. 변화의 경계에 있는 사람들은 그렇지 않을 수도 있지만, 대부분의 사람들에게 가치관의 변화는 정보 이상의 것, 즉 직접 경험, 심리적 격변, 또는 저항할 수 없는 압력—감정에 대한 총공격—을 필요로 한다.

7. 사회 변화에 관심이 있는 사람들에겐 이 모든 것이 유의미하다. 이는 우리가 이데올로기 투쟁의 전술을 생각할 때 인적 장애물을 구분

하고, 종류에 맞는 해결 방법에 집중해야 함을 가리킨다. 어떤 장애물에는 정보가 해결책이지만, 다른 장애물의 경우에는 그들의 가치관이 단기간에 급변하리라고는 기대하지 않는 편이 좋다. 대신에 사람들의 가치관이 완고하다는 것을 알았을 때 우리는 실망하지 말고 여러 가치들을 서로 대조하는 현실적인 방법을 채택할 수 있다. 사람들이 소중하게 여기는 특별한 가치는 파괴하기 어렵지만, 훨씬 더 바람직한 다른 가치를 위해 미뤄질 수는 있다. 생존이라는 최고의 가치는 힘이라는 종종 거의 최고의 가치를 막을 수 있는 최후의 보루가 되곤 했다. 과거에 그런 가치 충돌은 우발적이었다. 이제 그런 충돌을 의도적으로 이용할 수 있는 때가 되지 않았을까?

8. 사람들은 기꺼이 "자신의 분야를 벗어나서" 의사결정을 내릴 수 있어야 한다. 오펜하이머를 비롯한 과학자문위원회 4인은 사실 폭탄 투하는 과학의 분야를 벗어난 문제라고 생각했다. 우리는 "전문가"를 무조건 경외하면서 그들이 충분히 알고 있다고 가정하지 말아야 한다. 전문화와 민주주의 사이에는 분명한 불일치가 존재한다.

9. 특수한 상황에서 남이 내린 결정을 바꾸려는 노력은 관련된 위험의 크기와 어울려야 한다. 오늘날 평범하고 일상적인 항의 수단으로는 부족할 수가 있다. 전 인류의 운명이 한 줌밖에 안 되는 정책결정자들에게 달려 있기 때문이다. 냉정하고 이성적인 행동보다 더 큰 것이 필요하다. C. P. 스노우Snow의 소설, 《새로운 사람들The New Men》에서 영국의 과학자들은 미국이 어느 힘없는 도시에 원자폭탄을 떨어뜨릴까

두려워서 회의를 연다. 한 과학자가 폭격을 막는 방법으로 모든 비밀을 대중에게 폭로하자고 말하자 과학자들은 그의 무분별한 제안을 거부하고, 대신에 분별 있고 온건한 행동을 하기로 결정한다. 그들은 미국을 방문해서 최고위 관리들에게 그들의 생각을 충분히 전달할 위원회를 지명한다. 위원회가 미국으로 출발한다. 다른 과학자들은 위원회가 돌아오길 기다리고, 그러는 중에 라디오에서 원자폭탄이 히로시마에 떨어졌다는 소식을 듣는다. 분별 있고 온건한 결정이란 게 때론 참 허무하다.

로이앙

1945년 4월 중순에 프랑스 해안의 피서지, 로이앙이 지상 합동공격으로 잿더미가 되었다. 보르도 인근의 대서양 연안에 자리한 고대의 성시城市이자 아름다운 해변 도시(피카소가 좋아한 곳)였다. 연합군이 서유럽을 습격한 날로부터 10개월 후였고, 독일이 최종 항복을 하기 석 주 전이었다. 2차 세계대전 중 미 공군의 공식 역사에는 로이앙 공습이 간략하게 서술되어 있다.*

> 4월 14일에서 16일까지 1천2백여 명의 미국 중폭격수가 보르도 인근에 잔류해 있는 완강한 독일 수비대 위에 매일 소이탄, 네이팜탄, 2천 파운드의 파괴용 폭탄을 투하했다. 폭격은 효과적이었고, 프랑스군은 곧 그 지역을 점령했다.
>
> (폭격의 정확성에 관한 주해. 공식 역사에 따르면 연합군은 "완강한 독일 수비대 위에" 폭탄을 투하했다고 한다. 오해하기 딱 좋은 표현이다. 폭탄은 독일군 수비대[주로 도시 바깥에]와 함께 민간인 거주자들이 있는 로이앙

인근에 광범위하게 떨어졌다. 전쟁이 끝난 후에 로이앙 폭격을 조사하기로 마음먹은 것은 내가 이 공격 임무에 490폭격대대의 폭격수로 참여했기 때문이다. 당시에 나는 약간 다른 목표에, 약간 다른 폭탄 상자로, 다른 폭격 임무를 수행한다고 느꼈다. 우리는 매일 아침 일찍 일어나 출격회의에 참석했고, 로이앙 안팎에 남아 있는 독일군 부대를 폭격하는 것이 우리의 임무이며, 폭탄실에 탑재된 100파운드짜리 폭탄 30개에는 신물질인 "젤리 형태의 가솔린"[지금은 네이팜으로 알려져 있다]이 함유되어 있다는 설명을 들었다. 우리는 폭탄을 독일군 설비에 정확히 겨냥하지 않았고, 선도기의 폭탄실에서 폭탄이 떨어지는 것을 보자마자 토글스위치로 로이앙 지역에 떨어뜨렸다. 위아래로 젖히는 토글스위치는 정밀 폭격이 아니라 집중 폭격을 하기에 적합한 장치로[우리가 사용 훈련을 받은 노든 폭격조준기Norden bombsight가 적의 시설이 명중되는 횟수를 세지 못하고, 2만5천 피트 상공에서 인근에 있는 민간인들을 감지하지 못한다는 사실을 제외하고], 일정 간격을 두고 폭탄을 자동으로 떨어뜨리는 자동노출계와 연결되어 있었다. 나는 까마득히 높은 고도에서 폭탄이 떠질 때마다 안개 속에서 그은 성냥처럼 화르륵 타올랐던 것을 똑똑히 기억한다. 하지만 발밑에 인간의 혼돈이 펼쳐지고 있다는 사실은 전혀 몰랐다.

1966년에 나는 로이앙에 잠시 머물렀고, 시립도서관에서 이 에세이의 기초가 될 자료의 대부분을 발견했다.

공식적인 공군 역사의 그 장章에는 로이앙 폭격을 묘사한 글 뒤에 아래와 같은 문장이 나온다.

"미 공군이 산업시설을 마지막으로 폭격한 날은 4월 25일, 즉 체코슬로바키아 필젠의 유명한 스코다 공장을 정확히 겨냥해서 폭탄 500톤을 투하한 날이었다. 미리 경고를 했기 때문에 5명을 제외하고 모든 노동자가 폭격을 피할 수 있었다."

나는 선도기의 부폭격수로 그 비행 임무에도 참여했던 것을 기억한다. 우리는 "스코다 공장"을 구체적으로 겨냥하지 않았고[그랬다면 내가 알아차렸을 것이다. 그 공장은 내가 읽은 적이 있는 유일한 체코슬로바키아의 표적이었기 때문이다], 별로 정확하지 않게 필젠 시 상공에 폭탄을 투하했다. 당시에 필젠에 살았던 체코사람 두 명에게 나중에 들은 말에 따르면, 그 공습으로 수백 명[물론 체코사람]이 사망했다고 한다. 다섯 명이 아니었다.

베트남 전쟁 때 미국 비행기가 마을을 폭격한 일에 대해서도 군사 기록에는 비행기가 군사적인 표적만 겨냥했다는 비슷한 주장이 실려 있다. 하지만 높은 고도에서 집중투하 방식으로 폭격했으므로, 대변인의 의도와 상관없이 이 주장은 거짓말이다. 현대전의 잔혹 행위는 비행사나 그 상관의 의도를 필요로 하지 않는다. 그런 행위는 전쟁 그 자체의 부득이한 결과물이다. 그것이 사실이라 해도 폭격수들이 결백해지는 것은 아니며, 전쟁을 일으켜서 폭격수들을 보내는 정치 지도자, 그리고 그 정치 지도자를 묵인하는 우리 국민들도 결백하지 않다.)

미 육군군사처의 H. A. 슈미트 대령은 로이앙 폭격에 관한 정보를 요청한 내 편지에 아래와 같이 대답했다.*

보르도 항을 해방시키려면 로이앙, 라프앙트, 드그라브, 올레옹의 교두보들을 파괴할 필요가 있었다. 로이앙 구역은 보르도 지역에서 마지막까지 저항한 독일 수비대의 본거지이자, 그 작전의 최우선 목표였다. 제8공군은 대량 폭격으로 연합지상군의 길을 닦았다.

창피할 수 있는 사건들을 빠르고 무심하게 묘사하는 것은 정치가들이 쓴 역사에 공통된 특징이다. 윈스턴 처칠Winston Churchill은 1945년 2월 연합군이 드레스덴 시에 소이탄을 무차별로 퍼부어 13만5천 명이 사망할 때 영국의 수상이었고, 도시 지역에 공습을 하는 일반 전략을 승인했다. 그는 회고록에서 다음과 같은 언급에 그쳤다. "우리는 그달 말에 드레스덴을 집중 타격하고, 그런 뒤 독일의 동부전선에 있는 교통의 요충지를 공습했다."[79]

히로시마와 드레스덴 폭격은 군사적으로 필요하다는 주장들이 터져 나왔지만, 결국 그런 주장에 반하는 증거가 압도적으로 많았다. 더 나아가 로이앙의 경우에는 군사적인 이유로 공격을 옹호하는 주장을 내놓기조차 거의 불가능했다. 로이앙은 전선에서 멀리 떨어진, 대서양 연안의 작은 도시였다. 커다란 보르도 항과 연결된 뱃길을 굽어보기는 했지만, 이 사실은 지역 주민에게나 전체적인 전황에 그리 중요하지 않았다. 처음에는 보르도, 나중에는 그 항구시설과 무관하게 연합군은 노르망디에 상륙하고, 파리를 점령하고, 라인 강을 건너서 지금은 독일의 내륙까지 꽤 들어간 상태였다. 게다가 연합군이 로이앙에 지상-공중 총공격을 가한 시점은 유럽에서 전쟁이 끝나기 3주 전, 즉 전쟁이 곧 끝날 것이며 이제 기다리기만 하면 그 지역의 독일 수비대가 항복

79 데이비드 어빙David Irving, 《드레스덴 파괴The Destruction of Dresden》, 2부를 보라, 특히 2장 "Thunderclap"은 독일 동부의 도시들의 대량 폭격을 추진하는 과정에서 처칠이 한 역할을 보여준다. 또한 5부 2장에서, 나중에 처칠은 그 책임을 전략폭격사령부에게 떠넘기려고 한다.

하리라는 것을 모든 사람이 알고 있을 때였다.[80]

그럼에도 1945년 4월 14일에 미군은 로이앙 폭격을 개시했다. 다음날 런던에서 《뉴욕타임스》로 다음과 같은 특전이 날아왔다.

> 어제 미국 제8공군은 그동안 잊고 있었던 유럽의 전선들 중 한 곳, 프랑스 남서부의 보르도 항이 내려다보이는 지롱드 하구의 독일군 고립지대에 전 병력을 출격시켰다. 호위기 없이 하늘의 요새(대형 폭격기 B-17의 별칭—옮긴이)와 리버레이터 1,150대가 그 지역을 휩쓸고, 프랑스 군대가 제한적으로 지상공격을 수행했다…
>
> 지난 여름에 전세가 기운 뒤로 3만 내지 4만 명의 나치 부대가 지롱드 강 어귀에 진지를 구축했다… 타격부대는 호위기 없이 낮 시간에 영국에서 출격한 중폭격기단 중 규모가 가장 컸다. 중비행기 다섯 대는 복귀하지 못했다.

그 공습은 비행기 다섯 대에 탄 승무원—45명—을 잃어버릴 가치나 있었던가? 하지만 스러진 생명, 파괴된 집, 다치고 화상을 입은 사람들을 합쳤을 때 그건 비극의 일말이었다. 이튿날인 4월 15일에 공격은 더 거셌고, 비행기는 새로운 무기를 사용했다. 《뉴욕타임스》는 파리 특파원의 특전에 기초해 "보르도 항을 열기 위한 맹공격으로 공중폭격과 야만적인 지상공격을 이틀간 퍼붓다"를 1면에 실었다. 그 내용은 다음

---

80 나는 모든 희생자에게 평등해야 한다는 입장을 전제하고 각주 하나를 달고자 한다. 로이앙과 히로시마 및 드레스덴을 구분하는 것이 있다. 로이앙에 사는 주민이 적어도 공식적으로는, 적이 아닌 우리 편이었다는 점이다.

과 같았다.

> 어제 미국 제8공군의 하늘의 요새와 리버레이터 1,300여 기가 지롱드 강 양쪽에 자리잡고서 보르도로 향하는 뱃길을 지배하던 적의 진지들에 폭탄 세례를 퍼부어 오늘의 공격이 성공할 수 있는 길을 닦았다. 제8공군은 약 46만 갤런의 액화liquid fire(화염방사기용 액체 또는 네이팜—옮긴이)로 독일군의 진지와 방어 거점을 잿더미로 만들었다…
>
> 제8공군이 새로운 폭탄을 사용한 것은 이번이 처음이었다. 가연성 물질을 담은 탱크가 충격과 동시에 기폭약에 의해 폭발하고 연료가 점화되면, 탱크 하나에 담긴 가연성 내용물이 약 50제곱미터의 구역을 화염으로 휩쓴다.

액화는 전쟁에서 처음 사용된 네이팜의 이름이다. 다음날 고성능 폭탄으로 한 번 더 폭격하고, 지상 공격도 이어졌다. 폭격과 지상 공격으로 그 지역의 독일군이 항복하기까지 도합 사흘이 걸렸다. 프랑스 지상군은 약 2백 명이 전사하고, 독일군은 몇 백 명이 사망했다. 그 공격으로 발생한 민간인 사망자는 정확히 집계되지 않았지만 그 지역의 특파원이 보낸《뉴욕타임스》의 급보는 다음과 같았다.

> 프랑스 군대는 로이앙 시의 대부분에 해당하는 강어귀 북쪽을 소탕했다… 인구 2만이 사는 로이앙 시는 한때 휴양지였다. 48시간 안에 이어진 두 차례의 끔찍한 공습으로 만신창이가 된 민간인 350명이 잿더미 속에서 기어 나와 한 목소리로 그 공습은 "믿기 힘든 지옥"이라고 증언했다.

몇 주일 뒤 유럽의 전쟁은 승리로 끝나고, 로이앙 시는 "해방"되었다. 완전히 폐허가 되어.

승리 직전인 1945년 4월 중순의 그 공격은 로이앙이 연합군에게 당한 두 번째 재앙이었다. 1945년 1월 5일 동이 트기 전에 영국의 중폭격기들이 약 한 시간 간격으로 로이앙 상공을 두 차례 휩쓸고 지나갔다. 지난 몇 달 동안 주민들이 자발적으로 대피했음에도 시내에는 약 2천 명이 거주하고 있었다. 비행기 한 대가 도시 한복판(독일군 부대와는 아무 상관이 없었다. 독일군은 외곽에 있었다)에 섬광탄들을 떨어뜨리자 폭격기들이 그 신호를 중심으로 장방형 구역에 폭탄을 투하했다. 1천여 명이 목숨을 잃었다(사람에 따라 1,200명이나 1,400명으로 추산하기도 한다). 따라서 3달 뒤인 4월의 공격은 폐허가 된 건물과 주민들의 흔적까지 지워 그 도시를 완전히 말살시켰다.

1월의 폭격은 어떤 말로도 해명된 적이 없다. 하지만 모든 이야기에 한 구절이 어김없이 등장한다. "비극적인 실수." 당시에 군 공무원들이 내놓은 설명은 폭격기들이 원래 독일 땅을 폭격할 예정이었지만 그곳의 기상 악화 때문에 독일군 진지의 지도를 보지 못한 채 로이앙으로 기수를 돌렸다는 것이다. 코냑 인근에서 출격한 프랑스 비행기들이 섬광탄을 떨어뜨려 진지를 표시하기로 되어 있었지만 그러지 않았거나, 잘못 했거나, 섬광탄들이 바람에 떠밀렸다.[81]

폭격 직후에 현지 사람이 쓴 급보, "밤의 비극"에는 아래와 같은 묘

81 1965년이 되어서도 J. R. 콜레Colle는 《로이앙, 그 역사, 그 주변지역Royan, son passé, ses environs》에서 이 말을 되풀이했다. 이 사건을 요약한 장은 "저항과 해방La Résistance et La Libération"이다.

사가 있다.[82]

독일군이 도시를 점령하고 있었다. 잠든 도시 위로 고요함이 지배하는 밤. 로이앙 성당의 종소리가 자정을 알렸다. 잠시 후 1시 그리고 2시 종소리… 로이앙 시민들은 추위 속에서 이불을 여미고 잠들어 있었다. 3시가 지나고 4시가 되었다. 멀리 윙 소리가 들렸다. 하늘에 불꽃들이 번득였다. 주민들은 무서워하지 않았다. 다들 평온했다. 연합군 비행기 같은데, 독일군 요새를 겨냥하겠지, 게다가 독일군 수송기가 오곤 하는 저녁 시간도 아니잖아? 종소리가 다섯 시를 알렸다. 그런 뒤 잔인하고 끔찍하고 용서할 수 없는 재난이 일어났다. 쇳물이 홍수처럼 로이앙을 뒤덮었다. 비행기 350대가 도시 위에 800톤의 폭탄을 퍼붓고 지나갔다. 몇 초 뒤 생존자들이 부상자들을 도와달라고 소리쳤다. 울음소리, 죽음의 문턱에서 내는 가르랑 소리… 한 여자가 도와달라고 애원했다. 여자는 머리만 보이고 몸은 거대한 대들보 아래에 짓이겨져 있었다… 한 가족이 구덩이에 갇혀 있는데 물이 차오르고 있었다. 구급대원들이 그들의 머리를 들어올렸다. 그때, 좀 전과 똑같은 윙 소리가 들리고, 비행기 물결이 다시 한 번 몰려왔다. 이번에는 로이앙과 그 주민을 완전히 파괴했다. 로이앙은 문명 세계로 인해, 인간의 실수, 흉포함, 어리석음 때문에 몰락했다(Royan a sombré en même temps que le monde civilisé, par l'

---

82 그 기사가 난 간행물은 이제 구할 수 없지만, 그 기사를 비롯해 내가 참조할 다른 많은 기사들은 훌륭한 작은 책에 담겨 출간되었다. 레지스탕스 단원이었던 로이앙의 출판업자(보통Botton 부자父子)가 1965년에 출간한 그 책의 제목은《로이앙—순교의 도시 Royan—Ville Martyre》다. 번역은 내가 했다. 율리스 보통Ulysse Botton의 격렬한 서문은 1945년 1월 5일의 폭격을 "학살la tuerie"이라 부른다. 고성이 있던 자리에 들어선 현대식 건물들의 사진이 실려 있다. "이 도시의 손님들, 국내외 여행자 중에서 행여 이 사실을 모르는 사람이 있다면 한번쯤 알아보는 것이 좋을 듯하다. 이 새 도시와 이 현대식 건물은 살인으로부터 태어났으며, 오늘날까지 누구도 그 범죄를 인정하거나 벌하지 않았다는 사실을…"

erreur, la bêtise et la folie des hommes).

공격일로부터 8일 후에 《라 리베라시옹La Liberation》에는 도움을 호소하는 기사가 실렸다. "미국 친구들이여, 당신들의 플로리다 해변은 무사하니, 로이앙의 재건을 맡아주시오!"*

로이앙의 지도자들은 1월과 4월의 폭격을 격렬하게 비난했다. 전쟁의 마지막 6개월 동안 서부(즉, 보르도 지역)에서 프랑스 군을 책임졌던 라르미네 장군이 1948년에 긴 침묵을 깨고 입을 열었다. 그는 코냑의 프랑스군이 영국 비행기를 로이앙으로 안내한 것은 아니라고 말해, 프랑스군 사령부의 혐의를 벗겨주었다. 하지만 연합군 사령부의 "비극적 실수"였고, 모든 것이 불행한 전쟁의 결과라고 말했다.[83]

우리는 이 일에서 연합국을 공격할 구실을 이끌어낼 것인가? 그들은 무수한 목숨을 내던져 우리나라를 해방시키지 않았는가? 그렇게 한다면 대단히 불공평할 것이다. 모든 전쟁에는 이처럼 뼈아픈 실수가 있다. 1914~18년 전쟁 그리고 이 전쟁에서 어느 보병이 잘못 조준된 아군의 포탄을 맞지 않아보지 않았을까? 얼마나 많은 프랑스 도시, 얼마나 많은 전투부대가 연합군 비행기의 실수로 폭격을 당했던가? 이건 전쟁의 괴로운 배상금, 불가피

83 보통의 선집. 물론 "그것이 전쟁이다c'est la guerre"라고 체념하면서 불가항력 앞에 무릎을 꿇는 견해가 우세하다. 전후에 나왔다가 지금은 사라진 간행물 《La Pays d'Quest》에 실린 "점령과 로이앙 공격"이란 기사는 이렇게 말했다. "이유가 무엇이든 간에 1945년 1월 5일의 로이앙 폭격은 현대전의 극도로 복잡한 군사행동에서 피하기 어려운 불행하고 유감스러운 실수로 봐야 한다."

한 몸값이라 그에 항의를 해도 소용없고, 다퉈봤자 소용없다. 우리는 전쟁에서 죽은 사람들에게 경의를 표하고, 생존자들을 돕고, 폐허를 복구한다. 하지만 이 불행한 사건의 원인에 오래 머무르지 않는다. 그 원인은 실제로 단 하나이기 때문이다. 진정으로 책임이 있는 유일한 원인은 전쟁을 원한 자들이다.

(드레스덴 폭격에 대해 공군 사령관 로버트 손드비Robert Saundby 경이 내놓은 아래의 해명과 비교해보라.*

전시에는 가끔 상황이 불행하게 얽혀 그런 끔찍한 일이 일어난다. 전쟁의 가혹한 현실과 너무 동떨어져 있어서 1945년 봄의 그 공습이 보여준 무섭고 파괴적인 힘을 충분히 이해하지 못하는 사람도 있을 테지만, 그 점을 인정한다고 해서 사악하거나 잔인한 것은 아니다…

부도덕하거나 비인간적인 것은 전쟁을 수행하는 이런저런 수단이 아니다. 부도덕한 것은 전쟁 그 자체다. 일단 전면전이 발발하면 그 전쟁은 인간성이나 문명과 완전히 멀어진다. 만일 어느 한편이 그러기를 시도한다면 십중팔구 패자가 된다. 국가 간 차이를 해결하기 위해 전쟁에 의존하는 한, 우리는 전쟁으로 인한 참사, 그 야만적이고 무도한 행위들을 참고 견뎌야 한다. 나에겐 이것이 드레스덴의 교훈이다.)

로슈포르-라로셸 지역(로이앙 바로 북쪽에 있는 대서양 연안의 두 항구)의 제독 위베르 메이어Hubert Meyer의 회고록이 1966년에 출간되면서 1월 폭격에 관한 중요한 증거가 공개되었다.* 연합군이 프랑스 북부에 상륙하자 서쪽으로 달아난 독일군이 대서양 연안의 진지들을 강화하고 있던 1944년 9월과 10월에 메이어는 라로셸-로슈포르의 독일 제독 쉬를리츠Schirlitz와 협상을 벌이고 있었다. 사실상 그들은 독일군이 항구 시설을 폭파하지 않고 그 대가로 프랑스군은 독일군을 공격하지 않기로 동의했다. 그런 뒤 독일군은 로세포르에서 철수해서 북쪽에 있는 라로셸 지역으로, 양쪽이 합의한 선까지 이동했다.

1944년 12월 말에 메이어는 로슈포르에서 로이앙까지 해안을 따라 남쪽으로 이동해서 포로교환을 협의하라는 요청을 받았다. 로이앙의 또 다른 독일군 해안 진지는 미카헬레스Michahelles 제독의 지휘 아래 있었다. 회담 도중에 메이어는, 로슈포르-라로셸에서 쉬를리츠가 한 것처럼 미카헬레스 제독도 로이앙 주변의 군사적 현재 상태를 유지하는 합의서에 서명할 마음이 있다는 말을 들었다. 메이어는, 로이앙은 다르다고 말한 뒤 연합군은 아마 로이앙의 독일군을 공격할 텐데 그 이유는 남서부에 물자를 공급하는 관문인 보르도가 로이앙에서 한눈에 내려다보이기 때문이라고 지적했다. 하지만 독일군은 군수 물자만 아니면 보르도를 얼마든지 열어주겠다고 대답해서 메이어를 놀라게 했다.

메이어는 생트 및 코냑에 있는 프랑스 군사령부에 즉시 이 제안을 전달했지만 반응은 냉담했다. 프랑스 장군들은 공격을 계속 해야 하는 마땅한 군사적 이유를 대지 못하고 "아군의 사기"만을 지적했다. "남서부의 군대는 몇 개월 전부터 출전하고 싶어 안달하고 있는데, 전투—승리가 확실한 전투—를 바라는 그 뜨거운 열망을 꺾기"는 어려울 것 같다고 당셀름d'Anselme 장군이 말했다.[84] 메이어는 전쟁이 사실상 승리한 마당에 한 도시와 수백의 인명을 희생시키고 제한된 목표를 달성해서 군대의 사기를 끌어올릴 만한 가치가 없으며, 적이 휴전을 제안했으니 그들은 한 사람도 죽일 권리가 없다고 말했다.[85] 그러자 더 자세한 논의는 출타 중인 라르미네 장군이 돌아와야만 할 수 있다는 대답이 나왔다.

면담이 끝날 때 메이어는 공격의 주사위가 던져졌다는 독특한 인상을 받았다("l'impression très nette que les jeux étaient faits, que Royan serait attaquée"). 이날이 1월 2일이었다. 사흘 뒤 로슈포르에서 잠을 자고 있을

84 메이어가 회고한 대화 내용으로, 회고록의 한 장인 〈로이앙, 실수로 파괴된 도시Royan, Ville Detruite par erreur〉에 있다. 이 책에서 메이어는 자신의 공적을 미화하는 경향이 있지만, 그의 이야기는 다른 증거들과 일치한다.

85 다음 세 가지 증거는 독일군이 항복하려 했다는 메이어의 주장을 뒷받침한다.
A. 1948년 5월 《삼디-수아르Samdi-Soir》의 급보는 메이어보다 훨씬 더 자세하게 이상한 이야기를 보도했다(그 일부가 보통 선집에 실려 있다). 그 기사는 삼군사령부에서 발견했다고 하는 문서에 기초해서, "아리스티드"라는 암호명을 가진 영국 첩자가 낙하산을 타고 프랑스에 내려서 레지스탕스에 합류했는데 나중에 런던으로 복귀해서 보고하기를, 로이앙 지역의 독일군은 명예로운 항복을 허락해준다면 항복하겠다고 제안했지만, 프랑스의 베르탱Bertin 장군은 영국에 항복을 하면 "외교 분쟁"이 일어날 수 있다고 말했다는 것이다. 그날이 1944년 9월 8일이었다고 한다.
B. 로이앙 레지스탕스의 대장이었던 베이시에 피에르Veyssiere Pierre 박사는 이렇게 말한다(보통 선집에 일부가 실려 있다). "이제 우리는 1944년 8월과 9월에 독일군 고위 사령부—로이앙 요새의 사령관—가 항복을 제안했고, 그 제안을 수락했다면 최악의 상황이 닥치지 않았을 것임을 확실히 알고 있다. 또한 그가 두 차례에 걸쳐 메도크(보르도의 북쪽—옮긴이) 비행연대의 지휘관 찰리 코미네티Charly Cominetti와 접촉했다는 것, 그리고 보르도의 프랑스 군사령부는 이런 협상 시도를 단호히 거절했는데 그 이유는 의심의 여지없이 군의 사기를 높이려는 것이었음을 알고 있다."
C. 1948년 2월 《의학회보La Lettre Medicale》에 실린 폴 메타디에Paul Métadier의 기사는 프랑스 주재 영국 대사였던 새뮤얼 호어Samuel Hoare 경의 말에 의거해서, 독일군 대장이 영국에 항복하는 것을 프랑스 군사령부가 반대했다고 전한다.

때, 로이앙을 향해 남쪽으로 날아가는 비행기 소리에 메이어는 잠에서 깼다. 영국 공군의 랭커스터 기 350대가 각자 7톤의 폭탄을 싣고 날아가고 있었다.

메이어는 다른 정보를 하나 더 내놓았다. 1월 5일 폭격이 있기 한 달 전쯤에 제9전술공군 사령관인 미군 대장이 코냑에 와서는 강력한 폭격으로 남서부 군을 지원할 테니 대서양의 진지들을 대량 공습으로 약화시키자고 제안했다는 것이다. 그는 독일군에겐 로이앙을 방어할 공군력이 없기 때문에 이곳은 영국의 폭격기 승무원 훈련병들에게 좋은 목표물이라고 설명했다. 프랑스군은 동의했지만, 목표물은 도시와 쉽게 구분할 수 있는 해안의 분명한 고립지역 두 곳으로 한정해야 한다고 요구했다. 하지만 폭격 당일까지 미군이 답변했다는 기록은 발견되지 않는다.[86] 결국 폭격은 훈련병이 아닌 노련한 비행사들이 했기 때문에 메이어는 그 미군 장군(폭격 이후에 미국으로 소환되었는데, 일종의 속죄양이었다고 메이어는 암시한다)에게만 책임이 있는 것은 아니라고 결론지었다.

책임은 영국전략폭격사령부에도 있고, 9월에 드골DeGaulle이 그 지역을 방문해서 강조했던 점—이곳을 공습할 때에는 지상 공격과 조율해야 한다—을 강력히 요구하지 않은 프랑스 장군들에게도 있다. 그러나 실질적 책임은 그 지역의 군 지휘관들에게 있지 않았다고 메이어는 결론짓는다. "그런 도시를 흔적도 없이 파괴하는 것은 군대가 결정

86 이 이야기는 로베르 아롱Ronert Aron의 《프랑스 해방사, 1944년 6월—1945년 5월Histoire de la Liberation de La France, June, 1944—May, 1945》 (Libraririe Artheme Fayard, 1959)에도 담겨 있다. 아롱은 미군 장군이 이날 방문할 때 FFI(프랑스 국내군, 즉 레지스탕스—옮긴이)의 기자와 잠시 시간을 보냈는데, 그는 로이앙 주민들을 "부역자"라고 불렀다.

할 수 있는 일이 아니다. 그것은 중대한 정치 행위다. 통수권자(메이어는 아이젠하워와 그의 참모들을 말하고 있다)에게 최소한 상의는 했을 것이다." 만일 놀랍게도 그가 비난을 할 경우에 연합국은 군사 기록을 공개하고, 처음으로 진실을 밝혀야 할 것이라고 메이어는 말한다.

1945년 1월에 (비록 폰 룬트슈테트von Rundstedt 장군이 아르덴〔프랑스 북동부로 1·2차 세계대전의 격전지—옮긴이〕에서 역공을 펼치긴 했지만) 연합군은 이미 프랑스로 깊이 진격했고 러시아군은 독일군을 뒤쫓으며 승승장구하고 있었으므로, 전쟁이 곧 끝나리라는 것은 불을 보듯 명확했다. 4월 15일에 베를린 라디오는 러시아군과 미군이 곧 엘베 강 근처에서 합류할 것이며, 독일을 양분하려고 구역을 나누고 있다고 보도했다.* 그럼에도 연합군은 4월 14일에 고립 지대인 로이앙을 목표로 대규모 지상-공중 작전을 개시하고, 독일군 5천5백 명과 1천 명에 가까운 로이앙 주민의 머리 위로 비행기 1천여 대가 폭탄을 떨어뜨렸다.[87]

1946년 여름에 현지의 어느 필자가 쓴 기사는 4월 중순의 공습을 아래와 같이 평가했다.*

> 이 마지막 공습은 로이앙 주민의 가슴에 큰 슬픔을 남겼다. 곧 휴전이 맺어졌고, 누구나 휴전을 예견하고 있었기 때문이다. 로이앙 주민에게 이 무력 해방은 아무 쓸모가 없었다. 며칠만 있으면 라로셸처럼 새로운 피해나 죽음, 새로운 폐허가 생기지 않고 평범하게 해방될 터였기 때문이다. 로이

---

87 Colle, Royan, son passé, ses environs. 콜레는 미카헬레스 제독에게 독일군 5천5백 명, 대포 150기, 대공포 4기가 있었다고 전한다. 독일군은 지뢰밭으로 둘러싸인 콘크리트 벙커에 숨어 있었다.

앙에 와본 사람만이 그 재난을 설명할 수 있다. 어떤 보도, 어떤 사진이나 그림도 로이앙의 재난을 전달하지 못한다.

또 다른 현지 주민은 이렇게 적었다.[88]

1945년 1월 5일에 로이앙을 파괴한 것은 명백히 실수이자 범죄였다. 하지만 이 어리석음의 마무리 손질은 그 폐허 위에, 반쯤 무너진 건물들 위에, 장하게도 주변에 우뚝 솟아 있는 건물들 위에 소이탄을 퍼부어 지옥을 만든 그 마지막 공습이었다. 그렇게 해서 누가 봐도 무익한 죽음의 작업이 완성되었고, 그렇게 해서 네이팜탄의 강력한 파괴력이 전 세계에 알려지게 되었다.

압도적인 증거들이 자존심, 군사적 야망, 영예, 명성 같은 요인들이 불필요한 군사 작전을 만들어낸 강력한 동기였음을 가리킨다. 그 지역의 지휘관 한 명은 나중에 이렇게 말했다. "독일군이 항복할 때까지 기다리고, 그렇게 해서 새로운 인적·물적 손실을 피하는 것이 더 논리적이었지만, 사기라는 중요한 요인을 무시"하지 못했다("faire abstraction de facteurs essentiels d'ordre moral").[89]

---

88 보통 선집에 수록된 "공격 준비Les Préparatifs de l'Attaque." 이 저자는 (J. 모르탱Mortin의 역사서, 《역사의 갈림길Au carrefour de l'Histoire》에 기초해서) 다음과 같이 주장한다. 네이팜은 18세기에 그르노블 태생의 금 세공인이 공식을 발견해서 전쟁 대신에게 시범을 보였지만, 그후 그 문서를 보고 경악한 루이 15세가 그렇게 무시무시한 힘은 인류를 위해 미지의 것으로 남아야 한다고 말하면서 소각을 명령했다.

89 《군사사 저널Revue Historique de l'armée》, January, 1946. 종전 후에 한 지역 저널의 기사는

1947년에 로이앙의 지도자 5인으로 구성된 대표단이 라르미네 장군을 만났다. 전쟁이 끝난 후에 로이앙 시민들은 라르미네 장군을 도시로 들어오지 못하게 했다. 주민들은 그가 지휘한 군사작전으로 도시가 파괴된 것에 화가 났고, "해방"된 후에 프랑스군이 로이앙의 가정집들을 휩쓸며 약탈한 것에 분노했다. 이제 장군은 그들이 실수했다며 로이앙 주민을 설득하고 싶어 했다. 로이앙의 레지스탕스를 이끌었고 무공십자훈장을 받은 베이시에 피에르 박사가 그 만남을 묘사했다. 박사는 도시 주민들을 "쓸데없이 희생시킨" 이유를 듣고 싶었지만, "나는 완전히, 전적으로 착각에 빠져 있었다"고 말한다. 프랑스군은 적이 "자발적으로 항복하는 것"을 원하지 않았다는 말이 장군의 입에서 흘러나왔다. "그렇게 되면 독일군을 굴복시키지 못했다는 인상을 줄 수도" 있었다.[90]

로이앙 대표단의 또 다른 멤버이자 소령으로 레지스탕스 군을 이끌었던 도메크Domecq 박사도 가만히 있지 않았다.*

> 로이앙은 실수로 파괴되었다는 말씀이시죠, 장군님… 책임자들은 처벌을 받았고, 해방되기 며칠 전에 내려진 공격 명령에 군대는 이의를 제기할 수 없었다고요… 독일군에게 우리의 힘을 느끼게 해야 했다고요! 장군님, 마지막으로 한 마디만 하겠습니다. "로이앙의 승리"는 존재하지 않습니다.

4월 공습에 관여한 사람들을 다음과 같이 평했다. "그들 덕분에, 대서양 암벽에 자리한 독일군 요새 앞들에 프랑스군이 무기력했다고는 아무도 말할 수 없었다."《Le Pays d'Quest》, 로이앙 도서관.

90 라르미네 장군에게 보낸 공개편지에서 인용함. 편지는 장군을 로이앙의 "해방자"라고 신랄하게 칭하고 있다. 보통 선집에서 재인용함.

당신에게만 승리일 뿐.

이 비판에 라르미네 장군은 폴 메타디에에게 보내는 편지로 답했다.[91] 자존심과 군사적 야망은 그런 엄청난 작전을 설명할 수 있는 요인이 아니라고 그는 지적했다. "이 자존심, 이 야망의 힘으로는 사용된 포탄을 제조하고, 출동한 부대를 조직하고, 참여한 공군과 해군 병력을 동원할 수 없습니다." 라르미네는 자신이 "대서양의 현관"을 일소하는 데 필요한 계획을 세웠지만 날짜를 확정하지는 않았다고 말했다. 그는 정해진 날짜를 받고, 계획을 실행했다.

라르미네는 애국심에 호소하는 말로 답변을 마쳤다. "그러므로 어떤 고립된 전투원들이 전시에 불행하지만 어쩔 수 없는 작전을 수행했다는 이유로 그들에게 불명예를 안겨야 하겠습니까? 모든 시대에 모든 전쟁에서 이런 일은 항상 일어났습니다. 내가 아는 한 어느 누구도 이것을 빌미로 전투원들이 치른 희생의 영예와 용기를 깎아내린 적이 없습니다." 그는 "소박하고 용감한 사람들"이 "물질적 손해"보다 "영예와 국가의 독립"을 중요시하고, 불평분자들('les attentistes')이 항상 무시하는 애국적 이상을 지키기 위해 쓰러지고 목숨을 바쳐 희생한다고 말했다.

메이어 제독은 비판자들보다 오히려 라르미네 장군에게 더욱 공감한다. 메디스 정상에서 로이앙 공습을 지켜본 그는 그 장면을 이렇게

91 메타디에와 라르미네의 논쟁은 로이앙 도서관에 소장된 한 팸플릿에 실려 있다. 원래의 로이앙 도서관은 폭격으로 무너졌고, 12년 후인 1957년에 새 도서관이 세워졌다.

묘사했다.

> 날씨는 맑고, 숨이 막힐 듯 더웠다. 굉장한 집중포화 속에 적의 진지들, 숲, 로이앙의 잔해가 불길에 휩싸였다. 그 시골지역과 하늘에 화약과 노란 연기가 자욱했다. 생-피에르 성당이 횃불처럼 타올랐고, 훼손된 시계탑이 희미하게 실루엣을 드러내고 있었다. 나는 연합군 비행기들이 새로운 종류의 방화 폭발물, 즉 네이팜이라 알려진 젤리 모양의 가솔린을 처음 사용하고 있다는 것을 알고 있었다.

라르미네는 좋은 날도 있었고 나쁜 날도 있었다고 말했다. 이날은 나쁜 날이었다. 로이앙을 점령하고 나서 저녁에 장군을 보러 갔을 때, "그는 이 훌륭한 복수를 완수한 것에 명백히 기뻐하고 있었다… 성공에 도취했다고 말하진 않았지만, 내가 보기에 장군은 식욕이 돋는 것 같았다…"

이 환희는 모든 방면에서 감지되었다. 현장에 있던 한 신문기자는 중포병 부대가 엄청난 무기로 로이앙 지역을 공격할 준비를 하고 있는데, 포탄이 2만7천 발이라고 묘사했다. 그런 뒤 4월 14일 토요일에 고성능 폭탄을 투하한 1차 공습을 묘사하고, 다음으로 일요일 아침에 네이팜으로 모든 것을 휩쓴 2차 공습을 묘사했다. 그날 저녁 7시에 군대는 로이앙에 있었다. 도시는 불타는 용광로였다("La ville est un brasier"). 이튿날에도 여전히 근처 숲속에서 기관총 쏘는 소리가 들렸다. 로이앙은 아직도 불타고 있었다("Royan brule encore"). 급보는 이렇게 끝을 맺었다. "아름다운 봄날이었다."*

로이앙을 점령한 뒤 군대는 로세포르를 마주보고 있는 올레옹 섬을 공격하기로 결정했다. 메이어는 이렇게 말한다.

> 새로운 승리는 병사들의 열정에 불을 지피고, 그 무엇도 그들을 막을 수 없다는 생각을 심어주었다. 독일 전선에서 당도한 뉴스들은 종전이 임박했음을 예보했다. 모든 군인이 두각을 나타내 작은 영예라도 거머쥘 수 있는 마지막 기회를 원하면서 절제를 경멸하고 신중함을 비겁으로 보았다.

메이어는 올레옹을 공격할 필요는 없다고 믿었다. 하지만 계획과 실행에 열심히 참여했고, 다시 한 번 해군 작전에 흔쾌히 참여했다. 자신의 임무는 위에서 내린 명령을 수행하는 것뿐이라고 그는 확신했다.*

> 일반적인 전략의 관점에서 볼 때 올레옹 공격은 논란의 여지가 있었다. 전쟁 직전의 그런 공격은 비용이 많이 드는 사치이자 군사적 가치가 없는 정복이었다. 하지만 판단은 내 일이 아니었다. 내 임무는 군사적 결정을 내리는 과정에서 최선을 다하고, 주어진 명령을 수행하는 것에 한정되어 있었다.

메이어는 위에 있는 정치 지도자들을 탓한다. 하지만 탓을 할 입장은 아닌 듯하다. 그는 어떤 명령, 어떤 적이 주어지든 그 명령을 따르는 것이 명예로운 일이라고 믿기 때문이다. "군인이란 수천 년 동안 적을 선택한다기보다 무기를 만드는 사람이었다. 군인은 자신의 신념, 용기, 강인함을 다해 복종할 의무가 없다."*

우리는 로이앙의 파괴에서 무한한 인과의 사슬, 무한한 책임의 분산을 본다. 이런 사정이 역사학과 사회학에 무한한 부담을 주고, 의지의 마비를 무한히 만족스럽게 만들기도 한다. 동기들이 얼마나 복잡한가! 연합군최고사령부에서는 바퀴처럼 굴러가는 전쟁의 관성, 사전 준비와 계획의 힘, 마무리를 짓고 승전을 가급적 많이 쌓고 싶은 욕구가 지배했다. 일선의 군대에서는 계급을 막론하고 모든 병사들의 크고 작은 야망, 명예욕, 공동체의 대사에 참여하고 싶은 열렬한 욕구가 작동했다. 미 공군의 동기는 새로 개발한 무기를 시험해보고 싶은 충동이었다(폴 메타디에는 이렇게 썼다. "사실 그 작전의 주된 성격은 공군에게 새로 조달된 소이탄을 투하하는 것이었다. 어느 장군은 다음과 같은 말로 간단히 요약했다. '경이로운 무기였다!'"). 지위와 국적을 막론하고 모든 관계자에게 가장 강력한 동기는 복종하는 습관이었다. 선을 벗어나지 말라, 생각하도록 배정받지 않은 것은 생각하지도 말라는 것은 모든 문화의 보편적인 가르침으로, 필요한 일에 개입할 이유나 의지를 말살하는 부정적인 동기가 된다.

모든 사람이 책임을 다른 사람에게 떠밀 수 있다. 틀리진 않는다. 유명한 영화 《왕과 조국King and Country》에서, 1차 대전 때 영국의 순진한 시골 병사가 어느 날 전선을 벗어나 군사 재판에서 사형을 선고받는다. 재판은 두 단계로 이루어진다. 두 번의 재판 과정에서 어느 누구도 그 병사가 진짜로 처형될 거라고는 생각하지 않지만, 장교들은 서로 책임을 떠넘긴다. 원심법원은 일단 강하게 경고를 주면 다음에 상고법원이 판결을 뒤집을 거라 생각하고 사형을 언도한다. 상고 위원회는 사형은 그들의 결정이 아니라면서 1심 판결을 유지한다. 병사는 총살된다. 생각해보면 그 절차는 종교재판으로 거슬러 올라간다. 교회는 재판만 하고, 처형은 국가가 했다. 그래서 그 결정이 어디서 나왔는지 신과 인간이 모두 헷갈려했다.

우리 시대는 갈수록 규모가 큰 악을 대량 생산하고, 이를 위해 엄청나게 복잡한 노동 분업을 도입한다. 그 결과로 발생하는 참사에는 어느 누구도 적극적인 책임이 없다. 하지만 어느 누구라도 그 기계 장치에 변화를 가할 수 있기 때문에, 모두에게 소극적 책임이 있다. 물론 누구나 렌치를 돌리진 못한다. 렌치를 가진 사람은 몇 안 되기 때문이다. 나머지에겐 손과 발만 있다. 즉, 끔찍한 진행에 개입할 수 있는 힘이 불균등하게 배분되어 있고, 그래서 개인에게 요구되는 희생은 그 사람의 자산에 따라 달라진다. 우리가 사회라 부르는 자연의 기이한 도착 형태(즉, 자연은 모든 종에게 저마다 특별한 욕구를 구비해준 듯하다) 안에서는, 개입할 능력이 크면 클수록 개입할 필요는 덜 절박해진다.

필요가 가장 큰 사람은 직접적인 희생자들이고, 렌치가 가장 적은 사람들이다. 그들은 몸을 사용해야 한다(그래서 반란이 드물게 일어난다). 그렇다면, 맨손보다 조금 더 많이 갖고 있고, 기계를 멈추는 일에 작으나마 관심을 가진 우리들에게 이는 사회적 교착상태를 깨는 데 있어 우리가 특별한 역할을 할 수 있음을 의미한다.

또한 잘못된 십자군 전쟁에 저항해야 하거나, 올바른 전쟁을 하는 중에도 이런저런 원정을 거부할 줄 알아야 한다는 것을 의미할 수도 있다. 하지만 언제 어디서나 그것은 다른 사람의 행동, 다른 시대의 진리를 기계처럼 따르지 않는다는 것을 의미한다. 그것은 우리가 의무와 복종 같은 추상 개념을 거부하고 지금 여기서 인간의 육체와 감각으로 느끼고 생각하는 바에 따라 행동한다는 것을 의미한다.

The Politics of History Howard Zinn

제3부 이론과 실천

17. 자유와 책임

역사가 "의미"를 띠게 되는 방법은 두 가지다. 실제의 과거는 우리가 존재하는 현재 상황에 영향을 미치지만, 이 종류의 의미는 우리 소관 밖이다. 이미 결정된 것이기 때문이다. 그러나 또한 과거의 요점을 재현한 것은 우리가 지금 이 상황에서 하는 일에 영향을 미친다. 그것은 우리 소관이다. 그리고 과거에 관해 이야기할 수 있는 방식은 여럿이기 때문에, 우리는 과거에 다양한 의미를 부여할 수 있다. 이런 의미에서 칼 포퍼Karl Popper는 다음과 같이 말했다. "… 역사에는 의미가 없지만, 우리는 역사에 의미를 부여할 수 있다."*

역사학자는 이렇게 과거의 사건에 임의로 이런저런 의미를 부여할 수 있다. 나는 이야기를 다루는 방식에 따라 1차 세계대전을 선악의 영예로운 싸움으로 그리거나, 아니면 몰상식한 대학살로 그리겠다고 마음을 정할 수 있다. 어떤 절대적이고 객관적인 과거를 추구하듯 본질적으로 옳은 1차 대전 이야기는 존재하지 않는다. 어떤 버전이 현재의 목적에 맞는가라는 문제만 존재한다. 역사학자가 창조한 의미, 즉 그 이야기를 듣는 사람들에게 전달하려는 의미만 있을 뿐이다.

사실적인 과거 이야기는 결국 깊이 조사해보면 과거에 대한 어떤 해석임이 밝혀진다(니체: "사실은 없고, 해석들만 존재한다"). 그렇다면 우리가 역사 "해석"이라 부르는 것도 과거 사건의 "직접적인" 묘사와 똑같은 특징들을 보여줄 것이다. 다시 말해, 어떤 해석이든 본래적인 "의미"는 있을 수 없으며, 역사의 의미는 그것을 읽는 사람들의 행동에 미칠 영향으로 이루어질 것이다. 그것이 사실이라면 우리는 그 해석에 쓰인 말들의 표면상 의미를 넘어서야 할 것이다. 독자에게 미치는 효과는 그 말뿐 아니라, 그 말들의 전체적인 배경—저자가 누구인지, 저자가 어떤 맥락에서 글을 쓰는지, 그 글이 이성적인 힘과 더불어 감정적인 힘을 얼마나 발산하는지, 메시지를 받는 독자가 어떤 특수한 조건에 있는지—에 의해 창조되기 때문이다. 그렇다면 어느 글이든 그 의미는 작가, 독자, 그리고 독서가 이루어진 배경의 총체적인 상호작용에 담겨 있다. 이런 이유로 역사 저술의 의미는 역동성, 주관성, 유동성, 상관성을 띠게 된다. 또한 역사 해석의 전체적인 효과가 지면에 적힌 말들의 축어적 메시지와 다를 수 있게 된다. "조용히!"를 되풀이하는 외침의 의미가 "조용하다"는 말의 축어적 의미와 완전히 다른 것처럼 말이다. 역사적 진술의 표면적인 내용(그 단어들이 말하는 것)과 실존적인 내용(그 단어들이 실제 세계에 미치는 영향)이 다를 수 있는 것이다.[92]

---

92 이는 해석이란 "지성이 현실에 가하는 복수"라고 말한 수전 손탁Susan Sontag의 비평에 필적할 수 있다. 그녀는 "해석한다는 것은 그림자 같은 '의미' 세계를 구축하기 위해 세계를 메마르게 하고 고갈시키는 것"이라 말한다. Susan Sontag, Against Interpretation, Delta edition, 1966, p. 7. 하지만 메마르게 하는 능력은 풍부하게 하는 능력이기도 하다.

예를 들어, 인간은 자유롭지 않고, 인간의 역사는 비인격적인 불가항력에 의해 형성된다고 말하는 것처럼 들리는 다양한 역사 해석들의 "의미"를 살펴보자. 그리스인들은 그들의 이교도 신들을 막강한 힘의 주인으로 보았다. 5세기의 아우구스티누스Augustine부터 7세기의 보쉬에Bossuet 주교에 이르기까지 역사를 움직이는 것은 기독교 신의 섭리였다. 계몽운동 이후의 서유럽 분위기에서 신비한 힘들은 세속의 힘으로 교체되었다. 콩도르세Condorcet는 진보의 확실성과 힘을 설파했다. 맑스는 사회주의의 불가피성을 이야기했다. 프로이트는 에로스가 남긴 피할 수 없는 심리적 유산을 지적하고, 그 뿌리는 인간의 생물학적 본성과 초기 사회의 "토템과 터부"에 닿아 있다고 말했다.

하지만 역사의 "불가피성"을 옹호한 이 엄격한 대변인들도 자신의 말을 무시하고 아주 이상하게 행동했다. 마치 어떤 것도 불가피하지 않은 것처럼, 많은 것이 그들의 행동에 달려 있는 것처럼 행동한 것이다. 그리스인들은 세상을 신들에게 맡기기 싫어한 나머지 그 시대의 가장 역동적인 문명을 창조했다. 기독교의 교부들은 천주의 섭리를 지독하게 불신해서 거대한 관료제를 조직하고, 전쟁을 일으키고, 제국을 지배했다. 예정설을 믿은 칼뱅교도는 대단히 적극적인 행동가였고, (남들처럼) 경건함과 사악함을 겸비했지만 좀처럼 긴장을 풀지 않는 편이었다.

세속주의자들도 비슷하다. 콩도르세는 인류의 필연적 진보를 굳게 믿었음에도 프랑스대혁명에 적극 참여하다가 감옥에서 숨을 거뒀다. 맑스는 비인격적인 힘들이 의식을 결정한다고 주장하면서도 당대의 혁명 운동에 열심히 참여했다. 프로이트 역시 그가 확인한 충동과 갈등에 환자들을 내맡기는 대신에, 영리하고 정열적인 정신의학자들을 모아 학파를 창설했다.

"역사의 법칙"에 예속되어 있다는 이 사상가들의 주장과 그들의 고집스러운 활동이 보여주는 이 기이한 불일치를 우리는 어떻게 이해할 수 있을까? 몇 가지 설명 중 하나로, 우리에게는 증명해야 할 문제가 있을 때(행동보다는 차가운 분석에 더 관심이 있을 때) 틀리게 읽는 경향이 있다. 다시 말해, 이른바 필연론자들은 다양한 여담을 통해 그들이 결정론의 한계와 인간의 힘을 잘 알고 있음을 심심치 않게 보여주었다. 예를 들어 콩도르세는, 인간의 완전성은 "지금 이후로 그것을 멈춰 세우려 하는 어떤 힘과도 무관하다"고 말한다. 하지만 또한, 인간을 관찰한 결과로 "우리는 인간의 본성이 인간에게 희망하도록 허락해준 새로운 진보를 더 확실하고 신속하게 달성하기 위해 어떤 수단을 사용해야 하는지를 배울 수 있을 것"이라고 말한다.

아우구스티누스도 마찬가지다. 그는 "신이 역사를 다루는 영역은 우리의 재량 밖이고, 신의 섭리는… 인간의 뜻을 기각한다"고 믿었지만, 그러면서도 《신의 도시The City of God》에서는 기쁨과 슬픔이 순환 반복된다는 이교도의 개념을 논박했다. 그는 이교도들이 틀렸음을 입증하기보다는 다음과 같이 믿으면 우리가 비참해질 거라고 말했다. "그런 것을 누가 귀담아 들을 수 있다는 말인가? … 그게 사실이라면, 그에 대해 침묵하는 것이 더 신중할뿐더러… 차라리 모르는 것이 지혜로울 것이다." 이때 아우구스티누스는 학문적인 논쟁에 관심을 두지 않고, 자신의 말이 사람의 행동에 미치는 **영향**을 염려하고 있다.

하지만 더 중요한 것이 있다. 위에서 인용한 말과 (아우구스티누스와 그의 추종자 모두의) 행동의 불일치는, 인쇄된 지면 위에 따로 존재하는 말들의 "의미"를 확정하기가 불가능하다는 것을 가리킨다. 말의 의미는, 그 말과 그로부터 영향을 받는 독자의 상호작용에 있다. 언어의 양의성은 행동의 명확함으로 해소된다.

그러므로 헤겔이 한 말을 단어의 뜻 그대로 번역한다면 그는 보수주의, 신, 프러시아 국가의 대변인이 된다. 하지만 실존주의적 의미에서 헤겔의 말은 누가 어떤 취지로 그의 생각 따라 행동하는가에 따라 여러 갈래로 나뉜다. 독일에서 어떤 사람들은 그에게 절대주의적 의미를 부여했다. 다른 사람들은 사회 변화의 변증법적 개념을 받아들여("세계 역사는 자유 의식의 진보이다")* 혁명가가 되었다. 헤르베르트 마르쿠제Herbert Marcuse는 헤겔의 두 가지 의미를 모두 우리에게 보여주었다. 그는 헤겔의 변증법이 "상식의 자기 확신과 자기만족으로부터" 우리를 해방시켜준다고 하면서도 다음과 같이 이야기한다. "변증법적 사고에도 불구하고 헤겔은 결론적으로 명확히 긍정적인 것을 강조하는 하나의 정연하고 포괄적인 체계로 자신의 철학을 발전시켰다"(마르쿠제에게, 현재를 타파하는 데 반드시 필요한 수단은 부정적인 사유다).*

학자들(그리고 일반인들)이 문자 그대로 해석한 "의미"가 그 단어들의 결과를 통해 논박된 사례 중 가장 분명한 것을 우리는 칼 맑스의 경우에서 볼 수 있다. 학자들은 맑스에게 집중 포화를 퍼붓는데, 그의 글이 경제적 필연성 등에 의해 결정되는 냉혹한 역사 법칙에 인간을 구속시킨다고 생각해서다. 모턴 화이트는 "맑스의 글을 보면 그는 자신의 규칙들이 마치 자연과학의 법칙처럼 완전히 결정론적으로 작용한다고 생각하는 듯하다"라고 말한다.* 클린턴 로시터Clinton Rossiter는 이렇게 말한다. "엥겔스와 맑스는 생산양식이 역사의 과정에 미치는 영향을 설명할 때 '불가피한'과 '필연적인'이라는 말을 너무 자주 사용한 탓에, 그들이 말한 인간의 범주에 그들 자신도 포함되어야 한다."* 칼 포퍼Karl Popper는 맑스를 "예언자", "철의 법칙의 발견자"라고 비판했다. 포퍼는 만일 맑스가 선택에 직면했다면 "단순한 예언자가 아니라 제작자가 되기로 결심했을 것"이라고 동의했다. 하지만 그의 "행동주의적 경향"은 역사의 "법칙"에 기초해 미래를 예언하고자 하는 그 자신의 소망과 "충돌"한다고 보았다.*

하지만 (학문적인 설명을 넘어설 때) 《포이어바흐에 관한 테제》에 표현된 맑스의 행동주의적 성명보다 자본주의의 발전 "법칙"에 대한 그의 논의가 더 길고 빈번한 것은 하등 중요하지 않다. 사실 그의 모든 글은 수동적 태도가 아니라 정반대로 현대의 가장 강력한 혁명 운동을 낳았다. 더 나아가 맑스 사상의 행동주의적 요소는 항상 강력했지만 오늘날 특히 더 강하게 강조되고 있다.[93] 오늘날 서유럽과 동유럽에서 파도처럼 일고 있는 실존주의-맑스주의 사상은 실천 개념, 즉 인간의 행동의 자유 개념을 강조한다. 예를 들어, 유고슬라비아의 철학자 가조 페트로비치Gajo Petrovic는 이렇게 말한다. "역사의 본질은 정확하게 자연적인 것에 대한 초월, 즉 자유로운 의식 활동이 전개하는 필연과 우연의 대립의 극복이다."*

따라서 우리는 맑스의 예를 통해, 작가의 "의미"가 그의 단어로만

93 게오르게 리히트하임George Lichtheim이 해석하기로, 행동의 자유에 대한 맑스의 강조는 엥겔스의 기계론적 접근법 때문에 무력해졌다고 한다. George Lichtheim, Marxism: An Historical and Critical Stude, Praeger, 1962, pp. 152, 236~43.

축소될 때 얼마나 공허하고 학문적이고 학술적이 되는지 그리고 역사의 행위자인 작가가 어떻게 우리의 삶과 관련된 의미만을 취하게 되는지를 알 수 있다. 여기에서 나의 요점은 아우구스티누스, 콩도르세, 헤겔, 맑스가 "정말로 뜻한" 것을 다시 한 번 검토하자는 게 아니라, 역사 저술에 **작용하는** 그 결과에 관심을 기울여서 학문적 논의의 그 모든 한계를 벗어나자는 것이다. 그럴 때 한 작가의 의미는 그가 의도한 것이나 그가 말한 단어 자체에만 국한되지 않고, 그의 글이 살아 있는 존재들에게 미치는 영향에서 발견된다.[94]

"의미"의 이 아이러니는 축어적인 것과 실존적인 것의 충돌에서 발생하는 것으로, 우리가 이른바 결정론자들에게서 눈을 돌려, 역사의 "큰 이론"과 "철의 법칙"을 비웃는 그 비판자들을 볼 때에도 고스란히 되풀이된다. 최근에도 많은 철학자들과 역사학자들이 문명의 탄생과 소멸에 거대한 역사적 패턴이 있다고 하는 아놀드 토인비Arnold Toynbee의 생각에 직접적으로 흥분하면서도 맑스, 슈펭글러, 그밖의 사상가들에게 여전히 불만을 품고서, 인간은 역사 발전의 "법칙"이나 "패턴"에 지배된다는 개념에 반대해왔다. 그들은 인간의 능력에 대한 근대적 자신감에 호소해서, "불가피성" 개념을 비웃는다. 아마 그들은 철의 필연성에서 우리를 해방시키고 있는 중이리라.

---

94 민주주의와 프론티어의 관계에 대한 개념 외에도 프레데릭 잭슨 터너Frederick Jackson Turner의 의미는 그가 사회다윈주의, 제국주의, 반이민주의, 민족적 자부심의 시대를 벗어나지 못한 채 글을 썼다는 사실에서 나온다. 마찬가지로 《위대한 평원The Great Plains》(Blaisdell, 1959)에서 월터 웹Walter Webb도 터너에 기초하여, 유럽은 미국에 있는 자신의 변경 덕분에 자유, 번영, 활력을 되찾았다고 말한다. 히틀러가 유럽을 지배하기 직전인 1931년에 말이다.

하지만 말에서 그 결과로 눈을 돌릴 때 우리는 이 학자들이 "비판적 역사" 대 "관조적 역사"[95]를 강조하면서 우리에게 준 것이라고는, 역사학자의 학술적 문제들을 전문 기능인으로서 정교하게 조사한 10년의 세월뿐임을 알게 된다. 이 학자들의 말은 자유를 강조하지만, 그러면서도 바깥 사회에 어떤 에너지 파장도 일으키지 못하고, 활동 중인 역사학자들에게 거의 어떤 영향도 주지 못하는 폐쇄된 학문적 논쟁을 양산해왔다.[96]

그러나 인간이 역사 속에서 자유롭게 움직일 수 있는가 아니면 역사의 법칙에 매여 있는가라는 문제는 사상가들이 한 말만 조사해서는 답을 할 수가 없다. 사상가들은 인간은 구속되어 있다고 말하면서도 인간의 자유를 부추기는 방식으로 이 말을 할 수 있다. 또한 인간은 자유로운 존재라고 말하지만 그 토론의 성격을 통해 우리 모두를 학문적 논의 속에 가둘 수도 있다.

그러므로 우리는 "의미"의 학문적 개념들에서 벗어나, 의미란 작가만 부여하는 것이 아니라 그것이 받아들여지는 구체적인 상황에서 작가와 독자의 상호작용도 부여하는 것임을 알아야 한다. 생각은 타인에게 영향을 미쳐서 어떤 행동이 되는 순간에 그 의미를 성취한다.[97] 역사

---

95 이 공식의 출처는 옥스퍼드 철학자 W. H. 월시Walsh의 《역사 철학Philosophy of History: An Introduction》, Harper & Row (Torchbook edition), 1960이다.

96 이런 글들의 공개 토론장으로, 1960년에 창간되어 지금까지 나오고 있는 《역사와 이론》의 페이지들을 보라.

97 에른스트 카시러Ernst Cassirer는 언어에 대해 이와 다소 비슷한 주장을 했다. "수신하는 사람은 틀로 찍은 주화인 양 언어를 받아들이지 않는다. 그는 받은 것을 사용하지 않고는 수신할 수 없기 때문이다… 살아 있는 모든 언어 사용은 끝없는 의미 변화를 겪는

를 씀으로써 우리는 인간적인 가치를 위하거나 그에 반하는 행동에 참여하게 되고, 그 행동은 크건 작건 어떤 결과로 이어진다. 그때 우리는 "우리, 대화가 필요해?"라는 문제를 논하는 두 사람이 이미 그 답을 알고 있는 것처럼 "인간은 자유로운가?"라는 질문에 답을 할 수가 있다.

역사학자가 이제부터 스스로 자유로울 것인지를 결정할 때, 다시 말해 현재의 행동에 도움이 되는 의미를 의식적으로 창출할 수 있도록 역사를 말하기 시작할 때, 그는 이 분야의 고유한 장애물에 직면하게 된다. 즉, 과거의 데이터를 발굴하는 사람뿐 아니라 그 데이터를 제시받는 사람들에게 과거의 순전한 무게는 압도적이라는 문제에 부딪힌다. 이미 발생한 사건들은 필연적이었다는 느낌을 주는데, 사실 발생한 순간부터, 즉 더 이상의 개입이 불가능한 시점부터 그런 외관을 띠기 시작한다. 과거의 필연성은 미래에 대한 우리의 생각으로 곧잘 넘어와서, 우리의 행동하는 경향을 짓누른다. 인간은 이미 자신의 역사 때문에 상처를 입어서, 그 때문에 꼼짝하지 못하는 경향이 있다.[98]

하지만 역사는 다른 효과를 발하기도 한다. 기억처럼 역사도, 현재가 자연의 돌이킬 수 없는 사실인 듯 보일 때에도 우리를 해방시킨다. 기억은 잊고 있었던 가능성을 깨닫게 해주고, 역사는 자칫하면 간과하

다." The Logic of Humanities, Yale University, 1961, p. 198.

98 아놀트 토인비는 (그의 "법칙"을 물고 늘어지는 비판가들이 당혹하게도) 자신이 쓴 10권의 무게를 피하고자 계속 노력한다. 토인비는 다음과 같이 말한다. "문명은 냉혹한 운명에 매여 미리 예정된 생애 과정을 거친 뒤 죽음을 맞이하는 동물 유기체와는 다르다. 지금까지 태어난 다른 모든 문명이 실제로 그런 길을 밟았다고 입증이 되더라도, 어떤 알려진 역사 결정론의 법칙이 있어서, 우리가 참을 수 없는 프라이팬에서 뛰쳐나와 뭉근한 불 속에 빠진 뒤 서서히 먼지와 재로 분해되게끔 하지는 않는다." A Study of History, Vols. 서머빌Somerville 요약본, I–VI.

기 쉬운 대안을 가리켜준다. 역사는 경고하거나 고무하는 역할을 모두 할 수 있다. 역사는 한 나라의 국민이 모두 세뇌될 수 있고, "교양 있고 개화된" 사람들이 대량학살을 저지를 수 있고, 피억압자들이 억압자로 돌변할 수 있고, "사회주의"가 독재적으로, "자유주의"가 제국주의로 변할 수 있고, 모든 민족들이 양떼처럼 전쟁터로 끌려갈 수 있음을 우리에게 경고해준다. 또한 겉으로 힘이 없어 보이는 아랫것들이 통치자를 물리칠 수 있고, 사람들이 대의를 위해 믿을 수 없는 희생을 감수하곤 한다는 것을 우리에게 보여준다.

하지만 우리의 역사적 경험은 제한적이며, 역사 또한 가능한 일들을 약간 비춰주긴 해도 모든 가능성을 건드리기에는 턱없이 부족하다. 우리는 과거의 압제를 받고 상상력이 제한되어 있기 때문에, 모든 역사에서 거의 건드려지지 않고 지금도 암암리에 작동하는 어떤 보편 법칙이 있으리라고는 쉽게 상상하지 못한다. 다시 말해, 과거는 있어야 하는 것이 아니라 있을 수 있는 것을 가리킬 수 있다. 우리가 역사의 한계를 이해하면 할수록 역사는 억압이 아닌 해방에 가까워진다.

그렇다고 해서 모든 시대에 모든 가능성이 존재하고, 우리가 모든 순간에 완전히 자유롭다는 말은 결코 아니다. 결정을 내릴 때마다 번번이 우리를 엄습하는 사실의 세계가 엄연히 존재한다. 하지만 이 사실들은 **바로 눈앞에** 있기 때문에 우리의 행동에 지나치게 큰 영향을 끼친다. 니체는 이렇게 말했다. "사람들은 우리의 이 골치 아픈 현실밖에는 가능하지 않다고 생각한다… 세계의 역사 발전을 광적으로 믿는 교양인들은 살아온 대로 살고, 사랑해온 대로 사랑하고, 미워해온 대로 미워하고, 항상 읽어온 신문을 읽을 수밖에 없다. 유일한 죄악은 자신이 살아온 것과 다르게 사는 것이다."*

역사의 거만함을 보정하는 유일한 방법은 우리의 "이성적인" 계산이 일러주는 것보다 우리가 더 자유로운 **것처럼** 행동하는 것이다. 사실 우리는 우리가 얼마나 자유로운지, 주어진 순간에 우리의 가능성이 무엇인지를—현재는 가혹하고 미래는 불투명하기 때문에—정확히 측정하지 못한다. 이 불확실성 때문에 현재를 과대평가하는 경향이 있으므로 우리는 자유를 가정하고 그 가정에 따라 행동할 이유가 충분하다.[99]

빈 학파의 논리실증주의 철학자 한스 라이헨바흐Hans Reichenbach는 우리가 불확실성에 계속 직면한다는 인식에 기초해서, 정답은 움직이지 않는 것이 아니라 확률, 즉 그가 "대략의 가정"이라 말한 것에 기초해서 행동하는 것이라고 말했다.

> 만일 어떤 것이든 성취할 수 있으려면 우리는 대략의 가정을 적용해서 우리의 목표에 도달해야 한다. 그렇지 않으면 아무것도 얻지 못한다… 우리는 일상생활에서 그와 비슷한 상황에 자주 직면한다. 어떤 목표에 도달하길 원하고 그 목표를 이루기 위해 취해야 할 단계를 알지만, 그 단계가 충분한지는 알지 못한다. 그렇게 해서 목표에 도달할지가 불확실할지라도 목표에 도달하기를 원하는 사람은 그 단계를 밟아야 한다.*

---

99 《일신론 평론Unitarian Review》, September 1884에 실린 하버드 신학생들에 대한 답변, 《결정론의 딜레마The Dillemma of Determinism》에서 윌리엄 제임스William James도 이와 비슷한 주장을 한다. William James, 《Essays in Pragmatism》, Hafner, 1954에 다시 인쇄되었다.

맑스주의와 논리실증주의를 모두 전공한 유고슬라비아의 철학자는 심지어 위험 감수를 강조한다. 미하일로 마르코비치Mihailo Markovic는 "역사 법칙은 불가피성이 아니라 경향성으로 간주되어야 한다"고 말한 뒤, "우리 시대에 역사가 점점 더 가능성이 많아지고 자유가 많아짐에 따라 갈수록 열린 과정에 되고 있음을 보지 못하는… 맑스주의자들"을 비판한다. 사람들이 "자기 자신과 자신의 시대를 비판적으로 자각하는" 수준에 도달할 때, "역사 과정은 기존의 법칙상 가장 그럴 듯해 보이는 것이 아니라" 확률의 "가장자리에 맞닿아 있는" 성취를 낳는다. 마르코비치는 사람들이 확률에도 아랑곳없이 행동한 예로 유고슬라비아 혁명(그 자신이 당원으로 참여했다)을 든다.*

가능성을 강조하는 근래의 심리학 이론은 인간의 자유에 대한 이 강조를 갈수록 뒷받침한다. 프로이트 이후로 심리학자들은 초기 환경의 힘에도 불구하고 자신의 삶을 변화시키는 인간의 능력을 더욱 굳게 믿었다. 에릭 에릭슨은 심리학자들이 사람의 힘에 종종 놀라는데, "예기치 못한 조우… 우리의 이론적 예상을 뛰어넘는 기회에" 그런 힘이 나오는 것 같다고 그는 말한다.*

우리가 마치 자유로운 듯 행동하면, 결정론과 자유의 역설을 해소하고 과거와 미래의 긴장을 극복하는 데 도움이 된다.[100] 모험적이긴 하

100 이사야 벌린Isaiah Berlin은 에세이 〈역사의 불가피성Historical Inevitability〉에서 결정론의 반대 개념으로서 자유와 책임의 엄격한 관계를 너무 엄격하게 주장한다. 우리는 결정론과 자유 가운데 하나를 명확하게 선택할 필요가 없으며, 우리의 책임을 주장하기 위해서는 우리가 어느 정도 구속되어 있고 어느 정도 자유로운지가 **확실치 않다**고 선언하면 된다. 사실 벌린도 이 문제를 실용주의적으로 다룰 때에는 그 정도까지만 이야기한다. "따라서 자유의지와 결정론의 해묵은 논쟁은 이론가와 철학자들에겐 진지한 주

다. 하지만, (현재의 상황에 자족하지 않는다면) 우리가 구속되어 있는 듯 행동하는 것도 똑같이 모험적일 뿐 아니라, 보상의 기회가 크게 줄어든다. 사회 발전에서 인간이 이룬 도약들은 **마치 ~인 것처럼** 행동한 사람들이 해냈다. 1960년에 노스캐롤라이나에서 흑인 대학생 4명은 울워스 식당으로 걸어 들어가 마치 어떤 사회적 효과가 있을 것처럼 커피를 주문했다(전국적인 연좌농성의 시발점이 되었다—옮긴이). 개리슨, 필립스, 더글러스는 주위의 모든 상식에 아랑곳하지 않고 마치 노예제에 냉담한 국민을 자극할 수 있을 것처럼 행동했다. 1940년에 영국은 마치 독일의 침공을 막을 수 있을 것처럼 행동했다. 산 위에 올라간 카스트로와 그의 혁명가 소그룹은 마치 그들이 쿠바를 점령할 수 있을 것처럼 행동했다.

한편 실존주의가 인간의 자유를 강조하자 어떤 사람들은 주변 세계에 정해진 한계를 인정하지 않고 맹목적으로 거부한다고 실존주의를 비난한다. 그들은 장 폴 사르트르Jean-Paul Sartre가 실존주의자들의 자유를 맑스주의의 역사 "법칙"과 화해시키려 하는 것을 가리켜, 불가능한 일을 시도한다고 말한다.[101] 하지만 물론 사르트르는 전 세계에 퍼져 있는 군대, 붐비는 감옥, 분별없는 판사, 눈먼 통치자, 수동적인 대

제로 남아 있지만, 경험적 문제들—정상인들이 경험하는 시공간에서 실제로 펼쳐지는 사람들의 삶—에 관심이 있는 사람들은 그 주제를 걱정할 필요가 없다. 역사학자에게 결정론은 진지한 주제가 아니다…" Isaiah Berlin, Four Essays on Liberty, Oxford University Press, 1969.

101 《실존주의인가 맑스주의인가?Existentialism or Marxism?》에 있는 게오르크 루카치George Lukacs의 비판, 《Literature of the Graveyard》에 있는 로제 가로디Roger Garuady의 비판(George Novack, ed., 《Existentialism vs. Marxism》, Delta [페이퍼백 판], 1966에 재인쇄)을 보라.

중을 못 보지 않는다. 그가 완전한 자유의 언어로 말을 하는 것은 우리가 마치 자유로운 것처럼 행동하는 것이 속박을 끊는 유일한 길이라고 생각하기 때문이다.

자유는 책임을 부른다. 행동을 하라는 실존주의의 요청은 현재의 세계를 수동적으로 받아들이지 말고 주변 세계를 변화시켜야 할 책임을 다하라는 것이다. 하지만 자유처럼 책임이라는 개념도 끝내 추상적일 수 있다. 책임은 역사학자의 역사 저술이 세계에 던지는 행위이고 그에게 주어진 책임이라는 것을 역사학자가 스스로 인식할 때 비로소 의미를 띤다.

자유와 마찬가지로 책임에도 기이한 속임수가 있다. 역사학자의 일반적인 "책임" 개념이 인쇄된 지면과 실제 세계에서 다른 의미를 띠는 경우가 있는 것이다. 이때 도덕적 판단의 문제가 확연히 드러난다. 역사학자들을 관습상 구분하자면, (허버트 버터필드Herbert Butterfield처럼) 역사학자는 도덕적 판단을 피해야 한다고 선언하는 부류가 있고, 도덕의 절대 기준을 상실하고 "역사주의"와 상대주의"(즉, 모든 도덕적 판단은 시험적이고, 역사적 시대와 상황에 따라 상대적이라는 생각)에 굴복하는 것을 개탄하는(제프리 배러클루처럼) 부류가 있다.[102] 아이러니하게도, 대개 도덕적 판단이 필요할 때에는 죽은 과거를, 종종 살아 있는 세계의 도덕적 책임을 약화시키는 방식으로 다룬다.

나치즘에 대한 도덕적 분노가 좋은 예다. 분노는 과거의 한 개인에

---

102 버터필드와 배러클루의 글은 다음 책에 재인쇄되어 있다. Hans Meyerhoff, ed., The Philosophy of History in Our Time, Doubleday (Anchor edition), 1959.

게 집중될 수 있는데, 이때 과거는 그 개인과 함께 묻히고 나머지 사람들은 모두 책임을 면한다. 전시에 나치의 명령에 복종한 독일인들은 이제 《안네 프랑크의 일기The Diary of Anne Frank》의 전시회에서 눈물을 흘리고 모든 것을 아돌프 히틀러Adolf Hitler 탓으로 돌릴 수 있다(현재 독일에서는 "아돌프 히틀러가 없었다면…"이라는 말이 얼마나 자주 흘러나오는가?). 한나 아렌트Hannah Arendt가 아이히만의 재판을 분석하면서 세상에 환기하려 했던 문제도 이처럼 도덕적 난시로 엉뚱한 곳에 책임을 전가하는 행태였다.*

하지만 개인에서 집단으로 책임을 확대하면 무엇이 더 좋을까? 우리가 "나치"를 비난한다고 가정해보자. 이제 나치당은 존재하지 않고, 다른 집단들에서 반유대주의가 출현하고 있으며, 동독의 "사회주의" 정부뿐 아니라 서독의 "민주주의" 정부도 군국주의의 특성을 띠고 있다. 따라서 그런 종류의 전가는 오늘날의 문제에서 주의를 돌리는 효과밖에 없지 않을까? 또한 우리가 그 범위를 넓혀 독일인과 독일을 포함시킨다면, 폭스바겐 판매량이 아주 조금 줄어들고 독일을 제외한 다른 모든 나라에게 나치보다 더 부드러운 방식으로 무차별 폭력을 허용하게 하는 것 외에 어떤 효과가 있을까?

도덕적 판단을 내릴 때 우리는 보통 어떤 특정한 역사적 범죄를 저지른 집단에게 책임을 돌리고, 그렇게 해서 시간과 장소를 벗겨내고(극적인 효과를 위해서인 경우를 제외하고) 악의 요소들을 골라서 우리 자신을 포함한 모든 사람에게 적용시키는 수고를 모면한다(이 수고 때문에 브레히트, 카프카, 오웰이 그토록 감동적이지 않을까?). 우리가 나치를 비난하는 것은 (많은 요소들 중에) 특히 인종차별주의, 민족주의, 군국주의 때문이다. 나치를 그런 식으로 표현하면 경각심을 불러일으킨다. 그 요소들은 과거뿐 아니라 바로 지금, 그리고 독일뿐 아니라 모든 강대국에 분명히 존재하기 때문이다.

나는 역사의 "책임"은 직접 행동을 할 때에만 의미를 띨 수 있다고 말하고 있다. 오늘날 카이사르가 선했는지 악했는지, 나폴레옹에 진보적이었는지 반동적이었는지, 루스벨트가 개혁가였는지 혁명가였는지를 판정하는 것은 역사학자들이 벌이는 낡고 무익한 게임이다.[103] 과거의 범죄를 하나하나 이야기할 때, "그때 누가 잘못했는가?"라고만 묻고, 그런 뒤 직접적으로 "지금 우리의 책임은 무엇인가?"로 이어지지 않는다면 그 질문은 무의미하다.[104]

에릭 에릭슨은, 도라라는 환자가 잘못된 행동을 한 뒤 가족과 충돌한 것을 알고 프로이트가 걱정했다고 말한다. "프로이트는 이 물리적 충돌이 일종의 복수 행위이며, 그가 환자에게 전해주려고 했던 통찰과 어긋난다고 보았다. 그녀 자신이 그런 사건들 때문에 병이 든 것을 알았으므로, 복수가 아닌 통찰로 건강을 회복하는 것은 그녀의 책임이었다."* 이 이야기가 더욱 흥미로워지는 것은, 프로이트도 그와 똑같은 잘못을 범했다고 암시하는 대목에서다. 그는 환자의 행동에 짜증을 내

---

103 이런 문제들이 현재의 문제에 기초할 때에는 타당해진다. 예를 들어, 소크라테스는 사형을 순순히 받아들일 때 옳았는가 틀렸는가?

104 이사야 벌린은 지나간, 죽은 책임에 안주해서 "책임"에 대한 자신의 주장을 약화시킨다. 그는 우리에게 "멀리 떨어져 있거나 공감하지 않는 개인과 시대에 대해서 가장 설득력 있고 그럴 듯한 논거를 펼치고… 역사 속의 개인이… 무죄인가 유죄인가"를 판정하라고 촉구한다. 벌린의 에세이, 〈역사의 불가피성Historical Inevitability〉, Isaiah Berlin, Four Essays on Liberty, Oxford (Galaxy edition), 1969, pp. 103~4에 재인쇄.

고 치료를 중단했다.

조지 케넌George Kennan(1930대에서 50년대까지 소련 주재 외교관과 대사를 역임한 소련 전문가—옮긴이)이 일련의 가치에서 출발해, 다른 나라에 "도덕주의적으로" 접근하는 것에 반대한 이유도 도덕적 판단의 이 아이러니 때문이다.* 이 접근법은 과거의 범죄에 초점을 맞추고, 앞을 바라보기보다는 뒤를 돌아본다. 또한 지나간 조건들에 기초해서 적과 친구를 확정하고, 미래지향적인 융통성을 가로막는다.

모두가 이 문제에서 벗어나지 못하고 있다. 소련은 제국주의를 자본주의 국가의 특징으로 규정하면서도, 자국민들에게는 사회주의 국가가 다른 나라에 가하는 부당한 영향을 비판하지 못하게 한다. 또한 부패를 "부르주아" 문화의 명시적 증거로 규정하면서도, 정작 국내 문제는 해결하기 어렵게 만든다. 미국은 소비에트권을 "전체주의"로, 서양을 "자유 국가"로 정의하면서도, 이 사회에 존재하는 전체주의의 요소들이나 소비에트 사회에 존재하는 자유주의의 요소들을 국민이 보기 어렵게 만든다. 이 편협한 도덕주의에 기대 미국은 러시아인들이 헝가리에서 저지른 죄를 비난하고, 자신이 베트남에서 저지른 죄는 면제한다.

특정한 집단에 의거해서 악을 정의하면 우리 자신의 책임을 보지 못하게 된다. 그런 악은 본래 그 집단에만 있는 것이 아니라 어느 집단에서나 발생할 수 있다. 우리가 형법으로 줄곧 해온 일이 이것이다. 형법은 사회를 건설적으로 변화시키고자 하는 바람보다는 지나간 행위를 따져 복수를 한다(사형이 특히 그렇지만 모든 수감도 마찬가지다). 프랑스인은 **최후의** 전쟁을 치를 준비가 항상 되어 있다는 말이 있다. 현대 세계에서 우리는 **최후의** 악한 행위에 책임이 있는 사람들을 확인할 준비가 항상 되어 있다.

이 점에서는 대개 역사학자보다 예술가가 더 명민하다. 그들은 악과 우리 자신의 관계를 밝히는 것이 정작 중요하다는 것을 잘 알고 있기 때문이다. 하지만 양쪽 모두 우리에게 가르침을 줄 수 있다. 그러므로 현 상황에서는 (한나 아렌트가 그랬듯이) 평범한 사람들의 하찮고 관료적인 결정들이 쌓이고 쌓여 어떻게 대량학살이 일어날 수 있는지를 드러내는 것이 대단히 유용하다. 또는 (《파리 대왕Lord of the Flies》에서처럼) 순진한 아이들이 어떻게 괴물이 되고, (베리히만의 영화 〈처녀의 샘The Virgin Spring〉에서처럼) "평범한" 남자와 아내가 어떻게 탐욕스런 독수리가 될 수 있는지를 보여주는 것도 유용하다. 죄를 지은 특정인들을 처벌해서 **이미** 끝난 행위에 대응한다면 우리도 부지중에 같은 방식으로 행동하다가 끝내 심판의 날을 맞이할 수 있다. 똑같은 재앙이 계속 되풀이될 수 있다.

사람들이 "교황은 왜 침묵을 지켰을까?"라고 묻는 대신, "전 세계 사람들은 왜 항상 그리고 **지금도** 침묵하고 있을까?"라고 물을 때, (역사와 예술을 결합한) 희곡 《대리인The Deputy》 같은 작품이 성공한다. 그런 질문이 나왔을 때 그 연극은 무대의 침묵을 깨뜨렸다. 이제 그 뮤즈, 역사의 대리인들이 우리의 침묵을 깨야 한다.

18. 역사학자

1960년대에 학생, 흑인, 반전 시위대가 소란을 일으키는 중에도 역사를 철학적으로 연구하는 역사학자와 철학자들은 몇 명을 제외하고 학문의 경계를 한 발짝도 벗어나지 않았다. 그 시절에 나온《역사와 이론History and Theory》,《미국 역사 평론The American Historical Review》,《미국 대학에서 발표된 박사학위 논문Doctoral Dissertations Published in American Universities》를 훑어보기만 해도 이를 확인할 수 있다.[105]

철학과 역사, 두 분야에서 역사 저술이 더 큰 사회적 필요에 봉사해야 한다고 주장하는 주요 학자들을 보려면 더 이전 시기로 눈을 돌려야 한다(당연히 이 같은 봉사는 역사의 용도 중 하나다. 필요할 때 우리는 역사 안으로 손을 뻗어 영감과 지적 응원을 끄집어낼 수 있다). 그때 우리는 알프레

105 누가 뭐래도 가장 중요하고 다루기 힘든 주제는 인종 문제였다. 1960~1966에 현대사 학위논문 3,265편 중 이 문제를 다룬 논문은 18편이었다(1%도 안 된다).《미국 대학에서 발표된 박사학위 논문Doctorial Dissertations Published in American Universities》를 보라. 1945년~1968년에《미국 역사 평론The American Historical Review》의 논문 446편 중 5편(약 1%)만이 흑인 문제를 다뤘다.

드 노스 화이트헤드Alfred North Whitehead(1861~1947. 영국의 철학자, 수학자—옮긴이)의 《교육의 목적The Aims of Education》에서 다음과 같은 구절을 만나게 된다. "우리가 원하는 이해는 우리 눈앞에 있는 현재를 이해하는 것이다. 과거를 알아야 할 유일한 이유는 현재를 위해 채비를 하는 것이다… 존재하는 모든 것이 현재에 속해 있다."*

같은 세대에 속한 미국의 칼 베커Carl Becker도 다음과 같이 말했다.*

1814년에서 1914년까지 1백 년 동안 역사의 전 분야에서 유례없이, 엄청나게 많은 연구가 이루어졌다. 모든 연구가 정밀하고, 중요하고, 철저했다(그리고 소모적이었다!). 우리의 도서관들은 과거에 대한 이 지식으로 가득 찼고, 사회는 인간의 경험에 대한 믿을 만한 지식을 역사상 처음으로 아낌없이 사용할 수 있게 되었다. 이 모든 전문적 연구가 이 시대의 사회생활에 어떤 영향을 끼쳤는가? 정치인들의 어리석음을 억누르거나 정치가들의 지혜를 끌어올리는 데 일조했는가? 대중을 계몽시키거나 대중의 행동을 더 지혜롭거나 더 합리적으로 이끌었는가? 천만의 말씀…

과거로 더 깊이 들어가면 프랜시스 베이컨Francis Bacon이 있다.*

이 지식인들을… 헤라클레이토스는 다음과 같은 말로 올바르게 질책했다. "사람들은 만인의 거대한 세계가 아니라 그들 자신의 작은 세계 속에서 진리를 찾았다." 하지만 가장 큰 오류는 지식의 마지막 목적 또는 가장 깊은 목적을 오해하거나 잊는 것이다. 사람들은 배움과 지식의 욕구를 갖기 시작했지만, 때로는 본능적인 호기심과 탐구욕에 이끌려, 때로는 다양하고 즐거운 것으로 마음을 달래기 위해서, 때로는 장식과 평판을 위해서, 때로는 재치 있는 반박으로 상대를 이기기 위해서였다. 대개는 돈과 직업을 위해서였고, 참된 이성에 따라 진지한 이야기로 사람들에게 유익함을 주려는 경우는 거의 없었다…

역사를 생각하는 우리 역사학자들은 역사를 쓰고 연구하는 이유가 기본적으로 "사람들의 이익과 활용을 위해서"인지, 아니면 "돈과 직업을 위해서"인지를 결정해야 한다. 사실 어떤 활동을 철학적으로 연구하는 사람이라면 "이 일은 무엇을 위해서인가?"를 가장 먼저 물을 필요가 있다. 목표를 알지 못한다면, 한 종류의 역사 연구가 다른 종류의 연구보다 더 나은지를 어떻게 판단할 수 있겠는가?

어떤 이들은 과거를 연구하는 목적이 **도움**이라는 것을 모두가 알고 있다는 대답으로 이 모든 것을 일축하기도 한다. 과연 그럴까? 모든 사람이 알고 있다 한들, 그 누구도 드러내지 않는데 말이다. 역사를 철학적으로, 이론적으로 설명하는 역사학자와 철학자들은 헤라클레이토스가 말했듯이 "그들 자신의 작은 세계 속에" 갇혀 있는 듯하다. "만인의 거대한 세계"의 긴급한 관심사와 대단히 동떨어진 광대한 역사적 담론의 세계가 존재하는 것이다. 1차 세계대전에 대해 칼 베커가 말한 것은 1차 세계대전과 베트남 전쟁에 모두 적용될 수 있다. 우리는 얼마나 오래 그 어색한 침묵을 견딜 수 있을까?

다음 몇 장에서 나의 목표는 학계에 몸담은 역사학자와 철학자들이 "역사 철학"을 다룰 때 어떻게 하는지를 살펴보는 것이다. 나는 그들이 자신도 모르게 길을 잃은 듯하다고 주장하고자 한다. 그들은 역사 연구의 인문주의적인 목표들을 잊었기 때문이다. 만일 길을 잃은 게 아니라면 그 이유는 그들이 "관심"이 있는 한 아무 목적 없이 떠돌아다니는 것에 만족하거나, 버젓한 회사에 있기 때문이다(내가 "관심"에 인용부호를 붙인 까닭은 우리가 단순한 호기심을 넘어서 획득할 필요가 있거나 잃어버린, 관심의 진정한 의미를 소홀히 해서 그 단어가 약해지고 말았기 때문이다).

먼저 역사학자들이 어떤 말을 했는지 살펴보자. 하이엄, 크리거Krieger, 길버트Gilbert가 쓰고, 1965년에 프린스턴 대학 출판부에서 펴낸 《역사History》가 출발점으로 적당하다. 이 책이 중요한 까닭은 전문 역사학자들이 당시의 미국 역사 저술의 현주소를 요약했기 때문이다. 또한 내가 보기에는, 오늘날 미국 역사학에 깊이 스며든 형식주의와 학문적 초연함이 무심코 요약되어 있기 때문이다.[106]

그 책의 이론 파트에 "역사의 부활The Renewal of History"란 제목이 붙어 있는 마지막 장을 자세히 조사하면, 1950년대 중반 이후로 역사학의 위치에 만족하는 분위기가 형성되어왔음을 볼 수가 있다. 이는 역사학자들이 미국 사회에 뚜렷이 기여했다기보다는 역사학자의 전문적 지위가 향상된 덕분으로 보인다. 그 장을 쓴 존 하이엄은 "역사적 지식에 대한 자신감 회복"을 말하면서, "미국 문화에서 역사학자의 사기와 지위"가 "뚜렷이 향상되었다"고 지적한다. 그는 역사학에서 "생기와

---

106 나만 이렇게 반응하는 것이 아니다. 유르겐 허브스트Jurgen Herbst는 《역사와 이론》, Vol V, No. 1, 1966에서 이 책을 평하면서, 미국 역사학자들이 가치보다 방법론에 치중하는 듯 보인다고 걱정한다. "역사 연구에 그 수단을 규정하는 목적과 목표가 없단 말인가? 저자들은 이 문제를 회피한다." 허브스트는 그 책의 저자들이 자신이 의미하는 것을 말하지 않는다고 비판한다. "그들은 우리가 이 시대의 가장 큰 과제에 부응하지 못하고 있다고, 즉 이 시대의 상황에 말을 걸지 못하고 있다고 우리에게 일러줄 수도 있었다."

활력의 징후들"을 보고, 그중 하나로 "회원수와 활동이 비상하게 늘어나고 있는 미국역사학회의 소생"을 거론한다.*

이게 다 무슨 말일까? "미국 문화에서" 역사학자의 "지위"가 향상되었다는 말로는 역사학자의 지위가 **실질적으로** 어떤지를 알 수 없고, 하이엄의 진술에 만족하는가 불만족하는가는 우리가 미국 문화의 상태를 어떻게 평가하느냐에 달려 있다. 만일 지난 몇 십 년 동안 미국 문화가 전문가들의 분업이 증가하고, 돈, 연구비, 기금에 갈수록 목을 매는 현상을 보이고, 누가 무엇을 생산했는가보다는 **얼마나 많이** 생산되었는가가 더 중요했다면, 과연 우리는 그런 문화에서 역사학자의 지위가 향상되었다고 기뻐해야 할까? 미국역사학회의 회원수 증가와 그 활동의 증가를 지적하는 것은 어느 문화에서나 적절하다. 하지만 (현재 미국 문화의 관점에서가 아니라 베이컨, 화이트헤드, 베커가 제시한 초월적인 목적의 관점에서) 훨씬 더 적절한 질문이 있다. 미국역사학회의 활동과 그 회원들은 1950년대와 1960년대에 미국과 세계의 긴급한 문제들을 해결하는 데 역사적 지식을 어떻게 집중시켰는가?(나는 1부의 한 장에서, 역사학자들의 국제회의에서 베트남 문제가 기각된 것을 미국역사학회의 임원이 찬성하듯 묘사한 일을 언급했다).

하이엄은 미국 역사학의 최근 경향들을 살펴보면서, 비어드와 베커 같은 사람들이 대표하는 진보와 뉴딜 시대의 "현재주의"를 이제는 거부하는 것이 바람직한 발전이라고 생각하는 듯한 인상을 풍긴다. 그는 2차 세계대전 이후의 시기에 대해 이렇게 기술했다. "현재를 염두에 둔다는 라벨은 이제 모멸적인 말로 다가왔으며, 역사란 기본적으로 과거에 관한 진실을 말하고자 하는 노력이라는 간단한 공리를 모두가 불

변의 원칙으로 이해했다." [107]

하지만 그 "공리"는 결코 간단치 않다. 과거에 관한 "진실"은 과거에 일어난 모든 것일 수가 없다. 그런 진실은 알기도 불가능하려니와 알아도 혼란스럽기 때문이다. 가령 소크라테스의 재판이나 그리스도의 죽음이나 냇 터너Nat Turner의 반란처럼 거의 알려지지 않은 사건이 있다면, 우리는 그곳에서 일어난 일을 거의 대표하지 못하거나 심하게 왜곡된 그림을 떠안게 된다. 만일 남북전쟁처럼 세부적으로 아주 많이 알려진 사건이 있다면 우리는 선택을 해야 하며, 이때 선택의 원칙은 (여러 권으로 된 《반란 전쟁: 공식 기록The War of Rebellion: Official Records》 속에 눈을 가리고 뛰어들어 집히는 대로 고르지 않는다면) 우리가 인정하든 안 하든 현재의 관심에 달릴 것이다. [108]

---

107 이 분위기를 잘 보여주는 예가 쿠싱 스트라우트Cushing Strout의 《미국 역사의 실용주의 반란: 베커와 비어드The Pragmatic Revolt in American History: Becker and Beard》, Cornell (paper edition), 1966이다. 스트라우트의 관심사는 "사심 없는 역사적 상상이라는 매우 중요한 개념"이었다(p. 47). 그는 베커와 비어드에게 공감하면서도, 그들의 입장을 이해하다가 결국 오해하기를 되풀이했다. 분명 스트라우트는 "사심 없는" 역사를 완전히 채택하지는 못했다. 책 말미에서 다음과 같이 말한다. "하지만 역사학자가 현실의 역사에 관여하고 그로 인해 어떤 문제에 관심이 생긴다 해도, 과학자가 자연에 관여할 때처럼 그의 객관성을 짓누를 필요는 없다. 그는 여전히 그 분야의 가장 높은 비평 기준에 따라 증거를 평가할 수 있다." 하지만 이렇게 진술하면서도 그는 베커가 "현재의 사회적 필요와 희망을 강조한 것"은 "모든 종류의 역사적 진리나 객관성을 조롱하는 듯한 태도"와 결부되어 있다고 가정한다(물론, "듯한"이란 말이 중요하다). 나아가 스트라우트는 현재주의자의 입장을 잘못 이해한 나머지 이렇게 말한다. "이 관점에서 볼 때 역사학자는 쓸모 있는 과거를 지어내서 현 사회의 집단적 의식을 합리적으로 설명하는 자가 된다" (p. 42). 현재에는 충돌하는 이해관계들이 있고, 현재주의 역사학자는 당대의 지배적인 사회의식을 표현하거나 당대의 반항적인 사회의식을 표현한다는 사실을 그는 잊고 있다.

108 존 듀이John Dewey는 이렇게 썼다. "만일 선택을 일차적이고 기본적인 사실로 인정한다면, 모든 역사는 필연적으로 현재의 관점에서 서술된 것이며, 피할 수 없다는 의미에

하이엄이 현재주의에서 멀어지는 운동에 두드러지게 만족한 것은, 자신의 역사 저술(특히 그의 《이 땅의 이방인들Strangers in the Land》)에서 중요한 문제들에 초점을 맞춰온 어떤 사람이 정통파에(그래서 결국 현재의 문제들에 빈틈없는 무관심으로 나타나는 그 특수한 현재적 관심에) 굴복한 슬픈 이야기다.

하이엄은 현재주의에서 멀어진 그 전환을 강조할 때, "자유주의적이고 심지어 진보적인" 학자들(예를 들어, 예일대 역사학자인 J. H. 헥스터 Hexter)이 그 운동에 참여했다고 말한다.*

> 이제 헥스터를 비롯한 자유로운 정신의 학자들은 상대주의자들이 확실한 지식과 완전한 진리를 동일시해서, 지식은 항상 의심에 노출되어 있

서 현재의 역사일 뿐 아니라 현재 중요하다고 판단된 시대의 역사일 것이다." Logic: The Theory of Inquiry, Holt, 1938, p. 236. 역사 철학을 다룰 때 역사학자들은 종종 자신의 전문 분야가 허용하는 것보다 더 많은 것을 역사학자에게 요구하는 사람들을 성급하게 비판한다. 예를 들어 벌리 테일러 윌킨스Burleigh Taylor Wilkins는 (《역사 지식 이론으로서의 실용주의: 역사 연구의 성격에 관한 존 듀이 철학Pragmatism as a Theory of Historical Knowledge: John Dewey on the Nature of Historical Inquiry》, The American Historical Review, July, 1959에서), 듀이가 역사적 과거로부터 선택을 할 때 **현재**의 관심사를 강조하는 것은 그가 역사적 **정확성**에는 관심이 없다는 뜻이라고 해석한다. 그는 문화에 얽매인 판단들이 역사학자의 선택에 영향을 미친다는 듀이의 주장을 이렇게 반박한다. "하지만 진리를 사심 없이 사랑하는 것 또한 하나의 가치이자, 아마 문화가 바뀌어도 살아남는 영원한 가치 아닐까?" 하지만 진정한 논점은 문화 상대주의와 초시간적 진리의 다툼이 아니라, 어느 문화에나 존재하는 이런저런 가치들, 이런저런 초시간적 가치들의 다툼이다. 그에 따라 불공평한 세계에서 약자에 대한 지속적 관심(각 시대에 각기 다른 **구체적** 관심으로 나타난다)은 지금까지의 모든 역사시대를 관통하고, 역사학자의 주제 선택에 영향을 미칠 수 있으며(그 문제와 관련된 사실들을 묘사할 때 그의 정확성에는 영향을 주지 않고서), 나는 그런 관심이 "사심 없는 진리 사랑"보다 선택의 더 바람직한 길잡이라고 주장하는 것이다. 그런 진리 사랑은 더 크고 유의미한 인간의 문제가 아니라 역사의 정확성이라는 기술적인 문제에 답이 되기 때문이다.

고 모든 진리는 부분적이라고 보는 오류를 범했다고 주장했다. 역사학자의 "참조 틀"에는 물론 현재의 가치들이 포함되지만, 또한 이미 크고 갈수록 더 커지는 과거의 데이터가 포함된다. 현재처럼 과거도 실제적이고, 역사의 일반화된 공식으로 자신의 존재를 드러낸다.

이는 상대주의자들의 말을 잘못 이해한 결과다. 그들은 모든 지식이 의심에 노출되어 있고 모든 진리가 부분적이라는 것을 아주 잘 알고 있었다. 그들이 요구한 것은, 역사학자라면 이 점을 사실로 인정하고서, 과거의 사실들을 무작위로 선택하거나 단순한 호기심에 이끌리거나 미국의 영광을 보여주고 싶은 마음에서가 아니라 문제가 기아든 전쟁이든 인종 편견이든 다른 무엇이든 간에 현재의 긴급성을 프리즘으로 삼아서 의도적으로 지식의 초점을 맞춰야 한다는 것이었다.[109]

물론 로빈슨과 비어드는 "이미 크고 갈수록 더 커지는 과거의 데이터"가 중요하다는 말을 들을 필요가 없었다. 생애 대부분 동안 그런 데이터를 파헤치는 일에 전념했으니 말이다. 하지만 "참조 틀"에서처럼 과거의 데이터와 현재의 가치를 함께 이야기하려 하면, 과거 지향과 현재 지향을 어설프게 절충하다가 결국 어느 쪽도 충족시키지 못할 수 있다. 우리의 사실들은 과거와 현재에서 함께 나와야 하는 반면에, 그 사실들을 바라보는 "참조 틀"은 **현재의** 가치 틀이다.[110]

---

109 칼 만하임Karl Mannheim은 이 의도적인 초점 맞추기를 무의식적인 상대주의와 구분해서 **관계주의**relationism라 불렀다.

110 맑스주의와 실용주의(더 정확히 말하자면, "초기" 맑스주의와 "초기" 실용주의)는 둘 다 그렇게 주장한다. 예를 들어 폴란드 철학자 레젝 콜라코브스키Lesjek Kolakowski는 에

하이엄은 신역사학자들New Historian(로빈슨, 비어드, 베커)이 "진보의 추진력에 참여한 것을 스스로 (인정하고) 옹호"하고 있었다고 말하는데, 이는 틀림없는 사실이다. 하지만 그런 뒤 엉뚱하게도, 이 사고방식이 "역사 과정이 진보의 가치를 입증하지 못했을 때 결정적으로 제지당했다"로 말한다.* 아마 하이엄은 이렇게 생각하는 듯하다. 신역사학자들은 "중요하고 바람직한 것의 기준을 찾아 현재와 미래의 방향을 보았기" 때문에 그에 따라 진보는 불가피하다는 개념에 얽매여 있었는데, 만일 그 세기가 재앙으로 가득했다면 그들의 현재주의는 파멸할 수밖에 없다고 말이다. 하지만 진보적 가치는 살아남기 위해 역사에 의존할 필요가 없고, 승리하고 있는 중이라고 입증될 필요도 없다. 역사학자가 어떤 가치를 믿기 위해, 역사가 그 가치를 향해 나아가야 할 필요는 없다. 실제의 사건들이 어떻게 흘러가건, 역사를 믿는 방향으로 이끌며 최선을 다하면 그뿐이다. 현재의 인간적인 관심사를 역사 연구의 출발점으로 삼는다 해도 비관주의자나 낙관주의자가 되는 것은 아니다.

2차 세계대전의 발발이 현재주의에 대한 이 공격에 힘을 실어주었다고 하이엄은 말한다. 그로 인해 "역사학자들은 현재에서 자유로워진

세이 〈칼 맑스와 진리의 고전적 정의Karl Marx and the Classical Definition of Truth〉(《맑스주의적 휴머니즘을 향하여Towards a Marxist Humanism》, Grove, 1968)에서, 무엇이 역사적으로 "옳은가"에 대한 제임스의 실용주의적 견해와 맑스의 견해가 비슷하다고 말한다. "그렇다면 만일 동일한 사실들로 이루어진 무수히 많은 그림이 공존하고, 모든 그림이 학술 연구의 용인된 기술적 규칙에 대략 적합하다면, 그 선택은 더 일반적인 선택, 어떤 세계관의 선택에 의해 규정되고, 그 선택은 역사 해석의 필수 요소가 될 것이다. 그것은 이론적 테제의 선택이 아니라 입장의 선택이고, 관조적 선택이 아니라 실용적 선택이다."(p. 62).

것이 아니라, 현재에 과도하게 전념하는 흐름에서 자유로워졌다."는 것이다. 하지만 화이트헤드가 말했듯이 "현재는 지금 존재하는 모든 것"이라면, 어떻게 현재에 "과도하게 전념할" 수 있단 말인가? 삶 그 차제가 최고의 가치일 때, 현재와 과거가 아닌 다른 무엇에 전념할 수 있단 말인가? 과거는 죽은 시간이다. 물론 과거도 시체가 해부학자에게 유용한 것처럼 유용하고 기념품과 사진처럼 흥미롭지만, 우리는 어떤 의미에서도 과거에 "전념"할 수 없으며, 혹 전념한다면 역사를 시간屍姦이 아닌 인문주의적인 노력이라 부를 수 없다.

앞서 지적했듯이, "과거 지향"은 불가능하며, 역사학자를 움직이는 것은 언제나 현재의 관심이다. 내가 생각하기에, 역사학자가 "과거 지향"을 강조할 때 사실상 그는, 역사를 직업으로 인식하는 것이 그의 현재의 가치이고, 그의 관심사는 사회적이 아니라 학문적이며, 역사라는 "학과"는 다른 학과들과 경쟁하고 있다는 것을 우리에게 말하고 있는 것이다. 내가 하이엄의 글에서 이 분위기를 발견한 것은, 2차 세계대전 이후에 역사학자가 사회과학으로부터 독립을 선언했으며 그렇게 해서 "역사학자의 자율적 정체성을 복원시켰다"고 말한 대목에서다.* 그는 역사가 "열등 콤플렉스"를 제거했고, 지금까지와 정반대로 사회과학을 "역사에 기여하는 학과"로 간주하게 되었으며, 그 결과 역사학자들은 "그들 자신의 일반적 정체성"을 유지할 수 있게 되었다고 말한다. 역사학자들이 그들 자신의 정체성 위기를 걱정할 때, 자기반성이 사회적 관심을 대신한다.

역사학자들 사이에 유행하는 견해를 하이엄은 이렇게 묘사한다. "역사기술학은 편향을 최대한 제거하고, 직접적인 자아와 직접적인 사회 너머에 있는 영역으로 침투해 들어갈 것을 항상 요구할 것이다."* 여기서도 그는 두 종류의 편향을 구분하지 못했다. 어떤 편향은 역사학자로 하여금 인문주의적인 목표(평화, 보건, 자유)에 기울게 하고, 자신이 발견한 해답을 변조하는 것이 아니라 역사의 데이터에 질문을 던지라고 요구한다. 반면에 다른 편견은 어떤 기관들(당, 국가, 인종)을 대변하는데, 이 기관들은 사실을 확인할 때 쉽게 부정직함을 유발하고 궁극적인 목표와 불일치하도록 유도한다.[111] "직접적인 자아와 직접적인 사회 너머"로 가면 고작해야 형이상학적인 과거, 이신론적인 미래로 가게 될 뿐, 거기엔 아무것도 없다.

이 "편향의 제거"가 요즘 책에 어떻게 적용되는지를 살펴보자. 토머스 F. 고셋Thomas F. Gossett은 《인종: 미국의 한 개념의 역사Race: The History of an Idea in America》의 서문을 다음과 같은 문장으로 마무리한다. "마지막으로 나는 독자들이 인종차별의 잔인함과 부조리함을 이해하는 데 이 책이 도움이 되기를 희망한다."* 그의 책은 편향적이었다. 그의 주제 선택이 그 편향을 반영하고 있었다. 하지만 일단 주제를 선택하자—미국의 인종 차별주의와 극심한 편견의 역사—그는 그런 문제의 대표적인 실례를 제시하면서도 사실을 왜곡하지 않았다. 이 편향은 가셋이 "최대한 제거"해야 할 어떤 것이었을까?

다른 예를 들어보자. 이번엔 그리 최근이 아니다. 1940년대에 A. K. 와인버그Weinberg는 《명확한 운명Manifest Destiny》을 썼다. 인종차별주

111 레젝 콜라코브스키도 나와 비슷하게 구분한다. "Karl Marx and the Classical Definition of Truth," Towards a Marxist Humanism, Grove, 1968, p. 63.

의를 다룬 가셋의 역사서처럼 미국의 팽창주의의 역사를 다룬 책이었다. 특별한 편향이 와인버그를 자극해서 수많은 주제 중 **이** 주제를 고르게 한 듯하다. 구체적으로 말하자면, 미국의 팽창주의를 뒷받침하는 모든 이론적 근거의 비논리, 모순, 부조리를 보여주고자 한 것이다. 이것을 위해 그는 플로리다, 텍사스, 캘리포니아, 푸에르토리코 등을 취득한 것에 대해 다양한 미국인들이 제시한 이유를 직접적이고 사실적으로 제시했다. 그는 그런 편향을 제거했어야 했을까?

하이엄은 그의 책에서 '골동품 연구'에 더 세련된 외관을 씌웠다. "따라서 역사학자는 자신의 현재를 초월하는 바로 그 행위에서 현재를 이용할 수 있고 또 이용해야 한다… 역사학자는 과거와 현재의 교차로에 서 있으므로, 현재의 목적에 복종하라는 실용주의의 교의를 거부할 수 있지만 그와 동시에 과거에 대한 새로운 전망을 발견하는 과정에서 현재의 동기와 현재의 일반적 인식을 기꺼이 받아들일 수 있다."* 역사의 목적은 "과거에 대한 새로운 전망"을 발견하는 것이므로, 현재는 의식의 여기저기에 있긴 하지만 **도구적**이라고 하이엄은 말하고 있는 듯하다. 나는 하이엄의 말을 다음과 같이 고쳐 쓰라고 제안하고 싶다. 역사학자는 "자신의 과거를 초월하는 바로 그 행위에서 과거를 이용할 수 있고 또 이용해야 하는데" 이는 인류가 "**미래**에 대한 새로운 전망"을 향해 나아가도록 돕기 위해서다.

과거의 대한 하이엄의 관심은 실은 현재의 전문직에 대한 관심으로, 이 사실은 오늘날 역사의 "인문학적 함의"를 논하는 그의 구절에서 다시 한번 드러난다. 사람들은 이 구절이 인간적 필요를 증진하는 일에 역사를 활용한다는 뜻이라고 생각할지 모른다. 하지만 아니다. 그 논의는 전적으로 역사와 문학과 철학의 관계를 다루고, **이** 다른 두 학과가 인문주의적 문제와 어떻게 결부되어 있는지는 묻지 않는다. 다시 한 번 우리는 "인문주의적 학과들"을 **도구**로서 집착하게 되었고, 그래서 우리가 그 도구들을 논할 때마다 "인문학적인" 일을 하고 있다고 생각하게 되는 것이다.

인문학적 관심이 증가하는 증거로서 하이엄은 1931년에 미국역사학회가 "역사철학을 단 10권" 소개한 반면에 1961년에는 "몇십 년 동안 발행된 책의 거의 모두에 해당하는 59권"을 소개했다고 지적한다. 하지만 우리가 그 책들의 내용을 알지 못하고 역사철학이 인문주의의 목적과 관련이 있다고 확신할 수 없다면 숫자가 무슨 의미가 있을까? 실제로, 헥스터가 지적했고 이 책의 다음 장에서 확인할 수 있듯이, 그 주된 관심은 방법론이었다.

과거 지향적인 역사학자들은 일부 역사학자들이 몇몇 인간적 필요에 치우쳐진 관점에서 과거를 연구한다면서 그 주관성을 비판한다. 하지만 다른 종류의 주관성에 대해서는 그렇게 비판하지 않는다.*

이렇게 근래에 유럽 사상과 조우한 결과 중에서 방법론상의 가장 근본적인 명제는 아마 역사학자들이 어떤 과거를 이해하고자 하든 간에 그 과거에 주관적으로 참여할 필요가 있다는 명제일 것이다. 과학적 분석이나 종합을 아무리 많이 한다 해도, 역사학자가 다른 시대 및 장소와 자신을 동일시하면서 자신과 멀리 떨어진 사람들의 생각을 재현하고 그들의 경험을 되살리는 인간의 그 중요한 감정이입 행위를 대신 할 수는 없다.

역사학자는 다른 시대의 사람들보다는 **오늘날의** 다른 장소의 사람들(흑인, 중국인, 애팔래치아의 가난한 사람, 전장의 병사)에게 먼저 감정이입을 해야 한다는 것을, 왜 이 명제는 암시해서는 안 되는가? 죽은 자들에게 감정이입을 하는 것보다는 이 감정이입이 훨씬 더 중요한 출발점 아닐까? 그렇게 **현재**에 감정을 이입한다면 그 행위는 역사학자가 내려야 하는 가장 중요한 결정—어떤 종류의 문제를 연구할 것인가—에 길잡이가 될 것이다.

물론 역사학자의 연구 주제가 노예제의 도덕성에 관한 생각의 충돌이라면, 프레데릭 더글러스에게 공감을 해서 노예의 관점을 제시하는 동시에, 존 피츠휴John Fitzhugh에게도 충분히 공감해서 노예제를 옹호하는 견해도 정확히 제시하는 것이 유용할 것이다. 하지만 역사학자가 섬터 요새에서 누가 먼저 총을 발사했는가 또는 빅스버그에서 그랜트가 어떤 전략을 구사했는가 하는 문제가 아니라 **그 주제**를 연구하기로 결심한다면 그 과정에는, 오늘날의 인종차별에 대한 **현재적** 관심 그리고 피츠휴-더글러스의 견해를 제시하면 오늘날의 생각에 좋은 영향을 미칠 수 있다는 추측이 작용할 것이다.[112]

---

112 역사 저술에는 도덕적 판단의 문제를 오해하는 끈질긴 경향이 있다. 역사학자가 자신이 반대하는 과거의 도덕성을 이해하고 정확히 기록하기 위해서는 자신의 현재의 도덕적 관심사를 제쳐두어야 한다고 주장하는 경향이다. 쿠싱 스트라우트는《미국 역사의 실용주의 반란》에서 역사학자를 다음과 같이 설명한다. "청교도가 마녀를 목매달은 이유를 이해하고자 한다면 역사학자는 그 자신의 세계의 일상적 인습들을 제쳐두고서 마녀 사냥이 상식적으로 통했던 삶을 재창조해야 한다." 물론 역사학자에게 마녀 사냥에 반대하는 편향이 있다고 해서 그 사건들을 충실히 재창조하는 데 걸림돌이 되어선 안 되겠지만, 애초에 그가 이 사건들을 연구하기로 한 것은 **바로** 그 편향이 있었기 때문일 것이다. 정말 중요한 것은, 과거의 정확한 재창조가 역사학자의 궁극적 목적은 아니며(우리는 스트라우트의 강조에서 궁극적인 목적을 충분히 추론할 수 있다), 그 (이

하이엄은 가치 판단에서 자유로워진 오늘날의 미국 역사학을 다음과 같이 요약한다(잘 보이진 않아도 비판의 기미가 있다).*

> 오늘날 역사학자들은 대부분 어느 한쪽 입장, 즉 현실의 행동 안이나 바깥의 어느 입장에도 서지 않아야 하는 책임을 받아들인 듯하다. 역사학자들은 어느 한 입장에 서는 대신, 주위를 돌아다니며 안과 위에서 상황을 살펴보고, 주관적인 확인과 개관적인 분석을 혼합하고, 예술과 과학을 결합하고, 여러 관점들의 상호보완성과 관계의 다원성을 인정하고 이를 통해—오직 그만이—맥락을 최대한 중시해서 인간사의 변천을 이해한다.

이 구절에 따르면 역사학자는 슈퍼맨이다. 단, 만화책 속의 슈퍼맨은 자기가 어느 편인지를 안다. 과연 필요한 것이 "어느 입장에도 서지 말아야 할 책임"을 인정하는 것일까? 역사로부터 도움을 받아야 할 문제를 안고 사는 수많은 사람들에게는 분명 그렇지 않을 것이다. "회원수와 활동이 비상하게 늘어나고 있는… 소생한 역사학회", 하이엄의 "오직 그만이"라는 구절에 용기를 얻은 미국역사학회"는 그렇게 생각할지 모른다. 그 구절이 마침내 역사학자의 정체성 문제를 풀었다고 좋아하면서.

이 모든 것이 하이엄의 관점이 아니라 그가 단지 역사학자들의 실제

른바, **정확한**) 재창조가 현재의 어떤 편향을 부추기는 도구라는 점을 이해하는 것이다. 또한 이는 과거와 현재의 도덕성 척도 사이에 놓여 있는 괴리의 문제가 아니다. 어느 시대에나 도덕적 견해들이 경쟁하기 때문이다. 우리 자신의 시대에 인종차별에 반대할 목적으로 이 시대의 데이터를 사용한다면, 과연 인종차별적인 생각을 **이해할** 필요가 없어질까?

사고방식을 **묘사한** 것이라면, 이른바 객관적인 묘사가 현실의 일부(즉, 과거 지향적인 역사학—옮긴이)에 초점을 맞춰서 그 부분을 어떻게 강화하는지를 보여주는 좋은 예가 된다. 그의 묘사는 그 분야의 사람들에게, 바로 **이것**이 이 전문분야의 성업 중인 정설임을 전달하고, 인정을 바라는 젊은 역사학자들과 줄서 차례를 기다리는 나이 많은 학자들에게 영향을 끼칠 것이다. 또한 선택이 (그의 견해가 지배적이긴 하지만 유일한 견해는 아니기 때문에) 어떻게 현재의 관심사를 뒷받침하는지 그리고 하이엄의 의도와는 무관하게 그의 선택이 실제로 변장을 한 골동품 연구를 뒷받침하는지 아닌지를 보여주는 완벽한 예다.

만일 우리가 어떤 현재주의적 목적을 장려하기 위해 역사학자들의 연구 중 하나를 선택하기로 한다면, 새뮤얼 엘리엇 모리슨의 《옥스퍼드 미국민중사The Oxford History of the American People》의 한 서평집*에 실려 있는 미국 역사학자 칼 데글러Carl Degler의 견해에 주목할 수 있다(《옥스퍼드 미국민중사》는 아마 단행본으로는 비어드의 《미국 문명의 발흥Rise of American Civilization》 이후로 가장 많이 팔린 미국 역사서일 것이다). 데글러는 모리슨의 포괄적인 역사는 헨리 데이비드 소로Henry David Thoreau에게 단 한 단락을 할애했다고 지적하면서 다음과 같이 논평한다. "모리슨이 서문에서 암시하듯이 만일 그 목적이 과거에 사람들이 어떻게 행동했는지를 우리에게 말해주는 것이라면, 소로는 그의 이야기에 포함되지도 못한다… 소로는 그의 시대에 어떤 영향도 주지 못했다…" 분명히 **현재**가 선택에 중요하다면, 소로는 모리슨이 할애한 것보다 훨씬 더 큰 주목을 받을 것이다.

데글러는 이렇게 말한다. "무엇이 역사적 사건들에 중요성이나 의미를 부여하는가? 골동품 연구가들이 단언하듯이, 분명 사건 그 자체는 아니다. 연대기 기록자가 한 해에 기록할 수 있는 수천 개의 사건 중에서 역사학자의 페이지에 도달하는 것은 몇 개에 불과하기 때문이다. 의미의 기준은 후속 사건들이다."

나는 데글러의 말에서 "후속 사건들"을 "현 시대의 문제"로 수정하고 싶다. 데글러는 자신의 말을 뒷받침하기 위해, 1832년 사우스캐롤라이나의 주 연방법 효력 거부운동이 중요한 이유는 그 후속으로 1860년에 탈퇴운동이 일어났기 때문이고, 1804년과 1814년의 뉴잉글랜드 분리운동이 중요하지 않은 이유는 후속 사건이 일어나지 않았기 때문이라고 지적한다. 1832년 탈퇴운동을 중요하게 만든 것은 1860년의 탈퇴운동에 아니라, 1860년 탈퇴운동을 중요하게 만든 오늘날의 다양한 문제(인종, 정치, 분리주의, 연방주의)라는 것을 데글러는 간과하고 말했다. 이처럼, 만일 우리에게 "주의 권리"라는 **현재**의 문제가 있다면, 뉴잉글랜드의 1804년과 1814년 탈퇴운동을 내놓아서 "주의 권리"는 대개 **다른** 목적을 감추는 가면이었다는 것을 입증하는 것이 아주 유용할 것이다(아서 슐레진저 시니어가 《미국 역사의 새로운 관점들New Viewpoints in American History》에서 한 것처럼). 따라서 과거 연구의 중요성을 결정하는 것은 그냥 후속 사건이 아니라 **현재의** 사건인 것이다.

역사학자들이 자신의 가장 깊은 가치(전문직의 가치가 아니라)에 따라 연구하기를 거부할 때 그 결과는 종종 방법론에 관한 공허한 주장들, 구체적인 목적지도 없이 학문의 성층권에서 경주를 벌이는 그럴싸한 "이론화"로 나타난다. 프랜시스 베이컨은 이 현상을 다음과 같이 묘사했다.*

이 선언들에는 지식의 습득과 실행 가능성, 이 두 측면 모두에서 신중하고 부자연스러운 절망을 촉진하는 것 외에는 다른 어떤 의미나 목적이 없다. 그런 선언은 그 과목의 명예와 영광을 지키려는 창피스러운 수단이다. 이를 위해 교수들은 자연의 불가해성을 종교로 만들고 인간에게 영원한 어둠을 선고했다. 형식(즉, 만물의 진정한 차이)은 발견할 수 없다는 교의도 이 같은 목적에 봉사했다. 사람들을 자연의 궁전 안으로 들이지 않고 그 앞마당에서 계속 왔다갔다 하게 하는 것이 그 의도였다.

예를 들어 우리는, 그들의 기본적인 일은 **서술**narration이라고 주장하는 역사학자들과, **해석**interpretation이라고 주장하는 역사학자들이 끊임없이 논쟁하는 것을 본다. 저명한 역사학자 루이스 고찰크Louis Gottschalk는 《역사 저술의 일반화Generalization in the Writing of History》에서 그 차이를 다음과 같이 표현한다. "역사학자들은… 두 그룹으로 나뉜다는 말이 있다. 하나는 '묘사 중심의 역사학자'라 부를 수 있는 그룹으로, 어떤 사건이나 상황을 그 자체의 고유한 환경에서 고찰하고 이야기하려고 한다. 다른 하나는 '이론 중심의 역사학자'라 부를 수 있는 그룹으로, 그들의 제재에서 비교, 분류, 해석, 일반화의 기초를 발견하려고 한다."

물론 역사학자들은 대부분 둘 다를 하지만, 어떤 역사는 분명히 더 서술적이고, 어떤 역사는 더 해석적이다. 예를 들어 맥스 패런드Max Farrand의 《헌법의 틀The Framing of the Constitution》은 주로 제헌의회 이야기인 반면에, 찰스 비어드의 《헌법에 대한 경제적 해석》은 기본적으로 데이터를 통해 일반화하려는 시도였다. 여기에서 우리가 우려하는 문제는 역사학자들이 둘 중 하나를 역사학자에게 더 바람직하거나, 더 중요하거나, 더 적절한 수단이라고 주장하는 경우이며, 내가 입증하고자 하는 것도 그런 주장이 무의미하거나 무가치하다는 것이다.

"이론적인 역사"보다 "이야기체 역사"를 더 중요시하는 주요 학자로 예일대의 J. D. 헥스터가 있다. 헥스터의 가장 강력한 화살은 이론화를 하는 다른 역사학자들이 아니라, 역사학자의 주요한 일을 "인과적 설명"이라고 보는 철학자들을 겨냥한다. 하지만 이 공격의 각도는 헥스터와 이론을 추구하는 역사학자들의 관심이 정말로 공통적이어서 나오는 것이 아니라 공동의 적(철학자들)을 앞에 두고 암묵적으로 불가침 조약을 맺어서 나오는 것으로 보인다.[113]

헥스터의 주된 주장은, 역사학자의 역할이 옛날이야기를 잘 하는 훌륭한 스토리텔러라는 것이다(예를 들어, 게릿 매팅리Garrett Mattingly의 인상적인 역사서《무적함대The Armada》). 헥스터는《역사의 수사학The Rhetoric of History》*이란 논문에서 중요한 주장을 한다. 역사 저술이란 적나라한 사실들에 의미를 덧붙이는 행위라는 것이다. 하지만 난처하게도 그는 역사학자가 이렇게 하는 목적이 전통적인 골동품 연구, 즉 역사를 최대한 과거와 똑같이 재창조하는 것이라고 본다. 그는 이 목적을 고집

---

113 데이비드 포터는 고찰크의《역사 저술의 일반화》에서 이론을 옹호하면서, 헥스터가 역사의 이론화를 승인한다는 증거로 헥스터의 한 단락을 인용한다. 하지만 그 단락을 주의 깊게 읽으면 헥스터가 평소처럼 이론적인 역사에 반대하고 이야기체 역사를 옹호하고 있음이 드러난다. 즉, 그는 이야기체 역사란 사실적 진술의 목록 이상의 것이지만, 결코 한 사건에 관한 진술의 완전한 목록은 되지 못하며, 그런 목록은 우리에게 "어떤 것"을 말해줄 수 있고, 가치 있는 것이라고 지적한다. 이렇게 제한적이지만 유용한 일을 하는 것이, "이론으로 부적절하게 탈선하는 것과 대조되는, 역사학자의 실용적인 신념"이라고 헥스터는 말한다.

스럽게—그리고 웅변적으로—주장하면서, 이 행위가 불가능하다고 주장하는 모든 분별 있는 이유와 그 행위로는 불충분하다는 현재주의의 믿음에 대항한다. 그리고 역사의 "본질적 기능"은 "실제와 똑같은 모습으로 과거의 지식을 전달하는 능력"이라고 말한다.

내가 주장하고 싶은 바는 다음과 같다. 역사학자는 어떤 사건의 세부적인 면들을 원래 모습과 최대한 가깝게 말하고자 할 때에도 단지 흥미로운 것을 이야기하는 데 머물지 말고 어떤 목적을 가져야 한다. 이 목적이 과거의 무한한 사건들 중 그가 무엇을 이야기하기로 결정하는지를 결정한다. 물론 역사가 예술 형식, 이야기일 때에는 그의 수사가 유용한 역할을 한다. 하지만 역사가 그 이상이 되려면—나는 우리 시대에는 특히 그래야 한다고 주장하고 있다—현재의 긴급한 문제들과 관련이 있는 인간적 가치들을 높이는 도구로서 수사를 사용해야 한다. 이는 헥스터가 요구하는 것 이상을 요구한다. "그러나 데이터에 응해서 역사학자가 추구해야 할 목표는 과거를 최대한 그때의 모습 그대로 이야기하는 것이다."

헥스터는 다음과 같이 말한다. "역사학자들은 역사 연구를 잘 마무리하고 세상에 발표했을 때 독자들이 그것을 읽고 과거에 대해 이전보다 더 많이 알게 되리라고 믿는다." 하지만 이는 성취하기에 너무 쉬운 미약한 목표이고, 지적 노력을 낭비해서 "과거에 대한 더 많은 지식"으로 도서관 서가를 채우는 행위를 너무 후하게 축복하는 셈이다.

철학자들이 역사철학을 다룬 책 두 권(모턴 화이트의 《역사 지식의 기초The Foundations of Historical Knowledge》과 아서 C. 단토Arthur C. Danto의 《분석적 역사철학Analytical Philosophy of History》)을 평가하는 글에서* 헥스터는,

역사학자가 단지 이야기하는 것을 참지 못하고서 역사학자는 언제나 어떤 과학적인 방식을 사용해서(즉, 설명에 "일반 법칙들"을 사용해서) 어떤 것을 "설명"해야 한다고 주장하는 철학자들을 깎아내렸다. 물론 다음과 같은 말은 옳다. 설명이 어떤 목적을 위한 것이 아닐 때에는 설명을 위한 설명이 되고, 이는 이야기를 위한 이야기보다 나을 것이 없다. 또한 설명이 어떤 좋은 목적에 봉사한다면(이해하기 쉽게 예를 들자면, 왜 민족주의 이데올로기는 전쟁을 선동하는 역할을 하는가), 이야기 역시 사람들이 모르는 사건을 다뤄서 정보력을 높여주고 다른 관점을 제공할 수 있다. 스페인-미국 전쟁 이야기를 간단히 해도 그 사건을 정교하게 "설명"하는 것만큼이나 국가들의 모험이 얼마나 불합리한지를 알려줄 수 있다. 어떤 것들은 설명할 필요마저 없다. 너무 명확해서다.

애석하게도 헥스터는 다음과 같은 요점을 놓치고 있다. 그는 이야기를 옹호하지만, 이야기가 "설명"은 물론이고 인간적인 가치에 봉사할 수 있다는 이유에서가 아니라, 단지 "과거에 대해 더 많이 알게" 해준다는 이유로 옹호한다. 만일 우리의 출발점이 역사는 지식이라는 생각이고, 지식 그 자체가 우리가 추구하는 것이라면, 헥스터의 말은 흠잡을 데 없다. 하지만 우리의 출발점이 "역사는 오늘날 인간에게 어떻게 봉사할 수 있는가?"라면, 그 방법이 이야기인지 설명인지는 중요하지 않다. 그때 문제는 "무엇을 이야기하고 무엇을 설명할 것인가?"가 된다. 이야기는 사회적으로 무익할 수도 있고 (현재의 어떤 대단히 곤경을) 대단히 명쾌하게 밝혀줄 수도 있다. 설명 역시 무의미할 수도 있고 유익할 수도 있다.

일반화하는 역사학자가 헥스터의 말마따나 이론으로 "부적절하게"

탈선하는 경향을 보이는 것은 방법론의 부족 때문이 아니라 윤리적 결핍 때문이며, 알맹이 없는 이야기도 이 결핍에서 비롯된다. 윤리가 없으면 사회적 동기가 아니라 개인적인 동기나 직업상의 동기를 역사 연구의 출발점으로 삼는다. 이제 이런 탈선의 예를 몇 개 살펴보고자 한다.

역사학자는 스스로 파헤친 사실들에 근거해서 일반화하려는 시도가 과연 적절한지를 묻는 것으로 (분석철학자들이 찔러서든〔모턴 화이트와 아서 단토가 분석철학에 능했다—옮긴이〕, 자신의 양심이 찔러서든) 역사 연구를 시작할 수 있다. 예를 들어, 새뮤얼 엘리엇 모리슨은 그의 저서 《하버드 칼리지의 설립The Founding of Harvard College》에서* 초기 뉴잉글랜드의 청교도에 대해 "그들은 자유롭고 행복한 사람들이었다"고 말한다. 나는 "청교도들은 억눌리고 불행한 사람들이었다"라는 말로 그의 일반화를 되받아치고 싶지는 않다. 하지만 첫 번째 진술만큼이나 두 번째 진술도 증거가 많고(혹은 더 많고), 그래서 모리슨의 일반화는 비판을 면하기 어렵다.

엉성한 일반화는 반드시 비판을 부른다. 위험한 습관이 될 수도 있는 것을 주입하기 때문이다. 하지만 어떤 일반화는 즉시 사회적으로 큰 문제를 불러일으킨다. 모리슨의 일반화는 일부 교과서에 있는, 노예는 들판에서 노래하며 행복하게 살았다는 주장만큼 나쁘지는 않다. 이 주장은 일반론으로서 의심스러울 뿐 아니라, 흑인들이 분함을 느낄 수밖에 없는 역사적 기초를 외면해서 오늘날 미국 백인의 이해를 호도하기 때문이다. 하지만 그 정도는 아니어도 모리슨의 일반화는 초기 미국을 찬양하는 일반적인 편향에 이바지한다. 이 편향은 오만함을 부추기고, 오늘날 우리에게 절실히 필요한 비판 능력을 무디게 한다.

그렇지만 모리슨의 일반화 같은 조잡한 일반화를 피하고 충분한 사실성에 주의를 기울인다고 해서 일반화가 저절로 **유용**해지지는 않는다. 뉴잉글랜드가 많은 역사학자를 배출했다는 사실을 지적하면서 《미국 역사의 재구성》의 에세이들을 소개하는 문장을 예로 들어보자. "분명 뉴잉글랜드의 지성은 정치 이론의 추상적인 이론화나 소설의 나른한 유혹과 위조를 불신했다." 뉴잉글랜드가 훌륭한 역사학자를 많이 배출했다는 사실로부터 이 결론이 얼마나 "분명"한지가 꽤 의심스럽다. 하지만 그게 사실이라 해도, 그런 일반화가 얼마나 쓸모가 있을까? 사람들은 이렇게 말할지 모른다. "대단히 흥미로운걸!" 또는 "정말 재미있군!" 하지만 이건 두 연인이 중대한 문제에 부딪혀서 관계가 위태로워진 순간에 언덕에 앉아 한 사람이 이렇게 말하는 것과 똑같다. "죽 생각해봤는데 말이지, 우리가 만날 때마다 항상 화요일이었어."

가끔 역사학자들은 **아무거나** 일반화를 하면 어찌됐든 단순한 이야기에서 "해석"을 향해, 그래서 더 높고 더 이론적인 수준을 향해 한 걸음 나아간다고 생각하는 듯하다. 일반화가 현재에 중요할 수 있음을 보여주는 예로, 우드워드의 《짐 크로의 이상한 이력》에 있는 일반화를 살펴보자. 먼저 우드워드는 노예제가 끝나고 얼마 되지 않은 시절에 가령 기차처럼, 남부에서 백인과 흑인이 같은 시설을 사용한 사례가 많았던 반면에, 나중에 인종차별법은 깨질 수 없는 전통에 근거해서 만들어진 것처럼 꾸며졌다는 점을 지적하고, 그런 뒤 "큰길이 시골길을 바꿀 수 있다"고 논평했다. 다시 말해, 법에 표현된 정부의 태도가 "전통"에 아랑곳없이 국민의 행동을 바꿀 수 있다는 것이다.

기만적이라서 중요한 일반화의 예로, 어니스트 R. 메이Ernest R. May의 에세이 《세계열강 미국America As a World Power》*의 문장을 들여다보자. "미국의 여론은 전쟁을 열광적으로 요구했다." 1898년에는 여론을 조사할 방법이 전무했고 (신문이 독자들에게 강한 영향력을 행사하고 있었음을 인정한다고 해도) 열광은 주로 매우 중요한 몇몇 신문에서 나오고 있었음을 깨닫지 못한다면, 우리는 또 다른 일반 개념으로 쉽게 끌려간다. "전쟁은 국민이 요구하기 때문에 일어난다." 이런 일반화는 두 가지 사실을 가린다. 전쟁을 하겠다는 결정은 꼭대기에 있는 몇 사람이 내린다는 사실과, 그들은 결정을 내리기 전후에 지지를 확보하고자 여론을 조작한다는 사실이다.[114]

미국 역사에 역사학자들이 한 시대들에서 다음 시대로 전달하는, 인기 있는 일반 개념들이 있다. 예를 들어, 미국 역사학에는 청교도주의가 "미국의 특징"으로 깊이 각인되어 있다고 쓴 논문이 엄청나게 많다. 하지만 어느 역사학자는 이렇게 말했다.* "그러나 오늘날 그 흔적이 무엇인지를 확인하기가 대단히 어렵다."

리처드 슐래터Richard Schlatter는 청교도주의를 분석한 에세이에서,* 현대 역사학자들이 청교도주의에서 지금의 미국으로 넘어왔다고 생각해온 요소들을 지목했다. 도덕성과 종교, 교육과 문학, 민주주의와 제한된 정부, 경제활동에서의 청교도적 윤리, "소명의식" 등이다. 슐래터는 이 생각에 반대하면서 "뉴잉글랜드의 설립자들은 민주주의자가

114 다른 에세이에서 메이는 자신의 말을 품위 있게 다듬는다. 하지만 이 에세이의 진술은 그렇지 않다.

아니었다"고 단호히 말한다. 하지만 "도주노예법"을 무시하고서 에머슨의 "청교도적 양심은 살아 있었다"고 말할 때에는 지나치게 유순했다. 슐래터는 경제 분야의 청교도적 윤리에 관해서는 "청교도주의와 그 후 미국의 기업윤리 간에 어떤 연관성을 추적할 수 있다는 견해가 일반적이다"라고 말하지만, 청교도를 믿든 안 믿든 간에 서양의 모든 자본주의 국가에서는 물론이고 신도를 믿던 일본에서까지 그와 비슷한 윤리가 뚜렷이 나타났다는 사실을 그는 어떻게 설명할 수 있을까?

"청교도적 유산"의 중요성을 강조하는 전통적인 이야기를 의문시하고 그런 일반화의 방법론상의 약점을 가리키는 논거를 충분히 제시한다. 하지만—그리고 이것이 나의 요점이다—그 연관성의 일반화가 타당하다고 해도, 그것이 왜 중요할까? 오늘날 미국 사회 앞에 놓인 중요한 문제에 그 일반화가 얼마나 도움이 될까? 슐래터는 이렇게 결론짓는다. "모든 기록을 신중하고 끈기 있게 연구할 때 비로소 현대 미국에 존재하는 청교도 전통의 요소를 정확히 확인할 수 있을 것이다. 그 이야기를 자세히 알기 전까지 미국의 청교도 전통에 관한 이야기는 대부분 추측에 머물 것이다." 우리는 이 주제에 관한 박사학위 논문이 50편 이상 나오고, 청교도주의의 책꽂이가 계속 늘어나는 것을 예상할 수 있다. 하지만 청교도주의를 더 상세히 안다고 한들, 어떻게 청교도적 행동과 현대 미국의 연관성 같은 복잡한 문제를 풀거나, 공허한 "추측"에서 벗어날 수 있을까? 청교도들에 관한 모든 것을 안다고 한들 우리에게 무슨 도움이 되겠는가?[115]

115 칼 베커는 《철학 논평Philosophical Review》(1940)에서 다음과 같이 말했다. "만일 우리에

오늘날의 삶에 어떤 영향을 미칠 수 있는 청교도 시대의 역사적 데이터가 있을지 모른다. 하지만 그렇다 해도 그 데이터를 고를 때에는 특별히 중요한 문제를 신중하게 고려해야 한다. 바로, 어떤 요소들이 복음주의 종교가 낳은 히스테리 또는 그에 희생된 사람들을 향한 히스테리를 사회 내에 축적시켰는가? 하는 것이다. 그렇다면 조나단 에드워즈Jonathan Edwards(18세기 뉴잉글랜드 시대 최대의 신학자, 신앙부흥 운동의 주창자—옮긴이)의 설교나 마녀 사냥 사건들을 자세히 조사해볼 필요가 있다.[116] 마녀 재판은 극적인 이야기가 과장된 개념화나 이론화에 기대지 않고도 오늘날에도 어떻게 엄청난 영향을 미칠 수 있는지를 보여준다. 과거의 **사실들**이 현재의 사실들과 어떻게든 연결될 경우, 독자의 마음에 개념화가 이뤄지고 역사학자의 일반화 중재는 불필요해진다.

일반화가 유용할 경우, 그 데이터가 얼마나 최근 것인지 또는 오래된 것인지는 문제가 되지 않는다. 먼 과거를 연구한 성과물이라도

게 모든 사건의 모든 데이터가 있고, 그 데이터의 실질적 관계를 파악할 능력이 있다면, 모든 것을 즉시 이해하고, 즉시 용서할 수 있을 것이다. 그 초시간적인 존재에서는 '견해'가 생길 일도, 사실과 비사실, 사실과 해석, 의미와 무의미를 구분할 일도, 선악도, 존재와 생성도 없을 것이다. 모든 것이 그냥 존재할 테고, 완전히 축복받은 '본래 있었던 그대로의 과거wie es eigentlich gewesen sie'만 존재할 터이며, 특별히 쓸 것도 없을 것이다. 우리는 진리를 알 것이고, 진리가 우리를 자유롭게 해서 우리는 아무것도 하지 않을 자유를 누리고, 단지 앉아서 진리를 관조하기만 할 것이다." Cushing Strout, The Pragmatic Revolt in American History: Becker and Beard, Cornell University Press (paper edition), 1966, p. 38.에서 인용.

116 앞쪽 문제에는 조나단 에드워즈에 관한 페리 밀너Perry Miller의 연구가 분명히 도움이 되고, 뒤쪽 문제에는 매리언 스타키Marian Starkey의 《매사추세츠 주의 악마The Devil in Massachusetts》나 아서 밀러Arthur Miller의 《시련The Crucible》 같은 가상의 재구성이 도움이 될 것이다.

애초부터 그 목적이 중요한 문제에 답하는 것이었다면, 현재를 연구한 성과물보다 현재에 더 적절할 수 있다. 《미국 정치학 평론American Political Science Review》의 한 논문에서 아서 S. 골드버그Arthur S. Goldburg는* 투표를 좌우하는 다양한 요소들을 그래프 5개로 모델화하는데, 어느 모델도 오늘날 당면한 쟁점들과 연결되지 않는다(선거할 때의 실질적인 쟁점이 빠져 있다). 게다가 저자는 아직은 결론을 내릴 때가 아니며,[117] 더 많은 연구가 필요하다고 결론짓는다. 이 말은 사회과학자들에 공통적으로 하는 변명으로, 연구를 아무리 많이 하더라도 그 설계 목적이 행동을 하거나 변화시키는 것이 아니라는 뜻이다. 반면에 역사학자 리 벤슨Lee Benson은 《잭슨주의의 민주주의 개념: 시험 사례 뉴욕The Concept of Jacksonian Democracy: New York as a Test Case》에서, 미국에 존속하는 양당제와 긴밀히 관련된 질문을 던진다. 두 대정당은 실제로 얼마나 다른가? 그는 잭슨 시대에 두 정당의 지도자 배출원, 투표 지지층, 선거운동 슬로건, 전문용어가 똑같았음을 발견한다.

"이론적" 연구가 "경험적 연구"보다 우월한 점은, 사실 수집에서 한 걸음 더 나아갔고, 죽은 데이터로부터 어떤 생각을 일반화를 해서 살아있는 데이터를 비춰준다는 점이다. 이론의 이 원래 목적을 망각한 사람은 도구 자체에 도취하고, "이론"을 맹목적으로 숭배해서 개념화 과정 자체를 구상화한다.

과학적, 이론적 역사를 옹호한 독일 역사학자 게하르트 리터Gerhard

---

117 "이 논문의 분석을 결론지을 때, 아직은 우리가 투표 행동의 인과성 조사를 결론짓기에는 너무 부족하다는 사실을 염두에 두는 것이 중요하다." Arthur S. Goldburg, "discerning a Causal Pattern Among Data on Voting Behavior," American Political Science Review, December 1966.

Ritter를 예로 들어보자.* 그는 이렇게 말한다. "삶에 영향을 주려면 역사는 다른 무엇보다도 먼저 진정한 과학이 되어야 하고," 그래서 정해져 있지 않은 어떤 미래보다는 (역사가 지금 "진정한 과학"이 아니라면 앞으로 언제 진정한 과학이 되겠는가?) 역사와 지금 살아 있는 사람들의 연관성을 우선시해야 한다. 지금 그 연관성을 발견하고 과학적으로 더 엄밀해지려는 모든 노력을 통해 그 연관성을 유지하지 않는다면, 역사는 삶에서 점점 더 멀어질 것이다.[118] 그런데 실제로 리터의 에세이가 그 위험을 몸소 보여준다. "과학적 역사"를 우상화하느라 그 자신이 그 에세이 안에서 "삶에 영향을 주려는" 의도에서 멀어져 그런 일은 환상이라고 고백하기 때문이다.*

하지만 누구나 인정하듯이 역사 지식을 명료화하고 강화하는 이 과정은 끝없는 논쟁과 수많은 후퇴를 겪으면서 아주 천천히 진행된다. 그래서 이 같은 일반적인 숙고의 과정을 마쳤을 때 사람들은 조바심을 내면서… 이런 불확실한 지식이 우리 시대의 곤경을 해결하는 데 실용적으로 어떻게 기여

---

118 리터는 이렇게 말한다. "우리는 자신의 시대에 역사 문화가 과잉인 것에 프리드리히 니체가 격렬히 항의한 것을 잘 알고 있다… 하지만 니체의 테제—역사의 엄밀한 정의와 각별한 정확성보다는 살아 있게 하는 효력이 훨씬 더 중요하다—는 유럽 학계에 아주 큰 해악을 끼쳤음에도 그 영향력이 아직도 살아 있다." "Scientific History, Contemporary History, and Political Science," History and Theory, Vol. I, 1961. 여기서 리터는 니체를 왜곡하고 있다. 니체는 (《역사의 사용과 남용The Use and Abuse of History》 등에서) 살아 있게 하는 효력이 그 무엇보다 중요하다고 말했고, 이것을 부정확성에 대한 용인과 짝을 짓지 않았다. 하지만 더 중요한 질문이 있다. "정확성"에 주의를 기울이지 않은 것과(유럽의 역사학자들보다 누가 더 소심하고 꼼꼼했던가?), "개별적인 문제들"을 열심히 연구하느라 주위에 독버섯처럼 자라는 독재에 주의를 기울이지 않고 사회를 배신하는 것 중 어느 것이 유럽에서 더 많은 "해악"을 끼쳤는가? 니체의 《역사의 사용과 남용》은 지금도 역사의 시체 발굴이 얼마나 어리석은지를 드러내는 훌륭한 교정책이다.

를 할 수 있는지를 물을 것이다. 사실 우리는 그 점에 대해 어떤 환상도 품지 않는 것이 현명할 수 있다. 역사학자가 하는 관조적인 사고 양식은 반성적인 이해와 인과적 판단을 목표하기 때문에, 칠흑같이 어두운 미래를 꿰뚫어보기에 적합하지 않고, 상위정치(군사, 안보 등 권력과 국익의 문제—옮긴이)의 필수 요소인 과감한 계획과 모험에도 유용하지 않다. 역사학자는 말하자면 뒤를 보면서 미래로 나아가는 선지자라 불릴 만도 하다.

지금 내가 비판하고 있는 것은 학자들이 자신의 연구가 미칠 영향을 겸손하게 말하는 태도가 아니라, 그런 영향이 그들의 목적이 돼서는 안 된다고 생각하는 태도다. 리터는 "삶에 영향을 주는" 것이 목표라고 말하지만, 결국에는 역사학자들이 흔히 하는 말로 독자 관리를 위해 끼워 넣은 것일 뿐, 금세 거둬들인다. 리터는 "본래의 목적대로, 오로지 진리를 확정하고자 자신의 과학을 순수하게 추구하는 (모든 진지한 학문의 자부심과 똑같은) 역사학자의 자부심"을 이야기한다. 그는 여기에서 논점을 교묘히 회피하고 있는데, 문제의 뿌리는 무엇이 "진리"인가이기 때문이다. 폴로니어스(햄릿의 약혼녀 오필리아의 아버지—옮긴이)의 낡고 진부한 가르침을 "과학적" 역사학자에게 적용하면 다음과 같이 될 것이다. "너 자신의 시대에게 성실하라. 그리고 그렇게 하면, 마치 밤이 낮을 뒤따르듯 다른 어떤 시대에게도 거짓되지 않게 될 수 있다."

리터가 인용 가치가 있는 것은 지친 국민이 도움을 간청할 때마다 역사학자의 전통적인 대답으로서 그의 견해가 이런저런 형태로 나타나기 때문이다. '저는 당신이 갖고 있는 세계에 대한 지식의 보유고를 늘려드리고 있습니다. 내 임무는 당신이 행동하도록 돕는 것이 아닙니다. 하지만 안심하세요. 과거에 대한 지식이 단지 증가하기만 해도 **어떻게든** 당신에게 도움이 될 것입니다.' 하지만 역사학자의 데이터가 어떻게 도움이 되는지를 국민에게 알려주지 못한다면 국민이 어떻게 그 데이터를 사용할 수 있을까? 리터는 아래와 같이 말한다.*

> …만일 우리가 우리 시대의 문제를 해결하는 데에 어떤 역사 연구가 도움이 될 수 있느냐고 묻는다면, 역사 연구는 현실을 더 분명히 보게 해주고, 공평무사한 이해를 퍼뜨리도록 도울 수 있다는 것이 그 질문의 유일한 답일 것이다. 입장을 갖고 결정을 내리는 것은 기본적으로 행위자들의 관심사이지, 관찰자의 관심사가 아니다. 역사학자의 시선은 과거를 향하고, 행위자의 시선은 필연적으로 미래를 향한다.

가장 높은 수준의 이론이 반드시 더 높은 지혜로 이어지지 않고, 실제로는 빙빙 돌다가 허세 가득한 실행으로 끝날 수 있다는 사실이, 역사학자 오트마르 F. 안델레Othmar F. Anderle의 에세이 《이론적 역사를 위한 변명A Plea for Theoretical History》*를 통해 여실히 드러났다. 안델레는 자신이 "역사학의 반대"라 명명한 흐름이 고개를 들면서 실용적인 것을 강조하는 흐름에 불안을 느끼고서, 역사학자란 "견실한 경험적 토대"와 "이성적이고 논리적인 원칙"에서 출발해, "우리 시대가 요구하는 개요"를 향해 나아가야 한다고 주장한다. 안델레가 추구하는 것은 "대개요Grand Synopsis"로, 그의 설명에 따르면 대개요의 목표는 아래와 같다.*

…역사적 현상의 본질, 상호관계, 의미에 관한 이론들의 착상, 검증, 체계화. 발견을 이끄는 가설의 구축. 사실 및 과정의 유형, 법칙과 규칙성의 발견과 도출. 추상 작용을 통한 유용한 도식과 패턴의 발견. 역사 연구의 조사 및 조직화에 유리한 일반 개념의 구성. 특수 분야 연구로 발견된 사실의 조직화 및 해석. 마지막으로 세계 역사지도 안에 이 요소들을 통합하는 것.

여기에는 역사의 종말을 향해 앞으로 또 위로 나아가는 헤겔 역사의 웅대함이 있다. 하지만 이 장대한 취지서에는 두 가지 결함이 있다. 첫 번째 결함은 안델레의 관점에서 봐도 치명적이다. 역사 지식은 누적되고 진보적이어서, 만일 우리가 어떤 주제에 대해 "더 많이 알" 수만 있다면, 저절로 지혜(심지어 안델레가 관심을 가진 종류의 "지혜," 즉 사회 문제와 특별한 관련이 없는 학술적 지식)가 뒤따라나온다는 가정이 그것이다. 세 가지 예를 살펴보자.

1. 1차 세계대전 이후 50년 동안 연구가 계속 증가해서 산더미 같이 쌓였음에도 우리는 여전히 그때 싸웠던 것과 같은 쟁점들로 논쟁을 하고 있다.[119]

1차 세계대전 중 미국의 개입이라는 구체적인 문제에 관해서 우리

---

119 예를 들어, 프리츠 피셔Fritz Fischer의 기념비적인 책, 《1차 세계대전의 독일의 목표Germany's Aims in the First World War》이 그렇다. 또한 《뉴욕타임스 서평The New York Times Book Review》, Dec. 8, 1968에서, 플레밍D. F. Fleming의 《1차 세계대전의 발단과 유산The Origins and Legacies of World War I》에 대해서 고든 크레이그Gordon Craig와 플레밍이 벌인 논쟁을 보라.

는 리처드 W. 레오폴드Richard W. Leopold의 〈미국의 개입 문제, 1917The Problem of American Intervention, 1917: An Historical Retrospect〉에 주목할 수 있다.* 레오폴드는 미국 문학을 조사해서, 미국 개입을 반대하는 파와 지지하는 파의 해석이 근본적으로 충돌했다는 사실 그리고 논문과 문서가 계속 쌓여가는 중에도 충돌이 계속되었다는 사실을 아주 뚜렷이 드러내준다. 어쩐 일인지 레오폴드는 이로부터 명백히 나올 수 있는 "현재주의적" 결론을 무시한다. 즉, 데이터의 순전한 양과 무관하게 외교 정책을 바라보는 현재의 시각에 따라 역사학자의 태도가 결정된다는 것을 말이다. 그래서 그는 인습적인 방식으로 논문을 마무리하면서 역사학자의 일로 남겨진 모든 연구를 다음과 같이 착실하게 열거한다. "미경작지와도 같은 두 번째 영역"(주와 지방의 정서를 다룬 새로운 논문들), "… 다소 방치된 세 번째 영역… 아무도 실제로 1914~17의 의회 기록을 읽지 않았다. …들의 학문적 일대기가 절실히 필요하다… 아마 다른 외교관들의 기록이 도움이 될 것이다…" 그리고 이런 말도 있다. "또한 브라이언(Bryan. 윌슨 대통령의 국무장관—옮긴이)에게 최후의 판정이 내려졌다고 가정해서는 안 된다."

사실 레오폴드의 글을 보면 **그의** 현재적 가치가 무엇인지를 명확히 알 수 있다. "미국 역사학자들은 1917년 미국의 개입을, 미국이 세계 문제에 비교적 무관심한 태도를 벗어나 적극적으로 참여하기 시작한, 중요한 그러나 단 한 번의 걸음으로 다뤄야 한다. 이는 불가피한 명령이다. 그 점을 이해할 때 역사학자들은 1914년에 미국이라는 배를 조정했던 사람들의 망설임과 불일치 심지어 실수에 대해 앞선 역사학자들보다 더 관대해질 것이다."

레오폴드의 현재적 관심(1950년, 냉전이 한창일 때)은, 세계에 "적극적으로 관여"하는 미국의 새로운 역할을 국민이 얼마간 따뜻하게 보는 것이다. 미국의 전후 활동에서 이득을 얻는 세계 지도자들에게 이는 반가운 소식이다. 미국이 "적극적으로 관여"한 결과로 인해 고통을 당하는 이름 없는 사람들(주로 아시아와 라틴아메리카의 농민들)에게, 미국의 1차 세계대전 참전은 그리 고결한 행동이 아닐 것이다. 그리고 어쨌든 미국이 1차 세계대전에 참전한 것을 어떻게 하기에는 너무 늦었다. 그러나 현재와 미래에 "자유를 위해" 그처럼 잔인하게 참여할 것인지에 찬성하거나 반대하기에는 너무 늦지 않았다. 어느 쪽이 더 좋을지라는 도덕적 문제를 판단하는 자리에, 1차 세계대전의 자료를 더 쏟아부을 필요는 전혀 없다. 도덕적 문제는 현재의 필요에 따라 답이 나오는, 현재적 문제일 뿐이기 때문이다.

2. 미국 헌법에 관한 찰스 비어드의 논문과 관련해서 우리는 프린스턴의 어느 역사학자의 글에 주목하게 된다.*

비어드의 가설이 세상에 나온 지 반세기가 흘렀지만 우리는 헌법을 둘러싸고 다툼을 벌인 다양한 정치적 분파들이 본질상 경제적이었는지, 아니면 "하찮고 변덕스러운 차이"를 놓고 열띤 말다툼을 벌이는 인간의 "성향"을 대표했는지의 문제에 만족스럽게 답하지 못하고 있다.

3. 기간을 더 길게 늘여서 미국혁명 이후 2백년을 볼 때 우리는 혁명에 대한 다양한 해석들을 조사한 어느 역사학자가 다음과 같이 결론짓

는 것을 볼 수 있다.*

혁명에 대한 해석들을 살펴본 이 간략한 조사에 근거할 때, 역사학자들이 대를 이어 오랫동안 관찰한 결과로 역사적 사건들의 해석에 명확하고 지속적인 발전이 있었는지를 증명하기는 매우 어렵다고 생각된다. 또한 잠겨 있던 기록보관소가 열리고 새로운 문서가 발견된 결과로, 뚜렷이 개선되거나 (어떤 최종적 의미에서) 더 널리 받아들여질 수 있는 해석이 출현한 사실도 발견되지 않는다.

앞서 보았듯이 안델레는 역사 이론이 장기간에 걸쳐 발전해서 "마지막으로 이 요소들을 세계 역사지도 안에 통합시킨다"고 생각하는데, 이에 대한 더 심각한 (두 번째) 반론은 그것이 불가능하다는 것이 아니라 무의미하다는 것이다. 실은 그 불가능성도 무의미함과 결부되어 있다. 당장의 필요와 분리된 형이상학적인 목표가 그 환경이라서 어떠한 해결책도 사전에 배제되기 때문이다. 안델레가 묘사한 그런 거대한 사업으로 성취할 수 있는 단 하나의 목표는 전문적인 만족이다. 실제로 그는, 자신의 목표가 고전 시대의 역사학자의 목표를 복구하는 것이라고 선언한 뒤, "고전 시대의 역사학자는 자신의 학과를 목적으로 간주했다"고 말한다.*

얼마 전에 미국 역사학자들의 공식적인 계층도에 이와 비슷한 접근법이 표출되었다. 미국역사학회의 역사학위원회는 역사와 사회과학들의 관계를 논하려는 목적으로 기획한 미국역사학회보 64에서 이렇게 말했다. "…양심적인 역사학자는 연구 논문에 종사할 때마저도 최종 목표, 즉 포괄적인 종합을 잊어서는 안 된다."*

하지만 한줌밖에 알려지지 않은 과거에서 시작해 무한히 계속되는 어떤 발전 과정에, "포괄적인" 종합이란 있을 수 없다. 더 겸손하면서도 (다른 의미에서)더 큰 목표는 없을까? 즉, 경험적이든 이론적이든 간에, 아무리 불완전하다 해도, 모든 수준의 역사학이 저마다 어떤 특수한 목적에 봉사할 수는 없을까? 그렇다면 역사적으로 어떤 위대한 날을 예측하고 기다리는 일은 없을 것이다. 또한 그 야심은 그리 엄청나지 않기 때문에, 의미 있는 이론적 요점을 어느 때에나 주장할 수 있다. 그 목표는 이론적 진술을 매개로 삼아 과거의 어떤 사실을 현재의 어떤 사실과 연결하고, 그럼으로써 우리가 우리 자신의 미래를 만들어 나가는 데 도움이 될 수 있도록 현재를 비춰주는 것일 테니 말이다.

예를 들어, 여러 해에 걸친 근면한 조사를 통해 비어드의 헌법 논문을 어떻게 교정하고 세부적인 면들을 보완하든 간에, 그의 **근본적인** 요점은 저자가 발표한 이후로 미국 역사의 모든 시대에 유용했다. 비어드의 요점은, 헌법(그리고 그 결과로, 정부)은 명문화된 법 조항을 모아놓은 것 이상이라는 것, 거기에는 더 큰 사회에서 작동하는 경제적 이해의 충돌이 (자세히 또는 우회적으로) 표현되어 있다는 것이다. 따라서 스토턴 린드는 비어드에 대한 최신 평론들을 검토한 뒤, 미국 헌법은 자본가 대 지주의 갈등이 아니라, 부유층의 모든 이익이 연합되어 있음을 표현하고 있다는 발견에 이른다. 하지만 여기서 그치지 않고 스토턴은 이렇게 말한다. "'헌법을 순수한 정치윤리의 영역에서 분리해, 세속적인 투쟁과 일상의 경제 활동이 이루어지는 장터로 옮겨놓은 비어드의 근본 원리'는 지금도 유효하다."*

루이스 고찰크가 편집한 《역사 저술의 일반화Generalization in the

Writing of History》*를 펼쳐 역사학자들의 어떤 논의를 세밀히 조사해보는 것도 도움이 될 수 있다. 이 위원회는 위에 인용한 "최종 목표, 즉 포괄적인 종합"이라는 말의 출처인 역사학회보 64를 만든 위원들의 직계 후손이다. 이 에세이 선집은 그 자체로 최소한 한 세대 이상의 정확성을 뚜렷이 보여주는 증거다. 역사학자들이(몇 명을 제외하고) 그들의 일반화가 우리 시대의 문제를 해결하는 데 유용할까 하는 문제에 별로 관심을 기울이지 않았다는 뜻이다. 편집자 루이스 고찰크가 쓴 머리말에서 이 모든 일반화가 **무엇을 위한** 것인지를 비춰주는 단서를 우리는 절대로 찾지 못한다. 역사학자를 설명하는 대목에서 그는 이렇게 말한다. "역사학자의 최종 목적은 역사의 자취를 냉정하게 연구하는 것을 넘어서 인류의 과거, 지나간 존재와 행위들, 인간사의 과정을 재구성하는 것이다." 하지만 바로 이것이 골동품 연구자의 목적이다. 과거를 재구성하기 위한 재구성.

한 대목에서 고찰크은, "역사학자는 특별히 필요하다면 목적, 대의, 목표에 관한 의식적인 철학이나 이론을 가질 필요가 있다"고 말한다.* 하지만 그가 말하는 철학이나 이론의 의도는 역사학자의 연구 방향을 사회적 목적으로 이끄는 것이 아니라, 단지 과거와의 간극을 더 잘 메우는 것에 맞춰져 있다. 고찰크 자신의 "목적… 목표"가 무엇인지를 찾아봐도, 과거를 재구성하기 위한 재구성, 과거를 일반화하기 위한 일반화밖에 보이지 않는다.

고찰크 위원회의 보고는 (이 책의 다음 장에서 살펴볼) 분석철학자들의 스타일과 대단히 흡사하다. 일반화의 타당성과 **유용성**을 함께 테스트하는 대신에 그들은 일반화를 할 때 "실제로 무엇을 해왔는가"라는 아주 제한된 질문에 답을 하기로 작정한다. "역사학자는 자명한 이치를 뛰어넘어 실질적인 일반화를 할 수 있는가"라는 방법론적 문제를 제기하면서도, 경험적 증거로 정당화할 수 있는지 없는지, 일반화의 현실적 의미가 무엇인지에 대해서는 함구한다. 더 나아가 고찰크은, 궁극적으로 위원회가 저자들에게 내린 주문은 "그 문헌 속의 개념들과 일반화들을 견본으로 조사한 뒤에, 그들이 판단하기에 어느 것이 완전히 타당하거나, 부분적으로 타당하거나, 부분적으로 근거가 없거나, 완전히 근거가 없는지, 그리고 각 경우에 그 이유가 무엇인지를 드러내 보이는 에세이를 쓰라는 것"이었다고 밝힌다.* 나는 지금 일반화의 타당성을 점검할 필요에 반대하는 것이 아니라, 이 방법론의 분석보다는 타당한 일반화의 현실적 의미를 체크하는 실질적인 분석이 앞에 놓여야 한다고 주장하는 것이다.

고찰크가 윤리적 가치를 역사 연구의 시금석으로 보려 하지 않는다는 것을 가장 분명하게 가리키는 단서를 우리는 그가 쓴 에세이 〈역사학적 일반화의 범주Categories of Historiographical Generalization〉에서 볼 수 있다. 여기에서 그는 역사적 일반화를 한 사람을 여섯 종류로 분류하면서, 여섯 번째 그룹(아우구스티누스, 플로리스의 요아킴Joachim of Floris, 콩도르세, 맑스, 슈펭글러, 토인비 등의 "우주적 철학자")을 다음과 같이 소개한다.*

> 나는 그 전문가들이 **역사 지식을 아무리 잘 사용하고, 세상에 미치는 중요성이 학계의 역사학자들보다 아무리 크다 해도,** 학문의 한 분과인 역사학에 속하기보다는 신학이나 철학 또는 정치적 사유의 학과에 속한, 다소

특수한 의식의 대변자라는 이유에서 간략하게 다루기로 결정했다. 그들의 가설 시험은 역사적 증거와 그럴듯함 또는 개연성에만 충족하면 되는 것이 아니라, 다른 기존들을 요구한다. (강조는 인용자)

"특수한 대변자," "우주적 철학자"의 "다른 기준"은 무엇일까? 그들의 현재적 관심사, 그들의 가치다. "역사 지식을 아무리 잘 사용하고, 세상에 미치는 중요성이 대학의 역사학자들보다 아무리 크다 해도," 이것으로 그들을 진지한 관심의 범위에서 탈락시키기에 충분하다는 것이 고찰크의 생각이다. 역사학자에게 자신의 데이터를 "잘" 사용하고, 세상에 "중요한" 일을 하는 것보다 무엇이 더 필수적일까? 만일 이 두 가지가 대학의 역사학자들에게 최고의 쌍둥이 관심사가 아니라면, 나는 다음과 같이 주장하고자 한다. 대학의 역사학자는 우리 시대의 앞을 못 보는 현학자로, 역사 분야에 들어선 젊은이들이 세상을 걱정하는 마음이 있다면, 본받을 가치가 거의 없는 사람들이라고(여기에서 주목할 점이 있다. 고찰크는 "특수한 대변인들"이 "역사적 증거와 그럴듯함 또는 개연성"을 무시한다고 비난하는 것이 아니라, "그것들만"을 사용하지 않고 "다른 기준들"까지 요구한다고 비난한다. 이 문제를 빈틈없이 다룬 것이다).

그렇다면 역사적 일반화에 관한 그 책에 실린 에세이들에서 고찰크는 어떤 결론을 이끌어낼까? 저자들은 "각기 다른 종류와 다른 수준에서 어쩔 수 없이 일반화를 사용한다는 데 모두 동의하고, 또한 역사학자가 단지 어떤 논쟁의 주제를 제시하기만 한다면, 일반화를 사용할 때 어떤 좋은 목적에 봉사하게 된다는 것에도 모두 동의한다."* 역사학자들은 엄청나게 많은 연구에서 일반화를 하는데, 고작 "논쟁의 주제를 제시하는 것"이 충분히 좋은 목적일까?[120]

사실 역사학자들은 실제로 연구할 때(고찰크도 예외가 아니다)* 현재에 쓸모가 있는 일반화를 제시하는 경우가 많다. 하지만 대개는 무작위로 일어나는 일이라서 학문적인 낭비가 심했다.

예를 들어, 체스터 G. 스타Chester G. Starr는 〈일반화 문제에 대한 반성Reflections upon the Problem of Generalization〉에서,* 일반화의 사례 두 개를 논한다. 하나는 하버드 심리학자인 데이비드 C. 맥크렐랜드David C. McClelland와 그가 데이비드 E. 벌류David E. Berlew라고 소개한 학생의 연구에 있다. 두 사람은 그리스 문학 연구를 이용해서, 그리스 문학에 반영되어 있는 성취동기Achievement Motive(맥크렐랜드가 n 성취라 명명한 것)가 그리스 문명의 성장을 촉진하는 데 중요한 역할을 했다고 결론짓는다. 다른 일반화는 헤르만 슈트라스부르거Hermann Strasburger의 에세이(《사학잡지Historische Zeitschrift》, CLXXVII, 1954)에서 온 것으로, 스타의 표현을 빌리자면, "그리스인은 이상적인 공동체에서 정치적으로 하나라는 의식을 강하게 느끼지 않았고, 반대로 그들이 시골의 개인적 환경에 있다고 생각했다"고 결론지었다.

첫 번째 일반화는 수학을 사용하고 두 번째 일반화는 방법이 더 주관적이라고 지적하면서, 스타는 두 번째가 더 마음에 든다고 말한다.

---

120 다시 한 번 베이컨의 말을 들어보자. "세부에 대한 모든 말다툼은 새로운 논쟁의 씨앗을 끊임없이 뿌리는 것 외에 어떤 결과도 낳지 못한다… 당신이 하는 철학의 목적은 시간의 흐름 속에서 그 의심들, 적들을 살해하고 새로운 지식의 영역으로 진출하는 것이 아니라, 그 불후의 '문제들,' 즉 우리의 카르타고를 막아내는 것, 새로운 논쟁에 항상 준비되어 있게끔 하는 것이다." 벤저민 패링턴Benjamin Farrington이 최근에 번역한 "The Refutation of Philosophies," The Philosophy of Francis Bacon, University of Chicago, 1964.

"새로운 생각을 더 많이 자극"하기 때문이다. 두 번째가 정확히 어떻게 새로운 생각을 더 많이 자극하는지, 그리고 그 새로운 생각이라는 게 무엇인지를 그는 구체적으로 밝히지 않는다. 단지 "가장 바람직한 일반화는 사실들에 새로운 빛을 비추고 이 사실들에 기초해서 새로운 일반화를 낳는 것"이라고만 말한다.* 다른 곳에서는, 일반화가 그 주제에 대한 일반적 견해와 대립할 때 "새로운 생각을 자극한다"라고 말한다. 하지만 일반화가 다른 일반화를 낳기 때문에 또는 이상한 나머지 후속 논쟁을 낳기 때문에 유용하다면, 그 다른 일반화나 그 후속 논쟁의 목적은 또 무엇일까? 그런 일반화로 우리는 순수한 학문적 역사의 울타리를 벗어나지 못한다. 그 일반화가 과거의 사실들이 아니라 현재의 사실들에 새로운 빛을 비추는 결과를 내지 못한다면 말이다. 스타는 이 점을 우리에게 보여주지 않는다.

이제 나는 우리 시대의 문제와 관련이 있기 때문에 중요하게 보이는 일반화의 사례 하나를 고대 그리스의 역사에서 이끌어내고자 한다. 아테네 사회의 송덕문으로 페리클레스의 추도 연설을 선정해서 자세히 분석할 때, 그리고 투키디데스가 기록한 펠로폰네소스 전쟁에서 아테네인이 밀로스인과 그밖의 다른 사람들에게 보인 행동을 연구할 때, 우리는 이성적으로 다음과 같이 일반화할 수 있다. "비교적 인간적이고, 문화가 발달하고, 민주적인 사회가 자국의 영토 안에 존재해도, 그런 속성들이 그 사회의 경계 바깥에서 일어나는 일에까지 미친다고는 장담할 수 없다."

지금 이 일반화는 아테네라는 한 사회를 관찰한 결과에 기초해서 다수의 사회를 설명하고 있지만, 이 일반화는 현재의 어떤 문제가 자극한 결과로 탄생했다. 그 문제는 바로, 민족국가들이(사회주의 국가든 자본주의 국가든) 국내의 특수한 사회체제를 그들이 해외에서 벌이는 '친절한' 행동의 면죄부로 주장하는 경향이 있다는 것이다. 나의 일반화는 두 가지 이유에서 대단히 유용하다. 첫째, 현재 해를 끼치고 있는 다른 일반 개념(이 경우에는, 국가가 국내의 조건이 얼마나 만족스러운지를 자국민에게 호소함으로써 국경 바깥에서 벌이는 잔인함을 희석시키는 논리)에 의심의 눈길을 던지게 하는데, 이 점에서 이 일반화는 부정적인 일반화다. 둘째, 나의 일반화는 하나의 중요한 증거(이 경우에는 한 사회)에 의존해서도 일반화가 나올 수 있다는 잘못된 생각을 증명하기보다는 반박하는 것을 목표로 하기 때문이다.[121]

사실 나의 일반화는 이 문제를 매듭짓지 못한다. 어쩌면 사례가 예외적일지 모른다. 더 많은 논쟁을 부추긴다. 하지만 그 논쟁은 현재뿐 아니라 과거의 역사적 증거를 활용해서 우리 시대의 중요한 문제를 다룬다. 고전학자 M. I. 핀리Finley는 이렇게 말했다. "한 역사 시대의 문제들은 다른 시대의 문제들과 본질적으로 다르지 않다."* 내가 제시한 일반화는, 사회주의 사회는 본질상 다른 나라들에게 부당하거나 제국주의적일 수가 없다는 소비에트의 주장에 회의를 불러일으킬 수 있지만, 그와 동시에 미국은 자유주의 사회이므로 다른 나라에게 하는 모든 행동이 자선일 수밖에 없다는 주장에도 회의를 불러일으킬 것이다. 그 생각을 뒷받침하는 데이터의 보고는 자유주의적인 사양 국가들이

121 칼 포퍼는 과학철학을 주제로 한 저작들에서, 어쩌면 우리는 사회적 "법칙들"을 증명할 수 없고, 대신에 반증은 할 수 있을 것이라고 주장했다. The Logic of Scientific Discovery, Hutchinson (London), 1959.

19세기와 20세기에 아프리카와 아시아에서 저지른 행동들이다. 지금까지 그 생각이 우리의 시야를 피한 이유는 바로, 그것이 우리의 가장 깊은 편견을 가리키고 그래서 우리와 멀리 떨어져 있는 동시에 우리의 생각을 일깨우는 역사적 사건을 필요로 했기 때문이다.

고찰크의 선집에는 쓸모 있는 방식으로 일반화를 시도한 에세이가 있다. 로버트 R. 팔머Robert R. Palmer는 선집 속의 저서, 《민주주의 혁명의 시대The Age of the Democratic Revolution》에서 다음과 같이 말한다. 즉, 그는 목표 중 하나로 "관련성과 유의미성을 시사하는… 몇몇 일반적인 개념"에서 출발했는데, "이 관련성과 유의미성은 결국 이 18세기의 사건들과 지금 살아있는 사람들의 관계를 의미한다." 팔머는 말한다. "나는 노골적으로나 순진하게 바란 것은 아니지만, 나의 책 전체가 혁명에 천성하고 있음을 알고 있다."*

팔머는 영국, 프랑스, 미국은 물론이고 네덜란드, 벨기에, 스웨덴, 스위스에서 일어난 혁명운동을 살펴본 뒤 다음과 같이 결론짓는다. 이 일반적인 운동이 "민주주의의 성격을 띠게 되자… 다양한 나라에서 불만을 느낀 개인들이 국가 제도를 지배 권력으로부터 해방시킨 것에 만족하지 않고 다양한 방식으로 진정한 대의제나 선거권을 관철시켜 사회 체제를 '국민의 것'으로 만들었다." 이 문제는 우리 시대에 지극히 중요하다. 오늘날 우리는, 사회주의와 자본주의, "전체주의"와 "민주주의"를 불문하고 모든 유형의 국가에서 대의제가 허울만 존재하면서 국민의 요구를 대변하지 못하고 진실을 점점 더 흐리게 하는 상황에 다시 한 번 직면하고 있다. 이와 마찬가지로 18세기 프랑스의 삼부회(구체제 프랑스의 신분제 의회—옮긴이), 미국의 식민지 의회, 영국 국민의

회, 스웨덴 국민을 위한 스웨덴의회(이 또한 민주주의를 형식적으로 실시했다)도 불충분해서 군주에 대항할 수 있는 권력을 확대하거나 그 자체의 성격을 개조할 필요가 있었다.

토머스 C. 코크런Thomas C. Cochran은 "역사학자의 사회적 역할의 용도The Historian's Use of Social Role"이라는 에세이에서, 사회학자들이 많이 사용하는 "사회적 역할"의 개념이 역사학자들에게도 유용할지 모른다고 말한다. 이 개념은 개인의 행동, 즉 개인이 그의 상황에서 하는 행동이 그가 속해 있는 문화, 또는 그 문화 안의 어떤 집단의 기대에 많이 의존한다는 관찰 가능한 사실을 가리킨다. 그래서 경찰관이 경찰봉을 사용하는 것은 경찰봉을 사용하게 되어 있기 때문이고, 정치인이 헛소리를 하는 것은 문화가 그것을 정치인의 방식으로 규정했기 때문이고, 교회를 다니는 사람이 프런트에 앉아서 "스톡스 씨는 외출중"이라고 거짓말을 하는 것은 우리의 기업문화에서 접수계원의 **역할**이 성경의 십계명보다 훨씬 더 강력하기 때문이다.

역할의 효과를 역사적으로 추적해보는 것도 유용할 수 있다. 오늘날 사회 변화의 방법을 시사해주기 때문이다. 역할 개념은 우리가 사회 변화를 결심할 때에도 중요하다. 어떤 행동들은 인간의 "문화"에 무기력하게 뿌리 내린 것이 아니라 역할 맡기기의 결과이고, 그래서 일단 사회가 새로운 기대를 형성하면 그 행동이 충분히 바뀔 수도 있기 때문이다.

고찰크의 선집에서 데이비드 포터의 에세이는, 역사학자는 비록 자신이 사실들을 경험적으로 수집하는 사람이라고 주장하거나, 주관적일 수 있다는 이유로 일반화를 거부한다 해도, 결코 이론화를 피할 수 없다는 점을 우리에게 일깨워준다. 그래서 "진짜 선택은 심사숙고해서 명확한 전제를 의식적으로 적용하는 것과, 승인받지 못한 불합리한 전제를 무의식적으로 적용하는 것 사이에 있다."*

저술된 역사가 안델레의 말마따나 "그 자체가 목적"이라는 것 역시 오늘날 역사학자들의 승인받지 못한 전제 아닐까? 역사학자는 고찰크가 표현한 대로 단지 "논쟁의 주제를 제시"하기 위해서만 일반화를 함으로써, 현재의 정치 구조를 현 상태로 유지하는 역할을 무의식적으로 하고 있지 않은가? 우리의 문화가 우리에게 강요하는 전제와 역할을 우리는 어떻게 피할 수 있을까? 어쩌면 역사 속으로 깊이 뛰어들었을 때 우리는 프랜시스 베이컨을 통해 "지식의 가장 심오한 목표"는 "인간의 이익과 소용"임을 다시금 깨닫게 될지 모른다.

19. 철학자

역사를 사유하는 철학자들에게 우리는 무엇을 기대할 수 있을까? 나의 기본 전제—역사 연구는 우리가 바람직한 어떤 목표들로 나아가게끔 도와야 한다는 전제—하에서, 철학자들은 가치 있는 많은 일들을 할 수 있다. 윤리학자로서 그들은 역사학자들이 가치에 대한 생각을 명료하게 하도록 도울 수 있다(다원적 가치의 문제, 가치 위계 등). 논리학자로서 그들은 전제에서 결론에 이르는 역사학자의 연구 과정을 점검할 수 있다(예를 들어, 관행적인 역사 분석에서 추론해낼 수 있는 다음과 같은 삼단논법: 미국 언론은 스페인과의 전쟁을 극성스럽게 요구했다. 그러므로 스페인-미국 전쟁의 책임은 여론에 있었다. 그러므로 전쟁을 일으키는 것은 전쟁에 대한 대중의 열망이다). 언어분석의 전문가로서 그들은 역사학자들이 사실적 진술문과 이론적 진술문을 더 정확하고 명료하게 표현하고, 공상적인 진술(예를 들어, 청교도들이 "자유롭고 행복한 사람"이었다고 말한 모리슨의 진술)을 알아보게 할 수 있다. 하지만 어찌 됐든 나는 철학자에게 주어진 재능을 발휘하는 것이 역사철학자들의 목표가 되어야 한다고 생각한다. 그것은 바로, 역사학자와 철학자는 물론이고 모든 사람이 관심을 갖고 있을 어떤 인간적인 목표를 향해 전문가들이 나아갈 수 있도록 더 큰 관점에서 그들의 연구를 비평하는 일이다.[122]

내가 방금 제안한 그런 길잡이가 없다면 역사철학자들은 그들이 "흥미로운" 것을 이야기하고 있다는 이유만으로 우리의 존경과 주목을 요구할 것이다. 그 흥미가 순전히 학문적이거나 편협하리만치 전문적인 경우에도 말이다. 내가 제안한 그런 기준을 사용한다면, 지난 10년간 미국에서 진행된 역사철학 논의는 대부분 하찮고, 허세 가득하고, 무가치했다고 결론짓게 된다.

먼저 역사의 "설명"을 둘러싼 끝없는 논쟁을 살펴보자. 이 논쟁은

---

122 《대혁신The Great Instauration》 있는 베이컨의 권유를 역사에 적용하면 이 문장과 같아질 될 것이다. 베이컨은 지식을 추구함에 있어, "정신의 쾌나 만족이나 우월감을 목표로 하지 말고… 삶의 이익과 소용을 목표로 하라"라고 충고했다. 지식을 관조적인 목적으로 보는 아리스토텔레스 및 아퀴나스의 관점과 대조된다. Francis Bacon, The New Organon and Other Writings, Bobbs-Merrill (Liberal Arts Press), 1960, p. 15. 이 요점 전체에 대한 훌륭한 주장이, 한스 존스Hans Jones의 "The Practical Uses of Theory," Social Research (Summer 1959, pp. 127~66)에 있다. Maurice Natanson, Philosophy of the Social Sciences (Random House, 1963)에 재인쇄됨.

하지만 우리는 이 문제에 있어 아테네의 유산은 꽤 변덕스럽고 아리스토텔레스도 "아리스토텔레스적" 양식을 뚜렷하게 보이지 않았다는 점에 주목할 필요가 있다.《역사의 의미The Meaning of History》(Braziller, 1964, p. 36)에서 에리히 칼러Erich Kahler는 다음과 같이 말한다.

"그리스인은 아직은 지식을 위한 지식을 추구하지 않았고, 기술적 이익이나 경제적 이익을 위해 지식을 추구하지도 않았다. 그들은 우리의 역사과학과 사회과학처럼 목적 없이 사실을 그러모으는 데 관심이 없었고, 이론상의 실용주의, 즉 미래에 사용할 수 있도록 데이터를 모으는 일에도 관심이 없었다. 그런 데이터는 행여 요구가 있다 해도 일관성이 없는 자료 더미 속에 있어 접근하기가 거의 불가능하다. 그리스인들의 역사 연구는 우리와 완전히 다르게 실용적이었다. 그리스인들은 그들의 세계에서 방향성을 잡기 위해, 올바른 방식으로 살아가기 위해 알고자 했다. 지식은 행동과 긴밀하게 연결되어 있었고, 더 나아가 행동의 일부분이었다."

지난 10년 동안 발표된 역사철학서를 거의 다 지배해왔다. 예를 들어, 미국 역사철학의 주요 출판물인《역사와 철학》의 지면을 선점했고, 1962년 뉴욕대학에서 열린 역사철학 심포지엄에서 주요 논제들 속에 포함되었으며, 패트릭 가디너Patrick Gardiner의《역사 이론Theories of History》과 같이 역사철학을 포괄적으로 연구하고자 한 최근의 책에서 전체 공간의 4분의 1을 차지하고 있다. 2차 세계대전이 끝난 뒤로 미국 역사철학에서 단연코 가장 많이 다뤄지는 주제라고 해도 과장이 아니다.

내가 주장하고자 하는 것은 이 모든 논의가, 역사는 "아무도 묻지 않는 질문에 답을 하는 귀머거리"*라고 규정한 톨스토이의 정의에 딱 들어맞는다는 것이다. 만일 귀머거리가 하나의 집단—즉, 학자들의 협회—이라면, (사학과 인문학 학자들의 궁극적 관심의 대상인) **사회**가 그런 질문을 던지지 않았다는 사실은 학자들이 서로 질문을 주거니받거니 해왔고 그렇게 해서 겉으로 고민하는 모습을 유지해왔다는 사실에 가려 잘 보이지 않는다.

내가 보기에 논쟁의 원천은, 역사를 과학으로 생각하고자 하는 일부 역사학자들의 달랠 길이 없는 욕망과, 그것이 옳다고 그들에게 보증해주고 싶어 하는 일부 철학자들의 충동이다. 이 때문에 이번에는 다른 역사학자들과 철학자들이 흔쾌히 그런 전제에서 결함들을 파헤치고 다른 종류의 입장을 찾아내, 과학이란 지위 대신 현대 문화의 어떤 필수적인 기능을 배정한다. 그래서 토론은 꼬리에 꼬리를 물고 계속되지만, 이 모든 토론은 애초에 공허한 질문에서 시작됐고, 그래서 실질적인 사회 문제로 고통 받는 사람들은 (어떤 통찰, 그들을 대변하는 어떤 행동을 낳을 것 같지 않으면) 그런 질문에 관심을 갖기가 어렵다. 토론에 참여한 학자들은 이 두 번째 목표를 완전히 잊고서 학술적 다툼을 즐긴다. 학계의 논쟁은 비록 본래의 질문에 아무런 목적이 없다 해도 크기가 계속 불어나는 경향이 있다. 미식축구에서 공을 깔고 엎어진 선수들 아래에 설령 공이 없어도 그 더미 자체가 자석처럼 더 많은 선수들을 끌어당기는 것과 비슷하다.

지금의 논쟁은 칼 헴펠Carl Hempel의 글 〈역사에서의 일반 법칙의 작용The Function of General Laws in History〉에서 시작되었다. 1942년 《철학저널Journal of Philosophy》에 이 글이 실린 이후로 공격과 변론이 꼬리에 꼬리를 물고 이어진 것이다. 일반법칙(또는 "보편 가설"—저자는 이렇게 명명했다)은 자연과학뿐 아니라 역사에도 적용되며, "역사 연구에 없어서는 안 될 수단"이라고 헴펠은 규정한다. 보편 가설에는 다음과 같은 규칙성이 있다. "특수한 시간 및 장소에서 특수한 종류의 사건 C가 발생하는 모든 경우에, 그 시간 및 장소와 특수한 방식으로 연결된 시간 및 장소에서는 특수한 종류의 사건 E가 발생한다." C와 E는 원인과 결과를 가리키고, 그래서 자연과학처럼 역사에도 일반 규칙에 기초한 인과적 설명이 있다고 헴펠은 말한다.

헴펠은 이제 이 원인-결과의 일반화 요소들을 더 구체적으로 묘사한다. 그는 자연에서든 역사에서든 어떤 사건에 대한 과학적 설명에는 두 가지 공통 요소가 있다고 말한다.

1. "설명할 사건의 결정적 조건들"(만일 설명할 사건이 자동차 라디에이터의 금이라면—헴펠은 이렇게 예를 든다—결정적 조건들은 그 사건의 특수한 상황들일 것이다. 즉, 자동차를 밤새 거리에 주차해놓은 것, 라디에이터에서 물을

빼지 않은 것, 기온이 영하로 떨어진 것.)

2. "설명의 토대가 되는 일반 법칙"(이 경우에 일반 법칙은 정상적인 기압에서 물이 섭씨 0도에서 언다는 법칙이다.)

헴펠은 이것을 역사해 적용해서 두 가지 사례를 제시한다. 하나는 오클라호마의 농부들이 캘리포니아로 몰려간 더스트볼 이주(Dust Bowl. 모래바람이 휘몰아치는 미국 대초원의 서부 지대—옮긴이) 사건으로, 여기에 적용되는 일반 법칙은 사람들은 삶의 조건이 더 나은 곳으로 이동하는 경향이 있다는 법칙이라고 한다. 두 번 사례는 혁명으로, 이 설명에는 인구 중 다수가 불만을 느낄 때 혁명이 일어나는 경향이 있다는 일반 법칙이 적용된다는 것이다. (예를 들어, 혁명의 경우에) "다수의 불만이 혁명으로 발화하려면 정확히 어느 정도로, 어떤 구체적 형태를 띠어야 하는지, 또는 환경의 조건들이 어때야 하는지를 말하기는 매우 어렵다."는 점에서 이것은 약한 "일반 법칙"이다. 또한 물론 이주 사건이 발생하기 전에도 분명 다른 많은 요인들이 필요하다.

사실 역사에는 엄격한 인과적 설명(C가 발생하는 모든 경우에 E가 발생한다)이 없는 듯하므로 헴펠은 "보편 가설" 대신에 "확률 가설"을 도입하자고 제안한다. 이때에도 역사는 다른 과학들과 근본적으로 다르지 않다. 예를 들어, 의학에서 홍역이 걸린 적이 없는 사람이 홍역에 걸린 사람과 함께 있으면, 의사는 그 사람이 홍역에 결릴 확률을 제기할 수 있다. 헴펠은 또한 특히 역사를 설명할 때에는, 설명해야 할 사건 속에 미지의 것이 아주 많이 들어 있으므로 완전한 설명보다는 "설명 스케치"가 가능하다고 제안한다. 하지만 그래도 과학적 입장은 흔들리지 않는다고 말한다. 어떤 신비하고 비이성적인 설명(인종, 손금 등등)과 반대로, 적어도 빈 자리를 채워 넣을 가능성이 있기 때문이다.

역사학자들은 아주 간단한 이야기를 써도 의도와 상관없이 일반 법칙을 사용하게 된다고 헴펠은 지적했다. 예를 들어, "나폴레옹의 군대는 러시아의 잔인한 겨울에 쫓겨 퇴각했다"에는 기상학의 법칙이 배어 있다. 어떤 역사학자들은 마음으로 역사적 인물들의 입장에 서고, 감정을 이입해서 그들의 행동을 이해하는 방식으로 과거를 "설명"할 수 있다고 하지만, 헴펠은 이 주장에 반대한다. 그런 설명에도 심리학의 일반 법칙이 포함되어 있다는 것이다. 정신병자의 행동을 설명할 때, 심리적으로 그의 입장이 될 수는 없어도 이상심리의 법칙을 알면 그의 행동을 "설명"할 수 있다.

설명에 대한 헴펠의 견해는 과학철학의 언어로 "연역 모델" 또는 "포괄 법칙" 모델이라 불린다. 어떤 사건을 둘러싼 특수한 조건 + 그런 사건들을 포괄하는 일반 법칙으로부터 그에 대한 설명을 연역해내기 때문이다. 조금 더 기술적으로 들어가서 헴펠은 그 설명 과정은 두 가지 요소, 즉 피설명항explanandum(설명할 사건. 예를 들어, 오우키들[Okies. 1930년대의 오클라호마 주 출신의 방랑 농부—옮긴이]의 캘리포니아 대이동)과 설명항explanans(포괄적인 법칙 플러스 선행 조건들: '곤경에 처진 사람들은 더 나은 환경으로 이동한다.' + '오우키들이 곤경에 처했다.')으로 이루어진다고 생각한다.

이 에세이에서 헴펠의 목적은 (물리학, 생물학, 역사학 등을 망라하는) "경험 과학의 방법론적 통일성"을 보여주는 것이다. 이 모든 학과는 일반화라는 토대 위에서 구체적인 현상을 설명한다고 그는 말하고 있다.

먼저 헴펠의 주장에서 합리적인 부분, 즉 역사적 설명이란 "법칙"(보편적 타당성을 의미한다)보다는 덜 정확하지만 충분히 타당해서 유용할 수 있는 일반화를 수반한다는 생각을 승인해보자. 이제 내가 "링컨은 노예제에 반대하는 감정에서라기보다는 노예폐지론자들의 압력, 군사적 실익, 대중의 지지를 유지할 필요성 때문에 노예 해방령에 서명을 했다"라고 말한다면, 나는 적어도 다음과 같은 일반 개념들에 호소하고 있는 셈이다. (1) 목소리를 내는 소수집단은 미국 대통령에게 어느 정도 영향력을 행사한다. (2) 정치 지도자를 움직이는 동기로서 도덕적 관심사는 정치적 이득보다 덜 중요한 요인이다. 이 두 가지 일반화가 미국 역사에 존재하는 다른 모든 대통령의 행동이나 모든 역사에 존재하는 다른 모든 정치 지도자들의 행동을 100% 확실하게 설명해주지는 못한다. 하지만 과거의 행동에 대해 대체로 옳고(과거 정치인들의 다른 많은 행동에 관한 연구에서 이끌어낸 사실이다), 미래의 행동에 대해 충분한 예측력이 있어서, 도덕이 정치 지도자들의 판단에 미치는 영향을 관찰하기 시작하는 초보자들의 순진함을 다소 줄여주고, 우리 자신의 행동이 압력으로 작용할 수 있음을 가리켜준다. 이 구체적인 설명의 요점은 전후에 일어난 비슷한 사건들을 하나의 고리로 연결할 수 있다는 것이다. 이 방법은 일반화를 **사용**해서 당면한 설명에 도움을 주고, 미래에 다른 사건들을 설명함에 따라 그 일반화의 힘을 **강화**한다. 이 방법은 확실한 지침은 될 수 없지만 암시적인 지침은 될 수 있다. 가장 약하게 찬성하자면, 어떤 문제에 접근할 때 무에서 출발하는 것보다 이 방법이 **충분히** 더 유용하다.

지금까지 나는 헴펠의 "포괄적 법칙" 이론에 찬성했지만, 사실 내가 찬성하는 수준은 그 자신이 제시한 엄격한 방법론에는 미치지 못한다. 사회과학은 그 어떤 **보편** 법칙도 발견하지 못해왔다고 (옳게) 지적하면서 그의 이론에서 완전히 등을 돌리는 비판가들이 있지만, 나는 이렇게 순화된 관점을 통해 그 중 일부가 헴펠의 이론을 재고해볼 수 있기를 바란다. 나는 역사의 사건들은 고유하지만, 또한 우리에게 도움이 될 정도로 공통적인 특징들을 충분히 갖고 있다고 생각하며, 이제 이를 입증하고자 한다. 1965~68년까지 미국 도시에서 흑인 봉기의 패턴을 연구한 결과로부터, 우리는 그 중에 많은 봉기가 게토 지역에서 흑인을 단속하던 백인 경찰의 행동 때문에 발화했음을 알게 된다. 이로부터 경찰의 관행상 도시 안정과 인종적 정의를 강화하는 변화가 필요하다고 결론짓는 것이 합리적으로 보인다. "백인 경찰의 잔인함이 흑인의 성난 반응을 자극한다"라는 명제가 **보편** 법칙은 아니지만 말이다.

헴펠을 비판하는 사람들은 역사와 과학이 다르다는 것을 열심히 증명하지만, 과학이 점점 더 자신의 진리를 보편적이 아니라 확률적인 것으로 인정한다는 사실을 잊곤 한다. 어니스트 네이글Ernest Nagel은 과학과 상식을 다음과 같이 구분한다. 과학에서는 "새로운 데이터를 얻었을 때 그와 비슷한 구조를 가진 증거가 입증한 결론의 상당 부분이, 새로 나온 사실적 데이터와 여전히 잘 일치한다."* 그는 "결론의 상당 부분"이라고 표현했지만 이 때문에 역사에 보다 더 엄격한 요구를 할 필요는 없다. 나는 지금 사회과학보다 자연과학에서 확률의 수준이 훨씬 높다는 것을 부인하는 것이 아니라, "과학적 지식"을 확실한 지식, 보편적 지식 또는 절대적 지식과 혼동하지 말아야 한다고 주장하는 것이다.

피에르 뒤엠Pierre Duhem은 "물리학의 법칙은 엄밀히 말해, 참도 거짓도 아닌 근사치"라고 말한다.* 뒤엠이 말한 요점의 핵심은, 법칙이 얼마나 옳은가는 그 용도에 달려 있다는 것이다. 어떤 일반 진술은 어떤 목적으로 사용될 때에는 충분히 참이지만, 다른 목적으로 사용될 때에는 매우 부정확하다. 따라서 역사에서 일반화가 적절한지 아닌지, 또는 옳은지 그른지를 생각할 때에는 일반화된 개념이 (실제의 사용처와 무관하게) "법칙"이 될 수 있는지를 추상적으로 고려하지 말고, 바로 이 **실용주의적** 견해를 염두에 두어야 한다.

이 진술은 헴펠의 포괄적 법칙의 유용성을 어느 정도 뒷받침지만, 또한 햄펠의 생각에 잠복해 있는 약점을 드러내기도 한다. 그의 "포괄법칙" 개념은 역사학자의 어떤 **목적**과도 무관할 수 있고, 그래서 그 목적이 가질 수 있는 어떤 의미도 제거할 수 있기 때문이다. 역사적 사건을 "설명"한다는 것은 그 설명의 목적이 무엇인지를 모른다면 무의미하다.[123] 하지만 헴펠은 "설명"이란 목적과 무관한 추상적인 일이라고 말한다(우리와 논의할 필요가 없다고 생각하는 어떤 목적이 따로 있는 것은 아닐까?).

헴펠이 역사와 과학의 공통 기반을 발견한 것은 역사에서 일반화의 정도를 입증할 때 유용하다. 이는 근본적으로 중요한데, 왜냐하면 만일 우리가 단지 개별 사건을 고유하게만 생각하고 다른 시대의 다른

123 존 패스모어John Passmore("Explanation in Every Life, in Science and in History," History and Theory, 1962, Vol. 2, pp. 105~23)는 "설명"의 다른 의미 아홉 가지를 열거하고 설명에는 그 **목적**에 따라 다른 요구조건들이 딸린다고 유용하게 지적한다. 이 지적은 학문의 관조적인 목적과 역사 **속에서의** 행동과 관련된 목적의 차이에 대한 나의 기본 요점과 일치한다.

사건과 연결시키지 못한다면 역사 연구는 현재와 미래에 행동할 능력이 아니라 죽은 과거에 대한 지식만을 높여주기 때문이다. 역사적 사건은 고유하기 때문에 역사는 "다르다"고 하는 역사학자의 주장은 심하게 과장된 것이다. 자연의 사건들 역시 고유하다. 낙하하는 물체를 일반적으로 포괄하는 "법칙"이 존재하는 것은 맞지만, 역사상 낙하를 했던 모든 물체에 대한 모든 설명은 저마다 약간씩 다르다. 낙하하는 모든 물체에 적용할 수 있는 일반 법칙의 너머에는 항상 구체적인 물체의 낙하 운동에 영향을 미친 고유한 환경이 있기 때문이다. 이론물리학자 마리오 붕게Mario Bunge는 다음과 같이 말한다.[124]

> 사회-역사적 사건의 성격이 고유하고, 반복되지 않고, 특수하다는 것은 논란의 여지가 없다. 문제는 이 고유성, 즉 아인말릭카이트Einmaligkeit가 인간사에만 특유한가 아니면 모든 구체적 사물의 속성인가(분명 사회나 문화에서보다 그 수준과 범위가 낮다고 해도) 하는 것이다… 이제 생각이 깊은 물리학자라면 두 개의 물체가(질량이 부여되었든 아니든 간에) 어느 누구도 정확히 똑같은 상태에서 정확히 똑같은 장들과 상호작용을 한다고는 믿지 않는다. 어떤 두 개의 미시적 사건도 엄밀하게 동일할 수는 없다.

그런데 과학자들이 하는 설명과, 요즘 역사학자들이 가장 많이 하는

124 Mario Bunge, Causality: The Place of the Causal Principle in Modern Science, Meridian, 1963, pp. 265~66. 또한 다음의 구절을 보라. "복잡성 외에도 다른 요인이 역사의 법칙성을 흐리게 하는 경향이 있다. 종류를 막론하고 하나의 과학 법칙은 구체적이고 특수하고 개별적인 사건을 설명하지 못한다는, 우리가 자주 망각하는 사실이 그것이다. **과학 법칙은 사실의 종류를 설명할 뿐이다**…" (강조는 저자) p. 270.

설명에는 큰 차이가 있다. 과학자는 과거의 고유한 사건을 설명 자체를 위해 설명하는 일에 전념하지 않는다. 사건의 고유한 성질들은 정의상 반복되지 않는 성질이고, 그래서 지적 호기심을 충족하는 것 이상의 가치를 갖지 않는다. 사건에서 과학자의 관심을 끄는 성질은 일반화할 수 있는 성질이다. 다른 현상에 적용될 수 있고, 죽은 과거의 사건에서 남겨진 살아 있는 잔여물이며, 살아 있는 세계로 옮아갈 수도 있기 때문이다. 요즘 과거의 **그 사건**을 설명하는 일에 집중하는 역사학자는 그 사건의 고유성, 다시 말해 시체에 집중하는 셈이다.

그러나 헴펠은 설명의 목적 또는 기능에 대해 논하지 않고, 그래서 우리는 일반화할 수 있는 모든 역사적 사실을 동등하게 볼 수 있는 위치에 놓이게 된다. 즉, 모든 역사적 사실들이 헴펠이 다루고 있는 방법론(포괄 법칙)에 동등하게 종속된다. 하지만 헴펠은 방법론에 집착하고 설명의 인간적 목적을 무시함으로써—결국 다양한 설명을 방법론의 타당성에 따라서만 판별하고 그 의미에 따라서는 판별하지 않게 된다—역사적 설명에서 그 인간적 의미를 잘라내버린다(어쩌면 다음과 같이 이해할 수도 있다. 자연과학자는 연구를 할 때 어떤 인간적 목적을 항상 가정하며, 그래서 헴펠은 이 방법론 이전의 목표가 역사 저술에도 자동적으로 적용된다고 생각하는 것이다. 하지만 애석하게도 역사학자들은 그런 목적을 보편적으로 인정하지 않고 있다).

심지어 "과학"에 비추어 볼 때에도 이 접근법은 운신의 폭이 좁다. 맑스 바르토프스키Marx Wartofsky가 과학의 "물화物化"에 대해 말했듯이, 그런 접근법에는 결함이 있다. "어떤 탈인간적 또는 초인간적인 실체나, 실재 그 자체, 또는 자신의 모태이자 발전의 자양분인 인간적 조건, 필요, 관심사와 분리된 '물체'로 여겨지게 되는데, 이렇게 물화된 과학은 위험을 안고 있다. 과학과 상식, 과학 활동과 기본적인 인간 활동, 과학적 이해와 공통의 이해의 연속성이 깨지는 것이다… 과학이 '조직화되고 체계화된 지식'이라는 정의는 그 구조의 관점에서 과학의 특징을 말한다. 하지만 과학은 하나의 활동, 지속적인 탐구 과정이기도 해서, 구조에 의거한 묘사만으로는 불충분하다. 이런 점에서 우리는 과학의 목표나 목적과 관련하여 과학의 기능, 활동 양식, 전형적 절차의 특성을 묘사할 필요가 있다."*

헴펠의 "과학적" 접근법을 차가운 방법론으로 보는 다른 철학자들은 역사 연구를 다르게 묘사해서 역사를 "인본주의적" 학과로 복원시키고자 한다. 그러나 헴펠을 비판하는 그들도 헴펠과 똑같은 실수를 범한다. 그들도 역사 저술의 인간적인 목적을 무시하고 방법론에 집중하는데, 역사 저술을 비판적으로 분석해서 역사학자들에게 제안하기보다는 역사학자가 실제로 어떻게 연구하는지를 수동적으로 묘사하는 데 그친다.

"포괄 법칙" 접근법을 비판하는 다양한 철학자들의 말은 다음과 같은 문장들로 간략히 요약할 수 있다. '역사학자들은 사실 헴펠이 주장한 방식으로, 즉 무의식적으로 일반화를 하지 않는다.' '그런 일반화의 기능을 하는 어떤 사회 "법칙"도 존재하지 않는다.' '역사는 물리학과 생물학 못지않게 고상하면서도, 다른 지위를 갖고 있다. 인본주의적인 노력이 우리에게 과거에 대한 "설명"이나 "해석"이나 "이해"를 줄 때에도, 헴펠이 역사학자에게 부과하는 것과 같은 "과학적" 설명의 엄밀한 야심은 없기 때문이다.'

하지만 반헴펠주의자들은 역사학자의 방법이 기여할 좋은 자리, 정말 **인간적** 목적을 찾지 않고서 역사 연구를 할 수 있는 다른 종류의 전문적인 생태적소를 발견한다. 그리고 '이 모든 일은 무엇을 위한 것인가?' 하고 묻지 않는다. 헴펠 식으로든 그들 식으로든, 우리가 마라톤 전투를 "설명"한다고 가정해보자. 그때 우리는 어디에 있게 되는가? 예를 들어, 헴펠을 비판하는 철학자 중 마빈 레비치Marvin Levich는 헴펠의 기준으로는 역사의 어떤 것도 유효하게 설명할 수 없다고 조롱하면서, "이성적 이해"와 "해석"이란 말이 역사학자가 하는 일을 더 겸손하고 정확하게 묘사하는 말이라고 지적한다. 그런 뒤 그는 세 가지 문제를 예로 든다.*

1. M. H. 제임슨 교수가 발견한 돌비문 때문에 페르시아 전쟁의 역사, 특히 480년의 원정을 수정할 필요가 있는가?

2. 앤드류 마블Andrew Marvell(《아일랜드에서 돌아오신 크롬웰 각하에게 바치는 호라티우스 풍의 송가》의 저자—옮긴이)은 "호라티우스 풍의 송가"를 지을 때 크롬웰을 어떻게 생각했는가?

3. 5세기의 아테네는 어느 정도까지 민주주의 사회였는가?

레비치의 세 번째 질문은 현대의 민주주의를 비추는 질문으로서 생산적일 수 있다. 하지만 앞의 두 질문은 심미적 관심 이상의 무엇을 비추는가? 두 질문은 중요한 문제인가? 그 "해석" 또는 "이성적 이해"가 우리와 중대한 관계가 있는가? 겉으로는 평등하게 나열된 세 질문을 볼 때 우리는 다시 한 번 이 모든 역사적 사유의 무목적성, 즉 대수롭지 않은 질문과 중요한 질문을 무차별로 한데 묶는 무의미함을 통감하게 된다. 마블이 〈호라티우스 풍의 송가〉를 쓸 때 크롬웰을 어떻게 생각했을까 하는 문제에 우리의 한정된 지적 자원을 쓰지 말고, 5세기 아테네를 현대 민주주의의 문제와 관련지어 연구하는 것만으로도 충분히 골치 아프지 않겠는가?

헴펠을 가장 강력하게 비판하는 철학자는 윌리엄 드레이William Dray로, 그는 (《역사의 법과 설명Laws and Explanation in History》이란 책과 다양한 논문에서) 역사학자들에게 헴펠이 주장하는 것과 다르게 행동하라고, 즉 "포괄 법칙"을 사용하지 말라고 제안한다. 역사학자는 어떤 일이 **왜** 일어났는지를 설명하기보다는 **무엇이** 일어났는지를 설명하는—그리고 어쩌면 어떤 사건을 "사회 혁명"이라고 부르는 식으로 명명하는—편이 바람직하다는 것이다. 드레이는 이렇게 말한다. "역사학자의 문제는 **과거에 실제로 무엇이** 일어났는지를 밝혀내는 것이다. 그리고 그 일을 다룰 때 '그것은 여차여차한 일이었다'라는 형식으로 설명하면 된다."*

드레이의 요점은 명백한 동시에 사소하다. 당연히 역사학자들은 그런 일을 한다. 그리고 당연히 이것은 헴펠의 "일반 법칙"이 아닌, "일반 개념"의 사용이라 할 수 있다. 하지만 이 관찰법의 중요성은 무엇인가? 그의 관찰법은 **무엇을 위해서?**라는 질문에 답을 하지 못한다. 그의 "일반 개념"은 "일반 법칙"보다 더 유용한가? 유용하다면, 어떻게, 어떤 목적에 유용한가?

드레이는 역사학자의 설명을 듣는 국민들의 의식에 이런저런 일반화가 미치는 효과에 대해서는 왜 탐구하지 않을까? 뉴딜을 "사회 혁명"이라 부르면 미국 국민을 위로하는 효과가 있을지는 모른다. 하지만 1960년대의 미국에 가난이 광범위하게 퍼져 있음을 고려할 때 우리는 그 위로에도 불구하고 미국 국민이 그 "사회 혁명"의 심각한 한계를 충분히 인식하지 못했다고 결론짓게 된다. 드레이는 역사학자가 "계몽 시대," "르네상스" 같은 일반 개념으로 압축을 하면, "광범위한 사실을 하나의 체계나 패턴으로 묶을" 수 있게 된다고 말한다. 어떤 목적을 위해서? 개념은 우리를 인도할 수도, 호도할 수도 있고, 구체적인 가치에 기여할 수도, 해가 될 수도 있다. 흑인을 가장 심하게 린치했던 시대를 "진보의 시대"라 부르는 것이 학생들의 세대에 어떤 영향을 미치고 있는가?

드레이는 일반 개념의 **감정적** 성격이라는 이 중대한 문제를 무시한다. 역사학자들이 "그것은 여차여차한 일이었다" 같은 개념을 사용한다고 지적하는 것은 분명 철학자에게는 하잘것없는 일이다. 만일 철학자들이—언어 분석가로서—"급진적 재건" 같은 용어가 미국 국민에게 어떤 영향을 미치는지, 또는 흑인 폭동을 "반란"이라 부르는 것이 왜 의미 있는지를 지적한다면 이는 얼마나 유용한 역할인가? 물론 드레이는 국민에게 영향을 미치는 것은 자기가 착수한 일이 아니라고 항변할 것이다. 그가 목표한 것은 단지 역사학자가 하는 일을 묘사하는 것이라면서 말이다. 하지만 물론 다른 사람들은 드레이가 하는 일을 묘사하는 데 머물 필요는 없다. 드레이와 다른 가정을 갖고 있다면, 즉 학자는 묘사에 그치지 말고 평가도 해야 한다고 믿는다면 말이다.[125]

125 드레이가 주장하는, 일단의 사건을 한 이름 아래에 묶는 과정을 가리켜, 역사철학서를

포괄적 법칙은 "인본주의를 지향하는 역사학에 일종의 개념의 장벽을 친다"는 이유로 드레이는 그 원리에 반대한다.* 그리고 이렇게 말한다. "역사 연구를 하게 만드는 추진력은 다른 무엇보다도 인간적인 호기심, 다른 시간과 장소에서 사람들이 어떻게 살았는지를 발견하고 상상을 통해 재구성하고자 하는 관심이다." 물론 "호기심"은 인간의 속성이고 충족시킬 가치도 있지만, 우리가 "인본주의를 지향하는" 학문이라고 여기는 것이 고작 그런 것일까? 단지 과거를 발견하고 재구성하는 것? 주어진 시대에 개인들의 심미적 목표라면 누가 호기심 충족에 반대할까? 하지만 호기심 충족이 한 시대의 큰 사건을 역사적으로 연구하는 일의 주된 관심사일까?

헴펠은 어떤 "포괄 법칙"을 통해 하나의 역사적 사건을 다른 사건들과 연결시키는 요소에 관심을 두는 반면에, 드레이는 사건의 고유성에 관심을 둔다. 물론 사건의 고유한 성질들은 어떤 포괄 법칙으로도 설명되지 않는다.*

> 역사학자가 프랑스 대혁명을 설명하기로 마음을 정했을 때, 그 사건이 혁명이라고 설명하는 데에만 관심을 갖지 않는다는 것이 나의 주장이다. 그렇게 한다면 천문학자가 식蝕의 사례로 어떤 일식을 설명하는 데 관심을 쏟는 것과 같을 것이다. 역사학자는 거의 변함없이 프랑스 대혁명을 다른 혁명들과 다르게 보는 일에 관심을 갖는다… 역사학자가 자신이 선택한 문제

쓴 또 다른 저자, W. H. 월시Walsh는 "적절한 개념 아래에 총괄하는 것"이라고 명명한다(Philosophy of History, Harper [Torchbook edition], 1960). 하지만 이 명칭도 우리에게 큰 도움이 되지 않는다. 사실 역사적 절차를 "명명"하는 것 자체가, 우리에게 중요한 어떤 일을 했다는 느낌을 주면서 우리의 학문적 수동성을 영속화한다.

에 충실하다면, 혁명에 대한 일반 지식에서 파생된 포괄적인 일반화에 호소하진 않을 것이다.

그런 뒤 드레이는 역사 연구의 전제조건은 고유한 것에 관심을 두는 것이며, 이 점에서 역사 연구는 과학 연구와 다르다는 취지로 영국 철학자 마이클 오크샷Michael Oakeshott의 말을 인용한다. "역사적 사실을 일반 법칙의 사례로 간주하는 순간 역사는 멀어진다."[126]

바로 이것이 "역사학자들이 그들의 제재에 접근하는 특징적 성격이다"고* 말할 때 드레이는 그들의 접근법을 발견했다고 기뻐한다. 비판에는 개의치 않으면서. 물론 그는 정확히 발견했다. 많은 역사학자들의 주된 관심은 과거를 죽은 사건으로서 다루는 것이니까. 그들은 죽은 사건들과 우리 주변에서 일어나는 살아 있는 사건들의 연관성을 찾는 일은, 삶에 더 관심이 있는 다른 사람들에게 떠넘긴다. 하지만 모든 역사적 사건에 고유한 것들은 이미 죽은 것들이고, 역사학자 그 자신의 일을 고유성에 초점을 맞추는 것으로 본다면 그 순간 역사학자는 검시관이 된다.

그렇다고 해서 역사적 사건의 고유한 성질이 심미를 자극하고 그런

---

126 William Dray, Laws and Explanation in History, Oxford University, 1957, pp. 47~48. 다시 한 번 우리는, 과학철학자들은 물리적 사건들을 "포괄"하기 위해 그런 거창한 주장을 하지 않는다는 사실에 주목해야 한다. "일반 법칙"은 보편 법칙이 아니다. 붕게는 "예외"라는 말이 비과학적인 말이 아니라고 말한다. "… 예외는 단지 사건의 집합에서 빈도수가 가장 낮은 것을 가리킨다." Causality, p. 266. 이와 마찬가지로 한스 라이헨바흐Hans Reichenbach도 자연과 사회 어느 쪽에서나 "법칙"은 보편적이 아니라 확률적이라고 주장했다. "The Logical Foundations of Probability" in Readings in the Philosophy of Science, edited by Feigl and Brodbeck, Appleton-Century-Crofts, 1953.

성질이 역사 연구에 극적인 흥미를 부여한다는 사실을 부인하려는 게 아니다. 하지만 그 고유성 안에는, 아직 살아 있기 때문에 우리의 흥미와 관심을 불러일으키는 공통된 핵심들이 들어 있다. 바로 이 핵심들이 역사를 생기 있게 한다. 만일 우리가 스스로의 직무를 당면한 심미적 쾌, 개인적 관심에 한정한다면 고유성을 뛰어넘을 일이 없다. 하지만 "설명"을 말하는 순간 우리는 당면한 지각을 넘어서 공통의 인간적 필요에 기초한 연구로 넘어가게 된다. 프랑스 대혁명이 역사 연구의 한 분야로 중요한 이유는, 그 혁명이 오늘날의 혁명들에 대해, 지금 사람들의 행동에 대해 우리에게 무엇인가를 말해줄 수 있기 때문이다.[127]

그냥 알 목적으로 하는 설명과 행동할 목적으로 하는 설명에는 차이가 있다. 드레이는 자신의 저서에서 자동차 엔진 고장을 예로 든다. "정비공이 나에게 이렇게 말한다고 가정해보자. '오일이 새서 그래요.' 그래서, 자동차가 발작을 일으켰다는 말인가? 후드 아래서 돌아가는 사정을 모르는 나로서는 그의 말이 전혀 이해되지 않는다… 만일 내가 내 차의 발작을 이해할 수 있으려면, 자동차 엔진의 기능, 내연기관에서 엔진이 하는 일 등에 대해 어느 정도 설명을 들어야 한다. 예를 들

127 이 주장은 헴펠에 반대하면서 드레이의 입장에 매우 가까워지게 된 철학자 앨런 도너건Alan Donagan에게 대답이 된다. 도너건은 "역사적 설명Historical Explanation: The Popper-Hempel Theory Reconsidered"(History and Theory, 1964, Vol. 4, pp. 3~26)이란 논문에서, 역사의 일반 법칙에서 헴펠의 "확률" 개념은 "다수 사건들mass-events"을 설명할 수는 있지만 구체적인 사건은 설명하지 못한다고 말한다. 이 구분은 관조하는 역사학자와 행동하는 역사학자의 차이를 입증할 때 중요하다. 만일 당신의 생각이 미래에 어떤 일을 하는 것이라면, 구체적인 사건은 무관할 것이다. 당신의 배우고자 하는 것은 비특이적인(즉, 일반적인) 성질이기 때문이다. 도너건은 "헴펠의 귀납-통계적 모델은 개별 사건들의 인과적 설명에 아무 도움이 되지 않는다"고 말한다. 개별이라는 단어에 방점을 둔다면 동의하지 않을 사람은 없을 것이다.

어, 엔진이 돌아가려면 실린더 안에서 피스톤이 움직여야 하고, 피스톤에 오일이 없으면 실린더 벽이 마르기 때문에 움직이지 않는다고…" 하지만 드레이는, 설명이란 어떤 추상적인 기준에 따라서가 아니라, 지금 필요한 것에 따라서 충분하기도 하고 불충분하기도 하다는 피에르 뒤엠의 요점을 전혀 이해하지 못한다.

정비공이 말한 것에서 더 나아가, 실린더 벽이 마르면 **왜** 피스톤이 움직이지 않는지를 이해하지 못한다면, 드레이는 그 엔진 고장을 **정말로** 이해할 수 있을까? 모든 과학적 설명은 설명되지 않은 것들을 앞에 두고 있지만, 설명이 질문자의 목적에 충분히 부합하면 그건 문제가 되지 않는다. 질문자에게 실용적인 필요가 있다면 그 필요를 충족하는 선까지 설명이 이어져야 하고, 질문자의 목적이 추상적으로 "아는" 것이라면, 어떤 설명을 들어도 허전할 것이다. 만일 그가 자동차 공학을 공부하는 학생이어서 이 상황을 더 자세히 알고자 한다면, "오일이 새서 그렇다"는 설명보다 한 단계 더 깊이 들어가야 한다. 하지만 어떤 구체적 목적도 없이 알기에만 집중한다면 아무리 설명을 듣고, 어떤 설명을 들어도 끝내 부족할 것이다.[128]

헴펠과 드레이가 다른 목적을 품고 있는 한에서 두 사람은 계속 마찰을 일으킬 것이다(헴펠은 한 사건의 종류를 설명할 목적으로 역사적 사건들의 연관성을 사용하고 발견하는 것이 목적이고, 드레이는 다른 것이 아닌 이 사

---

128 로버트 매키버Robert MacIver는 《사회적 인과관계Social Causation》(Harper [Torchbook edition], 1964)에서, 심지어 구체적인 목표가 연구의 초점이 되는 경우에도 인과의 조사가 얼마나 무한한지를 증명한다. 알기 외에는 다른 목표가 없을 때, 조사의 깊이는 바닥을 모른다.

건을 정확히 설명하는 것이 목적이다). 헴펠은 자신의 "법칙"을 너무 많이 쓰지 않는 한에서 적어도 우리에게 역사의 사회적 용도는 가리켜주는데, 문제는 그 가리킴이 무엇을 위한 것인지를 간과한다는 것이다. 다른 한편으로 드레이는 역사의 "인본주의적" 용도에 관심을 두고서 한 사건의 특별한 성질을 이해할 때 생기는 심미적 쾌에 주파수를 맞추지만, 과거와 현재를 중재해서 미래에 영향을 미치는 역사의 쓸모, 오늘날에 특히 긴요한 그 인본주의적인 용도를 간과하고 만다.

또 다른 철학자, 모리스 만델바움Maurice Mandelbaum이 나서서 헴펠과 드레이의 논점을 분명히 한다.* 그는 포괄 법칙의 개념을 지지하면서도, 하나의 법칙으로는 어떤 사건도 총체적으로 설명할 수 없다는 점을 인정한다. 역사적 사건은 총체적으로는 고유하기 때문이다. 하지만 그 사건을 하위사건들로 쪼개면 각각의 사건은 일반화하기에 적합해진다. 예를 들어 남북전쟁은 총체적으로는 고유하기 때문에 어떤 "법칙"으로도 설명할 수가 없다. 하지만 그 사건으로부터, 경제가 정치에 미친 효과, 분할을 거부하는 국가들의 경향, 자율성을 추구하는 문화적 단위들의 충동, 이데올로기 투쟁으로 인한 입장의 양극화 등을 분리해낸다면, 남북 전쟁에 다른 역사적 현상들과 공유하고 있어서 일종의 확률적 일반화를 시행할 수 있는 특징들을 만나게 된다.[129]

따라서 역사학자는 여전히 과학자를 보고 배울 필요가 있다. 과학자는 과거의 고유한 사건들은 이미 죽은 것이고, 그 고유한 총체성을 설

129 마리오 붕게는 이렇게 표현한다. "가령 역사적 사건들처럼, 구체적이고 그래서 고유한 대상은 많은 (어쩌면 무한한 수의) 법칙이 교차하고 있는 것으로 볼 수 있다. Causality, p. 27.

명하는 것은 무익한 일임을 알고 있다. 과학자는 떨어지는 낙엽이 물질의 공간 운동을 비춰주는 수준 이상으로는 그 정확한 경로를 설명하는 일에 관심을 두지 않는다. 그럼에도 만델바움은 대학의 철학자라서, 주로 관조적인 이유로 이 일반화들을 살핀다. 그는 이 모든 역사 연구의 목적에 관심을 가지면서, 역사와 사회과학의 과제는 "사회 구성원인 인간의 행동을 이해할 수 있는 기본 지식을 획득하는" 것이라고 말한다.* 하지만 이 이해가 인간적인 목표들, 심지어 가장 널리 인정받는 목표를 진전시키기 위한 것이라고 자신 있게 선언하지 못하고 목소리를 낮춘다. 그런 이해가 "어떤 더 큰 목표, 가령 인간 행동의 통제 수단을 얻거나 인간의 복지를 증진하고자 하는 목표에 도움이 될 확률을 배제할 수는 없다(물론 단언할 수도 없거니와)"라고 말하는 것이다. 철학자들과 사회과학자들도 "인간의 복지"라는 목표에 상대적으로 무관심하다면(지금까지 역사학자들의 연구가 그래왔듯이), 인간의 복지 증진이라는 문제를 강조하는 것은 우연에 달린 일이 된다.

앨런 도너건은 자신이 보기에 헴펠의 모델을 따르지 않는 것처럼 보이는 역사적 설명을 분류하는 대목에서 드레이의 견해를 따른다.* 그는 이성적인 설명들에 찬성한다. 즉, 인간의 행동을 설명할 때 (드레이의 표현을 빌리자면) "관련된 믿음과 목적을 감안하여, (역사 속의) 행위자가 했던 행동을 누구라도 똑같이 하게 되는 합리성"을 역사학자가 이해하고 이를 통해 그 행동을 "설명"하는 "이성적 설명들"이다. 하지만 이는 우리가 했던 것과 같은 주장이다. 만일 그 행동과 그 행동의 이유들이 고유하다면, 그 설명은 어떤 **쓸모**가 있을까? 만일 그 설명에 현대의 비슷한 행동 및 이유들과의 연결점이 포함되어 있다면, 확률적 성격의 일반화는 **자동으로** 포함될 것이다.

여기에서도 거의 모든 철학자의 관심사는 역사학자의 일을 비판하고 명하기보다는 **묘사**하는 것으로 보인다. 그래서 헴펠과 그를 비판하는 사람들 모두, 그들은 역사학자가 실제로 하는 일을 정확히 묘사하고 있다고 주장한다. 한 대목에서 도너건은 그 자신과 드레이 대 포퍼-헴펠의 차이(칼 포퍼는 헴펠의 생각을 지지한 바 있다)를 가리켜, 그와 드레이는 "역사학 **그 자체로서의** 과학적 지위를 존중한다(강조는 인용자)"고 말한다. 그러나 역사학이 철학자들에게 요구하는 것은 겸손과 존중이 아니라 날카로운 건설적 비판이다.

도너건과 드레이의 "이성적 설명" 개념은 영국 철학자 R. G. 콜링우드Collingwood의 철학을 모델로 삼고 있다. 콜링우드 역시 역사학자는 과거에 결정을 내린 개인들을 감정 이입을 통해 이해하고자 하는 사람이라고 보았다. 하지만 두 사람과 달리 콜링우드는 과거의 결정을 그 고유성에 중점을 두고 설명하는 일에는 관심이 없다. 그들처럼 콜링우드도 과학에서 역사를 분리하고 싶어 하지만, 그는 가장 중요한 순간—일반화가 필요한 순간—에 빛을 발하는 양쪽의 공통점을 인정한다. 콜링우드는 이렇게 말한다. "…어떤 사건이나 인물이 역사 연구의 적절하고 가능한 대상이 될 수 있는 것은 그 보편성 때문이다…(보편성은) 존재했던 시간과 장소의 한계를 넘어 모든 시대, 모든 인간에게 타당한 의미를 갖게 한다."*

그렇지만 콜링우드는 역사의 가장 중요한 사회적 기능에는 애매한 태도를 취한다. 역사는 무엇을 위한 것인가?라고 물은 뒤 그는 이렇게 말한다. "나는 이렇게 답한다. 역사는 인간의 자기 이해를 '위한' 것…

자신의 인간 본성을… 알기 위한 것이라고… 나 자신을 안다는 것은 내가 할 수 있는 것을 안다는 뜻이며, 어느 누구도 해보기 전에는 자신이 할 수 있는 것을 알지 못하기 때문에, 인간이 무엇을 할 수 있는지를 알려주는 유일한 단서는 인간이 했던 것들이다. 따라서 역사의 가치는 인간이 했던 것을 가르쳐주고 그럼으로써 인간이 무엇인지를 우리에게 가르쳐준다는 것에 있다."*

하지만 콜링우드는 역사에 사회적 쓸모가 있음을 알고 있다. 이 때문에 그는 지나간 사건들의 특수성에 관심을 두는 사람들과 구별된다. 그 구체적 사건들의 심미적 특징은 지금까지 역사에서 심미적 관찰의 여유를 누려온 소수파에게는 가치가 있으며, 어느 날 다수파에게도 그런 여유가 생기면 모두에게 가치가 있을 것이다. 하지만 지금 이 순간에 역사는 우리가 그 "어느 날"에 도달하도록 온힘을 다해 기여할 필요가 있다.

콜링우드의 행동주의적 요소는, 우리는 역사를 통해 도달한 이 자기이해를 통해 "인간이 무엇을 할 수 있는지"를 배울 수 있다는 견해에 담겨 있다. 하지만 "인간이 무엇을 할 수 있는지"에 대한 그의 견해가 "인간이 무엇을 할 수 있는지를 알려주는 유일한 단서는 인간이 해왔던 것들뿐"이라는 조건에 매인다면 그 요소는 수동적이 된다. 이에 대해서는 니체가 경고한 바 있다.*

지금까지는 콜링우드의 견해를 보수적으로 해석했을지 모른다. 반면에 그는 다른 방식으로 해석될 수도 있으며, 여기에서 그의 "자기 이해"는 미래지향성과 혁신성을 띠게 된다. 그 해석은, 과거가 안겨주는 무거운 짐에도 **불구하고** 우리는 그 틈새에서, 실제로 실현되지 않은 인간적 가능성의 징후와 흔적을 발견할 수 있다고 말한다. 인간은 경쟁이 심한 정글에서도 협동을 했으며 가끔씩 고상한 행동을 했다는 증거들, 인간의 더 나은 삶을 어렴풋이 암시하는 그 흔적들을.

드레이와 콜링우드의 견해에는 난처한 점이 하나 더 있다. 두 사람은 역사란 인간이 과거에 어떤 생각을 품고 착수한 행동을 연구하는 일이라고 믿는다. 콜링우드의 말을 빌리자면, 역사는 "우리가 의도를 품고 하는 행동들"을 연구하는 일로, "역사의 소재가 될 수 있는 행동은 그런 행동들뿐"이라는 것이다.* 그렇다면 충동이나 필요나 습관을 통해 이루어진 역사 속의 수많은 행동들은 어떻게 될까? 드레이와 콜링우드는 역사학자란 행위자들이 과거에 그렇게 행동한 이유를 생각으로 재현해야 한다고 믿는다. 콜링우드는 다음과 같이 말한다.

> "브루투스는 왜 카이사르를 찔렀는가?"라고 역사학자가 물을 때, 이는 "브루투스가 카이사르를 찌르기로 결심한 것은 어떤 생각 때문이었을까?"를 의미한다… 모든 역사는 생각의 역사다. 하지만 역사학자는 자신이 밝히고자 하는 생각들을 어떻게 알아볼까? 그것을 할 수 있는 방법은 단 하나, 자신의 마음으로 다시 생각해보는 것이다…*

그렇다면 두 가지 사실이 역사 연구를 제한하지 않을까? 첫째, 분량이 가장 많은 역사적 증거가 과거에 가장 유력하고 말을 잘한 사람들의 생각과 관계가 있다는 사실이다. 그래서 우리는 냇 터너〔1831년 흑인 반란의 지도자—옮긴이〕보다 존 컬훈John Calhoun〔노예제를 지지한 미국 부통령—옮긴이〕과 의견이 더 비슷한 것일까? 둘째, 역사학자들

본인이 사회의 특권층에 속해 있기 때문에, 터너보다 컬훈을 더 잘 이해하고, 대중보다 엘리트에게 공감을 더 잘 하는 것은 아닐까?

역사에 관해 글을 쓰는 또 다른 철학자에게로 눈을 돌려보자. 옥스퍼드의 W. H. 월시는 이렇게 말한다. "역사학자의 일은 과거에 일어난 일을 꾸밈없이 이야기는 것이 아니라 내가 **의미 있는 서사**라고 이름붙인 것을 구성하는 것이다."* "—은 —의 일이다"는 양의적이다. 역사학자가 하는 일을 묘사한 말일 수도 있고, 역사학자가 해야 하는 올바른 일을 제시한 것일 수도 있다. 월시를 비롯해서 오늘날 역사를 철학적으로 분석하는 수많은 학자들의 생각에 '**당위**ought'와 '**현 상태**is'가 얼마나 가까이 붙어있는지를 이 문장의 불확실성이 가리켜준다. 역사학자들이 현재 **하고 있는** 일에 불안감을 느낀 이 철학자들은 자신들의 저작에서, 역사학자가 과거에 너무 관심을 기울이는 까닭에, 존재해야 하는 것에 대한 역사학자(그들의 경우에는, 역사학자처럼 역사를 서술하는 철학자)의 믿음(그리고 독자들에게 전이된 믿음)이 어떻게 그 과거에 지배당하고 있는지, 예를 들어 설명한다.

그의 "의미 있는 서사"란 "어느 정도는 따로 설명이 필요 없고, 사건들의 순서뿐 아니라 그 관계까지 우리 눈에 보이는 이야기"라고 월시는 말한다. 그래서 "만일 우리가 역사 선생님이 학생들에게 던지고 역사를 혼자 공부하는 학생들이 스스로에게 던지는 다음과 같은 질문들에 답하려면, 그런 종류의 이야기가 반드시 필요하다. '글래드스톤(Gladstone. 영국의 정치가—옮긴이)이 고위 성직자였다는 것이 그의 정책에 어떤 영향을 끼쳤는가?' 그리고 '슈트레제만(Stresemann. 독일 정치가, 노벨 평화상 수상—옮긴이)의 생애는 어떤 면에서 중요했는가?'"

하찮은 질문을 하면 하찮은 대답을 듣기 마련이다. 월시는 역사 선생님들이 3년 동안 학생들에게 그리고 "역사를 혼자 공부하는 학생들이 스스로에게" 던지는 질문들이 정말 답을 **해야 할** 질문들인지는 구태여 묻지 않는다. 그는 그 질문들이 왜 중요한지를 왜 묻지 않을까? 만일 철학자들이 자신의 직업으로, 역사학자들이 묻는 질문을 분석하고 그 질문이 왜 쓸모 있는지를 평가하는 일을 할 수 있다면, 역사 철학에 가치 있는 기여를 하게 될 것이다. 그럴 때 정말 "혼자" 역사를 공부하는 학생들은 인습적인 질문에 의존하지 않고 "중대한 관계가 있는matter" 질문을 찾아 나서지 않을까?[130]

역사학자의 목표(그리고 자동적으로 월시의 목표, 왜냐하면 그는 역사학자가 하는 것을 무비판적으로 수용하므로)는 "연결된 이야기"다. 월시는 이것을 "총괄colligation… 일종의 표면적 합리성, 이런저런 사건과 또 다른 사건을 어떤 정책이나 전반적 운동의 일부분으로 함께 묶을 수 있다는 사실," "르네상스," "계몽운동" 등으로 부른다.* 하지만 나는 이런 의문이 든다. 무엇과 연결된 이야기인가?

월시는 "시대구분은 역사 연구의 본질적인 부분"이라고 생각한다. 하지만 사건들이 시간이나 장소를 건너뛰어 연결된다는 사실이 그 자체로 과연 얼마나 중요할까? 중요한 연결은 과거의 사건들과 우리 자신의 시대와의 연결이 아닐까? 바로 이 연결이, 우리의 삶을 변화시키고자 우리가 의도적으로(시간과 장소를 건너뛰어 사실들을 그러모을 때처럼

---

130 중대한 관계가 있다matter는 말은 철학자 피터 코즈Peter Caws에게 대단히 중요하다. 《과학과 인간의 가치Science and Human Values》에서 그는 많은 현대 철학의 공허함을 비판한다.

임의적이지는 않게) 이끌어내는 연결이다. 윈스탄리(Winstanly. 영국의 사상가, 이상적 사회운동가—옮긴이)와 크롬웰의 연관성은 "청교도 혁명"이라는 패키지로 꾸려질 때 어떤 중요한 의미를 갖겠는가? 다른 패키지—예를 들어, 존 F. 케네디와 마틴 루터 킹—과 연결된다면 모를까.

월시는 역사학자가 하는 것을 **묘사**하려는 욕심 때문에 계속 가로막히다. 결국 "역사학자는 과거를 다른 목적 없이 그 자체를 위해 연구한다"는 사실을 대단히 강조한다.* 하지만 여기에 다음과 같이 덧붙여야 한다고 느낀다. "그러나 이 문제는 결코 우리가 생각하는 것처럼 간단하지 않다… 물론 역사 연구가 현재를 비춘다는 생각으로 과거를 연구하거나, 그런 믿음이 없다면 그렇게 할 필요가 없다고 주장하는 것도 불합리하지는 않다."

저서의 후반부에서 월시는 역사학자의 생각에는 "어쩔 수 없이 주관성"이 있으므로, 만일 우리가 역사의 기능을 다르게 보려 한다 해도 크게 문제가 되지는 않는다는 말로 덫에서 빠져나온다.* "앞서 말했듯이, 역사학자의 기본 목표는 과거의 진실을 목적 자체로서 밝히는 것이라고 말하는 대신에, 이제 우리는 역사가 실용적인 목적에 봉사한다는 점을 강조해야 한다. 역사는 과학의 한 갈래라기보다는 실용적인 활동이라고 주장해야 한다"(그는 자신이 존경하는 콜링우드가 역사의 그런 기능을 "적어도 만지작거리기는 했"음을 발견한다). 월시는 이 같은 견해가 과거를 왜곡하는 결과를 낳을 수 있지만, 반드시 그런 결과로 이어지는 것은 아니라고 옳게 말한다. 즉, 사람들이 서로 다른 실용적 목표를 갖고 있다면 다른 종류의 역사를 쓸 수 있으며, 다른 종류의 역사를 쓸 때에도 가령 일어났던 일의 증거를 요구하는 증거의 법칙 같은, 이 분야의 기본 "법칙들"을 고수한다는 것이다.

이렇게 생각하면 역사에 다양한 "관점들"이 가능하고, 다양한 실용적 목표에 비추어볼 때 모든 관점이 옳을 것이다. 우리가 인간 본성의 일반 법칙을 찾으려는 실증주의적인 노력에 머물지 않고 일반 윤리를 찾고자 한다면—"사람들이 다양한 상황에서 어떻게 행동하는가의 표준이 되는 일반 지식만이 아니라, 더 나아가 사람들이 어떻게 행동**해야 하는가**의 표준이 되는 개념을 찾고자 한다면"—심지어 큰 차이를 피할 수도 있다고 월시는 말한다.*

이것이 불가능하다는 주장에 쉬이 굴복하지 않는 것은 월시의 미덕이다. 다만 "그 성취가 분명 가까운 미래에는 이루어지지 않을 뿐"이라고 말한다. 하지만 실제로 인류의 상당 부분, 그리고 역사학자의 대다수가 이미 몇 가지 근본적 가치에 동의하고 있지 않은가? 학계의 대부분이 전쟁, 인종 증오, 가난, 극심한 경쟁을 폐지할 필요가 있다는 데 동의하고 있지 않은가? 문제는 만장일치에 도달하는 것이 아니다. 거기에 도달할 무렵이면, 결정을 실행하기에는 너무 늦을 것이다. 문제는, 아직도 역사학자들이 그들이 기본적으로 동의하는 그 가치들을 구현하는 방향으로 역사를 연구하지 않고 있다는 것이다. 역사학자들은 역사학자의 진정한 목표에 대한 전통적 관념, 가치에 헌신하면 증거를 왜곡하게 된다는 그릇된 생각, 중립성이 자신의 경제 사정과 심리적 안정에 도움이 된다는 사실 등에 발목을 잡힌다. 이 책이 가리키는 방향은 학자들 사이에 그런 의도적 결심이 증가하는 쪽이다.

어니스트 네이글이 역사학자의 "객관성"을 옹호하는 방식을 보면, 학문을 관조적으로 보는 견해가 철학자들 사이에 얼마나 흔한지를 알 수 있다.* 네이글의 말에 따르면, 물론 역사학자는 "가치가 스며든 제재나 다양한 열정이 드러나는 사건을 다루지만, 그렇다고 해서 그 가치나 열정을 공유하거나 판단해야 하는 것은 결코 아니"라고 한다. 이는 강간으로 기소된 남자가 자기는 거세된 사람이라고 변론하는 것과 같다. 물론 중요한 인간적 가치를 증진하는 사실에게 초점을 맞춘다고 해서, 그로 인해 사실을 침해하게(숨기거나 조작하게) 되지는 않다. 정확성과 관련하여 도구적 가치와 궁극적 가치를 구별하는 것—내가 2장(pp. 50~56)에서 논의한 것—이 여기서 중요해진다. 질병 치료를 연구하는 의학자든, 정부를 위해 세균전을 연구하는 과학자든 자신의 목표를 이루려고 증거를 왜곡할 필요는 없다(실은, 그러지 말아야 한다). 역사학자는 자신의 기본 목표가 치료를 하는 것이라고 결심하지 않은 것뿐이다.

따라서 네이글은 요점을 놓친 채로 헴펠-드레이의 "법칙"을 평가한다. 우리는 역사학자처럼 법칙을 **사용해서** 진단을 내리는 의사와, 역사학자와 달리 **새로운** 법칙을 찾으려 하는 생리학자를 구분해야 한다고 네이글은 말한다. 사용과 발견의 구분은 중요하지만, 진단을 하는 의사는 그의 모든 활동을 한 방향으로 이끄는 특수한 목적—환자를 치료하는 것—을 위해 법칙을 사용하는데, 역사학자는 그것이 자신의 목표임을 아직도 인정하지 않고 있다.

버트런드 러셀Bertrand Russell마저도 가끔씩 "설명"과 행동의 논리적 연결성을 과대평가했다. "(맑스와 엥겔스 이전의) 초기 사회주의는 현존하는 자본주의 생산양식과 그 결과를 비판했다. 하지만 설명을 하진 않았고, 그래서 지배권을 획득하지 못했다." 설명(즉, 이해—옮긴이)과

"지배권" 사이에 그런 필연적 연관성이 있었던가? 물론 맑스주의의 설명 방식으로는 산업화된 서유럽 국가들의 노동계급이, 중국 농민이나 쿠바 농민보다 이론상으로 그들의 사회를 더 많이 지배하고 있었다. 하지만 중국이나 쿠바의 농민은 그들의 사회를 지배한 반면에 다른 나라의 농민들은 아직도 "설명"을 하고 있다.

러셀은 (같은 책에서) "설명" 그 자체에 대한 그 자신의 믿음을 회의하게 만드는 근거를 우리 앞에 내놓는다. 맑스의 《포이어바흐에 관한 테제》에 있는 두 번째 요점을 인용할 때다. "실천과 분리된 채로 어떤 생각의 현실성과 비현실성을 논하며 다투는 것은 순전히 학문적인 문제다." 듀이와 제임스도, 지식은 단지 목적이 있는 행동과 연결될 때에만 의미가 있다는 생각과 기본적으로 동일한 견해를 갖고 있었다고 러셀은 지적한다.[131]

모턴 화이트의 《역사 지식의 기초》*는 최근에 연구되고 있는 역사철학의 무기력한 특징을 보여주는 좋은 예다. 화이트는 미국에서 뛰어난 역사철학자로 손꼽힌다. 그의 저서는 대표성이 있는데, 이는 전적으로 그가 제시하는 해답들 때문은 아니며, 그가 다루는 질문들 때문인 것

---

131 《자유와 조직Freedom and Organization, 1814~1914》, Ch. XVIII, Gardiner, Theory of History에 재인쇄됨. (맑스, 제임스, 듀이 외에도) 장-폴 사르트르가 실존주의와 맑스주의를 결합하려고 시도할 때에도, 행동하는 학문 대 관조하는 학문에 관한 나의 이 견해를 지지했다. 의미는 행동하고 있는 사람들이 파악한다고 사르트르는 믿는다. (데카르트와 사르트르를 결합하면, "나는 행동하기 때문에 안다.") 사르트르의 용어로, 역사학자는 "실천적 타성태practico-inert"(개인이나 학자가 수동적인 희생자—또는 수동적인 사건 보고자—가 된 상태)에서 벗어나 **실천praxis**(의식적 활동)으로 가야 한다(Jean-Paul Sartre, Search For A Method, Knopf, 1963.) 존 듀이는 이렇게 썼다. "과거 역사를 지적으로 이해한다는 것은 어느 정도 현재를 모종의 미래로 움직일 수 있는 지렛대가 된다." (Logic: The Theory of Inquiry, Holt, Rinehart and Winston, 1938, p. 239.)

은 분명하다.

화이트는 "사회 발전에 관한 장대한 사색"의 시대가 그 "허세 가득한 장서들," "무익한 논쟁들"과 함께 끝이 났다고 만족하며 진술하는 것으로 첫 페이지를 연다. 이제 "철학자들—특히 영미 철학자들—은 언어 논리, 과학의 방법, 개념 분석에 많은 주의를 집중할 수 있게 되었다." 그러므로 "현대의 역사철학자는 신기원, 문화, 문명의 발생을 도표화하는 대신에, 역사적 사고와 언어를 분석하는 일에 더 큰 관심을 둔다." 역사철학자는 "역사학자들과 역사를 고민하는 사상가들이 흔히 쓰는 용어들을 명료하게 하기를 더 열망하고, 역사학자의 주된 지적 활동을 더 명확히 이해하는 방향으로 나아가길 원한다." 역사철학자는 "역사를 조사하고 저술할 때 이론을 지향하며, 사실적 진술, 합법칙적인 일반화, 가치 판단의 역할을 분석하는 일에 일차적으로 관심을 기울인다."[132]

화이트는 지금 그의 주된 관심이 역사가 아닌 역사학자에, 삶이 아닌 언어에, 역사학자들이 세상을 이롭게 하는지 또는 그 이로운 일을 어떻게 시작할 수 있는지를 비판적으로 판단하는 것이 아니라, 그들이

---

132 모턴 화이트, The Foundations of Historical Knowledge, Harper & Row, 1965, pp. 2~3. 피터 윈치Peter Winch는 《사회과학의 개념 및 철학과의 관계The Idea of a Social Science and Its Relation to Philosophy》에 로크의 "허드레 인부under-labourer" 개념을 인용한다(로크의 《인간오성론Essay Concerning Human Understanding》으로부터). 로크는 이 저서에서, '제발 보일과 뉴턴 같은 사람이 되지 말자'고 말한다. "그게 야망이라면 허드레 인부로 쓰여서, 땅을 약간 개간하고 지식에 이르는 길에 떨어진 쓰레기를 약간 치우게 된다." 바로 이것이 "언어를 명료하게 하자"는 철학파의 특징이라고 윈치는 말한다(A. J. 에이어Ayer는 이들을 가리켜, "대가"와 반대되는 의미의 "날품팔이"라고 부른다). 하지만 윈치의 비판은 나와 다른 관점에서 나온다. 그는 철학자가 더 큰 형이상학적, 인식론적 문제를 다루기를 원한다. 나는 철학자가 자신의 역할을 문제의 "크기"로 규정하지 않기를 바란다.

하고 있는 것을 묘사하는 데에 있다고 말하는 중이다. 그런 목표는 "허세 가득한"이라 부를 수 없고, 거의 어떤 것도 자부하지 않으며, 성취할 수 있는 바가 거의 없다. 피터 코즈는 이를 "부차적 활동"이라 부르면서, (C. D. 브로드Broad의 말을 인용해서) "그런 일을 좋아하는 사람들에겐 대단히 재미있다"고 덧붙인다.*

역사의 위대한 사색가들(맑스, 슈펭글러, 토인비 등)은 과거에 대한 해석, 지구상에서 인간이 겪은 작은 역사적 경험으로부터 역사 발전의 "법칙"을 이끌어내려는 시도 때문에 쉽게 비판을 당한다. 하지만 그들은 강력하다. 그들이 낳은 이데올로기적 산물은 불완전할지 모르지만, 그들은 세상에 영향을 끼쳐왔고 지금도 영향을 끼친다. 언어철학자는 마치 독신주의를 고수하듯, 우리가 비판할 수 있는 어떤 야심찬 해석도 내놓지 않는다. 그들의 연구는 "역사학자 하는 것"을 놓고 논쟁하는 학자들의 작은 울타리를 벗어나지 않는다. 우물 안에 있는 역사학자는 역사에 영향을 미치게끔 의식적으로 이야기하거나 해석하기보다는, 과거를 "본래 일어났던 그대로" 이야기하는 것에 자신의 일을 제한한다. 우물 안에 있는 역사철학자는 역사학자들을 의미 있는 방향으로 이끌기보다는, "역사학자들의 실제 모습"을 묘사하는 것에 자신의 일을 제한한다.

맑스와 엥겔스의 《공산당 선언》과, 거기에 담긴 역사 발전에 대한 짤막하고 강력한 해석은 혁명 활동을 하는 수많은 사람들에게 힘과 용기를 주었다. 그 이론이 틀렸다면 비판을 듣자. 그 이론이 어떻게 비논리적이고, 어떻게 사실과 어긋나며, 어떻게 윤리적으로 취약한지를 철학자들이 말하게 하자. 그러면 우리는 세계에서 **더 적절하게** 행동할 수 있는 역사 이론을 구성할 수 있다. 하지만 그 이론은 이미 진리가 인간에게 의미를 줄 수 있는 유일한 방식으로, 다시 말해 우리의 삶에 영향을 미침으로써, 자신의 **진리**를 입증했다.

화이트가 "역사학자의 주된 지적 활동을 더 분명히 이해한다"고 말할 때, 이는 역사학자가 어떤 인본주의적 가치에 기초해서 연구하는 것을 비판한다는 뜻이다. 우리와 달리 화이트는 그런 가치에서 출발하지 않는다. 그는 역사학자가 가치와 어떻게 관련될 수 있는지를 주저하지 않고 묘사하지만, 그 자신이 관련되기를 원하지는 않는 듯하다. 역사학자에 관해서 어떤 비평을 하더라도 일정한 윤리적 요점 없이 허공에서 시작하고, 그런 뒤 어떤 윤리적 목표도 없이 흘러간다. 그런 비평은 좁디좁은 학계 안에서 끝없이 돌고 돈다.

윤리이론 철학자를 묘사했던 피터 코즈의 말은 역사이론 철학자에게도 적용될 수 있다.*

> 학문의 자유는 다시 한 번 편리한 핑계가 된다. 묘사하는 윤리학은 인간이 다양한 시간과 다양한 장소에서 실제로 고수했던 원리들을 밝혀주지만 거기에 판단을 내리진 않는다. 윤리적 언어를 분석하면 암묵적인 전제들이 드러나지만, 그런 분석은 그 전제들의 진리보다는 그 체계의 나머지 부분과의 논리적 관계에 더 주목한다.

영어권에서 볼 수 있는 언어에 대한 철학자들의 집착을, 화이트는 이제 기쁜 마음으로 역사 철학에 적용하고 있지만, 코즈는 그 집착 때문에 철학이 "인간이 매일 참여하는 수준에서 일어나는 어떤 일과도 사실상 무관해진다"고 묘사한다.

화이트는 처음 몇 장章에서, 헴펠의 "규칙성" 이론—역사적 설명은 "포괄 법칙"을 수반한다는 이론—에 성큼 찬성한다. "포괄 이론"에 대한 모든 비판에 맞서서 화이트는, 구체적이고 복잡한 역사적 사건을 포괄하려면 "법칙"이 **그 사건**에 적용될 만큼만 복잡하면 된다고 말한다. 하지만 "항상" 그래야 한다고 "생각할 이유"는 없다는 말로 자신의 생각을 경솔하게 뒤집는다. 이는 꽤 허술한 옹호인데, 더구나 그는 그럴 필요가 없어도 되는 사례조차 제시하지 않는다. 사실 "포괄 이론"을 옹호하는 그의 주된 방식은, 그 자신이 포용할 수 있을 만큼 충분히 그 이론을 약화시키는 것으로, 그는 다음과 같이 말한다. "역사적 설명은 일반적으로 자연과학자들의 설명보다 구성이 더 빈약하고, 논쟁의 여지가 더 크고, 의심을 더 쉽게 유발한다."

분명히 옳은 말이지만, 이 때문에 화이트는 곤궁에 처한다. 방금 "관조적인" 역사철학자들의 "법칙"이 그리 믿을 만하지 못하면서 그들을 깎아내린 사람으로 기록되었기 때문이다. 더 나아가 그는 "사례가 소량"이라는 말로 맑스의 계급투쟁의 "법칙"을 비판한다. "소량"은 하나보다 많은데, 정작 규칙성 이론을 설명할 때 화이트는 사례를 하나밖에 제시하지 않는다. 그의 사례는 네덜란드다. "어떤 나라가 도전할 바다가 있고, 토양이 훌륭하고, 이웃 국가들이 도와주고, 해상 무역이 호조를 띨 때 그 나라는 반드시 최고의 성공을 구가한다."

"설명"은 적용의 보편성 때문에 중요하기보다는 사람들이 무엇을 해야 하는가에 대하여 제안을 해주고 힘을 돋우기 때문에 더 중요하다는 것이 내가 주장하고 싶은 요지다. 그래서 맑스의 계급투쟁 개념은

"포괄 법칙"에 기초한 화이트의 어떤 일반 개념보다 (주어진 가치체계에) 훨씬 더 충실하다. 또한 계급투쟁 개념은 화이트의 기준에서 볼 때에도, 더 많은 상황들을 "포괄"하는 "충실한" 설명에 더 가깝다.

화이트는 관조적 이론가들을 깎아내리고 싶은 열망 탓에, 자신의 포괄 법칙에는 쉬운 기준들을 적용한 것을 잊고서 맑스의 진술을 다루는 사람들에게 물리 법칙의 확실성을 요구한다. 한 시대의 경제와 그 이데올로기의 관계를 규정한 맑스의 개념을 언급하면서 그는 이렇게 말한다. "하지만 이 진술방식은 당연히, 명확성의 측면에서 물리학자의 방식과 비교해서는 안 된다…"[133] 화이트는 방금 전 우리에게, "일반적으로 말해서 역사적 설명은 자연과학의 설명보다 지지기반이 더 약하기 때문에," 우리는 약점이 있음에도 헴펠의 포괄 법칙을 버려서는 안 된다고 말했다. 그런 뒤 계속해서 ("관조적인 역사철학자"들을 공격한 뒤에 "규칙성"을 옹호했을 때처럼, 또 다시 입장을 바꿔서) 이렇게 말한다. "내가 제시하고자 하는 주된 요점은, 내가 이해하는 한에서 규칙성주의Regularism는 그 옹호자들이, 개별적 설명을 뒷받침하는 일반 법칙들이 '모든 시간과 장소에 적용'되어야 한다고 주장할 필요가 없다는 것이다."

이와 마찬가지로, 엥겔스가 블로흐Bloch에게 역사적 유물론을 설명한 편지도 맑스주의를 절대적인 것으로 세우려는 시도에 반대한다.* 차이는, 맑스의 확률론적 진술은 사회적으로 힘이 있고, 화이트의 것

133 화이트, 《역사 지식의 기초The Foundation of Historical Knowledge》, p. 42. 하지만 "기술 설비의 갱신이나 재조직 같은 생산양식의 큰 변화가 사회 구조의 갱신을 유발한다"는 개념에, "이제 대단히 명확해진, 세련된 법칙 진술"의 지위를 부여한 사람은 바로 이론 물리학자(Mario Bunge, Causality, p. 269)였다.

은 사소하거나 학문적이라는 점이다(그는 17세기 네덜란드를 설명할 때처럼 죽은 역사적 진술이나, 시금치를 먹고 두드러기가 나는 경우 같은 일상생활의 예들을 제시한다).

아이러니컬하게도 맑스의 역사이론에 대한 화이트의 비판은, 맑스주의의 관점에서 분석하자면, 1960년대 미국의 역사철학자들의 일면을 넌지시 보여준다. 미국 대학에서 철학자의 풍요로움은 학문적 담론에 안주하는 그들의 성향에 강한 영향을 미치고 있지 않은가? 마치 역사학자와 철학자들이 연구 주제로 삼을 수도 있는, 물질적 궁핍이라는 절박한 문제가 그들에게는 전혀 없는 듯. 다음과 같이 말한 사람은 맑스주의자가 아니라 미국의 한 품위 있는 철학자였다(시카고 대학교의 아서 만Arthur Mann).*

> 1950년이 되자 그동안 소외 개념을 숭배했던 지식인들마저도 미국을 고향이라 부르며 행복해 했다. 행복할 것들이 많았다. 생활수준의 향상, 교육 기회의 증가, 문화 다원주의, 복지 국가, 거대기업·거대노조·거대정부의 건강한 힘의 균형 등. 그런 것에 지속적으로 관심을 갖고 살다 보니 거의 어떤 학자도 동정심, 분노, 더 평등한 사회를 향한 희망을 체득하지 못했다. 이전 세대가 그들 자신을 경제와 정치의 개혁 세력으로 간주할 수 있었던 그 값진 수단들을.

화이트는 "설명적 논변"을 다룬 논의 전체에서, 자신이 휴지통에 버린 맑스의 진술(이데올로기는 물질적 상황을 크게 반영한다는 진술)만큼이나 믿을 만하고 중요하다고 선언할 수 있는 역사에 대한 진술을 단 하나도 생각해내지 못한다.

지금 나의 요점은 관조적인 역사학자들의 "법칙"에 찬성하는 것이 아니라, 새로운 세대의 분석철학자들이 역사에 관한 더 힘 있는 진술로 우리를 이끌 수도 있는 가치 기준에 의거해서 이 "법칙들"을 비판하지 않고, 그 대신 황량하고 무가치한 학문적 논의 속으로 숨어들었음을 지적하는 것이다.

경제, 이데올로기, 정치, 법의 관계를 밝힌 맑스의 이론은 공식처럼 쓸 수 있는 것이 아니다. 하지만 그 이론은 우리에게 이데올로기 너머로, 법과 정체 밑으로 눈을 돌려, 잘 보이지 않지만 그럼에도 지극히 중요한 존재의 양상들을 보게 한다는 점에서 근본적으로 중요하다. 바로 그 때문에 헌법에 관한 비어드의 연구는 세부적인 내용이 아무리 틀렸다 해도 여전히 우리 사회를 이해할 수 있는 강력한 도구다. 우리는 1960년대에도 법률적 형식 너머로 눈을 돌려 이해관계를 봐야 한다. 실제로 정치학자들은 맑스에게 경의를 표하는 것도 잊은 채, 정치적 제휴 뒤에 있는 이해관계, 법률적 충돌 너머의 압력 집단들에 점점 더 많이 주목해왔다.

현재의 예를 하나 들어보자. 맑스를 존경하는 사람이라면 1960년대 초에 민권운동의 "승리"가 자아낸 도취감에 의심의 눈길을 보냈을 것이다. 그 승리는 대부분 시민권 **법**을 제정한 것에 불과했다. 명민한 맑스주의자(또는 그냥 명민한 관찰자)라면 이렇게 말했을 것이다. 그래, 하지만 이 모든 법이 제정되었다 한들, 미국 흑인의 물질적 조건은 뭐가 달라질까? 문화의 이면을 들여다본 사람은 미국의 인종갈등 문제를 해결하기 위해서는—심지어 와츠, 시카고, 디트로이트 등에서 도시 폭동이 발발하기 전에도—법 제정보다 훨씬 더 큰 변화가 필요하다는 것을 꿰뚫어보았을 것이다.

역사 이론의 "진실"을 검증하는 화이트의 잣대는 인간의 미래나 행동과 무관하다. 그의 기준은 형식적이다. 그는 맑스주의자들이 "그들의 변수 'p,' 'r,' 'a'의 값을 정할 줄 알면" 좋겠다고 한다(철학philosophy, 종교Religion, 예술art의 머리글자. 이것이 일반인들을 논의에 들어오지 못하게 하는 학자들의 허세에 찬 방식이다).* 다시 말해, 그 자신의 "규칙성" 이론도 충족하지 못하는 수량적 기준을 맑스주의 이론에게 요구하는 것이다. 하지만 이론의 유의미한 기준은 단 하나, 삶 그 자체이며, 이론이 우리의 이해를 끌어올리고 우리의 행동을 개선해서 우리를 인간적인 세계로 더 가까이 나아가게 하는가다.

이론이 과거의 알려진 사실들과 일치하는 것은 진리로 다가가는 여정의 첫걸음일 뿐이다. 가장 중요한 기준은 현재와 일치하는 것이다. 그런 이론은 우리가 과거에서 미래로 넘어가고 새로운 상황을 창조하게끔 돕기 때문에, 과거에 대해서는 부분적으로만 옳고, 미래에 대해서는 대략으로만 옳다. 그 이론은 많은 것을 미정으로 남기고, 대략 바람직한 방향으로 우리를 떠민다. 그렇다면, 그 이론이 "옳다"는 것은 훌륭한 항법사가 현재의 바람들을 불완전하게 읽으면서도 조종사에게 "옳은" 진로를 알려주는 것과 같은 방식이다. 항법사의 진로 덕분에 비행기가 목적지로 향할 수 있다면, 그의 진로는 조종사에게는 불완전한 지시라도 요긴하게 쓰인다는 사실을 무시하고서 지형을 정확하게만 재현하고자 하는(불가능한 일이다) 지도 제작자들의 지도보다 더 많은 "진리"를 갖고 있다. 불완전한 항법사든 지도 제작자든 어느 쪽도 과학적 중립성을 주장하지 못한다. 어찌됐든 그들은 공중에 떠서 **어디론가** 가고 있는 비행기를 타고 있기 때문이다. 역사학자도 마찬가지다.[134]

저서의 다른 곳에서 화이트는 이렇게 말한다.* "역사학자는 기본적으로 도덕적 판단을 내리는 사람이 아니다. 스피노자를 안다면 역사학자는 자신의 일을 많이 한 뒤에 이렇게 말할지 모른다. '나는 인간의 행동을 조롱하거나 개탄하거나 저주하지 않고 그것을 이해를 하고자 신중하게 노력했다.'" 화이트는 조롱-개탄-저주-도덕적 판단(무의미한 것들)과, 도덕적 목표를 위한 행동(의미 있는 것)을 혼동하고 있다. 데이비드 비드니David Bidney의 연구에 따르면, 스피노자는 "미덕은 지식이라는 플라톤의 교의를 인정하지만, 지식을 베이컨의 효력efficient power의 의미로 해석한다."*

화이트는 "역사학자의 언어 습관"에 사로잡힌 나머지 자신이 제기해온 문제의 합리적 해답들을 폐기 처분한다. 그 해답들이 역사학자들의 연구 방법과 모순되기 때문이다. 그는 "역사의 서사"라는 장에서, 사건들이 주어졌을 때 연대기가 나온지 이야기가 나온지를 결정하는 다양한 방법을 분류한다. 그는 자신이 "실용주의적 본질주의"라 명명

---

134 나중에 "설명적 진술"이라는 장에서(p. 75) 화이트는 자신이 차이를 주장하긴 했지만 실은 법칙과 "설명적 법칙"을 구분하지 못한다고 인정한다. 하지만 이렇게 말한다. "과학처럼 철학도 진리를 향해 조금씩 나아가므로, 진리를 전부 갖지 못한다고 해서 진리의 일부를 걷어찰 이유는 없다…" 그는 맑스주의자들의 점진적 진리보다 그 자신의 점진적 진리에 훨씬 더 관대하다. 나중에 그는 맑스주의자들은 법칙을 주장하는 반면에 그는 단지 "규칙성"을 주장한다는 말로, 자신이 "불일치"라고 생각하는 것을 정당화한다(p. 103).

한 것, 즉 어떤 사실에서든 본질적인 것은 질문자의 실용적 관심사에 달려 있다는 윌리엄 제임스William James의 방법을 채택한다.[135]

하지만 화이트는 제임스의 접근법에 머무를 수가 없다. "그런 견해가 아무리 매혹적이라 해도 우리는 거기에 내포된 어려움에 즉시 부딪힌다. 제임스의 견해는 그럴 듯해 보인다… 하지만 역사학자의 전형적인 주제, 죽어서 땅에 묻힌 사람이나 사라진 문명은 어떠한가? 물론 우리는 그런 존재들에게 즉석에서 실용주의적 관심을 느끼지 않는다… 그래서 편협한 실용주의에 가까운 목적론적 견해는 먼 과거에 있는 어떤 것의 연대기를 쓸 때 필요한 초연한 기초 분석을 유지할 수 없을 듯하다." 화이트는 제임스의 기준을 어떤 종류의 이야기가 유의미한가를 결정하는 방법으로 사용하지 않고, 대신 이야기를 생산하고 있는 현재의 유행을 사용해서 제임스의 기준이 적절한가를 판정한다. 다시 한 번, 현 상태에 굴복하고, 판단을 포기하고, 비판 철학을 외면하는 사태가 벌어진다. 만일 화이트가 진지하게 이야기 평가의 기준을 찾는다면, 현재의 유용성이 중요한 기준이 되지 않겠는가? 비판적 철학자가 "마라톤 전투의 방패 신호"를 연구하고 있는 역사학자들에게 다음과 같이 말할 수 있다고 생각하면 너무 끔찍하지 않을까? 당신의 이야기는 곤경에 빠진 이 세상에 무기치하기 이를 데 없소이다. 차라리 아테네인이 밀로스인을 어떻게 다뤘는지를 설명하는 투키디데스의 이야기가 백 배 낫구려. 당신의 이야기는 우리를 고대로 인도할 뿐이지만, 투

135 연대기 또는 이야기를 선택하는 것에 대응하는 것이 원인 선택의 가능성으로, 그에 대해서는 다음 장에서 논의할 것이다.

키디데스는 오늘날의 국제 관계를 암시해주지 않소?

이번에도 화이트가 평가적-실용주의적 접근법에 반대하면서 제시하는 근거는, 지금 그런 건 하지 않는다는 것이다. "연대기에는 실용적인 행동을 부추기려는 의도가 전혀 없는 기본적 진술들이 포함된다… 이 실용주의적인 선택 원리에만 기초해서 연대기를 구성해볼 수는 있다… 하지만 그런 선택 원리는 역사학자들이 쓰는 어떤 역사에도 사용되지 않고 있으며, 그런 원리가 역사학자들에게 인과관계가 통일된 이야기를 구성하도록 허락할 것 같지도 않다." 이 말은 부당한 가정의 오류를 범하고 있다. 우리의 "인과관계의 통일성"이 실용주의에 기초해 있다면, 화이트가 기준으로 제시하는 그런 통일성을 갖고 있는가 아닌가는 중요하지 않기 때문이다.

화이트는 현재의 관심사가 없는 탓에 결국 "우리가 연대기의 주요 사실들을 선택하는 기초에는 어떤 단순한 기준도 없다"는 것을 발견한다. 실제로 역사학자들은 연대기를 구성할 때 다양한 기초를 사용하기 때문에, 화이트는 "과거의 일에 대한 일원론적 이론에 반대"하고, "핵심 주제를 전개할 때 과거의 일에 대한 일련의 기초적 진술과 전체적인 연대기를 허락하는 다원론적 견해"에 찬성한다. 역사학자는 "통일성 있는 이야기를 구성하는 한에서 눈에 잘 띄거나 흥미롭거나 유용하거나 매혹적이거나 놀랍거나 교훈적이거나 아름다운 것을 선택할 수 있다."

다시 한 번 그는 부당한 가정의 오류를 범하고 있다. 이야기의 "통일성"은 어떤 기준에 따라 결정되는 것인데, 그는 아무 기준도 제시하지 않는다. 아마 어떤 상황에서 "아름다운" 것에 기초해서 이야기를 구성하면 통일성을 띨 수 있다는 의미일 것이다. 그래서 옛 남부의 대농장을 그린 마거릿 미첼Margaret Mitchell의 이야기(《바람과 함께 사라지다》—옮긴이)는 굉장한 통일성을 지닐 수 있지만, 그 이야기가 **실용적인 면에서는** 흑인들이 노예제 아래서도 잘 살았다고 믿게 만드는 효과를 발휘한다고 누군가가 폭로하는 순간 그 통일성은 즉시 무너질 것이다.

역사학자는 자신이 선택한 어떤 기초로도 이야기를 구성할 수 있다고 화이트는 말한다. "역사학자는 충실하고 연결된 이야기를 쓰는 한, 모든 종류의 동기를 고려해서 사실을 선택할 수 있어야 한다." "충실하고 연결된"이라는 이 규정은 역사학자들이 하고 있는 일을 단지 묘사하는 것이 아니라 그들에게 충고하는 말이다. 이렇게 규범과 인식을 왔다갔다 하는 것이 화이트의 접근법을 대표하는 특징이다. 우리가 충실하게 답하고자 하는 질문이 **무엇**인가? **무엇**과 연결되어 있는가? 화이트는 충실함이나 연결성을 판단할 어떤 기준도 갖고 있지 않다.

이제 화이트는 역사학자가 이야기로 무엇을 해야 하는가의 문제로 확실히 넘어간다. "우리가 전문적인 역사학자라면 어떤 특징들을 기록해야 하는가의 문제를 정의하고자 해도, 그로부터 어떤 유용한 정의가 나오리라고 나는 생각하지 않는다. 최선을 다해 정의한다 해도, 역사학자가 기록해야 하는 것은, 중심 주제의 데이터를 총괄하는 특징, 그리고/또는 역사학자에게 관심이나 가치가 있는 대상들의 특징이라고 말할 수 있다." 화이트가 가장 가깝게 다가간 기준은 "관심과 가치"인데, 문제로 가득 찬 세계에서 이 기준은 공허하기만 하다.[136]

---

136 화이트는 E. H. 카Carr에게 예리한 잽을 날린다. 카는 《역사란 무엇인가?What Is

마지막 장에서 화이트는 마침내 "관점"에 대해 논의하지만 세계, 역사, **삶**에 관한 그 자신의 관점은 절대 밝히지 않는다. 오히려 이상하게도, 우리에게 화이트의 역사적 중립주의를 해결할 실마리를 준 것은 "과학적인" 철학자 모턴 화이트가 결점, 생략, 그릇된 예측을 지적하면서 자신만만하게 꾸짖은 맑스였다.[137]

철학 일반에 관한 리히트하임의 진술은 역사를 철학적으로 연구하는 척하는 언어철학자들과 특히 적절하다. "철학은 세계를 변화시키지 않는다. 철학은 세계를 해석하고 그렇게 해서 세계와 타협한다." 바로

History?》(Knopf, 1962)에서, 우리는 더 나은 세계를 만들기를 바라면서 역사에 접근해야 한다고 말한다. "이런 이유에서, E. H. 카가 역사적 중요성의 기준은 아시아와 아프리카에서 미래에 대중들이 거둘 승리와의 관련성이다 하고 제안하면서 자신이 역사의 본질을 '이른바 적절하게' 도출했다고 생각한 것은 매우 이상한 일이다. 물론 그는 그런 사실들만이 기록될 가치가 있다고 생각할 자격이 있지만, 자신이 역사학의 본질적 진리를 말한다고 생각할 자격은 없다." 아시아-아프리카 구절에 대한 화이트의 주석은 E. H. 카의《역사란 무엇인가?》의 1962년 판 176쪽을 가리킨다. 하지만 176쪽을 체크해보면 거기에 아프리카와 아시아에 관한 말이 **전혀 없으며**, 카가 했다고 하는 말과 비슷한 구절도 전혀 없다. 뿐만 아니라 나는 카의 책 전체에서 "역사적 중요성의 기준은 아시아와 아프리카에서 미래에 대중들이 거둘 승리와의 관련성"이라고 암시하는 구절을 어디에서도 발견하지 못했다. 카는 198쪽에서 아시아와 아프리카를 언급하긴 하지만, "이 나라—그리고 어쩌면 다른 나라들까지—의 지배 집단들이 아시아와 아프리카의 약진적인 진보를 맹목적인 또는 몰이해한 눈으로 보는 경향"을 비판한다. 화이트의 실수는 당황스럽다.

137 게오르게 리히트하임George Lichtheim, "The Concept of Ideology,"《역사와 이론History and Theory》, Vol. 4, pp. 164~95, 1965.

과학, 더 나아가 모든 지식의 문화적 한계를 설명하는 또 다른 방법이 있는데, 베르너 하이젠베르크Werner Heisenberg가《플라톤에서 플랑크까지From Plato to Planck》에서 사용한 방법이다. 그 책에서 하이젠베르크는 이렇게 말한다. "과학에서 우리는 자연 그 자체를 다루는 것이 아니라 자연과학을 다룬다. 다시 말해, 인간이 생각하고 설명해 온 자연을 다루는 것이다." Paul Mattick, "Marxism and the New Physics," Philosophy of Science, October 1962, p. 360에서 인용함.

이것이, 역사학자들이 실제로 하고 있는 일에 화이트가 눈을 부릅뜨고 집중하는 것, 과거에 대해 역사학자들이 말하는 방식을 해석하는 것, 역사철학을 논하는 한 권의 책 전체에서 어떤 **살아 있는** 인간적 문제에도 차갑고 무관심한 것의 진정한 의미다.

마지막으로 과거에 독일 시인 고트프리트 벤Gottfried Benn이 한 말을 소개하고자 한다. 그의 말은 "문화를 실현하기"보다는 문화에 "대해" 글쓰기를 주장하고, 변화보다는 기록과 해석을 선호하고, 그래서 우리를 현 상태에 더욱더 깊이 빠지게 하는 그 모든 철학자에게 적용될 만하다.*

> 활동적이고 정력적인 사람이 다른 사람에게 다음과 같은 단순한 진리를 가르친다면 더 혁명적이고 효과적일지 모른다는 생각이 문득 뇌리를 스친다. 너희는 항상 지금과 같고, 결코 변하지 않을 것이다. 너희는 과거와 현재 그리고 미래에도 이렇게 살 것이다. 돈을 가진 자는 오래 살고, 권위를 가진 자는 모든 행위가 옳고, 힘을 가진 자는 정의를 지배한다. 역사란 그런 것! 에케 히스토리아Ecce historia! 여기 현재가 있으니, 이와 한 몸이 되고, 먹고, 죽어라.

20. 철학자, 역사학자, 그리고 인과관계

인과관계라는 문제를 통해, 역사의 이론적인 문제들을 다룰 때 철학자들과 역사학자들이 어떻게 죽은 학문에게는 유익하고 살아 있는 사람들에게는 불리하게 다루는지를 밝혀보는 것도 도움이 될 것이다. 이번에도 모턴 화이트의 《역사 지식의 기초》가 좋은 출발점이 된다. 그런 뒤 역사학자에게로 눈을 돌려보기로 하자.[138]

---

138 내가 앞 장에서 다룬 역사적 설명에 대한 논의도 대부분 원인과 긴밀히 얽혀 있다. 나는 인과율이 특별하게 취급할 가치가 있는 동시에 예증에도 유용한, 설명의 특별한 사례라고 생각한다. 그 이유는 일반적인 설명보다 초점이 더 또렷하기 때문이다. 나는 원인의 정의를 마리오 붕게처럼 좁게 한정하고 싶지 않다. 붕게에 따르면, 사회역사적 사건은 "**자기 결정성**이 강하고(사회 집단의 구조 자체에 의해 내적으로 결정되고), 명확히 **변증법적**이고(인간 집단들의 투쟁으로 이루어지거나 그에 의해 발생하고), 어느 정도 목적론적이고(대체로 무의식적이지만, 명확한 목표를 성취하려고 노력하고), 대개 **통계적**(서로 무관한 다양한 개인의 행동들이 모인 결과)…"이라 한다. Mario Bunge, Causality, Meridian, 1963, p. 274.

붕게는 인과율을 특별한 사례, 즉 "C가 발생하면 (그 때에만) 그로 인해 항상 E가 생산"되는 경우로만 한정한다. 그러면 C와 E의 1:1 대응과 **생산**이 둘 다 강조된다. 나처럼 원인 개념을 도구적이고 실용적으로 사용하면 그 효력이 제한되어 있는 경우, 또는 당면한 C가 그 결과의 유일한 생산 요인이 아닐 때에도 사회 변화의 유효 요인들을 찾을 화이트는 원인(원인의 사슬에서 한 고리에 불과한 "기여 원인"이 아니라, "결정적" 원인)을 논하기 시작할 때 원인 개념이 어떻게 유용할 수 있는지를 다루는데, 이번에도 건설적이고 비판적으로 분석하기보다는 역사학자들이 사용하고 있는 방법을 묘사하는 데 그친다.*

나는 이 장에서 원인에 대한 결함 있는 이론 몇 개를 비판적으로 검토하고, 또한 내가 만족스럽게 생각하는 이론을 옹호할 것이다. 그 이론을 간략히 요약하면 다음과 같다. 기여 원인이 (결정적) 원인이라고 **역사학자들이 주장하는 대부분의 경우에**[강조는 인용자], (a) 그 원인은 사실은 비정상적인 기여 원인이고, (b) 때로는 다른 연구자들이 공유하지 않는 관점에서 보고 선택한 것이며, (c) 우리는 어떤 절대적 근거에 의거해서도 이 관점들 중 어느 하나가 다른 것보다 우월하다고 입증할 수 없다. 선택된 기여 원인이 비정상적임을 강조하기 때문에 나는 이 교의를 "비정상성 이론abnormalism"이라 부르겠다.

여담이지만, 방금 전까지 하나 이상의 상황에 적용될 수 있는 "설명적 법칙"이 존재한다고 주장하면서 설명의 "규칙성" 이론을 지지한 화이트가, 하나 이상의 상황에는 적용될 수 없을 것 같은 인과적 설명을 주장하다니, 참 희한한 일이다. 그의 인과적 설명은 설명되고 있는 상황에만 고유하게 존재하는 요인에 달려 있지 않은가.

하지만 화이트의 이 모순보다 더 중요한 것은, 과거 사건의 원인에

수 있어 몇 배는 더 유용하다.

관한 그의 이론이 현재와 미래의 사건들과 무관하다는 것, 즉 살아 있는 것들이 아닌 죽은 것들에 초점이 맞춰져 있다는 것이다. 그 자신의 요점을 예증하는 두 사례는 나의 요점을 예증하기도 한다. 첫 번째는 8세기 이후에 비정상적인 촉진 원인—무슬림의 침공—으로 인해 지중해 문명이 붕괴된 것을 설명한 "피렌 테제"다. 두 번째는 파스닙(당근을 닮은 뿌리채소—옮긴이)을 먹고 소화불량에 걸린 사람의 사례다. 이번에도 파스닙은 비정상적으로 몸속에 들어온 침입자다.

하지만 지중해 문명의 붕괴 원인을 다룬 연구에 중요한 것이 있다면 그것은 반드시 **다른** 문명들의 붕괴에 대해 우리에게 말해줄 수 있는 것들 중 하나일 것이다. 문명의 몰락을 설명하는 토인비의 이론은 옳고 그름을 떠나서 적어도 오늘날에 대해 무언가를 배우는 것을 목표하고 있다. 그에게는 **지금의** 서양에 대해 우리에게 시사해주는 어떤 것이 있으며, 그 때문에 무슬림의 침공만 떼어놓으면 쓸모가 없어진다. 소화불량의 경우도 마찬가지다. 만일 다른 사람들에게 쓸모가 있으려면, 소화불량을 야기하는 것은 파스닙이 아니라 파스닙과 관련된 어떤 것—아마도 다른 많은 식품들에도 나타나는 것—이어야 한다. 화이트처럼 비정상적인 원인에 초점을 맞춘다면 우리를 둘러싼 세계가 아니라 과거의 사건에 관심을 두게 된다.

화이트의 "비정상적 원인"을 적용할 수 있는 실제 사건을 예로 들어보자. 1967년 7월 24일에 메릴랜드 주 케임브리지에서 흑인들이 거리에서 재물을 파괴하면서 "폭동"(도시의 공무원의 말로는) 내지 "반란"(흑인 투쟁가의 말로는)을 일으키고 있었다. 그해에 전국시민무질서자문위원회가 연구한 "주요"하거나 "심각한" 소요 41건 중 하나였다.* 또한 그

위원회가 자세히 연구한 소요 24건에도 포함되어 있다.*

> 우리는 24건의 모든 소요에서 중대한 측면들에서 공통된 사회과정이 작용하는 것을 발견했다. 이 사건들은 흑인 사회에 한동안 불만이 누적되고 긴장이 증가하는 과정을 거치는 등 비슷하게 발생했다… 흑인들이 표출한 불만의 구체적인 내용은 도시마다 조금씩 달랐다. 하지만 일반적으로 모든 도시에서 흑인들의 불만은 편견, 차별, 극도로 불리한 생활 조건, 그 조건을 변화시킬 힘이 없다는 좌절감의 확산을 가리키고 있었다.

지금 어떤 역사학자가 매릴랜드 주 케임브리지에서 일어난 그 봉기의 "원인"을 결정하고 있다고 가정해보자. 케임브리지는 많은 흑인들이 비참한 조건에서 살고 있는 미국의 다른 도시들과 "공통된 사회과정"을 공유하고 있었다. 하지만 **케임브리지** 봉기의 원인을 찾기 위해 역사학자는 케임브리지에만 해당되는 고유한 요인, 즉 "비정상적 원인"을 찾아야 할지도 모른다. 누군가가 그런 요인을 하나 찾아내서 널리 선전했다. 분노한 젊은 흑인 지도자 랩 브라운이 케임브리지에서 다음과 같은 연설을 했다는 소문이 그것이었다. "흰둥이를 죽을 때까지 사랑하려고 하지 마세요. 그냥 쏴 죽이세요." 케임브리지의 키너몬Kinnamon 경찰서장은 이 연설이 "폭동의 유일한 원인"이라고 말했다.* "비정상적 원인" 이론에 따르면 키너몬이 맞는 것처럼 보인다. 하지만 흑인 소요의 뿌리를 이해했을 때, 그것은 위험하리만치 잘못된 분석이었다.

하지만 "비정상적 원인" 개념이 사회적으로 유용한 정책으로 이어질 수도 있다. 만일 우리가 흑인 지역사회들의 공통적인 조건(차별 더하기 가난)을 일반적인 지역사회에서는 자주 볼 수 없는 비정상적인 조건으로 본다면 그럴 것이다. 그때 우리는 이 조건을 변화시키고자 행동을 할 수도 있다. 따라서 "비정상적 원인"의 원칙 자체로는 첫 번째 사용(사회적으로 해로운 사용)과 두 번째 사용(유용한 사용)을 구분할 수가 없다. 그 이유는 화이트가 사회 정책이 아닌 학문적 도구를 찾고 있기 때문이다.

우리가 인과의 사슬에서 비정상성을 둘 이상 발견할 수 있는 경우에 대해 화이트는 결정을 내리지 못하고 곤혹해한다. "… 나는 하나가 다른 것보다 절대적으로 낫다는 것을 입증할 방법이 없다고 말하지 않을 수 없다. 즉, **현실에서 말하는 투로는 이 문제를 해명할 방법이 없다**"(내가 화이트의 말을 강조한 것은 이번에도 그가 창의적 비판을 해서가 아니라, 역사학자들이 그들의 일을 어떻게 묘사하는지를 그가 무비판적으로 보고하는 일에 예속되어 있음을 보여주기 위해서다). 예를 들어, 궤양에 걸린 사람이 파스닙을 먹고 고생하는 경우에, 화이트는 의사의 진단(궤양이 원인이라고 강조함)이 아내의 진단(파스닙이 원인이라고 강조함)보다 낫다고 "말할 수 있는 근거를 모르겠다"고 말한다. "물론 궤양이라는 진단은 궤양을 치료하는 노력으로 이어지고, 파스닙이라는 진단은 그의 식단에서 파스닙을 빼는 노력으로 이어질 수 있다. 요점은 기본적인 관심의 차이, 즉 관심사와 호기심이 사람마다 기본적으로 달라서, 역사학자들이 각기 다른 질문을 제기할 수 있고, 이렇게 서로 다른 질문에 답을 할 때 주어진 사건의 원인을 다르게 본다는 것이다."

화이트는 선택의 "기초"가 어떻게 사라졌는지를 알 수 있는 단서를 우리에게 보여주었다. 행동의 목표를 인정하지 않으려 하는 것이다. 만일 건강이 목표라고 인정한다면, 상황이 나아질 수 있는 방향으로 최대한 원인들을 구분할 것이다. 개인의 사정에 따라 식단을 개선하는 것과 궤양을 치료하는 것 중 어느 쪽이 나은지를 결정하고, 그렇게 해서 궤양과 음식 중 하나를 원인으로 정할 것이다. 또 다른 사람의 경우에도 비슷한 결정을 내릴 수 있다. 당신이 의사인지 아내인지에 따라, 조작 가능한 몇 가지 원인 중 어느 것이 당신에게 맞는지가 결정되는 것이다.

화이트 같으면 어느 누구도 적합한 원인을 말할 수가 없다. 자신의 관심사, 일련의 가치를 끝내 선언하지 않기 때문이다. 그런 사람이 하고자 하는 것은, 사람에 따라 "기본적인 관심의 차이, 즉 관심과 호기심이 기본적으로 다르다"는 것을 인정하는 것뿐이다. 역사라는 세계 안에서 우리는 일련의 가치—전쟁, 가난, 인종차별, 압제를 추방하는 것—에 동의하지 않을 수 있을까? 그 악폐를 몰아낼 수 있다는 관점에서 논의하는 것에? 만일 가치에 초연한 체하려면, 차이를 구별할 수 있는 "기초를 전혀 몰라도" 될 것이다.

앞에서 주장했듯이, 원인을 일반적, 추상적, 이론적인 문제로 다루면 어떤 결과도 얻지 못한다. 우리는 성취하고자 하는 가치에서 출발해야 한다. 그럴 때, 인과의 사슬 중에서 우리가 조작하면 그 가치를 향해 우리를 이끌어줄 수 있는 연결고리를 고를 수 있다. 모턴 화이트는 자신의 것을 제외한 다른 모든 원인 개념을 공격하면서, 자신이 명명한 "기술적 또는 실용주의적 인과 개념"에 4페이지를 할애한다. 나는 그와 다르게 그 원인을 **조작 가능한 원인**operable cause이라 부른

다.[139]

화이트의 반론은 박약하다. 그는 "조작가능성" 개념을 비판한다. 조작가능성과 함께 "상대성을 끌어들이기 때문"이라는 것이다. 즉, 어떤 사람이 스위치를 내려서 불을 끌 때, 불이 켜지기를 바라는 사람에게 조작 가능한 원인은 스위치다. 스위치를 올려서 불을 다시 켤 수 있기 때문이다. 하지만 발전소에 있는 기사에게 조작 가능한 원인은 그의 메인스위치로, 이 스위치로도 상황을 통제할 수 있다. 그런데 이 "상대성"은 조작 가능한 원인의 개념에 완전히 적합하기도 하고 필요하기도 하며, 원인을 학문적으로 논할 때에만 우리가 누구인가, 상황을 변화시키고자 할 때 우리에겐 어떤 가능성이 있는가라는 질문을 무시할 수 있다. 우리가 행동에 관심을 갖는다면, 내가(아파트에 사는 사람이든 발전소의 기사든, 궤양에 걸린 사람의 의사든 그의 식사를 준비하는 아내든) 조작할 수 있는 것이 **이때의** 원인이 된다. 이 원인은 외부에서 무심하게 상황을 관조하는 사람에게만 "상대적"이다. 만일 우리 중 어느 한 명이 원인을 자신의 행동과 직결된 문제로 본다면, 그때는 절대적이다.[140]

---

139 나의 접근법은 E. H. 카가 《역사란 무엇인가?》 Knopf, 1962에서 지지하는 접근법과 비슷하다. R. G. 콜링우드도 이 방법을 제안했다(《형이상학에 관한 에세이An Essay on Metaphysics》). 스티븐 툴민Steven Toulmin은 과학자들이 실용적인 목적을 염두에 둘 때 인과관계가 중요해지고, 그래서 그 말이 의학 잡지에는 자주 등장하는 반면에 대체로 물리학 잡지에는 그보다 드물게 등장한다고 지적한다. "우리가 어떻게 하면 생산하거나 예방하거나 중화시킬 수 있는지에 관심을 갖고 있는 발전들—바로 그런 종류가 우리가 그 원인을 궁금해 하는 전형적인 발전들이다. 따라서 이런 발전들 중 하나의 원인을 발견한다는 것은, 우리가 그것을 생산, 예방, 중화시키고자 할 때 어떤 변화가 필요한지를 밝혀낸다는 뜻이 된다." The Philosophy of Science, Harper (Torchbook edition), 960, pp, 119~22.

140 덧붙여 말하면, 화이트는 조작 가능한 원인에 반대하는 맥락에서 이 개념의 "상대성"을

화이트에 따르면 실용주의적 접근법의 "주된 문제"는 원인에 "너무 좁게" 접근하는 것이라 한다. 이 접근법에서는 "저것이 원인이라고 말하는 사람이 생산하거나 예방할 수 있는" 원인만 원인이라고 주장하기 때문이다. 맞는 말이다. 어떤 의미에서 이 접근법은 학문적이고 무심한 관점에서 원인을 다루려는 시도보다 "더 좁다"(어떤 초점을 가진 접근법이 일반적인 접근법보다 "더 좁은" 것과 같은 이치다). 하지만 궁극적으로 좁은 것은 학문적인 접근법이다. 그런 접근법은 모든 것을 받아들이지만 출구가 닫혀 있어서 어떤 결과도 낳지 못하는, 주둥이가 넓은 깔때기와 비슷하다. 실용주의적 접근법은 식별력이 있기 때문에 입구는 좁지만 많은 행동 가능성을 낳는다.

실용주의적 이론은 "지진 같은 자연재해를 어떤 사건의 원인이라고 말한 많은 역사적 설명을 오류나 잘못으로 보고 배제할 것"이라고 화이트는 말한다. 그렇지 않다. "오류나 잘못"으로 보고 배제하는 것이 아니라, 가옥의 취약한 구조와 달리 논의할 가치가 없기 때문이다. 가옥의 구조는 지진으로 10명이 죽을지 1천 명이 죽을지를 결정하고, 지구의 떨림과 다르게 조작이 가능하다.

또한 화이트는 (우리가 충분히 예측할 수 있듯이) 일부 또는 많은 역사학자들이 사용하지 않는다는 근거로 "실용주의적" 원인 개념에 반대한다. "일부 역사학자들은 일종의 상설 조건을 지정하고, **그들은** (그 조건에 해당하므로—옮긴이) 사건의 원인을 조작할 수 없다"고 말한다.

지적한다. 하지만 앞에서 그는 상대성을, "비정상성" 원인 이론의 부득이한 사실로 인정했다. 거기에서 그는 몇몇 비정상적 원인에 부딪혔고, 그중에서 적절한 원인을 선택하지 못했다.

그는 실용주의적 접근법이 "역사학자들의 이런 언어 습관"을 따르지 않는다고 말한다. 마치 철학자들은 역사학자들이 하고 있는 일을 비판하지 말고 그들의 말을 기록하는 선에서 그쳐야 하는 것처럼 말이다. 지금 그가 하고자 하는 일은, "평범한 역사학자들의 언어를 묘사하는 것"이라고 화이트는 말한다.* 하지만 (잠시 사실적 조건의 묘사에 대한 그 자신의 주장을 기준으로 그를 판단해볼 때) 그는 대부분의 역사학자들이 "비정상성"의 관점에서 원인을 보고 있다는 증거를 한 번도 제시하지 않는다. 그것은 그의 선호에 가까우며, 그는 그것이 관례적이라는 것을 데이터로 입증하지 않고, 그것이 **좋다**(실용주의자의 "좁은" 접근법과 반대로, 폭넓다)는 주장으로 자신이 선호하는 것을 옹호한다.

하지만 실제로 "원인"을 사용하는 역사학자들의 방법은 아주 다양해서(그리고 덧붙이자면, 인과관계에 대한 엄격한 생각과 거의 무관해서), 비정상성에 대한 화이트의 선택은 대단히 임의적이다. 그의 선택은 인과분석을 역사적 행동의 길잡이로 사용하는 방법을 무시하는데, 그로부터 수동적인 사색이 나온다. 이런 의미에서 화이트가 슈펭글러, 맑스, 토인비 등에게 적용하는 "사색적"이란 말은 (문자 그대로의 의미로) 그 자신에게 적용하는 것이 더 적절하다. 그는 투쟁하는 세계에서 멀찍이 물러나, 이론을 세우고 추측에 골몰하는 사색가다.

이제 인과관계의 문제를 이론으로 설명하는 역사학자 몇 명을 살펴보자. 데이비드 포터는 일반화를 의식적으로 사용하라는 자신의 요청을 강화하기 위해, 역사적 사건의 원인을 무의식적으로 부단히 언급하는 경향을 지적한다.* 그는 인과관계를 의식적이고 의도적으로 다루라고 요구하고, "역사 연구는 불가피하게 원인에 대한 연구"라는 E. H.

카의 말을 인용한다. 그리고 어떤 인과의 사슬이라도 무한히 길기 때문에 역사학자에게 "유일한 선택 기준은, 카가 언급했듯이, 우리가 강조하기로 정한 요점의 중요성이어야 한다. **하지만 우리에겐 중요성을 잴 척도가 없다**"*는 카의 지적에 주목한다(강조는 인용자). 여기서 포터는 카가 직접 제안한 척도—역사로부터 배운 것에 기초해서 행동할 우리 자신의 필요—를 무시하고 있다. 카의 말을 들어보자.*

> 이성 능력은 보통 어떤 목적을 위해 사용된다. 지식인들은 가끔 재미로 사유하거나, 사유한다고 생각한다. 하지만 넓게 봤을 때, 인간은 어떤 목적 때문에 사유한다. 우리가 어떤 설명은 이성적이고 다른 설명은 그렇지 않다고 판단할 때, 우리는 어떤 목적에 봉사하는 설명과 그렇지 않은 설명을 구분한 것이다.

앞에서 카는 이렇게 말했다. "역사학자는 과거의 경험을 증류해서 그로부터 행동의 길잡이로 쓸 수 있는 결론을 이끌어낸다." 포터는 이 말을 무시한 채, 길잡이가 되는 "총명함과 응경험의 응용," 즉 "총명함"에 실체를 부여하는 옳고 그름에 대한 믿음이 아니라 방법상의 효율성만 남겨놓았다.[141]

---

141 역사학자들보다는 사회과학자들이 원인을 실용적으로 보는 경향이 더 강하다. 예를 들어, 로버트 M. 매키버는 《사회적 인과율Social Causation》(Harper [Torchbook edition], 1964, p. xiii)에서 청소년 비행의 원인들을 살펴본 뒤에 다음과 같이 결론짓는다. 여기에는 많은 요인들이 있고, 알려지지 않은 요인도 많지만, "이미 인과관계에 대한 우리의 지식은, 발생률이 높은 지역에서든 낮은 지역에서든 청소년 비행을 억제하고 줄이는 대책을 수립하는 길잡이로 삼기에 충분하다." 하지만 원인 찾기의 구체적인 목표를 의도적

예를 들어, 1954년에 대법원이 인종차별을 철폐하게 된 인과관계의 사슬에 우리는 무엇보다 다음과 같은 원인들을 포함시킬 수 있다. 흑인들이 제기한 소송들, 대법원의 구성, 아프리카 독립 국가들의 출현으로 형성된 새로운 분위기, 2차 세계대전에서 나치가 패배한 것의 효과, 흑인의 시와 문학 그리고 흑인 조직을 통해 나타난 흑인 의식의 성장, 소송비용으로 백인들이 미국흑인지위향상협회NAACP에 기부한 돈.

이 중 하나를 멋대로 골라 원인으로 제시하는 것은 너무 단순하고 무의미할 것이다. 반대로 우리가 생각할 수 있는 모든 원인을 열거한다면 지적으로는 더 막강해지겠지만 학문의 울타리에 머물게 되고 행동을 이끌어내지 못할 것이다. 하지만 미래에 비슷한 사건이 일어났을 때 우리가 뭔가 해볼 수 있는 원인을 강조할 때, 지금 내가 가정하고 있는 것처럼 만일 역사적 의미라는 것이 표류하는 학문적 의미가 아니라 **우리**, 우리의 **행동**, 우리가 만들어갈 **미래**와 연결되어 있다면, 그 강조는 의미로 가득찰 것이다. 그때 대법관에게는 그 변화에 영향을 미치는 대법원의 역할이 조작 가능한 원인일 테고, 백인에게는 NAACP의 소송 비용을 지원하는 것, 흑인 작가에게는 카운티 컬렌Countee Cullen, 랭스턴 휴즈Langston Hughes, 리처드 라이트Richard Wright, 제임스 볼드윈James Baldwin, W.E.B 두보이스Dubois의 의식을 일깨우는 작품들을 이어가는 것, 미국 대통령에게는 다음에 임명할 대법관에 대해 진지하고 생각하는 것이 조작 가능한 원인이 될 것이다. 반면에 2차 세계

으로 명시하지 않으면 먹을 수 없는 고기만 그물에 가득 끌려올 위험이 있다.

대전을 원인으로 꼽는다면 "진리"의 어떤 추상적인 기준은 충족하겠지만, 아무런 결과에도 이르지 못할 것이다. 이 선택은 조작 가능한 원인을 선정할 때 나올 수 있는 더 큰 진리, 인간적 의미를 무시한다.

카는 담배를 사려고 차를 몰고 나간 사람을 예로 든다. 그는 술을 마신 상태이고, 그의 차는 브레이크가 고장 났으며, 잠시 뒤 전방이 보이지 않는 코너를 돌고, 사고가 난다. 이때 다른 원인들을 제쳐두고 그가 흡연자였기 때문에 죽었다고 말한다면, 이 설명은 그의 사고에 대해 의미 있는 진실을 알려주지 못한다. 그 요인은 조작 가능하지 않기 때문이다. 시의회 의원에게는 전방이 보이지 않는 코너에 대한 언급이 의미 있을 테고, 자동차 안전기준에 관심이 있는 자동차 판매원에게는 브레이크 고장이 의미 있을 것이다. 이렇게 조작 가능한 원인은 인과의 사슬 중에서 이론상 "옳더라도" 행동의 어떤 길잡이도 되지 못하는 원인들을 버리고, 미래의 어떤 사건에 **우리**가 활용할 수 있는 요소들을 선택한다.

이제 남북전쟁의 원인을 살펴보자. 남북전쟁을 연구한 문헌은 엄청나게 많다. 남북전쟁을 설명하는 역사 문헌도 많지만, 다양한 설명들을 설명하거나 편집한 문헌들까지 부지기수다.[142] 이 모든 문헌을 훑어보던 학생은 직접 말은 안 해도, "남북전쟁의 원인은 무엇인가"라는

142 예를 세 개 들어보겠다. 하워드 K. 빌Howard K. Beale의 에세이 〈역사학자들은 남북전쟁의 원인에 대해서 뭐라고 말했을까?What Historians Have Said About the Causes of the Civil War?〉, 《Theory and Practice in Historical Study: A Report of the Committee on Historiography》, Social Science Research Council, 1946. 토머스 J. 프레슬리Thomas J. Pressly, 《Americans Interpret Their Civil War, Princeton》 1954. 《The Causes of the American Civil War》, edited by Edwin Rozwenc, D. C. Heath, 1961.

문제가 그 산더미 같은 양에도 불구하고 이전과 마찬가지로 조금도 해결되지 않았다는 것을 알아차릴 것이다. 그는 이렇게 말할 것이다. "그래, 이게 과학의 방식이야. 정보가 점점 더 많이 쌓여가도 해답은 까마득히 멀어 보이지. 그러다 어느 날 갑자기…" 하지만 역사의 다른 문제들을 볼 때(미국혁명의 원인, 1차 세계대전의 원인, 로마제국의 쇠망의 원인), 그는 질의 축적이 아닌 양의 축적만 계속되는 똑같은 패턴을 발견한다. 그래서 결국 연구에 **근본적인** 문제가 있는 듯하다고 의심하게 된다. 다음과 같이 말할 수도 있다. 만일 무한히 많은 사례 속에서 어떤 문제에 대한 해답이 1년 동안 조사했을 때나, 1세기 동안 조사했을 때나 똑같이 아득해 보인다면, 이런 의문이 들 것이다. 우리가 틀린 질문을 하고 있는 것은 아닐까?

그렇다는 게 나의 생각이다. "남북전쟁의 원인은 무엇인가?"라는 개략적인 질문을 던진다면 아무런 소득도 얻지 못한다. 그 질문이 무의미한 것은 그 의미가 무한하기 때문이다. 유럽이 상세히 표시된 지도를 받아들고서 "이 지도의 용도는 무엇인가?"라는 질문을 받는 것과 같을 것이다. 지도의 용도는 무한하며, 당신이 해야 할 일에 따라 달라질 것이다. 만일 당신의 목표가 "로마에서 위트레흐트까지 가는 방법을 아는 것"이라면, 누군가에게 그 지도의 활용법을 구체적으로 배울 수 있다. 하지만 출발지도 없고 목적지도 없다면 그 지도의 "의미"는 무한수가 되는데, 이는 그 지도가 "무의미하다"는 말과 가깝다.

1956년에 미국역사학회가 다음과 같은 질문을 주제로 학회를 열었다. "미국 남북전쟁의 원인에 대한 해석의 차이가 객관적으로 극복될 수 있을까?" 리 벤슨과 토머스 J. 프레슬리Thomas J. Pressly가 이 주제를 연구해서 긴 논문을 제출했다. 두 저자는 남북전쟁의 원인을 나름대로 해석한 문헌 다섯 편을 자세히 분석했다.

1. 찰스 W. 램스델Charles W. Ramsdell은 〈노예제 팽창의 자연적 한계〉(《미시시피밸리 역사 평론Mississippi Valley Historical Review》, 1929년 9월)에서, 전쟁의 원인은 북부와 남부와 멕시코 전쟁으로 획득한 서부 지대를 노예제로 할 것인가 자유제로 할 것인가를 두고 불필요하게 벌인 과열된 말다툼이라고 주장했다. 노예제는 영토 팽창과 수익률 두 측면에서 이미 자연적 한계에 도달했기 때문에, 북부와 남부의 성미 급한 자들이 노예제의 팽창에 관한 그릇된 쟁점을 지어내서 남북전쟁을 일으키지 않았더라도 (노예제는) 자연히 소멸했을 것이라고 램스델은 주장했다.

2. 아서 C. 콜Arthur C. Cole은 《억누를 수 없는 갈등, 1850~1865 Irrepressible Conflict, 1850~1865》(Macmillan, 1934)에서, 온건한 사람들은 재산상의 이익이 안정과 타협에 있다고 보았지만 두 문화, 즉 "남부의 노예-대농장 문화와 북부의 공업-소농 문화"의 극렬한 자의식으로 인해 전쟁이 발생했다.

3. 루이스 M. 해커Louis M. Hacker는 《미국 자본주의의 승리The Triumph of American Capitalism》(Simon and Schuster, 1940)에서, 미국을 정치적으로 지배하고자 한 북부 산업자본가 계급의 필요(관세, 은행, 통행의 자유, 교통망 개량, 철도 등), 그리고 1860년에 공화당의 승리로 그들의 지배가 가시화되자 남부가 탈퇴와 전쟁으로 대응한 것이 남북전쟁의 원인이라고 한다.

4. 데이비드 M. 포터는 《링컨과 그의 당, 탈퇴의 위기에서Lincoln and

His Party, in the Secession Crisis》(Yale University, 1942)에서, 북부와 남부의 일반적 분위기는 타협을 바랐음에도 링컨을 비롯한 공화당 지도자들이 특히 서부 지역에 대해 타협안을 제시하지 않았고, 그로 인해 남부의 연방주의적 정서가 주전론을 진화하지 못했다고 주장했다.

5. 앨런 네빈스는《연방의 시련Ordeal of the Union》(Charles Scribner's Sons, 4 vols., 1947~50)에서, 양쪽 지도부가 노예제를 비롯한 "인종 조정" 문제의 해결책을 찾고자 진지하게 노력하지 않은 결과로 전쟁이 일어났다고 보았다.

벤슨과 프레슬리는 이 다섯 가지 해석을 자세히 검토한 후에, "현재 우리가 알고 있는 어떤 절차를 통해서도, 지금 문헌에 공식화되어 있는 상태에서는 이 다섯 가지 해석의 전반적인 차이를 도저히 해결할 수 없다"라고 결론짓는다. 하지만 그들은 객관적 해결이 가능할 수도 있는, 다시 말해 경험적 증거에 의해 결정될 수도 있는 구체적인 진술들, 즉 "하위해석들b-interpretations"을 발견한다. 그래서 그들은 그런 하위해석 하나를 선택한다. 아프리카 노예무역을 재개하자는 선동이 그것이다. 두 사람은, 램스델과 해커는 남부의 노예제도가 힘든 시기에 들어서고 있다는 데 동의하지만, 램스델은 노예무역의 재개 움직임이 약했고, 반면에 해커는 그 움직임이 강했다고 본다는 것을 발견한다. 게다가 그들은 어느 한쪽의 견해를 뒷받침할 "직접적인" 증거를 찾을 수 없었고(2차 자료를 뒤졌을 때에도 나오지 않았다), 만일 (무역 재개에 찬성하는 견해와 반대하는 견해를 평가할) "객관성 있는 색인"을 만든다면 그런 증거를 발견할 수도 있다고 생각했다.

73쪽에 달하는 신중한 연구를 마무리하면서 벤슨과 프레슬리는 아래와 같이 결론짓는다.

> 우리 저자들은 "객관성 있는 색인"을 사용해서 모든 하위해석들 간의 모든 차이를 객관적으로 해결할 수 있다고 가정하거나 주장하는 것이 아니라, 우리가 보기에 그 방법을 시도하는 것이 가장 유망하다고 생각하는 것이다. 또한 우리 저자들은 하위해석들 간의 차이를 객관적으로 해결하면 그로 인해 반드시 전체적인 해석의 차이가 객관적으로 해결된다고 가정하거나 주장하지 않는다. 우리는 남북전쟁의 원인에 대한 해석의 차이들이 객관적으로 해결될 수 있다고 생각하지 않으며, 대신 그 일을 가장 효과적으로 시도할 수 있는 방법은 하위해석들 간의 차이를 먼저 해결하는 것이라고 생각한다.

벤슨과 프레슬리의 주장이 왜 겸손한지 우리는 그 이유를 알고 있다. 노예무역의 재개를 옹호하는 주장이 약했고 그래서 노예제가 그 방향으로 팽창할 수 없었다고 (램스델처럼) 주장한다 해도(이 논리 자체도 사건의 발생을 결정짓는 데 있어 여론이 항상 결정적이라고 부당하게 가정하고 있다), 고려해야 할 다른 문제들이 산적해 있을 때, 그것으로 더 큰 문제를 해결할 수 있을까?

"남북전쟁의 원인은 무엇인가?"라는 질문 자체가, 1) 어떤 명확한 결론에도 이르지 않고, 2) "어디로?"라는 E. H. 카의 물음에 답을 할 때 도움이 될 수 있는 어떤 결론에도 도달하지 않은 채, 역사학자들이 세대를 바꿔가며 박사학위 논문, 책, 역사학회 심포지엄을 누적해나갈 수 있는 즐거운 학술 문제에 속한다.[143] 뿐만 아니라, 이제 우리는 1)번 문제가 2)번 문제와 관련되어 있다고 생각할 줄 안다. 답하기가 불가능할 정도로 초점이 없는 질문은 의미 없는 질문이라고 말이다.

이 심포지엄이 있은 지 5년 후에 리 벤슨은 "인과관계와 미국 독립혁명"이라는 논문을 통해 그 주제를, 내가 생각하기에 보다 더 의미 있는 방식으로 다루었다.* 벤슨은, 어떤 사건이 왜 일어났는지를 역사학자가 알아내고자 할 때, "그의 궁극적인 목표는 특수한 상황에서 행동하는 인간들의 동기를 밝히고 해명하는 것, 그렇게 해서 사람들이 그들 자신을 이해하도록 도와주는 것"이라고 말한다. 그는 논문에서 우리에게 **현재의**, 타당한 문제를 제시했다. 당연히, 무엇 때문에 사람들이 그런 식으로 행동하는지를 우리가 더 많이 이해한다면 우리가 어떻게 해야 하는지를 결정하는 데 도움이 될 것이다. 그런데 이 문제는 "남북전쟁의 원인은 무엇인가?"라는 질문과 종류가 다르다. 우리가 크든 작든 모든 인간적 사건에 던져야 할 질문이다.[144]

하지만 그런 질문은 초점이 분명해야 한다. 우리는 이렇게 물을 수 있다. 링컨은 남부에 대응할 때, 노예제를 인본주의적으로 고려해서 행동했는가, 아니면 통합된 국가에 대한 공화당의 지배력을 고려해서

143 "좋은 역사학자는 미래를 생각하든 하지 않든 간에, 미래가 뼛속까지 스며든 사람이다. 왜?라는 질문 외에도 역사학자는 어디로?라고 물어야 한다." E. H. Carr, What is History?, p. 143.

144 그런 목표가 있을 때 우리는 과거의 큰 행동으로부터 배우는 것 못지않게, 상대적으로 작은 행동으로부터(가령, 1948년에 해리 트루먼은 왜 시민권위원회 구성에 동의했는지를 연구해서도) 큰 것을 배울 수 있다. 우리는 크고 매혹적인 행동을 연구하는 경향이 있지만, 역사적 사건은 작아도 된다. 커야 하는 것은 우리의 현재적 관심이다.

행동했는가? 이런 질문에 대한 답이, 다른 상황 있던 다른 지도자들에게 비슷한 질문을 던져서 얻은 답들과 결합한다면, 오늘날 우리 정치 지도자의 동기를 더 현실감 있게 평가하도록 도와줄 것이다. 정부가 정치적 이해관계에 기초해서 행동한다고 우리가 가정할 수 있을 때, 우리는 국민으로서 우리 정부에 더 큰 힘을, 더 효과적으로 행사할 수 있다.

과거에 던진 어떤 질문들은 그 답이 과거에 대해서만 유용하다. "남북전쟁은 왜 일어났는가?"도 그런 질문이다. 남북전쟁은 고유하고 반복될 수 없는 사건이며, 1861~65년에 그 구체적인 전쟁이 왜 발생했는지를 알아도 오늘날 우리에겐 쓸모가 전혀 없기 때문이다. 우리가 그 전쟁에 대해 논의할 수 있는 방법은 그 시대에만 조작 가능한 요인들(노예제의 서부 확장 문제, 면화를 재배하는 주들의 토질, 아프리카 노예무역)을 살펴보는 것이다. 하지만 우리가 오늘날에 중요한 질문들을 묻는다면, 다른 사건들로부터 얻은 증거에 초점을 맞출 수 있고, 그로부터 도움을 이끌어낼 수가 있다. 그럴 때 우리는 과거 사건으로부터 우리 시대와 관련이 있는 요인들을 그 사건의 명세에서 추출해낼 필요가 있다. "남북전쟁의 원인은 무엇인가?"라고 묻는 역사학자들이 전념하는 연구와는 다른 종류의 연구가 될 것이다.

벤슨의 발견에 따르면, 역사학자들은 각기 다른 요인을 남북전쟁의 원인으로 강조한 반면에(경제 체제의 충돌, 정치적 이해의 충돌, 문화의 충돌) "여론"에 대해서는 한 목소리로 그 중요성을 인정했다. 이 문제는 매우 복잡하다고 벤슨은 지적한다. "남북전쟁 역사학자들은 노예제 팽창에 대한 북부 주민들의 여론이 경제적, 정치적, 윤리적, 혹은 그밖의 목표들로부터 어느 정도 영향을 받았는지를 따져봐야 한다." 이것이 어떻게 끝없는 물음으로 이어지는지는 조금만 생각해봐도 알 수 있다. 어느 북부 주민을 말하는가? 어느 여론 기관인가? 그중 어느 기관의 견해인가? 정확히 언제인가? 등등.

이렇듯 이 문제는 "남북전쟁의 원인을 전반적으로 다루는 문제에 공격을 개시할 수 있는 가장 효과적인 지점"이라고 벤슨은 말한다. 다른 수백 가지 요인과 비교하여 《엉클 톰스 캐빈Uncle Tom's Cabin》이 북부의 견해에 끼친 영향의 크기를 누구도 산정하기 어렵다는 점을 고려할 때, 우리는 그보다 덜 효과적인 공격들의 강도를 짐작할 수 있다.

이쯤에서 원래의 질문, 자신의 기본 방향을 의심해보는 대신에 벤슨은 계속해서 역사학자들이 그 방향에서 할 수 있는 일들을 더 많이 찾아낸다. "불행하게도 현재 역사학자들은 어떤 쟁점에 대해서도 여론의 상태를 보여줄 수단을 거의 구비하지 못했다." 그렇다면 아마도 그런 수단을 개발해야 할 것이다. "문학과 삶의 관계를 규정할 어떤 체계적인 명제도 아직 개발되지 않았다." 현재 상황은 꽤 절망적이지만, 벤슨은 우리가 "잠재적으로 입증 가능한 설명들"의 범위를 좁힌다면 진전이 있을 거라고 결론짓는다. 하지만 그러기 위해서는 "한 시대에 사회에서 인간들이 하는 행동을 재구성할 수 있는 더 강력한 개념적 도구와 방법론적 도구"가 필요하다.

다시 한 번 우리는 한 논문 안에서, 역사학자들이 스스로에게 현재적 동기를 면제할 때 어떻게 되는지를 빠른 화면으로 다시 돌려보게 된다. "사람들이 그들 자신을 이해하도록 돕겠다"는 목표에서 출발하지 않고, 은하수의 별처럼 많은 학문적 논쟁에 빠져 목적지도 없이 우주를 항해하는 새로운 수단을 헛되이 찾고 있는 것이다. 우리의 가치, 우리의 관심사, 우리의 현재적 필요를 우리의 방법론보다 우선시하지 않는다면, 미친 듯이 방법을 찾는 일만 되풀이할 것이다.

"인과관계"를 찾는 학문적인 탐구의 무익함은 쿠싱 스트라우트에게 아주 분명하게 보인다.* "유령 하나가 미국 역사학자들을 괴롭힌다. 인과관계의 개념이 그것이다. '남북전쟁의 원인'을 거의 1백 년 동안이나 열심히 냉철하게 연구했음에도 논쟁은 아직 결판이 나지 않았다." 스트라우트는, 투표 행동 같은 현상은 증거가 되풀이해서 나타나기 때문에 일반화할 수 있지만, 내전의 경우에는 단 한 번 일어나기 때문에 그럴 수 없다고 지적한다. 앞에서 본 듯한, 낯설지 않은 생각이다. "고유한 사건의 원인을 찾는 것은 의미가 없다, 그 원인은 고유하거나, 원인들의 고유한 조합이다"라는 생각 말이다. 하지만 우리가 이 **종류**에 속하는 어떤 사건의 원인을 찾는다면, 그 목표는 미래에 일어날 비슷한 사건들을 이해하고 현명하게 행동하는 것이다. 이것은 다른 문제다.

결국 스트라우트는, 인과의 탐구는 오늘날과 관련된 어떤 문제에 응해야 한다고 결론짓지 않는다. 대신에 역사학자는 "묘사적인 분석"에 만족해야 한다는 주장으로 후퇴한다. 그런 분석이 "서술narration"이라는 그의 전통적인 업무에 가깝긴 하다. 또한 역사학자는 "과학적인 설명보다는 인간적으로 이해할 필요가 있는" 상황의 "극적 논리"를 파악하고자 한다고 스트라우트는 주장한다. 다만, 상황을 "인간적으로" 이해한다는 것이, 우리 시대의 인본주의적 진보를 촉진할 수 있다는 뜻인지는 알 수가 없다.

스트라우트는 서사를 지지하면서 "설명의 한 형식으로, 의미의 논리적 엄밀성을 목표로 하는 것이 아니라, 인간의 어수선하고 열정적이고 가치 있는 활동에 적합한 연극적 가해성加解性dramatic comprehensibility을 목표로 한다"라고 말한다. 이 생각은 상찬할 만하다. 단, 우리가 어떤 열정을 길잡이로 삼아야 하고, 어떤 가치에 전념해야 하고, 어떻게 그 가치, 그 열정을 길잡이로 삼아 서술 작업을 할 수 있는지를 그가 제안한다면 말이다. 하지만 스트라우트는 또 다시 "이야기" 파와 "이론" 파의 논쟁, 인간적인 내용을 외면한 채 방법만 주장하는 그 공허한 논쟁에 발을 담그고 있다. 이야기를 하든 인과적 설명을 하든 "묘사적 분석"을 하든, 살아있는 질문에서 출발하지 않는다면 우리의 논리적 엄밀성과 사실적 정확성은 허비되고 말 것이다.

우리는 역사학자보다는 정치학자들의 글에서 "조작 가능한 원인"에 초점을 둔 인과관계 조사를 더 많이 발견한다. 그 이유는 두 학과를 인위적으로 분리해서 생겨난 비논리적인 노동 분업 구조 속에서, 정치학자는 정책 수립을 목표로 할 수 있는 반면에 역사학자는 이야기나 "해석"에 집착하기 때문이다. 이 때문에 정치학자는 역사적 증거를 잃고, 역사학자는 초점을 잃는다. 불행하게도 정치학자들이 겨냥하는 목표는 대부분 정부가 정한 것들이다.[145]

〈내전의 원인론에 관하여On the Etiology of Internal Wars〉란 논문에서,* 해리 엑스타인Harry Eckstein은 정치학자들에겐 정책을 목표로 삼는 것

---

145 정치학을 날카롭게 비판하는 한스 모겐소Hans Morgenthau의 글을 보라. 미국 정치사회과학아카데미, 모노그래프 6. A Design for Political Science: Scope, Objectives, and Methods, 1966.

이 직업상 문제없는 일로 여겨지기 때문에, 자신과 관련된 어떤 일(조작 가능한 요인을 찾는 일—옮긴이)을 한다는 입장에서 혁명의 원인을 논한다. 그런 관점에서 엑스타인은 내전을 아래와 같이 묘사한다.

> 모두가 비폭력을 이룰 수 있는 목적을 이루기 위해 폭력을 끌어들인다. 모두가 합법적인 정치 질서가 얼마간 무너진 것을 가리킨다… 모두가 사회에 깊은 상처를 주고, 합의를 무작정 가로막는 경향을 보인다. 그 결과, 적어도 내전에 관한 일반 이론—또한 구체적인 사건들을 통해 드러나는 문제들을 해결하는 데도 도움이 될 수 있는 일반 이론—이 가능해진다.

엑스타인은 역사의 인과관계 조사에 한계가 있음에 주목하고, 프랑스 대혁명의 원인을 설명하고자 했으나 명확한 결론에 이르지 못한 이론이 엄청나게 많다고 지적한다. 그럼에도 그는 혁명에 대한 다양한 비교연구에 기초해서, 내전을 가리키는 몇 가지 요인을 대략의 중요도에 따라 순서대로 열거한다. 엘리트의 효율성, 사회과정의 혼란, 전복, 반란군의 시설. 혁명을 방해하는 요인도 몇 가지 있으며, 대략의 중요도에 따라 다음과 같이 열거할 수 있다. 효과적인 진압, 회유, 견제, 현거주민의 시설.

우리는 그 목록을 훑어보면서, 자신이 반란군인가 현 정권의 지지자인가에 따라, 어느 정도 조작 가능한 원인을 찾을 수 있다. 나는 엑스타인의 목록을 두고 맹세하고 싶지는 않다. 내가 그 목록을 보고하는 것은 정책을 목표로 하는 인과 탐구가 의미 있는 학술 연구의 출발점이 될 수 있음을 가리키기 위해서다.

엑스타인의 결론에 지식인이 특별히 주목해야 할 점이 하나 있다.

> 모든 혁명에는 항상 지식인들이 "충성을 이전"하고 새로운 정치 "신화"를 개발하는 일이 선행한다. 만일 지식인에게 어떤 확실한 사회적 "기능"이 있다면… 분명이 다음과 같을 것이다. 국내의 환경 바깥에 있는 사회 구성원들을 학교와 성인 교육 상황에서 사회화하는 것, 모든 사회적 환경에서 획득한 태도들을 강화하고 합리적으로 개선하는 것, 여러 가지 사건들로 사람들이 정신의 지지대를 빼앗긴 곳에서, 정신적 교의를 통해 삶의 의미를 제공하고 행동의 지침을 공급해주는 것. 지식인은 청소년과 젊은이의 교육에 특히 중요하다. 정치적 사회화는 주로 유년 초기와 원숙기 사이에 이루어진다(또는 실패한다)는 것이 분명히 입증되었다. 또한 혁명가들 중에 젊은 층이 유난히 많고 때로는 압도적으로 많다는 것도 충분히 입증 가능하다. 이 모든 사항을 종합하면 왜 지식인의 소외가 에드워즈의 언어로 혁명의 "지배적 증상master symptom"—혁명적 운동량을 되돌릴 수 없게 만드는 조건—인지를 알 수 있다.

특별히 역사학자들 그리고 일반적으로 학자들에게 엑스타인의 말은 의미 있는 인과적 진술이다. 그들에게 이 진술은 현저히 조작 가능하기 때문이다.

처음에 "내전"을 정의한 엑스타인의 언어로 판단해볼 때, 그의 주된 관심은 혁명을 예방하는 것일 수도 있으며, 그가 사회 변혁보다는 "합법적인 정치 질서"와 "합의"에 더 공감하는 것일 수도 있다. 하지만 그가 설명한 요인은 양방향으로 효력이 있다.

그렇다면 우리가 해야 할 일은 다음과 같을 것이다. 우리는 국가와 그 전쟁 체제에서, 기업과 그들의 광포한 이윤추구 충동에서, 모든 국가에서, 으스대는 모든 권위자에게서, 모든 도그마에서 충성을 거둬들이기 시작할 수 있다. 그리고 더불어 살아가는 대안적인 삶의 방식을 제안하고 몸소 실천할 수 있다. 쉽진 않겠지만, 우리가 변화의 **원인**일 수 있고, 다가오는 세대에게 새로운 역사를 줄 수도 있는 것이다.

후주

2판 서문

12 Lewis Carroll, 《*Through the Looking Glass*》 (New York: Macmillan, 1996), p. 11. (최용준 역, 열린책들, 2009).

13 *New York Review of Books*, 1973년 3월 8일. 래시는 내가 역사의 갈등을 강조한 것이 미국의 과거에 "합의"를 통해 접근하는 리처드 홉스태터Richard Hofstadter의 방법(홉스태터의 저서《미국의 정치 전통The American Political Tradition》)을 비판하는 것으로 잘못 읽었다. 사실 나는 우리 사회에서 경쟁하는 주요 그룹들 사이에 합의가 존재한다는 점에 전적으로 동의했으며, 다만 역사학자들이 그 합의 바깥쪽에 제대로 관심을 기울이지 않는다고 주장했다.

14 *New York Times*, 1982, 4, 2.

14 *Boston Globe*, 1984, 3, 24.

14 *New York Times*, 1981, 3, 26.

14 *New York Times*, 1987. 11, 21.

14 *New York Times*, 1989, 3, 22.

15 Robert V. Bruce, 1877: *Year of Violence*(New York: Quadrangle, 1970)을 보라.

16 Ibid.

16 *Washington Post*, October 30, 1988.

18 Walter LaFeber, *Inevitable Revolutions*(New York: Norton, 1983).

20 F. Darwin and A. C. Seward, eds., *More Letters of Charles Darwin*, 2 vols. (London, 1903), vol. 1, p. 195; quoted in Mi. I. Finley, *Ancient Slavery and Modern Idealogy*(New York: Penguin, 1983), p. 65.

21 Peter Norvick, *That Noble Dream*(Cambridge: Cambridge University Press, 1988), pp. 315~16.

21 Novick, p. 6.

2장 역사가 사사로운 사업이라고?

46 Edward N. Saveth, ed., "Conceptualization of American History," *American History and the Social Sciences*, Free Press, 1964.

46 *Ibid*., p. 8.

50 Benedetto Croce, quoted in Hans Eeyerhoff, ed., *The Philosophy of History in Our Time*, Doubleday (Anchor edition), 1959.

50 James Harvey Robinson, *The New History*, Free Press (paper edition), 1965, p. 24.

51 Irwin Unger, "The 'New Left' and American History," *American Historical Review*, July 1967.

56 Morton White, *Social Thought in America*, Beacon (paper edition) 1947, pp. 227~228.

59 Clipping New York *Graphic in LaGuardia Papers*, New York Public Library.

64 Barrington Moore, Jr., *Political Power and Social Theory*, Harvard University, 1958.

65 David Potter, "Explicit Data and Implicit Assumptions in Historical Study," Louis Gottschalk, ed., *Generalization in the Writing of History*, University of Chicago, 1963.

67 Arthur Mann, "The Progressive Tradition," John Higham, ed., *Reconstruction of American History*, Harper (Torchbook edition), 1962.

3장 급진주의 역사란 무엇인가?

73 Barbara Tuchman, *The Guns of August*, Macmillan, 1962, p. 72.

75 Herbert Aptheker, *A Documentary History of the Negro People*, Citadel, 1951, p. 2.

77 New York *Daily News*, February 6, 1928.

80 Jesse Lemisch, "The American Revolution from the Bottom Up," Barton Bernstein, ed., *Towards a New Past*, Pantheon, 1968.

84 *Report of the National Advisory Commission on Civil Disorders*, Bantam, 1968, p. 483.

86 Richard Pfeffer, ed., *No More Vietnams*, Harper & Row, 1968, pp. 7, 8.

86 Marilyn Young, *The Rhetoric of Empire*, Harvard University. 1968, p. 231.

87 "Twilight of Idols," *The Seven Arts*, October 1917, reprinted in Randolph S. Bourne, *War and the Intellectuals*, Harper (Torchbook edition), 1964, p. 60.

89 Staughton Lynd, *Intellectual Origins of American Radicalism*, Pantheon, 1968, p. vi.

90 *New York Review of Books*, September 26, 1968.

95 Herbert Aptheker, *A Documentary History of the Negro People*, Citadel, 1951.

96 Robert Michels, *Political Parties*, Free Press (Collier Edition), 1962, p. 154.

2부 미국 역사 에세이

4장 불평등

101 Jacques Barzun, *God's Country and Mine*, Little, Brown, 1954.

101 Carl Russell Fish, *The Rise of the Common Man*, Macmillan, 1927에서 인용함.

104 "A True Narrative of the Late Rebellion in Virginia, by the Royal Commissioners, 1677," in Charles M. Andrews, ed., *Narratives of the Insurrections*, 1675~1690, Scribners, 1915, pp. 110~11.

105 "Thomas Mathew's Narrative," *Ibid*., p. 24.

111 Appendix I, in Cheesman A. Herrick, *White Servitude in Pennsylvania*, John J. McVey, 1927, p. 287을 보라.

111 고용계약 하인에 관한 일반적인 정보로는, Abbot Smith, *Colonists in Bondage*을 보라.

112 Elizabeth Sprigs가 John Sprigs에게, 1756년 9월 22일 메릴랜드에서 런던으로. Isabel M. Calder, *Colonial Captivities, Marches and Journeys*, Macmillan, 1935, pp. 151~52.

113 Carl Bridenbaugh, *Cities in the Wilderness*, Ronald, 1938, p. 96.

113 *Ibid*., pp. 96~97.

121 *Statistical Abstract of the U.S., 1969*, p. 326.

122 *Ibid*.

123 *Ibid*., p. 329.

125 George T. Altman, "The Tax-Cut Mirage," *The Nation*, February 16, 1963.

126 *New York Times*, September 12, 1966.

126 Philip M. Stern, "The Tax Deviates," *The New Republic*, February 1, 1964.

127 John L. Hess, in *The Reporter*, April 1959.

128 *I. F. Stone's Weekly*, December 14, 1959를 보라. 또한 Vol. 2 of the Tax Revision Compendium, published by House Ways of Means Committee를 보라.

128 Oscar Gass, wiring in *Commentary*, October 1965.

5장 러들로 대학살

130 Selig Perlman and Philip Taft, *Labor Movements* (Vol. IV of *History of Labor in the United States*, edited by John R. Commons), Macmillan, 1935.

133 Colorado Fuel and Iron Corporation, *Medical and Sociological Report*, 1914.

135 *Harper's*, May 23, 1914, p. 11.

135 *The New York Times*, February 10, 1914.

136 *United Mine Workers Journal*, August 28, 1913.

137 West, *Report on the Colorado Strike*, Government Printing Office, 1915.

138 House Mines and Mining Committee, *Conditions in the Coal Mines of Colorado*, pp. 2540~63.

138 *Ibid*., pp. 2631~34.

141 *International Socialist Review*, December 1913.

141 House Mines and Mining Committee, *Conditions in the Coal Mines of Colorado*, p. 2918.

142 *Ibid*., p. 1659.

142 *International Socialist Review*, December 1913.

142 *The New York Times*, October 27, 1913.

143 Commission on Industrial Relations, *Report and Testimony*, p. 8607.

144 *United Mine Workers Journal*, November 1, 1913.

145 William Brewster, *Militarism in Colorado*, Denver, 1914.

146 *International Socialist Review*, March 1914.

147 Edward Boughton, *Report to the Governor*, Denver, 1914, p. 2.

147 Frank Didano, quoted in *International Socialist Review*, June 1914.

148 Godfrew Irwin, quoted in the New York *World*, April 23, 1914.

149 Commission on Industrial Relations, *Report and Testimony*, p. 7100.

149 New York *World*, April 23, 1914.

149 *The New York Times*, April 22, 1914.

150 *Ibid*.

152 *Ibid*., April 23, 1914.

152 *Ibid*.

153 *The New York Times*, April 20, 1914.

153 *Ibid*., April 21, 1914.

153 *Ibid*.

155 *The New York Times*, April 24, 1969.

155 *Ibid*., April 21, 1969.

155 *International Socialist Review*, August 1914.

156 *The New York Times*, April 22, 1914.

157 *Ibid*., April 23, 1914.

158 *Ibid*., April 25, 1914.

158 *Ibid*., April 28, 1914.

158 United States, *Presidents' Messages and Papers*, Government Printing Office, Supplement, 1913~17.

158 Perlman and Taft, *Labor Movements*, p. 338.

160 House Mines and Mining Committee, *Conditions in the Coal Mines of Colorado*, Vol. II. Appendix.

6장 재즈 시대의 라과디아

169 George Soule, *Prosperity Decad*e, Rinehart and Co., 1947, p. 5.

169 Paul H. douglas, *Real Wages in the United States, 1890-1926*, Kelley, 1930, p. 391.

169 Soule, *op, cit*.

169 Frederick C. Mills, *Economic Tendencies in the United States*, National Bureau of Economic Research, 1932, p. 555.

170 Robert S. and Helen M. Lynd, *Mittletown, A Study in American Culture*, Harcourt, Brace, 1929, pp. 23, 53, 85.

170 Merle Curti, *The Growth of American Thought*, Harper, 1933, pp. 692~3.

171 *Congressional Record*, Aril 28, 1924, pp. 7391~7392.

172 *Ibid*., May we, 1924, pp. 9351~9352.

172 *Ibid*.

173 *Ibid*., January 30, 1926, pp. 3052~3053.

173 *New York Time*s, September 21, 1926.

173 *Ibid*., July 13, 1927.

173 *New York Evening Journal*, May 4, 1925.

174 Washington *News*, March 20, 1928.

174 New York *Evening Graphic*, December 2, 1925.

174 Pittsburgh *Sun Telegraph*, February 4, 1928.

175 Willian Allen White, *A Puritan in Babylon*.

175 Harvey O'Connor, *Mellon's Millions*, John Day, 1933, pp. xi-xv.

175 *Ibid*., pp. 126~128.

176 LaGuardia to Miss Clara Artus, February 18, 1924, *Ogden Mills Papers*, Library of Congress.

176 *Butler Papers*, April 14, 1924, Columbia University.

176 *The New York Times*, May 31, 1924.

177 *Ibid*., May 13, 1928.

177 *LaGuardia Papers,* New York Public Library.

177 New York *American,* January 1, 1929.

178 William A. Williams, "The Legend of Isolationism in the 1920'," *Science and Society,* Winder 1954.

178 Herbert Feis, *The Diplomacy of the Dollar, 1919-1932*, Norton (paper edition), 1966, pp. 4~25.

178 Foster Rhea Dulles, *America's Rise to World Power*, Harper, 1954, p. 134.

178 Thomas A. Bailey, *A Diplomatic History of the American People*, Appleton-Century-Crofts, 1958, p. 711.

179 Council on Foreign Relations, *Survey of American Foreign Relations*, 1929, p. 192.

180 *Relations Between the United States and Nicaragua*, Government Printing Office, 1928.

180 *LaGuardia Papers*, January 13, 1927.

181 *Ibid*.

181 *Coolidge Papers*, Library of Congress, Washington D.C.

181 *Congressional Record*, March 23, 1928, pp. 5251~5252.

182 *American Policy in Nicaragua*, Scribner, 1927, pp. 166~127.

7장 뉴딜의 한계

188 Richard Hofstadter, *The Age of Reform*, Knopf, 1955, p. 317.

188 *The Symbols of Government*, Yale University, 1935, pp. 270~71.

193 Harry Hopkins, "The Future of Relief," *The New Republic*, 1937, p. 8.

194 James MacGregor Burns, *Roosevelt: The Lion and the Fox, Harcourt*, Brace & World, 1956, p. 376.

195 "Rooseveltian Liberalism," *The Nation*, June 21, 1933, pp. 702~03.

197 Joseph Ratner, ed., *Intelligence in the Modern World: John Dewey's Philosophy*, Modern Library, 1939, p. 376.

198 Reprinted in *Liberalism and Social Action*, Capricorn Books, 1963, p. 54.

198 *Ibid*., p. 62.

198 *Ibid*., p. 88.

199 Arthur M. Schlesinger, Jr., *The Politics of Upheaval*, Houghton Mifflin, 1960, pp. 176, 647.

200 "The Myth of the Marxian Dialectic," *Partisan Review*, 1939, pp. 66~81.

200 Reinhold Niebuhr, *Reflections on the End of an Era*, Charles Scribner's Sons, 1934, p. 158.

200 "The Age of Distribution," *The Nation*, July 25, 1934, pp. 93~96.

200 "The Future of Liberalism," *The Journal of Philosophy*, No. 9, 1935, pp. 230~47.

201 Upton Sinclair, *The Way Out*, Farrar & Rinehart, 1933, p. 57.

201 Robert MacIver, "Social Philosophy," in *Social Change and the New Deal*, ed. William F. Ogburn, University of Chicago, 1934, pp. 107~13.

203 Rexford Guy Tugwell, "The Principle of Planning and the Institution of Laissez-Faire," *American Economic Review*, Supplement, March 1932, pp. 75~92.

203 Raymond Moley, *After Seven Years*, Harper & Brothers, 1939, pp. 370~71.

204 David Lilienthal, *T.V.A: Democracy on the March*, Pocket Books, 1944, Chapter 18, "Planning and Planners," pp. 206~13.

204 William O. Douglas, "Protecting the Investor," *The Yale Review*, Spring 1934, pp. 521~33.

205 William E. Leuchtenberg, *Franklin D. Roosevelt and the New Deal,* Harper & Row, 1963, p. 259.

205 James Macgregor Burns, *Roosevelt: The Lion and the Fox*, Harcourt, Brace & World, 1956, p. 322.

206 Max Lerner, "Propaganda's Golden Age," *The Nation*, November 11, 1939, pp. 523~24.

206 Abraham Epstein, "'Social Security' Under the New Deal," *The Nation*, September 4, 1935, pp. 261~63.

206 Congressman Henry Ellenbogen of Pennsylvania, *Congressional Record*, August 19, 1935, pp. 13675~13677.

207 Henry E. Sigerist, "Socialized Medicine," *The Yale Review*, Spring, 1938, pp. 463~81.

10장 자유주의와 급진주의

253 See Staughton Lynd, *Class Conflict, Slavery, and the U.S. Constitution*, Bobbs-Merrill, 1967, pp. 153~213.

254 John Hope Franklin, *From Slavery to Freedom*, Knopf, 1956, p. 153.

255 Arthur M. Schlesinger, Jr., *The Age of Jackson, Little*, Brown, 1946, p. 552.

256 4 rf. James MacPherson, *The Struggle for Equality*, Princeton University, 1964.

257 C. Vann Woodward, *Reunion and Reaction*, Doubleday Archor, 1956.

257 Willei Lee Rose, *Rehearsal for Reconstruction*, Bobbs-Merrill, 1964, pp. 385~89.

260 rf. Elliot M. Rudwick, *Race Riot at East St. Louis July 2, 1917*, Southern Illinois University Press, 1964.

260 Frank Freidel, *F.D.R. and the South*, Louisiana State University, 1965, p. 73.

261 Walter White, *The Crisis*, October 1935.

12장 자유주의의 공격성

290 *New York Review of Books*, March 14, 1968.

291 *Ibid.*, May 23, 1968.

292 From *Winston S. Churchill: Young Statesman 1901-1914*, edited by Randolph Curchill, quoted by D. A. N. Jones, *New York Review of Books*, May 23, 1968.

293 *American Historical Review*, July 1966.

297 Thomas A. Bailey, *A Diplomatic History of the American People*, Appleton-Century-Crofts, 1950.

298 *Ibid.*

16장 히로시마와 로이앙

377 Wesley Craven and James Cate, *The Army Air Forces in World War II*, Vol. III, p. 783.

379 Letter of November 9, 1967.

385 Reprinted in the Botton collection.

386 David Irving, *The Destruction of Dresden*, Holt, Rinehart & Winston, 1964, pp. 9~10.

386 Admiral Meyer, *Entre matins: Rochefort, La Rochelle, Royan*(1944~1945), published by Ronert Laffont, Paris.

390 *New York Times*, April 16, 1945.

390 M. Dasseux, in the Botton collection.

392 Botton collection.

394 M. Francois jean Armorin, "L'Attaque de Royan" in Botton Collection.

395 Meyer, *Entre matins*.

3부 이론과 실천

17장 자유와 책임

401 Karl Popper, *The Open Society and Its Enemies*, Princeton, 1950, p. 461.

405 GWF, Hegel, *Reason in History*, Bobbs-Merrill (Library of Liberal Arts edition), 1953, p. 24.

405 Herbert Marcuse, *Reason and Revolution*, Preface to the 1960 edition, Beacon.

405 Morton White, *Foundations of Historical Knowledge*, Harper & Row, 1965, pp. 32, 33.

406 Clinton Rossiter, *Marxism: The View from America*, Harcourt, Brace (paper edition), 1960, p. 45.

406 Popper, *The Open Society and Its Enemies*, pp. 387~88.

406 Gajo Petrovic, "*Histoire et Nature*," Praxis, 1966, p. 71.

411 Friedrich Nietzsche, *The Use and Abuse of History*, Bobbs-Merrill (Library of Liberal Arts edition), 1949.

411 Hans Reichenbach, "The Logical Foundations of Probability," in Feigl and Brodbeck, *Readings in the Philosophy of Science*, Appleton-Century-Crofts, 1953.

412 Mihailo Markovic, "Cause and Goal in History," *Praxis*, 1966.

412 Erik Erikson, *Insight and Responsibility*, Norton, 1964, p. 162.

415 Hannah Arendt, *Eichmann in Jerusalem*, Viking, 1963.

416 Erik Erikson, "Psychological Reality and Historical Actuality," in *Insight and Responsibility*, Norton, 1964, pp. 167~168.

417 George Kennan, *American Diplomacy*, New American Library (Mentor edition), 1962.

18장 역사학자

420 Alfred North Whitehead, *The Aims of Education*, Mentor edition, 1956, p. 14.

420 Carl Becker, "What Are the Historical Facts," *The Western Political Quarterly*, September 1955. Quoted in Hans Heyerhoff, ed., *The Philosophy of History in Our Time*, Doubleday (Anchor edition), 1959, pp. 136~37.

420 Francis Bacon, *Advancement of Learning*, Oxford, 1900, Book I, Chapter V.

423 John Higham, "Theory," *History*, Prentice-Hall, 1965.

425 *Ibid*., p. 133.

427 *Ibid*., p. 134.

428 *Ibid*., p. 135.

428 *Ibid*., p. 136.

429 Thomas F. Gossett, *Race: the History of an Idea in America*, Southern Methodis University, 1963, p. viii.

430 John Higham, *History*, p. 136.

431 *Ibid*., p. 143.

433 *Ibid*., pp. 143~44.

434 *Tri Quarterly*, Northwestern University, 1967.

435 Benjamin Farrington, "The Refutation of Philosophers," The Philosophy of Francis Bacon, Liverpool University, 1964, p. 127.

437 J. D. Hexter, "The Rhetoric of History," *History and Theory*, Vol. VI, No. 1, 1967.

438 *New York Review* of Books, February 9, 1967.

440 Quoted in Richard Schlatter, "The Puritan Strain," John Higham, ed., *The Reconstruction of American History*, Harper (Torchbook edition), 1962.

442 Ernest May, "America As a World Power," *ibid*., p. 183.

442 Kenneth Murdock, *Literature and Theology in Colonial New England*, quoted in Richard Schlatter, "The Puritan Strain," ibid.

442 *Ibid*.

445 Arthur S. Goldburg, "Discerning a Casual Patter Among Data on Voting Behavior," *American Political Science Review*, December 1966.

446 Gerhard Ritter, "Scientific History, Contemporary History, and Political Science," *History and Theory*, Vol. I, 1961, pp. 261~79.

446 *Ibid*.

448 *Ibid*.

448 *History and Theory*, Vol. IV, 1964, pp. 27~56.

448 *Ibid*.

450 *World Politics*, April 1950.

451 Burleigh Wilkins, reviewing Lee Benson's *Turner and Beard: American Historical Writing Reconsidered, History and Theory*, Vol. III, 1963, p. 261.

451 Page Smith, *The Historian and History*, Knopf, 1960, p. 197.

452 Othmar F. Anderle, "A Plea for Theoretical History," *History and Theory*, Vol. IV, 1964.

452 *Social Sciences in Historical Studies*, Social Science Research Council, 1954.

453 Staughton Lynd, *Class Conflict, Slavery, and the U.S. Constitution*, Bobbs-Merrill, 1967, p. 20.

453 Report of the Committee on Historical Analysis, Social Science Research Council, University of Chicago, 1963.

454 Louis Gottschalk, ed., *Generalization in the Writing of History*, University of Chicago, 1963, pp. v-vi.

455 *Ibid*., p. ix.

455 *Ibid*., p. 124.

456 *Ibid*., p. 208.

457 rf. Gottschalk, "Causes of Revolution," *American Journal of Sociology*, 1944.

457 Chester G. Starr, "Reflection upon the Problem of Generalizations," Gottschalk, ed., *Generalization in the Writing of History*.

458 *Ibid*.

459 M. I. Finley, "Generalization in Ancient History," *ibid*.

460 Robert R. Palmer, "Generalization About Revolution: A Case Study," *ibid*.

462 David Potter, "Explicit Data and Implicit Assumptions," *ibid*.

19장 철학자

465 Tolstoy, *War and Peace*, Epilogue.

470 *The Structure of Science*, Harcourt, Brace & World, 1961, p. 13.

471 *The Aim and Structure of Physical Theory* (a section of which is reprinted in Danto and Morgenbesser's Philosophy of Science, Meridian, 1960).

474 *Conceptual Foundations of Scientific Thought*, Macmillan, 1968, p. 24.

475 Marvin Levich, reviewing Sidney Hook, ed. *Philosophy and History in History and Theory*, Vol. IV, No. 3, 1965.

476 William Dray, "'Explaining What' in History," in *Theories of History*, edited by Patrick Gardiner, Free Press, 1959.

478 Dray, "The Historical Explanation of Actions Reconsidered" in Hook, ed., *Philosophy and History*, New York University, 1963.

478 Dray, *Laws and Explanation in History*, Exford University, 1957, pp. 47~48.

479 *Ibid*., p. 50.

482 Maurice Mandelbaum, "Historical Explanation: The Problem of 'Covering Laws,'" *History and Theory*, Vol. I, 1961, pp. 229~42.

483 Mandelbaum, "Societal Facts," an article from *British Journal of Sociology*, 1955, reprinted in Gardiner, ed., Theories of History.

483 Alan Donagan, "Historical Explanation: The Popper-Hempel Theory Reconsidered," in *History and Theory*

484 R. G. Collingwood, *The Idea of History*, Oxford University, 1956 (paper edition), p. 303.

485 *Ibid*., p. 10.

485 Nietzsche, *The Use and Abuse of History*, Liberal Arts Press, 1957 (paper edition), p. 58.

486 Collingwood, *The Idea of History*.

486 *Ibid*., pp. 214~15.

487 W. H. Walsh, "Meaning in History" in Gardiner, *Theories of History*.

488 W. H. Walsh, *Philosophy of History*, Harper Torchbook, 1960, pp. 59~64.

489 *Ibid*., p. 40.

489 *Ibid*., pp. 110~11.

490 *Ibid*., p. 118.

491 Ernest Nagel, "Some Issues in the Logic of Historical Analysis," *Scientific Monthly*, 1952, reprinted in Gardiner, Theories of History.

492 Morton White, The Foundations of Historical Knowledge, Harper & Row, 1965.

494 Peter Caws, *Science and the Theory of Value*, Rendom House (paper edition), 1967, p. 6.

495 *Ibid*., p. 8.

497 *Selected Correspondence of Marx and Engels*, September 21~22, 1890, Foreign Language Publishing House, Moscow, 1955, p. 417.

498 Arthur Mann, "The Progressive Tradition" in Higham, ed., *The Reconstruction of American History*, Harper (Torchbook edition), 1962.

500 Morton White, *The Foundations of Historical Knowledge*, p. 42.

501 *Ibid*., p. 194.

501 Robert McShea, *The Political Theory of Spinoza*, Columbia University, 1968. p. 53.

506 Quoted by Hayden White, "The Burden History," *History and Theory*, Vol. V. 1966, pp. 111~34.

20장 철학자, 역사학자, 그리고 인과관계

508 Morton White, *The Foundations of Historical Knowledge*, Harper & Row, 1965, p. 107.

509 *Report of the National Advisory Commission on Civil Disorders*, Bantam edition, 1968, p. 113.

510 *Ibid*., p. 117.

510 Quoted in *Newsweek*, August 14, 1967.

515 Morton White, *The Foundations of Historical Knowledge*, p. 181.

515 David Potter, "Explicit Data and Implicit Assumptions," Gottschalk, ed., *Generalization in the Writing of History*, University of Chicago, 1963.

516 *Ibid*., p. 194.

516 E. H. Carr, *What Is History?*, Knopf, 1962, p. 140.

523 Lee Benson, "Causation and the Civil War," *History and Theory*, Vol. I, 1961, pp. 163~85.

526 Cushing Strout, "Causation and the American Civil War," *History and Theory*, Vol. I, 1961, pp. 163~85.

527 Harry Eckstein, "On the Etiology of Internal Wars," *History and Theory*, Vol. IV, 1965, pp. 135~63.

옮긴이의 말

참여하는 역사가 가치 있는 역사를 만든다

나의 역사의식은 톨스토이의 《전쟁과 평화》로 깨어났다. 고등학교 입학을 기다리던 긴 겨울, 그 미지의 터널에서 만난 대문호의 작품은 미숙한 내 정신을 흠뻑 적혔다. 러시아의 광활한 대지와 자연, 귀족 가문들과 민중의 파란만장한 삶, 19세기 러시아의 대사건인 1812년 전쟁, 주인공들의 삶과 사랑과 죽음이 프레스코 화처럼 펼쳐졌다. 무엇보다 충격적이었던 것은 위대한 영웅인 줄 알았던 나폴레옹이 어릿광대처럼 그려진다는 점이었다. 개인이 역사를 만들 수 있다고 믿었던 나폴레옹, 하지만 전쟁으로 야망을 이루려 한 그 영웅은 삶과 역사의 거대한 회오리에 힘없이 휘둘리는 한 올 지푸라기에 불과했다. 승장인 쿠두조프 장군도 오십보백보였다. 이 늙은 장군은 무엇을 하고자 하기보다는 아무것도 하지 않는 차선의 전략을 채택했다. 어릿광대보다 조금 더 현명해 보였을 뿐 특별히 대단하진 않았다. 놀랍고 씁쓸한 발견이었다. 초등학교를 졸업할 무렵에 〈6백만 불의 사나이〉를 뗐을 때보다 더 충격적이었다. 그들은 어차피 만화 속의 캐릭터였지만 이들은 역사 속의 인물이었고, 역사는 절대 왜곡해서는 안 되는 신성한 이름이었다. 나는 회의를 아는 아이가 되었다. 이듬해 가을에 영원할 것 같았던 위대한 지도자 박정희가 총에 맞고 사망했다. 그리 놀랍지 않았다.

회의적인 무감각은 대학에서 깨졌다. 한 교양강좌의 리포트를 쓰기 위해 필독 교양도서 중 한 권을 읽어야 했는데, 점찍은 세 권 중 E. H. 카의 책이 제일 얇았다. 《역사란 무엇인가?》. 하지만 그 작은 책에서 나는 헤겔과 마르크스를 접하고 《전쟁과 평화》를 다시 만났다. 역사란 영웅이 아닌 민중의 것이라는 깨달음도 함께 만났다. 톨스토이의 긍정적인 인생관이 비로소 이해되었다. 톨스토이는 역사를 영웅에게서 빼앗아 민중에게 돌려주었다. 알고 보니 민중은 원래 헤겔의 개념이었다. 주인과 노예의 변증법에서 헤겔은 사람들이 눈길조차 주지 않던 '백성'에게 역사의 주체라는 고귀한 역할을 부여했다(그들 개개인이 도덕적으로 고상하다는 뜻은 아니다). 카의 책에서 가장 인상적인 부분은 나폴레옹과 레닌을 비교한 절이었다. 카 역시 나폴레옹을 시대가 만든 운 좋고 능력 없는 영웅으로 묘사했지만, 톨스토이와는 다르게 나폴레옹의 반대쪽에 레닌을 놓았다. 카에게 레닌은 아무것도 없는 상태에서 이상을 실현하고자 노력한 혁명가, 그 자신의 땀과 열정으로 사회주의 사회를 일군 진정한 영웅이었다. 좌우 이념의 옳고 그름을 떠나 카의 가르침은 역사를 보는 나의 관점을 훌쩍 키워주었다.

우리 모두가 아는 기대와 좌절, 절망과 반전의 시대가 흘러갔다. 번역은 철학과 비슷해서 시대를 정신으로 바꿔 사유하게끔 한다. 이 땅에서도 헤겔의 말대로 진보는 비틀거렸다. 정-반-합의 변증법이 막상 현실에서는 끝없이 되풀이되는 혼란으로 느껴졌다. 아이러니하게도 진보 정권 하에서 신자유주의가 바퀴벌레처럼 창궐했다. '작은 정부,' '효율성,' '다운사이징' 같은 허울 좋은 이름 하에서 고용은 불안정해지고 많은 사람들이 자신의 내일을 기획하고 걱정해야 하는 개인사업자로 전락해갔다. 교수와 학자, 지식인과 예술가, 과학자와 기술자도 예외가 아니었다. 돈과 인기가 전문성과 사회적 가치를 빠르게 잠식하고, 깊이보다 색깔을 중시하는 표피적인 문화가 확산되었다. 2010년에 프랑스에서 한동안 공부하고 돌아온 친구는, 그 짧은 사이에 우리나라가 놀라우리만치 피상적으로 변한 것 같다고 개탄했다. 나는 이것도 변증법의 한 과정이니 걱정하지 말라고 농담으로 말했지만, 친구도 나도 웃음에서 씁쓸함을 지워내진 못했다.

작년 한 해는 광화문에 자주 나갔다. 촛불집회에도 참석하고, 공연과 어린 학생들의 외침을 들으며 모처럼 자유로운 분위기에 젖어보았다. 돌이켜보면 50대 중반인 나는 평생 전근대와 근대의 부딪힘에 몸살을 앓았다. 내 아버지는 1913년 구한말에 태어난 사람으로, 일제 강점기와 한국전쟁을 고스란히 겪은 역사의 증인이었다. 그래서인지 가정교육은 '하지 말라'와 '가만히 있어라'가 전부였고, 합리성보다는 순종을, 권리보다는 양보를 미덕으로 가르쳤다. 이 전근대성은 학교에서도 형식만 바꿔 되풀이되었다. 학생은 스키너의 쥐, 규율의 노예, 독재자의 방패막이(교련 수업이 있었다)였다. 창의성은 엄두도 내지 못했고, 자율성과 비판은 퇴학의 이유였다. 조선 시대나 일제 강점기가 아니라 불과 40여 년 전, 1970년대의 교육이 그랬다. 특히 '성교육'은 가관이었다. 시정잡배라도 듣는 사람을 가려야 할 음담패설이 교련시간과 체육시간에 교단에서 흘러나왔고, 그 은밀한 가르침에 학생들은 여자목욕탕을 훔쳐보는 아이들처럼 키득거렸다. 그런 어처구니없는 교육의 여파도 있을 것이다, 요즘 미투 운동이 뜨거운 것은.

작년에 나는 많은 사람들과 함께 역사의 현장에 있었다. 사실 내가 기대한 것은 전근대와 근대의 최후의 결전, 과학적·합리적 정신의 멋진 승리였다(윤리에 더 관심이 있었다면 선과 악의 구도를 그렸을 것이다). 어쨌든 세계의 많은 나라에서 봉건군주제를 물리친 것은 근대의 이성이 아니었던가. 하지만 내 눈에 비친 광경은 그 이상이었다. 현장에는 내 기대와 사뭇 다른 분위기가 넘쳐나고 있었다. 규율이 아닌 자율, 질서를 넘어선 질서가 보였고, 진정한 의미의 개인들이 모여 집단 이상의 힘을 분출하고 있었다. 물론 형식으로나마 민주주의가 갖춰졌고(많은 사람들이 이를 위해 희생했다), 그 누구도 통제할 수 없는 과학기술이 널리 퍼진 덕분이었다. 하지만 그 조건이 무엇이든 간에 눈앞에 펼쳐진 현상은 그 자체로 근대정신을 넘어 근대후 정신의 발현을 가리키고 있었다(이 두 정신 사이에 많은 반성과 논란이 있음에도 불구하고). 1990년대에 X세대를 통해 잠깐 분출했던 다원주의 정신이 2017년에 정치적 실체로 되살아나 광장을 가득 메우고 있었다. 기상천외한 배너들과 젊은 사람들의 복장도 한몫했을지 모른다. 하지만 어린 학생들의 당당한 발언, 아이 손을 잡고 온 엄마 아빠의 진지한 표정, 머리가 하얗게 센 참가자들의 구호와 연좌, 축제와 시위를 넘나드는 새로운 집회형식, 대치의 경계를 허무는 공감의 힘은 이 현상이 내가 기대치 못한 새로운 정신의 표출임을 말해주고 있었다.

나의 세 번째 역사 교과서는 이 책이 될 듯하다. 어떤 사람들은 역사 저술의 중립성과 객관주의를 지양하는 하워드 진의 접근법이 위험하다고 생각할지 모르겠다. 하지만 학계의 외부자이자 휴머니즘을 지향하는 나로서는 하워드 진의 현재주의 역사가 평생에 세 번째로 가슴에 세게 와 닿는다. 특히 '과학적인' 역사 저술의 함정을 밝히는 그의 견해는 사학만의 이야기가 아니다.

먼저 근원을 따지고 보면 객관과 주관은 대립하는 개념이 아니다. 주관이란 말은 흔히 생각하듯 객관과 동떨어진 개념이 아니다. "인간의 감각과 느낌에는 충분한 일정성이 있어서 이 모든 성질들을 추론의 대상으로 만들고 삶과 관습에 가장 큰 영향을 미친다"(데이비드 흄). 요컨대 주관과 객관은 상대적 개념이며, 이 뿌리를 잊을 때 주관은 변덕으로 전락한다. 상대주의와 다원주의의 결정적 차이가 여기에 있다.

심리학자이자 교육학자인 하워드 가드너는 다중지능 이론을 창안한 뒤 1980년대 후반에 중국 교육의 실상을 보고 충격을 받았다(《To Open Mind》 사회평론, 근간). 중국의 교육은 서양의 교육 전통과 정반대로 이해가 아닌 정교한 수행에 초점을 맞추는 동양식 교육철학에 기초하고 있었으며, 가드너는 그 역사적, 문화적 근원을 다섯 가지로 요약했다. 하지만 가드너는 자국중심주의적인 이분법에 얽매이지 않았고 중국 교육이 서양과 다른 가치의 보고이자 좋은 성과의 산실인 것도 놓치지 않았다. 귀국하자마자 그는 자신의 교육론을 되돌아보기 시작했고, 깊은 반성을 통해 자신이 과학적·객관적이라 믿었던 교육론에 개인적 요소와 주관이 얼마나 많이 개입해 있는지를 깨달았다. 심지어 실험실에서 데이터를 얻은 뒤에 그는, "이제 이 과학적 데이터를 주관적으로 해석할 차례"라고 고백했다. 결국 가드너는 중국 교육의 경험을 통해 더 정교한 이론과 더 원숙한 교육철학을 펼칠 수 있었다.

심리학자의 데이터는 실험실에서 나오지만, 역사학자의 데이터는 깊고도 넓은 과거의 기록에서 나온다. 애초부터 주관적 방향성이 없으면 객관의 바다에 빠져 허우적거리게 된다. 하지만 이 주관 때문에 객관적 사실이 왜곡되지 않을까? 이를 염려하는 사람들에게 저자는 이렇게 말한다.

> 이 책은 또한 (왜곡, 은폐, 날조 등으로) 사실을 함부로 뜯어고치지 않는다. 내 요점은 미리 답을 생각하고 역사 자료에 접근하는 것이 아니라, 미리 질문을 생각하고서 접근하는 것이다. 나는, 정확성은 필요조건이지만 역사가 정확하다는 이유만으로 칭찬받을 수 있다고는 생각하지 않는다. 언젠가 프로이트는 말했다. 안경을 항상 닦기만 하고 쓰지는 않는 사람이 있다고."

그렇다면 그 "질문"은 어디에서 나오는가? 예술철학자 아서 단토는 예술의 내용은 인간의 삶, "인간의 가장 깊은 관심사"(헤겔)에서 비롯한다고 보았다. 이와 마찬가지로 하워드 진도 휴머니즘을 역사적 질문의 토대로 삼는다. 그가 제시하는 휴머니즘은 소박하고 경험적이고 분명하다.

> "수백 년에 걸쳐 살아온 수백만 사람들의 경험, 각 사람들이 모든 인간에게 주어진 공통된 양상들을 겪으며 저마다 확인한 경험… 사랑이 미움보다, 평화가 전쟁보다, 우애가 적대감보다, 기쁨이 슬픔보다, 건강이 병보다,

음식이 기아보다, 삶이 죽음보다 낫다는 것."

2018년 3월

김한영

찾아보기

하워드 진의 역사에세이

가치 있는 역사는 어떻게 만들어지는가?

지은이 | 하워드 진
옮긴이 | 김한영

펴낸곳 | 마인드큐브
펴낸이 | 이상용
디자인 | SNAcommunications(서경아, 남선미, 서보성)

출판등록 | 제2018-000063호
이메일 | viewpoint300@naver.com
전화 | 031-945-8046
팩스 | 031-945-8047

초판 1쇄 발행 | 2018년 4월 5일
개정 1쇄 발행 | 2022년 1월 10일
ISBN | 979-11-88434-55-8 (03900)

- 이 책은 역사의 정치학(2018, 마인드큐브)의 개정판입니다.
- 잘못 만들어진 책은 바꾸어 드립니다.